国家出版基金项目
NATIONAL PUBLICATION FOUNDATION

2017年度国家社科基金重大项目

“秦汉时期的国家构建、民族认同与社会整合研究”丛书

总主编　李禹阶

第三卷

西汉王朝的国家建构与社会整合

徐卫民　等著

齊魯書社
·济南·

图书在版编目（CIP）数据

西汉王朝的国家建构与社会整合 / 徐卫民等著.
济南：齐鲁书社, 2025. 1. --（“秦汉时期的国家构建、民族认同与社会整合研究”丛书 / 李禹阶总主编）.
ISBN 978-7-5333-4824-3

Ⅰ. D691.21

中国国家版本馆CIP数据核字第20256B71A9号

选题策划　傅光中
责任编辑　刘　强　刘　晨
装帧设计　亓旭欣

“秦汉时期的国家构建、民族认同与社会整合研究”丛书
李禹阶　总主编
西汉王朝的国家建构与社会整合
XIHAN WANGCHAO DE GUOJIA JIANGOU YU SHEHUI ZHENGHE
徐卫民　等著

主管单位	山东出版传媒股份有限公司
出版发行	齊魯書社
社　　址	济南市市中区舜耕路517号
邮　　编	250003
网　　址	www.qlss.cn
电子邮箱	qilupress@126.com
营销中心	（0531）82098521　82098519　82098517
印　　刷	山东新华印务有限公司
开　　本	720mm × 1020mm　1/16
印　　张	39.25
插　　页	10
字　　数	600千
版　　次	2025年1月第1版
印　　次	2025年1月第1次印刷
标准书号	ISBN 978-7-5333-4824-3
定　　价	278.00元

撰稿情况说明

本丛书系2017年度国家社科基金重大项目(17ZDA180)成果，2023年获得国家出版基金资助，项目负责人李禹阶为丛书总主编。项目子课题负责人徐卫民（西北大学）为本卷负责人，负责本卷书稿的章节设计、全卷统稿等工作。按章节先后排序，本卷著者依次为：

李禹阶（重庆师范大学）：第一、二、三章。

徐卫民（西北大学）：第四、五、七章。

蒋波（湘潭大学）：第六章。

谢芳（莆田学院）：第八章。

樊森（重庆师范大学）：第九章。

刘鸣（西安市社会科学院）：第十章。

黄永美（西安文理学院）：第十一章。

汉宣帝杜陵遗址出土的玉舞人
（西汉宣帝杜陵陪葬坑出土）

汉宣帝杜陵遗址出土的玉杯
（西汉宣帝杜陵陪葬坑出土）

汉武帝茂陵鎏金铜马
（西汉武帝茂陵陪葬坑出土）

汉武帝茂陵错金银云纹铜犀尊
（西汉武帝茂陵陪葬坑出土）

西汉长信宫灯
（满城汉墓出土）

霍去病墓马踏匈奴石刻
（陕西兴平）

汉封泥——阳陵令印
（西汉景帝阳陵陪葬坑出土）

“汉并天下”瓦当
（陕西周至汉长杨宫遗址采集）

汉塑衣式彩绘男侍俑
（西汉景帝阳陵陪葬坑出土）

汉塑衣式彩绘跽坐拱手女俑
（西汉景帝阳陵陪葬坑出土）

汉阳陵着铠甲陶俑
（西汉景帝阳陵陪葬坑出土）

汉阳陵陪葬坑陶俑之一
（西汉景帝阳陵陪葬坑出土）

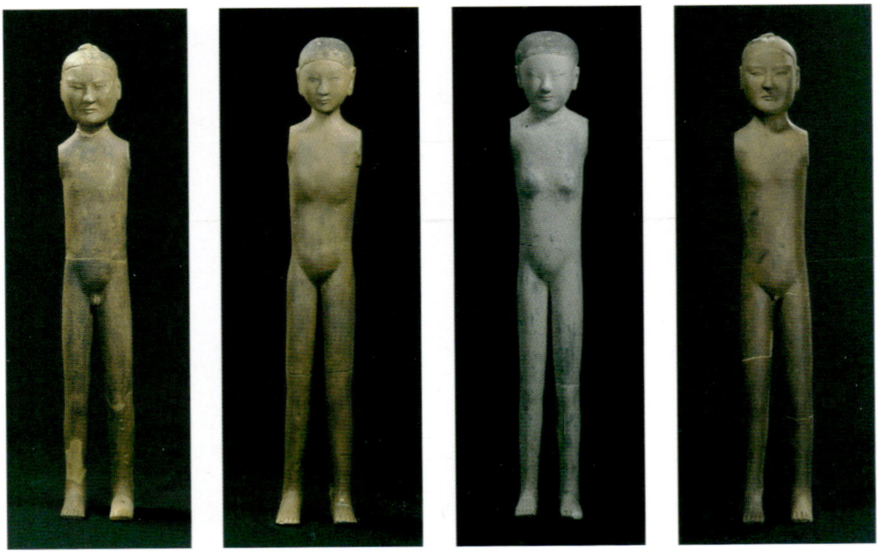

汉阳陵陪葬坑陶俑之二
（西汉景帝阳陵陪葬坑出土）

皇后之玺
（西汉吕后陵采集）

皇后之玺
（印文）

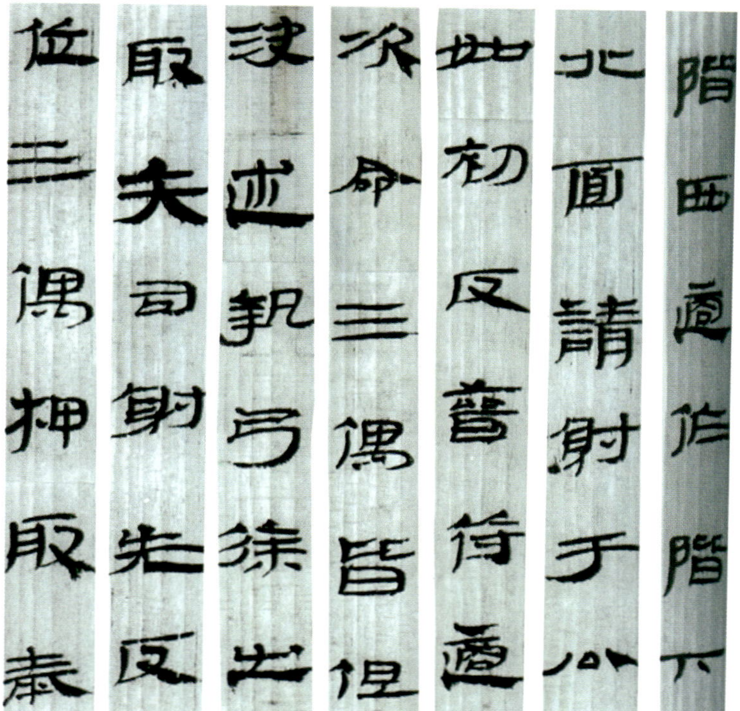

汉武威《仪礼》简
（甘肃武威磨嘴子汉墓出土）

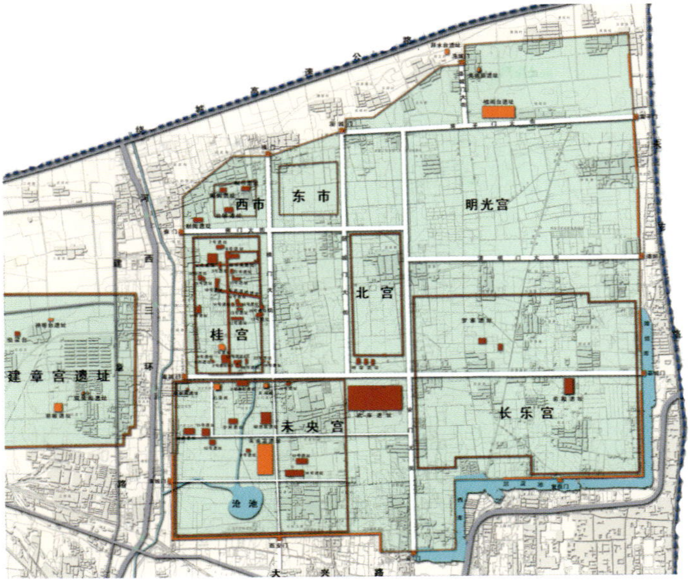

汉长安城遗址分布现状图

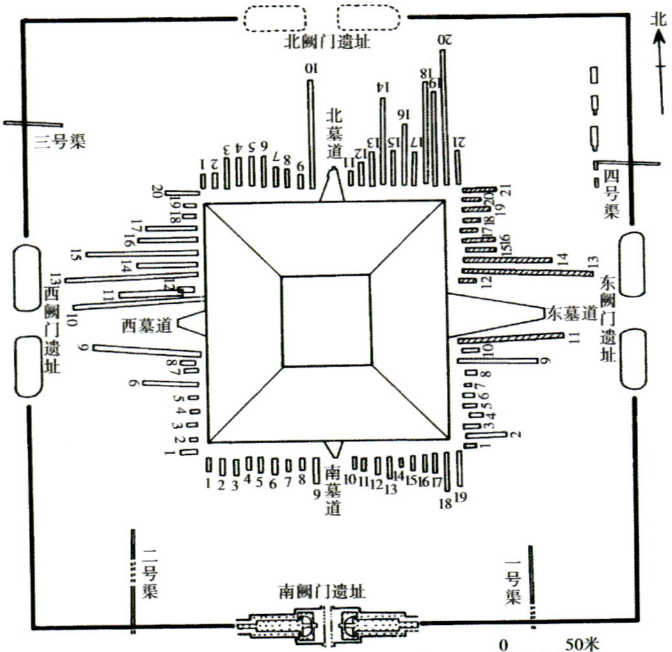

汉景帝阳陵封土周边陪葬坑

汉长安城凌阴遗址

汉阳陵陪葬坑陶器

汉长城遗址

汉长安城未央宫建筑遗址

汉长安城下水沉淀池

汉长安城长乐宫宫殿建筑遗址

汉长安城东城墙

汉长安城夯土城墙

汉高祖长陵封土

河西长城

总　序

秦汉是古代中国自夏商周三代以来天翻地覆的时代。秦汉统一国家的建立，是中国统一王朝国家与汉民族形成的新起点，是由宗法分封制国家政体和以“诸夏”为标志的早期华夏民族向统一的君主集权制国家和统一的汉民族转化的枢纽期。它使统一的王朝国家和汉民族在产生、发展的进程中，进入到一种新的国家建构与民族认同的自觉状态，一种对各区域社会的政治、经济、文化、宗教状况的整合，因此具有划时代的里程碑意义。

但是，这种国家构建与民族认同、社会整合的历程并不是直线发展的，而是经历了一个曲折往复的过程。秦汉亘古未有之变局，实质是以新的国家大一统政治、经济、文化、法律的力量对过去分散的区域社会进行全面融汇、整合的重构。它对长期处于宗法血缘等级尊卑制中的关东六国社会的贵族及民众，有一个身份变化、族群认同的转换问题，也存在一个战国以来华夷交错的各区域不同族群、民族向统一的汉民族转型的问题。它使秦汉时代的国家在对各个区域（如秦统一后的关东六国）的民族融合与社会整合中，出现了具有诸多新因素的政治与社会形态。而这种新的政治与社会形态，是在国家、族群、地方社会的矛盾、冲突、博弈，以及作用力与反作用力中展开的。也正是这种矛盾、冲突与博弈，使中国古代国家、民族与社会不断走向新的阶段，并使国家、民族、文化的认同不断趋于一致。

一

从历史唯物主义观点看，世界文明史上的任何一种文明形态，包括政治制度、思想文化、治理模式、社会整合、民族融合等，都不是某个单一要素或单项因果作用的结果，而是若干要素通过合力作用，并以一定形式联系而构成的具有某种新功能的有机整体的演进。在这种动态的系统演进中，各要素之间相互联系，相互制约，相互作用，并产生出某种单个要素在孤立状态下所不能产生出的新要素及其内涵、特征。正是这种新的系统功能性特点，促进了整个社会组织的发展。而在这种社会组织发展中，系统内各要素的博弈、冲突、互补、平衡亦是其最基本的运动状态和特征。它告诉我们，任何政治国家与社会组织，包括民族共同体的建构，都不是平面的或线性的孤立发展的结果，而是呈现着多因素、多线条并相互融通的发展态势。因此，在探讨、分析中国古代的政治国家或社会组织的演进时，我们应该注意这种国家制度、社会结构、民族融合的多要素的合力及其相互间的作用。

从先秦至秦汉时期，中国古代的国家、民族、社会的演变，实际上经历了两大阶段，即通过春秋战国的历史进程，而形成与西周封建制不同的战国时代的新型国家体制，也就是由西周时代的王权与治权分离的政治体制向王权与治权相互合一的君主集权的官僚政治体制的转换。正是这种转换建构着大一统的秦汉帝制国家的政治制度，亦在东亚内大陆形成了一种全新的，具有国家、民族、文化上三位一体的同一性特征的统一王朝。其后，庞大的秦王朝虽然历经二世即轰然坍塌，但是其兴灭忽焉的历史教训，使西汉王朝在国家体制建构中，既注重对秦代君主集权的官僚体制的扬弃，又根据古代中国关东、关西，黄河、长江流域等不同地域的生态环境、风土人情，而通过采用周代宗法礼仪制度，重新构建着新兴的“汉家制度”。实际上，从国家制度、民族关系、社会整合、文化认同等各方面看，秦汉之际都发生了一种巨大的转变。这种否定之否定的转变，奠定了此后数千年中国古代国家、民族、文化的基本格局。

本书即以先秦、秦汉时期的演变历程为主线，以秦汉时代的国家建构、民族认同、社会整合的问题意识为出发点，从纵向与横向两个方面阐释几者之间错综复杂、既对立又统一的关系，由此把握几者在结构、功能、要素等方面的动态演变及其内在原因。应该看到，从西周经春秋、战国而至秦汉，通过王朝权力转移而逐渐诞生出一种新的社会形态，这种新社会形态则对此后几千年的中国古代社会起着重要作用。自平王东迁，昔日赫赫的西周王朝就失去了对“天下”诸侯的号召力，它使周代标志等级分层的礼乐秩序迅速瓦解，一种新型国家体制则在这种“礼崩乐坏”中萌芽、发展。严格来说，这种新型国家体制的产生，既是一种历史和时势的偶然，同时也蕴含着历史与逻辑的必然。从历史与时势的偶然性看，西周“王畿—分封”的政治体制的崩坏，导致了传统的宗法血缘“亲”“尊”制度内的上下陵替。它形成了一个诸侯无统、会盟不信的时代。这个时代使各诸侯国之间，不得不在竞争、冲突、博弈的态势下，为了保持自己的利益而重构一种新型的列国之间互惠、平衡的内外秩序，由此塑造了后西周时代各诸侯国之间一种新的国家间的关系。同时，由于西周王室权力的削弱，导致了从王室至大小诸侯的礼仪秩序的瓦解。它使过去以宗法血缘尊卑等级秩序来规范天下诸侯、公卿、封君、贵戚的外在束缚力量消失，由此触发了各诸侯国内部公室、卿族、大夫、陪臣等阶层间的权力斗争。正是在这种大小相侵的阶层斗争中，新起的权贵大权在握，形成了上下僭替、权臣执政的局面，并最终导致三家分晋、田氏代齐等国家权力的更替。这种权力的更替、转移，虽然是出自统治阶级的贪欲与权力欲，但是它也代表了当时统治阶级中适应社会历史发展的一股新兴力量。正是这种权力转移，产生了对古代中国几千年历史进程影响甚大的国家体制与政治制度，即夺权卿族鉴于权臣当国的史鉴，为了不重蹈覆辙，而产生了对本国旧贵、封君的遏制欲望，并为此而建立了具有抑制意义的系统性政治、军事制度和措施。这种主观欲望与客观的制度、举措，使这些新兴诸侯国逐渐告别旧的封建体制，而形成一种新型的以国君集权为核心的官僚体制以及相应的制度范式。这种新型国家体制与制度范式的出现，为战国时代以“国家本位”为中心的政治体制建构奠定了基础。

二

从历史与逻辑的必然性看，春秋战国时期新型国家体制的产生，既与东亚内大陆的地理生态环境有关，也是中国文明与国家发展的必由之路。东亚内大陆的生态环境，依山带水，西、北至草原、大漠，东及大海，南连百越，西南至滇黔，形成一个相对封闭的广袤区域。在这个广阔地域内，有黄河、长江、淮河、珠江等大河流域相互联系。尤其在中原地区，虽然山川相连，但是在山水相间中又有着开阔的盆地，而各山脉及盆地间有大河或其支流蜿蜒其中，“使这些山间盆地既相对独立，又能通过河流与外界交往，十分便利于古人类的生活”①。这种地理形势既使该地区成为联结黄河、江淮等流域和北方区域的四通八达的文化长廊，同时其深厚的黄土堆积层和河流冲积层也为古代中国的农耕社会提供了适宜耕作的沃土。而在这广袤的大地上，当距今5000—4000年时，在史前“满天星斗”似的区域文化向以中原为中心的多元一体的夏、商、周广域王权国家演进时，作为一个政治文化与制度范式的“中国”，便成为最具吸引力的政治社会形态。实际上，早期“中国”概念的流行，正得益于当时中原王朝这种制度及文化的先进性，以及容纳天下万邦“有容乃大”的特征。故在古人眼中，早期中国第一王朝“夏”即有着大、中心、华美的典型文化特征。《尚书·武成》孔安国云：“冕服采章曰华，大国曰夏。”《正义》引《释诂》：“夏，大也……夏，谓中国也。”② 王念孙《读书杂志》：“雅读为夏，夏谓中国也。”故夏之朝代、族群得名，有同一地域（“中”国）、同一心理（“大”邦）、同一文化（“雅”）的意义。③ 因此，“早期中国”应是一个政治文化与制度范式的观念，而非单纯的地理概念。它之所以被推崇，是由于内蕴着一种政治机制、礼仪文化及价值理念。它通过由启发

① 张海：《中原核心区文明起源研究》，上海：上海古籍出版社，2021年，第15页。

② 孔安国传，孔颖达疏：《尚书正义》，李学勤主编：《十三经注疏》，北京：北京大学出版社，1999年，第292页。

③ 王念孙：《读书杂志》，南京：江苏古籍出版社，1985年，第647页。

端的“夏”国家，逐步形成由商及周、从“中土”“土中”向四方延伸的“家”—“国”—“天下”的分封式的方国（诸侯国）制度与文化理念。这种制度结构及礼乐文明，既是早期华夏民族、国家、文化的核心组成部分，又成为区别“夷夏”界限的标志。而在周人看来，这种中原王朝的制度范式与文化特色正是其时最具大国文采和生命力的政治社会象征，故武王有“惟我文考，若日月之照临，光于四方，显于西土。惟我有周，诞受多方”① 的说法。从某种角度看，这种国家形态显然适应了古代中国广袤大地上具有“同质化”趋向的小农经济与宗法血缘制度。它在古代中国独特的生态与人文环境中，以一种内在的、连续的向心力不断地将王畿周边的方国、小邦联结起来，形成山川同贯、文化相系的广域王权国家。它解决了“同质化”小农经济生产方式所渴望的强大国家政权的护佑问题，故其具有趋向中心的统一性与连续性特征。正是这种国家体制，在西周王朝的礼仪制度失序后，迅速进行了华夏界域内新的政治秩序的重构。这种重构既是在春秋时期的血火交融、刀光剑影中进行，也是在政治理性的利益权衡考量中形成的新的国家关系与政治文化。故春秋二百四十二年，“诸侯无统，会盟不信，征伐屡兴，戎、狄、荆楚交炽……然实开大夫执政之渐，嗣后晋六卿、齐陈氏、鲁三家、宋华向、卫孙宁交政，中国政出大夫，而春秋遂夷为战国矣”②。正是在春秋时代的政治风云中，西周时期的“多邦”逐渐演化为战国时代的十余国，呈现出一种统一趋势。战国是一个兼并战争激烈的时代。它不仅加速了春秋时期萌芽的以“国家本位”为中心的新型国家体制的发展，同时也呈现出由“多”趋“一”的大一统的势头。秦的大一统君主集权的官僚体制的建立，意味着一个新兴时代的开端。它既是在东亚这片古老土地上政治体建构逐渐趋一的必然，也为统治这片广袤的土地提供了一套政治文化与制度范式。可以说，秦王朝的大一统，正是顺应了古代中国的生态、人文环境以及小农生产方式而形成的

---

① 孔安国传，孔颖达疏：《尚书正义》，李学勤主编：《十三经注疏》，北京：北京大学出版社，1999 年，第 281 页。

② 顾栋高辑，吴树平、李解民点校：《春秋大事表》，北京：中华书局，1993 年，第 32 页。

国家体制和社会结构。

所以，从春秋战国的时代演变看，它不仅是一种国家体制、政治制度的变革，更重要的还是通过这种统一性政治国家的建构，以政治力量推动了古代中国各区域的族群融合、民族会聚、社会整合及文化认同。这既是由历史与逻辑的必然性所致，也是历史与时势的各种因素相互作用、共同合力的结果。如果我们再对此进行深入分析，就可以看出，当后西周时代陡然失去“周制”内含的政治等级与礼仪秩序的时候，失去“天子”权威制约的各大小诸侯国，内则“征伐屡兴”，外则戎、狄、蛮、夷侵扰“交炽”，使春秋时期成为中国先秦史上十分特殊的时期。这种特殊性表现在政治、民族、文化三方面的互动：其一是后西周时代“礼制”失序，各诸侯国内的公室、卿族、大夫、陪臣等上下阶层的权力斗争，导致西周旧的封君、贵族制向新型官僚体制转化；其二是西周时期各封国乃至边缘区域的华夏族群，亦在这种地缘性国家的建构中，在大小诸侯国的相兼互并中，不断由分散的诸夏向统一的华夏民族形态演进；其三则是在春秋时期的新文化思潮中，开创了一种华夏礼乐文化的新形态、“霸主”政治演绎下的新文化格局。这里尤其要提及的是，春秋时诸侯之间的会盟、礼聘等，通过改革、扬弃西周传统宗法文化，重塑着一种新的国家交往的外交规则和礼仪秩序。更加重要的是，这种新文化风潮通过扬弃西周宗法文化，使周代宗法文化中强调尊卑、等级的刻板而形式化的祭祀、赐命、冠婚、朝觐、迎宾、丧葬等文化形式转为具有文情性、雅致性的诗、礼的朝、觐、聘、享等文化形式，并以优雅的贵族风格形塑了以《诗》、《书》、礼仪等为主的贵族与士阶层的修养和气质，具备“极优美、极高尚、极细腻雅致”[①] 的华夏文化气质。这种文化气质在各诸侯国内外激烈的斗争中，在旧贵身份下移、士阶层兴起的时代浪潮中，使过去由贵族阶层所垄断的《诗》、《书》、礼仪逐渐普及化，使昔日的周代礼仪文化包括贵族习用的“六艺”教育下至民间，普及士人，开创了一种具有趋同性的新文化格局。

---

① 钱穆：《国史大纲》，北京：商务印书馆，1996年，第68页。

所以，对春秋战国时代的国家建构、民族认同、社会整合等各方面演进历程的理性认知，既对我们深入认识秦汉时代的大一统原因有着重要价值，也提供了我们进一步认知中国古代的国家、民族、社会、文化等发展的前提与基础。秦王朝的大一统，既是对春秋战国时代政治、经济、文化、民族关系的总结，也是中国统一的王朝国家和汉民族形成的起点。秦王朝在短短十余年中所做的关于维护统一的诸多措施，例如书同文、车同轨、统一度量衡、修建直道、筑长城以拒外敌、凿灵渠以通水系等，都是这种强化国家统一、民族认同、社会整合的举措。但是，秦王朝毕竟诞生于战国时代的列国兼并战争中，它所建构的国家体制、思想文化、郡县制与编户齐民制度，都带有战争时代军事体制的痕迹，可以说承载着战争时代的时势与惯性。尤其是秦国的二十等军功爵制度，经过上百年战争的洗礼，对强化秦国的战争机器及维持民众的“农战”热情有着异乎寻常的重要作用。但是势随时变，当国家承平，在“居马上得之，宁可以马上治之乎”[①] 的时代转型中，秦王朝并没认识到这种时势演变的特征，仍然为南征北伐，修建宫殿、陵墓等进行着庞大的民众动员，使渴望统一的人民依然不能享受大一统带来的安居乐业的益处。正是民众对其的深深失望，注定了它兴灭忽焉的命运。

三

秦汉相续，既是一次王朝的更替，更是一种国家政治体制、思想文化的更新与转型。清人赵翼指出：“盖秦、汉间为天地一大变局。”[②] 其所谓“变”，不仅在于汉初布衣将相之局及对秦亡教训的借鉴，更在于时势相异，使西汉统治者不得不在继承秦的基本政治体制的基础上，杂以“周文”而进行大范围的改革、更化。正如熊十力先生所谓：“汉以后二千余

---

① 司马迁：《史记》卷九十七《郦生陆贾列传》，北京：中华书局，1959 年，第 2699 页。

② 赵翼著，王树民校证：《廿二史札记校证》，北京：中华书局，1984 年，第 36 页。

年之局，实自汉人开之。凡论社会、政治，与文化及学术者，皆不可不着重汉代也。”[①] 它开创了一种崭新的“汉家制度”。而这种制度的建构，却是“秦制”与“周制”的有机结合。“汉家制度”的开创并非一帆风顺，而是通过汉代上层统治集团中的冲突、博弈、互融而达成平衡的结果，并在统治者的权力欲与客观政治时势的交汇互融中达到一种新的境界。“汉家制度”适应了中国古代的大一统局面，使汉代的国家、民族、社会、文化逐渐趋于稳定，走向一致性认同，由此奠定了其后两千多年帝制时代的基本政治格局。

其实，周、秦制度的结合，解决了中国古代社会的一个重要问题，即权力的分离问题。从西周到秦汉，古代中国呈现了两次权力的分离现象。第一次是西周王朝分封制中表现的王权与治权的分离。西周分封制虽然适合了其时的政治大势，但是因为这种上下权力的分割，从一开始就蕴含着地方“邦”“国”对中央王朝的离心力，而随着时势变化，最终使西周王朝逐渐走向分崩离析。而秦所建构的君主集权的官僚政治体制，虽然能够克服西周国家体制中呈现的政治离心力问题，却带来了在剥削阶级的私有制社会中国家体制通常内蕴的第二个分离趋势，即皇权与行政权、支配权的分离。由于秦代官僚体制科层结构的刚性特点及所带来的僵化性、脆弱性，尤其是作为国家各级政治、经济权力代理者的各级官吏，由于所有权与受益权的分离，极易出现滥行职权、以权谋私、权力寻租现象。严格来说，自商鞅变法后建立的秦国的官僚体制，尽管破除了封闭的世卿世禄封君制，任用流官作为各级官吏，对于加强社会上下阶层的流动，提高吏、民的作战、务农的积极性有着重要意义，可是由于秦国与西周分封制在所有权上的差异，秦国官僚、吏员仅仅是官僚系统中享受俸禄的权力行使者、代理者，他们尽管有着冲破阶层隔阂而不断上升的自我价值实现感，但是又缺乏西周各级贵族、封君在封地中“权”与“利”相结合的获得感、满足感。这正如韩非所谓：“故君臣异心。君以计畜臣，臣以计事君。

---

① 熊十力：《读经示要》，萧萐父主编：《熊十力全集》第三卷，武汉：湖北教育出版社，2001 年，第 766 页。

君臣之交，计也。害身而利国，臣弗为也；害国而利臣，君不为也。臣之情，害身无利；君之情，害国无亲。君臣也者，以计合者也。”[①] 故其履行职权的责任心、主动性往往与他们的信仰、道德的素质相关。这就使帝国官僚体制必须注重意识形态领域的建构，注重伦理道德的建设，注重对尚“德”、贤能之士的选拔。刘邦君臣正是看到了这个问题，故汉初政治制度的改革中心，是以大力发展伦理道德为内涵的尚“德”崇“礼”为主的，通过儒家对西周礼制的改造及其教化机制，而提升活跃在这种科层机制中官僚、士人的为“天下”理念并达到至“公”的“圣贤”境界。正是这第二个分离，直接导致了汉代思想意识形态领域的改革：一方面通过汉“以孝治天下”而在思想意识形态领域倡导儒家的“仁义”“礼制”。特别在基层社会中，为了克服大一统国家对乡里社会的直接控制所导致的资源不足的矛盾，它必须通过重建乡里社会的宗法制度，利用血缘宗法这个中介来实行对乡里基层社会的间接控制，由此导致汉代的国家—社会的二元化趋向；另一方面，通过汉代选官制度的改革，建立以“孝”“廉”为内涵的察举、荐举制度推选官员，由此转变秦代“以法为教”“以吏为师”的选官制度。这种重视“仁政”、“德治”和“选贤与能”的思想，是一种为了克服流官体制的弊病而进行的系统性、制度性改革，是试图通过道德、伦理的力量来克服剥削阶级社会中的人性之“恶”，通过儒家教化与“治国平天下”的理念，使在这种科层机制中的官僚、士人能够饱含“平天下”的理念而达到“至公”的境界，故它并不是单纯的权宜之计，更不是可有可无的帝王心血来潮之举。汉文帝时期，青年谋士贾谊所谓“变化因时”“攻守异术”，正蕴含着对秦汉之际“武”（秦制）、“文”（礼文）转换的深刻思想。所以，西汉初期“汉承秦制”与“汉家法周”，其制度建构虽以秦制为基础，但是许多重要制度来自由儒家学者所改造的周代礼制，由此形成法儒交融的“汉家制度”。这种政治体制重构了汉代国家的治理机制与意识形态，并奠定了我国两千年帝制时代的政治制度基础。

---

① 王先慎撰，钟哲点校：《新编诸子集成·韩非子集解》卷五《饰邪》，北京：中华书局，1998年，第128页。

汉代国家对思想意识形态的改造，使历史又走了一个否定之否定的轮回。传统的“周文”经过儒家学者的改造而重新回到国家上层政治生活中。汉初刘邦、惠、吕时期，鉴于秦亡教训，对于各种政治思想及学术争论抱持比较开放的态度，这就给一直寻求实现自己政治抱负的儒家士人以极大的鼓舞，形成一股儒家的复兴潮流。而儒家学者也深知秦制弊端，故通过对儒家思想的改革、倡扬，即通过汉初颇具热情的“立典”（立“经典”）与“建制”（建“礼制”），而希望获得在王朝里的正统性与合法性。汉武帝时采用公孙弘、董仲舒之议，“罢黜百家，表章六经”就是其结果。值得注意的是，汉帝国除了借助思想文化的“德”“礼”建构，还积极通过“天人合一”“天人感应”等理论，构筑帝国所需的思想意识，实现对民众的思想统治。《左传》云“国之大事，在祀与戎”，汉代亦是这样。统治者充分利用自史前便有的祭祀与天文相结合的对小农社会农耕产业有着重要作用的公共服务功能，通过对天文、历法的告溯颁历，而获得王朝的正统性与合法性。汉文帝时贾谊提倡的“悉更秦之法”，改正朔，易服色，法制度，定官名，兴礼乐，革故鼎新，以及从西汉至新莽、东汉统治者对明堂、辟雍与灵台的重视①，都是帝制王朝试图获得“君权神授”的天眷与王朝合法性的政治手段。同时，地大物博的古代中国，由于各地特色的不同，民间诸神亦成为乡里社会的信仰对象。在秦统一前，山川阻隔，言语不通，阻碍着不同地域的文化交流，也使各区域的民间诸神信仰呈现出各自的特点。秦统一后，秦始皇巡游海滨甚至泛舟于海上，迷信方士，追求长生不死，均与燕、齐神仙信仰密不可分。然而，政治权力以维护国家一统及君主权威为己任，追求治理手段的简洁、高效与多样化，必然会通过对地方文化与民间诸神信仰的整合，来塑造、推广更符合统治需要的秦汉文化。例如汉代民间信仰的两大主题：宇宙论、生死观。各地不同的信仰群体而衍生出相异的信仰行为，各地大都以宇宙论、生死观为中

---

① 在汉代文献之中，明堂、辟雍与灵台也被称为“三雍”或者“三宫”，如《汉书·终军传》说：“建三宫之文质，章厥职之所宜，封禅之君无闻焉。”颜师古注引服虔曰：“三宫，明堂、辟雍、灵台也。”郑氏曰：“于三宫班政教，有文质者也。”

轴，辅之以时间和空间问题，由此形成对人的自我价值的思考。这些问题虽然来自汉代“天道”的基本维度，但是从时间和空间的层面对宇宙、生死问题进行解构，使这些问题乃至汉代民间信仰从整体上都带上了“天人合一”的属性，最终达到对“君权神授”的皇权合法化。所以，摆脱肉身—升仙等思想的发展，不仅是一种宇宙论、生死观的价值信念，也是对“天人”关系以及在“天”庇护下的皇权合法性的延伸。中国古代并非没有本土的信仰，只是这种精神信念被分解，并融入到国家政治与社会民众的世俗性的日常中去。它与儒学的“天人合一”“天人感应”学说一起，相互渗透、相互作用，构成了中国本土的文化特色。

自秦转汉，古代基层乡里社会及民众生活亦发生了重要变化。这种变化的实质正如前述，它是在秦汉相继中产生的国家—社会的二元关系，并在这种关系裂变中形成的新因素。秦时商鞅变法以“分异令”强行将民间自然形成的“家”拆分成以父母和未成年子女为主构成的核心小家庭，其目的在于增加国家的“户赋”收入，强化对乡里社会成员的管理、控制，由此以国家力量直接进入到基层乡里民众的公、私生活中。但是当实现大一统时，这种在小农经济上建构的国家—社会的一体化整合方式所存在的显明的政治、经济资源的不足，使汉代统治者希望通过对“周制”的仿效，利用乡里社会既有的宗法资源作为联系中介，来重新构建国家与社会的二元格局。故从西汉起，由秦代的“长序”为先改变为“齿序”与“长序”并重的局面，并使它们成为推动乡里社会整合的两种力量。这种社会整合方式对克服秦政弊病固然有效，但是它又面临另一个问题，即在社会经济发展中，过去实行的分户析产的“小家”制度必然会向“大家”（大家庭、家族）发展、演变，由此破坏承担国家赋税、力役、军役的小农经济基础。尤其是西汉中期以后，社会上的工商业者开始深刻认识到权力对保护财富的重要性，逐渐产生进入官僚系统的强烈愿望，部分商人开始积极与政府合作进入官僚体系，使其政治、经济实力不断膨胀，而导致“大家”（大家庭、家族）的加速发展。这种情况最终导致汉初的“小家”向“豪富大家”的加速蜕变，致使基层社会中编户齐民群体发生了分化，引起从西汉中后期至东汉一代“豪民”向“豪族”的变迁。尤其是东汉察举、征辟的选官制度，以及经学成为重要的政治、文化资源，大批以明经入仕而形成的文化世代传承的经学世家，通过婚姻及师生傣属等关系，在权力资源与文化资源的交互循环中形成世代官宦、累世重权的社会关系网络，使汉代“大家”最终走上士族化的道路，并成为东汉政权分崩离析的催化因素。

秦汉时期的政权建构及其交替，亦使先秦诸夏族群在政治力量的推动和中原先进文化的吸附下，不断形成新的、更大的民族国家，也由此产生了以“诸夏”为标志的早期华夏民族向统一的汉民族的转化。战国时代的诸夏尽管同服、同制、同文、同种，但是齐、秦、魏、楚等列国的“国人”意识使彼此隔阂，虽然同处于一种政治、文化、礼乐制度中，但它毕竟是一种加持了列国认同的“诸夏”意识，是一种诸夏—华夏的“二重认同模式”。但是，从战国至秦代的统一趋势，使东西列国之间占主导地位的“秦人”与“非秦人”的族群区分得到弥合，原来以姬周为核心而展开的“夷夏之辨”的圈层型族群认同格局，被以“秦人”为核心的“华夏”统一的民族认同所取代。直至汉代，齐秦文化的交融，楚汉风俗的聚汇，在民族、文化的认同意义上进一步发展，促进了汉民族的互融、互化、互汇的局面。所以，随着西汉政治、文化的推进，武帝时的政治一统、文化一统、民族一统，形成其后几千年来的中华民族多元一体的格局。直到汉末，“华夏化”浪潮汹涌澎湃，尽管由于汉帝国政治体的盈缩带来了各民族之间复杂交错的情形，但族属和文化意义上的“汉人”已经成为带有开放包容性的稳固的民族共同体，它使华夏一体的国家、民族认同意识更加凸显。

四

从全球史角度看，周秦汉时期正是世界文明发展与繁荣的时期。在此期间，人类早期的几个文明（古希腊文明、古波斯文明、古代印度文明和古代中国文明）不约而同地出现了一个辉煌的文化繁荣时期。德国的卡尔·雅斯贝斯将公元前 800 年到公元前 200 年的历史时段称为“轴心时代”。在这个历史时期，中国、印度与希腊等几大地区先后建立起世界历史中既向多元性开放又能维系普遍历史构思的新的思想文化尺度。“这个时代产生了直至今天仍是我们思考范围的基本范畴，创立了人类仍赖以存活的世界宗教之源端。无论在何种意义上，人类都已迈出了走向普遍性的步伐。”① 这个时代发生的文化精神的变革，使世界各早期文明逐渐确立起不同的宗教—伦理价值系统，并且在其后又都实现了文明形态的自我更新，产生了对德性和理性的尊崇与肯定，对人类自身力量和智慧的自信等。正是在这种时代进步中，古希腊、古中国、古印度等文明共同形成并确认了一些重要的人类普遍原则。在轴心时代之后，东方与西方都进入了一个重要的统一时期，例如在欧亚大陆上先后诞生了强盛一时的罗马帝国、帕提亚帝国、贵霜帝国、汉帝国等。所以，从世界史的视野来看，秦汉国家的发展，正处于世界文明由“轴心时代”向其后的帝国时代发展的一个重要历史阶段。但是，这个时代的中国走出了自己独特的历史演进道路。通过周秦、秦汉的两次国家体制与社会结构的裂变，既使传统中国开创了新的历史进程，又通过全国大一统和民族大融合而导致文明形态的自我更新。

因此，由周至汉，中华文明的递嬗，通过否定之否定的螺旋式上升，而进入到一个新的发展阶段，并具有重要的世界意义。它使世界文明的发展、演变更具有多样性、互鉴性。尤其是在思想文化方面，春秋战国时代以儒家、道家等为代表的文化学派，使中国传统社会的伦理精神得以确立，并培育了一种专注于道德修养和经世致用的现实精神，它不仅对于中国古代思想史，而且对于整个世界文明，都具有颇具东方特征的重要意义。而在政治体制上，春秋战国时期的阶级、阶层的大动荡、大分化，使得远在西隅的秦国迅速崛起，通过商鞅变法而建构了较为完备的君主集权的官僚政体。这种新型国家体制是对周代分封制的否定，从某种角度看，它有效地克服了西周分封制的离心力，使传统中国进入到一种政治一统、

① 卡尔·雅斯贝斯著，魏楚雄、俞新天译：《历史的起源与目标》，北京：华夏出版社，1989 年，第 9 页。

民族融合、社会整合的状态。自秦转汉，汉帝国通过“汉承秦制”与“汉家法周”的改革、“更化”，建构起新的儒法相融的“汉家制度”。由于汉代国家体制适应了传统中国的小生产者渴望强大国家保护的要求，适应了民族格局中多元一体的现实状况，适应了传统中国广袤大地中不同文化区域的风土、人情、习俗的多样性与共融性，故它的儒法相融的政治体制蕴含着内在的统一性、连续性、包容性的特质与力量，并成为其后二千多年中国历代王朝效法的制度范式。所以，当其后腐朽的罗马帝国为四面八方涌入的其他民族所淹没，截断了国家与民族的历史发展进程时，中国则在不断发展，并加快着华夏民族与国家的一体化进程。这说明中国内部有着十分强大的自我调节和应付挑战的机制。

世界历史上不乏一个民族长久地分为多个国家的情形。但是在中国，人们往往将国家作为民族的象征，以民族作为国家的基石，甚至将国家、民族的双重统一看作完成自身生命价值的崇高目标取向。在这里要注意的是，由于国家在民族安全性上所承担的义务和职责，它也被作为华夏（汉）民族价值观的重要组成部分，国家认同甚至常常被作为民族价值观的核心、根本问题来看待。“长驱蹈匈奴，左顾凌鲜卑。弃身锋刃端，性命安可怀”，“捐躯赴国难，视死忽如归”。[①]“英雄未肯死前休，风起云飞不自由。杀我混同江外去，岂无曹翰守幽州。”[②] 民族危难就是国难，在解决民族的危机中，国家认同常常会达成空前一致，并成为人们愿为之赴汤蹈火的生命价值取向。因此，尽管中国古代历史上的分与合常相伴而行，但分总是暂时的，合则是长久的。每一次“分”往往为其后更大的“合”奠定基础，导致更为强大的统一国家和民族共同体的出现。而在这种由冲突向融合转化的必然性背后，一个最为重要的原因就在于我们民族意识中所积淀下来的深层价值结构，即国家认同、民族认同、文化认同的同一性。所以，从全球史的意义看，秦汉国家构筑的民族、国家、文化的三位

---

① 曹植：《白马篇》，傅亚庶注译：《三曹诗文全集译注》，长春：吉林文史出版社，1997 年，第 671 页。

② 文天祥：《纪事》，《文天祥全集》，北京：中国书店，1985 年，第 315 页。

一体认同，使中华文明有着极强的生命力。正是在这种“分久必合，合久必分”的历史进程中，华夏（汉）民族始终保持了国家的统一、民族的团结、文化的连绵不断，由此铸就了一个具有悠久文化传统的久经考验的民族，也造就了一个人口众多、幅员辽阔的泱泱大国。这种情形，正是与秦汉国家的制度构建、民族认同、社会整合分不开的。

以上是本丛书讨论的一些基本问题，也是本丛书的作者对春秋战国暨秦汉递嬗时期政治、经济、文化、社会、民族等问题的探索、研究的心得。事实上，对春秋战国暨秦汉国家、社会、民族之递嬗所形成的剧烈变化，诸多通史著作都已进行了富于特色的研究。本丛书则是在前代学者研究的基础上，通过历史时序与问题意识的结合，特别是通过对问题的阐释、解读而揭示出先秦秦汉时期历史与逻辑演进的因应关系，以更深入地了解、认识中国古代诸多历史问题的本质特征。本丛书的作者群体，既有秦汉史领域的资深学者，也有本世纪成长起来的青年学人。值得欣喜的是，这些经过严格学术训练，颇具学识的一代青年学人，朝气蓬勃，勇于创新，富有探索精神，对先秦秦汉时期的诸多历史问题有自己的独到见解，由此为本丛书的内容增添了生气。

本丛书系2017年度国家社科基金重大项目（17ZDA180），2023年获得国家出版基金项目资助。丛书由总主编李禹阶教授进行指导思想、写作目标、各卷内容的总体设计，并对丛书各卷进行最后的通稿。本丛书共分为六卷，依据时序和内容，分别为：《秦的国家建构、民族认同和社会整合》（第一卷）；《秦汉国家演进与华夏民族认同——中华民族共同体的形塑时代》（第二卷）；《西汉王朝的国家建构与社会整合》（第三卷）；《秦汉国家的思想、信仰与皇权政治》（第四卷）；《汉代国家视域下的社会阶层演变》（第五卷）；《礼法之宜：汉代国家法的法理构建与制度整合》（第六卷）。各卷分别由李禹阶、尤佳、徐卫民、刘力、崔向东、汪荣负责具体章节设计、统稿与修改等工作。尤其需要说明的是，在丛书撰写中，得到了王子今、卜宪群、孙家洲、吕宗力、杨振红、李振宏、臧知非、晋文、王煜辉、晁天义、邬文玲等教授、研究员的关心、支持，他们对其中的诸多内容提出了颇具建设性的意见与建议，在此特别要对他们予以衷心感谢。丛书的出版，特别得力于齐鲁书社原总编辑傅光中先生的慧眼识珠，辛勤努力，并对丛书内容提供了十分中肯、宝贵的建议；丛书各卷的编辑老师严谨认真，一丝不苟，为丛书的高质量面世提供了保证。没有齐鲁书社诸位老师的辛勤劳动，本丛书的出版是不可能的。在此亦对以上各位编辑、朋友的帮助表示衷心感谢。

李禹阶

2024 年 5 月 12 日

引 言

清人赵翼指出："盖秦、汉间为天地一大变局。"① 其所谓"变"，在于汉初布衣将相之局的出现。不可一世的秦王朝的快速灭亡使西汉的统治者不得不在"汉承秦制"的基础上，改弦更张，另起炉灶，完成了影响中国历史进程的国家构建与社会整合。

汉文明在中国文明发展史上具有极为重要的地位，现在人们常讲到的汉学、汉文明、汉语、汉人都是在这一时期奠定了良好基础。西汉前中期是汉文明形成的重要阶段，也是中国古代国家构建和社会整合的关键阶段。这段时期所进行的一系列国家构建在中国古代文明发展进程中影响甚大，是一个值得深入研究探讨的重要问题。

西汉初至汉武帝、宣帝时期是中国古代中央集权的帝制国家建立、巩固、发展的重要时期。经过这一时期的发展演变，真正意义上的"中国"和真正意义上的华夏（汉）民族才正式建立起来。例如，真正意义上的"中国"，其中就包括在秦的政治思想、制度的基础上正式形成的古代中国两千多年的帝制时代的框架；而真正意义上的华夏（汉）民族，包括华夏文化，也是在这一时期开始了进一步统一、融合的进程，它使战国时代的齐、楚、燕、韩、赵、魏等国的族群、文化、社会达到了真正意义上的"中国"第一次大统一。因为战国时代的族群中，华夏仅仅指中原及部分

① 赵翼著，王树民校证：《廿二史札记校证》，北京：中华书局，1984 年，第 36 页。

周边人群，而当时的楚、秦等仍然是中原人常常说的“蛮”“戎”“夷”等。秦统一后尽管做了不少整合工作，但由于它只存在了十多年就很快灭亡，故在短暂的时间里，并没有真正做到族群、文化全面而有机的一统与整合，而主要表现在地域、军事、行政上的统一，这也是秦之所以迅速灭亡的原因之一。西汉时期则把楚文化、秦文化等纳入汉民族文化之中，汉文化是在秦、楚文化基础上形成的统一文化，其时黄河、长江、淮河、珠江等流域的各种区域性文化在这个时期形成融合之势，最终形成恢宏的大汉文化。

社会整合其实是建立在族群整合、文化整合的基础上的。国家在对社会的统一管理，以及各个区域性社会对共同的民族国家认同基础上，形成了统一的、包容我国东西南北区域社会的汉朝大一统王朝。从西汉初期到中期，这种演进过程不断发展，并且逐步得到完善，使中国各区域社会在汉王朝的一统下，形成有机整体，并最终奠定了中国的民族、国家、文化的统一性、创新性、连续性的良好基础。

目 录

下编　西汉王朝的精神世界

上编

西汉统治思想和统治制度

第一章
东方法家“别派”：黄老之学与“汉承秦制”之路

西汉国家制度奠定了两千多年来中国帝制国家的制度与文化基础，对此学者们有着不同的认识。例如熊十力先生就认为：“汉以后二千余年之局，实自汉人开之。凡论社会、政治，与文化及学术者，皆不可不着重汉代也。”[①] 何怀宏先生明确否定谭嗣同等人关于两千年之政皆秦政的认识，认为秦朝在战争中铸就的强大国家机器和高度的中央集权，包括它在统一后明确选择的非封建世袭的郡县制和官僚制，由于“没有确立一种比较合符人性和人道的统治思想，也没有解决传统统治阶级的再生产问题，反而继续迷信暴力专制，以打天下的方式来治理天下，故此很快分崩离析，‘二世而亡’。而后来的汉朝终于通过儒家解决了这两大问题。所以，我以为比较合符事实的说法是，传统中国的两千年间，非‘秦制’也，而是皆为‘汉制’，而且是经过了‘周文’洗礼和落实的‘汉制’”[②]。“真正具有创新意义，成为后世两千年制度的基本典范的‘汉制’的建立，恰恰是

① 熊十力：《读经示要》，萧萐父主编：《熊十力全集》第3卷，武汉：湖北教育出版社，2001年，第766页。

② 何怀宏：《影响中国两千年的并非秦制》，《环球人物》，2014年第5期。

在‘更化’的过程，亦即更新秦制秦俗的过程中实现的。”① 我们认为，熊十力、何怀宏等学者对于中国帝制时代国家制度与政治文化的认知是比较符合历史实际的。秦汉之际政治、经济形势的变化，使汉代国家体制在继承、改造秦旧制基础上，进行了大范围的制度创新。其制度建构的内容虽然仍以旧秦制度为基础，并掺杂着黄老刑名之学的成分，但是其中许多重要内容来自由儒家学者所改造的周代礼仪，由此形成了内法外儒的“汉家制度”。这种“汉承秦制”与“汉家法周”的政治体制重新建构了汉代的国家治理机制和意识形态，并奠定了我国两千年帝制时代政治制度的基础。

第一节　“承秦”与“过秦”：“汉家制度”建构背景

秦二世而亡，不得不使时人常常反思、警醒于秦亡教训。刘邦君臣作为亡秦的目睹者和参与者，十分清楚秦亡原因。虽然汉兴之初，万事俱废，草创之余，其国家体制亦多沿袭秦旧制，可是秦汉之际的形势毕竟发生了很大变化，这种变化使刘邦君臣不得不考虑在袭秦旧制的基础上又对秦制进行改造。

秦汉之际社会形势变革有如下特点：

第一，军功利益集团与封藩建国的“屏卫”。

公元前206年，刘邦、项羽挥师咸阳，犁庭扫穴，庞大的秦王朝在“楚人一炬”中轰然倒地。公元前202年，正月，刘邦在汜水之阳即皇帝位，建立了西汉王朝。西汉新政权的建立者刘邦，以一介草民起于闾巷，奋竞草泽而履九五之尊。“其君既起自布衣，其臣亦自多亡命无赖之徒，立功以取将相”②，形成了中国历史上第一个布衣将相之局。清代著名的历史学家赵翼在《廿二史札记》中有一篇《汉初布衣将相之局》，其曰：

① 何怀宏：《汉立六十二年之“更化”》，《领导者》，2011年第42期。

② 赵翼著，王树民校证：《廿二史札记校证》，北京：中华书局，1984年，第36页。

“一时人才皆出其中，致身将相，前此所未有也。盖秦、汉间为天地一大变局。自古皆封建诸侯，各君其国，卿大夫亦世其官，成例相沿，视为固然。”[①] 局势的陡变，使不少社会底层人士徒步为相，白身为将，开辟了“无土而王”的新时代。

布衣将相之局开创了君主“奋竞草泽”而“践帝祚”的新格局。这个格局与先秦时代的君主、公卿、贵族、封君的世系贵胄具有截然不同的性质。在讲究血缘世系的贵胄时代，周、晋、秦、齐、楚等君主、卿族均具有悠久而显赫的家世和贵族的血统，因此在这个世代贵胄的社会里，权力具有极大的封闭性与内生性。尽管战国时期各诸侯国的“国家本位”体制的建立打开了人才流动的大门，但是最高“王权”仍然掌握在旧时的世代贵胄的公室、卿族手中。尤其是战国中后期，在大一统曙光出现的前夕，秦的君主集权政治在君相、君臣，以及宗室、外戚等方面出现了诸多问题，导致秦国上层政治斗争异常激烈，这导致秦国王权在驾驭臣下时，进一步加大了“术”治力度，并使秦国最高权力出现更加集中、封闭的趋向。此后，秦始皇“奋六世之余烈，振长策而御宇内，吞二周而亡诸侯，履至尊而制六合，执敲扑而鞭笞天下，威振四海”[②]，它也使其君臣对自己的战斗能力和主观作用深信不疑，更加盲目地相信强权、暴力乃至自身主观的作用，这就使它的最高权力更加趋于封闭、内卷并缺乏制约，以至于出现权臣执政、宦者掌权的局面。汉初的布衣将相之局则不同。一方面，刘邦君臣并不具备先秦世系贵胄身份，亦不像周、秦、齐、楚等君主那样具有悠久而显赫的家世和贵族的血统，因此，刘氏王朝的正统地位及在历史传承中的天然合理性尚未得到普遍承认，君臣关系以“利”而不以“义”相合，应该说刘邦与其臣属乃是以实力为基础

---

① 赵翼著，王树民校证：《廿二史札记校证》，北京：中华书局，1984年，第36页。

② 贾谊撰，阎振益、钟夏校注：《新编诸子集成·新书校注》卷第一《过秦上》，北京：中华书局，2000年，第2页。

的利益之合[1]，而这种关系也决定了西汉政治有着皇权与开国军功大臣共享权力的开放性特征。另一方面，这种布衣将相之局，使汉初国家权力实际处于一种开放性形态，臣属们实际上就是跟随刘邦一起打天下的共主。故有学者认为，汉初皇权乃是一种“‘共天下’与有限皇权”，“刘邦即位时，从形式上看，刘邦是继承了秦始皇所开创的皇帝位，汉王国也由此变成了汉帝国，成为了秦帝国的继承者。然而，从实质上看，刘邦即皇帝位，不过是霸业政治的达成，以汉为盟主，以各诸侯王国为盟国的反楚联盟的胜利宣言”[2]。从“高帝五年诏”可以看出，“在西汉初年，以刘邦集团的军吏卒为主体，一个拥有强大的政治势力和经济基础，具有高等社会身份的新的社会集团形成了。这个社会集团，根基于因军功而被赐予的军功爵及其随之而来的各种既得利益，在当时的历史条件下，成为一个独特的社会阶层”[3]。而刘邦集团的所有成员，都因高低不同的军功，分配到了大小不等的利益，从而享有不同的“所得”。所以，汉初皇权并不是如秦王朝那样权力高度集中的政权。正是“秦制”皇权的封闭性与汉初布衣将相之局所导致的皇权的开放性，使刘邦需要建构的“汉家制度”注定不同于旧“秦制”，而有着新的制度性特征。

这种布衣将相之局，刘邦在还没有完全建构起汉家的正统地位及历史传承中的天然合理性时，使汉代朝廷上弥漫着一股重“利”轻“义”、以“力”相兼的政治价值观，导致君臣关系相当脆弱。例如刘邦在汉中封韩

---

① 例如，煽动韩信谋反的蒯通被逮捕后，刘邦下令将他烹了。蒯通大呼冤枉，说：“秦之纲绝而维弛，山东大扰，异姓并起，英俊乌集。秦失其鹿，天下共逐之，于是高材疾足者先得焉。……且天下锐精持锋欲为陛下所为者甚众，顾力不能耳。又可尽亨之邪?”（司马迁：《史记》卷九十二《淮阴侯列传》，北京：中华书局，1959 年，第 2629 页。）吕氏之乱被平定，朝中大臣拥立代王刘恒为帝，见刘恒犹豫再三，中尉宋昌便讲了几条理由：“夫秦失其政，诸侯豪桀并起，人人自以为得之者以万数，然卒践天子之位者，刘氏也，天下绝望。”（司马迁：《史记》卷十《孝文本纪》，北京：中华书局，1959 年，第 413 页。）这说明西汉之初的君臣关系乃是一种以“力”和“利”相联结的权益关系。

② 李开元：《汉帝国的建立与刘邦集团——军功受益阶层研究》，北京：生活·读书·新知三联书店，2000 年，第 139 页。

③ 李开元：《汉帝国的建立与刘邦集团——军功受益阶层研究》，北京：生活·读书·新知三联书店，2000 年，第 54 页。

信为将，韩信对他说：“项王见人恭敬慈爱，言语呕呕，人有疾病，涕泣分食饮，至使人有功当封爵者，印刓敝，忍不能予，此所谓妇人之仁也……今大王诚能反其道：任天下武勇，何所不诛！以天下城邑封功臣，何所不服！”① 王夫之在《读通鉴论》卷二《汉高帝》中对此评论说：“抑信之为此言也，欲以胁高帝而市之也。故齐地甫定，即请王齐，信之怀来见矣。挟市心以市主，主且窥见其心，货已仇而有余怨。”② 张良亦对刘邦谈道：“天下游士离其亲戚，弃坟墓，去故旧，从陛下游者，徒欲日夜望咫尺之地。”③ 这些事实表明，在汉初，由于大一统中央集权的等级尊卑制及相应的伦理道德观念还未在人们心中普遍确立，政治实力和利益关系的结合使君臣之间的猜忌和互不信任随处可见。布衣君臣之现实，使刘邦及吕后都不得不面对势力庞大的具有军功背景的功臣集团。孙家洲先生曾对汉初政治舞台上君臣之间——宗室、军功、外戚三大政治集团之间错综复杂的斗争有着专门研究。在孙家洲看来，功臣集团是刘邦当年参与反秦军事斗争，尤其是与项羽争夺天下的主要依靠力量，部分人不是刘邦的部属而是他的盟友。假如没有功臣集团的鼎力相助，刘邦不可能战胜强敌而成为天下之主。故刘邦在当上了皇帝之后，担心功臣集团的某些人对他不是真心归附和效忠，甚至担忧有人会成为他潜在的对手。于是对这个集团，刘邦既要安抚和笼络，又要防范和镇压。④

这种重“利”轻“义”、以“力”相兼的政治价值观，以及权力共享的现实，使汉初皇权不能再继续实行纯粹的郡县制度。在刘邦等人看来，秦嬴氏“积善累功数十年”“修仁行义十余世”，经过百余年努力，“并冠带”而一统天下。但是在关东义军兴起后，竟然出现四境军将无人勤王、关中腹地无兵可调的情形，这无疑给了刘邦很大的刺激。此外，从当时的

---

① 司马迁：《史记》卷九十二《淮阴侯列传》，北京：中华书局，1959 年，第 2612 页。

② 王夫之撰，舒士彦点校：《读通鉴论》卷二《汉高帝》，北京：中华书局，1975 年，第 9 页。

③ 司马迁：《史记》卷五十五《留侯世家》，北京：中华书局，1959 年，第 2041 页。

④ 孙家洲：《西汉前期三大政治集团的“平衡”及其破局》，《理论学刊》，2019 年第 6 期。

政治格局看，“汉家”需要采取什么样的国家政治体制，也并不完全取决于刘邦君臣的主观意志。早在楚汉战争中，关中六国旧贵、豪杰的兴起，导致在反秦旗帜下各地诸侯王争相竞立，这就产生了新的帝业与王业的冲突。为了能使灭秦战争中这些手握重兵的旧贵、豪杰为其所用，刘邦不得不承认割据势力现状，并按其属地分封异姓诸侯王。田余庆先生对此有精辟论述：“秦降于楚‘亡秦必楚’的话终于应验了。但是另一个同时出现的结果，却是帝业回归于王业。要想再造帝业，必须经过一场严重的斗争，这就是刘邦、项羽之战。”① 因此，楚汉战争既引发诸侯竞起，同时战争双方的政治目标又似一次新的再造“帝业”或“王业”的战争。应该说，楚汉战争对汉初国家建构的意义甚大，它使刘邦君臣形成了对“帝业”与“王业”利弊相依的复杂认识。其一，以旧秦之帝业来统治关东各地尚手执重兵的六国旧贵、豪杰，显然与楚汉战争发展的时势不合。在六国旧贵崛起、手握重兵、各据一地的情况下，为了赢得楚汉战争，刘邦必须对拥有重兵的将领“有功者辄裂地而封王侯”。他先后封韩信为齐（楚）王，立彭越为梁王、韩王信为韩王、黥布为淮南王、臧荼为燕王、张敖为赵王等，就是为了获取这些诸侯王对自己的支持。其二，在其时“异姓并起，英俊乌集。秦失其鹿，天下共逐之”② 的局势下，刘邦以布衣之身而骤为天子，缺乏在历史传承中的正统地位及皇权的天然合理性，在重“利”而轻“义”，臣子“挟市心以市主，主且窥见其心”③ 的君臣关系下，尤其是军功阶层在朝廷上盘根错节的政治势力，使刘邦务必要考虑皇权的安全传承。完全采取秦王朝时代的郡县制，作为开国君主的刘邦尚且不能做到，何况其后继之子孙。因此为子孙后代计，实行郡国并行制，使刘氏子孙互为屏藩，是刘氏“帝业”的长远之计。其三，刘邦君臣通过秦末战争也深刻认识到，在统一后帝国南北疆域尚不稳定的情形下，形式

---

① 田余庆：《说张楚——关于“亡秦必楚”问题的探讨》，《历史研究》，1989 年第 2 期。

② 司马迁：《史记》卷九十二《淮阴侯列传》，北京：中华书局，1959 年，第 2629 页。

③ 王夫之撰，舒士彦点校：《读通鉴论》卷二《汉高帝》，北京：中华书局，1975 年，第 9 页。

单一的郡县制在全国急剧推行，显然缺乏关东旧贵、豪强、民众的普遍认同。在楚汉战争中，许多称王者如武臣、张耳、韩广等人，并非故国旧政权的王室显贵人物。但是他们大多能获得割据疆域内包括贵族、士人及地方宗族势力的支持，在旧王国的地域内建立起割据政权。最合理的解释就是当时关东六国旧贵、士人、民众在精神上、文化上对自己长期生活于其中的前代区域性政治共同体的依赖与认同。加上大一统后帝国疆域扩大，北边与南疆地势犬牙交错，民族结构复杂。如果完全依靠秦王朝实行的郡县制，则不能根据各区域实际因地制宜，按照当地风俗民情治理，而易出现各地域治乱不一的情形。基于上述原因，刘邦吸取"惩戒亡秦孤立之败"及"咸阳遂危……列郡不相亲，万室不相救也"[①] 的教训，以郡、国的双轨制重建从中央到地方的政治结构，弥补秦郡县制的制度性缺陷。[②] 故强秦以单纯的郡县制而"激秦孤立亡藩辅"，项羽以醉心于"西楚"霸业的分封制而失败，这种现实困境使刘邦认真考虑结合"帝业"与"王业"，以分封制与郡县制相结合的办法进行国家政治架构的改造。

管东贵先生曾指出汉初政权的建设道路有三：一是仍封异姓；二是封宗室子弟；三是废除封建，改为中央直辖的郡县制。刘邦采取了封建宗室子弟的第二条道路，原因就在于形势的变化，通过血缘关系控制一定的封建区域，可以吓阻中央直辖下的郡县生变。[③] 这无疑有着一定道理。在当时，无论哪一种政治体制，都不能适应汉初对关东、关西广大地域的统治，故只能采取两条腿走路即中央直属郡县及封建宗室子弟为诸侯王的方法。这个方法虽然利用了"周道"分封制，但是与君主集权制也并无多大违逆。故汉初当帝国秩序一经稳定，刘邦就大封同姓诸侯王。《汉书·诸侯王表·序》对此曰："汉兴之初，海内新定，同姓寡少，惩戒亡秦孤立

---

① 班固著，颜师古注：《汉书》卷五十一《贾邹枚路传》，北京：中华书局，1962年，第2338页。

② 汉初郡国并行制问题亦可参看陈苏镇：《〈春秋〉与"汉道"：两汉政治与政治文化研究》第三章《"霸王道杂之"——〈公羊〉学对西汉中期政治的影响》，北京：中华书局，2011年，第207~306页。

③ 管东贵：《从宗法封建制到皇帝郡县制的演变——以血缘解纽为脉络》，北京：中华书局，2010年，第251页。

之败，于是剖裂疆土，立二等之爵。……尊王子弟，大启九国。”①《汉书·高五王传》记汉初刘邦：“以海内初定，子弟少，激秦孤立亡藩辅，故大封同姓，以填天下。”②

汉初实行的郡、国双轨制，虽然是迫于现实的做法，可是它与西周、春秋时代的分封制已具有极大差异，是刘邦在当时严峻的政治、军事形势下对汉代国家制度的政治设计。它既与当时的政治格局有关，也是一种辅助皇权的制度构想。高祖六年（前 201）起，刘邦为了抚慰军功阶层，大封功臣列侯。除了刘邦在开国之初封齐王（后徙封楚王）韩信、淮南王黥布、梁王彭越等七位颇有战功的功臣，还封了萧何、曹参、周勃、樊哙等十八位列侯。有学者研究认为，汉初这些列侯仅仅是没有实际封地管理权的食税之君。到了文帝令列侯之国后，才建立起如诸侯王国一般的侯国内部政治体系、制度。③ 但是不论如何，汉代的布衣将相之局，使刘氏皇权、军功阶层、外戚势力始终处于博弈局面。因此高祖在位时，为了保持其皇权对中央权力的控制，铲除了韩信等六位“异姓功臣王”（长沙王吴芮“以微弱仅存”），还诛杀了部分立有大功的功臣。但是，当时的形势也迫使刘邦不得不依靠、重用军功阶层成员，以利于汉初国家的稳定和发展。

鉴于汉初政治上述特点，汉王朝实行了外封宗室、内依功臣的政权体制。《汉书》卷十六《高惠高后文功臣表》记高祖“八载而天下乃平，始论功而定封。讫十二年，侯者百四十有三人。时大城名都民人散亡，户口可得而数裁什二三，是以大侯不过万家，小者五六百户。封爵之誓曰：使黄河如带，泰山若厉，国以永存，爰及苗裔”④。同时，刘邦又大封刘氏宗

① 班固著，颜师古注：《汉书》卷十四《诸侯王表》，北京：中华书局，1962 年，第 393 页。

② 班固著，颜师古注：《汉书》卷三十八《高五王传》，北京：中华书局，1962 年，第 2002 页。

③ 马孟龙：《汉初侯国制度创立新论》，《历史研究》，2023 年第 2 期。

④ 班固著，颜师古注：《汉书》卷十六《高惠高后文功臣表》，北京：中华书局，1962 年，第 527 页。

室弟子为王，先后建立了九个刘氏诸侯王国，使他们“如犬牙相制”，镇守东方，拱卫京师。高祖十二年（前195），即刘邦临死之前与群臣共立“白马之盟”，“非刘氏而王者，天下共击之”①。这两个誓言，以天地山河之久长，借助神灵之威权，既安抚和控制了功臣集团，又突出了刘姓皇室至高无上的权威，为维持当时几大政治集团的平衡局面奠定了基础。自此后，镇守关东的同姓诸侯王与中央王朝的功臣列侯成为西汉初内外相维的两大支柱。

“封爵之誓”“白马之盟”是汉初政治体制构建的重要内容。它们是对汉初军功、外戚、宗室诸侯王的一种制度性肯定，是吕氏外戚集团在中央朝廷权力一支独大、军功阶层势力不断膨胀的形势下，以同姓诸侯王藩卫皇室，抑制军功阶层和吕氏外戚集团日益坐大的一种重要战略决策。李开元在评论“白马之盟”及丞相均由军功阶层出任的惯例时认为：“该惯例与白马之盟是一体两面，非功臣不侯，非侯不相，保证了汉初军功受益阶层对于汉朝政府的支配权。不言自明，相对于此的，则是刘氏皇族对于宫廷和诸侯王国的支配权，即非刘氏不王。”② 故西汉前期，一方面中央朝廷内军功大臣掌握大权，辅佐皇帝治理国家；另一方面，皇权又大立同姓诸侯王镇抚四方，尤其是关东诸南北战略要地，以抑制中央执掌大权的权贵阶层的进一步壮大。

因此，汉初郡、国双轨制是汉代国家建设的重要内容，其目的是以“秦制”为主干，而辅之以“周制”中的分封制度，以诸侯国与郡县制度为汉代国家基本的政治构成，将强化中央君主集权与加强各区域社会控制紧密结合，由此形成前所未有的新的国家政治体制。这种构建与整合形式，在中央的表现是沿袭秦以来的三公九卿制，牢牢把握国家各个部门的政治权柄；在地方，则于关东地区的南北要塞建立同姓诸侯国以藩屏皇室。客观地说，郡国并行制是在秦制基础上根据时势而因时制宜，所优

① 班固著，颜师古注：《汉书》卷四十《张陈王周传》，北京：中华书局，1962年，第2047页。

② 李开元：《汉帝国的建立与刘邦集团——军功受益阶层研究》，北京：生活·读书·新知三联书店，2000年，第209页。

化、创新的汉初的国家统治结构，它融合了关西与关东六国旧地的政治、经济、文化特点，是一种兼容黄河、淮河、长江几大流域社会结构的新的统治方式。这种方式既避免了汉王朝重蹈“亡秦孤立之败”的覆辙，建立同姓诸侯王藩屏刘氏王朝的统治机制，又恰当地处理了汉代中央朝廷几大政治势力相互博弈的复杂的政治矛盾。可以说，刘邦确立的郡国并行制是现实理性的产物，是一种政治智慧。从实际情况来看，一方面，诸侯国的建立，确实对汉初中央政局的平稳运行起到了重要作用。《史记·孝文本纪》曰：“高帝封王子弟，地犬牙相制，此所谓盘石之宗也，天下服其强。”① 在刘邦死后刘氏皇权反吕后篡权的斗争中，“今大臣虽欲为变，百姓弗为使，其党（吕氏）宁能专一邪？方今内有朱虚、东牟之亲，外畏吴、楚、淮南、琅邪、齐、代之强”②，说明汉初同姓诸侯国对于扼制中央朝廷的刘氏皇权异己势力、稳定国家政治局面有着重要意义。另一方面，由于当时诸侯国大都设立在北部、东部或南方边域之地，其地势或险要，或为鱼盐之乡，或为区域通衢，对于镇守、开发这些边域地区有着重要作用。如北边的代、燕，其地理位置重要，为汉北部屏障。陈豨任代相时，韩信曾说：“公之所居，天下精兵处也。”③《汉书·诸侯王表·序》载：“自雁门以东，尽辽阳，为燕、代”④，说明燕国作为汉代北部和辽东边疆屏藩的重要性。再如齐国“东有琅邪、即墨之饶，南有泰山之固，西有浊河之限，北有勃海之利。地方二千里，持戟百万，县隔千里之外，齐得十二焉。故此东西秦也。非亲子弟，莫可使王齐矣”⑤。加上刘邦在创立郡国并行制、划分诸侯国疆域时，其国界划分基本上是以旧六国或各区域有关联的族群居住地等因素为标准，如“齐王信习楚风俗，更立为楚王”⑥“民能

---

① 司马迁：《史记》卷十《孝文本纪》，北京：中华书局，1959年，第413~414页。

② 司马迁：《史记》卷十《孝文本纪》，北京：中华书局，1959年，第414页。

③ 司马迁：《史记》卷九十二《淮阴侯列传》，北京：中华书局，1959年，第2628页。

④ 班固著，颜师古注：《汉书》卷十四《诸侯王表》，北京：中华书局，1962年，第393页。

⑤ 司马迁：《史记》卷八《高祖本纪》，北京：中华书局，1959年，第382~383页。

⑥ 班固著，颜师古注：《汉书》卷一下《高帝纪下》，北京：中华书局，1962年，第51页。

齐言者皆属齐”[①] 等。而汉初中央政府对诸侯国相的选择与派遣，亦大多考虑到了不同风俗、民情、文化的地域因素。据《史记》《汉书》记载的武帝以前诸侯国相群体来看，其原籍绝大多数属于关东地区。陈豨（齐人，赵相、代相）、傅宽（砀郡人，齐相、代相）、曹参（楚人，齐相）、周昌（楚人，赵相）、郦商（陈留人，受赵相国印）、吕更始（楚人，楚相）、窦婴（观津人，吴相）、爰盎[②]（楚人，齐相、吴相、楚相）、冯唐（代人，楚相）、张释之（堵阳人，淮南王相）、灌夫（颍川郡人，代相、燕相）、栾布（梁人，燕相）等均是如此。这种生于斯长于斯的经历与地域属性，使他们对关东六国的风俗传统有深切的了解和认识。在治理诸侯国政时，能够从俗知化、因俗而治、因地制宜，使各地区的族群融合、区域整合达到较好效果。如齐相曹参，“其治要用黄老术，故相齐九年，齐国安集，大称贤相”[③]；栾布，“孝文时，为燕相，至将军……吴楚反时，以军功封俞侯，复为燕相。燕齐之间皆为栾布立社，号曰栾公社”[④]。

第二，东、西异制导致的汉家制度建构的特殊性。

谭其骧先生曾认为：“自五四以来以至近今讨论中国文化，大多数学者似乎都犯了简单化的毛病，把中国文化看成是一种亘古不变且广被于全国的以儒学为核心的文化，而忽视了中国文化既有时代差异，又有其地区差异。”[⑤] 在他看来，三辅“富人则商贾为利，豪杰则游侠通奸”，“郡国辐凑，浮食者多，民去本就末”；六郡（今甘肃东部、宁夏、陕北）则“不耻寇盗”；蜀士则以文辞显于世，但“未能笃信道德，反以好文刺讥，

---

① 司马迁：《史记》卷八《高祖本纪》，北京：中华书局，1959 年，第 384 页。

② 《汉书》写作“爰盎”，《史记》写作“袁盎”，因本书中关于“爰盎”的内容更多来自《汉书》，故本书取“爰盎”。

③ 司马迁：《史记》卷五十四《曹相国世家》，北京：中华书局，1959 年，第 2029 页。

④ 司马迁：《史记》卷一百《季布栾布列传》，北京：中华书局，1959 年，第 2734 页。

⑤ 谭其骧：《中国文化的时代差异和地区差异》，《复旦学报（社会科学版）》，1986 年第 2 期。

贵慕权势”；而关东中原的河内则“俗刚强，多豪杰侵夺，薄恩礼，好生分”；周地则“巧伪趋利，贵财贱义，高富下贫，喜为商贾”；郑地“男女亟聚会，故其俗淫”；如此等等。[①] 秦虽然以疾风骤雨之势吞并六国，但是东西不同风，南北不同俗。除了秦旧地，关东六国的宗法血缘制及传统旧俗还大量遗留，而这种宗法体制和旧风俗显然与秦制中废除世卿世禄、家庭父子“别居异财”有着重大差异。

正如前述，秦汉之际关东六国有着自己的生态与人文环境特征。例如，齐国濒临海滨，有着鱼盐之利，但是“区区之齐在海滨”的齐国，其濒海区域的土壤大多是被海水碱化的“漏卤之地，不生五谷也”，不利于发展农业生产。因此，齐自立国者姜太公起，就把兴国富民的重点放在农业与工商业兼重的经济政策上。齐桓公时，重用管仲，进行政治、经济等改革。[②] 战国田齐时代对工商业的重视比姜齐更甚。战国时期的齐国，不仅工商致富的观念已深入人心，而且齐国政府为了军赋、税收，采取了更有利于工商业发展的措施。[③] 由于齐国军赋、税收对工商业的依赖性，故它注重打造良好的营商环境。工商业所具有的流动性、自由性、开放性特点，使其社会环境的流动程度、自由贸易的经商环境势必更加宽松。也因此，齐国在国家、社会的治理中不能采取像秦国商鞅变法那样的单一的“农战”政策，也不能像秦国那样实行严酷的“壹战”“壹农”“壹言”等政策，而采取一种较为温和、宽松的行政管理制度。关东其他各诸侯国亦有着国家的自然生态与人文环境的特点。这一切使过去在秦国所能够有效

---

① 谭其骧：《中国文化的时代差异和地区差异》，《复旦学报（社会科学版）》，1986年第2期。

② 例如“管仲既任政相齐，以区区之齐在海滨，通货积财，富国强兵，与俗同好恶。故其称曰：‘仓廪实而知礼节，衣食足而知荣辱，上服度则六亲固。’”司马迁：《史记》卷六十二《管晏列传》，北京：中华书局，1959年，第2132页。

③ 例如田齐政权就通过减免关税、建立完善的驿传制度等措施来提供优质营商环境，其结果是极大发展了工商业。齐国都临淄，“甚富而实，其民无不吹竽鼓瑟，弹琴击筑，斗鸡走狗，六博蹋鞠者。临菑之途，车毂击，人肩摩，连衽成帷，举袂成幕，挥汗成雨，家殷人足，志高气扬”，其“家殷人足，志高气扬”的富足与自由风气，与西秦等国相比，真是有千差万别。见司马迁：《史记》卷六十九《苏秦列传》，北京：中华书局，1959年，第2257页。

实行的法家制度在关东诸国则缺乏实行的环境。

在秦汉之际，关东之地乃是宗法豪强植根之区域。春秋战国时代，在宗法制条件下，豪强游侠已十分活跃。早在春秋战国时期，随着周代礼制的式微，就出现了一大批丧失了基本生产资料的游民。这些游民或攀附权贵、依附豪门；或混迹市井、为人所用、铤而走险。班固《汉书·游侠传》曾曰："周室既微，礼乐征伐自诸侯出。桓文之后，大夫世权，陪臣执命。陵夷至于战国，合从连衡，力政争强。繇是列国公子，魏有信陵，赵有平原，齐有孟尝，楚有春申，皆藉王公之势，竞为游侠，鸡鸣狗盗，无不宾礼……皆以取重诸侯，显名天下。扼腕而游谈者，以四豪为称首。于是背公死党之议成，守职奉上之义废矣。"[①] 秦国则不同。秦灭六国，骤然获得全国统治权。在对关东广大地域的治理中，秦帝国仍然采取过去治理西秦（包括巴蜀）的旧制，试图以秦旧地的编户齐民制及其苛严的法律、政令对关东社会结构进行全面改造。在商鞅变法中，秦国建构了一套城、乡的连坐与告密制度，即设立法外监控体系，鼓励人们互相揭发，以对付或威胁潜在的敌人。[②] 在睡虎地秦简中，有多条关于告奸和邻居连坐、亲属连坐的刑律处罚条文，如"夫有罪，妻先告，不收"[③]"'盗及者（诸）它罪，同居所当坐。'可（何）谓'同居'？·户为'同居'，坐隶，隶不坐户谓殹（也）"[④] 等，说明商鞅变法中制订的法律条文，在秦的新占有区域中仍然普遍实行着。秦王朝希望以国家对社会极端干预的"壹

---

① 班固著，颜师古注：《汉书》卷九十二《游侠传》，北京：中华书局，1962 年，第 3697 页。

② 《史记·商君列传》记，卫鞅为左庶长，"卒定变法之令。令民为什伍，而相牧司连坐。不告奸者腰斩，告奸者与斩敌首同赏，匿奸者与降敌同罚"。（司马迁：《史记》卷六十八《商君列传》，北京：中华书局，1959 年，第 2229~2230 页。）《史记·李斯列传》曾曰："孝公用商鞅之法，移风易俗，民以殷盛，国以富强，百姓乐用，诸侯亲服，获楚、魏之师，举地千里，至今治强。"（司马迁：《史记》卷八十七《李斯列传》，北京：中华书局，1959 年，第 2542 页。）这种法律、制度在秦完成统一后仍然继续实行。

③ 睡虎地秦墓竹简整理小组编：《睡虎地秦墓竹简·法律答问释文注释》，北京：文物出版社，1990 年，第 133 页。

④ 睡虎地秦墓竹简整理小组编：《睡虎地秦墓竹简·法律答问释文注释》，北京：文物出版社，1990 年，第 98 页。

治”式方法来进行管理，通过重新整合社会阶层及社会结构，完成对社会各个场域的系统性整合。尤其对当时社会的游侠遗风及豪强，秦王朝更是主张迁徙异地或严厉打击。文献记秦统一六国后，曾多次迁徙关东豪强至关中及巴蜀等地，目的就是分散、打击关东各地豪强、游侠，使社会秩序得到有效整合。

但是，秦以暴风骤雨之势兼并六国，统一后的关东六国仍然不能在一朝之际改变宗法豪强植根之社会风气，建构严密的编户齐民制。它主要体现在两方面：其一，秦编户齐民制中国家—社会的二元体制差异在关东六国中得以放大，使秦国赖以有效进行基层社会整合、控制的编户齐民制度在关东地区受到阻碍，它使秦王朝在部分地区的基层社会统治实际上处于“空心”的虚化程度；其二，由于秦王朝编户齐民制及其政策、法令在关东诸地不能得以有效实行，故其统一之初，基层社会仍然活跃着大量的豪强、游士、旧贵等势力，豪强、旧贵、“少年”任侠并兼、结党连群、寄食权贵、武断乡曲的情形大量存在，秦王朝的基层官吏则处于无法制止的状态。

从第一点来看，战国中期的秦国，通过商鞅变法进一步巩固了“编户”制度，使秦国的国家与乡里社会的二元差异得到了一定程度的消解。它解决了中国古代社会国家行政的一个基本难题，即行政资源的不足与长期战争中所需要的大量战争物资的矛盾。编户齐民制对战国中后期的秦国具有重要作用，它不仅维护了国家对乡里社会的整合、控制，而且使秦国的基层社会处于“令行禁止”“尊法守度”的秩序中。[1] 但是，秦王朝对于全国大一统，在物力、人力的准备上是不足的。随着疾风骤雨似的开疆拓地，秦国要在新占领区域实行统一的“农战”政策，必然会处于新旧矛

① 例如荀子曾游历秦国，对秦国的乡里社会大为称赞。他认为，秦“其声乐不流污，其服不挑，甚畏有司而顺，古之民也”；“百吏肃然莫不恭俭、敦敬、忠信而不楛，古之吏也”；“士大夫，出于其门，入于公门，出于公门，归于其家，无有私事也，不比周，不朋党，倜然莫不明通而公也，古之士大夫也”；“观其朝廷，其间听决百事不留，恬然如无治者，古之朝也”。见王先谦撰，沈啸寰、王星贤点校：《新编诸子集成·荀子集解》卷第十一《强国篇》，北京：中华书局，1988年，第303页。

盾中。由于关东各国国情不同，在西秦行之有效的严格的编户齐民制出现了新问题。这种情形使秦王朝对大多数“新地”的整合、控制处于薄弱的状态，例如秦王朝在新占领地域的“缺吏”现象普遍存在。虽然秦王朝政令之实施、赋役之征发等均由县以下各级机构实施，并主要通过乡里的相对自治和遵守国家法令来完成国家的政令实施、赋役征发等任务，但是在国家—社会之间毕竟没有形成一个上下严密整合的系统，县一级政权由于有经验的吏员的缺乏，在对基层社会的管理、控制方面仍然有很大缺陷。尽管秦王朝在大一统之际，仓促地从旧秦地或征服已久的地域中征集秦官吏到新征服地域中任职，但是这些“新地吏”的素质普遍较低。根据新发现的秦律令，我们知道这些被迁往新地的吏民具有不同的身份和等级，有的是获得赐爵或者被免除了赋税和徭役（获得赐复）的小吏与农民，有的甚至是被赦免的犯人。这些人在新地为吏并不是自愿之举，而是为了某种利益而去，因此执政素质往往低下。[①] 为此，秦在新占领区域大量征召本地熟悉文法的人员担任吏员。从出土文献中亦可看到，秦“新地”有大批“新黔首”为县治吏员。如睡虎地秦简《置吏律》有“啬夫之送见它官者，不得除其故官佐、吏以之新官”[②]。这些本地提拔的基层吏员，由于对新王朝缺乏认同感，故在施政行事中往往缺乏责任心，常有利用权力而谋求己利者。特别是新、故地域之间的亡国者与战胜者的关系，使亡国者有着强烈的屈辱感，仅仅因为秦军的强大而隐忍不发，但是其反抗情绪并没有消除。这就使秦在许多占领区域的统治与在秦旧地的统治有着显著差异，其编户齐民制处于较为松散的状态。[③]

从第二点看，战国时代的关东六国，豪强、游士、“少年”任侠并兼、

---

① 参见于振波：《秦律令中的“新黔首”与“新地吏”》，《中国史研究》，2009 年第 3 期；王子今：《秦王朝关东政策的失败与秦的覆亡》，《史林》，1986 年 2 期；张梦晗：《“新地吏”与“为吏之道”——以出土秦简为中心的考察》，《中国史研究》，2017 年第 3 期等文。

② 睡虎地秦墓竹简整理小组：《睡虎地秦墓竹简·秦律十八种释文注释》，北京：文物出版社，1990 年，第 56 页。

③ 关于战国时代秦国的编户齐民制，请参见本书第一卷第五章第四节《“编户齐民”与国家—社会的二元差异——以秦“新地”为考察对象》。

结党连群、寄食权贵、武断乡曲、“借交报仇”曾蔚为一时之风。秦统一后，旧贵、游侠群体数量虽有减少，但仍然是活跃在社会中下层的重要社会势力。虽然秦王朝对旧贵、豪强实行迁徙政策，但是由于秦对基层社会整合、控制不力，以豪强、旧贵为首，纠结地方“豪侠”“少年”，凭借其财势、声誉，“轻死重气，结党连群；寔蕃有徒，其从如云”[①]，以宗族聚居，任侠并兼、武断乡曲、结党连群的情形甚为多见。王子今先生曾对当时的“少年”“恶少年”游手好闲、寄食权贵、依附豪强、轻死重气、“借交报仇”的情况有着深入分析[②]，这也说明了其时基层社会的任侠并兼、结党连群的情形。总之，当时关东旧地的六国贵族、豪杰、游侠是十分活跃的。如项羽宗族，据《史记·项羽本纪》云：“项氏世世为楚将，封于项，故姓项氏。”[③] 而齐地田儋兄弟，《汉书》亦记曰：“故齐王田氏之族也。儋从弟荣，荣弟横，皆豪桀，宗强，能得人。”[④] 不难想见关东之地乃是宗法豪强植根之社会。《史记·货殖列传》曾记当时的侠士、“少年”劫人作奸之风曰：“闾巷少年，攻剽椎埋，劫人作奸，掘冢铸币，任侠并兼，借交报仇，篡逐幽隐，不避法禁，走死地如骛者。”[⑤] 这种情况使秦统一后的基层社会秩序受到莫大挑战，使其缺乏国家法令“教之化民也深于命，民之效上也捷于令”的效力。同时，关东基层社会的豪侠之风，也直接影响到秦的统治。例如刘邦本人就是“不事生产”、具有流氓性格的小吏。史载“高祖为人……喜施，意豁如也。常有大度，不事家人生产作业。及壮，试为吏，为泗水亭长，廷中吏无所不狎侮。好酒及色”[⑥]。跟从刘邦起事的骨干也多是喜欢交游的“少年”“小吏”，如萧何、曹参、樊哙、郦商、周勃、灌婴诸人。这些人中，灌婴曾经“贩缯”，周勃吹

---

① 萧统编，李善注：《文选》，北京：中华书局，1977年，第43页。

② 王子今：《说秦汉“少年”与“恶少年”》，《中国史研究》，1991年第4期。

③ 司马迁：《史记》卷七《项羽本纪》，北京：中华书局，1959年，第295页。

④ 班固著，颜师古注：《汉书》卷三十三《魏豹田儋韩王信传》，北京：中华书局，1962年，第1847页。

⑤ 司马迁：《史记》卷一百二十九《货殖列传》，北京：中华书局，1959年，第3271页。

⑥ 司马迁：《史记》卷八《高祖本纪》，北京：中华书局，1959年，第342~343页。

箫送葬，少年樊哙则以“屠狗为事”。《汉书·高帝纪》记载，刘邦曾在十二年下诏曰：“吾……与天下之豪士贤大夫共定天下，同安辑之”①，说明这些豪杰正是刘邦反秦义军的重要骨干。

到了汉初，豪强、游侠群体仍然是活跃在社会中下层的重要社会势力。据文献记载，当时一部分皇亲国戚、军功阶层，或是诸侯国的王、相，都与这个群体相互往来。《汉书·游侠传》记：“及至汉兴，禁网疏阔，未之匡改也。是故代相陈豨从车千乘，而吴濞、淮南皆招宾客以千数。外戚大臣魏其、武安之属竞逐于京师，布衣游侠剧孟、郭解之徒驰骛于闾阎，权行州域，力折公侯。众庶荣其名迹，觊而慕之。虽其陷于刑辟，自与杀身成名，若季路、仇牧，死而不悔也。故曾子曰：‘上失其道，民散久矣。’”②《史记·魏其武安侯列传》载灌夫行径曰：“夫不喜文学，好任侠，已然诺。诸所与交通，无非豪桀大猾。家累数千万，食客日数十百人。陂池田园，宗族宾客为权利，横于颍川。颍川儿乃歌之曰：‘颍水清，灌氏宁；颍水浊，灌氏族。’”③不论社会的上层权贵，或下层社会，这些游离于体制之外的豪强侠魁有着“其言必信，其行必果，已诺必诚，不爱其躯，赴士之厄困”④的行为准则，而往往有着极高的社会声望，众多倾慕者对其竟有景仰崇拜之情。这说明当时关东六国的社会风气与西秦严格的社会控制有着天壤之别。

因此，秦以其西秦旧制施行全国，就有一个与关东区域社会风俗、民情弥合的过程。可是秦自一统以来，以西秦的苛暴之法与繁重赋役施行于新占领地区，使关东、关西在社会治理上不能因地制宜。云梦睡虎地11号秦墓中出土的《语书》是南郡守腾在秦始皇二十年（前227）对原楚地县、道官员发

---

① 班固著，颜师古注：《汉书》卷一下《高帝纪下》，北京：中华书局，1962年，第78页。

② 班固著，颜师古注：《汉书》卷九十二《游侠传》，北京：中华书局，1962年，第3698页。

③ 司马迁：《史记》卷一百七《魏其武安侯列传》，北京：中华书局，1959年，第2847页。

④ 司马迁：《史记》卷一百二十四《游侠列传》，北京：中华书局，1959年，第3181页。

布的告示[①]，从中可看出秦“以法为治”“以吏为师”在新占领地区极力推行并受到抵制的情况。正是这种基层社会治理的差异，使关东各地旧贵、豪杰、民众如陈胜、吴广、刘邦、萧何、曹参、周勃、灌婴等人，以及齐、楚、魏等地的贵族、将军如项梁、项羽、魏咎、田儋、田荣，包括孔甲、张苍、郦食其、叔孙通等旧儒生，均成为反秦义军的首领或骨干。总之，秦在大一统后，以西秦之急政制关东之诸地，缺乏一个对黄河中下游与长江流域广大地区在社会、文化、风俗上的适应性过程。在汉初国家制度建构上，刘邦君臣也必须考虑这种东、西异制的特殊性。

第三，“选贤与能”与刚性科层的官僚体制的矛盾。

周礼分封制是将国家与宗法相结合，构造以宗法血缘为核心的各层级“邦家”组成的广域王权国家。在这个广域王权国家中，宗族成员的贵贱尊卑由该“邦家”宗子的血缘亲疏来决定。即使与西周姬姓没有血缘关系，也会通过政治婚姻结为甥舅联盟，形成各级大大小小的封建领主。故李若晖认为，周礼分封制实质是一种“位关系”，“即用模拟血缘的方式，将没有血缘关系的人放到家族性血缘亲属的‘位’上”[②]。这种“位关系”则是周代礼制的核心内容，它导致周代权力分配具有两种特征：一是治权的逐级分割；二是主权与治权的相对分离。

从西周广域王权国家的角度看，这种“位关系”所导致的就是“王权在上，治权分割”的政治权力结构[③]，维护这种王权与治权既分离又结合的制度机制则是周礼。王国维曾曰：“欲观周之所以定天下，必自其制度

---

① 例如云梦睡虎地11号秦墓中出土的《语书》有曰：“凡法律令者，以教道（导）民，去其淫避（僻），除其恶俗，而使之之于为善殹（也）。今法律令已具矣，而吏民莫用，乡俗淫失（泆）之民不止，是即法（废）主之明法殹（也）……”见睡虎地秦墓竹简整理小组编：《睡虎地秦墓竹简·语书释文注释》，北京：文物出版社，1990年，第13页。

② 李若晖：《放逐君主：周礼权力结构解析》，《政治思想史》，2017年第2期。下同。

③ 李若晖先生认为，周代的治权逐级分割导致周天子“主权在上，治权在下”的局面。实际上从对周代层级隶属及所有的“位关系”本质属性看，由于从天子到诸侯、公卿、大夫层层具有对自己辖地（包括周天子直属王畿）所有权、治理权（主权）的特征，因此以“王权在上，治权分割”更能确切说明当时周王朝分封制的政治结构特征。

始矣。……此数者，皆周之所以纲纪天下，其旨则在纳上下于道德，而合天子诸侯卿大夫士庶民以成一道德之团体。周公制作之本意，实在于此。"① 周以小邦承商统，在"天命"观上提出"皇天无亲，惟德是辅"的口号，它宣布了在族权、王权、神权的天然联系中，必须加上一道"德"的限制，即族权、王权须在注重人事及治政善恶的情形下，在一种符合社会伦理规范的"道"与"德"的尺度内，神权的"天""帝"才会给予这个政权护佑及眷顾。孙曜曾指出先秦宗法与政治的这种"制度之奇"的局面："盖世族于其封域以内，固俨然君也。其家臣及私属心目中，只知有家主，而不知有国君。此于秦以后之集权政体举全中国之人心统于一尊者既异其势。故重阶级，明分际，一毫不得紊乱。观楚芋尹无宇之言：'人有十等……仆臣台。'可见一斑。所言虽未必果为各国通行之制。然各国自诸侯以下有许多阶级，必为可信之事。名分之间，上尊下卑，虽属井然有序；然而神阻气阂，上下之间，划为若干段落，痛痒决不相关，真阶级制度之奇观矣。"② 这种情况决定了西周宗法制度的所有权结构的利益导向，决定了各级封建领主的责任感与灵活、柔性的治理方式。它与秦国商鞅变法后的国家本位覆盖宗族本位有着极大区别。在春秋之世，礼崩乐坏，诸侯僭天子、陪臣执国命，破坏了西周的这种等级制度，故清儒顾栋高为此叹曰："世卿之祸小者，淫侈越法，陨世丧宗。或族大宠多，权逼主上，甚者厚施窃国，陈氏篡齐，三家分晋。故世卿之祸，几与封建等。"③

秦自商鞅变法后，通过国家的强制力量，对社会实行最大限度的渗透、控制。国家与社会在结构上成为一个"逐渐抽去了世袭贵族一层，剩下的只是君主与被统治者两橛，没有中间许多阶层的逐级分权"④ 的二元性组织。这套组织体系，使"世族于其封域以内，固俨然君也。其家臣及

---

① 王国维：《观堂集林》，北京：中华书局，1959 年，第 453~454 页。

② 孙曜：《春秋时代之世族》，上海：中华书局，1936 年，第 32 页。

③ 顾栋高辑，吴树平、李解民点校：《春秋大事表》，北京：中华书局，1993 年，第 1203 页。

④ 许倬云：《历史分光镜》，上海：上海文艺出版社，1998 年，第 46 页。

私属心目中，只知有家主，而不知有国君”[1] 的局面荡然无存。秦在统一战争中能够形成统一的政治、经济、军事一体化格局，国家政令在基层乡村社会得以有效实施，“故以十里断者弱，以五里断者强。家断则有余，故曰：‘日治者王。’”[2] 但是，这套组织形式亦有着西周宗法等级制度所没有的制度性缺陷。其一是商鞅变法中所提出的任功任利不任善的思想。例如商鞅变法中就主张“以奸民治善民”论，“以良民治，必乱至削；以奸民治，必治至强”。[3] 在一个社会控制系统中，如果单纯强调功利原则，而忽略社会伦理规范的合理性，其理论本身就潜藏着一种系统性信仰危机，而抑制人的社会性道德缺失与信仰偏歧。这种道德缺失与信仰危机导致人的利益欲望空前扩大，无休无止，最终会形成一个充斥着无法扼制的人欲与酷法的世界。其二是缺乏对统治集团本身的自我控制与监督。作为实行“家天下”的国家本位及王权主义，秦王朝在阶级关系上，以一种赤裸裸的王权与阶级的专断性、功利性和狭隘性表现出来。[4] 尤其是其后韩非将“术”与“法”结合，主张帝王应该神秘莫测，故作玄虚，如果上行下效，就会极度扩大君臣、官民之间的权力距离，让权力与政治决策过程隐藏在沉重的黑幕后面，由此构成中国君主专制政治的专横性、隐秘性，容易形成“权臣政治”。赵高“指鹿为马”便是如此，这就使最高王权与具体治权又出现了一种新形势下的再分离。其三，秦王朝在大一统后，如果再重复过去僻居西隅秦国的统治政策，必须具备一定条件：一是有充足的政治、经济、军事资源。如果国家的这些资源（包括军队粮饷、官吏俸禄等）不足，便很难在统一后的广域王朝的基层乡里政权中建立有

---

① 孙曜：《春秋时代之世族》，上海：中华书局，1936 年，第 32 页。

② 蒋礼鸿：《新编诸子集成·商君书锥指》卷二《说民》，北京：中华书局，1986 年，第 40~41 页。

③ 蒋礼鸿：《新编诸子集成·商君书锥指》卷二《说民》，北京：中华书局，1986 年，第 36 页。

④ 例如《史记·秦始皇本纪》所记全国统一后，“始皇以为咸阳人多，先王之宫廷小，吾闻周文王都丰，武王都镐，丰镐之间，帝王之都也。乃营作朝宫渭南上林苑中。先作前殿阿房，东西五百步，南北五十丈，上可以坐万人，下可以建五丈旗”等，便是这一类事例。见司马迁：《史记》卷六《秦始皇本纪》，北京：中华书局，1959 年，第 256 页。

效的行政管理网络。二是秦代国家所实行的法家政治。由于其显著的功利主义立法目的，当政治、法律成为统治者追求功利的工具时，它势必将国家与社会、统治者与民众构成极端对立的利益群体，便难以避免地使用强权与暴力来维持这种统治秩序。在秦国时期，它可以通过战争大量缴获土地、财物、人民，而获得控制秦国基层乡里社会的政治与社会资源，但是面对统一后的广大区域，其政治资源的短缺就显而易见了。

事实上，商鞅变法后，在秦国实行的君主集权的官僚政治制度，固然是历史发展的一种进步，但是这种制度亦有着它的重要缺陷，其一，从宏观视角看，从西周到秦汉，古代中国出现了两次权力分离的现象。第一次是西周王朝中由分封制而导致的王权与层层治权的分离；而秦所建构的君主集权官僚体制，虽然克服了西周国家体制中的政治离心力，却带来了剥削阶级的国家体制中通常内蕴的第二个分离趋势，即国家所有权与官员的行政支配权的分离。皇权与代理皇权行使事权的代理权的分离，君主集权的官僚体制破除了封闭的世卿世禄封君制，任用流官作为各级官吏，这无疑有助于上下阶层的流动，提高了吏、民作战及务农的积极性。可是这种在剥削阶级制度下实行俸禄制的官僚群体，由于秦国与西周封君制度在所有权上的差异，仅仅是秦君主集权官僚系统中享受俸禄的代理者，他们尽管有着冲破阶层隔阂而不断上升的自我价值实现感，但是作为事权的操作者，他们又缺乏西周各级贵族、封君在封地中的“权”“利”相结合的获得感，故其履行职权的责任心、主动性往往与他们的信仰、理念与道德素质相关。这就使帝国官僚体制必须注重意识形态领域的建构，注重伦理道德的建设，注重对贤能之士的选拔。这种“仁政”“德治”和“选贤与能”的思想，实际上早在战国中后期的诸子思想中就被反复强调。如孟子强调治理国家必须依靠圣贤之王和“仁政”“德治”①；《荀子·正论》亦提出治国需“上贤”“次贤”“下贤”的观点，“凡爵列、官职、赏庆、刑罚，皆报

---

① 如《孟子·离娄上》：“尧舜之道，不以仁政，不能平治天下。”见赵岐注，孙奭疏：《孟子注疏》，李学勤主编：《十三经注疏》，北京：北京大学出版社，1999年，第185页。

也，以类相从者也。一物失称，乱之端也。夫德不称位，能不称官，赏不当功，罚不当罪，不祥莫大焉”[①]。《荀子·王制》则主张“贤能不待次而举”[②]。因此，君主集权下的官僚政治特征决定了制度预设中官爵、俸禄与伦理道德的相关性。其二，官僚制存在的刚性特质决定了在执政中必须依靠各级官员的主动性与灵活性。秦王朝是中国历史上第一个大一统帝国，是在统一六国的兼并战争中由军事战争轨道转型为和平环境的制度体系。这种大一统的帝国政治制度的运转，必然带有战争时期的风格。这种风格容易导致秦国政治制度中皇权与治权相融一体的官僚体制形成一种刚性科层结构。这种刚性科层结构在战争条件下习惯了在帝国中枢机构指挥下运转，故各级下属缺乏灵活调节的权力机制，也缺乏各级官僚机构的双向式监督和制约。它既纵容了秦始皇和秦二世对自己欲望、行为的放纵[③]，又使法家学说中的“法”“术”“势”相结合的方式更加彰显。例如从秦始皇到秦二世，就极力主张“事在四方，要在中央，圣人执要，四方来效”的治权理念，强调君臣关系中君主通过神秘莫测、故作玄虚来最大限度地控制治权，这样就极大拉开了君臣之间的权力距离。而缺乏有效的信息反馈及官僚体制内的监督方式，也凸显了其治理的脆弱性。例如秦二世上台后为了维护统治地位，“乃行诛大臣及诸公子，以罪过连逮少近官三郎，无得立者，而六公子戮死于杜”[④]。以至于“宗室振恐。群臣谏者以为诽谤，大吏持禄取容，黔首振恐”[⑤]，“法令诛罚日益刻深，群臣人人自危，欲畔者众”[⑥]。结果是既容易形成赵高等权臣当道，从而架空皇帝的局面；

---

① 王先谦撰，沈啸寰、王星贤点校：《新编诸子集成·荀子集解》卷第十二《正论篇》，北京：中华书局，1988年，第328页。

② 王先谦撰，沈啸寰、王星贤点校：《新编诸子集成·荀子集解》卷第五《王制篇》，北京：中华书局，1988年，第148页。

③ 例如在建阿房宫上，“始皇以为咸阳人多，先王之宫廷小，吾闻周文王都丰，武王都镐，丰镐之间，帝王之都也。乃营作朝宫渭南上林苑中。先作前殿阿房，东西五百步，南北五十丈，上可以坐万人，下可以建五丈旗”。见司马迁：《史记》卷六《秦始皇本纪》，北京：中华书局，1959年，第256页。

④ 司马迁：《史记》卷六《秦始皇本纪》，北京：中华书局，1959年，第268页。

⑤ 司马迁：《史记》卷六《秦始皇本纪》，北京：中华书局，1959年，第268页。

⑥ 司马迁：《史记》卷八十七《李斯列传》，北京：中华书局，1959年，第2553页。

又使百官大臣对秦朝廷离心离德。其三，战争时期的秦国，其行政效率之高亦得益于这套具备刚性结构的官僚体制。在和平时代，这种官僚体制虽然有着提高办事效率的优势，但是其不足也显而易见，即它有着忽视组织成员的个性特征，容易滋生墨守成规、繁文缛节的官僚主义，从而导致政府治理结构的教条、僵化。柳宗元著《封建论》，曾慨叹曰："秦有天下，裂都会而为之郡邑……不数载而天下大坏，其有由矣：亟役万人，暴其威刑，竭其货贿……时则有叛人而无叛吏，人怨于下而吏畏于上"[①]，"有理人之制，而不委郡邑，是矣。有理人之臣，而不使守宰，是矣。郡邑不得正其制，守宰不得行其理"[②]。这正说明了其时秦政的苛暴、官僚行政体制的僵化和各级官吏治权极度缺失的情形。

秦统一后的国家与社会正是如此。秦帝国君臣片面强调"力"的作用，忽略了国家治理中的多样性特点，这既使秦帝国的科层式官僚体制有着以规则、效率为核心的组织、管理体系的优势，也造成了秦帝国官僚政治体制存在负面作用的结果，即由于其专注于治法（治律）效应及功利主义的立法目的，而忽视了人们，尤其是各级官吏的价值理念及伦理道德的作用。它的这种单纯依靠外在、硬性的社会法律与规则治民的方式，实际上只能达到民众外在、形式上服从的效果，而不能使人们主动、自觉地去遵守社会秩序与规范。[③] 故在六国统一后，秦帝国并没有休战息兵，反而是"设刑罚，为车裂之诛，以敛奸邪，筑长城于戎境，以备胡、越……蒙恬讨乱于外，李斯治法于内，事逾烦天下逾乱，法逾滋而天下逾炽，兵马

---

① 柳宗元：《柳河东集》卷三《封建论》，《景印文渊阁四库全书》第1076册，台北：商务印书馆，1986年，第29页。

② 柳宗元：《柳河东集》卷三《封建论》，《景印文渊阁四库全书》第1076册，台北：商务印书馆，1986年，第29页。

③ 大一统后的秦帝国君臣忽视了民众心理的社会化、道德化及对一统国家的认同意识的重要性，而试图通过"深督轻罪""罪轻且督深"的刑治、"督责"治民。如《史记·李斯列传》对二世所谓："明主圣王之所以能久处尊位，长执重势，而独擅天下之利者，非有异道也，能独断而审督责，必深罚，故天下不敢犯也。""彼唯明主为能深督轻罪。夫罪轻且督深，而况有重罪乎？故民不敢犯也。"见司马迁：《史记》卷八十七《李斯列传》，北京：中华书局，1959年，第2556、2555页。

益设而敌人逾多"[①]。而当天下未乱时，朝内方寸已乱。郡邑虽有守宰令丞，可是"人怨于下而吏畏于上"，"郡邑不得正其制，守宰不得行其理"，豪杰、游侠仍横行乡里。在这种局面下，秦之乱必不可避免。正是这种从中央到郡县的层级制度墨守成规、僵化脆弱的特性，使秦中央政府在突发事件出现时，无力掌控郡县及基层社会。司马迁曾评论二世之政曰："繁刑严诛，吏治刻深，赏罚不当，赋敛无度，天下多事，吏弗能纪，百姓困穷而主弗收恤。然后奸伪并起，而上下相遁，蒙罪者众，刑戮相望于道，而天下苦之。自君卿以下至于众庶，人怀自危之心，亲处穷苦之实，咸不安其位，故易动也。"[②] 这正说明了其时秦王朝从中央到地方众叛亲离、民怨沸腾、一朝崩解的原因。

第四，大一统下的阶级矛盾和治理环境的新变化。

自商鞅变法后，秦国逐渐走上了"国家本位"的政权建设道路。随着战国时期的兼并战争对各诸侯国的巨大挑战，各国在巨大的内外压力中，国家政治秩序的一体化机制不断强化，国家本位与认同思想凸显。它使秦国通过重新整合社会阶层及社会结构，完成对社会各个阶层的系统性整合，由此打破传统宗法制下国家与社会的"治理"边界，使秦国在完成国家力量对社会最广泛、最有深度的传统"治理"边界的扩展中，模糊或者消除了除君主外的"统治"者（包括秦公族）与"被统治"者的界限，使作为"被统治者"的"吏""民"成为国家直接管辖的"编户"与"民"。在战国时代秦实行的二十等爵制系统，就是"国家本位"结构下秦国城市、乡村的现实状况。

这种方式一方面凝聚了秦国的人力、物力，加强了秦国的政治、经济、军事实力，帮助秦国迅速走上国富兵强的道路；另一方面也使整个国家治理方式发生了重要变化。它在国家力量对社会的整合、控制中，颠覆了以往的许多社会习俗与道德观念，改变了过去宗法村社的血亲传统，使

---

① 陆贾撰，王利器整理：《新编诸子集成·新语校注》，北京：中华书局，2012年，第62页。

② 司马迁：《史记》卷六《秦始皇本纪》，北京：中华书局，1959年，第284页。

过去在基层乡村行之有效的宗法式管理机制逐渐失去效能，而成为国家基层政权治理下的吏民管理体制。这使社会矛盾易于全面激化为国家政权与吏、民之间的矛盾，并导致阶级、阶层之间的激烈冲突。如果说在宗法式血缘社会的管理中，宗族村社常常作为国家政权与基层社会之间的压力“缓冲器”，由此使许多矛盾在崇尚“亲亲”“尊尊”的血缘宗族内部得到化解，那么随着国家政权对基层乡村社会的整合、渗透，基层社会的诸多事务，如民事纠纷、盗匪缉拿、赋税缴纳、道德教化等都需要各级政权组织去解决，这就加大了国家政权对基层社会治理的成本与负担。这种治理成本在秦国的有限统治区域内尚能够承受，但是当秦在短时间内统一六国新的条件下，类似的负面因素都会因为秦帝国统治范围的急剧扩大而迅速增加。

再则，在春秋战国时代，由于特殊的政治地理环境，人口流动成为各国的常态。出于富国强兵的需要，战国时各国君主大力招徕人才及农民、手工业者，这导致“士”及吏、民有较强的流动性。而当秦政严苛，“民不乐为秦民”时，亦存在“亡秦”“逃秦”“避秦”“遁秦”等人口流向他国的现象。这种情形也缓和了国家与民众的激烈的阶层对抗矛盾。这是因为吏、民在本国犯罪，可以通过逃亡他国而避免惩罚。但随着秦帝国的统一，六国成为秦帝国直接统治的领域，战国时期人口流动、“亡秦”“逃秦”的可能消失了，全国吏、民的功过、奖惩都在秦的各级政府管理、监督下进行，这就从根本上改变了帝国统治下的社会政治生态。它使作为秦帝国的“编户齐民”失去了可以随意流动的环境，而只能作为帝国臣民战战兢兢地匍匐在帝国统治者的脚下。这种情形使秦朝社会、统治政权与基层民众的冲突与对抗几率增大，容易引起大规模的阶级对抗、民众起义。陈胜、吴广起义便是这种情况的体现。史载二世元年（前209）七月，“发闾左适戍渔阳，九百人屯大泽乡。陈胜、吴广皆次当行，为屯长。会天大雨，道不通，度已失期。失期，法皆斩。陈胜、吴广乃谋曰：‘今亡亦死，举大计亦死，等死，死国可乎？’”①

---

① 司马迁：《史记》卷四十八《陈涉世家》，北京：中华书局，1959年，第1950页。

所谓“今亡亦死，举大计亦死，等死，死国可乎”，正说明作为编户齐民的陈胜、吴广等人已经失去了战国时期可以“亡秦”“逃秦”“避秦”“遁秦”的条件，不论逃亡还是举事，均触犯了帝国“等死”的严酷法律，故只能率领民众举行大规模起义。这种环境导致天下汹汹，民心思变，故“陈涉瓮牖绳枢之子，氓隶之人，而迁徙之徒也。材能不及中人，非有仲尼、墨翟之贤，陶朱、猗顿之富也”，而形成“率罢散之卒，将数百之众，转而攻秦。斩木为兵，揭竿为旗，天下云会响应，赢粮而景从，山东豪俊遂并起而亡秦族矣”的局面。① 它说明中国古代帝制大一统的局面也从根本上改变了地主阶级与农民阶级斗争的性质，使全国性的农民大起义发生的几率大增。

因此，秦汉之际阶级关系与政治环境的变化，使过去吏、民迁徙和逃亡的生存环境发生重要变化，它使秦汉之际的国家与社会、政府与民众之间的关系更加复杂、多变，广大吏、民则在秦帝国的征发、暴敛中，只能铤而走险，由此引发大规模的武装抗争。这种情况也给了汉初统治者以警示，使得新的统治者不得不采取宽严相济的新举措来进行国家治理与社会控制。

第二节 “汉承秦制”的内涵再析

秦是战国时变法最彻底、实行君主集权制最具深度和广度的国家。应该看到，孝公时代的商鞅变法并不是简单的法律更易，而是秦国制度体系的系统性变革。这种变革表现在制度上，则通过中央官僚体制与郡县制、乡里连坐制的结合，使秦的中央集权及官僚体制得以巩固。所以，在制度层面上，秦的君主集权及官僚体制，重构了周代分封制以宗法血缘为核心的层级性“邦”“家”特征，改变了周代广域王权国家王权在上、治权分割的情况，真正实现了“普天之下，莫非王土；率土之滨，莫非王臣”的局面。

① 司马迁：《史记》卷四十八《陈涉世家》，北京：中华书局，1959年，第1964页。

汉继秦而立，在国家制度主体上基本继承了秦王朝体制。同时，在汉初亦面临如何对待秦帝国政治制度的问题。在秦末的反秦战争中，刘邦政治军事集团在制度建设中曾经历了一个由“楚制”向“秦制”的转化过程。反秦之始，楚国最早兴起义兵，其时反秦首义人陈胜以及项羽、刘邦等义军皆由楚地而起，故形成以楚人为主构成的反秦主力军。[①] 应该看到，在秦统一六国的战争中，秦国军队按敌军人头奖赏的军功爵位制度使统一战争分外残酷，也使楚人对秦有着极大的仇恨。史称“秦人捐甲徒裼以趋敌，左挈人头，右挟生虏”[②] “秦人每战胜，老弱妇人皆死，计功赏至万数”[③]。战争中的大规模屠戮加剧了关东六国与秦人的心理隔阂，使得关东的民众在感情上很难认同秦王朝统治。楚国更是如此。《史记·项羽本纪》指出：“夫秦灭六国，楚最无罪。自怀王入秦不反，楚人怜之至今，故楚南公曰‘楚虽三户，亡秦必楚’也。”[④] 对此，南宋人吕祖谦亦曰：“秦灭六国……唯楚最无罪，独以重币诱怀王而杀之。其后天下亡秦，祸端亦起于楚之遗民。盖其灭楚亦是逆人心之大处。”[⑤]

由于反秦初期的义军首领与部属大都为楚地之人，故他们随从家乡风俗，军中上下习楚风，晓楚语，尊楚制，并用楚国兵法来统属、约束部众。陈胜起兵时初称“大楚”，为王后乃号“张楚”。在此背景下，义军

---

① 史载陈涉初起兵，“乃入据陈。数日，号令召三老、豪杰与皆来会计事。三老、豪杰皆曰：‘将军身被坚执锐，伐无道，诛暴秦，复立楚国之社稷，功宜为王。’陈涉乃立为王，号为张楚”。（司马迁：《史记》卷四十八《陈涉世家》，北京：中华书局，1959年，第1952页。）陈地“三老豪杰”对陈涉所说“复立楚国之社稷”，说明恢复旧楚政权乃是楚国旧贵、民众所以为的当先政治目标，而“当此时，楚兵数千人为聚者，不可胜数”。（司马迁：《史记》卷四十八《陈涉世家》，北京：中华书局，1959年，第1953页。）“王楚之地，方二千里，莫不响应，家自为怒，人自为斗，各报其怨而攻其仇，县杀其令丞，郡杀其守尉。”（司马迁：《史记》卷八十九《张耳陈余列传》，北京：中华书局，1959年，第2573页。）

② 司马迁：《史记》卷七十《张仪列传》，北京：中华书局，1959年，第2293页。

③ 司马迁：《史记》卷八十三《鲁仲连邹阳列传》“彼秦者，弃礼义而上首功之国也”条下集解引谯周语，第2461页。

④ 司马迁：《史记》卷七《项羽本纪》，北京：中华书局，1959年，第300页。

⑤ 吕祖谦：《左氏传说》，《景印文渊阁四库全书》第152册，台北：商务印书馆，1986年，第89页。

利用旧楚制度已成势所必然。例如在官制上，义军所用楚旧官职名称颇多。史载“陈王征国之豪杰与计，以上蔡人房君蔡赐为上柱国”，“索隐”曰：“涉始号楚，因楚有柱国之官，故以官蔡赐。盖其时草创，亦未置相国之官也。”[①] 再如项羽起兵，由于“项氏世世为楚将，于楚制自有家传渊源。楚旧制中诸多职官，皆见于项氏所立制中”，故文献所载楚军中就有诸如司徒、令尹、柱国、莫敖、连尹、连敖等旧楚官职名号。[②] 刘邦集团初兴时，亦自号沛公。《汉书·高帝纪》注引孟康曰：“楚旧僭称王，其县宰为公。陈涉为楚王，沛公起应涉，故从楚制，称曰公。”[③]《淮南子·览冥训》亦引高诱注：“楚僭号称王，其守县大夫皆称公。”[④] 故知“沛公”称号即楚之沛县大夫。这说明刘邦初起兵时，就以楚制为军中称号，而其他官职亦大致如是。

但是，在随后的楚汉战争中，情况发生了改变。即刘邦所统汉军很快由楚制改为秦制。秦亡后，刘邦与西楚霸王项羽争雄，其所走路径，正好是重新经历了一次旧秦由关中而兴，并由西向东征讨六国、统一天下的循环轮回。而汉军蛰伏关中，以旧秦地作为其征集人马军粮的根据地，使汉政权在汉朝国家制度设计上不得不利用秦旧制以统治秦人。罗新认为：“萧何治理关中巴蜀，使用的仍然是秦的那一套。一来秦地非秦制不能治，二来萧何本人对秦制驾轻就熟。……他作为前朝一名‘文无害’的县主吏习之有素的统治精神。萧何是楚人，但他与故楚的统治阶层相去太远，在政事方面他更倾向于秦的法治。”[⑤] 所以刘邦军西入关中建立的汉朝，其地域正是旧秦的根基之地，属于秦政治、文化的传统区域。而萧何曾为秦沛县小吏的身份，使他对秦律令颇熟悉，故在关中数年，以秦法治汉地颇有

---

① 司马迁：《史记》卷四十八《陈涉世家》，北京：中华书局，1959年，第1954页。

② 参见卜宪群：《秦制、楚制与汉制》，《中国史研究》，1995年第1期。

③ 班固著，颜师古注：《汉书》卷一上《高帝纪上》，北京：中华书局，1962年，第11页。

④ 刘安编，何宁整理：《新编诸子集成·淮南子集释》卷六《览冥训》，北京：中华书局，1998年，第447页。

⑤ 罗新：《从萧曹为相看所谓“汉承秦制”》，《北京大学学报（哲学社会科学版）》，1996年第5期。

创获。故在为汉军征集、动员人力和聚集物资中，一方面萧何必须因地制宜，以秦人熟悉之秦制治秦地；另一方面他还须维持该地域的统治秩序，为关东地区的刘项之战建立稳固的根据地。这就使萧何在政务、军务倥偬中，只能按照秦人熟悉的秦地的社会管理机制，包括秦的制度、法令来维持对秦地的统治。《史记·萧相国世家》曾记刘邦占领关中，萧何并没有像其他将领一样去搜罗金银宝物，而是“独先入收秦丞相御史律令图书藏之。沛公为汉王，以何为丞相。项王与诸侯屠烧咸阳而去。汉王所以具知天下阸塞，户口多少，强弱之处，民所疾苦者，以何具得秦图书也”。[①] 其后“汉王引兵东定三秦，何以丞相留收巴蜀，填抚谕告，使给军食。……为法令约束，立宗庙社稷宫室县邑……关中事计户口转漕给军，汉王数失军遁去，何常兴关中卒，辄补缺。上以此专属任何关中事”[②]。这使刘邦集团的制度设计逐渐脱离楚制，形成仿效秦制的汉朝制度。所以，汉军虽先以楚制统军治地，但出于入据秦地的原因，使蛰伏秦旧地的汉政权不得不实行秦王朝的政治、法律制度，因秦人之俗，取秦地之军需、力役来支持战争，形成“汉承秦制”的初期格局。[③]

可是，刘邦入关中所实行的秦制，与统一天下前的秦国制度、法律已有很大不同。王子今认为：“秦人自商鞅之后，兴起了功利第一的时代精神。这虽然确实能够使得民众振奋起来，同心协力，致使秦国强盛，又运用兼并之法，完成进取之业，终于灭掉了齐楚燕韩赵魏等六个国家，占有了整个天下，可是在军事成功的另一面，我们却看到秦人已经一步步走向

---

① 司马迁：《史记》卷五十三《萧相国世家》，北京：中华书局，1959 年，第 2014 页。

② 司马迁：《史记》卷五十三《萧相国世家》，北京：中华书局，1959 年，第 2014~2015 页。

③ 关于刘邦集团在灭秦及楚汉战争中使用楚制与秦制的问题，李开元在汉军颁赐爵位问题上亦认为：“（一）从秦二世元年九月沛县起兵到汉元年四月汉中就国期间，刘邦集团从楚制，用楚爵。（二）汉元年四月以后，刘邦集团所颁赐的爵位中，楚爵不再出现。想来，其时刘邦集团所使用的爵制在制度上有了变化。（三）汉五年正月，刘邦即位作了皇帝。其时，看不出汉在爵制上有所改变。（四）汉之大封功臣，从高帝六年十二月开始。其时，也看不出汉在爵制上有明显的改变。”李开元：《汉帝国的建立与刘邦集团——军功受益阶层研究》，北京：生活·读书·新知三联书店，2000 年，第 39 页。

了文化上的天下大败。”[1] 这种分析是正确的。实际上，随着秦在军事上的节节胜利，其在政治、经济、文化制度上的不足也逐渐暴露出来。这主要表现为三点：

其一，在秦统一六国后，其统治思想及相应政策并没有及时从战时轨道向和平时期的建设轨道转化。秦王朝君臣依靠战时轨道的政治、经济、军事、法律手段，通过全面秉承法家“农”“战”思想取得了统一六国的巨大成功，这也使其君臣对自己的战争能力和主观作用深信不疑，更加盲目地相信强权、暴力乃至自身主观作用，一味幻想依靠军事手段、刑治理念达到二世、三世乃至百世的家天下统治，没有认识到由马上取天下，而不能由马上治之的道理。[2] 在秦始皇看来，专制皇权具有不可动摇的权威，“普施明法，经纬天下，永为仪则”[3]。因此在建立全国政权后，秦朝君臣展示在世人面前的统治政策及意识形态，仍然是赤裸裸的刑治主义和暴力对抗，是法家理论主张的君主专制下的刻薄寡恩、苛暴无情、繁刑重罚，以及君臣、宗室之间的利益角逐，朝廷上下左右的人与人的冲突、斗争。这使秦帝国在统一中国后，仍然极其强调他们在战争时代的军功、农战理念，妄图单纯依靠残酷的刑治原则进行国家治理和社会控制。

其二，秦的这种统治思想，使秦在统一全国后并没有立即休战息兵，而是进一步强化劳役、赋税，致使民不聊生。《史记·秦始皇本纪》记秦初并天下，“分天下以为三十六郡，郡置守、尉、监……收天下兵，聚之咸阳，销以为钟鐻，金人十二……一法度衡石丈尺。车同轨。书同文字”[4]，颇有偃武修文的趋势。但由于秦代君臣无所节制的贪欲与权力欲，

---

① 黎东方著，陈文豪整理，王子今补编：《细说秦汉》，上海：上海人民出版社，2002 年，第 31 页。

② 例如始皇二十九年（前 218），登之罘山，即刻石称：“大圣作治，建定法度，显箸纲纪。……义诛信行，威燀旁达，莫不宾服。烹灭强暴，振救黔首，周定四极。”（司马迁：《史记》卷六《秦始皇本纪》，北京：中华书局，1959 年，第 249 页。）大力宣扬自己“光施文惠”“奋扬武德”“烹灭强暴”等天下苍生救世主的功绩，迷信“义诛信行，威燀旁达，莫不宾服”的以“力”逞强的有效性。

③ 司马迁：《史记》卷六《秦始皇本纪》，北京：中华书局，1959 年，第 249 页。

④ 司马迁：《史记》卷六《秦始皇本纪》，北京：中华书局，1959 年，第 239 页。

这种趋于和平的大势并没持续多久，随之便开始了更大规模的大兴土木、征兵戍边的活动。据文献记载，始皇二十八年（前219），“遣徐市发童男女数千人，入海求仙人”①；三十三年（前214），“发诸尝逋亡人、赘婿、贾人略取陆梁地，为桂林、象郡、南海，以适遣戍。西北斥逐匈奴。……又使蒙恬渡河取高阙、〔阳〕山、北假中，筑亭障以逐戎人。徙谪，实之初县”②；三十四年（前213），“适治狱吏不直者，筑长城及南越地”③；三十五年（前212），“除道，道九原抵云阳，堑山堙谷，直通之……（征发）隐宫徒刑者七十余万人，乃分作阿房宫，或作丽山。……关中计宫三百，关外四百余”④。据估计，当时修骊山墓启征七十余万人，北筑长城征发四十余万民夫，南戍五岭又征发五十余万人。始皇时期全国人口二千万左右，但常年征发的徭役、兵役却不下二百万人，几乎倾全国成年劳动力为其所役使。

这种大兴土木、征兵戍边的行为，不仅打破了全国民众对“天下定于一”便可休战息兵、安居乐业的期望，反而随之而来的是更大规模的劳役与边战。尤其在旧秦地的关中地区，是秦始皇修阿房、建骊山、筑直道的中心区域及粮赋所出地，关中地近，长期为秦国粮饷之源，其所征派的力役、兵源、粮赋，除了来自关东地区，也包括旧秦地的军士及农民。故秦统一后，在战争中受尽煎熬的关东六国与秦地广大民众非但没有获得休养生息，反而承担了更为繁重的力役、戍边义务。《史记·秦始皇本纪》记秦二世二年（前208）冬，“陈涉所遣周章等将西至戏，兵数十万。二世大惊，与群臣谋曰：‘奈何？’少府章邯曰：‘盗已至，众强，今发近县不及矣。郦山徒多，请赦之，授兵以击之。’二世乃大赦天下，使章邯将。”⑤这说明义军临城时，秦王朝在旧秦所属关中地区已无兵可派，只能大赦天下罪犯，由郦山刑徒临时组成军队应敌。这种情形只能说明两种情况：其

---

① 司马迁：《史记》卷六《秦始皇本纪》，北京：中华书局，1959年，第247页。

② 司马迁：《史记》卷六《秦始皇本纪》，北京：中华书局，1959年，第253页。

③ 司马迁：《史记》卷六《秦始皇本纪》，北京：中华书局，1959年，第253页。

④ 司马迁：《史记》卷六《秦始皇本纪》，北京：中华书局，1959年，第256页。

⑤ 司马迁：《史记》卷六《秦始皇本纪》，北京：中华书局，1959年，第270页。

一是故秦区域的民众已经通过力役、戍边等抽调殆尽；其二是旧秦地的民众为逃避力役、戍边已流亡或隐匿。它说明秦的统一并没有给包括西秦在内的全国广大军士、民众休养生息、安居乐业的安宁环境，反而是更加苦不堪言。同时，秦统一后法律的严苛，也使民众感受不到太平盛世的和谐、宽仁。1983 年至 1984 年在湖北江陵张家山二四七号墓出土的《二年律令》，共有竹简 527 枚，包含了 27 种律和 1 种令，共 28 种。这些律令反映了秦法内容包罗万象的情况。在《二年律令》里，不仅有杀人及伤人罪、经济犯罪、官员渎职及失职罪等刑事罪行，还有对人口、商业、农业等社会公共事务的严格监管。这些政策都与天下士人、民众对统一后美好生活的期望值相差甚大。战国时代的荀子入秦曾大力赞誉秦政，曰："入境，观其风俗，其百姓朴，其声乐不流污，其服不挑，甚畏有司而顺，古之民也。及都邑官府，其百吏肃然莫不恭俭、敦敬、忠信而不楛，古之吏也。……故曰：佚而治，约而详，不烦而功，治之至也。秦类之矣。"[①] 而《史记·李斯列传》记统一后的"秦政"则谓："法令诛罚日益刻深，群臣人人自危，欲畔者众。又作阿房之宫，治直〔道〕、驰道，赋敛愈重，戍徭无已。"[②] 从其民"甚畏有司而顺"，百吏"莫不恭俭、敦敬、忠信而不楛"到群臣"人人自危，欲畔者众"，两相对照，其差别不可谓不大也。

鉴于这种情况，刘邦在军队西入关前，曾与诸将议曰："不如更遣长者扶义而西，告谕秦父兄。秦父兄苦其主久矣，今诚得长者往，毋侵暴，宜可下。"[③] 这里既体现了刘邦及诸将对秦暴政的痛恨，同时暗含一些历史的启示，即旧秦地民众对"秦政"的好感已然消失，对秦帝国的酷法、暴政深恶痛绝，故刘邦只能以仁厚"长者"治民，以仁义攻心，而不能单凭强力行事。所以刘邦入关后，即"召诸县父老豪桀曰：'父老苦秦苛法久矣……（吾）与父老约，法三章耳：杀人者死，伤人及盗抵罪。余悉除去

---

① 王先谦撰，沈啸寰、王星贤点校：《新编诸子集成·荀子集解》卷第十六《强国篇》，北京：中华书局，1988 年，第 303 页。

② 司马迁：《史记》卷八十七《李斯列传》，北京：中华书局，1959 年，第 2553 页。

③ 司马迁：《史记》卷八《高祖本纪》，北京：中华书局，1959 年，第 356~357 页。

秦法……’乃使人与秦吏行县乡邑，告谕之。秦人大喜，争持牛羊酒食献飨军士”①，由此贯彻了刘邦集团入关前的政治意图。刘邦以至简“三章”作为恢复社会秩序的约法，说明其时故秦域的社会秩序确实已混乱不堪。所以，比较秦自孝公时商鞅变法以来秦军民踊跃为国出力的激情及奋勇杀敌的景象，秦统一前后的民众态度真有今昔两重天之感。

其三，从社会意识形态看，秦国长期使用法家思想治国，使人重“利”、重“力”而忽略社会伦理规范、信念，它使人欲不断膨胀、放大，使得秦统一后形成了空前的以利相竞的风气。例如秦二世时，朝廷上下弥漫着投机之风，这与秦官僚的功利性价值观是相关的。例如秦丞相李斯就是持这种政治投机与权力价值观的典型代表。② 这种权力价值观充分表现出当时的官僚、士大夫对专制王权的依附性。本来秦以二十等爵的军功制摄取富贵是一种历史的进步，但是当其片面强调重“力”而忽视道德伦理的作用时，就使帝国上下易于形成刻薄寡恩、重刑酷法、以利相竞的风气。这种风气表现在秦帝国宗室内部的宗法关系上，即表现出刻薄寡恩、利益至上的倾向。例如秦二世用阴谋手段夺取皇位，立即对宗室兄弟姊妹及不信任的臣僚大开杀戒，“诛大臣及诸公子”，“六公子戮死于杜”。③ 这种对传统“亲亲”原则的否定，不仅使本来就已孤独的皇帝失去了宗法、家族的人伦温馨，更使皇族内部在权力兴替上始终处于血腥状态，形成汉人所评价的“激秦孤立亡藩辅”“亡秦孤立之败”的局面，由此出现赵高指鹿为马的权臣现象。这种情况，根本是秦上层统治者在窄化了政治信仰

---

① 司马迁：《史记》卷八《高祖本纪》，北京：中华书局，1959 年，第 362 页。

② 秦丞相李斯，曾经由小吏而出将入相，其心理态势则是：“处卑贱之位而计不为者，此禽鹿视肉，人面而能强行者耳。故诟莫大于卑贱，而悲莫甚于穷困。久处卑贱之位，困苦之地，非世而恶利，自托于无为，此非士之情也。”（司马迁：《史记》卷八十七《李斯列传》，北京：中华书局，1959 年，第 2539～2540 页。）故他在二世督责时，恐祸及身，乃阿二世意曰：“明主圣王之所以能久处尊位，长执重势，而独擅天下之利者，非有异道也，能独断而审督责，必深罚，故天下不敢犯也。”“彼唯明主为能深督轻罪。夫罪轻且督深，而况有重罪乎？故民不敢犯也。”（司马迁：《史记》卷八十七《李斯列传》，北京：中华书局，1959 年，第 2556、2555 页。）

③ 司马迁：《史记》卷六《秦始皇本纪》，北京：中华书局，1959 年，第 268 页。

及相应的权力价值观念后，使秦代君主专制的强权政治潜伏着异常险恶的风险与危机。

历史总是在二律背反的矛盾运动中不断前行的。从长时段历史来看，秦始皇统一全国后，“收天下兵”“一法度衡石丈尺，车同轨，书同文字”①，筑直道，修长城，不仅对停止列国纷战，加速民族统一有着重要意义，也对苦于长期征战的全国人民的生产、生活有莫大便利。但是从具体王朝更替的短时段看，秦始皇在全国统一后并没有建立由战争向和平的转型机制，反而在狭隘的功利性价值取向下，横征暴敛，无所顾忌，辜负了盼望统一后能休兵息战的天下士人、民众的期望。这就使广大士人、民众在秦统一后找不到更多获取利益的途径，甚至在严刑苛法中失去了基本的生活条件和生命保障。其结果，必然是天下汹汹，民不聊生，“人人自危，欲畔者众”②。秦的速亡正与此有着极大关系。

由上所述，可以知道，秦帝国尽管承袭了战国时秦国的政治制度，但是在统一后没有顺从全国民众休养生息的愿望，反而严加督责，使其政治、法律日益严酷残暴；相反，在刘邦集团进入关中后，萧何所实行的“秦制”并非秦“法令诛罚日益刻深”③的治理机制，而是在对故“秦制”有所损益的基础上实行的一种比较宽仁、温和的政治与法律制度。这种经改造后的新型“秦制”，成为刘邦君臣建立汉王朝后建构国家制度的基础。

正是鉴于旧秦制的弊病，刘邦君臣在探索构建“汉家制度”时，尽管依循着“秦制”的制度主体，但是也对旧“秦制”做了相当多的改造。例如从理论上看，汉代君臣就展现了以儒家“仁义”之政改造旧“秦制”的宏大胸怀与积极抱负。在这里，我们要特别注意陆贾对议立“汉制”的贡献。据《史记·陆贾列传》，陆贾本为楚人，常随高祖左右，“时时前说称《诗》《书》，高帝骂之曰：‘乃公居马上而得之，安事《诗》《书》!’

① 司马迁：《史记》卷六《秦始皇本纪》，北京：中华书局，1959年，第239页。
② 司马迁：《史记》卷八十七《李斯列传》，北京：中华书局，1959年，第2553页。
③ 司马迁：《史记》卷八十七《李斯列传》，北京：中华书局，1959年，第2553页。

陆生曰：‘居马上得之，宁可以马上治之乎？……乡使秦已并天下，行仁义，法先圣，陛下安得而有之？’”[①] 陆贾根据秦亡天下的史实，提出建“汉”后“攻守异术”的思想，力谏刘邦由战时政策转向和平时期的“仁”“礼”治国策略。在陆贾看来，秦“以法为教”“以吏为师”，“事逾烦天下逾乱，法逾滋而天下逾炽，兵马益设而敌人逾多”[②]。故他在汉继承秦制时，反复主张实行儒家“仁政”——重“德”轻“刑”、重“礼”轻“力”，不仅能解决“秦制”在统一天下后暴露出来的诸多矛盾，也是为汉家布衣君臣之局所涉及的问题提出解决方法。这里需注意的是，陆贾《新语》并不是随兴之笔，而是在与刘邦君臣就“汉制”建设中提出的一种法、儒结合的政体建构思路。由于陆贾思想适应了当时形势，故陆贾《新语》不仅获得刘邦的高度赞扬，也得到文武群臣的大力追捧。史载“陆生……每奏一篇，高帝未尝不称善，左右呼万岁，号其书曰‘新语’”[③]。从文中来看，群臣、左右高呼万岁，既是冲着刘邦这个君主的旨意，也是对汉初国家建构方针的认同。所以，陆贾《新语》符合了刘邦、萧何所实行的宽松化的秦制政策，又以儒家思想给予新的补充。这种见解大致奠定了其后汉代国家制度建设框架。

所以，正如前述，刘邦建立汉帝国，其所走路径，正好重新经历了旧秦由关中而兴，并由西向东统一天下的轮回。但是这个轮回已经不是旧秦制度的简单继承，而是在旧秦制度基础上的一次创新。特别是楚项战争，实际上又是新一轮的“帝业”“王业”之争。从其时天下大势来看，大一统“帝业”已形成了不可逆转之势，它预示着秦的大一统的国家政治体制是有效的。同时，秦统一后不及时更改战时的军事政策，二世而亡的启示，以及秦王朝时期诸种新矛盾的出现，也使后继者不得不吸取其忽兴忽灭的教训。顾炎武曾总结秦的灭亡时说：“不待始皇之并天下，而文、武

---

① 司马迁：《史记》卷九十七《郦生陆贾列传》，北京：中华书局，1959年，第2699页。

② 陆贾撰，王利器整理：《新编诸子集成·新语校注》，北京：中华书局，2012年，第62页。

③ 司马迁：《史记》卷九十七《郦生陆贾列传》，北京：中华书局，1959年，第2699页。

之道尽矣。”[1] 因此，刘邦布衣将相集团在“山东大扰，异姓并起，英俊乌集。秦失其鹿，天下共逐之，于是高材疾足者先得焉”[2] 的局面下，虽然以“力”而得天下，但是秦亡的教训使他们不得不谨慎地对待汉兴后的“汉家制度”的建设。在这种时代背景下，汉朝初建时其国家制度承袭秦的中央集权官僚政治体制，既要顺应天下统一的大势，也要符合刘邦政权的实际情况，即：通过符合汉初皇权与开国军功大臣的“共享”权益的开放性关系，以适应汉初开国军功大臣在战争取得胜利后不断膨胀的权力欲与贪欲；同时，又要保持皇权的崇高权力与地位。但是总的趋势是，皇权在不断发展的形势下，而逐渐取得更加主动的、绝对的权力。在古代中国帝制中，皇权独谋绝对权力的情形凡多见。《类说》卷五十三引宋杨亿《谈苑》曾说宋初事：“开宝中王师围金陵，李后主遣徐铉入朝，对于便殿，悬述江南事大之礼甚恭，徒以被病，未任朝谒，非敢拒诏。太祖曰：‘不须多言，江南有何罪，但天下一家，卧榻之侧，岂可许他人鼾睡。’”[3] 便形象地说明了此意。

从历史的逻辑发展看，任何新王朝对旧王朝的继承，都有一个批判、扬弃的过程，尤其是在帝制初的秦汉转折的关键期更是如此。而从历史的实际演进历程看，由于“秦制”存在的诸多问题，“汉制”已经没有可能对旧“秦制”全盘继承，而是在继承中有着顺应形势的扬弃、改革。这种制度性的继承、改革、扬弃既相互渗透、包容，又相互排斥、舍弃。正是这种渗透、包容、排斥、舍弃，使“汉制”在汉代国家建构中除旧布新，并蓄周、秦，兼容刑、德，由此达到了帝国制度建构的新高度。

因此，从文献上看，汉初法家虽然随着秦帝国的灭亡而逐渐淡出历史舞台，但是其核心部分，即由“秦制”所滥觞出的“皇权”与“治

---

① 顾炎武撰，黄汝成集释，栾保群校点：《日知录集释》卷十三《周末风俗》，北京：中华书局，2020 年，第 676 页。

② 司马迁：《史记》卷九十二《淮阴侯列传》，北京：中华书局，1959 年，第 2629 页。

③ 曾慥编：《类说》，《景印文渊阁四库全书》第 873 册，台北：商务印书馆，1986 年，第 915~916 页。

权”相合的君主专制体制与大一统政治精神，以及以“尊卑”“贵贱”等级为核心的律令制度，却成为秦汉帝国不可逆转的大趋势。这一方面是战国以来的政治、经济、文化制度的“国家本位”体制已逐渐显示其优越性，对于休战息兵、与民休息有着重要作用，顺应了天下的士心、民心；另一方面，从地主阶级的贪欲与权力欲出发，独制天下，集天下财富，也是刘邦君臣的心结所在。故汉朝建立后，虽然进行了较大范围的趋于开放、温和的制度、思想的改革，但是总体来看，其政治、法律制度的核心主体都在法家理念的范围内。故司马迁评价法家时说：“法家不别亲疏，不殊贵贱，壹断于法，则亲亲尊尊之恩绝矣，可以行一时之计，而不可长用也，故曰‘严而少恩’。若尊主卑臣，明分职不得相逾越，虽百家不能改也。”[①] 司马迁的评价，正道出了“汉制”对“秦制”继承、扬弃的本质，它既展现了君主专制体制下皇权与治权融为一体、不可分割的政治格局；又体现了秦帝国制度精神中强调尊卑、贵贱的等级制度，主张“尊主卑臣，明分职不得相逾越，虽百家不能改也”的权利、义务的政治特征。

正因如此，刘邦君臣明确提出了汉承秦制的国家建设思想，将强化中央政权与区域性治权紧密结合在一起，将诸侯王国的建立与中央直属郡县制作为汉初国家的基本政治与行政构成，由此形成前所未有的一套新的国家体制。《汉书·百官公卿表》所记汉初官制与秦汉官制的继承性曰：“秦兼天下，建皇帝之号，立百官之职。汉因循而不革，明简易，随时宜也。”[②] 所谓“汉因循而不革，明简易，随时宜”，除了萧何据守关中所因“秦制”而通俗易为人知，也说明了其因随天下大势的立场。故其所记中央朝廷的官职，如在汉中央朝堂里，相国、丞相、太尉、御史大夫、奉常、郎中令、太仆、廷尉、宗正、少府、将作少府、詹事、将行、内史、主爵中尉等中央官职基本因循“秦制”。以三公九卿等来

---

① 班固著，颜师古注：《汉书》卷六十二《司马迁传》，北京：中华书局，1962 年，第 2713 页。

② 班固著，颜师古注：《汉书》卷十九上《百官公卿表上》，北京：中华书局，1962 年，第 722 页。

看：相国、丞相“皆秦官，金印紫绶，掌丞天子助理万机”[①]；“太尉，秦官，金印紫绶，掌武事”[②]；“御史大夫，秦官，位上卿，银印青绶，掌副丞相。有两丞，秩千石”[③]；“奉常，秦官，掌宗庙礼仪，有丞”[④]；“郎中令，秦官，掌宫殿掖门户”[⑤]；“太仆，秦官，掌舆马”[⑥]；“廷尉，秦官，掌刑辟”[⑦]；“宗正，秦官，掌亲属”[⑧] 等。这套模仿“秦制”的国家制度体系，应该是早在关中一隅时的汉政权就已初具规模了。它确定了此后汉王朝的立国建制，即以“秦制”为主体的制度建设。它主要表现在：1. 在中央继承了秦帝国三公九卿的官僚体制。在这个制度中，皇帝是天下最高的主宰者，具有政权、神权、军权、宗主权集一身的特征。《汉书·百官公卿表》中秦汉官制十分一致的继承性，正说明了“汉制”与“秦制”在官僚体制上的延续关系；2. 在地方行政上，在继承了秦的郡县制度基础上因时顺势有所改变，即实行郡国并行制。在郡国并行制中，汉代国家基本以直属郡县作为王朝地方的主要行政单位；3. 延续秦之二十等爵制，继续沿用编户齐民制度，使农民成为向汉代国家直接交纳赋税的编户，达成国家与民众的二元一体的关系，使汉代国家力量直接深入到各郡县的基层乡里社会；4. 汉初法律多沿袭秦制，如萧何定律令、韩信申军法

---

① 班固著，颜师古注：《汉书》卷十九上《百官公卿表上》，北京：中华书局，1962年，第724页。

② 班固著，颜师古注：《汉书》卷十九上《百官公卿表上》，北京：中华书局，1962年，第725页。

③ 班固著，颜师古注：《汉书》卷十九上《百官公卿表上》，北京：中华书局，1962年，第725页。

④ 班固著，颜师古注：《汉书》卷十九上《百官公卿表上》，北京：中华书局，1962年，第726页。

⑤ 班固著，颜师古注：《汉书》卷十九上《百官公卿表上》，北京：中华书局，1962年，第727页。

⑥ 班固著，颜师古注：《汉书》卷十九上《百官公卿表上》，北京：中华书局，1962年，第729页。

⑦ 班固著，颜师古注：《汉书》卷十九上《百官公卿表上》，北京：中华书局，1962年，第730页。

⑧ 班固著，颜师古注：《汉书》卷十九上《百官公卿表上》，北京：中华书局，1962年，第730页。

等。同时在基层社会仍然以熟悉律令的文法吏为主治政。故《汉书·刑法志》载："汉兴……四夷未附，兵革未息，三章之法不足以御奸，于是相国萧何攈摭秦法，取其宜于时者，作律九章。"① 关于《九章律》，《晋书·刑法志》曰："汉承秦制，萧何定律，除参夷连坐之罪，增部主见知之条，益事律《兴》《厩》《户》三篇，合为九篇。"② 江陵张家山二四七号墓出土的《二年律令》出土竹简中，包含了 27 种律和 1 种令，共 28 种。其内容包括杀人及伤人罪、经济犯罪、官员渎职及失职罪等刑事罪行，从中可以看出汉初法律多继承秦法并有所改革的情况。因此，在法律上，秦律法中的条文在汉代得到基本继承，是无疑义的。故卜宪群先生指出，"秦律虽重于汉律，但基本原则是一致的"，"早期汉律，至少在刘邦统治期间，对秦律更多的是直接继承"。③

所以，"汉承秦制"是西汉前期国家制度建构的一股主流。它不仅体现在中央政权的官僚体制、法律制度上，也体现在地方行政制度的建设上。例如汉初设立的诸侯国制度，本质上是秦帝国君主集权制度的继续，而与周代分封制有着显著区别。汉代的郡国并行制实际上是在秦制基础上优化、创新了的一种地方社会的行政统治制度。尽管这种分封制是刘邦试图以血缘宗法的同姓诸侯国为中央屏障的一种藩屏体制，但是它又不同于西周分封制下王权与治权绝对分离的制度设计，而是一种皇权与治权相对分离又相对合一的权力体制。例如在周代分封制中，周天子直属王畿与林立的诸侯国广大地域相比，只是很小的一块土地。而随着诸侯国的坐大，周天子的权威也如其实力一样慢慢衰弱，其号令范围也越来越小，仅具天子之名。可是在汉代郡国并行制中，中央皇权通过郡县制直接掌握着全国广大范围的土地、人口，尤其是处于政治中心长安城的汉王朝腹心地区，则多为中央直属的郡县，有着"内重外轻"之势。这使中央政府有着直接统领的庞大的军事、经济与文化实力，与西周时期周天子与诸侯国之间的

① 班固著，颜师古注：《汉书》卷二十三《刑法志》，北京：中华书局，1962 年，第 1096 页。

② 房玄龄等：《晋书》卷三十《刑法志》，北京：中华书局，1974 年，第 922 页。

③ 卜宪群：《秦制、楚制与汉制》，《中国史研究》，1995 年第 1 期。

政治格局大不相同。再如汉代诸侯国的设立，在军事、政治制度上又有改变。汉初诸侯国由中央朝廷派遣的“丞相统众官”，“掌治王国”权力虽然在规制上是明确划归诸侯王，“金玺盭绶，掌治其国”。[①] 但由于诸侯国相具有“统众官”、掌诸侯国事的权力，因此率官、军事之权最终仍然把持在中央政府手里。在汉初，这种权力大致同于贾谊在《新书》中的阐述：“大国之王幼在怀衽，汉所置傅相方握其事。”[②] 为了扶持并制约诸侯王，刘邦、吕后等亦以军功阶层背景的“强相”“能臣”来担任诸侯国相。例如齐国是当时汉建立在关东区域最重要的王国，“东有琅邪、即墨之饶，南有泰山之固，西有浊河之限，北有勃海之利。地方二千里，持戟百万，悬隔千里之外，齐得十二焉”[③]。刘邦任命的齐相曹参、傅宽都是刘邦手下的重要将领，功臣排名分别位于第二、第十，其用意便是“立强相”辅助与制约王国。再如周昌为中央政权的御史大夫，被刘邦安排担任赵相，旨在保护赵王刘如意，并履行统领众大臣的权力。“高祖曰：‘吾极知其左迁，然吾私忧赵王，念非公无可者。公不得已强行！’于是徙御史大夫周昌为赵相。”[④] 根据《史记》《汉书》中记载有姓名、明确生平记载的诸侯国相群体来看，可以发现在武帝之前，担任诸侯国相的人士多有军旅背景或担任过武将或有带兵经历；具有文学背景人士多担任王国太傅，如河间王太傅卫绾、清河王傅辕固、梁太傅贾谊等。在文景时期，随着王国势力的发展以及诸侯王成年掌权，中央政权与王国间的冲突增加。为了控制诸侯王可能的逆反，在中央命令下，诸侯国相开始接管对王国的兵权控制。例如文帝三年（前117），“九月，初与郡国守相为铜

---

① 班固著，颜师古注：《汉书》卷十九上《百官公卿表上》，北京：中华书局，1962年，第741页。

② 贾谊撰，阎振益、钟夏校注：《新编诸子集成·新书校注》卷第一《宗首》，北京：中华书局，2000年，第25页。

③ 司马迁：《史记》卷八《汉高祖本纪》，北京：中华书局，1959年，第382~383页。

④ 司马迁：《史记》卷九十六《张丞相列传》，北京：中华书局，1959年，第2678页。

虎符"[1]。铜虎符系调兵之符，由国相掌握，即表示军权归于国相之手。此项改革的实质应是将先由诸侯王所掌握的虎符改由诸侯国相执掌，但仍保留诸侯王作为王国兵权名义上的授予主体，而国相大多为军功阶层，自然循例而行。这样，国相以武将担任，控制兵权，诸侯王任命的官员被尽削军权。军队归于国相控制，实际上亦变相归属中央，国相可以根据中央指令镇守王国，平定叛乱。因此在文景时期中央政权与王国关系激化，诸侯王因未能执掌虎符，而不能够有随意调动军队的行为，否则会被认为是"擅发"军队的叛乱之举。例如景帝时栾布、程嘉、苏嘉、灌夫四人都以武职在平定"七国之乱"时立战功而获任诸侯国相，说明皇权以军功阶层控制其军权具有震慑之作用。"七国之乱"中，"淮南王欲发兵应之。其相曰：'大王必欲发兵应吴，臣愿为将。'王乃属相兵。淮南相已将兵，因城守，不听王而为汉"[2]；胶西王"未有诏虎符，擅发兵击义国"[3] 受到汉将责难。这些情形雄辩地说明汉代设立的诸侯国制度已不同于西周分封制，这更有利于维护皇权与治权的统一，也对窥探皇权的权臣有着威慑作用。

也不可否认，从刘邦开始的汉代诸帝，对秦王朝实施的法家治国理念，尤其是"尊主卑臣，明分职不得相逾越"[4] 的政治体制，虽然随着汉代中央集权的制度沿革而隐秘保留下来，但是它已不是旧秦制度的照搬，而是改换了其中的政治文化精神内涵，这就是在吸取秦亡教训上而采取的一种温和的、开放的君主集权的官僚体制，及其相应的治国理念和政策、

① 司马迁：《史记》卷十《孝文本纪》，北京：中华书局，1959 年，第 424 页。《汉书》记载则为"初与郡守为铜虎符、竹使符"，少"国""相"二字，见班固著，颜师古注：《汉书》卷四《文帝纪》，北京：中华书局，1962 年，第 118 页。按照史书时间顺序，本文从《史记》记载。

② 司马迁：《史记》卷一百一十八《淮南衡山列传》，北京：中华书局，1959 年，第 3081 页。

③ 司马迁：《史记》卷一百六《吴王濞列传》，北京：中华书局，1959 年，第 2836 页。

④ 班固著，颜师古注：《汉书》卷六十二《司马迁传》，北京：中华书局，1962 年，第 2713 页。

措施。这种制度、理念已是一种有为与无为、刑与德兼容的新“秦制”，在国家建设思想上则出现法家、道家、儒家、阴阳家相互融合、汇通、取舍的特征。所以，汉初刘邦君臣的“汉承秦制”，是在一种新的历史条件下采取的宽、严兼备的新精神和新制度。

第三节　黄老学说：东方法家“别派”

在汉初“汉承秦制”的制度建设中，黄老学说起到了重要作用。黄老学派在战国时期假托黄帝、老子之言为指导思想，尊传说中的黄帝和道家的老子为学说创始人，是涉及哲学、政治、社会、养生等方面的一个道家学派，其代表作为《黄帝四经》《老子》。从对其文献的分析可以看出，黄老学派的思想核心乃是法家学派的“法”“术”“势”，而《老子》“道论”不过是它以“道”论“法”的政治哲学的本体论而已。所以，黄老学派只是先秦法家的一个“别派”。西汉前期曹参遵行黄老思想，并且引其进入朝堂，不过仍然如萧何一样，仅是继承“秦制”遗规而已。

黄老学派原为战国时期齐国稷下学宫的一派，在战国诸子争鸣的时代，一些信奉道家，并希望以此拯救天下的学者、士人，假托黄帝之名而著书立说，逐渐形成一个学派。黄老学派中的“黄”，主要是指称黄帝“刑名”之说，“老”是指道家著作《老子》。在黄帝之名下，黄老学说以老子的“道”为基础，吸收战国时期刑名法术之学而成，因此其哲学思想接近道家，社会政治思想更接近法家。

黄老思想最初流行于齐国稷下学宫，一些关心“经世致用”的学人假托黄帝和老子而汇聚为一家之说，故其本质实为“道”“法”思想的结合，并兼采阴阳、儒、墨等学派的观点。《汉书·艺文志》记载的道家类著作有《黄帝四经》四篇，《黄帝铭》六篇，《黄帝君臣》十篇，《杂黄帝》五十八篇，《力牧》二十二篇。据《汉书·艺文志》：“《黄帝君臣》十篇。起六国时，与《老子》相似也。《杂黄帝》五十八篇，六国时贤者所作。《力牧》二十二篇，六国时所作，托之力牧。力牧，黄帝相。”[①] 这说明其思想内涵及起源十分复杂。1973 年考古工作者在湖南长沙马王堆三号汉墓考古发掘时，发现了一批极具价值的古代帛书。在其中的帛书《老子》甲本卷后、乙本卷前，附有四篇古佚书——《经法》《十大经》《称》《道原》。唐兰先生经过考证，认定这四篇古佚书即为《汉书·艺文志》所记载的“《黄帝四经》四篇”，是佚失已久的黄老道家的重要经典。[②] 关于《黄帝四经》的成书年代，《史记》记载：“庄子者，蒙人也，名周。周尝为蒙漆园吏，与梁惠王、齐宣王同时。其学无所不窥，然其要本归于老子之言。……申子之学本于黄老而主刑名。著书二篇，号曰《申子》。韩非者，韩之诸公子也。喜刑名法术之学，而其归本于黄老。”[③]《史记》又载：“慎到，赵人。田骈、接子，齐人。环渊，楚人。皆学黄老道德之术，因发明序其指意。”[④] 司马迁认为，黄老之学应晚于老子，可能与庄子同时，而早于慎到、申不害、田骈、韩非等人。唐兰先生据此考定认为：“（四篇帛书）至晚总是在公元前四世纪的初期就已出现了。……其上限不能超过杨朱时代，其下限不能延到申不害时代。……应该是战国前期之末到中期之初，即公元前 400 年前后。”[⑤] 陈鼓应先生基本认同唐兰先生的观点，并进行了详细考证。他认为《黄帝四经》的成书年代至迟不晚于战国中期、应在战国中期之前，是黄老道家的最早著作。[⑥] 但是，从《黄帝四经》书中内容来看，应该是反映了战国中后期黄老学派中多人的思想，是

---

① 班固著，颜师古注：《汉书》卷三十《艺文志》，北京：中华书局，1962 年，第 1731 页。

② 唐兰：《马王堆出土（老子）乙本卷前古佚书的研究——兼论其与汉初儒法斗争的关系》，《考古学报》，1975 年第 1 期。

③ 司马迁：《史记》卷六十三《老子韩非列传》，北京：中华书局，1959 年，第 2143、2146 页。

④ 司马迁：《史记》卷七十四《孟子荀卿列传》，北京：中华书局，1959 年，第 2347 页。

⑤ 唐兰：《马王堆出土（老子）乙本卷前古佚书的研究——兼论其与汉初儒法斗争的关系》，《考古学报》，1975 年第 1 期。

⑥ 陈鼓应：《黄帝四经今注今译——马王堆汉墓出土帛书》，北京：商务印书馆，2007 年，第 37~41 页。

黄老学派前后延续上百年中思想学说的结晶。它应该始于战国中期，而不晚于战国后期的荀子、韩非时代。因此，它更加客观地表现了战国中后期百家诸派的争鸣情形。

汉初的黄老之学，虽源于道家，但和原先的道家学派已有着重大的区别，带有明显的道、法结合的特点。从先秦古籍的有关记载来看，老子传本在战国期间就已有两种不同版本：一种是道经在前，德经在后，这当是道家传本。如《老子》论述道德，就是把《道》摆在第一位，把《德》摆在第二位；庄子论述道德，也是把《道》摆在第一位，把《德》摆在第二位。另一种是德经在前，道经在后，这就是法家传本。如韩非子的《解老》，首先解德经的第一章，解道经的文字则放在后部。这是因为道家重视书中的宇宙论和本体论，并认为“德”从属于“道”，所以把道经放在前面，法家重视书中的人生论与政治论，而用法家眼光来理解老子的言论，所以把德经放在前面，这应该与黄老学说有关。正如司马迁所谓“慎到……皆学黄老道德之术，因发明序其指意”①。“韩非者……喜刑名法术之学，而其归本于黄老。”② 黄老思想很可能是法家人物如慎到、申不害、韩非的政治哲学渊源之一。

黄老学说在战国时代，并没有真正受到各国君主与法家人物的重视，主要是作为一种政治哲学在齐地稷下学宫等学人中流传。其实在黄老思想中，“刑名”才是它最重要的部分。《史记》把老庄和申韩合为一传，说：“申子之学本于黄老而主刑名。著书二篇，号曰《申子》”③，这是最早提到“黄老”和“刑名”的，又说黄老学派“喜刑名法术之学，而其归本于黄老”④。这些思想在《黄帝四经》中都有很好的反映。古器铭《陈侯

① 司马迁：《史记》卷七十四《孟子荀卿列传》，北京：中华书局，1959年，第2347页。

② 司马迁：《史记》卷六十三《老子韩非列传》，北京：中华书局，1959年，第2146页。

③ 司马迁：《史记》卷六十三《老子韩非列传》，北京：中华书局，1959年，第2146页。

④ 司马迁：《史记》卷六十三《老子韩非列传》，北京：中华书局，1959年，第2146页。

因資敦》记载："其惟因資，扬皇考，绍緟，高祖黄帝，迩嗣桓文。"[1] 齐威王在铭文中宣扬田氏的祖先是黄帝，并要继承齐桓公、晋文公的霸业，这说明黄老学说与当时的政治文化息息相关。此后，黄老之学在齐国的稷下学宫形成一种颇有影响的学术思想。郭沫若曾说："黄老之术……事实上是培植于齐，发育于齐，而昌盛于齐的。"[2] 这话是很有道理的。黄老之学在齐国有着重要影响，可以说是齐国政治哲学的重要学派。这一学派由于基本秉承法家思想，因此在齐国的富国强兵的过程中起到一定作用。《史记·孟子荀卿列传》说："慎到，赵人。田骈、接子，齐人。环渊，楚人。皆学黄老道德之术"，而且他们著作也很多，"慎到著十二论，环渊著上下篇，而田骈、接子皆有所论焉"。[3] 可以说，黄老学说作为法家思想类同的思想学说，应该归入法家的"别派"一类。

黄老思想之所以形成于战国中期，既是战国大变革中"天下一统"思潮的产物，也是兼并战争中崇尚"力道"思想在政治哲学上的反映。战国中期的学派之争，不仅是儒、道、法、阴阳、纵横等各学派间既斗争又融合，就连各学派内部也在分化、融合。如韩非就曾对儒墨两家显学分析道："自孔子之死也，有子张之儒，有子思之儒，有颜氏之儒，有孟氏之儒，有漆雕氏之儒，有仲良氏之儒，有孙氏之儒，有乐正氏之儒。自墨子之死也，有相里氏之墨，有相夫氏之墨，有邓陵氏之墨。故孔、墨之后，儒分为八，墨离为三。"[4] 当时假托黄帝名义而著书博名是战国至两汉时期的学术习性。如成书于战国秦汉时期的《黄帝内经》就是古代医家托轩辕黄帝名而作，与《黄帝四经》有异曲同工之处。

黄老之学从表面上看似乎秉承道家之"道"论，从本质上看却是一门

---

① 马承源主编：《商周青铜器铭文选》（第四卷），北京：文物出版社，1990年，第561页。

② 郭沫若：《稷下黄老学派的批判》，载《十批判书》，上海：东方出版社，1996年，第157页。

③ 司马迁：《史记》卷七十四《孟子荀卿列传》，北京：中华书局，1959年，第2347页。

④ 王先慎撰，钟哲点校：《新编诸子集成·韩非子集解》卷十九《显学》，北京：中华书局，1998年，第456~457页。

为政、为治之学并自成一家之言，其主旨仍然是继承三代以来的政治文化传统，并以治国干政为学派宗旨。黄老之学从形式来看表现为两个方面，即以《老子》为代表的道家“道”论和法家的“法”论。其核心却是继承中国三代政治文化传统，维护战国以来的一种新的政治等级结构及其“法治”理念，这个理念就是战国诸子所主张的“王制”社会理想，及以秦为代表的王权与编户齐民所组成的国家与民众上下一体的一元化社会的等级尊卑制度。[①] 黄老之学的实质是试图建立新的统一趋势下的“王制”社会，不过却是想以道家“清静”“无为”的方法来达到这个目的。但是黄老的“清静”“无为”并非单纯的“无为而治”，它既包括了大一统王权在治理国家中的法律制度，也内含了法家提倡的“势”与“术”。故黄老之学属左右于“霸道”与“无为”两端的学派思想。在战国激烈的兼并战争中，它的这种理念不如单纯强调“霸道”的法家学说那样直截了当，所以没有受到急于富国强兵的列国君主青睐。它所反映的“道”“法”相杂的思想，却对战国时代法家学说的发展起到了重要作用。

《黄帝四经》作为黄老学说的代表性著作，共有一万一千余字。其内容包括《经法》《十大经》《称》《道原》四篇。其中《经法》主要论述自然与社会中的各种法则。《十大经》分为“立命”“观”“五正”“果童”“正乱”等十五节，多采用黄帝与大臣对话的形式，主要论述“刑

① 例如《荀子·王制》篇曰：“王者之论：无德不贵，无能不官，无功不赏，无罪不罚，朝无幸位，民无幸生，尚贤使能而等位不遗，析愿禁悍而刑罚不过。”“具具而王，具具而霸，具具而存，具具而亡。用万乘之国者，威强之所以立也，名声之所以美也，敌人之所以屈也，国之所以安危臧否也，制与在此，亡乎人。王、霸、安存、危殆、灭亡，制与在我，亡乎人。”“圣王之用也，上察于天，下错于地，塞备天地之间，加施万物之上，微而明，短而长，狭而广，神明博大以至约。故曰：一与一是为人者谓之圣人。”（王先谦撰，沈啸寰、王星贤点校：《新编诸子集成·荀子集解》卷五《王制篇》，北京：中华书局，1988 年，第 159、171、165～166 页。）汉初陆贾《新语·明诫》亦曰：“圣人承天之明，正日月之行，录星辰之度，因天地之利，等高下之宜，设山川之便，平四海，分九州，同好恶，一风俗。《易》曰：‘天垂象，见吉凶，圣人则之；天出善道，圣人得之。’”（陆贾撰，王利器整理：《新编诸子集成·新语校注》，北京：中华书局，2012 年，第 157 页。）愚意认为荀子的“王制”思想、陆贾的“圣王”观念等，在黄老之学中已有表现，可以认为黄老学说已经初步体现了其后如荀子、陆贾等人的“一统”“圣王”“王制”思想。

德”“阴阳”“雌雄”等的相应关系。《称》篇多采用格言或谚语的形式，阐述治国修身方案。《道原》篇论述“道”的特质和功用，并形成一个内在统一的思想整体。具体而言，《黄帝四经》的基本精神就是维护王权与治权相结合的“王制”权威及尊卑等级制度，这反映了其学特点有三：其一，它以《老子》“自然无为”的“天道”观作为自己思想的本体论，将“道”看作宇宙最高本体及规律，由此在“道”“法”相互融合的学术架构中形成了与儒家不同的“自然人性论”即“人性恶”论，将人看成自然属性的生物，以此论证人性“好逸恶劳”“趋利避害”的天然缺陷及针对这种人性缺陷的“治法”理论。可以说，这是从本体的“道”论上充实了商鞅“人性恶”的政治哲学，并为战国后期法家韩非的“人性恶”及“治法”理论奠定了基础；其二，它强调国君的至高性、权威性，把人世间从君王到公卿、大夫、士、平民的贵贱等级制度看作“道”在人间的体现，是天赋于人类社会并且不可改变的宇宙规则，由此强调“王道”从“壹”治理天下的大一统精神；其三，它强调以“无为”之德立“礼”，以“法”之刑律护“礼”，以“礼”之等级尊“法”，表现了等级尊卑价值观。其四，在大一统曙光喷薄欲出之际，它看到了王权在止兵休战、国家治理中的重要作用，也看到了王权完全统属治权的负面因素。故从维护理想中的“王制”与天下一体的社会理想出发，强调王权与社会治理中的“一”与“万”的关系，强调君王需要以“清静”“无为”、潜藏不露的权术去驾驭群臣、治理国家。因此，黄老之学从本质上看，是战国时代希望战争停止、社会安宁的士人的一种对天下、国家的认知，既寄托了美好的期待，也在强调君王权术阴鸷的一面。但是它作为战国时期的一家之言，在西汉前期的“汉承秦制”中起到了重要作用。

为什么说黄老学说是法家学说的一门别派呢？只有辩证清楚了这个学派内涵，我们才能进一步了解西汉前期“汉承秦制”的问题。

一、黄老之学将《老子》“道”论作为“法治”的哲学本体论

与道家一样，黄老学派也是以“道”作为最高准则和范畴。它认为万物的本原是“道”，“恒无之初，迵同大虚。虚同为一，恒一而止。湿

湿梦梦，未有明晦。神微周盈，精静不配（熙）。古（故）未有以，万物莫以”[①]。一方面，在天地混沌之初，它神秘多变，充塞着整个宇宙，精细宁静而不显耀。它没有始因而生，存于万物之中也没有因由，“虚无刑（形），其裻冥冥，万物之所从生”[②]；另一方面，“道”又是“天弗能复（覆），地弗能载。小以成小，大以成大。盈四海之内，又包其外”[③]。这种认识显然源自老子“道”论。

按照《黄帝四经》的说法，这些由“道”所形成、主宰的规律，既包括自然界万物之“性”（本质），也构成人类社会的规范、制度和法则。“一度不变，能适规（蚑）侥（蛲）。鸟得而蜚（飞），鱼得而流（游），兽得而走，万物得之以生，百事得之以成。”[④]“道”作为宇宙规律，能够主导自然万物的变化。“天地阴阳，【四】时日月，星辰云气，规（蚑）行侥（蛲）重（动），戴根之徒，皆取生，道弗为益少；皆反焉，道弗为益多。”[⑤]

在崇“道”尚“无”的基础上，黄老之学提出了循名究理的方法论原则。司马迁作《史记》，把老庄和申韩合为一传，曰：“申子之学本于黄老而主刑名。著书二篇，号曰《申子》”[⑥]，这是最早将“黄老”和“刑名”相联系的，又说黄老学派“喜刑名法术之学，而其归本于黄老”[⑦]，说明《黄帝四经》对名实关系十分重视。

---

① 国家文物局古文献研究室编：《马王堆汉墓帛书》（壹），北京：文物出版社，1980年，第87页。

② 国家文物局古文献研究室编：《马王堆汉墓帛书》（壹），北京：文物出版社，1980年，第43页。

③ 国家文物局古文献研究室编：《马王堆汉墓帛书》（壹），北京：文物出版社，1980年，第87页。

④ 国家文物局古文献研究室编：《马王堆汉墓帛书》（壹），北京：文物出版社，1980年，第87页。

⑤ 国家文物局古文献研究室编：《马王堆汉墓帛书》（壹），北京：文物出版社，1980年，第87页。

⑥ 司马迁：《史记》卷六十三《老子韩非列传》，北京：中华书局，1959年，第2146页。

⑦ 司马迁：《史记》卷六十三《老子韩非列传》，北京：中华书局，1959年，第2146页。

在《黄帝四经》中，所谓循名究理、循名责实，实际上就是要求人们通过对现象的认知而逐渐达到“道”的内涵。作为中国古代哲学范畴的“名实之辩”，最早出现在春秋战国时期，如孔子、墨子、孟子、荀子、韩非，以及名辩学派的惠施、公孙龙等。战国“名实之辩”，表面上是学术、概念之辩，实际是战国时代百家学派对于自己政治理论的表达和阐述，是对政治文化和治国理念的不同见解之争。黄老学派极尽于循名究理、循名责实的探讨，是为自己的政治见解作哲学理论的铺垫。在黄老学派看来，时势已变，治世方法也必须改变，应该以当今之法治当今之世。故黄老学派十分重视循名究理的推演，认为纷纷扬扬的各种学说，只有按照循名、督实、察理的顺序进行，则是非曲直自然分晓。《黄帝四经·名理》对此专门有着研究，认为“天下有事，必审其名。名□□循名厩（究）理之所之，是必为福，非必为材（灾）。……审察名理名冬（终）始，是胃（谓）厩（究）理。……故能循名厩（究）理。刑名出声，声实调合，祸材（灾）废立”①。

所谓“天下有事，必审其名”，主要是指国家兴亡、王朝演变的原因解析。因为“形名出声，声实调合，祸材（灾）废立”正是当时各国兴衰、祸福的深层次原因。《黄帝四经》认为，在处理国家大事或具体事务时，要认真审察当下的实际情况，使方法与实际相结合，这就称之为“究理”，故对循名究理给予了很高的评价。② 只要掌握这种“循名究理”的认识论，则认识事物就犹如辨明黑与白一般简单容易了。这里所说的“刑名”，有两层意思：其一，指概念与实际的关系，如韩非提出的“循名实而定是非，因参验而审言辞”③，即认识、方法要与实际事务相当。其二，是法律（刑）与等级贵贱（名）的关系，即施行“治法”必须与贵贱等

① 国家文物局古文献研究室编：《马王堆汉墓帛书》（壹），北京：文物出版社，1980年，第58页。

② 如黄老学者认为：“虚无有，秋稿（毫）成之，必有刑（形）名。刑（形）名立，则黑白之分已。”国家文物局古文献研究室编：《马王堆汉墓帛书》（壹），北京：文物出版社，1980年，第43页。

③ 王先慎撰，钟哲点校：《新编诸子集成·韩非子集解》卷四《奸劫弑臣》，北京：中华书局，1998年，第100页。

级相结合。战国时申不害依循黄老，主张循名责实，明赏慎罚，故被称为“刑名之学”，亦简称“刑名”。韩非子则直接称为“刑名”。《韩非子·二柄》：“人主将欲禁奸，则审合刑名者。”[①]《史记·老子韩非列传》：“申子之学本于黄老而主刑名。”[②] 所以，黄老学派重视的循名究理，既是一种要求统治者对“治道”理论与实际相结合的方法论，也是一种主张“刑律”与等级贵贱相结合的“法制”理论。故黄老学说主张的“循名究理”，多为法家人物所延伸、引用。

唐兰先生曾评价《黄帝四经》与《老子》的关系曰：“《老子》只讲道，而这四篇既讲道，又讲法，所以，第一篇就是《经法》，是表面上用道家的一些话而实际说的是法家的观点。《老子》只讲‘名’，而这四篇是把名和形（借用刑字）对立起来，称为‘刑名’。《老子》只讲‘德’，而这四篇把刑和德对立，称为‘刑德’。《老子》不谈‘理’，而这四篇强调‘循名厩理’，讲曲直，分公私。作为君人南面之术，这是比《老子》符合实际的。所以，汉文帝要宗黄老。‘黄老’并称，‘黄’有它自己的特点。”[③] 故唐兰先生认为黄老学说“是讲道法，主刑名的新型法家。……可见黄老虽并称，重点在黄，法家尽管在思想方法上继承《老子》（例如《韩非子》还有《解老》《喻老》两篇），实际还是把‘法’放在第一位的”[④]。所以，黄老学派是以黄帝治术为中心的学派，它的核心要素“刑名”之说正与秦代倡行的法家思想暗合。

二、强调“道”在人间的体现即尊卑贵贱制度（礼），这是天（“道”）赋于人间的规制

在“道法自然”这一重要原则指引下，黄老学派提出了顺天循则的观

① 王先慎撰，钟哲点校：《新编诸子集成·韩非子集解》卷二《二柄》，北京：中华书局，1998 年，第 40 页。

② 司马迁：《史记》卷六十三《老子韩非列传》，北京：中华书局，1959 年，第 2146 页。

③ 唐兰：《〈黄帝四经〉初探》，《文物》，1974 年第 10 期。

④ 唐兰：《马王堆出土〈老子〉乙本卷前古佚书的研究——兼论其与汉初儒法斗争的关系》，《考古学报》，1975 年第 1 期。

念。他们认为，“道”产生万物，“故同出冥冥，或以死，或以生；或以败，或以成”[①]，宇宙万物万事都生于自然之道，其生死成败都是由这个“道”所决定的，因此社会的治理、建构都应该按照这个自然之道来作为。“天建【八正以行七法】。明以正者，天之道也。适者，天度也。信者，天之期也。”[②] 天道本身的命数决定了事物的必然性，统治者治理国家有“度”，就是顺应“天道”的“适”。“适者，天度也。信者，天之期也”，天道本身的守则“适”“度”“信”。这些天道特性决定了事物都具有顺正的特性，也决定了事物各安其性，社会各阶级各安其分。

在黄老学派看来，天的精神与人类社会的精神是一脉相贯的，因此统治者在进行社会治理时，要顺应天道自然的法则，做到人道与天道相符合：“人主者，天地之□也，号令之所出也，□□之命也。不天天则失其神，不重地则失其根。不顺【四时之度】而民疾。不处外内之立（位），不应动静之化，则事窘（窘）于内而举窘（窘）于【外。】”[③]《黄帝四经》通过对“天道”阴阳概念的发挥，论证“天道”、阴阳与社会贵贱等级制度之间的密切联系：“凡论必以阴阳□大义。天阳地阴。春阳秋阴。夏阳冬阴。昼阳夜阴。大国阳，小国阴。重国阳，轻国阴。有事阳而无事阴。信（伸）者阴者屈者阴。主阳臣阴。上阳下阴。男阳【女阴。父】阳【子】阴。兄阳弟阴。长阳少【阴】。贵【阳】贱阴。达阳穷阴。……诸阳者法天，天贵正，过正曰诡□□□□祭乃反。诸阴者法地，地【之】德安徐正静，柔节先定，善予不争。”[④]《黄帝四经》认为，“阴阳”是包罗世间万象的宇宙规律，无论是自然界的天与地、春与秋、夏与冬、昼与夜，还是人世间的大小、强弱之国，或者社会的君臣、父子、夫妻关系，

① 国家文物局古文献研究室编：《马王堆汉墓帛书》（壹），北京：文物出版社，1980年，第43页。

② 国家文物局古文献研究室编：《马王堆汉墓帛书》（壹），北京：文物出版社，1980年，第53页。

③ 国家文物局古文献研究室编：《马王堆汉墓帛书》（壹），北京：文物出版社，1980年，第53页。

④ 国家文物局古文献研究室编：《马王堆汉墓帛书》（壹），北京：文物出版社，1980年，第83页。

均可以阴阳来划分其上下尊卑。属“阳”者为君、父、夫、兄，这是取法于天的自然的“上”“贵”；属“阴”者取法于地，如臣、子、女、弟等，是取法于地的“下”与“贱”。

《黄帝四经》强调的“天道”与“人道”，实际上就是强调社会尊卑贵贱等级制度的不可或缺。《黄帝四经》认为，在国家治乱上存在三种名实关系：“三名：一曰正名一曰立（位）而偃，二曰倚名法而乱，三曰强主威（灭）而无名。三名察则事有应矣。”[①] 一是形名正定，名实相符；二是形名不正，名实不符；三是无形名。对于天下众生来讲，“天地有恒常，万民有恒事，贵贱有恒立（位），畜臣有恒道，使民有恒度。……万民之恒事，男农，女工。贵贱之恒立（位），贤不宵（肖）不相放（妨）”[②]。天下众生有贵贱高低。对百姓来讲，男耕女织就是他们的本分，官员需要保持对君王的忠、顺，这就是符合“道”的规律。否则就是“逆天”，就会有灾祸。“动静不时，种树失地之宜，【则天】地之道逆矣。臣不亲其主，下不亲其上，百族不亲其事，则内理逆矣。逆之所在，胃（谓）之死国，伐之。反此之胃（谓）顺之所在，胃（谓）之生国，生国养之。”[③]

《黄帝四经》还认为，阴阳、贵贱、祸福是可以相互转换的，“极阳以杀，极阴以生，是胃（谓）逆阴阳之命”[④]。在极盛的阳气中已经孕育着阴气，在阴气极盛时，阳气已经开始出现了，而当阴阳两种平衡被打破时，就要积极推进、促成双方的转换，“□□□□□□□□建生。当者有□。极而反，盛而衰，天地之道也，人之李（理）也”[⑤]。所以，从“天”

① 国家文物局古文献研究室编：《马王堆汉墓帛书》（壹），北京：文物出版社，1980年，第53页。

② 国家文物局古文献研究室编：《马王堆汉墓帛书》（壹），北京：文物出版社，1980年，第43页。

③ 国家文物局古文献研究室编：《马王堆汉墓帛书》（壹），北京：文物出版社，1980年，第53~54页。

④ 国家文物局古文献研究室编：《马王堆汉墓帛书》（壹），北京：文物出版社，1980年，第51页。

⑤ 国家文物局古文献研究室编：《马王堆汉墓帛书》（壹），北京：文物出版社，1980年，第51页。

之常道看，天尊地卑、君尊臣随、父贵子贱。但是这种情形在条件变化时也会产生转换。这种主次、尊卑之间的相互转化，正是春秋战国历史中“礼崩乐坏”、陪臣执国命的反映，它需要引起治国者的充分重视，以防止重蹈覆辙。

三、推崇“刑”治，主张刑德相兼

黄老学说主张在理朝治国上，君主要确立一个政治上的重要维度，就是建立一种适度的君臣、君民关系，做到“德治”“法术”的和谐统一。黄老道家认为，真正的王道是以圣人的智慧为主，无为而王。《老子》曰：“我无为，人自化；我好静，人自正；我无事，人自富；我无欲，人自朴。”[①]“圣人处无为之事，行不言之教。”[②]然而在政治实践中怎样“行不言之教”，何以做到“无事”“无欲”等，《老子》一书只提供了原则性指导，并没给予详尽回答。黄老之学则把“无为而治”发展成政治实践的治术、权术。如《黄帝四经》就写道：“天建【八正以行七法】。明以正者，天之道也。适者，天度也。信者，天之期也。”[③]天道本身的命数决定了事物都具有必然性。《黄帝四经》又说：

> 欲知得失请（情），必审名察刑（形）。刑（形）恒自定，是我俞（愈）静。事恒自包（施），是我无为。静翳不动，来自至，去自往。能一乎？能止乎？能毋有己，能自择而尊理乎？[④]

在中国上古文化中，以“无为”治理国家，是重要的治理思想之一，其溯源源远流长，甚至可以追溯至黄、炎、尧、舜、禹时期。传说中作于

---

① 朱谦之：《新编诸子集成·老子校释》，北京：中华书局，1984年，第232页。

② 朱谦之：《新编诸子集成·老子校释》，北京：中华书局，1984年，第10页。

③ 国家文物局古文献研究室编：《马王堆汉墓帛书》（壹），北京：文物出版社，1980年，第53页。

④ 国家文物局古文献研究室编：《马王堆汉墓帛书》（壹），北京：文物出版社，1980年，第79页。

尧时期的《击壤歌》有云："吾日出而作，日入而息，凿井而饮，耕田而食，尧何等力？"[①] 此言虽不直言"无为"之治，但也表现了百姓对帝尧"无为"而治的传颂。《诗经·兔爰》有云："我生之初，尚无为。"[②] 这是最早使用"无为"的文字，它表现了一种自然而然的生活状态。其后，经过周代的发展，至老子而提出政治上的无为思想："我无为，而民自化。"[③] 即顺应自然的变化规律，使事物保持其天然的本性而不人为做作，从而达到"无为而无不为"的境界。孔子则明确使用"无为"到国家治理的思想中。《论语·卫灵公》云："无为而治者，其舜也与？夫何为哉？恭已正南面而已矣。"[④] 先秦诸子虽学派不同，所向往的理想社会秩序也不同，在"无为而治"方面却有着一定共识。

道家出于史官，故《老子》一书多采取历史经验如王朝盛衰、国家兴亡的教训为"道"之思想辩证。黄老学说继承《老子》方法论，也相应继承了中国先秦政治文化的某些政治思想。《老子》书本身并未提出君臣治国如何才能"无为"的具体的治法、权术，只是提出了崇尚天道（自然法则）和人与自然界之间的自然无为，如"道法自然""天地生万物，然生而不有，为而不恃，长而不宰""治大国如烹小鲜"等较为抽象的认识。《黄帝四经》则对老子的"无为"进行了新的阐释："耶（圣）人正以侍（待）天，静以须人。"[⑤] 由于"道"是"万物之原"，由"道"所派生出的万事万物都是既定的，圣人（即君主）治理国家，只需静候天道而持守之就可以了。"是故君子卑身以从道，知（智）以辩之，强以行之，责道

---

① 王充撰，黄晖校释：《新编诸子集成·论衡校释》卷第五《感虚篇》，北京：中华书局，1990 年，第 253 页。

② 毛亨撰，郑玄笺，孔颖达疏：《毛诗正义》，李学勤主编：《十三经注疏》，北京：北京大学出版社，1999 年，第 263 页。

③ 老子著，张景、张松辉译注：《道德经》，北京：中华书局，2021 年，第 234 页。

④ 何晏注，邢昺疏：《论语注疏》，李学勤主编：《十三经注疏》，北京：北京大学出版社，1999 年，第 208 页。

⑤ 国家文物局古文献研究室编：《马王堆汉墓帛书》（壹），北京：文物出版社，1980 年，第 63 页。

以并世，柔身以寺（待）之时。王公若知之，国家之幸也。”[①] 在这里，君主并不是被动的“无为”，而是以遵从天道的“有为”来重新阐释《老子》“无为”。如《黄帝四经》曰：

> 黄帝曰：吾既正既静，吾国家窬（愈）不定，若何？对曰：后中实而外正，何【患】不定。左执规，右执柜（矩），何患天下？男女毕迴，何患于国？五正既布，以司五明。左右执规，以寺（待）逆兵。[②]

君主的“无为”其实是在遵从“天道”的积极“有为”，是顺天循则、循名究理、循名责实之举。只有根据变化了的社会情况来适时治理，才能达到大治。所以，“君子卑身以从道”，其本质是顺天循则，根据变化的社会实际采取不同的为治措施。因此，“无为”只是一种以退为进的方法，这种进攻策略只不过披上了一层“无为”“如水形”的示弱的权术外衣罢了。

四、以人性恶推论“法”与“律”

《黄帝四经》还依据人性恶的特征，要求依“法”按“律”而治国。《黄帝四经》认为，人性源于自然，有生物界的动物性，饥而欲食、寒而欲暖，并有对物质的无尽占有欲。由于人欲是无止境的，故朝廷大臣、官吏对权力的渴望也是无休止的。因此君主应该操持深藏无为、按法而治的原则，化繁为简，以无为达到有为。为此，《黄帝四经》对于为什么建立与实施法治进行了分析。它指出：“生有害，曰欲，曰不知足。生必动，动有害。”[③] 正因为人生来有着不能满足的人欲，它会驱使人们逾越自己的

---

① 国家文物局古文献研究室编：《马王堆汉墓帛书》（壹），北京：文物出版社，1980年，第76页。

② 国家文物局古文献研究室编：《马王堆汉墓帛书》（壹），北京：文物出版社，1980年，第65页。

③ 国家文物局古文献研究室编：《马王堆汉墓帛书》（壹），北京：文物出版社，1980年，第43页。

本职，在国家治理中，就会结党营私、你争我斗。人性这种好妄动的特点，就会随时产生对社稷、君主有害的事情。而要防止这种事情发生，唯一方法就是使用能够遏制人性欲望的统一并简单的法度、原则去处理。

由于人性恶，所以需要以“法”治之。《黄帝四经》将“法”提高到宇宙本体论的“道”的高度，提出“道生法。法者，引得失以绳，而明曲直者殹（也）”[①]。“法”是至高无上的“道”所派生出来的，自然也就被赋予了宇宙的天然合理的属性。“人主者，天地之□也，号令之所出也，□□之命也。”[②] 对于怎样运用“法”与“度”，《黄帝四经》中有关于黄帝与辅佐大臣果童的一段对话：“黄帝曰：夫民卬（仰）天而生，侍（待）地而食。以天为父，以地为母。今余欲畜而正之，均而平之，谁敌（适）繇（由）始？对曰：险若得平，谌□□□，【贵】贱必谌贫富又（有）等。”[③]《黄帝四经》借黄帝君臣问答表现了这样一种思想，即人民仰仗上天而得以生存，依赖大地而得以有饭吃，但是需要教化、易俗。只能通过严明法度使民得到治理，通过端正等级名分使民归于正道，这样贵与贱、贫与富也就自然各正其位了。“法度者，正之至也。而以法度治者，不可乱也。而生法度者，不可乱也。精公无私而赏罚信，所以治也。”[④]

《黄帝四经》还主张统治者要重视德刑之间的关系，将刑治主义与天地间“无为”之道相结合。在这里，《黄帝四经》吸收了先秦法家与道家的刑德相依、“道法自然”的手段，认为天地有阴阳，而人间有德刑。“黄帝曰：群群□□□□□□为一囷，无晦无明，未有阴阳。阴阳未定，吾未有以名。今始判为两，分为阴阳。离为四【时】，□□□□□□□□□□

① 国家文物局古文献研究室编：《马王堆汉墓帛书》（壹），北京：文物出版社，1980年，第43页。

② 国家文物局古文献研究室编：《马王堆汉墓帛书》（壹），北京：文物出版社，1980年，第53页。

③ 国家文物局古文献研究室编：《马王堆汉墓帛书》（壹），北京：文物出版社，1980年，第66页。

④ 国家文物局古文献研究室编：《马王堆汉墓帛书》（壹），北京：文物出版社，1980年，第47页。

□因以为常，其明者以为法而微道是行。”[①] 天地未生之前，混混沌沌，没有阴阳，也没有万物的等级名分。后来天地判分为阴阳两类，形成春夏秋冬四季，也便有了万物的春生夏长秋收。对国家治理也是如此。“春夏为德，秋冬为刑。先德后刑以养生。姓生已定，而适（敌）者生争，不谌不定。凡谌之极，在刑与德。刑德皇皇，日月相望，以明其当，而盈□无匡。”[②] 在这里，我们注意到《黄帝四经》所说的“德”，主要是指秉承“天道”之“人道”：“天下大（太）平，正以明德，参之于天地，而兼复（覆）载而无私也，故王天，王天下者之道，有天焉，有人焉，又（有）地焉。参（三）者参用之，□□而有天下矣。”[③] 天地大公无私，自然无为，兼覆该载，君主则应该参合天时、地利、人事，以“壹”法治理国家，这样才能明其德，王天下。因此，君主治理国家应该德赏与刑罚相互运用，刑德皇皇，相互为用，由此体现天道的阴阳互补。“夫并时以养民功，先德后刑，顺于天。”[④]

《黄帝四经》还假借黄帝之口来说明德刑并用的社会治理规律与原则。《黄帝四经》记力黑在回答高阳如何治理天下的问题时，答道：

> 凡谌之极，在刑与德。刑德皇皇，日月相望，以明其当。望失其当，环视其央（殃）。天德皇皇，非刑不行。缪（穆）缪（穆）天刑，非德必顷（倾）。刑德相养，逆顺若成。刑晦而德明，刑阴而德阳，刑微而德章。其明者以为法，而微道是行。[⑤]

---

① 国家文物局古文献研究室编：《马王堆汉墓帛书》（壹），北京：文物出版社，1980年，第62页。

② 国家文物局古文献研究室编：《马王堆汉墓帛书》（壹），北京：文物出版社，1980年，第62页。

③ 国家文物局古文献研究室编：《马王堆汉墓帛书》（壹），北京：文物出版社，1980年，第49页。

④ 国家文物局古文献研究室编：《马王堆汉墓帛书》（壹），北京：文物出版社，1980年，第62页。

⑤ 国家文物局古文献研究室编：《马王堆汉墓帛书》（壹），北京：文物出版社，1980年，第69页。

由此我们看到，《黄帝四经》虽与《老子》思想有着千丝万缕的联系，在对社会治理上却表现出了与道家完全相反的积极“入世”的形象。黄老学说虽然为道家的“无为”思想保留了理论空间，但它是以“天道”“天德”去阐明和强化王权，刑德相兼，推崇“刑”治，明确君臣之分，建立等级尊卑的社会制度的道理。故黄老学说处处显示出一种有为的、积极的“入世”态度。所以，黄老学说的主流是法家的法治主义，其目的是通过对于道、法诸家学术和政治思想的吸收融汇，而为君主在行政治理上化繁为简，以“无为”达到“有为”，寻求合适的方法与措施。

五、君主之“王术”与“修身”

与《老子》哲学一样，黄老学说所谓“无为”，是一种以退为进的求“有为”的策略。两者不同的是，在春秋“不义战”中，《老子》更加注重克制列国统治者的贪欲与权力欲，要求休兵止战，回到“小国寡民”的时代。黄老思想却是在战国中期“大一统”曙光初现时的政治哲学，它已明确意识到历史退却的不可能性，而希望从顺应“天道”、取法自然的角度去达到休兵止战及“一统”天下的目的。

正如战国中期的变法思潮一样，黄老学派认为当时止战休兵的方法是废除周代“王权在上，治权分割”的多元性政治体制，而建构一种王权与治权相合一的新型王权国家。这种政治体制的根本在于君主掌握国家大权，即其后《韩非子·扬权》所总结的“事在四方，要在中央。圣人执要，四方来效”①。为此，《黄帝四经》对君主的作用及其治理方法进行了新的阐释：“人主者，天地之□也，号令之所出也，□□之命也。不天天则失其神，不重地则失其根。不顺【四时之度】而民疾。不处外内之立(位)，不应动静之化，则事窘（窘）于内而举窘（窘）于【外。】”② 这一段话阐述了君主“以一制万”“以一统万”的方法。即君主制定政策律

① 王先慎撰，钟哲点校：《新编诸子集成·韩非子集解》卷二《扬权》，北京：中华书局，1998年，第44页。

② 国家文物局古文献研究室编：《马王堆汉墓帛书》(壹)，北京：文物出版社，1980年，第53页。

令，要取法天地之道，使得人民能够安身立命。如果不顺应天地的动静变化，则会乖张于事物本身，就不会得到“神灵”的帮助。如何“以一制万”，《黄帝四经》认为，“圣人正以侍（待）天，静以须人”[①]。圣人（即君主）治理国家，只需静候天道而持守之就可以了，“是故君子卑身以从道，知（智）以辩之，强以行之，责道以并世，柔身以寺（待）之时。王公若知之，国家之幸也”[②]。君主要谦卑遵从天道，用天道指导行为，这才是国家的大幸。因此，君主并不是被动地“无为”，而是应该以遵从天道“有为”。《黄帝四经》又曰：

> 黄帝曰：吾既正既静，吾国家愈不定，若何？对曰：后中实而外正，何【患】不定。左执规，右执柜（矩），何患天下？男女毕迥，何患于国？五正既布，以司五明。左右执规，以寺（待）逆兵。[③]

“以一制万”体现了君主对“天下”、国家的治理方略，这里显现了《黄帝四经》所表现的与当时各思想学派，如儒家孟子、法家商鞅等所表达的对未来全国“一统”意识的一致性。问题是在这种对未来的憧憬中，建立什么样的新政体，在各思想学派却有不同的内容。在黄老学派看来，这种新的政治体制是以君主为中心的集权国家体制。这样，成为万民中心的君主如何面对集权制下的君臣关系，运用何种策略治理群臣，如何对社会进行治理？是采取商鞅之法，以“重刑”“重首功”等形式治理社会，统治民众；还是采取“老子”所谓“无为”之策，顺应“天时”、轻徭薄赋？在这里，《黄帝四经》提出了与商鞅所倡导的“国家本位”不同的、中国早期的集权体制中君臣关系的权术思想。

---

① 国家文物局古文献研究室编：《马王堆汉墓帛书》（壹），北京：文物出版社，1980年，第63页。

② 国家文物局古文献研究室编：《马王堆汉墓帛书》（壹），北京：文物出版社，1980年，第76页。

③ 国家文物局古文献研究室编：《马王堆汉墓帛书》（壹），北京：文物出版社，1980年，第65页。

《黄帝四经》提到“王术”之说，“然而不知王述（术），不王天下。知王【术】者，驱骋驰猎而不禽芒（荒），饮食喜乐而不面（湎）康，玩好睘好而不惑心，俱与天下用兵，费少而有功”①，认为君主不知王述（术）则不能王天下，故王术对君主治理有着极端重要性。“王术”就是君主驾驭群臣之权术、阴术。《黄帝四经》认为，在王权与治权合一下，权力的高度集中使权力本身如一柄双刃剑，不善于运用，就会刺伤自己，形成朝堂大乱的局面。故君主要善于治臣，防止臣下结党营私，危害主上。“党别【者】□内相功（攻）……党别者乱”②，众臣拉帮结伙，无视法度，就会导致国家大乱。

客观地说，在战国中期“一统”趋势还仅仅初现，还仅仅只是思想家对未来国家建构的一种期望时，《黄帝四经》对于君主“王术”的重视，既反映了他们对未来政体的期待，也表现了他们对君主集权复杂性的认识。由此我们并不能揣测其主观中的“恶意”成分。相反，它是在战国中后期大一统趋势下的一种先见之明，是一种着眼于“善治”的良好意愿。尽管这种主张“善治”与权术的观念并非如作者期待的那样“无为”而亲民、利民，反而为其后法家政治权变与阴鸷之“术”提供了理论依据。这正是历史与逻辑的悖论。

正是在“利天下”的“王术”理论支撑下，《黄帝四经》提出君如何驾驭臣的权术手段：

> 凡观国，有六逆：其子父，其臣主，虽强大不王。其谋臣在外立（位）者，其国不安，其主不晋（悟）则社稷残。其主失立（位）则国无本，臣不失处则下有根，【国】忧而存。主失立（位）则国芒（荒），臣失处则令不行，此之胃（谓）𪾢（𩕢）国。主两则其失明，男女挣（争）威，国有乱兵，此胃（谓）亡国。……凡观国，有大

---

① 国家文物局古文献研究室编：《马王堆汉墓帛书》（壹），北京：文物出版社，1980年，第49页。

② 国家文物局古文献研究室编：《马王堆汉墓帛书》（壹），北京：文物出版社，1980年，第45页。

〈六〉顺：主不失其立（位）则国【有本。臣】失其处则下无根，国忧而存。主惠臣忠者，其国安。主主臣臣，上下不赿者，其国强，主执度，臣循理者，其国朝（霸）昌。主得【位】臣楅（辐）属者，王。[①]

《黄帝四经》所谓“六逆”“六顺”实在是开了中国古代“帝制”时代君臣关系的先河，也成为法家“术”治的重要组成部分，为战国末期倡导“术治”的法家人物如韩非等所继承。例如韩非就认为，由于君臣之间本质上只是一种以智力鬻爵禄的买卖关系，双方没有信用与诚信可言。“臣之忠诈，在君所行也。君明而严则群臣忠，君懦而暗则群臣诈。”[②] 这样，君臣之间存在的是一种利益交换的“交相胜”关系。“故君臣异心。君以计畜臣，臣以计事君。君臣之交，计也。害身而利国，臣弗为也；害国而利臣，君不为也。臣之情，害身无利；君之情，害国无亲。君臣也者，以计合者也”。[③] 君主身边的后妃、夫人、贵戚、亲信、侍卫等人，均在时刻窥视着君主的权位，刺探君主的弱点，以便能投其所好，乘机作奸。“乱之所生六也：主母，后姬，子姓，弟兄，大臣，显贤。”[④] “人臣之于其君，非有骨肉之亲也，缚于势而不得不事也。故为人臣者，窥觇其君心也，无须臾之休，而人主怠傲处其上，此世所以有劫君弑主也。”[⑤] 由此我们可以看出黄老学说对于法家权术思想的启迪意义，也可看出当时一些有识之士在“一统”新趋势展现下对新政体君臣关系的忧虑。

---

① 国家文物局古文献研究室编：《马王堆汉墓帛书》（壹），北京：文物出版社，1980年，第49页。

② 王先慎撰，钟哲点校：《新编诸子集成·韩非子集解》卷十六《难四》，北京：中华书局，1998年，第383页。

③ 王先慎撰，钟哲点校：《新编诸子集成·韩非子集解》卷五《饰邪》，北京：中华书局，1998年，第128页。

④ 王先慎撰，钟哲点校：《新编诸子集成·韩非子集解》卷十八《八经》，北京：中华书局，1998年，第433页。

⑤ 王先慎撰，钟哲点校：《新编诸子集成·韩非子集解》卷五《备内》，北京：中华书局，1998年，第115页。

《黄帝四经》也表现了对中央集权制下君主品德不良、权力滥施的忧虑，故特别注重君王的自我修养。“然而不知王述（术），不王天下。知王【术】者，驱骋驰猎而不禽芒（荒），饮食喜乐而不面（湎）康，玩好睘好而不惑心，俱与天下用兵，费少而有功”①，故《黄帝四经》与韩非、李斯的主张又有显著区别。李斯为阿谀秦二世，曾说道：“夫贤主者，必且能全道而行督责之术者也。督责之，则臣不敢不竭能以徇其主矣。此臣主之分定，上下之义明，则天下贤不肖莫敢不尽力竭任以徇其君矣。是故主独制于天下而无所制也。能穷乐之极矣。”② 这种纵容之论，从本质上反映了后期法家人物的投机与“法治”中的“督责”特色。因此，黄老学说对君主权力的限制，强调君主个人道德修养的必要性无疑与李斯等人的思想有着一定区别。

黄老学说在战国时代，并没有真正受到各国君主与法家人物的重视，主要是作为一种政治哲学在齐地的稷下学宫等学人中流传。但是它作为一种国家建构思想学说，其以“道”论“法”的思想有着独特性。它既表现出对大一统趋势的欢迎，又显示出对大一统君主集权体制的忧虑。可以说，黄老学说强调的“法”“术”“势”，开了法家以“术”“势”驾驭臣下的先河。所以，从思想内容看，黄老学说是法家的一门“别派”，但由于它既强调法家之“霸道”“权术”，又主张以“老子”的“无为”来消弭“霸道”“权术”中的负面因素，这对于一心期望富国强兵、并吞天下的各国诸侯来说，无疑是矛盾且难以实现的，不如商、韩之说更加直截了当、立竿见影。所以，黄老学说在战国时代作为一种政治学说，其遇冷也是有自身原因的。

第四节　黄老学说与“汉承秦制”之路

实际上，早在汉初刘邦君臣就建国体制的讨论中，就表现出以

---

① 国家文物局古文献研究室编：《马王堆汉墓帛书》（壹），北京：文物出版社，1980年，第49页。

② 司马迁：《史记》卷八十七《李斯列传》，北京：中华书局，1959年，第2554页。

“秦法”辅之以宽松政策的治政理念，这正与黄老学说的治政理论有相通之处。黄老学说正式进入朝堂虽是在曹参入汉廷代萧何为相时，但是黄老之学的思想宗旨早在汉初就被重视并被作为其政体建设的重要内容。

正如前述，黄老学说是战国中后期兴盛于齐地的一门法家别派，它虽然以老子“道”为哲学本体论，但是其所宗乃是以黄帝为先、老子在后的政治学说，是杂糅三晋法家、楚国老子“清静”“无为”思想、齐地阴阳五行诸种思想而自成体系的政治理论。所以黄老虽倡“道论”，其关心的却是现实政治以及在新的一统形势下如何治国理政的问题，其驾驭臣下之术也即所谓“君人南面之术”，是其思想的重要内容。黄老之说主张以“法”治国，亦以“清静”“无为”之举宽柔待民，暗合了刘邦、萧何治理关中时用“秦制”并加以宽柔相济的治理宗旨。

西汉初年，刘邦君臣曾对汉代建制问题进行了比较深入的讨论。在这场讨论中，陆贾《新语》体现的“道”“法”相兼的治理思想为刘邦君臣所称道。陆贾是有汉以来一位对现实社会政治有着清醒认识的政论家，也是汉初第一位以先秦儒学为主线，将先秦法家、道家、阴阳家思想汇聚为一体的思想家。当其之时，汉以布衣将相之局取天下，袭秦制，建立了大一统君主专制政体。但定天下后，如何治天下，则是当时亟待解决的问题。鉴于秦二世而亡的教训，陆贾极力主张在治政大务上必须废秦弊端，采用新的治世方法。经过选择、评估，陆贾建立了以儒、道、法、阴阳各家思想兼容的治世之纲。一方面，陆贾继承了秦王朝所实行的法家强调尊卑上下的等级思想，主张皇权与治权结合无间的一体化治政方式；另一方面，陆贾又援儒学“礼”“义”于“秦制”的官僚政治中，在承继秦制基础上以“仁政”“无为”的儒道思想改造、修正秦“以吏为师”“以法为教”的治政理念。这样，在陆贾思想中，将法家以“法”治世的治国策略与儒家“仁”“礼”、道家“无为而治”思想加以融通，成其政治思想的基本构架。

陆贾根据秦亡天下的史实，在汉初刘氏君臣中首次提出建立国家后“攻守异术”的思想。陆贾对秦“以法为教”“以吏为师”的弊病是看得十分清楚的[①]，因此他十分重视“礼”在治国安天下中的作用。在陆贾思想中，“道”“法”结合是其“为治”思想的组成部分。陆贾敏锐地看到专制王权的官僚政体必将在汉延续的现实，故极力主张尊君屈臣，举天下为一。他以管仲之例说：“正其国如制天下，尊其君而屈诸侯，权行于海内，化流于诸夏，失道者诛，秉义者显，举一事而天下从，出一政而诸侯靡。故圣人执一政以绳百姓，持一概以等万民，所以同一治而明一统也。”[②] 这里强烈表达了他对中央专制主义官僚政治的期望，即内明等级，持一统；外化夷狄，天下从，实际上是天下归于一、法度归于一的天下“大一统”思想。关于“同一治而明一统”，是战国时代儒、法、阴阳等学派所共有的愿望。不过阴阳家是从天地大化与九州地理来论证“大一统”；儒家是从以仁、礼治世来一统天下，停战弥兵；法家则从君主集权、六国为一的大势来论证九州合一。陆贾则融汇诸子，在以礼、仁化流天下，“失道者诛，秉义者显”的同时，又极力主张圣君“执一政以绳百姓，持一概以等万民”的法家一统的理论模式，深化了“霸王道杂之”的天下“一统”思想，为“春秋公羊学”的“大一统”治道提供了政治哲学基础。

针对当时的政治形势，陆贾强调治世当用“今法”，即与时变易之法，而不能随古代之典沉浮上下，袭用故典。他批判了先秦儒家崇尚三代之政，口必称尧、舜，不与时俱进的迂腐思想，说：“道近不必出于久远，取其致要而有成。《春秋》上不及五帝，下不至三王，述齐桓、晋文之小善，鲁之十二公，至今之为政，足以知成败之效，何必于三王？”[③] 故此陆贾认为在汉代“帝制”建构中要顺应大势，按照天下一体的大规大矩的

① 例如陆贾就认为：“秦始皇设刑罚，为车裂之诛……事逾烦天下逾乱，法逾滋而天下逾炽，兵马益设而敌人逾多。秦非不欲治也，然失之者，乃举措太众、刑罚太极故也。”见陆贾撰，王利器整理：《新编诸子集成·新语校注》，北京：中华书局，2012 年，第 62 页。

② 陆贾撰，王利器整理：《新编诸子集成·新语校注》，北京：中华书局，2012 年，第 132 页。

③ 陆贾撰，王利器整理：《新编诸子集成·新语校注》，北京：中华书局，2012 年，第 41 页。

“壹治”原则，去构建汉代国家政治格局。[①] 他以管仲匡桓公、九合诸侯为例，说明行一统、执一政、法一规以及尊君屈臣的重要性。“故管仲相桓公，诎节事君，专心一意……尊其君而屈诸侯，权行于海内，化流于诸夏，失道者诛，秉义者显，举一事而天下从，出一政而诸侯靡。故圣人执一政以绳百姓，持一概以等万民，所以同一治而明一统也。”[②] 古“概”意为量。屈原《九章·怀沙》曰：“同糅玉石兮，一概而相量。”洪兴祖注曰：“概，平斗斛木”。[③] 陆贾“执一政以绳百姓，持一概以等万民”，说明他强调治天下同于一规、一矩，以等高低上下，以绳庶民万政。这正是法家倡导的君主专制国家王权与治权一致的政治文化精神。

对于汉代国家制度建构，陆贾一方面主张刘邦“帝业”所建构的君主集权应该上升成为国家最高政治权力，而汉代君主则应该是统四海、定九州，“乘天威，合天气，承天功，象天容”[④]；另一方面，他亦主张以马上取天下而不能以马上治理天下，应该实行与民休息的宽松的治理政策。故他在所著《新语》中，提出了以“无为”之“道”弥补秦制的理论，认为君主应当恪守“清静”“无为”之道克制己欲，以身循德。他说：

> 道莫大于无为，行莫大于谨敬。何以言之？昔舜治天下也，弹五弦之琴，歌《南风》之诗，寂若无治国之意，漠若无忧天下之心，然而天下大治。周公制作礼乐，效天地，望山川，师旅不设，刑格法悬，而四海之内，奉供来臻，越裳之君，重译来朝。故无为者乃有为也。[⑤]

---

① 例如陆贾就认为：“故天一以大成数，人一以□成伦。……故事不生于法度，道不本于天地，可言而不可行也。”见陆贾撰，王利器整理：《新编诸子集成·新语校注》，北京：中华书局，2012年，第134~137页。

② 陆贾撰，王利器整理：《新编诸子集成·新语校注》，北京：中华书局，2012年，第132页。

③ 洪兴祖撰，白化文等点校：《楚辞补注》，北京：中华书局，1983年，第143页。

④ 陆贾撰，王利器整理：《新编诸子集成·新语校注》，北京：中华书局，2012年，第146页。

⑤ 陆贾撰，王利器整理：《新编诸子集成·新语校注》，北京：中华书局，2012年，第59页。

陆贾“无为”思想的特别之处在于他虽主儒道，却吸取了“道”“法”结合的思想，其中颇暗合黄老的法家别派理念。从某种意义看，陆贾十分推崇三代圣君如舜“治天下也，弹五弦之琴，歌南风之诗，寂若无治国之意，漠若无忧天下之心”的“自然”“无为”的境界，认为内藏帝王之道的君主在为治之术上应以循“自然”治道为用，这里的“无为”而治正是黄老学派所推崇的中国上古传统政治文化中顺自然而治的精神。

当然，陆贾“无为”论与老子“道”论有着迥异的内涵。陆贾主张的“无为”不是“避世”“遁世”，亦不是无法无度，而是以“法度”为绳，循守“规矩”，遵循一种既定的统治格局。因此，他反对由纯粹的“休养生息”、无为之治而滋生的消极的“避世”“遁世”，主张“君倾而不扶，国危而不持，寂寞而无邻，寥廓而独寐，可谓避世，而非怀道者也。故杀身以避难则非计也，怀道而避世则不忠也”[①]。他还主张尽量减少君主治政过程中的主观性因素，而应以法度为准，循守治政规则。“夫王者之都，南面之君，乃百姓之所取法则者也，举措动作，不可以失法度。”[②]“故圣人执一政以绳百姓，持一概以等万民，所以同一治而明一统也。”[③]陆贾与黄老学说有着一致点：他们主张君主集权制度和“法治”的一律性，又强调“法”与“度”相结合，主张君主仍然需要修养心性，“举措动作，不可以失法度”。在这个问题上，陆贾思想与黄老之学有着异曲同工之妙。

由于陆贾思想在诸多方面暗合黄老学说的精神，故被一些学者称为“新道家”。[④]但从陆贾思想的整体看，他仍然以儒家思想为主体，只是在他的思想中已融入诸多“法”“道”理念，这就为汉代“帝业”制度构建铺垫了一层理论基石。所以，汉代对黄老之学的采用，在汉初就已有

① 陆贾撰，王利器整理：《新编诸子集成·新语校注》，北京：中华书局，2012 年，第 96 页。

② 陆贾撰，王利器整理：《新编诸子集成·新语校注》，北京：中华书局，2012 年，第 67 页。

③ 陆贾撰，王利器整理：《新编诸子集成·新语校注》，北京：中华书局，2012 年，第 132 页。

④ 参见熊铁基：《秦汉新道家略论稿》，上海：上海人民出版社，1984 年。

征兆。

陆贾《新语》仅仅是以一种政论方式提出了“汉制”建构设想。黄老学说则助力了陆贾理论的实践。正如前述，由于秦王朝制度上的缺陷，导致其二世而亡，这给刘邦君臣敲响了警钟。刘邦进入关中，与秦民约法三章，正是针对秦制苛暴虐民的弊病。故刘邦治理国家，虽然因时势而继承秦制，但是他所承袭的秦制已经是一种抽空了其中暴政酷法的制度体系，故而具有制度层面上的温和性、包容性与亲民性。从思想意识形态的角度看，黄老学派主张的“无为”学说正好具有这种政治理论特性，因此黄老思想在汉初经过曹参在齐地的实践后，就成为汉代政治制度中承袭“秦制”的指导思想。黄老学派虽然于汉初即已复苏，但是真正登上汉代的历史舞台，则是在萧何之后曹参为相的时代。[①] 后来曹参入汉廷代萧何为相，清静无为，一遵旧制，虽然为时仅三年，却基本奠定了汉代前期制度、法律的基础，这即所谓“萧规曹随”。

关于汉初黄老之学的流传，如今能够见到的最具体的材料是司马迁的论述。据《史记·乐毅列传》记，“乐臣公学黄帝、老子，其本师号曰河上丈人，不知其所出。河上丈人教安期生，安期生教毛翕公，毛翕公教乐瑕公，乐瑕公教乐臣公，乐臣公教盖公。盖公教于齐高密、胶西，为曹相国师”[②]。这个黄老之学的传授世系有的尚见零星记载，有的已无所考证。但是，曹参是第一个正式提倡黄老之学并且加以政治实践的人。曹参担任齐相，一反汉初军功将相起自匹夫、身居高位的粗野与蛮横作风，循守以“马下治天下”的思想，在齐国这个文化气氛浓厚的地区招纳贤才，礼贤下士。据《汉书·蒯通传》，“至齐悼惠王时，曹参为相，礼下贤人，请通为客”[③]。蒯通向曹参推荐齐士，曹参“皆以为上宾”，这当中自然有承稷

---

① 如《史记·曹相国世家》记曹参为齐相，“闻胶西有盖公，善治黄老言，使人厚币请之。既见盖公，盖公为言治道贵清静而民自定，推此类具言之。参于是避正堂，舍盖公焉。其治要用黄老术，故相齐九年，齐国安集，大称贤相”。见司马迁：《史记》卷五十四《曹相国世家》，北京：中华书局，1959 年，第 2029 页。

② 司马迁：《史记》卷八十《乐毅列传》，北京：中华书局，1959 年，第 2436 页。

③ 班固著，颜师古注：《汉书》卷四十五《蒯伍江息夫传》，北京：中华书局，1962 年，第 2166 页。

下之风、熟习黄老学说之士。又据《史记·曹相国世家》，曹参任齐国相，尽召长老诸生，问所以安集百姓之策，当时齐国故旧儒者以百数，然而人人所说不同，曹参不知如何定策。“(参) 闻胶西有盖公，善治黄老言，使人厚币请之。既见盖公，盖公为言治道贵清静而民自定。”[①] 所以曹参用黄老术治齐，是有一定的取向的，这就是既循守了当时朝廷萧何为相时的继“秦制”的要义，又适合了当时关东齐地民众渴望“清静”“无为”的宽松之治的域情。这正是黄老学说所擅长的。所以从曹参采用盖公之言起，黄老之学就开始正式登上了汉代的政治舞台，并开始引起统治者注意。

由于黄老学派本质上是一种法家别派学说，而曹参入汉为相，把这种治政学说带进了汉王朝政治实践中，故西汉前期黄老学说在朝廷中影响甚大。据《史记·曹相国世家》记，“参代何为汉相国，举事无所变更，一遵萧何约束。择郡国吏木诎于文辞，重厚长者，即召除为丞相史。吏之言文刻深，欲务声名者，辄斥去之”[②]。可见曹参为汉丞相，基本上是按照萧何的遗规，并没有做出多大变更。所谓萧规曹随，我们认为包括两方面的含义：其一，曹参所主张的黄老思想，与萧何的治国理念本身就有相互契合之处，否则就不能达到曹参对萧何“举事无所变更，一遵萧何约束”的完全依循；其二则是萧何虽然以宽松之政策补“秦法”之不足，但是萧何执政定制，缺乏为其制度辩证的理论学说。黄老学派虽然自为一家，且承接老子“道”论而有“出世”之嫌，但它毕竟是集“老子”、法家为一体的思想学派，可以在理论上对汉初草创制度给予论证。故萧何临死前极力推荐与自己并不交好的曹参为相，可见萧何对其初创“汉制”的重视。黄老学说也在曹参为相后登堂入室，在西汉朝廷中得到发展。特别是从汉文帝（前 179—前 157 年在位）和汉景帝（前 156—前 141 年在位）的几十年时间，黄老学说成为朝廷显学。

---

① 司马迁：《史记》卷五十四《曹相国世家》，北京：中华书局，1959 年，第 2029 页。

② 司马迁：《史记》卷五十四《曹相国世家》，北京：中华书局，1959 年，第 2029 页。

黄老学说成为西汉前期显学，本质上是“汉承秦制”的表现，这得益于它的几个重要特点：

其一，它以确立君主集权制为中心，但又吸取法家思想的为治教训，主张以“无为”之善法补“秦”恶法之弊。贾谊在《过秦论》中一针见血地指出了秦社会控制失效的关键所在，即“仁义不施，攻守之势异也”[①]。正如前述，黄老学说欢迎新的大一统“帝业”的建立，倡导君主集权政治及以“法”治国，故受到西汉前期的君主重视。《史记·儒林列传》称“孝文帝本好刑名之言”[②]，汉景帝即位后，“不任儒者，而窦太后又好黄老之术”[③]。所谓“刑名”，即等级尊卑与法律制度、治理思想与社会实际的统一。《黄帝四经》强调包括自然法则、自然秩序、社会规则、等级尊卑、世俗礼仪在内的“天道”与“人道”的规律，这些规律则包含了国家各个层面的礼仪、法令、风俗、规范等，是一种显性国家制度。《黄帝四经》强调的“道”论，主要是以“天道”论证“人道”，其根本落脚点在于树立以“人道”为中心的“王道”的权威，建立一种大一统趋势下的新的社会秩序。这也正是西汉前期君主集权所需要的理论。所以，黄老之学虽然言语悠玄、其道深远，但它所主张的“道生法”，认为“道生法。法者，引得失以绳，而明曲直者殹（也）。故执道者，生法而弗敢犯殹（也），法立而弗敢废【也】”[④]，明确揭示了道与法的关系，即“王道”之法律、政令不是来自世俗社会，而是由宇宙根本法则即“道”赋于政治社会领域的。此外，《经法·正乱》所曰：“天地立名，□□自生，以隋（随）天刑。天刑不臻，逆顺有类。……帝曰：谨守吾正名，毋

---

① 贾谊撰，阎振益、钟夏校注：《新编诸子集成·新书校注》卷第一《过秦上》，北京：中华书局，2000年，第3页。

② 司马迁：《史记》卷一百二十一《儒林列传》，北京：中华书局，1959年，第3117页。

③ 司马迁：《史记》卷一百二十一《儒林列传》，北京：中华书局，1959年，第3117页。

④ 国家文物局古文献研究室编：《马王堆汉墓帛书》（壹），北京：文物出版社，1980年，第43页。

失吾恒刑，以视（示）后人。”[①] 这里的“天刑”，实为“道”派生“法”的刑条，体现了《黄帝四经》以“道”证“法”的特点。[②]

黄老学说所提倡的“无为”也具有一定的权力开放性意蕴。在汉初军功大臣、外戚、诸侯王作为汉代皇权政治基础的情况下，黄老学说强调“无为”而治，不仅是要求臣下需“无为”，而最高的皇权亦需要“无为”，这样才能保持汉初政治力量的平衡，使王朝政治顺利前行。[③] 而这种政治哲学正符合汉初军功大臣及外戚、诸侯王等既得利益集团对皇权的开放性、共享性需求。在景、武时期，力挺黄老之学的首领正是颇有权势的窦太后。窦太后希望维持汉初皇权与军功大臣、外戚、诸侯王的利益“共得”局面，并因溺爱幼子刘武，希望将刘武立为皇太子，强烈主张继续以黄老之学为治理思想，其原因正是黄老学说符合了他们的这种政治和利益需求。

---

① 国家文物局古文献研究室编：《马王堆汉墓帛书》（壹），北京：文物出版社，1980年，第67页。

② 在先秦时代，人们往往将政治主张依托于“天道”或“圣人”之言的情况多见。例如《管子》：“法出乎权，权出乎道。”（黎翔凤撰，梁运华整理：《新编诸子集成·管子校注》卷第十三《心术上》，北京：中华书局，2004年，第770页。）《鹖冠子》：“贤生圣，圣生道，道生法。”（陆佃解：《鹖冠子》，《四部丛刊初编》第418册，上海：商务印书馆，1936年，第155页。）都是以“天道”证“人道”，即属于黄老学派的这种情形。所以，“黄老学派的一个重要理论特征是以天道推演人事，以形而上学为治国之术确立理论依据。由于法律、政令均由道所派生，从而道的属性与运行规律决定了法律、政令的属性及其所应遵从的规律”。（谷斌、张慧姝、郑开注译：《黄帝四经注译·道德经注译》，北京：中国社会科学出版社，2004年，第11页注释一。）故黄老学派要求在“王道”的制度约束下进行国家治理，正如《慎子·君臣》中讲“上下无事，惟法所在”。（慎到：《慎子》，《四部丛刊初编》第417册，上海：商务印书馆，1936年，第69页。）司马迁在《史记·曹相国世家》中对曹参施政的赞扬，也表达了他自己对黄老学说的肯定。

③ 《史记·太史公自序》记曰：“道家无为，又曰无不为，其实易行，其辞难知。其术以虚无为本，以因循为用。无成势，无常形，故能究万物之情。不为物先，不为物后，故能为万物主。……故曰‘圣人不朽，时变是守。虚者道之常也，因者君之纲’也。……在所欲用耳，何事不成。乃合大道……”（司马迁：《史记》卷一百三十《太史公自序》，北京：中华书局，1959年，第3292页。）其时司马迁正说出了黄老学说“中庸”“无为”“不为物先，不为物后”“圣人不朽，时变是守”的承认现状的政治哲学。

其二，注重“因”“应”之道。《黄帝四经》反复强调“因”“应”之道，在其看来，“天道”是反复循环且有常的。“道有原而无端，用者实，弗用者藋。合之而涅于美，循之而有常。”[①] 在社会领域中，君臣、贤不肖、耕战、赏罚这四组关系（四度）能够因循客观形势而行为，国家就能够安定，天下就会大顺。[②]《黄帝四经》注重“因”“应”之道，实际上暗合了汉代上层统治者在残酷的秦末战争之后，调节生产关系、治理社会凋敝的一种贵虚静的恢复民生的治国方针。曹参用黄老术，用虚静、无为手段以治齐国，是对刘邦、萧何贵虚静、复民生的呼应，适应了西汉前期的政治形势，也博取了刘邦、萧何的欢心。尤其是在汉初诸事草创的情况下，是否以“秦制”为主体建构“汉制”，是儒、道、法、阴阳各家学派争议的中心。文景时期活跃的儒家学派，极力主张把三代“先王之道”和现实政治相结合，“论上世之事，并殷周之迹，以制御其政”[③]。故萧何之后，汉代政策的走向，是关系到刘邦萧何以“帝业”为基本架构，补之以“与民休息”“清静无为”等使“帝业”千秋万代的政治实践问题。在这种情况下，萧规曹随，正是顺应了萧何留下的“汉承秦制”遗规。故惠帝二年（前193）萧何去世前，举荐曹参为汉相。曹参为汉朝相国后，“举事无所变更，一遵萧何约束”[④]，这在“人在政存”“人走政息”的“人治”社会中是很难得的。所以，史书载萧何尽管与曹参有隙，但是仍然推荐曹参为相，曹参则能够按照萧何的思路，以黄老贵“因”思想而对萧何制定的政策

---

① 国家文物局古文献研究室编：《马王堆汉墓帛书》（壹），北京：文物出版社，1980年，第76页。

② 例如黄老学派就主张“审知四度，可以定天下，可安一国。顺治其内，逆用于外，功成而伤。逆治其内，顺用其外，功成而亡。内外皆逆，是胃（谓）重央（殃），身危为僇（戮），国危破亡。外内皆顺，命曰天当，功成而不废，后不奉（逢）央（殃）”。见国家文物局古文献研究室编：《马王堆汉墓帛书》（壹），北京：文物出版社，1980年，第51页。

③ 贾谊撰，阎振益、钟夏校注：《新编诸子集成·新书校注》卷第一《过秦下》，北京：中华书局，2000年，第14页。

④ 司马迁：《史记》卷五十四《曹相国世家》，北京：中华书局，1959年，第2029页。

“因循”不变。[①]《汉书·文帝纪》曾作赞曰：“孝文皇帝即位二十三年，宫室苑囿车骑服御无所增益。有不便，辄弛以利民。……专务以德化民，是以海内殷富，兴于礼义，断狱数百，几致刑措。呜呼，仁哉！”[②] 所以，萧规曹随，本质上就是贯彻刘邦、萧何的“汉承秦制”的遗规，继续萧何推行的宽松化的“秦制”政策。黄老学说的法家别派的实质，则使它在西汉前期承担着延续萧何所定的“汉制”的任务。

其三，黄老学说注重等级尊卑和君尊臣卑的观念，尤其重视君臣“无为而治”的思想，顺应了汉代君主集权制的发展。《黄帝四经》强调运用“王术”驾驭臣下，但是也注意君臣双方的“无为而无不为”。它一方面提出君驾驭臣的六逆、六顺，反复强调“主惠臣忠者，其国安。主主臣臣，上下不赿者，其国强，主执度，臣循理者，其国朝（霸）昌”[③]；另一方面，《黄帝四经》主张臣下对君王无条件地尊崇顺服。“臣不亲其主，下不亲其上，百族不亲其事，则内理逆矣。逆之所在，胃（谓）之死国，伐之。反此之胃（谓）顺之所在，胃（谓）之生国，生国养之。”[④] 这种对君臣关系的告诫，正是汉初“帝业”初建时君王所需要的尊君屈臣的关系。特别是汉代“布衣将相”之局，其合理性尚未得到官僚、民众承认的前提下，打造君尊臣卑的局面正迎合了皇权的需求。故黄老学说对于汉代君臣而言，都是一柄利弊相关的双刃剑。曹参正是参透了此中微妙，故入朝后以“无为”的低调姿态、明哲保身的思想来为人处世，折节辱己，以全其身。史载曹参当政，“日夜饮醇酒。卿大夫已下吏及宾客见参不事事

---

① 《汉书·萧何曹参传》曾载曹参入朝为相后曾对惠帝谈到“垂拱”无为和“遵而勿失”的治理理念：“且高皇帝与萧何定天下，法令既明具，陛下垂拱，参等守职，遵而勿失，不亦可乎?”（班固著，颜师古注：《汉书》卷三十九《萧何曹参传》，北京：中华书局，1962 年，第 2020 页。）这种“无为”、贵“因”思想，正是对前朝“汉承秦制”政策的认可与延续。

② 班固著，颜师古注：《汉书》卷四《文帝纪》，北京：中华书局，1962 年，第 134~135 页。

③ 国家文物局古文献研究室编：《马王堆汉墓帛书》（壹），北京：文物出版社，1980 年，第 49 页。

④ 国家文物局古文献研究室编：《马王堆汉墓帛书》（壹），北京：文物出版社，1980 年，第 54 页。

（注：《集解》如淳曰‘不事丞相之事’），来者皆欲有言。至者，参辄饮以醇酒，间之，欲有所言，复饮之，醉而后去，终莫得开说”[①]。更为甚者的是，“相舍后园近吏舍，吏舍日饮歌呼。从吏恶之，无如之何，乃请参游园中，闻吏醉歌呼，从吏幸相国召按之。乃反取酒张坐饮，亦歌呼与相应和”[②]。这种不理世事的态度，绝不是一种政治修为，分明就是一种避祸之术。同时，在具体治理政务上，曹参更是把清静无为运用到极致。《史记·曹相国世家》记载：“参见人之有细过，专掩匿覆盖之，府中无事。”[③] 曹参为相，不云人过，专图无事，这正是与他在齐为相时积极有为而完全不同的消极态度。[④] 从上可以说明，黄老之学不仅以清静无为为治国之策，更是以权术作为君驭臣之道。它提倡的君尊臣卑理论，正迎合了皇权对中央权力控制的需求。

所以，曹参以后，黄老之学继续在汉廷流行，使汉廷以文法吏治国之风一直尚行。《汉书·张释之传》记持黄老之学的王生在文景时期深受信任，曾在公卿之前命廷尉张释之为其结袜。此后又有黄生与辕固生共争于景帝前。这个黄生可能是黄老学者。《史记·太史公自序》曰司马谈“习道论于黄子”[⑤]，可见其时黄老学派在汉朝堂上的尊贵地位。而朝廷中以窦太后为首的统治者，亦“好黄帝、老子言，帝及太子诸窦不得不读《黄

---

① 司马迁：《史记》卷五十四《曹相国世家》，北京：中华书局，1959年，第2029页。

② 司马迁：《史记》卷五十四《曹相国世家》，北京：中华书局，1959年，第2030页。

③ 司马迁：《史记》卷五十四《曹相国世家》，北京：中华书局，1959年，第2030页。

④ 例如据文献载，曹参的这种做派，连皇帝也看不过去了，“惠帝怪相国不治事，以为‘岂少朕与’”，于是让他的儿子曹窋回家劝谏父亲。曹参见儿子劝谏，大怒，笞窋二百鞭。并且大声指责道：“趣入侍，天下事非若所当言也。”此事被惠帝知道，上朝时责备曹参。曹参却谓：“陛下言之是也。且高帝与萧何定天下，法令既明，今陛下垂拱，参等守职，遵而勿失，不亦可乎?”惠帝曰：“善。君休矣!”说明惠帝对此是深明于心，而不了了之。见司马迁：《史记》卷五十四《曹相国世家》，北京：中华书局，1959年，第2030页。

⑤ 司马迁：《史记》卷一百三十《太史公自序》，北京：中华书局，1959年，第3288页。

帝》《老子》，尊其术”[①]。因此在黄老与儒学之争中，窦氏亦大黜儒术。“太皇窦太后好老子言，不说儒术……尽下（好儒术者）赵绾、王臧吏，后皆自杀。申公亦疾免以归，数年卒。”[②]

综上所述，黄老学派作为先秦法家别派，其崇“道”论是为“法”“术”之治开路的，同时其学说既适应了汉初布衣将相与军功大臣执政的格局，又有着宽松治国、与民休息的内容，故受到汉初刘邦君臣的欢迎。而西汉前期实行的黄老之治，也确实使“黎民得离战国之苦，君臣俱欲休息乎无为，故惠帝垂拱，高后女主称制，政不出房户，天下晏然”[③]，为汉初的社会稳定与生产力发展创造了较好的社会环境。所以，汉初任用黄老之学，对于延续萧何所改造、利用的“秦制”，对于汉初草创的“汉家制度”延革，都起到十分重要的作用。

---

① 司马迁：《史记》卷四十九《外戚世家》，北京：中华书局，1959年，第1975页。

② 司马迁：《史记》卷一百二十一《儒林列传》，北京：中华书局，1959年，第3122页。

③ 司马迁：《史记》卷九《吕太后本纪》，北京：中华书局，1959年，第412页。

第二章
“以礼补法”：“周道”对“汉制”的型塑

西汉国家政治制度奠定了两千多年来中国帝制国家的制度与文化基础，对此学者们曾有不同的认识。[①] 秦汉之际政治、经济形势的转化，使汉代国家体制在继承、改造秦旧制的基础上，进行了大范围的制度创新。这种制度改革在西汉前期又被称为“改制”“更化”，它的许多重要内容主要来自由儒家学者所改造的周代礼仪，由此形成了以儒补法、内法外儒的“汉家法周”的“汉家制度”。这种“汉承秦制”与“汉家法周”的政治体制重新建立了汉代国家的治理机制、意识形态和社会结构，并奠定了我国两千年帝制时代国家制度的基础。

第一节　“周道”与以“礼”补“法”

——汉初的“礼”“德”思想及其实践

汉一统天下，其统治虽废秦苛法，但仍袭秦之君主集权体制，实行秦

① 例如熊十力先生就认为：“汉以后二千余年之局，实自汉人开之。凡论社会、政治，与文化及学术者，皆不可不着重汉代也。”见熊十力：《读经示要》，萧萐父主编：《熊十力全集》第三卷，武汉：湖北教育出版社，2001 年，第 766 页。

典章法律制度，大量任用文法吏，长此而往，很可能会重蹈秦重刑苛法的覆辙。刘邦集团以马上得天下，建立的汉朝是由一批草莽英雄组成的布衣将相之局。在经历了秦末短暂的动荡之后，汉朝仍然存在以什么来巩固“帝业”、治理社会的问题。故刘邦君臣在汉王朝建立之初就对国家建构问题做了深入思考。

事实上，历史上任何一种政治制度与治理模式，都不是单一要素或单项因素作用的结果，而是若干要素以一定形式联结构成的具有某种新功能的有机整体的演进。在这个系统中，各要素相互联系，相互制约，相互作用，并产生了其在孤立状态下所不能形成的新质。这种新质是各要素合力的结果，也促进了整个系统在各要素的博弈、互补、平衡中发展。人类社会的制度演进亦是如此。对汉初国家制度的建构，我们除了要以“汉承秦制”“萧规曹随”等来看待其制度、机制的演变，还需看到在这种制度演进中各思想学派，尤其是黄老思想与儒家思想的冲突、博弈及互补，以及这种博弈、冲突、互补对“汉家制度”形成的作用及意义。

正如前述，陆贾是刘邦集团中一位对现实政治有着清醒认识的政论家，也是汉初第一位将先秦儒家、法家、道家、阴阳家学说汇聚一体的思想家，是汉初儒学复兴的先驱。当其之时，汉以布衣将相之局夺取天下，因袭秦制。但定天下后如何治天下，则是当时亟待解决的问题。陆贾作为刘邦集团的重要一员，极力主张在治政大务上必须废秦弊端，采用新的治世方法。在陆贾看来，在新的大一统官僚政治中，单纯依靠法家思想，遵行旧“秦制”是行不通的，必须在承继秦制基础上改造、修正旧“秦制”。但是时势缘由，又不能一下子否定萧何所承袭之旧“秦制”，故他认为以“儒”补“法”，以“周道”之“仁政”弥补秦制之暴政是巩固“帝业”的最佳方案。故他极力主张上继“周道”，以“周道”弥补汉代制度之缺陷。

陆贾赞成黄老“道”“法”结合的治国理念。但是，黄老之学本质上是一种“内家”与“外家”结合的学说，其外“道”内“法”的思想充满着“出世”与“入世”的矛盾。尤其是在政治实践中如果对其“内家”与“外家”的思想内涵有任何偏离，都会使汉代“帝业”承受丧失政权之痛。[1] 这使陆贾在吸取了黄老学说部分思想的同时，又主张以讲“入世”的儒家思想为主，将倡导“忠”“孝”“节”的“儒”与“法”结合，以儒饰法，形成新的“制度”特征。故他认为新政权的“制度”建构，应当上继“周道”，以孔孟荀“仁”“礼”为衡，下开汉代重“礼”轻“力”、先“德”后“刑”的“帝业”先河。

陆贾首先从政治哲学本体论的高度，从“天道”“天地之性”的宇宙论去探讨“礼”“德”的至上地位。“天地之性，万物之类，怀德者众归之，恃刑者民畏之，归之则充其侧，畏之则去其域。故设刑者不厌轻，为德者不厌重，行罚者不患薄，布赏者不患厚，所以亲近而致远也。”[2] 陆贾对儒家“仁义”“德政”的拥戴，《史记·陆贾列传》有清楚记载，即“居马上得之，宁可以马上治之乎？且汤武逆取而以顺守之，文武并用，长久之术也”[3]。可知陆贾主要是针对战争年代（马上）与承平年代（马下）的条件转化，建立一种新的“汉家制度”。这一政治思想的变化，是

---

① 例如陆贾就清楚看到，道家无为之说的根本缺陷在于可能流入的“避世”“遁形”之弊。他说：“由人不能怀仁行义，分别纤微，忖度天地，乃苦身劳形，入深山，求神仙，弃二亲，捐骨肉，绝五谷，废《诗》《书》，背天地之宝，求不死之道，非所以通世防非者也。”（陆贾撰，王利器整理：《新编诸子集成·新语校注》，北京：中华书局，2012 年，第 93 页。）他还特别批判了道家的“避世者”：“夫播布革，乱毛发，登高山，食木实，视之无优游之容，听之无仁义之辞，忽忽若狂痴，推之不往，引之不来，当世不蒙其功，后代不见其才，君倾而不扶，国危而不持，寂寞而无邻，寥廓而独寐，可谓避世，而非怀道者也。”（陆贾撰，王利器整理：《新编诸子集成·新语校注》，北京：中华书局，2012 年，第 96 页。）他认为道家的“避世”是一种消极、出世之弃道态度，而不能辅君尽忠，缺乏对国家、天下、社稷、江山的责任感。同时陆贾又认为法家思想的缺陷在于持法太急，执法太酷，反而失去“法”的度量界限。“夫持天地之政，操四海之纲，屈申不可以失法，动作不可以离度，谬误出口，则乱及万里之外，何况刑无罪于狱，而诛无辜于市乎？”（陆贾撰，王利器整理：《新编诸子集成·新语校注》，北京：中华书局，2012 年，第 154 页。）由于法家的这种谬误，致使社会上下失序，等级失范，民众失规。“夫形（刑）重者则心烦，事众者则身劳；心烦者则刑罚纵横而无所立，身劳者则百端迥邪而无所就。”（陆贾撰，王利器整理：《新编诸子集成·新语校注》，北京：中华书局，2012 年，第 118 页。）

② 陆贾撰，王利器整理：《新编诸子集成·新语校注》，北京：中华书局，2012 年，第 117 页。

③ 司马迁：《史记》卷九十七《郦生陆贾列传》，北京：中华书局，1959 年，第 2699 页。

以陆贾为代表的知识群体和部分官僚士大夫对于新王朝的制度即“汉制”建构的选择，从原则、方法、内容上看，也符合刘邦本人对“汉家”“帝业”在制度建构上的预想。

所以，陆贾主张将汉代的统治策略由法家“尚刑”与儒家“尚德”相结合。陆贾所撰《新语》，其“新”之处，不仅在语言之精妙，更在其思想上不拘一家，博采众长，以儒家为体，法家为质，援阴阳，引道家而形成的有别于先秦孔、孟、荀、韩、老、庄、邹衍等诸家之说，从而开创西汉儒家新局面，并为“汉制”构建打开新境界。

在《新语》中，陆贾以“仁”“礼”为治的倾向十分突出。他在《新语》开篇《道基》就提出“仁义”这一范畴，开宗明义地指出以“仁义”治天下是盛世之需、立国之本。他用独特的论述方式论述了他的历史观，即社会起源、制度建立的原因，然后，以“仁者道之纪，义者圣之学。学之者明，失之者昏，背之者亡”[①] 和“仁者以治亲，义者以利尊。万世不乱，仁义之所治也”[②] 作为结论性的论断，得出是否以“仁义”思想治天下是决定社会兴衰成败的关键。[③] 行“仁义”如何实施呢？在他看来，儒家的“六经”早已给予了解释：“《春秋》以仁义贬绝，《诗》以仁义存亡，《乾》《坤》以仁和合，《八卦》以义相承，《书》以仁叙九族，君臣以义制忠，《礼》以仁尽节，乐以礼升降。”[④] 他还认为，当世承袭秦制，是“王权”与“治权”的高度统一，但是也要提倡“周道”的宗法伦理原则，以弥合官僚政治制度与“选贤与能”的关系。他认为，“骨肉

① 陆贾撰，王利器整理：《新编诸子集成·新语校注》，北京：中华书局，2012年，第34页。

② 陆贾撰，王利器整理：《新编诸子集成·新语校注》，北京：中华书局，2012年，第34页。

③ 例如陆贾提出，当初虞舜“蒸蒸于父母，光耀于天地”，太公“自布衣升三公之位，累世享千乘之爵”，都是“怀仁仗义”的结果，而不行“仁义”的智伯“仗威任力”，则“兼三晋而亡”，因此他提出“君子握道而治，据德而行，席仁而坐，杖义而强”。见陆贾撰，王利器整理：《新编诸子集成·新语校注》，北京：中华书局，2012年，第25、28页。

④ 陆贾撰，王利器整理：《新编诸子集成·新语校注》，北京：中华书局，2012年，第30页。

以仁亲，夫妇以义合，朋友以义信，君臣以义序，百官以义承”[①]，“故圣人卑宫室而高道德，恶衣服而勤仁义，不损其行，以好其容，不亏其德，以饰其身，国不兴不事之功，家不藏不用之器，所以稀力役而省贡献也”[②]。

陆贾还指出，“仁”“礼”是社会有序运转的基础条件，它代表着社会有序运转的伦理秩序。“知有父子之亲，君臣之义，夫妇之别，长幼之序”，“骨肉以仁亲，夫妇以义合，朋友以义信，君臣以义序，百官以义承”。[③]“仁”“礼”是外交政策的指导方针，如果不仁义地对待邻国，会如“宋襄，乘大国之权……外骄敌国……邻国之仇结于外……故宋襄死于泓之战”[④]，秦“筑长城于戎境，以备胡、越，征大吞小，威震天下，将帅横行，以服外国，蒙恬讨乱于外……然失之者，乃举措太众、刑罚太极故也”[⑤]。在治国政典方面，陆贾强调以五经为治国经典，以仁义礼仪为治国之则。他认为，儒家所奉之“礼”，是宇宙间最高规律和最基本的法则。“传曰：‘天生万物，以地养之，圣人成之。’功德参合，而道术生焉。……苞之以六合，罗之以纪纲，改之以灾变，告之以祯祥，动之以生杀，悟之以文章。”[⑥]这里所谓的“纪纲”“文章”，亦即“道术”，即儒学所倡导的道德纲常。在陆贾看来，王朝的转换，其正统性与合法性是十分重要的，而这种正统性与合法性就来自“天”之“德”。他从历史哲学的角度，以先圣、中圣、后圣的历史演变过程，提出了以“仁”“德”取天下、治天

① 陆贾撰，王利器整理：《新编诸子集成·新语校注》，北京：中华书局，2012年，第30页。

② 陆贾撰，王利器整理：《新编诸子集成·新语校注》，北京：中华书局，2012年，第148~149页。

③ 陆贾撰，王利器整理：《新编诸子集成·新语校注》，北京：中华书局，2012年，第10、30页。

④ 陆贾撰，王利器整理：《新编诸子集成·新语校注》，北京：中华书局，2012年，第121页。

⑤ 陆贾撰，王利器整理：《新编诸子集成·新语校注》，北京：中华书局，2012年，第62页。

⑥ 陆贾撰，王利器整理：《新编诸子集成·新语校注》，北京：中华书局，2012年，第1~2页。

下的理论[①]，主张以周代"德""礼"为治理国家之基石，主张"天"以"仁""德"赋政权于圣人，而地上君权是"天"所神授。[②] 所以，从西周始，"以德配天""以德配祀"以及宣扬道德典范的理想人格、伦理纲要的教化权力，就成为王权治理天下的思想意识形态的重要内容。为此，陆贾主张宇宙的日月、阴阳、四时，与社会人伦的"纪纲""文章"等"道术"原是一体的，都来自宇宙，行之于万世，亘古亘今。"阳气以仁生，阴节以义降。"[③] 这种"以德配天""以德配祀"，正符合儒家理论，故儒家"五经"源于"天道"，能"合道德，采微善，绝纤恶，修父子之礼，以及君臣之序，乃天地之通道，圣人之所不失也。故隐之则为道，布之则为文……论思天地，动应枢机，俯仰进退，与道为依"[④]。同时，他还强调儒家经典在治世中的重要作用，认为"礼义不行，纲纪不立，后世衰废；于是后圣乃定《五经》，明《六艺》，承天统地，穷事察微，原情立本，以绪人伦，宗诸天地，纂修篇章，垂诸来世，被诸鸟兽，以匡衰乱，天人合策，原道悉备"[⑤]。这就将"五经"升华为治世原典，"承天统地""穷事察微"的天地大则。这种思想，既是对孟、荀礼义思想的继承发展，又是对儒家道德学说在本体论上的抽象与升华。

陆贾还从"德""仁"的高度对刘邦创立的新"帝业"给予了高度赞誉，提出创造新"帝业"的君主是权力与道德结合的"圣君"理论。例如陆贾特别提出刘邦夺取天下并不是以"力"相争的结果，而是"承天之明"、圣人之行，故获得"天道"护佑，夺取天下。故此，他主张"君"

---

① 参见陆贾撰，王利器整理：《新编诸子集成·新语校注》，北京：中华书局，2012年，第1~36页。

② 例如陆贾认为，周代统治者在"天命"观上提出"皇天无亲，惟德是辅"的口号，将"德"作为"天命"护佑皇权的根据，它使王权与神权天然地联结为一体，因此地上的皇权必须注重治政善恶，以此得到拥有神权的"天""帝"的眷顾。

③ 陆贾撰，王利器整理：《新编诸子集成·新语校注》，北京：中华书局，2012年，第30页。

④ 陆贾撰，王利器整理：《新编诸子集成·新语校注》，北京：中华书局，2012年，第97~98页。

⑤ 陆贾撰，王利器整理：《新编诸子集成·新语校注》，北京：中华书局，2012年，第18页。

即“圣”，“圣”即“君”，影射刘邦一代开国君主是“圣”“君”合一之有“德”之王。他说：“圣人乘天威，合天气，承天功，象天容，而不与为功，岂不难哉？……统四海之权，主九州之众，岂弱于武力哉？”[①] 陆贾把带有明显帝王权力色彩的君主集权与“高道德”“勤仁义”的修己整欲相结合，形成新的圣君观。他说：

> 夫人者，宽博浩大，恢廓密微，附远宁近，怀来万邦。故圣人怀仁仗义，分明纤微，忖度天地……是以君子握道而治，据德而行，席仁而坐，杖义而强，虚无寂寞，通动无量。故制事因短，而动益长，以圆制规，以矩立方。圣人王世，贤者建功，汤举伊尹，周任吕望，行合天地，德配阴阳，承天诛恶，克暴除殃。[②]

在先秦孔孟学说中，“圣”是一种理想人格的典范，“贤”则是对这种理想人格的践行与追求。“圣”与手执王权的“君”是相异的。孔子一生经历坎坷，“行说七十诸侯”[③] 而不见用，却不失为“圣人”的资格；颜回“居于陋巷，一箪食，一瓢饮，人不堪其忧，颜子不改其乐”[④]，而孔子评价他“吾见其进也，未见其止也”[⑤]，说明先秦儒家的“圣贤”观仅仅是作为一种人格理想，与恃万乘、统九州的诸侯国君是不同的。陆贾的圣君观，显然是指道德教化与权力相合一的汉室君臣，认为其是“承天诛恶，克暴除殃”的集德、势、位三位一体的化身。这正是帝制一统王朝初建时的国家意识形态特征，即将君推尊为政统与道统的代表、帝与师的结

---

① 陆贾撰，王利器整理：《新编诸子集成·新语校注》，北京：中华书局，2012 年，第 146 页。

② 陆贾撰，王利器整理：《新编诸子集成·新语校注》，北京：中华书局，2012 年，第 25、28 页。

③ 刘向：《新序　说苑》，上海：上海古籍出版社，1990 年，第 121 页。

④ 赵岐注，孙奭疏：《孟子注疏》，李学勤主编：《十三经注疏》，北京：北京大学出版社，1999 年，第 234 页。

⑤ 何晏注，邢昺疏：《论语注疏》，李学勤主编：《十三经注疏》，北京：北京大学出版社，1999 年，第 120 页。

合，试图修正当时盛行的以“力”取天下的“强力”观。

陆贾还鉴于秦统一后繁刑酷法、奢侈淫逸的教训，提出了君权应该得到制约、限制的观点。在这方面，陆贾通过吸取先秦齐地阴阳家思想，提出“天人感应”“性与天道”“灾异谴告”论，来完善他的政治哲学。在他看来，“天道”与“人道”同质而异体，天、地、人交相感应、互化，“故知天者仰观天文，知地者俯察地理。跂行喘息，蜎飞蠕动之类，水生陆行，根著叶长之属，为宁其心而安其性，盖天地相承，气感相应而成者也”①。自然界的阴阳之气与人间的纲常伦理、治政善恶又是相感相应的，“天”通过阴阳二气对人间政伦善恶、得失予以谴告、祯祥。“故世衰道失，非天之所为也，乃君国者有以取之也。恶政生恶气，恶气生灾异。螟虫之类，随气而生；虹蜺之属，因政而见。治道失于下，则天文变于上。”② 这就将阴阳二气与人间善恶统一起来，确立了天人之间的感应关系。陆贾还提出了“恶政生恶气，恶气生灾异”③，“治道失于下，则天文变于上；恶政流于民，则螟虫生于野”④ 的观念，为规劝新的“帝业”统治者行“仁义”、不暴虐，陆贾专门写了《思务》以告诫治理国家不必同道，关键要“因其势而调之”。陆贾的“天人感应”说虽较简略，但对汉学“天人”论而言，其义理框架已然具备。从其时代性与针对性来看，它是对新的“帝业”统治者的一种警示，也是对君主权力过于集中的忧虑。这充分说明了陆贾对于君主集权政体具有清醒的认知。所以陆贾是汉代最早提出“天人感应论”的思想家，可以说是汉代“天人感应论”的开山祖。⑤ 其

① 陆贾撰，王利器整理：《新编诸子集成·新语校注》，北京：中华书局，2012 年，第 7 页。

② 陆贾撰，王利器整理：《新编诸子集成·新语校注》，北京：中华书局，2012 年，第 155 页。

③ 陆贾撰，王利器整理：《新编诸子集成·新语校注》，北京：中华书局，2012 年，第 155 页。

④ 陆贾撰，王利器整理：《新编诸子集成·新语校注》，北京：中华书局，2012 年，第 155 页。

⑤ 李禹阶、沈双一：《汉代新儒学“天人感应论”开山祖——陆贾》，《河南大学学报（社会科学版）》，2003 年第 6 期。

后，陆贾这一理论直接为董仲舒“春秋公羊学”和“天人感应”神学目的论奠定了政治哲学的理论基础，开汉代“天人”学的风气。

陆贾著《新语》是为汉初新政权的“汉制”构建建言献策，找寻一套适应中央专制主义集权政治的治世方略，所以他十分强调因时制宜的原则，“善言古者合之于今，能述远者考之于近”[①]，“书不必起仲尼之门，药不必出扁鹊之方，合之者善，可以为法，因世而权行”[②]，故陆贾思想中充满了因势权行、审时度势的实用理性主义。

汉初诸事草创，制度大都循秦制，所以陆贾在《新语》中提出的制度设想在当时并没有得以完全实行的社会条件，但是它奠定了“汉制”建构的基础。在高祖、惠帝、吕后执政时代，“汉制”基本还是以萧何、曹参遵循的“秦制”为框架，以文法吏为治政主体。但是陆贾《新语》在遵循以“秦制”为主的汉初制度建设中融入了诸多新的国家建设思想，并为其后文景时期的“汉制”转型奠定了思想基础。其后文帝时贾谊等发起的“过秦”思潮，实际就是针对“汉初承秦之弊”（指萧何等旧官僚的“汉承秦制”）的批判。

在陆贾之后，亦有叔孙通为汉制作礼乐，“及稍定汉诸仪法，皆叔孙生为太常所论箸也”[③]，这是儒生以“礼义”观对汉初“帝业”体制的一种新构建，其本质与陆贾的“礼”“法”精神相通。叔孙通，薛县（今山东滕州）人，秦时以文学征，在宫廷为待诏博士。几年后，陈胜起义，叔孙通乘机逃出京城，参加了项梁义军。汉二年（前205），汉王刘邦进入彭城（今江苏徐州），叔孙通又投奔汉王，从此追随刘邦于军中，史载“叔孙通儒服，汉王憎之；乃变其服，服短衣，楚制，汉王喜”[④]。汉五年（前

---

① 陆贾撰，王利器整理：《新编诸子集成·新语校注》，北京：中华书局，2012年，第37页。

② 陆贾撰，王利器整理：《新编诸子集成·新语校注》，北京：中华书局，2012年，第44页。

③ 司马迁：《史记》卷九十九《刘敬叔孙通列传》，北京：中华书局，1959年，第2725页。

④ 司马迁：《史记》卷九十九《刘敬叔孙通列传》，北京：中华书局，1959年，第2721页。

202），刘邦统一天下，诸侯共尊汉王为皇帝于定陶（今山东菏泽）。由于当时初立国，高祖废除秦繁苛的朝堂礼仪后，新的尚未建立。每次朝会，追随刘邦的一班军功大臣饮酒争功，醉后妄呼，或拔剑击柱，很不成体统。刘邦为此十分忧虑，但是也无可奈何。叔孙通见时机成熟，便劝说刘邦新制朝廷礼仪，得到刘邦同意。于是叔孙通征鲁诸生三十余人，制定礼乐。据《史记·叔孙通列传》记：

> 汉七年，长乐宫成，诸侯群臣皆朝十月。仪：先平明，谒者治礼，引以次入殿门，廷中陈车骑步卒卫宫，设兵张旗志。传言“趋”。殿下郎中侠陛，陛数百人。功臣列侯诸将军军吏以次陈西方，东乡；文官丞相以下陈东方，西乡。大行设九宾，胪传。于是皇帝辇出房，百官执职传警。引诸侯王以下至吏六百石以次奉贺。自诸侯王以下莫不振恐肃敬。至礼毕，复置法酒。诸侍坐殿上皆伏抑首，以尊卑次起上寿。觞九行，谒者言“罢酒”。御史执法举不如仪者辄引去。竟朝置酒，无敢喧哗失礼者。于是高帝曰：“吾乃今日知为皇帝之贵也。”[①]

这是《史记》记载的叔孙通所定朝仪盛况，不仅在场面上庄严肃穆，而且秩序井然、尊卑分明，使惯常粗野的朝廷将相一改往日混乱不堪的举动，自诸侯王以下莫不振恐肃敬，竟朝置酒，无敢喧哗失礼者。更为突出的是“御史执法举不如仪者辄引去”，可见在叔孙通的这套朝仪中，礼乐与制度同体共存，基本实现了“礼之所去，刑之所取，失礼则入刑，相为表里”[②] 的制礼目标，也体现了叔孙通“礼法结合”的儒学变革思想。

叔孙通作汉礼仪，虽然是刘邦称帝后为了整顿朝纲的一种不得已的举措，但是任用叔孙通这样一个儒者制定礼仪，其偶然性背后潜藏着必然性：这就是作为儒者的叔孙通，将汉初刘邦君臣继承“秦制”中的君主集

---

① 司马迁：《史记》卷九十九《刘敬叔孙通列传》，北京：中华书局，1959 年，第 2723 页。

② 范晔撰，李贤等注：《后汉书》卷四十六《郭陈列传》，北京：中华书局，1965 年，第 1554 页。

权制及等级尊卑原则，通过儒家擅长的“周道”即礼仪制度表现出来，由此凸显专制皇权的至上权威，体现、规范统治集团内的上下政治等级界限包括礼仪秩序，其核心是依据儒家礼制来建立以皇权为中心的等级尊卑制度。故其制礼的中心内容是儒法结合，以儒饰法，将礼乐与制度相结合，是一种外儒内法、外礼内法的表现形式。在这一点上，叔孙通与陆贾是一致的，都强调礼制精神与“制度”之治，强调尊卑贵贱，以儒饰法。与先秦孔孟儒家不同的是，他们的尊卑贵贱已经由春秋战国时代的宗法血缘层面上升到国家本位与君主本位的层面，通过将血缘宗法伦理与大一统皇权的结合，强化汉代政治上的君主集权制。所以，叔孙通与陆贾是在两条路径上的殊途同归：一是以儒家礼制缘饰法家制度，尤其是皇权制度，改造、修订了秦制；二是二人以儒家倡导的“周道”中的血缘宗法伦理推广到国家、天下伦理，是由家族伦理向国家伦理推展的先声。

叔孙通是一个善于观测时势且投机的儒生，这在《史记》本传中已体现得十分清楚。[①] 他善于观察时势，同时亦不拘泥于成法，“知当世之要务”。故汉初布衣将相之局，也给了他一个能够为汉王朝效力的机会。他为汉初朝廷制定礼仪，一方面是迎合了取得“帝业”的刘邦的欢心；另一方面则是与时推移，不拘一格。在汉初王朝诸事未备、军将满朝的情况下，“悉去秦苛仪法”，以简单、实用为目的。[②] 通过朝廷礼仪来维护君主专制集权的权威与上层统治集团内的等级尊卑，又要废繁行简，“颇采古礼与秦仪杂就之”。叔孙通的制礼得到了汉初君臣们的认同，使儒家所奉行的三代礼仪、典章制度行使于汉代朝堂上。因此，汉代朝廷礼仪是“周礼”与“秦仪”的结合，它使“周礼”与“秦仪”通过儒家的创造成为汉初大一统集权政体的制度形式之一。

---

① 司马迁：《史记》卷九十九《刘敬叔孙通列传》，北京：中华书局，1959 年，第 2720~2721 页。

② 例如叔孙通认为：“五帝异乐，三王不同礼。礼者，因时世人情为之节文者也。故夏、殷、周之礼所因损益可知者，谓不相复也。臣愿颇采古礼与秦仪杂就之。”制定原则是“令易知，度吾所能行为之”。见司马迁：《史记》卷九十九《刘敬叔孙通列传》，北京：中华书局，1959 年，第 2722 页。

叔孙通为汉朝廷制礼作乐的成功，代表了儒家礼乐思想在新的政治条件下的转化。这种转化是将儒家过去秉承的周代礼乐制度的理论原则同制度形式与汉初大一统君主集权政治结合，集中承载了先秦时代各种礼仪文化特征。我们知道，周礼是在王权与治权分割的情形下形成的从天子到公卿、大夫、士的等级礼仪制度。由于治权的层层分割，周礼的主尊臣卑是有限度的，它更强调君仁臣顺、父慈子孝的双向性伦理情感。所以，“古礼”的上下互达的伦理性更强，其礼仪具有二元性与分治性特征。“秦仪”则是继商鞅变法后逐步形成的君主集权下的君臣关系之礼，它更加注重以制度化的繁琐威仪强化君主威仪与主尊臣卑的等级差别，使朝廷仪法更加严苛。显然，在初登皇极的刘邦及其一起打天下的难兄难弟中，既要建立君主崇高的威仪，又要顾及布衣将相之局下的君臣情谊，加强君臣关系的融通，是“汉制”礼仪制定的基本要求。叔孙通在“悉去秦苛仪法”的基础上，通过对“周之礼”等“古礼”的损益，而以“古礼与秦仪杂就之”，形成汉代朝制的基础，故汉初“及稍定汉诸仪法，皆叔孙生为太常所论箸也”。[1]

叔孙通制礼乐，“定汉诸仪法”，并非单纯地构建一种礼仪形式，而是一种表现国家体制、君臣关系的朝堂制度。由于诸事草创，故他制定的礼仪还主要是一种代表皇权尊严的仪仗上的威仪，是一种急就的、更注重形式的仪仗式礼仪，与周代“礼制”内外相融的制度特征有着明显区别。据文献记，叔孙通除了为刘邦君臣制定礼仪，还在制度变革上多有建树。程树德曾在《九朝律考·汉律考序》中指出：“汉萧何作《九章律》，益以叔孙通《傍章》十八篇，及张汤《越宫律》二十七篇，赵禹《朝律》六篇，合六十篇，是为《汉律》。”[2] 说明叔孙通《傍章》十八篇及张汤《越宫律》、赵禹《朝律》均为萧何在制定《九章律》时所运用。《晋书·刑法志》亦云：“叔孙通益律所不及，傍章十八篇。”[3] 华友根亦指出：“张

---

① 司马迁：《史记》卷九十九《刘敬叔孙通列传》，北京：中华书局，1959年，第2722、2725页。

② 程树德：《九朝律考》，北京：商务印书馆，2010年，第3页。

③ 房玄龄等：《晋书》卷三十《刑法志》，北京：中华书局，1974年，第922页。

汤的《越宫律》、赵禹的《朝律》，实际上也是‘益律所不及的’的礼仪。《越宫律》为宫卫之礼，《朝律》为朝聘之礼。”叔孙通所撰《傍章》十八篇早已亡佚，而沈家本《历代刑法考·汉律摭遗·傍章》篇则辑佚、考释了其中部分内容。根据沈家本整理的资料，我们可以知道其中有司命、祕祝、祝厘、祭功臣于庙庭、乏祠、侍祠、侍祠醉歌、山陵未成置酒歌舞、予宁、告归、吏两千石有予告赐告等各个方面的仪礼，包括了人们的社会、宗教生活与吏治等方面。例如《傍章》“祠宗庙丹书告。《说文》系部：‘纤，籀文缯。从宰省。扬雄以为《汉律》祠宗庙丹书告。’段曰：‘为祠宗庙丹书告神之帛，见于《汉律》者字如此作，扬雄言之。雄《甘泉赋》曰，上天之縡，盖即谓郊祀丹书告神者。此则从宰，不省者也。’”[①] 沈家本认为《傍章》“祠宗庙丹书告”，是祭天和祭祀祖先的礼仪，《说文·系部》有“扬雄以为《汉律》祠宗庙丹书告”之载，说明它不仅是礼仪更是法律。再如《傍章》“临丧后”条曰：“临丧后。《功臣表》：‘北平嗣侯类，坐临诸侯丧后，免。’《史记·张苍传》：‘类代为侯，坐临诸侯丧后，就位不敬，国除。’《续礼仪志》：‘列侯薨，百官会送如故事。’”[②] 这条描述的是诸侯王、列侯死，王侯百官会一同送丧的礼仪，不过也能够看出，如果王侯百官有失礼之处，会以不敬论处。这就表现了礼与法相互结合的“制度”之治，体现了“出乎礼则入乎刑”的内容。

此外，叔孙通为汉王朝制定了《汉礼器制度》。华友根先生在沈家本摭遗汉律的基础上，通过考辑《周礼》《礼记》等书的注疏，分析整理了几则《汉礼器制度》的条款，如《周礼·天官·凌人》，其中云：“大丧，共夷槃冰。”贾公彦疏：“云‘汉礼器制度’云云者，叔孙通前汉时作汉礼器制度，多得古之周制……依《制度》云‘天子大槃，广八尺，长丈二

① 沈家本撰，邓经元、骈宇骞点校：《历代刑法考》，北京：中华书局，1985 年，第 1659 页。

② 沈家本撰，邓经元、骈宇骞点校：《历代刑法考》，北京：中华书局，1985 年，第 1662 页。

尺，深三尺，漆赤中’……此周谓之夷槃，汉谓之大槃。”[①] 可见叔孙通所作《汉礼器制度》对天子大丧所用礼器做了严格限制。故《汉礼器制度》亦是叔孙通所制定的礼仪中区分尊卑、贵贱的礼仪条文。《汉书·礼乐志》曰：“叔孙通所撰礼仪，与律令同录，臧于理官。”颜师古注：“理官，即法官也。”[②] 可见叔孙通所制作的礼仪律条如《礼仪》《傍章》《汉礼器制度》，在汉代是作为其朝廷制度的一个重要部分的。《晋书·刑法志》所云“叔孙通益律所不及”是有根据的。

叔孙通制礼作乐，是汉初制度建构的重要部分，也是儒家学者参与“汉制”制定的政治实践。它说明先秦倡行的“周道”经儒学家修改、提倡，由“礼文”开始向实践性的汉代“礼制”变化。叔孙通主张“礼法结合”的儒学变革实践，是对“汉制”建构的补充。叔孙通的立场对当时儒者亦产生极大影响。据《史记·叔孙通列传》记载，叔孙通制定《礼仪》受到刘邦赞赏，而诸生乃赞其曰：“叔孙生诚圣人也，知当世之要务。”[③] 同时，叔孙通以儒学变革为立场，以“礼法结合”的形式制礼作乐的方式，最终成为汉晋时代的一种立法原则，影响了中国后世礼仪、法典的制定。

可以说，叔孙通制礼作乐，是以儒家思想为指导对汉初政治体制进行礼法结合的构建。正是在叔孙通及诸儒生的努力下，汉朝廷通过传统礼乐的转化，形成了新的制度形式，成为汉代萧何制律的制度体系的必要补充。自陆贾、叔孙通以后，儒家的政治理念及礼乐形式，逐渐为汉朝廷所用。所以，在汉初的治国之纲与制度形式中，既包括萧何等人所继承的“秦制”，也包括陆贾、叔孙通等站在儒学变革立场上形成的“礼法结合”的相关理论及礼乐实践。

---

① 郑玄注，贾公彦疏：《周礼注疏》，李学勤主编：《十三经注疏》，北京：北京大学出版社，1999 年，第 131~132 页。

② 班固著，颜师古注：《汉书》卷二十二《礼乐志》，北京：中华书局，1962 年，第 1035~1036 页。

③ 司马迁：《史记》卷九十九《刘敬叔孙通列传》，北京：中华书局，1959 年，第 2724 页。

第二节　儒学“用世”与“汉家制度”的型塑

从汉初国家构建的背景来看，汉代社会与秦代社会有一些重要区别，其主要表现在汉代在由战争轨道转为和平建设时，能够及时发现“居马上得之，宁可以马上治之乎”“逆取而以顺守之，文武并用”的问题。尤其是在地方社会治理中，汉代虽然继承秦制中的“编户齐民”体制，但是秦代在西秦一隅实行的对基层乡里社会严密控制的制度体系，在大一统时代中显然还不够成熟。例如强大的秦王朝面临“一夫发难”而迅速“土崩瓦解”的事实，使西汉统治者对于中央政府如何治理各个不同风俗、文化的地域十分重视。故此他们需要一套治理成本低又行之有效的方法，来弥补“汉承秦制”后国家制度体系存在的不足。在这种情况下，汉代国家制度建设就需要在“汉承秦制”的基础上另辟蹊径。

这一蹊径就是以周代“礼文”弥合秦的“法治”。周代分封制中王权与治权分割，并以宗法血缘伦理进行各级社会组织整合、控制的特点，使汉初统治者得到了启发：大一统国家对地方乡里社会的控制，从国家直接一竿子插到社会底层固然重要，但是如果淡化了乡里社会结构中凝合人际关系的传统宗法伦理因素，也就缺乏了使君臣之间、上下层次之间粘接的整合机制，同时将花费巨大的行政管理成本。所以，在古代政治资源缺乏的情况下，秦王朝的社会治理体制显然是汉代国家不能负担的，并且此制也缺乏效率。“周道”以血缘宗法制为基础，强调宗法伦理道德的“礼文”之制，正好可以通过乡村宗法的伦理自律实现国家、社会的二元性管理，达到国家法律与伦理纲常、乡规族约的相互渗透又相互区别，由此建立以爵等“位次”为标准的尊卑贵贱等级关系，弥补秦代编户齐民制的缺陷。这就促使汉朝统治者不得不考虑儒生所提出的以“周道”完善秦制的方案。“汉制”建构也因此出现新趋向，即儒家所变革的周代“礼文”开始登上汉代的政治舞台，成为弥补君主集权官僚政治制度的另一精神与文化制度的来源。

当然，儒家以“礼仪”“仁义”作为国家治理机制的重要内容，并不是一蹴而就的，而是一个逐渐形成、演化的过程。这个过程也是儒家思想在西汉前中期的影响由小到大，由遭受秦法家“焚书坑儒”摧折的“微”“隐”之学到西汉时期“显学”的重要原因。

西汉前期一个值得关注的现象，就是儒学的迅速崛起与繁荣，以及儒家学者在国家建构问题上的进言与建树。本来，儒学在战国时已经成为百家中之显学。其后，儒学虽然遭秦排斥、禁绝，但是并未绝流。汉初陆贾、叔孙通等人为新“汉制”的建构积极参言，并为汉朝廷制定纲纪、礼仪。而刘邦、惠帝、吕后对于政治思想及学术争论总的来说抱着比较开放的态度，这就给一直寻求实现自己政治抱负的儒家士人极大鼓舞，形成一股儒家的复兴潮流。

汉初儒家复兴表现在“立典”（树立“经典”）与“建制”（建构“礼制”）两方面，并贯穿高祖到武帝几十余年的统治。儒家“立典”从高祖至武帝时便连绵不断，高祖时代有叔孙通建立“礼仪”以“建制”，文帝时有贾谊“改制”“更化”，武帝时有公孙弘、董仲舒对国家意识形态及相关制度的改革。

汉代的“立典”，首先反映在儒家士人对先秦儒家经典及文化知识的发掘、解读上。《汉书·艺文志》曾经对汉代流行的经书给予了阐述：“昔仲尼没而微言绝，七十子丧而大义乖。故《春秋》分为五，《诗》分为四，《易》有数家之传。战国从衡，真伪分争，诸子之言纷然殽乱。至秦患之，乃燔灭文章，以愚黔首。汉兴，改秦之败，大收篇籍，广开献书之路。”[①] 这说明自汉初以来，出现了官方、民间“大收篇籍，广开献书之路”的经籍诠释与收集热潮。[②] 从《汉书·儒林传》记载来看，儒学的兴起首先应该在齐、鲁等地。其时不仅是像《孝经》这样的社会教化实用性

① 班固著，颜师古注：《汉书》卷三十《艺文志》，北京：中华书局，1962年，第1701页。

② 关于当时儒学传播的盛况，《汉书·儒林传》记曰：“汉兴，言《易》自淄川田生；言《书》自济南伏生；言《诗》，于鲁则申培公，于齐则辕固生，燕则韩太傅；言《礼》，则鲁高堂生；言《春秋》，于齐则胡母生，于赵则董仲舒。”见班固著，颜师古注：《汉书》卷八十八《儒林传》，北京：中华书局，1962年，第3593页。

经典，就是如《易》《尚书》《礼》等经籍，也都为社会所重视。同时，汉初各地儒家经籍传授之风高潮迭起，形成一股经籍、经义授受之风。例如文帝时期就收集、整理了《礼》之一部、窦公之《大司乐》章和北平侯张苍之《春秋左氏传》等《易》之外的“五经”，景帝时期则在鲁、韩两派《诗》基础上确立了齐《诗》，将“《春秋》学”扩大到了左氏与公羊氏。尤其在齐、鲁一带，儒学传授规模甚大。《汉书》记《尚书》讲授、流传之昌盛，“山东大师亡不涉《尚书》以教”[①]，而申公居家讲学时，“弟子自远方至受业者千余人”[②]，可谓儒风盛行。儒家这种经籍传授之风甚至影响到当时的刘氏皇室诸王。例如高祖同父少弟楚元王刘交，《汉书·楚元王传》记曰：“(刘交）好书，多材艺。少时尝与鲁穆生、白生、申公俱受《诗》于浮丘伯。伯者，孙卿门人也。”[③] 汉立国后，刘交封为楚王，“元王既至楚，以穆生、白生、申公为中大夫”，文帝时，“闻申公为《诗》最精，以为博士。元王好《诗》，诸子皆读《诗》，申公始为《诗》传，号《鲁诗》。元王亦次之《诗》传，号曰《元王诗》，世或有之”。[④] 可见楚元王家族喜好诗学，其诗学不仅传承自战国儒学大师荀子，而且以楚为中心，聚集了以当时诗学大家如穆生、白生、申公为首的一批儒学之士。刘交后代刘辟彊等皆传承了楚元王注重诗书、尊经崇儒的传统。《汉书·楚元王传》载：“辟彊字少卿，亦好读《诗》，能属文。武帝时，以宗室子随二千石论议，冠诸宗室。”[⑤]

根据《汉书·艺文志》，当时儒家各经在汉初均有发现与流传。例如

---

① 班固著，颜师古注：《汉书》卷八十八《儒林传》，北京：中华书局，1962 年，第 3603 页。

② 班固著，颜师古注：《汉书》卷八十八《儒林传》，北京：中华书局，1962 年，第 3608 页。

③ 班固著，颜师古注：《汉书》卷三十六《楚元王传》，北京：中华书局，1962 年，第 1921 页。

④ 班固著，颜师古注：《汉书》卷三十六《楚元王传》，北京：中华书局，1962 年，第 1922 页。

⑤ 班固著，颜师古注：《汉书》卷三十六《楚元王传》，北京：中华书局，1962 年，第 1926 页。

《易》，“及秦燔书，而《易》为筮卜之事，传者不绝。汉兴，田〔何〕传之。讫于宣、元，有施、孟、梁丘、京氏列于学官，而民间有费、高二家之说”[①]。从《尚书》来看，“《书》之所起远矣，至孔子纂焉，上断于尧，下讫于秦，凡百篇，而为之序，言其作意。秦燔书禁学，济南伏生独壁藏之。汉兴亡失，求得二十九篇，以教齐鲁之间。讫孝宣世，有《欧阳》《大小夏侯氏》，立于学官”[②]。从《诗》而言，“孔子纯取周诗，上采殷，下取鲁，凡三百五篇，遭秦而全者，以其讽诵，不独在竹帛故也。汉兴，鲁申公为《诗》训故，而齐辕固、燕韩生皆为之传。或取《春秋》，采杂说，咸非其本义。与不得已，鲁最为近之。三家皆列于学官。又有毛公之学，自谓子夏所传，而河间献王好之，未得立”[③]。从《礼》来看，“‘礼经三百，威仪三千。’及周之衰，诸侯将逾法度，恶其害已，皆灭去其籍，自孔子时而不具，至秦大坏。汉兴，鲁高堂生传《士礼》十七篇”[④]。《乐》则“故自黄帝下至三代，乐各有名。……周衰俱坏，乐尤微眇，以音律为节，又为郑卫所乱故无遗法。汉兴，制氏以雅乐声律，世在乐官，颇能纪其铿锵鼓舞，而不能言其义。六国之君，魏文侯最为好古，孝文时得其乐人窦公，献其书，乃《周官·大宗伯》之《大司乐》章也”[⑤]。《论语》者，则“孔子应答弟子时人及弟子相与言而接闻于夫子之语也。当时弟子各有所记。夫子既卒，门人相与辑而论纂，故谓之《论语》。汉兴，有齐、鲁之说。传《齐论》者，昌邑中尉王吉、少府宋畸、御史大夫贡禹、尚书令五鹿充宗、胶东庸生，唯王阳名家。传《鲁论语》者，

---

① 班固著，颜师古注：《汉书》卷三十《艺文志》，北京：中华书局，1962 年，第 1704 页。

② 班固著，颜师古注：《汉书》卷三十《艺文志》，北京：中华书局，1962 年，第 1706 页。

③ 班固著，颜师古注：《汉书》卷三十《艺文志》，北京：中华书局，1962 年，第 1708 页。

④ 班固著，颜师古注：《汉书》卷三十《艺文志》，北京：中华书局，1962 年，第 1710 页。

⑤ 班固著，颜师古注：《汉书》卷三十《艺文志》，北京：中华书局，1962 年，第 1711~1712 页。

常山都尉龚奋、长信少府夏侯胜、丞相韦贤、鲁扶卿、前将军萧望之、安昌侯张禹，皆名家。张氏最后而行于世”[①]。

所以，汉初是儒家经典及其思想重新发现和流传、传播的时期。这一时期，汉初官方对各家之言实行兼容并蓄的文化包容性政策，使儒家许多经籍在民间被发掘、收集，并且在“汉制”建构中被允许参言、进谏，建立学派的“经典”系列。其时，不仅仅是像《孝经》这样的实用性经典，就是如《易》《书》《礼》《乐》《论语》《春秋》等经籍，也都开始担负起社会教化或规范人心的道德义务，而为统治阶级所重视。这种广泛收书与献书的热潮，绝不是一句延续学术传统就能够说清楚的。它为官方和民间重视的一个重要原因，应当是它所承担的社会教化和统一思想的意识形态功能，也是儒家学者影响国家制度“创制”的经世致用功能。汉初儒士明白：刘邦是在马上取天下的，“汉大臣皆故高帝时将”[②]，有着缺乏文化教养的粗鄙特质。一个缺乏文化素养，没有清晰历史意识的执政集团，不可能由其自身来单独完成对社会政治的改善和转型。历史的、文化的视野限制了汉初君臣对古圣先王政治理论的认识，就需要有深厚儒学涵养的儒士通过政治文化知识的普及，使汉初统治者认识到《诗》《书》等经籍的治国功用。故汉初儒士积极推动统治者对古圣先贤文化知识的学习。例如叔孙通是一个甚“知当世之要务”的圆滑学者，他适时提出了“夫儒者难与进取，可与守成。臣愿征鲁诸生，与臣弟子共起朝仪”[③] 的见解，得到刘邦的赏识。[④] 而正是这一类儒生不拘泥于古制成法，敢于创新，才使儒学在西汉政权中有了一席之地。太史公曾赞曰：“叔孙通希世度务，制礼

---

① 班固著，颜师古注：《汉书》卷三十《艺文志》，北京：中华书局，1962 年，第 1717 页。

② 班固著，颜师古注：《汉书》卷四《文帝纪》，北京：中华书局，1962 年，第 105 页。

③ 司马迁：《史记》卷九十九《刘敬叔孙通列传》，北京：中华书局，1959 年，第 2722 页。

④ 虽仍然有“鄙儒”批评叔孙通“所为不合古”，对其人格不予肯定。但是他的行为实为顺应汉初的时代风气，他在适时应变中并未放弃孔孟儒学倡导的道义、良知。所谓“儒者难与进取，可与守成”，应该说是对儒学的文化理性的倡扬。

进退，与时变化，卒为汉家儒宗。”[①]

正是因为“立典”是一种经世致用的政治行为，是为西汉国家制度构建及政治意识形态服务的，故为促进“立典”而建言献策的儒士群体可谓层出不穷。辕固、韩生推《诗》之意而解之，“或取《春秋》，采杂说，咸非其本义”[②]。伏生得《尚书》二十九篇教张生及欧阳生后，“《尚书》滋多于是矣”[③]。《礼》自孔子时其经不具，而高堂生之后，《礼》篇数日多。同时，推动统治者认识儒学政治与治国作用的汉儒也不断涌现，他们发现与传播儒家经典，其别具一格的思想学说受到了帝王的重视。例如汉文帝时始置《书》《诗》博士，并立诸子传记博士。景帝时，又置《春秋》博士。这说明此时儒家在学官中已占有重要地位。[④] 尽管西汉前期儒家“五经”对汉朝国家制度建设的影响还是有限的，但是其对汉代国家道德、礼仪、文化建设的作用不可低估。正如清代学者皮锡瑞所谓：“经学不明，则孔子不尊。孔子不得位，无功业表见，晚定六经以教万世……天子得之以治天下，士庶得之以治一身，有舍此而无以自立者。此孔子所以贤于尧舜，为生民所未有，其功皆在删定六经……汉初诸儒深识此义，以六经为孔子所作，且谓孔子为汉定道……此汉代人才所以极盛，而治法最近古，由明经术而实行孔教之效也。”[⑤] 所以贾谊认为“《书》《诗》《易》《春秋》《礼》《乐》六者之术以为大义，谓之六艺”[⑥]，“是故，著此竹帛谓之《书》。《书》者，此之著者也；《诗》者，此之志者也；《易》者，

---

① 司马迁：《史记》卷九十九《刘敬叔孙通列传》，北京：中华书局，1959年，第2726页。

② 班固著，颜师古注：《汉书》卷三十《艺文志》，北京：中华书局，1962年，第1708页。

③ 司马迁：《史记》卷一百二十一《儒林列传》，北京：中华书局，1959年，第3125页。

④ 由于“五经”为三代典籍，讲述的是三代政治、宗法、血缘、社会和民间风俗，将其列入学官，并作为国家治政、理财、行礼的政典，是“周道”经改造后融入汉制的重要体现。

⑤ 皮锡瑞：《经学通论》，北京：中华书局，1954年，第1页。

⑥ 贾谊撰，阎振益、钟夏校注：《新编诸子集成·新书校注》卷第八《六术》，北京：中华书局，2000年，第316页。

此之占者也；《春秋》者，此之纪者也；《礼》者，此之体者也；《乐》者，此之乐者也”[①]。它说明儒家士人已将“五经”提高到了政治哲学与道德本体的地位，并产生了很大影响。

如果说“五经”地位提高表现了西汉前期统治者开放言禁而促成治国理论的多样化，那么“五经”作为“经典”的建立则标志着汉代政治、道德、法律、礼仪已开始向以儒家为主体的政治、伦理形态转型。先秦“五经”是经过孔子删订的“经书”，它所提倡的政治、礼仪制度，在汉代儒家学者手中逐渐转变为现实的治国理政之学和“孝”“忠”“节”的双向型伦理范畴体系。武帝时董仲舒著《春秋繁露》明确提出三纲原理和五常之道，将儒家的道德原则、规范按照新的社会政治背景作了发挥，主张“天不变道亦不变”，这其实是对西汉前期儒家作为的继续。正是儒家积极的“立典”，才使汉武帝“罢黜百家，表章六经”有着“经典”基础。儒家推崇的“周道”则随着这种趋势不断渗透进“汉家制度”。西汉末期王莽倡导的“奉古改制”，就是沿着这种推崇“五经”、神化儒学的道路继续发展的结果。[②] 王莽所称“礼”，就是从称谓到实际中完全复古的“周礼”。王莽的失败并不在于他利用了“五经”，而是复古太过，缺乏政治理想与现实政治、经济的接轨。其后刘秀重倡“五经”，修正了王莽迷信“周礼”的弊政。所以，从一个长时段看，正是西汉前期儒士们的不懈努力，才促进了儒学及其经典与现实政治，特别是与官方权力的结合。

“建制”也是儒家试图影响国家制度建设的重要举措。从这方面看，尽管自刘邦起，已经有陆贾、叔孙通通过“进言”“制礼”为儒学政治理念赋予了符合实际的可行性内容，但是由于制度、政令的惯性特征，汉初

---

① 贾谊撰，阎振益、钟夏校注：《新编诸子集成·新书校注》卷第八《道德说》，北京：中华书局，2000年，第325页。

② 据《汉书·王莽传》：“莽意以为制定则天下自平，故锐思于地里，制礼作乐，讲合《六经》之说。”并且“以《周官》《王制》之文，置卒正、连率、大尹，职如太守”，由此定制官职。见班固著，颜师古注：《汉书》卷九十九中《王莽传中》，北京：中华书局，1962年，第4140、4136页。

仍然多延续以文法吏为社会治理基本力量的做法。[①] 虽然如此，在“秦制”基础上小修小补的萧何、曹参式的“守旧”做法，与儒家学者要求开拓创新的“改制”思潮仍然有着相当大的距离。由于汉代统治者迫切需要一种能够巩固皇权、“经世致用”的新制度，所以，儒士们积极主张以儒家礼制去“更化”“改制”，正适应了这种需求。从史书所记载的儒家代表人物看，除了汉初的陆贾、叔孙通，文景时有包括贾谊、贾山、晁错、辕固在内的儒学官僚及士人，武帝时代有着公孙弘、董仲舒等大儒。皮锡瑞《经学通论》说：“《春秋》有大义，有微言。大义在诛乱臣贼子，微言在为后王立法。惟《公羊》兼传大义微言。《穀梁》不传微言，但传大义。《左氏》并不传义，特以记事详赡，有可以证《春秋》之义者。故‘三传’并行不废。”[②] 所谓“微言”，即开“为后王立法”的创新之局。所谓“大义”，即借事明义，强调宗法大节，重视宗法礼制中的尊卑等级。[③] 应该说，从高祖到武帝时代，从陆贾、叔孙通、贾谊一直到董仲舒献“天人三策”和著《春秋繁露》，都是在通过儒学的“进言”“立典”和“改制”，从事“为后王立法”的创新之举。而《公羊》兼传大义，记诛乱臣贼子，则是“为后王立法”中的理论框架。所以，西汉前期儒家学者的作为，既是儒士对自身价值、政治责任的自觉担当，也是他们发扬用世进取精神，争取为“汉家制度”立法的体现。

---

① 汉朝初建，由于历史惯性，其法律政治制度多沿革秦制，如萧何定律令，韩信申军法等。同时其基层社会仍然以熟悉律令的文法吏为治政主体。以法律为例，汉朝《九章律》上承秦律而有所增损，对民众治理，依旧是以秦法为本，而有所修订。在 1983 年至 1984 年湖北江陵张家山二四七号墓出土的《二年律令》，亦多与秦律相似，从中可看出汉初多承秦法的情况。

② 皮锡瑞：《经学通论》，北京：中华书局，1954 年，第 19 页。

③ 钟文烝在《穀梁补注》中说：“《穀梁》多特言君臣、父子、兄弟、夫妇，与夫贵礼贱兵，内夏外夷之旨，明《春秋》为持世教之书也。《穀梁》又往往以心志为说，以人己为说，桓、文之霸曰信、曰仁、曰忌，僖、文之于雨曰闵、曰喜、曰不忧，明《春秋》为正人心之书也。持世教，易知也；正人心，未易知也。然而人事必本于人心，则谓《春秋》记人事即记人心可也。”说明《穀梁》与《公羊》不同，《穀梁》主要是借事明义，强调礼制，重视宗法，正人心、持世教之书。见钟文烝撰，骈宇骞、郝淑慧点校：《春秋穀梁经传补注》，北京：中华书局，2009 年，第 8~9 页。

高祖至文景时期的儒者大都能立足政治现实，主张把“先王之道”用于为现实服务，“论上世之事，并殷周之迹，以制御其政”[1]。史载，儒生贾谊颇受文帝赏识，“贾生矫矫，弱冠登朝”[2]，他积极上书言事，为汉政草具仪法，更定律令；贾山亦积极上书，指点江山，激扬文字，言多激切，善指事意；景帝时的晁错为政治安定呕心沥血，甚至奉献出自己的生命。王子今认为：“少年为吏，是汉代政治生活中的一种特殊现象。”[3] 这些少年有为者包括许多真才实学的儒士，少好学、博学，是他们能胜任吏职的条件和入仕的直接原因。他们因特殊的资质，对汉代政治发挥过特殊的作用。这些富有才学的青年儒士们承先秦百家争鸣的余绪，思想言论非常活跃。例如齐地儒生被咨询治国之术，“诸儒以百数，言人人殊”[4]。儒士们积极言政，掀起了汉初的思想争鸣，为汉初士风贯注了一种进取有为的学术意识和参政议政的主动精神。

同时，处在汉初新“帝业”制度建构中，儒士们作为承载思想文化的知识群体，怀着深切的以天下为己任的心情，深感“得失之道，权要在主”，开始做出改造先秦儒学、使儒学适应新“帝业”的努力。这种变异的儒学，就是汉代由陆贾、叔孙通等开创，由贾谊等汇通、修正，并由公孙弘、董仲舒等最终立其“道”的“儒”“法”结合的新儒学。客观地说，儒学复兴得益于当时的政治背景与儒家自身思想内容。一方面，汉儒多继承先秦孟、荀学派，尤其是荀子学说。荀子之学术本身就具有辅助大一统“帝业”，强调“儒”“法”的“制度之治”成分。另一方面，儒士们面对的是大一统专制的君主政治，他们的政治构想能否实现完全取决于君主的想法，这就使儒学需要站在新“帝业”立场上，进行自我学术的改造。汉初经过陆贾、叔孙通等所改造的、具有“入世”色彩的新儒学也适应了关东

---

① 贾谊撰，阎振益、钟夏校注：《新编诸子集成·新书校注》卷第一《过秦下》，北京：中华书局，2000 年，第 14 页。

② 班固著，颜师古注：《汉书》卷一百下《叙传》，北京：中华书局，1962 年，第 4252 页。

③ 王子今：《两汉的少年吏》，北京：中华书局，2000 年，第 23~25 页。

④ 司马迁：《史记》卷五十四《曹相国世家》，北京：中华书局，1959 年，第 2029 页。

等地的社会实际，承载了新王朝对吏、民道德伦理的社会教化功能。故西汉前期儒学复兴潮流的兴起并不是偶然的。它是对大一统“帝业”的欢迎和忧患双重意识的表现。儒士们的积极言政虽然有时显得迂腐，但是其积极参政的行为为汉初士风贯注了一种进取有为的学术意识和主动精神。

如果仅仅从国家制度建构的角度看，儒家在“王权”与“治权”高度结合的一体化体制中，通过风俗、道德、教化等手段，调和、化解社会矛盾，试图建立一个社会所必需的政治等级与伦理制度。这给汉代国家制度与思想文化建设注入了新的内容，也为汉代君臣在适应其时政治背景前提下进行制度改革提供了多元的空间。所以，儒士们罕见的入仕激情，以“礼”“仁”进行制度改革的政治价值理念，并没有受到统治者排斥。

汉初儒士们的努力促进了儒学与现实政治，特别是与官方权力的结合。其实早在高祖时期，汉代皇权就开始在国家制度构建中重视儒家文化传统。《汉书》本纪载高祖刘邦于公元前196年发出了求贤诏，并亲自祭祀孔庙，“以大牢祠孔子”，开帝王祭孔、尊儒之先河。这与秦代文化制度差异甚大。它表明汉代统治者对“周文”的接纳及对传统文化多元性的包容。这可能与陆贾的“进言”、倡导有密切关系。文帝时期，许多儒士被朝廷任用为官。如治《尚书》的伏生被任命为太常，治《诗》的申公、韩婴被征为博士，治《礼》的徐生善被任命为礼官大夫。景帝时期，以治“易”著名的丁宽，为梁孝王将军拒吴楚叛军有功，号为“丁将军”，治《春秋》的董仲舒、治《公羊春秋》的胡母生、治《尚书》的张生被征为博士，韩婴被任命为常山太傅，王臧被任命为太子太傅。景帝时并始立《诗》《书》《春秋》的经学博士，这都表明汉代统治者重视、吸纳儒学和儒士的积极态度。[①] 此外，当时皇帝任用和亲信的官员中，许多是先习法，

---

① 《汉书·儒林传》记：“孝惠、高后时，公卿皆武力功臣。孝文时颇登用，然孝文本好刑名之言。乃至孝景，不任儒。”（班固著，颜师古注：《汉书》卷八十八《儒林传》，北京：中华书局，1962年，第3592页。）从文献看，这一段话由于是在为“儒林”立传时所写，它是将儒学地位尚未一尊的文景时期与汉武帝时期“独尊儒术”时的儒家地位相比较而言的。它说明了秦制在汉初的制度惯性与军功大臣在开国时期的特殊尊崇地位。但是在思想与制度上，文景时期重用儒者变法立制，维护中央皇权，打击地方藩王势力，似乎成为一时之尚。例如贾谊、晁错等人的“更化”“改制”皆是也。

后习儒的有才之士。[1] 而其他通儒家经术者在朝廷为官亦甚多，所以《史记·儒林列传》又说："孝文时颇征用（儒者）。""正义"言："孝文稍用文学之士居位。"[2] 这说明文景时期虽然在行政权力上仍以任用军功大臣与文法吏为主，但是在政治思想上注重儒、法的融合，尤其重视及任用"能诵诗书属文"的儒者。由此可见，儒士们促进儒学的变异，使统治者注意到儒学"治""平"天下之利，开始吸纳儒学，儒学逐渐登上汉代政治舞台。

第三节　"秦制""汉制"的"法""礼"构建及其差异

从"汉承秦制"的角度看，探讨"秦制"与"汉制"中关于"礼""法"的实行、继承与扬弃，是一项重要内容。其中尤其涉及秦、汉制度中"礼""法"所体现的尊卑、贵贱问题。作为历史上第一个实现了"大一统"高度集权的专制帝国，秦王朝是以法家思想为治国思想的。法家虽然主张以强制手段维护确定的"法治"秩序，但并非完全否定传统礼制。只是法家所主张的礼制与儒家不同，是一种单纯强调统治者有权利而无义务，被统治者有义务而无权利的尊卑、贵贱制度。在秦统一中国后，这种以"法"维护等级秩序"礼"的思想亦得到发扬。例如始皇二十八年，东行郡县，上泰山，立石刻曰："训经宣达，远近毕理，咸承圣志。贵贱分明，男女礼顺，慎遵职事。昭隔内外，靡不清净，施于后嗣。"[3] 同年又

---

① 例如《汉书·贾谊传》记少年贾谊"以能诵诗书属文称于郡中"，当时曾与李斯同乡，又是李斯学生的河南郡守吴公，"闻其秀材，召置门下，甚幸爱"。（班固著，颜师古注：《汉书》卷四十八《贾谊传》，北京：中华书局，1962 年，第 2221 页。）文帝初立，吴公被任命为廷尉。吴公乃向文帝极力推荐贾谊才学，使贾谊被征召为博士，并且得侍于文帝左右，出谋划策。再如晁错年少时曾向张恢学习申商刑名之学。孝文帝时派晁错前往儒生伏生处学习《尚书》，其后他主要以《尚书》经义论时事政策，是一个以治儒家《尚书》为主，兼及申商刑名，凸显出儒法结合特征的官僚。

② 司马迁：《史记》卷一百二十一《儒林列传》，北京：中华书局，1959 年，第 3117 页。

③ 司马迁：《史记》卷六《秦始皇本纪》，北京：中华书局，1959 年，第 243 页。

南登琅邪，立石刻曰："匡饬异俗，陵水经地。忧恤黔首，朝夕不懈。……皇帝之明，临察四方。尊卑贵贱，不逾次行。奸邪不容，皆务贞良。细大尽力，莫敢怠荒。远迩辟隐，专务肃庄。端直敦忠，事业有常。"[①] 二十九年，登之罘山，又刻石称："大圣作治，建定法度，显箸纲纪。外教诸侯，光施文惠，明以义理。"[②] 在秦始皇看来，专制皇权具有不可动摇的权威[③]，帝王高高在上，俯视苍生，以自己的意志为标准进行社会分层，并强行以西秦制度来规定不同社会阶层应遵循的社会规范。

秦帝国虽然不排除等级尊卑的"礼制"。不过秦所主张的"礼制"与周代"礼制"是有很大区别的。西周"礼制"是构建宗法等级秩序的重要工具，"礼"的核心是维护世卿世禄的血缘宗法制。由于其王权与治权的层层分割，因此西周除了依靠暴力来维护其稳定，也特别强调依靠伦理道德规范来维持宗法性的"礼"。西周礼制贯彻的是一种主权与治权都附带着的权利、义务的双向关系，这种权利、义务的双向关系在礼制中则成为双向型伦理关系。"任一人伦关系中的双方都有相应的责任和义务要求，而不是仅仅对其中的某一方（通常是居于下位的一方）有着责任和义务的要求，而对另一方（通常是居于上位的一方）完全没有或大大少于对应方的责任和义务要求。"[④] 所以，在西周礼制中，特别看重长幼、亲疏所导致

---

① 司马迁：《史记》卷六《秦始皇本纪》，北京：中华书局，1959 年，第 245 页。

② 司马迁：《史记》卷六《秦始皇本纪》，北京：中华书局，1959 年，第 249 页。

③ 例如《史记·李斯列传》就记曰："明法度，定律令，皆以始皇起。同文书。治离宫别馆，周遍天下。"（司马迁：《史记》卷八十七《李斯列传》，北京：中华书局，1959 年，第 2546~2547 页。）"普施明法，经纬天下，永为仪则。"（司马迁：《史记》卷六《秦始皇本纪》，北京：中华书局，1959 年，第 249 页。）

④ 参见李若晖：《放逐君主：周礼权力结构解析》，《政治思想史》，2017 年第 2 期。此外，这种双向伦理关系在先秦典籍中常常见到。例如《尚书·舜典》所谓"慎徽五典，五典克从。（徽，美也。五典，五常之教。父义、母慈、兄友、弟恭、子孝。）""帝曰：'契，百姓不亲，五品不逊。汝作司徒，敬敷五教，在宽。'"（孔安国传，孔颖达疏：《尚书正义》，李学勤主编：《十三经注疏》，北京：北京大学出版社，1999 年，第 51、75 页。）《尚书·泰誓下》："今商王受，狎侮五常，荒怠弗敬。（轻狎五常之教，侮慢不行，大为怠惰，不敬天地神明。）自绝于天，结怨于民。"（孔安国传，孔颖达疏：《尚书正义》，李学勤主编：《十三经注疏》，北京：北京大学出版社，1999 年，第 279 页。）就是对这种双向型伦理关系的阐释。

的贵贱、尊卑之“异”，而体现差异的行为规范即“礼制”。[①] 先秦儒家正是这种双向型伦理关系的继承与发扬者。如孔子主张的“仁学”，是对西周双向型伦理内涵的继承。[②] 孔子所谓“仁”，古文作仁、㐰，从人从二，会意为二人相处。故《说文》曰：“仁，亲也，从人二。”段玉裁《说文》释曰：“(仁者) 人也，读如相人偶之人也，以人意相存问之言。……《聘礼》‘每曲揖’注‘以相人耦为敬也。……’《诗·匪风》笺云：‘人偶能烹鱼者，人偶能辅周道治民者。’《正义》曰：‘人偶者，谓以人意尊偶之也。’《论语》注：‘人偶同位，人偶之辞。’……按人耦犹言尔我亲密之词，独则无耦，耦则相亲。故其字从人二。”[③] 证之“仁”原意，既有血缘亲族间的亲仁、存问、互敬、礼让，还有政治上“人偶同位”“辅道治民”，经济上同生共食、相依相存的特征。这正是周代宗法血缘的双向型伦理关系的体现。[④] 换言之，人要自立（己欲立），必须借助于他人（宗族同党）的立；人要自强（己欲达），必须依赖于他人的强。个体不能冲破整体、族类的界限，独自立身于世。整体之立即己身之立，族类之达即己身之达。立人是因，立己是果，两者是因与果的关系。这正是血缘宗法制下宗子与个体的双向关系。由于这种因果联系形象地表达了亲仁共生的“仁”

---

① 如史载晋厉公暴虐被杀，鲁成公问曰：“臣杀其君，谁之过也?”太史里革则曰：“君之过也。夫君人者，其威大矣。失威而至于杀，其过多矣。且夫君也者，将牧民而正其邪者也，若君纵私回而弃民事，民旁有慝，无由省之，益邪多矣。若以邪临民，陷而不振。用善不肯专，则不能使，至于殄灭而莫之恤也，将安用之?”（左丘明撰，徐元诰集解，王树民、沈长云点校：《国语集解·鲁语上》，北京：中华书局，2002 年，第 172 页。）在这种伦理关系中，统治者（宗子）不光享有治民之权，也承担着为国人尽责的义务。

② “仁”在卜辞、金文中俱未见。较早的《尚书》《诗经》中仅几见，意义不是很清楚。只有在春秋时代“仁”才大量出现，并被作为原始儒家学说的核心内容。这不是偶然的，而与春秋时代“礼崩乐坏”的历史趋势紧密相关。

③ 许慎撰，段玉裁注：《说文解字注》，上海：上海古籍出版社，1981 年，第 365 页。

④ 对“仁”的内涵之一的“己欲立而立人，己欲达而达人”，一些学者往往将其解释为利人、主动的伦理亲仁行为。其实，这是不全面的。应该说此句的主旨是被动的他律，即指集体（宗族、家族）与个人、利人与利己的双向性的依赖、帮助、支持的关系。

的本质，因而被喻为“能近取譬，可谓仁之方也已”。[①] 战国时代的孟子，继承了孔子的这种伦理思想。例如他积极提倡人们之间相互的道德义务与责任。《孟子·公孙丑下》：“景子曰：‘内则父子，外则君臣，人之大伦也。父子主恩，君臣主敬。’”[②]《孟子·滕文公上》：“圣人有忧之，使契为司徒，教以人伦：父子有亲，君臣有义，夫妇有别，长幼有叙，朋友有信。……分人以财谓之惠，教人以善谓之忠，为天下得人者谓之仁。”[③]

秦商鞅变法彻底破坏了传统的宗法制度，打破了周代王权与治权分离的政治、经济格局，形成王权及其官僚体制对基层乡里社会直接而深入的统治，形成权利与义务完全不对应的单向性等级关系。杜正胜曾言：“秦爵与封建爵位互有异同，它们各给当时社会树立一套身分（份）制度”[④]，“商鞅虽然开创一个新社会，他并不要打破阶级制度，只想改变

---

① 在这里，“立”“达”不是通常所释的“立身进达”，“有所成显于众”，而是“安”“通（达）”“惠”的意思。兹转录全句如下：“子贡曰：‘如有博施于民而能济众，何如？可谓仁乎？’子曰：‘何事于仁！必也圣乎！尧、舜其犹病诸！夫仁者，己欲立而立人，己欲达而达人。能近取譬，可谓仁之方也已。’”从文法看，“立”“达”是与“博施”“济众”对言的。就是说，施惠于人，济难于人，亦即“立”民、“达”民之道。结合《论语》其他说法，如“仁者先难而后获，可谓仁矣”，“君子周急，不继富”；“愿车马衣轻裘与朋友共敝之而无憾”，“不义而富且贵，于我如浮云”，可知己身的进达显赫（富且贵）不是孔子向往的“立”与“达”，而是要求周穷济难、财物平均，来保持族类邦国众人间的互利互惠、同心同德。（见于何晏注，邢昺疏：《论语注疏》，李学勤主编：《十三经注疏》，北京：北京大学出版社，1999 年，第 83、79、71、68、91 页。）在这方面，《尚书·皋陶谟》：“安民则惠，黎民怀之。能哲而惠，何忧乎驩兜？何迁乎有苗？”（孔安国传，孔颖达等正义：《尚书正义》，李学勤主编：《十三经注疏》，北京：北京大学出版社，1999 年，第 103 页。）主张安民惠民，从而安己惠己（统治者），可以作为此句的注脚。因此，“立”“达”可释为《论语》“民无信不立”之“立”，《尚书》中“达（和）于上下，敬哉有土”之“达”，即上下和从、同生共食的“安”“惠”“和”之义。

② 赵岐注，孙奭疏：《孟子注疏》，李学勤主编：《十三经注疏》，北京：北京大学出版社，1999 年，第 104 页。

③ 赵岐注，孙奭疏：《孟子注疏》，李学勤主编：《十三经注疏》，北京：北京大学出版社，1999 年，第 146~147 页。

④ 杜正胜：《编户齐民：传统政治社会结构之形成》，台北：联经出版事业有限公司，1988 年，第 333 页。

封建阶级的内容而已。”[①] 法家提倡的“刑无等级”“法不阿贵”，指的是与周代不同身份制度中国家法律实施的一致性。尽管商鞅主张“明主之治天下也，缘法而治，按功而赏”[②]，这可以看作有一种通法意义，但是由于商鞅所主张的“法”是在君主个人意志之下的，为君主个人意志所左右的“律”，故商鞅、韩非所主张的法政，事实上是一种以法具为治之政，而非我们现今说的“法治”。“今有主而无法，其害与无主同；有法不胜其乱，与不法同。”[③] 这种“法”的特点就是以法为工具，注重法律在维护君主专制和治吏、胜民中的效果，实现秦国统一战争中的功利性追求，所以其法理依据是一种典型的以“律”为式的专制政治工具论。故秦代虽然强调以法为治，法家人物也确实开创了一种新的制度，可他们并不是要真正打破阶级制度，只是想改变周代世卿世禄的分封制的内容而已。故从家庭到社会、国家的各个等级的尊卑贵贱仍然是君主集权制国家建构的基石。[④] 所以“秦制”与“周制”的不同，是“秦制”以“刑无等级”“法不阿贵”的一统的律令、规制来维持其单向性的社会等级尊卑关系，故其法中有礼，礼中有法，只是维护的手段不同。正是基于这种对上只主张权利、对下只主张义务的单向性伦理原则，所以臣民必须以服从君主为义务，而法律所维护的尊卑等级关系也就成为最重要的社会关系。

---

① 杜正胜：《编户齐民：传统政治社会结构之形成》，台北：联经出版事业有限公司，1988 年，第 335 页。

② 蒋礼鸿：《新编诸子集成·商君书锥指》卷五《君臣》，北京：中华书局，1986 年，第 130 页。

③ 蒋礼鸿：《新编诸子集成·商君书锥指》卷二《开塞》，北京：中华书局，1986 年，第 58 页。

④ 在《商君书·画策》曾提到这种因时而变的社会关系：“神农既没，以强胜弱，以众暴寡。故黄帝作为君臣上下之义，父子兄弟之礼，夫妇妃匹之合，内行刀锯，外用甲兵，故时变也。”（蒋礼鸿：《新编诸子集成·商君书锥指》卷四《画策》，北京：中华书局，1986 年，第 107 页。）《韩非子·忠孝篇》亦谓：“天下皆以孝悌忠顺之道为是也，而莫知察孝悌忠顺之道而审行之，是以天下乱。皆以尧、舜之道为是而法之，是以有弑君，有曲父。尧、舜、汤、武或反君臣之义，乱后世之教者也。……而天下誉之，此天下所以至今不治者也。……孔子本未知孝悌忠顺之道也。然则有道者进不得为臣主，退不得为父子耶？”（王先慎撰，钟哲点校：《新编诸子集成·韩非子集解》卷二十《忠孝》，北京：中华书局，1998 年，第 465~466 页。）

杨振红对秦汉时期的“礼”“法”关系做了深入研究。她认为：“将出土秦汉律与传世文献进行比较，可发现秦汉律的基本框架、原则和内容在商鞅变法时已经确立。它是一部等级性法律，包含了两方面的内容，即社会等级秩序和家庭伦理秩序。因此，秦汉律所蕴含的家族主义和等级观念从其建立伊始就已经存在，而非法律儒家化的结果。礼与法从来不是对立的关系，对立的只是儒法两家的社会主张。战国秦以来法律所表现的等级性和家族主义就是李悝、商鞅等创制的不同于西周旧礼的新‘礼’。”[①] 这是客观的。实际上不论是西周还是秦汉，其国家与社会结构的主体关系都建立在等级尊卑制度上，只是实现的手段、方法不同而已。杨振红通过出土的睡虎地秦简、张家山汉简等法律简牍材料，分析了秦汉时期的国家与社会的等级结构情况。她认为，秦汉律的最高法律原则显然是尊君，维护君主至高无上的地位和尊严，维护其统治的稳固。秦汉国家对有官爵位者在政治、经济、法律等方面给予各种特权，并将其载入法律。[②] 同时，在社会与家庭结构上，秦代虽然主张父子分异，宗不共居，但是家庭中的父子、夫妇的上下尊卑等级仍然得到法律的保护。秦律仍然严格维护家庭中尊长特别是父家长的地位和权力，并按照亲亲的原则，以父家长为核心排列亲属远近关系，关系越近者在继承方面享有的权利越多。[③] 故杨振红认为，通过对出土古文书与传世文献的深入研究，“就会发

---

① 杨振红：《从出土秦汉律看中国古代的“礼”“法”观念及其法律体现——中国古代法律之儒家化说商兑》，《中国史研究》，2010 年第 4 期。

② 例如在秦汉实行的二十等爵中，爵位可以用来减、免刑罚和赎罪。如秦简《法律答问》就规定，放走“不仁邑里者”，无爵者要判“(系) 作”，即拘禁劳作，有爵者却可以在官府服较轻松的劳役。(睡虎地秦墓竹简整理小组：《睡虎地秦墓竹简·法律答问释文注释》，北京：文物出版社，1990 年，第 108 页。)《二年律令》简 46~48 规定，因公事殴打辱骂无秩吏要处以耐刑；殴打辱骂有秩以上吏，或吏殴打辱骂五大夫以上爵，要处以“黥为城旦舂”刑。而官吏因故笞打城旦舂、鬼薪白粲等刑徒即使致死，只处“赎死”刑，与后揭简 39 父母殴笞子及奴婢以辜死的刑重相当。(睡虎地秦墓竹简整理小组：《睡虎地秦墓竹简·法律答问释文注释》，北京：文物出版社，1990 年，第 109 页。)

③ 例如睡虎地秦律中已有关于“殴大父母”“殴高大父母”的法律规定。《法律答问》：“‘殴大父母，黥为城旦舂。’今殴高大父母，可（何）论？比大父母。”殴祖父母、高祖父母要处以“黥为城旦舂”刑等。见睡虎地秦墓竹简整理小组：《睡虎地秦墓竹简·法律答问释文注释》，北京：文物出版社，1990 年，第 111 页。

现秦汉律的主要特征也‘表现在家族主义和阶级概念上’，是一部‘因贵贱、尊卑、长幼、亲疏而异其施的法律。这一特征并非是‘以礼入法’即儒家化的结果。将出土秦汉律与传世文献相比较，可以确定秦汉律的主体框架、基本原则和内容大体上在商鞅时已经确立”。[①]

从“汉承秦制”的角度看，“秦制”与“汉制”在由“礼”“法”所表现的尊卑贵贱这一问题上有着相互的贯通、衔接，这是历史上各个王朝制度继承、发展的通例。不同的是，商鞅以后的“秦制”强烈主张在文化与思想领域采取刑治举措与农战精神的“壹教”政策。[②] 为了强调君主政治的权威性，商鞅还大力提倡对于周代社会道德与信仰价值系统的“礼”的否定性变革，树立以农战为导向的功利信仰与价值系统。“国以善民治奸民者，必乱至削；国以奸民治善民者，必治至强。国用《诗》、《书》、礼、乐、孝、弟、善、修治者，敌至必削，国不至必贫。”[③] 为此，商鞅提出了任功任利不任善的思想，认为“任功则民少言，任善则民多言”[④]，“用善，则民亲其亲；任奸，则民亲其制”[⑤]，故制度性治民必须任用奸狡、不善、灭亲之徒。商鞅这种伦理思想固然是对周代宗法、亲族制的打击，但是商鞅“以奸民治善民”对传统“善”“奸”伦理概念在价值判断中的颠覆性解读，将在国家和社会控制理论上产生结构性偏颇与严重

---

① 杨振红：《从出土秦汉律看中国古代的“礼”、“法”观念及其法律体现——中国古代法律之儒家化说商兑》，《中国史研究》，2010 年第 4 期。

② 例如《商君书·赏刑》就认为：“所谓壹教者，博闻、辩慧、信廉、礼乐、修行、群党、任誉、清浊不可以富贵，不可以评刑，不可独立私议以陈其上。”（蒋礼鸿：《新编诸子集成·商君书锥指》卷四《赏刑》，北京：中华书局，1986 年，第 104 页。）在对官、民习学礼乐诗书的严厉禁锢中实行由上至下的单向政治权能对各社会领域的延伸。《商君书·垦令》亦曰：“国之大臣诸大夫，博闻、辩慧、游居之事皆无得为，无得居游于百县，则农民无所闻变见方。……愚农不知，不好学问，则务疾农。”（蒋礼鸿：《新编诸子集成·商君书锥指》卷一《垦令》，北京：中华书局，1986 年，第 15 页。）

③ 蒋礼鸿：《新编诸子集成·商君书锥指》卷一《去强》，北京：中华书局，1986 年，第 30 页。

④ 蒋礼鸿：《新编诸子集成·商君书锥指》卷三《靳令》，北京：中华书局，1986 年，第 77 页。

⑤ 蒋礼鸿：《新编诸子集成·商君书锥指》卷二《说民》，北京：中华书局，1986 年，第 36 页。

危害。[①] 在一个社会控制系统中，单纯强调功利原则，而忽略社会伦理规范的合理性，其理论本身就潜藏着一种系统性信仰危机。而“秦制”这种以“法”助“礼”的思想，仅仅是赤裸裸地暴露了剥削阶级政权注重强化在各个社会政治空间的尊卑贵贱的本质，它说明当时“法”所维系的主体仍然是各个不同等级的政治、阶级特权。

所以秦汉之际，“秦制”与“汉制”在“法”的主体层面上有着相互贯通、承袭之处。不同的是，汉代吸取秦二世而亡之教训，在对“礼”制建构中，进行了内涵的改造。汉初则以“周制”的双向型伦理和“秦制”的单向型等级差异相融合，构成了新的“法儒”相融、以儒饰法的“礼”“法”体系。这里有一个需要仔细考量的问题，便是关于在中国历史上起过重要作用的“三纲五常”的辩证。在当前国内外学术界，往往将“三纲五常”作为汉代儒家“表章六经”的结果，这是一种误解。严格来看，“三纲五常”标志着古代社会“礼”“法”关系的两个层次的范畴，它们的内涵却是不一致的。“三纲”是中国古代社会“礼”“法”所共同实行的，以建构等级贵贱为目的的层级结构的标志，不属于单纯的伦理范畴。由于“三纲”所标示的是古代宗法血缘社会中家庭、社会、国家的等级特征，故其不论在周、秦、汉均是国家、社会建构的最基本等级向度。而围绕“三纲”这个政治向度，则有不同的工具与手段，如法家提倡的“法治”或儒家提倡的以“五常”伦理范畴为体系的“仁治”“德政”。

在战国时代，秦国虽然废除了世卿世禄制，但是法家人物同样十分注重对“主”“父”“夫”特权的维护。据传掺杂法家思想的著作《管子·问》曰：“理国之道，地德为首。君臣之礼，父子之亲，覆育万人，官府

---

① 例如《商君书·说民》论述曰：“合而复者，善也；别而规者，奸也。章善则过匿，任奸则罪诛。过匿则民胜法，罪诛则法胜民。”（蒋礼鸿：《新编诸子集成·商君书锥指》卷二《说民》，北京：中华书局，1986 年，第 36 页。）这儿，“复”为“覆”，隐匿也；“规”读为“窥”，窥测偷视也，其意思是：兼顾亲族及他人，以至触犯国家法令仍为之掩盖罪恶的“善”，则将使罪恶不诛，国家就会乱至削；那些不顾社会上孝悌仁义之名节褒贬，监视、窥测他人，并且为了赏赐而向官府揭发他人乃至亲属罪行的“奸民”，虽然无德无行，但是有助于国家法令的实行。因此，国家要依靠这种“奸民”去监视、告发“善民”。由此导致“用善，则民亲其亲；任奸，则民亲其制”的效果。

之藏，强兵保国，城郭之险，外应四极。”①《君臣下第三十一》曰：“四肢六道，身之体也。四正五官，国之体也（四正，谓君臣父子。五官，谓五行之官也）。四肢不通，六道不达，曰失。四正不正，五官不官，曰乱。”②《心术上第三十六》曰：“君臣父子人间之事谓之义。登降揖让，贵贱有等，亲疏之体谓之礼。”③ 而战国时期有着法家趋向的思想家更是主张以“法”维系这种上下等级关系。如曾为韩非老师的荀子就认为，“上无君师，下无父子，夫是之谓至乱。君臣、父子、兄弟、夫妇，始则终，终则始，与天地同理，与万世同久，夫是之谓大本”④，将君臣、父子、兄弟、夫妇关系作为与天地同存的大纲大法。《韩非子·忠孝篇》则从君主集权的角度对此给予了清晰的说明：“夫所谓明君者，能畜其臣者也；所谓贤臣者，能明法辟、治官职，以戴其君者也。……臣之所闻曰：‘臣事君，子事父，妻事夫，三者顺则天下治，三者逆则天下乱，此天下之常道也。’”⑤《韩非子·解老篇》：“义者，君臣上下之事，父子贵贱之差也，知交朋友之接也，亲疏内外之分也。”⑥ 因此，在中国思想史上最早并清晰地提出“三纲”之道的，不是先秦儒家之流，却是法家人物的韩非。韩非关于“三纲”的说法，首次正式奠定了从家族到国家的等级贵贱关系。而伦理属性的“五常”与“三纲”相提并论，则是先秦、秦汉时期以儒家为主的各学派对“三纲”等级贵贱关系的不同的维护手段而已。

---

① 黎翔凤撰，梁运华整理：《新编诸子集成·管子校注》卷第九《问》，北京：中华书局，2004 年，第 498 页。

② 黎翔凤撰，梁运华整理：《新编诸子集成·管子校注》卷第十一《君臣下》，北京：中华书局，2004 年，第 585 页。

③ 黎翔凤撰，梁运华整理：《新编诸子集成·管子校注》卷第十三《心术上》，北京：中华书局，2004 年，第 759 页。

④ 王先谦撰，沈啸寰、王星贤点校：《新编诸子集成·荀子集解》卷第五《王制篇》，北京：中华书局，1988 年，第 163 页。

⑤ 王先慎撰，钟哲点校：《新编诸子集成·韩非子集解》卷二十《忠孝》，北京：中华书局，1998 年，第 466 页。

⑥ 王先慎撰，钟哲点校：《新编诸子集成·韩非子集解》卷六《解老》，北京：中华书局，1998 年，第 131 页。

因此，在“礼”“法”关系上，“汉制”继承了“秦制”法治精神的核心内容，将韩非提出的“三纲”作为汉代国家建构、社会整合的基本规制。这是因为在汉代“帝业”的建设中，刘邦君臣也像商鞅变法后的秦国一样，“虽然开创一个新社会，他并不要打破阶级制度，只想改变封建阶级的内容而已”。尤其是“秦制”所建立的王权与治权的充分一致性，正适应了汉初君主集权的大一统国家建构。《盐铁论·险固》曾谓此曰：“诸侯之有关梁，庶人之有爵禄，非升平之兴，盖自战国始也。”[①] 西嶋定生先生也曾总结二十等爵位的意义是“作为荣誉的位阶制度扩展到了民间”[②]。在西嶋先生看来，爵制秩序代表的国家秩序，使所有的官吏庶民都参加到这个爵制秩序中来，人人都作为国家各个层级的成员而被安排到一定的位置上。它使秦、汉帝国形成基本的皇帝与人民的直接的支配、被支配关系。从原则上讲，皇权之外任何人都不能再拥有私权。这种皇权与治权相贯通的实质，正是“汉制”继承“秦制”，以法家单向型伦理精神为内核的缘由。

---

① 桓宽撰集，王利器校注：《新编诸子集成·盐铁论校注》卷第九《险固》，北京：中华书局，1992 年，第 526 页。

② 西嶋定生著，武尚清译：《中国古代帝国的形成与结构——二十等爵制研究》，北京：中华书局，2004 年，第 112 页。

第三章
贾谊的"制度"批判与朝廷政治风向

第一节　政局兴替与贾谊的"汉家制度"批判

正如前述，不论是刘邦、萧何采取的相对温和、开放的承秦之体制，或者是曹参采用的黄老"无为"学说，本质上都是对"秦制"的不同认可方式。"秦制"简便、易行而又现成的制度体系固然能够适应汉初诸事草创的社会背景，却不能够适应西汉在和平时代逐渐发展的政治、经济、文化形势。从汉初中央政权的政策来看，最棘手的问题是尖锐的民族矛盾，即汉王朝与匈奴等北方少数民族的矛盾、冲突。从汉代国家内在结构来看，则表现为三个方面的问题：其一是汉初在"汉承秦制"中所表现的皇权继位与君弱臣强的问题；其二是中央政权与逐渐坐大的诸侯王势力间的矛盾问题；其三是战争结束后的和平时期，汉代社会如何由"攻""伐"转型为"顺""守"的制度建设问题。

汉王朝在与匈奴的白登山之战中失败后，转而采取"和亲"政策，每年给匈奴送去财物，以争取边境安宁。文景时期，逐渐发展的汉王朝已不满足于岁输积币的绥靖政策，而欲采取新的攻守策略，这就需要强化中央王朝的威权，加强对全国资源的统一管制。在汉中央政权平息吕氏之乱后，汉初继承“秦制”的红利已经消耗殆尽，从中央到地方，汉王朝暗含的政治、经济矛盾开始暴露出来。上述的几个问题逐步演化为日渐尖锐的矛盾，即皇权与军功阶层的矛盾、中央政权与诸侯国的矛盾以及汉初二十等军功爵制与承平时期的基层乡里社会的治理不能适应的矛盾。这几个矛盾使汉中央政权面临重大挑战，也使汉初继承的“秦制”逐渐失去时代的适应性。故在文景时代，由于上述矛盾的日益尖锐，对萧何、曹参所遵行的汉初“制度”的改革就成为汉王朝的首要任务。

第一，大一统时代的政局变革与新的时代使命。

秦制是以“力”“霸”统一天下。大一统后，它仍然继续沿用以农战为导向的功利性信仰与价值的军功爵系统，使秦朝君主与宗室之间处于“刻薄寡恩”的不辨亲情、唯权是用的状态。为了防止具有合法继位权的皇室中人夺取政权，君主往往对自己的宗室、戚属大加挞伐，剪切枝叶，消除其潜在威胁。这种体制容易形成权臣政治，使帝王权力虚化、大权旁落、君弱臣强。强秦一统后数十年间便二世而灭，与这种皇权体制的缺陷有着极大关系。在汉代，由于“其君既起自布衣，其臣亦多亡命无赖之徒，立功以取将相”①，形成了汉初政治舞台上活跃着的三大政治集团即功臣集团、宗室集团和吕氏外戚集团，他们既有着强大的政治势力，也存在错综复杂的冲突与矛盾。皇权虽然在这三大政治集团中处于主导地位，但是也常常在几大集团的夹缝中左右周旋、平衡。孙家洲曾经对汉初三大政治集团的斗争、冲突提出了颇有价值的看法。他认为：“从总体上来看，刘邦对于三大政治集团的控制是稳健而有效的。他的控制方式主要有两种：一是以两个‘盟誓’（即‘封爵之誓’与‘白马之盟’），既借助于神灵之威，更表达皇帝的诚意，安抚和控制功臣集团与吕氏外戚集团，其根本动机则在于保护刘氏宗室集团的利益；二是从笼络关键人物入手，为维系三大集团的平衡局面而奠定人事关系的基础。”② 但是由于皇权体制自身存在

---

① 赵翼著，王树民校证：《廿二史札记校证》，北京：中华书局，1984 年，第 36 页。

② 孙家洲：《西汉前期三大政治集团的“平衡”及其破局》，《理论学刊》，2019 年第 6 期。

的缺陷，刘邦之后由吕后执掌大权，年幼惠帝则被吕氏外戚玩弄于手掌之上。而几大政治集团势力的此消彼长，亦给刘氏宗室带来很大隐患。

事实上，自惠帝二年曹参继任萧何为相国，萧规曹随之后，随着承平日久，皇权力量的扩大，黄老学说与皇权扩张的张力就表现了出来。在刘邦死后，吕后掌政，虽然继续推行黄老无为政治，但是她亦杀害功臣，培植亲信，打击异己，安插诸吕，排挤刘氏，使汉初皇权与军功大臣、宗室、外戚的政治平衡几乎破灭。在这种情况下，曹参虽任相国，可是他谨遵萧何所立规章，“遵而勿失”“举事无所变更”。作为跟随刘邦打天下的功臣，久经沉浮官场的阅历，使曹参深知官场之复杂。故他虽为百官之长，掌丞天子，地位可谓一人之下、万人之上，他却日夜饮酒，回避政事。据《汉书·萧何曹参传》载，曹参入朝为相后，整日“不事丞相之事”，“日夜饮酒”，并且不许儿子和家人参言政事，以至于卿大夫及官吏、宾客“见参不事事（注：集解如淳曰‘不事丞相之事’）”。在日常行政中，“参见人之有细过，掩匿覆盖之，府中无事”。从其日夜“饮酒”“不事丞相之事”来看，曹参的行为很难以“参等守职”来解释，而实在是以“无为”为借口的明哲保身、醉己避祸、无所事事的圆滑之举。曹参之后，为相的是陈平。史载陈平为相后，仍然“为丞相不治事，日饮醇酒，戏妇人”。“吕须常以（陈）平前为高帝谋执樊哙，数谗平曰：‘为丞相不治事，日饮醇酒，戏妇人。’平闻，日益甚。”① 司马迁“日益甚”一句，正是暗示出陈平心理上的疑虑与沉疴。从素以赞美道家风尚的司马迁所突出的曹参、陈平的政治心态可以看出，当时由于政治格局在君主专制条件下呈现出深刻变化，官僚们的心态、行为也在发生极大转变。实际上，自刘邦采取建同姓以制异姓诸王的措施，翦除韩信、彭越、黥布三王后，统治集团内部矛盾日益尖锐，许多功臣列侯都产生了对皇权戒备及避隐心理。例如萧何为了避免刘邦的猜疑，“多买田地，贱贳贷以自污”，“买田宅必居穷辟处，为家不治垣屋”；或者“让封勿受，悉以家私财佐军”。萧何的

① 班固著，颜师古注：《汉书》卷四十《张陈王周传》，北京：中华书局，1962年，第2048页。

这些做法，每次都使“上说”“上乃大说”。[①] 独具政治智慧的张良功成不居，求仙访道，来远离宫廷政治的是非纷争；陆贾于吕后专权时，病退归田，常乘车马遨游于野。曹参、陈平等官僚的作为应该是与萧何、张良一脉相承的退隐、自污。这说明随着汉代政治格局的变化，许多大臣开始以黄老“清静”“无为”为借口，通过因循守旧、少生事端，达到韬光养晦、退让求全的目的。胡适曾指出：“在这样的黑暗时代，一班稍有头脑的人都感觉多一事不如少一事，有为不如无为，良法美制都无用处，不如少出主意，少生事端。”[②] 这正是当时君主专制下，尊君黜臣关系的形象写照。

吕氏之乱引发高层政治集团的重新洗牌，刘氏宗室集团与军功集团虽然把握了朝廷军政大权，但是这种体制上的矛盾并没有消失，尤其是军功阶层的势力更加壮大，左右着朝政。吕氏外戚的灭亡，直接受益者是汉文帝刘恒。刘恒过去在远离政治中枢的代国为诸侯王，吕氏势力被废除以后，朝廷大臣并没有拥立诛杀吕氏立有大功的齐王刘襄、朱虚侯刘章兄弟，其理由是齐王母家驷钧，“恶人也，即立齐王，则复为吕氏”，担心坐大为患。而是相中了宽厚仁慈的代王刘恒。所谓“宽厚仁慈”，实际是指性格柔弱，便于朝廷大臣控制。同时刘恒之母薄氏亦常常谦恭自守，无吕氏干政之虞。文帝亦深晓其中奥秘，故曾再三犹豫是否入京继位。在入京时也仅带宋昌、张武等亲信六人，以示其弱。为了保证安全，文帝即位后首先任命宋昌、张武为卫将军和郎中令，负责守卫皇宫、京城。继位后的文帝知道自己在汉廷并无深厚的政治、人脉基础，所以他采取恩威并施的两手策略来巩固皇权。一方面，文帝对于拥立有功的大臣和高祖旧臣大加

① 《汉书·萧何传》记曰：“上已闻诛信，使使拜丞相为相国，益封五千户，令卒五百人一都尉为相国卫。诸君皆贺，召平独吊。……平谓何曰：‘祸自此始矣。……夫置卫卫君，非以宠君也。愿君让封勿受，悉以家私财佐军。’何从其计，上说。”“客又说何曰：‘君灭族不久矣。夫君位为相国，功第一，不可复加。……今君胡不多买田地，贱贳贷以自污？上心必安。’于是何从其计，上乃大说。”见班固著，颜师古注：《汉书》卷三十九《萧何曹参传》，北京：中华书局，1962 年，第 2010 页。

② 胡适：《中国中古思想史长编》，载《胡适学术文集·中国哲学史》，北京：中华书局，1998 年，第 355 页。

赏赐、封官晋爵，对于被吕后贬斥的刘姓王公亦恢复了爵位和封地；另一方面，文帝对军功大臣与刘氏宗室集团时时保持着警惕，采取各种手段抑制、打击其势力。[①] 但总的来看，皇权在朝廷军功集团和诸侯王之间左右周旋的格局并没有根本变化。钱穆先生曾评论："文帝以代王入主中朝，诸王在外者，非其长兄，则其伯叔父。廷臣皆高祖时功臣，封侯为相，世袭相承。文帝即由廷臣所立，强弱之势，难于骤变。"[②] 确实一语中的。但是，尽管如此，文帝时中央政治格局仍然有着重要变化。这就是随着军功大臣或死或退，逐渐淡出政治舞台。特别是随着中央皇权势力不断扩大，诸侯国势力的削弱，汉初皇权与军功阶层、宗室、外戚的权力共享性、开放性也逐渐开始发生转变。它使文帝时期的皇权政治发生了一种微妙变化，即如何建构新的皇权独大的体制，树立君臣间严格的尊卑上下等级权威，就成为一个迫在眉睫的问题。

第二，中央政府与诸侯王国的矛盾。

汉初郡国并行制是刘邦出于"激秦孤立亡藩辅"的考虑，故在"汉兴之初，海内新定，同姓寡少，惩戒亡秦孤立之败，于是剖裂疆土，立二等之爵。……尊王子弟，大启九国"[③]。这种政治体制，既沿袭秦以来的三公九卿制，集大权于中央政府；同时在地方推行的郡国并行制，通过建立皇权宗室诸王之"藩辅"把握了军事战略要地及边鄙地区的治理权，希望在抑制朝廷军功阶层的同时，加强对边鄙地区的治理。故《汉书·地理志》云："汉兴，以其郡〔太〕大，稍复开置，又立诸侯王国。"[④]

---

① 例如对于军功集团，颇有威望的军功大臣周勃因有拥立文帝之功，骄横不羁，没有把新帝放在眼里。文帝虽然对他彬彬有礼，但是对之的神色态度庄重严厉，引起周勃畏惧，主动提出辞去右丞相职务。其后有人举报周勃身披盔甲，怀有谋反之心，文帝马上把他抓捕，在没有发现谋反证据下又释放了他。这种恩威并重的做法使朝廷军功大臣心怀畏惧，自此不敢轻狂。

② 钱穆：《秦汉史》，北京：生活·读书·新知三联书店，2004 年，第 71 页。

③ 班固著，颜师古注：《汉书》卷十四《诸侯王表》，北京：中华书局，1962 年，第 393 页。

④ 班固著，颜师古注：《汉书》卷二十八下《地理志下》，北京：中华书局，1962 年，第 1639 页。

如果说在楚汉战争中，对韩信等功臣采用分封为王的方式是一种不得已的措施，那么在汉初翦除了异姓诸侯王后，刘氏分封同姓诸侯王则是一种保持天下稳定的战略决策。史载刘邦与群臣刑白马而盟，约定“非刘氏不得王，非有功不得侯。不如约，天下共击之”①，这不仅是刘邦集团对周代分封制和秦代君主集权制的利弊得失缜密思考的结果，也说明了刘邦在皇权再传中的忧患意识。为了抬高王国藩辅地位，汉初“掌治王国”权力在规制上明确划归诸侯王，“金玺盭绶，掌治其国”②，其后“会孝惠、高后时，天下初定，郡国诸侯各务自拊循其民”③。王国官职制度与中央政府官职大致相同。只有在景帝中五年后，由于中央与王国的矛盾激化，则令诸侯王不得复治国，天子为王国置吏，省御史大夫等官职，其制度才逐渐改变。故郡国并行制是刘邦对皇权安危的忧惧下的一种同姓屏卫体制，是积极吸取周秦以来统治经验的产物。

在刘邦心目中，谁是需要刘姓宗室防范的对象呢？其结果不言自明，即在中央政权中盘根错节的军功阶层，也包括吕氏外戚势力。但是在扶持诸侯国的同时，刘邦也考虑到对其的制约，故汉初大都由刘邦亲信的具有军功背景或能力出众的大臣为诸侯国相。究其原因：一是当时诸侯国王大都年龄幼小，难于独当大任，故以强相扶持，使诸侯国能够更好执行汉王朝意图，镇抚地方；二是代表中央王朝加强对诸侯国的监理之责；三是用刘氏同姓的强藩制约朝廷军功阶层势力。高祖后期，汉中央朝廷的吕氏政治势力与军功阶层构成的功臣列侯势力不断膨胀。这些势力权震汉廷，占据要职，左右官员进退。他们虽然为汉初政权的受益者，但其权力的集中，亦可能形成掌控朝政、削弱皇权之势。在当时朝廷上，吕氏外戚势力与军功阶层势力不断扩大，刘氏皇权则面临潜在危机。因此高祖十二年刘

---

① 司马迁：《史记》卷五十七《绛侯周勃世家》，北京：中华书局，1959 年，第 2077 页。

② 班固著，颜师古注：《汉书》卷十九《百官公卿表》，北京：中华书局，1962 年，第 741 页。

③ 司马迁：《史记》卷一百六《吴王濞列传》，北京：中华书局，1959 年，第 2822 页。

邦与群臣共立“白马之盟”，是强化刘姓皇室、防止大权旁落的重要战略举措。

应该说，汉初的布衣将相之局，既是历史的选择，也形成了军功大臣与逐渐发展的皇权政治内在的博弈关系。它的后果则是刘氏皇权的合法性问题。在汉初，刘邦以开国君主的雄才大略，能够以“力”除恶。因此，在汉初政权刚一巩固，刘邦及吕后就采取霹雳手段，翦除了以韩信等为代表的异姓诸侯王势力，同时对在灭秦及楚汉战争中立有大功的萧何、张良等开国大臣加以猜忌、排斥。这种残酷的对内政策势必导致统治集团内部斗争的日益尖锐化。故西汉前期，在中央朝廷，军功大臣掌握大权导致皇权深深的忌讳。司马迁在《史记·三王世家》里曾说道：“故王者疆土建国，封立子弟，所以褒亲亲，序骨肉，尊先祖，贵支体，广同姓于天下也。是以形势强而王室安。”[①] 说明时人认为“广同姓于天下”，正是遏制势力尚盛的异姓开国大臣，达到“形势强而王室安”的重要手段。

西汉前期，各诸侯国大都设立在过去的楚、赵、齐等旧地，或汉王朝北部、东部、南方边域，这些地方或地势险要，或为鱼盐之乡，或区域通衢。例如齐国是当时关东区域最重要的王国，“东有琅邪、即墨之饶，南有泰山之固，西有浊河之限，北有勃海之利。地方二千里，持戟百万，县隔千里之外，齐得十二焉。故此东西秦也。非亲子弟，莫可使王齐矣”[②]。再如北边的代、燕，其地理位置重要，为汉北部屏障。陈豨任代相时，韩信曾说：“公之所居，天下精兵处也。”[③]《汉书·诸侯王表序》载：“自雁门以东，尽辽阳，为燕、代。”[④] 故刘氏分封同姓诸侯王，在保持天下稳定、遏制中央异姓势力方面确实起到重要作用。《史记·孝文本纪》曰：

---

① 司马迁：《史记》卷六十《三王世家》，北京：中华书局，1959 年，第 2114 页。

② 司马迁：《史记》卷八《高祖本纪》，北京：中华书局，1959 年，第 382~383 页。

③ 司马迁：《史记》卷九十二《淮阴侯列传》，北京：中华书局，1959 年，第 2628 页。

④ 班固著，颜师古注：《汉书》卷十四《诸侯王表》，北京：中华书局，1962 年，第 393 页。

“高帝封王子弟，地犬牙相制，此所谓盘石之宗也，天下服其强。”① 在刘邦死后刘氏皇权反吕后篡权的斗争中，“今大臣虽欲为变，百姓弗为使，其党（吕氏）宁能专一邪？方今内有朱虚、东牟之亲，外畏吴、楚、淮南、琅邪、齐、代之强”②。事实上吕氏一门也属于汉初军功阶层中的一个异类群体。但是刘邦死后吕氏一门的篡权行为，既引起在朝军功群体与诸侯王的极大愤慨，也使其受到这两种力量的制约与打击。《史记·吕太后本纪》载：“吕禄、吕产欲发乱关中，内惮绛侯、朱虚等，外畏齐、楚兵……犹豫未决。”③ 故吕氏被诛灭，刘氏宗室如朱虚侯、东牟侯等立功颇大。吕氏之亡，使汉初朝廷内外两大政治势力的权力、地位更加凸显。皇权只有通过对这两大政治势力的相互扼制、平衡，才能使皇权政治平稳运行。

所以，分封同姓诸侯王对巩固西汉政权确实起到了积极作用。但是，随着同姓诸侯王的发展、坐大，其分裂割据趋向开始表现出来。刘邦在位时诸侯王大抵年幼，中央与诸王关系还较缓和。当刘邦逝世、异姓诸侯王势力被消灭以后，这个矛盾就逐渐暴露并愈演愈烈。例如在政治地理上，虽然有“内重外轻”之势，但是各“藩国大者夸州兼郡，连城数十”④，如果加以联合，其势也足以震慑朝廷。当时汉中央政府直辖京师周边和中西部十五郡，九个同姓诸侯王国则拥有东、南及边鄙之地三十九郡。在官制设置上，除了中央任命的官职如太傅辅王，丞相统帅众官，其余诸官大都由王国自行任用。在租赋徭役上，王国内的租赋徭役都由国王自己收取，史载“吴有豫章郡铜山，濞则招致天下亡命者〔盗〕铸钱，煮海水为盐，以故无赋，国用富饶”⑤。在这种情形下，诸侯王经过数十年发展，或

---

① 司马迁：《史记》卷十《孝文本纪》，北京：中华书局，1959 年，第 413~414 页。

② 司马迁：《史记》卷十《孝文本纪》，北京：中华书局，1959 年，第 414 页。

③ 司马迁：《史记》卷九《吕太后本纪》，北京：中华书局，1959 年，第 407 页。

④ 班固著，颜师古注：《汉书》卷十四《诸侯王表》，北京：中华书局，1962 年，第 394 页。

⑤ 司马迁：《史记》卷一百六《吴王濞列传》，北京：中华书局，1959 年，第 2822 页。

以老大自居，或以诛吕功臣自傲，出现了诸侯王与中央对抗加剧的现象。[①] 诸侯王国经过数十年发展，已经坐大为敢于与中央分庭抗礼的地方割据势力，正如贾谊所说："诸侯王虽名为人臣，实皆布衣昆弟之心，虑无不帝制而天子自为者"[②]，"然天下当今恬然者，遇诸侯之俱少也"[③]。

所以，在文帝时代，汉初"以藩屏周"的郡国并行制已经危及中央政权，调整、改革诸侯国制度已经成为皇权稳定及社会安定的需要。《汉书·贾谊传》："是时，匈奴强，侵边。天下初定，制度疏阔。诸侯王僭儗，地过古制，淮南、济北王皆为逆诛。谊数上疏陈政事，多所欲匡建。"[④] 应该说，在这样的社会形势下，解决汉初继承"秦制"的问题已经刻不容缓了。

第三，逆取与顺守：承平社会与军功爵制的弱化。

刘邦建立汉王朝，战争结束，社会承平。随着时间推移，萧何、曹参所继承、谨守的"秦制"逐渐失去了"制度"之治的现实性。与秦代数世以战争攻取六国的方略不同，汉经过从刘邦到文帝的数十年发展，社会关系发生了极大变化，由此出现了二十等军功爵制对于基层社会的适应性问题。汉初始承旧秦制，延续秦二十等爵制治理官、吏、民众，是楚汉战争的需

① 以文帝三年的济北王刘兴居的叛乱为例：刘兴居是齐悼惠王刘肥的儿子，齐悼惠王刘肥的几个儿子：刘襄当了齐哀王；刘章被吕后封为朱虚侯；刘兴居封为东牟侯，此二人均宿卫长安。在诛诸吕的过程中，刘章有杀吕产之功，刘兴居有除宫之功。他原以为汉家皇室宝座非他们兄弟莫属。可是在诸大臣议立皇帝时，却以"吕氏以外家恶而几危宗庙，乱功臣。今齐王母家驷，驷钧，恶人也，即立齐王，则复为吕氏"的理由给否定了。（司马迁：《史记》卷九《吕太后本纪》，北京：中华书局，1959年，第411页。）因此，其怨恨情绪可想而知。文帝即位之后，为了安抚他们兄弟，便尽以高后时所割之阳城、琅琊、济南郡复予齐，而徙琅琊王泽为燕王，益封朱虚侯刘章、东牟侯刘兴居各二千户。文帝二年，以齐之城阳郡立朱虚侯刘章为城阳王，以齐济北郡立东牟侯为济北王。但这一切并不能满足他的政治野心。所以文帝三年便发生了济北王刘兴居叛乱。

② 贾谊撰，阎振益、钟夏校注：《新编诸子集成·新书校注》卷第三《亲疏危乱》，北京：中华书局，2000年，第120页。

③ 贾谊撰，阎振益、钟夏校注：《新编诸子集成·新书校注》卷第二《权重》，北京：中华书局，2000年，第64页。

④ 班固著，颜师古注：《汉书》卷四十八《贾谊传》，北京：中华书局，1962年，第2230页。

要。但是，汉帝国建立后，由于时代特征、社会关系的转变，汉代爵制系统在实施方法上已不能适应新的时代要求，激发了社会治理中的诸多矛盾。

秦在商鞅变法中，通过爵制系统推行国家对乡里社会的统治，也使秦在王权与治权高度合一的情况下，使乡里社会成为“教之化民也深于命，民之效上也捷于令”[①] 的严密的准军事性的组织体系。战国时期军功爵制在各国大都实行过，其成效却各有不同。《商君书·徕民》曾比较秦与三晋对爵位授予的标准时曰“三晋之所以弱者，其民务乐而复爵轻也。秦之所以强者，其民务苦而复爵重也”[②]，指出三晋与秦的强弱之别，是由于朝廷授爵、免租役的严易、轻重所致。故在秦制“其民务苦而复爵重”的环境中，社会上下均以爵制划分尊卑秩位，由此形成以爵位等级为尊的“序长”位次秩序。

日本学者西嶋定生曾经对秦汉之际的二十等爵制提出诸多颇有见地的见解。他认为汉代国家爵制秩序，随着和平时期的日久，在基层乡里社会中助长了以传统宗法制“序齿”（以长幼为序）的位次趋势。“从实质来说，则是把来自齿位的序列，通过赐爵而使之变为显在的秩序，给潜在于民间的秩序形成之可能性，依靠赐爵而使之明朗化了。”[③] 西嶋定生指出了自生的乡里秩序的齿位，与来自外部作用的他律的国家秩序即以“长”序位的爵等制度是可以同时存在的。正是由于爵位授予制度的宽松化，使过去流行于乡里的传统“齿位”显性化、明朗化起来。应该说，由战争环境向和平环境转化，使秦汉爵制系统在授予机制上形成较大差异。这是因为同样的爵等机制，由于其授予条件（宽严）的不同，效果也是不同的。在秦代厉行以军功、农战为标准的授予体制下，爵位充分表现出国家机器的意志，它以军功、农战的功绩来构成爵位的位次等级，摧毁了宗法血缘制的“尚齿”为序的等级结构。汉建立后，爵制授予方式则根据环境条件不

① 司马迁：《史记》卷六十八《商君列传》，北京：中华书局，1959 年，第 2234 页。

② 蒋礼鸿：《新编诸子集成·商君书锥指》卷四《徕民》，北京：中华书局，1986 年，第 89 页。

③ 西嶋定生著，武尚清译：《中国古代帝国的形成与结构——二十等爵制研究》，北京：中华书局，2004 年，第 421 页。

断宽松化，逐渐失去秦国战时授予机制的特征。如西汉前期，每逢国家发生重大事件或重要庆典活动，皇帝都会下令赐予天下民众爵位，以示优老、抚民。例如汉高祖五年（前198）诏赐天下民爵；惠帝即位、吕后临朝则“赐民爵一级”[①]；景帝三年（前154）（六月）平定七国之乱“赐民爵一级”[②]；景帝中改元“赐民爵一级”[③] 等。除了部分有军功的将领、军士吏，国家授爵大多带有安抚性的“普授民爵”性质。[④] 这种方式使民众在赐爵中均有平等授爵机会，它形成了如下几点：

1. 由于民爵授予宽松，造成西汉形如齐国“其民务乐而复爵轻也”的情形。“普授民爵”使年龄越长的人遇上赐爵机会越多，爵级也就越高，其结果就是高龄者的爵级累加起来则成高爵者，低龄者因为爵级少而成低爵者。[⑤] 爵位系统的施行依据年资，使乡里社会中爵位与齿位的关系逐渐逆向变化。

2. 从经济上看，由于民爵等级不断提高，过去严格按爵授予田宅的制

---

① 班固著，颜师古注：《汉书》卷二《惠帝纪》，北京：中华书局，1962年，第85页。

② 班固著，颜师古注：《汉书》卷五《景帝纪》，北京：中华书局，1962年，第143页。

③ 班固著，颜师古注：《汉书》卷五《景帝纪》，北京：中华书局，1962年，第144页。

④ 这种情形在汉宣帝及其后更甚。例如《汉纪·孝宣皇帝纪》本始元年：“五月，凤凰集胶东、千乘。赦天下。赐吏民爵。”（荀悦著，张烈点校：《汉纪》卷第十七《孝宣皇帝纪一》，北京：中华书局，2002年，第296页。）《汉书·宣帝纪》神爵元年三月：“赐天下勤事吏爵二级，民一级。”（班固著，颜师古注：《汉书》卷八《宣帝纪》，北京：中华书局，1962年，第256页。）《汉纪·孝元皇帝纪》永光元年三月：“〔赐〕吏（赐）六百石以上爵五大夫，勤事吏爵二级，民一级。”（荀悦著，张烈点校：《汉纪》卷第二十二《孝元皇帝纪中》，北京：中华书局，2002年，第296页。）《汉纪·孝成皇帝纪》永始四年春正月：“赐云阳吏民爵。”（荀悦著，张烈点校：《汉纪》卷第二十六《孝成皇帝纪三》，北京：中华书局，2002年，第463页。）《汉书·哀帝纪》绥和二年四月“赐宗室王子有属者马各一驷，吏民爵”等。（班固著，颜师古注：《汉书》卷十一《哀帝纪》，北京：中华书局，1962年，第334页。）

⑤ 关于汉代爵位授予的具体情况，请参见西嶋定生著，武尚清译：《中国古代帝国的形成与结构——二十等爵制研究》第二章《民爵赐与的方法及其对象》，北京：中华书局，2004年，第150~308页。

度也日益松弛。由于承平日久，除了获得爵位的民众在不断增加，出生人口也在逐年增加。这使汉初大量因战争而产生的无主荒田消失殆尽，国家渐无田宅可授，民众有爵则不能获得爵等所相配的田宅。它使爵位系统逐渐失去经济利益，而不为民众所看重。汉哀帝时师丹上书曾追述文帝时“民始充实，未有并兼之害，故不为民田及奴婢为限”[①]。所谓“不为民田及奴婢为限”，就是国家对名田宅制度放松了实施限制。故日本学者好并隆司认为：“从整体上看，讲的是优待高爵者，即从军的吏卒们，但是，从实际情况上看，由于被赐爵者数量大，爵位过滥，反而使轻视爵位之现象蔓延，伴随爵位赐予的田宅授予之实行也出现了困难。”[②] 李开元则认为：“秦及西汉初年，在军法的军功爵赏规定中，可以见到赐予田宅的规定，然而，就此后西汉、东汉的整个历史而言，则再也看不到同样的记载。笔者以为，个中原因，当是此后汉的军法规定有了改变，将伴随军功爵赏的田宅赐予改为金钱赐予了。”[③]

3. 随着普赐民爵，民获得爵位的数量加大，过去的官、民爵划分标准不能再继续实行。因为低等爵的编户齐民越来越少，使国家获得的劳役及赋税收入减少，造成国家的财政、兵役紧张。此外，普施民爵导致官重于爵、官爵分离的趋势加大。由于民众普遍爵位的提升，官职数量却不能与爵位成比例发展，于是形成爵多官少、官重于爵、官爵分离的情形，爵次高低不再是决定人们身份等级的依据，而官职高低、资产多寡成为影响人们身份尊卑的实有标准。例如居延汉简中有不少高爵者为田卒、戍卒，低爵者却为燧长等史料。这样，爵次观念越来越淡化，已不能起到管理编户齐民的作用；同时，民爵过滥，需要不断提高民爵位次。从社会治理的角度来看，对爵位制度的改革也势在必行。

《礼记·祭义》有：“壹命齿于乡里，再命齿于族，三命不齿。族有七

① 班固著，颜师古注：《汉书》卷二十四上《食货志上》，北京：中华书局，1962年，第1142页。

② 好并隆司：《秦汉帝国史研究》，东京：日本未来社，1978年，第248页。

③ 李开元：《汉帝国的建立与刘邦集团——军功受益阶层研究》，北京：生活·读书·新知三联书店，2000年，第49页。

十者弗敢先。”[①] 这是传统宗法社会中乡里秩序尊“齿”的表现。西汉前期，“通过赐爵而使之变为显在的秩序，给潜在于民间的秩序形成之可能性”则达成“齿”“长”皆序的效果。这种情况与依靠军功、农战的封爵依据发生了改变，减少了汉代国家的力役与赋税。于是，不论从政治还是经济角度考虑，重构汉代国家与社会的新型关系，将汉初继承秦制中的“制度”之治向“制度”与“伦理”的双重之治转型，而构成政治（法）——宗法（礼）型的新型二元治理体制，就成为汉代制度迫在眉睫的改革，也成为其时官僚、士人所关心的要务。

此外，汉代军功爵制的逐渐削弱也与汉代的选官制度有关。秦在统一前后，均以农、战的勋劳作为获得官禄、爵位的标准，由此成为秦代官僚政治体制的有机组成部分。但是，正如前述，官僚体制破除了封闭的世卿世禄封君制，任用流官作为各级官吏，这无疑有助于上下阶层的流动，提高了吏、民作战和务农的积极性。但是这套刚性结构的官僚体制，有着忽视组织成员的个性特征，专注治法（治律）效应及功利主义目的，因此它需要依靠官员在具体行政操作中的主动、灵活以及德性行为。在汉初承袭秦制中，为了克服这种弊病，十分注意在选官制度中选拔“贤”“能”之人为官，如汉初在官员选拔上的察举制就是其例证。汉代选官方式的变化，变相削弱了以军功、农战授予爵位的制度，大量通过察举进入仕途的官员，逐渐替代了原有通过军功获得官、爵的官员。这不仅使中央朝廷上充斥以“孝”“廉”而仕进者，也逐渐扭转着朝堂重“军功”而轻文士的风气。在这种情况下，军功爵制的败落也成为一种不可逆转的趋势。

正是上述条件的转变，使西汉文景时期的政治环境发生了深刻变化。从学派特点来看，儒学是利于“顺守”之学，儒家学者也是最早敏锐地关注到“汉制”需要改革的士人群体。对于当时社会所表现的这些“弊症”，儒家学者怀有深深的忧患意识。他们认识到，如果这些矛盾不能

---

① 郑玄注，孔颖达疏：《礼记正义》，李学勤主编：《十三经注疏》，北京：北京大学出版社，1999年，第1341页。

解决，那将使大汉重蹈强秦之覆辙。于是，文帝初继位，贾谊等一批儒家学者开始积极向皇帝上疏、进言，希望在皇权支持下改革制度体系，建立新的“汉家制度”，并为此掀起了一股颇有声势的名“过秦”而实批汉初制度的“过秦”思潮。贾谊是西汉前期著名的思想家、政论家，《史记》中将贾谊与屈原合为一传，《汉书》中专辟《贾谊传》。[①] 据《汉书·儒林传》，贾谊亦曾学习《左传》并在汉代的左氏学传承上占有一定地位。“汉兴，北平侯张苍及梁太傅贾谊、京兆尹张敞、太中大夫刘公子皆修《春秋左氏传》。谊为《左氏传》训故，授赵人贯公，为河间献王博士，子长卿为荡阴令，授清河张禹长子。”[②] 《左传》在两汉有着启“微言”，兴“大义”，新创“汉家制度”的特征。故其政论文如《过秦论》《论积贮疏》《陈政事疏》等均与汉代制度建设有关，在当时有着很大影响。

贾谊根据当时实际，提出了对汉制弊病的批判，并由此掀起了颇有影响的“过秦”思潮。严格地说，“过秦”思潮是贾谊等一批由“法”转“儒”，精通法家“制度”之治与儒学“礼文”的官僚、学者所提出的为改制制造声势的理论思潮。他们认为汉初建构的汉家制度已经不能适应当时社会形势，这种不适应则关系到“秦制”与“汉家制度”的承袭问题。故贾谊以批“秦制”为题，而对汉初萧何等人所承袭“秦制”留下的弊政大加批判。《过秦论》在汉代就已受到史家广泛重视。司马迁著《史记》，于《秦始皇本纪》《陈涉世家》两篇即取贾谊《过秦论》为“赞”文，而不是以惯常的“太史公曰”来作为该篇议论。班固《汉书》也引用《过秦论》为史论，认为贾谊的“过秦”有着“暴秦之戒，三代是据”

---

① 据《史记·屈原贾生列传》记载，贾谊曾师承吴廷尉，吴廷尉为河南守时“闻其秀才，召置门下，甚幸爱。孝文皇帝初立，闻河南守吴公治平为天下第一，故与李斯同邑而常学事焉，乃征为廷尉”。（司马迁：《史记》卷八十四《屈原贾生列传》，北京：中华书局，1959 年，第 2491 页。）吴公尝师事李斯，应是学习法家思想的人物，所以贾谊也深知法家之学及其利弊。此后，贾谊得吴公荐举而获文帝重用。

② 班固著，颜师古注：《汉书》卷八十八《儒林传》，北京：中华书局，1962 年，第 3620 页。

的意义。所以，《过秦论》是在西汉前中期就已经有着重要影响的政论文章。[①]《过秦论》表面上是分析秦王朝的过失，总结秦速亡的历史教训，但其真实目的是在对汉初萧何、曹参等人继承秦制的批评，并为对“汉制”的“改法”“更化”做舆论准备。在《过秦论》中，贾谊对于秦王朝之逐渐强大与迅速没落做了鲜明的对比。例如他用赞赏的语气先描述秦国的强大，既写了秦孝公奠定之功，又写了秦始皇统一大势的不可阻挡。文中指出，秦在孝公时代，“据殽函之固，拥雍州之地，居臣固守以窥周室，有席卷天下，包举宇内，囊括四海之意，并吞八荒之心。……孝公既没，惠文、武、昭襄蒙故业，因遗策，南取汉中，西举巴蜀，东割膏腴之地，北收要害之郡”[②]。经过数世积累，而“灭周祀，并海内，兼诸侯，南面称帝，以四海养。天下之士斐然向风”[③]。所以，秦王朝不可谓不强大，不可谓不富裕。但是在秦王朝建立不久，形势就发生了翻天覆地的变化。“始皇既没，余威震于殊俗。然而陈涉，瓮牖绳枢之子，氓隶之人，而迁徙之徒也。才能不及中人，非有仲尼、墨翟之贤，陶朱、猗顿之富。蹑足行伍之间，而俛起阡陌之中，率疲弊之卒，将数百之众，转而攻秦。斩木为兵，揭干为旗，天下云合而响应，赢粮而景从，山东豪俊遂并起而亡秦族矣。”[④] 行文至此，作者突然由对秦国的颂扬转为对其失败的反思，即秦二世而亡的忽兴忽灭的原因所在：

---

① 有学者认为，《过秦论》除了《史记·秦始皇本纪》所引第三段落，皆见于贾谊《新书》，但是编排不一致，这说明司马迁、班固所见贾谊传世文字，可能来源不一样。《汉书》所引又与《史记·陈涉世家》相近，但是文字略有不同。宋人朱熹，清人孙志祖、孙贻让等人认为是经过刘向整理而成，即今日所见记《过秦论》的《新书》。而《玉海》所载58篇名目，与今传完全一致。可能今传《新书》是班固以后的人整理的。参见刘跃进：《〈过秦论〉三题》，《中山大学学报（社会科学版）》，2016年第2期。

② 贾谊撰，阎振益、钟夏校注：《新编诸子集成·新书校注》卷第一《过秦上》，北京：中华书局，2000年，第1页。

③ 贾谊撰，阎振益、钟夏校注：《新编诸子集成·新书校注》卷第一《过秦下》，北京：中华书局，2000年，第13页。

④ 贾谊撰，阎振益、钟夏校注：《新编诸子集成·新书校注》卷第一《过秦上》，北京：中华书局，2000年，第2~3页。

> 夫并兼者高诈力，安危者贵顺权，以此言之，取与、攻守不同术也。秦虽离战国而王天下，其道不易，其政不改，是以其所以取之也，孤独而有之，故其亡可立而待也。借使秦王论上世之事，并殷周之迹，以制御其政，后虽有淫骄之主，犹未有倾危之患也。故三王之建天下，名号显美，功业长久。……故先王者见终始之变，知存亡之由，是以牧之以道，务在安之而已矣。下虽有逆行之臣，必无响应之助。故曰“安民可与行义，而危民易与为非”，此之谓也。贵为天子，富有四海，身在于戮者，正之非也。是二世之过也。[①]

“夫并兼者高诈力，安危者贵顺权，以此言之，取与、攻守不同术也”，正是贾谊在《过秦论》中所提及的核心问题。故其特别指出汉代君臣应该吸取秦王朝教训，而注重“攻取”与“顺守”之术。“是以君子为国，观之上古，验之当世，参之人事，察盛衰之理，审权势之宜，去就有序，变化应时，故旷日长久而社稷安矣。”[②]

贾谊的《过秦论》将统一前与统一后的秦国政策严加区分，可以说是与西汉草创期与发展期的不同时代划清了界限，由此在肯定汉初刘邦建立汉王朝的丰功伟绩的同时，也指出了所在时代的历史困局。[③] 贾谊希望通过《过秦论》，呼吁文帝君臣能认识到当前形势，尤其是随着帝国政治格局的转换，新的时代要求新的制度改革，故“改制”“更化”已迫在眉睫。所以，“过秦”思潮的诡谲之处在于，它不是在汉初发生的，而是在

---

① 贾谊撰，阎振益、钟夏校注：《新编诸子集成·新书校注》卷第一《过秦下》，北京：中华书局，2000 年，第 14~15 页。

② 贾谊撰，阎振益、钟夏校注：《新编诸子集成·新书校注》卷第一《过秦下》，北京：中华书局，2000 年，第 17 页。

③ 因此，《过秦论》批判的并不是秦统一前行使“诈力”“酷法”的政治本身，而是批判秦帝国在统一后不能因时制宜、因势行权进行转换。即当“形势”从“攻”“取”变成“顺”“守”之时，仍然持“力”仗“术”，没有实行从“刑治”到“德治”的转换。“先王知壅蔽之伤国也，故置公卿大夫士，以饰法设刑而天下治。其强也，禁暴诛乱而天下服；其弱也，五霸征而诸侯从；其削也，内守外附而社稷存。”贾谊撰，阎振益、钟夏校注：《新编诸子集成·新书校注》卷第一《过秦下》，北京：中华书局，2000 年，第 16 页。

文景时代的儒家士人群体中产生的，其直接指向则为汉初之“败俗”，这当然与当时朝廷政治格局的变化有密切关系。

过秦思潮的发端在文帝刚继位时。早在文帝元年（前179），贾谊上《论定制度兴礼乐疏》，就提出了汉承秦制中的“败俗”问题。“汉承秦之败俗，废礼义，捐廉耻，今其甚者杀父兄，盗者取庙器，而大臣特以簿书不报期会为故，至于风俗流溢，恬而不怪，以为是适然耳。”[①] 这道上疏表现出贾谊对汉初“汉制”的批评，其中“承秦之败俗，废礼义，捐廉耻”，而“风俗流溢”“盗者取庙器”，无疑是影射朝廷政治风气败坏、皇权衰弱与军功大臣的跋扈。[②] 可以说，贾谊的《论定制度兴礼乐疏》与《过秦论》正是立意通贯的两篇政论文，其目的是通过秦由盛而衰的教训，提出“取与守不同术”的治世原则，为汉帝国“改制”“更法”做理论准备。

贾谊上疏虽然是针对汉帝国时弊，却也道出了文帝的心病。文帝是一个善于审时度势、颇有理想和权谋的帝王。在当时形势下，他能够平衡、化解朝廷中皇族宗室、军功大臣及外戚势力，是要有一套政治手段的。钱穆曾谓：“然文帝以慈祥恺悌默运于上，二十三年之间，而中央政府之基础日益稳固，外有以制诸王，内有以制功臣，则文帝之贤，又岂仅于慈祥恭俭而已哉。”[③] 据史书记载，文帝应受到了贾谊思想的极大影响，故常常重用提拔“改制”之臣。例如文帝二年（前178）十一月，下《日食求言诏》，求举贤良方正及能直言极谏者。贾山为此而作《至言》，文章借秦为喻，言治乱之道，其宗旨与贾谊《过秦论》相近。其他如晁错等人，亦提出若干重要主张。这些主张均涉及汉帝国的政治、经济、外交、诸侯国、

① 班固著，颜师古注：《汉书》卷二十二《礼乐志》，北京：中华书局，1962年，第1030页。

② 在贾谊看来，简单因袭“秦制”，无疑是继承秦之“风俗流溢”“盗者取庙器”的陋俗，如果不立即革故鼎新，则离败亡之危也不远了。故他强调“明礼义”“正风气”。“人之情不异，面目状貌同类，贵贱之别非人天根着于形容也。所持以别贵贱明尊卑者，等级、势力、衣服、号令也。”贾谊撰，阎振益、钟夏校注：《新编诸子集成·新书校注》卷第一《等齐》，北京：中华书局，2000年，第47页。

③ 钱穆：《秦汉史》，北京：生活·读书·新知三联书店，2004年，第71页。

礼制等问题，为文帝时期汉王朝制度改革提出新的构想。同时，文帝时期亦在“制度”变革上有不少新的举措。只有从这种广阔的背景看，贾谊的《过秦论》及《论定制度兴礼乐疏》等所论及的改制方略，其政治意义才会鲜明地凸显出来。

正因为此，贾谊得到怀有心病并深有同感的文帝重用。据《史记》本传，“是时贾生年二十余，最为少。每诏令议下，诸老先生不能言，贾生尽为之对，人人各如其意所欲出。诸生于是乃以为能，不及也。孝文帝说之，超迁，一岁中至太中大夫”[①]。贾谊所说一定与他对“汉承秦制”中弊政批判和“取与守不同术”的思想有关。这也揭示了贾谊深受文帝赏识，超常擢拔的原因。

从文帝元年贾谊上《论定制度兴礼乐疏》，到文帝十二年（前168），汉王朝的“改制”就在不断开展。尤其是在文帝六年至十二年（前174—前168）期间为剧。贾谊所批判的汉初承“秦制”产生的“败俗”、弊政，应当是这一时期改革的基本内容。据史书记载，“谊以为汉兴二十余年，天下和洽，宜当改正朔，易服色制度，定官名，兴礼乐。乃草具其仪法，色上黄，数用五，为官名悉更，奏之。文帝谦让未皇也。然诸法令所更定，及列侯就国，其说皆谊发之。于是天子议以谊任公卿之位”[②]。所谓“然诸法令所更定，及列侯就国，其说皆谊发之”，说明其时的制度改革并不仅仅是列侯就国一项，而包括法令、制度诸项。

第二节 贾谊的“改制”“更化”及余绪

贾谊的“改制”“更化”，最重要的就是巩固中央君主集权政治的权威。

---

① 司马迁：《史记》卷八十四《屈原贾生列传》，北京：中华书局，1959年，第2492页。

② 班固著，颜师古注：《汉书》卷四十八《贾谊传》，北京：中华书局，1962年，第2222页。

贾谊强调以“礼”为主线，来贯穿整个“改制”“更化”的过程。这使贾谊在学派趋向上被历代史家看作是熟悉礼学的人物。[①] 贾谊《新书》对“礼书”颇多征引。当时自先秦流传而在汉初尚未编纂成书，但仍以单篇行世的诸多论礼的《记》文，亦是贾谊礼学思想的重要来源。例如有学者对《新书》征引《礼记》之文进行了统计：“《新书》征引《记》文二十四条，二十六次……共涉及《礼记》十二篇。二十六次征引，二十一次是暗引，五次是明引”[②]。“《新书》有 20 篇，凡 47 次征引了后来编入《礼记》中的《记》文：其中《过秦上》1 次，《藩伤》1 次，《等齐》3 次，《服疑》2 次，《五美》1 次，《审微》2 次，《阶级》7 次，《属远》1 次，《忧民》3 次，《无蓄》1 次，《傅职》1 次，《保傅》2 次，《礼》6 次……排除重复征引后仍达 41 条，涉及《礼记》中的《曲礼上》《曲礼下》《王制》《文王世子》《礼运》《礼器》《郊特牲》《内则》《玉藻》《少仪》《乐记》《祭义》《经解》《坊记》《中庸》《表记》《缁衣》《儒行》《射义》《聘义》等 20 篇。其中又以征引《曲礼上》（5 条）、《曲礼下》（9 条）与《王制》（7 条）三篇居多。”[③] 可见汉初儒家学者的“立典”风潮对时代的影响。

贾谊虽然熟谙“礼学”之文，但是其思想又多有法家“法治”“律治”的内容，这与其不系孔孟纯儒有关。据《汉书·儒林传》，贾谊亦曾

---

① 如《汉书·艺文志》著录“《贾谊》五十八篇”，归之为儒家。（班固著，颜师古注：《汉书》卷三十《艺文志》，北京：中华书局，1962 年，第 1726 页。）但是班固又提出了贾谊著述的经世致用特征，如《汉书·贾谊传》就曰：“凡所著述五十八篇，掇其切于世事者著于传云。”（班固著，颜师古注：《汉书》卷四十八《贾谊传》，北京：中华书局，1962 年，第 2265 页。）《隋书·经籍志》称“《贾子》十卷”，（魏徵等：《隋书》卷三十四《经籍志》，北京：中华书局，1973 年，第 997 页。）《新唐书·艺文志》则始题“贾谊《新书》十卷”。（欧阳修等：《新唐书》卷五十九《艺文志》，北京：中华书局，1975 年，第 1510 页。）而《新书》内容多为阐述礼义、礼治等相关政论之文，故刘熙载曰：“贾生陈政事，大抵以《礼》为根极。”（刘熙载撰，袁津琥校注：《艺概注稿》卷一《文概》，北京：中华书局，2009 年，第 55 页。）

② 吕友仁：《〈礼记〉研究四题》，北京：中华书局，2014 年，第 71 页。

③ 陶广学：《贾谊与〈礼记〉学》，《中华文化论坛》，2021 年第 2 期。

学习《左传》并在汉代的左氏学传承上占有一定地位。[①]《左传》重礼，势必对贾谊礼学思想有深刻影响。因此，贾谊以“礼”作为“改制”“更化”的主体，但是并非先秦孔孟纯儒之礼学，而是掺杂着法家诸多“治理”思想，这也是汉代儒者的特点。

“礼”是贾谊实现巩固中央君主集权的重要手段。汉初虽然有叔孙通制定“礼仪”，但那是应新朝皇帝仪礼之急需而以“秦旧仪”加“周文”诸礼仪汇集形成的帝王仪仗与朝堂仪式。在雄才大略的开国帝王刘邦那里，这一套威仪慑服群臣是没有问题的。刘邦逝世后，汉朝廷出现“君弱臣强”“君弱母（后）强”的局面。尽管通过军功大臣与皇族宗室的努力，平定了吕氏外戚之乱，但是朝廷权柄仍然把持在军功大臣手里，文帝的继位就是军功大臣凭己意而“择帝”的例证。外戚之乱的平定并没有使“君弱臣强”的情况得到根本改变。如果这种政治体制持续存在，就会在文帝之后的第二代、第三代中出现大汉社稷凌替的现象。文帝初继位即深知这一点，故他对贾谊“改制”“更法”是心领神会、全力支持的。

叔孙通制作“礼仪”是针对汉初朝廷急需礼仪的急就章，其“礼制”形式更大于内容，这与“周道”中“定亲疏，决嫌疑，别同异，明是非，等贵贱”的原则、方法仍然有着重要区别。[②] 故深通儒、法学说的贾谊正

---

① “汉兴，北平侯张苍及梁太傅贾谊、京兆尹张敞、太中大夫刘公子皆修《春秋左氏传》。谊为《左氏传》训故，授赵人贯公，为河间献王博士，子长卿为荡阴令，授清河张禹长子。”见班固著，颜师古注：《汉书》卷八十八《儒林传》，北京：中华书局，1962年，第3620页。

② “周道”是一套从内容到形式都履行权利与义务相结合的双向型“礼仪”制度与伦理原则。这种“礼仪”制度既注重“定尊卑上下”的礼仪形式，更主张官吏、民众从内在心理、意识中去感受、认同其金字塔式的“位次”的制度与伦理。正如《礼记·坊记》所言“夫礼者，所以章疑别微，以为民坊者也。故贵贱有等，衣服有别，朝廷有位，则民有所让……天无二日，土无二王，家无二主，尊无二上，示民有君臣之别也……君不与同姓同车，与异姓同车不同服，示民不嫌也”，否则“以此坊民，民犹得同姓以弑其君”。（郑玄注，孔颖达疏：《礼记正义》，李学勤主编：《十三经注疏》，北京：北京大学出版社，1999年，第1403页。）所以，“周道”最重要的特点，便是利用宗法血缘纽带（包括政治婚姻的“甥舅”关系）形成从天子到诸侯，到大夫、士的“位次”关系。这种“位次”等级尊卑在当时由“天命”“德行”给予本体保障并得到大多数人的认同，由此使周代“礼治”持续了数百年之久。而这正是“秦制”以“力”取天下所缺乏的保持长治久安的制度性内涵。

是看到周、秦制度之利弊，极力提倡以“周道”弥补“秦制”之失，重拾古代“礼制”，对汉的家天下制度进行革故鼎新。贾谊提出的“改制”主张，迎合了处于几大政治势力夹缝中的文帝的需求，对在君位上寝食不安的文帝无疑是一根救命稻草。故他对贾谊的主张十分中意，立即留其在身边议事，“孝文帝说之，超迁，一岁中至太中大夫”[①]。贾谊的“超迁”，是文帝对他的看重和支持，也是文帝对自己君位安危的清醒认知所致。

贾谊对政体“改制”的论证，始于政治哲学的高度。他着意探讨了治乱之际“攻守之势异”的区别，提出根据变化了的政治形势，“察盛衰之理，审权势之宜，去就有序，变化应时，故旷日长久而社稷安”[②]。所谓的“变化应时”“攻守异术”，正蕴含着对秦汉之际“武”（秦制）“文”（礼文）转换的深刻思想。所谓“改制”“更化”，《汉书·礼乐志》曰“为政而不行，甚者必变而更化之，乃可理也”[③]，《汉书·董仲舒传》亦同，可见“改制”“更化”含有改革制度、更改风俗之意。贾谊为此而主张“汉制”应该全面革新，又须以“礼制”为核心。

> 礼者，所以固国家，定社稷，使君无失其民者也。主主臣臣，礼之正也；威德在君，礼之分也；尊卑大小，强弱有位，礼之数也。礼，天子爱天下，诸侯爱境内，大夫爱官属，士庶各爱其家，失爱不仁，过爱不义。故礼者，所以守尊卑之经、强弱之称者也。[④]

这里涉及“礼”的原则与内容。“礼”的原则就是重新建立上下尊卑

① 司马迁：《史记》卷八十四《屈原贾生列传》，北京：中华书局，1959年，第2492页。

② 贾谊撰，阎振益、钟夏校注：《新编诸子集成·新书校注》卷第一《过秦下》，北京：中华书局，2000年，第17页。

③ 班固著，颜师古注：《汉书》卷二十二《礼乐志》，北京：中华书局，1962年，第1032页。

④ 贾谊撰，阎振益、钟夏校注：《新编诸子集成·新书校注》卷第六《礼》，北京：中华书局，2000年，第214页。

等级制度，“所以固国家，定社稷”；“礼”的内容就是建立儒家所论及的周代“礼文”，即周代宗法制为基础的天子、诸侯、大夫、士庶的，以“德”相守的“位次”系统。贾谊主张的这种“礼”，与“秦制”有极大区别。从“礼”的原则来看，“礼制”不是单纯的以“力”相胜的外在形式的“威仪”，而是外在“威仪”与内在“仁”“德”的结合体；“礼制”的内容也不是简单的“位次”排定的礼仪、名号、仪仗，而是“位次”系统排定的标准、依据与名号的共同体。这正是“攻守之势异”导致的“变化应时”“攻守异术”。所以，贾谊所提出的新“礼制”，就是一种天子、诸侯、大夫、士庶由“天命”“仁德”的原则规定的尊君屈臣体制。[①]

贾谊也仿周代“礼仪”改造汉初萧、曹所依循“秦制”而缔造的“法”“刑”之治。《新书・礼》中指出：“道德仁义，非礼不成；教训正俗，非礼不备；分争辩讼，非礼不决；君臣、上下、父子、兄弟，非礼不定；宦学事师，非礼不亲；班朝治军，莅官行法，非礼威严不行；祷祠祭祀，供给鬼神，非礼不诚不庄。”[②] 该文与《礼记・曲礼上》孔颖达疏颇类同：“道者通物之名，德者得理之称，仁是施恩及物，义是裁断合宜，言人欲行四事，不用礼无由得成，故云‘非礼不成’也。道德为万事之

---

① 在贾谊看来，这种等级尊卑的来源在于“德”而非“力”，在于“圣”而非“世”。这就为汉代君臣布衣格局的合法性与汉文帝以“德”上位的合理性制造了理论依据。贾谊主张以“德”“礼”突显皇权至尊和威权，并从理论上论定“德”“仁”为天子尊贵“位次”的首要标准。他说：“父慈、子孝、兄良、弟弟、夫义、妇听、长惠、幼顺、君仁、臣忠，十者谓之人义。”（郑玄注，孔颖达疏：《礼记正义》，李学勤主编：《十三经注疏》，北京：北京大学出版社，1999 年，第 689 页。）“君惠臣忠，父慈子孝，兄爱弟敬，夫和妻柔，姑慈妇听，礼之至也。君惠则不厉，臣忠则不贰，父慈则教，子孝则协，兄爱则友，弟敬则顺，夫和则义，妻柔则正，姑慈则从，妇听则婉，礼之质也。”（贾谊撰，阎振益、钟夏校注：《新编诸子集成・新书校注》卷第六《礼》，北京：中华书局，2000 年，第 215 页。）这种标准是贾谊对周代宗法制度中双向型伦理道德体系的继承。正因为有“德”，文帝才具有天下之主的至尊性。

② 贾谊撰，阎振益、钟夏校注：《新编诸子集成・新书校注》卷第六《礼》，北京：中华书局，2000 年，第 214 页。

本，仁义为群行之大，故举此四者为用礼之主，则余行须礼可知也。”[①] 在贾谊看来，行“德”执“义”，更化风俗，端正法纪，“礼”“德”更是维系等级贵贱的尺度、“纲纪”。他说：

> 夫立君臣等上下，使父子有礼，六亲有纪，此非天所设也。夫人之所设，弗为持此则僵，不循则坏。秦灭四维不张，故君臣乖而相攘，上下乱僭而无差，父子六亲殃僇而失其宜，奸人并起，万民离叛，凡十三岁而社稷为墟。今而四维犹未备也，故奸人冀幸，而众下疑惑矣。[②]

“四维”即儒家主张的“礼义廉耻”。在贾谊看来，像文帝这种有“德”之君，正是按照天之“四维”标准而具有执政合法性的。故他主张，“此业（礼制）一定，世世常安，而后有所持循矣。若夫经制不定，是犹渡江河无维楫，中流而遇风波也，船必覆败矣”[③]，提出了几乎是对西汉所有制度的“改制”构想：

一、“悉更秦之法”，改正朔，易服色，法制度，定官名，兴礼乐，革故鼎新

文帝元年贾谊上《论定制度兴礼乐疏》，批评了西汉初期因循“秦制”而出现的礼义废坏现象，并向文帝建议：改正朔，易服色，法制度，定官名，兴礼乐，易服色，悉更秦之法。所谓“改正朔，易服色”，是先秦五德终始说的政治文化观念。五德终始说最早由齐地产生，齐人邹衍则对五德终始说加以完善，形成一种历史循环论的政治学说。战国末年秦相

---

① 郑玄注，孔颖达疏：《礼记正义》，李学勤主编：《十三经注疏》，北京：北京大学出版社，1999 年，第 15 页。

② 贾谊撰，阎振益、钟夏校注：《新编诸子集成·新书校注》卷第三《俗激》，北京：中华书局，2000 年，第 92 页。

③ 贾谊撰，阎振益、钟夏校注：《新编诸子集成·新书校注》卷第三《俗激》，北京：中华书局，2000 年，第 92 页。

国吕不韦编写《吕氏春秋》，对邹衍的五德终始说加以继承并发展，使之成为秦国之兴符合“天命”的政治理论。[①]《吕氏春秋》推断周朝以后的新王朝是应水德，“水气胜”。故秦统治者根据五德终始说而采取应水德的做法，以求万世传之。而五德终始说又与律历有关。由于因应之德需要由改年始修历法，故秦定颛顼历，以建亥之月（夏历十月）为岁首，来表现出与夏、殷、周时所实行历法的差异。而水德在北方，色尚黑，故秦服色尚黑，数以六为纪。更黄河名为德水。[②] 刘邦称帝后，取火德，色尚赤，沿用秦历，以十月为岁首。其后刘邦又称以黑帝居水德。《封禅书》记刘邦东击项羽而还，入关时，“问：‘故秦时上帝祠何帝也？’对曰：‘四帝，有白、青、黄、赤帝之祠。’高祖曰：‘吾闻天有五帝，而有四，何也？’莫知其说。于是高祖曰：‘吾知之矣，乃待我而具五也。’”[③] 刘邦称其居水德，既与汉初制度大部分承秦有关，也可能和他自认汉朝直承周代正统（火德）有联系，故以承周为正统而自居水德。

因此，“改正朔，易服色”是中国传统政治文化中有“天道”依据的革故鼎新、开岁除旧的政治理念，有着“新桃换旧符”、开一代新政的意义。从礼学角度看，“立权度量，考文章，改正朔，易服色，殊徽号，异

---

① 《吕氏春秋·有始览》：“凡帝王者之将兴也，天必先见祥乎下民。黄帝之时，天先见大螾大蝼，黄帝曰：‘土气胜。’土气胜，故其色尚黄，其事则土。及禹之时，天先见草木秋冬不杀，禹曰：‘木气胜。’木气胜，故其色尚青，其事则木。及汤之时，天先见金刃生于水，汤曰：‘金气胜。’金气胜，故其色尚白，其事则金。及文王之时，天先见火赤乌衔丹书集于周社，文王曰：‘火气胜。’火气胜，故其色尚赤，其事则火。代火者必将水，天且先见水气胜。水气胜，故其色尚黑，其事则水。”（吕不韦编，许维遹集释，梁运华整理：《新编诸子集成·吕氏春秋集释》卷第十三《有始览》，北京：中华书局，2009 年，第 284 页。）进行五德终始说与五帝三王的循环论证。

② 见司马迁：《史记》卷六《秦始皇本纪》，北京：中华书局，1959 年，第 237~238 页，后同。另，《吕氏春秋·孟冬纪》高诱注称水数六。（吕不韦编，许维遹集释，梁运华整理：《新编诸子集成·吕氏春秋集释》卷第十《孟冬纪》，北京：中华书局，2009 年，第 216 页。）又《礼记·月令》的五行之数为土五、水六、火七、木八、金九。（郑玄注，孔颖达疏：《礼记正义》，李学勤主编：《十三经注疏》，北京：北京大学出版社，1999 年，第 438~565 页。）两者水数皆六。故秦“符、法冠皆六寸，舆六尺，六尺为步，乘六马”。

③ 司马迁：《史记》卷二十八《封禅书》，北京：中华书局，1959 年，第 1378 页。

器械，别衣服，此其所得与民变革者也”[①]，是王朝革故鼎新之兆。据《汉书·任敖传》记：“汉兴二十余年，天下初定，公卿皆军吏。苍为计相时，绪正律历。……推五德之运，以为汉当水德之时，上黑如故。”[②] 即张苍所推历法，仍是延续萧、曹以来继承旧秦制之所为。文帝年间贾谊上疏请改正朔，易服色，定制度，正是以此革故鼎新，标示未来，欲开新皇之政。由于秦为水德，汉代秦而立，当取土德。故贾谊主张“色尚黄，数用五”，认为汉帝是继尧舜之德。[③] 胡三省曾评价贾谊的主张说：“正朔，谓夏建寅为人正，商建丑为地正，周建子为天正。秦之建亥，非三统也，而汉因之，此当改也。周以火德王，色尚赤。汉继周者也，以土继火，色宜尚黄，此当易也。……秦立百官之职名，汉因循而不革，此当定也。高祖之时，叔孙通采秦仪以制朝廷之礼，因秦乐人以作宗庙之乐，此当兴也。谊之说虽未为尽醇，而其志则可尚矣”[④]，认为贾谊学说虽然未为精纯，但是其本质是与周秦“改制”一样的。而贾谊学说中所谓“窃曰足以操乱业，握危势，若今之贤也。明通以足，天纪又当，天宜请陛下为之矣”[⑤]，就是论证当今“天时”已到，不可等待，改正朔，易服色，为“天”所希冀，为民开一代新风。这明显是为“今上”即文帝独握权柄、尊君屈臣制造理论依据的。

---

① 郑玄注，孔颖达疏：《礼记正义》，李学勤主编：《十三经注疏》，北京：北京大学出版社，1999 年，第 1001 页。

② 班固著，颜师古注：《汉书》卷四十二《张周赵任申屠传》，北京：中华书局，1962 年，第 2098 页。

③ 贾谊认为：“自禹以下五百岁而汤起，自汤以下五百余年而武王起。故圣王之起，大以五百为纪。……及今，天下集于陛下，臣观宽大知通，窃曰足以操乱业，握危势，若今之贤也。明通以足，天纪又当，天宜请陛下为之矣。”见贾谊撰，阎振益、钟夏校注：《新编诸子集成·新书校注》卷第一《数宁》，北京：中华书局，2000 年，第 30 页。

④ 司马光编著，胡三省音注：《资治通鉴》卷第十三《汉纪五》，北京：中华书局，1956 年，第 447 页。

⑤ 贾谊撰，阎振益、钟夏校注：《新编诸子集成·新书校注》卷第一《数宁》，北京：中华书局，2000 年，第 30 页。

二、强化名号、旗章、服饰、禄秩等系列礼仪用器的尊卑等级，进行礼仪制度改革

贾谊认为要维护皇帝的权威，就要严格区分政治等级，使不同等级的人按照礼制享受不同的“礼”。在儒家“礼制”思想中，礼仪有着独特的区别贵贱的作用。[①] 故贾谊认为，要纠正当今朝廷上下相僭、礼仪不辨的风气，必须要对汉初中央及诸侯国朝仪再加改革。[②] 他指出当今的“汉法”，是“事诸侯王乃事皇帝”的礼仪制度，诸侯王的官制、礼仪都在效法和僭越中央朝堂礼仪。“天子之相，号为丞相，黄金之印；诸侯之相，号为丞相，黄金之印，而尊无异等，秩加二千石之上。天子列卿秩二千石，诸侯列卿秩二千石，则臣已同矣。人主登臣而尊，今臣既同，则法恶得不齐？”[③] “天子之言曰令，令甲令乙是也；诸侯之言曰令，□仪之言是也。天子卑号皆称陛下，诸侯卑号称陛下。……然则，所谓主者安居，臣者安在？”[④] 贾谊认为君、王、臣的不同礼仪形式对明确君臣之间尊卑等级界限十分重要，他说：“是以高下异，则名号异，则权力异，则事势异，则旗章异，则符瑞异，则礼宠异，则秩禄异，则冠履异，则衣带异，则环佩异，则车马异，则妻妾异，则泽厚异，则宫室异，则床席异，则器皿

---

① 如《礼记》有言：“夫礼者，所以章疑别微，以为民坊者也。故贵贱有等，衣服有别，朝廷有位，则民有所让……天无二日，土无二王，家无二主，尊无二上，示民有君臣之别也。”（郑玄注，孔颖达疏：《礼记正义》，李学勤主编：《十三经注疏》，北京：北京大学出版社，1999年，第1403页。）即礼仪是继承周代“礼文”，区分尊卑贵贱，达到“天无二日，土无二王”的形式。

② 贾谊说：“诸侯王所在之宫卫，织履蹲夷，以皇帝所在宫法论之；郎中、谒者受谒取告，以官皇帝之法予之；事诸侯王或不廉洁平端，以事皇帝之法罪之。曰一用汉法，事诸侯王乃事皇帝也。谁是则诸侯之王乃将至尊也。然则，天子之与诸侯，臣之与下，宜撰然齐等若是乎？”见贾谊撰，阎振益、钟夏校注：《新编诸子集成·新书校注》卷第一《等齐》，北京：中华书局，2000年，第46页。

③ 贾谊撰，阎振益、钟夏校注：《新编诸子集成·新书校注》卷第一《等齐》，北京：中华书局，2000年，第46~47页。

④ 贾谊撰，阎振益、钟夏校注：《新编诸子集成·新书校注》卷第一《等齐》，北京：中华书局，2000年，第47页。

异，则食饮异，则祭祀异，则死丧异。”① 从君主权力的内容与形式看，皇帝的权威本身是无形的，必须依托标志权力、威望的名号、旗章、禄秩、服饰冠履等礼仪用器表现出来。贾谊为此提出了“制服之道”——“制服之道，取至适至和以予民，至美至神进之帝。奇服文章，以等上下而差贵贱……等级既设，各处其检，人循其度。擅退则让，上僭则诛。建法以习之，设官以牧之。是以天下见其服而知贵贱，望其章而知其势……下不凌等则上位尊，臣不逾级则主位安。谨守伦纪，则乱无由生”②。这显然既是对诸侯王的批评，也在影射朝廷中一些有拥立之功而飞扬跋扈的军功大臣。

在古代君主集权政治体制中，君主是整个官僚体制运转的轴心，贾谊主张的以名号、旗章、礼仪、禄秩、冠履、车马、宫室等礼仪用器加强君主威仪，区分等级尊卑，这不仅是一种礼仪形式，更关系到君主大位的合法性及君权施行的合理性。这从贾谊多次强调“下不凌等则上位尊，臣不逾级则主位安”可以说明。在古代讲究“名实”相符的政治传统中，贾谊的礼制思想有着强化尊君屈臣、强化君主集权制的明显趋向。

三、主张德刑相兼，以“法”维“礼”

贾谊反对刑治，只是反对像秦王朝那样的繁刑酷法，而非反对维护礼制的刑治主义。在贾谊看来，刑律在礼制中的作用是不可忽视的。据《汉书·贾谊传》，贾谊就认为“凡人之智，能见已然，不能见将然。夫礼者禁于将然之前，而法者禁于已然之后，是故法之所用易见，而礼之所为生难知也。若夫庆赏以劝善，刑罚以惩恶，先王执此之政，坚如金石，行此之令”③，明确地把律法之治作为礼制建设的重要补充。他还说：“君臣相

---

① 贾谊撰，阎振益、钟夏校注：《新编诸子集成·新书校注》卷第一《服疑》，北京：中华书局，2000 年，第 53 页。

② 贾谊撰，阎振益、钟夏校注：《新编诸子集成·新书校注》卷第一《服疑》，北京：中华书局，2000 年，第 53~54 页。

③ 班固著，颜师古注：《汉书》卷四十八《贾谊传》，北京：中华书局，1962 年，第 2252 页。

冒，上下无辨，此生于无制度也。今去淫侈之俗，行节俭之术，使车舆有度，衣服器械各有制数。制数已定，故君臣绝尤，而上下分明矣。”[①] 贾谊对“制度”之治的强调，固然是为了实行其“别贵贱”的礼治需要，但是从制度所具有的强制作用来看，岂不又是一种律治吗？所以贾谊接着说：“擅遏则让，上僭者诛，故淫侈不得生，知巧诈谋无为起，奸邪盗贼自为止，则民离罪远矣。”[②] 按法律、制度行事就是守礼，违背法律、制度就是违礼。故礼、法有着不可分离的二元一体关系。贾谊通过制度这个环节，使“礼”与“法”相互沟通。因此，可以说贾谊既发展了儒家礼治思想，又重新梳理了法的界域，具有兼容礼、法的制度、节文的特征。

在贾谊看来，兼容礼、法就是先“礼”后“法”，“以法入礼”，使“法”更具有等级制度与人情、理性的特征，也有着君主治下的权谋属性。例如贾谊说：“仁义恩厚者，此人主之芒刃也；权势法制，此人主之斤斧也。势已定，权已足矣，乃以仁义恩厚因而泽之，故德布而天下有慕志。”[③] 在具体政治实践中也是如此。“丞相绛侯周勃免就国，人有告勃谋反，逮系长安狱治，卒亡事，复爵邑，故贾谊以此讥上。上深纳其言，养臣下有节。是后大臣有罪，皆自杀，不受刑。”[④] 周勃身居相国，身陷囹圄，竟受狱吏侵辱，贾谊反对以重刑辱朝臣，于是上疏为说其事。贾谊建言曰：“是以系、缚、榜、笞、髡、刖、黥、劓之罪，不及士大夫，以其离主上不远也。……君之宠臣虽或有过，刑僇不加其身，尊君之势也。……今而有过，令废之可也，退之可也，赐之死可也；若夫束缚之，

---

① 贾谊撰，阎振益、钟夏校注：《新编诸子集成·新书校注》卷第三《瑰玮》，北京：中华书局，2000年，第104页。

② 贾谊撰，阎振益、钟夏校注：《新编诸子集成·新书校注》卷第三《瑰玮》，北京：中华书局，2000年，第104页。

③ 贾谊撰，阎振益、钟夏校注：《新编诸子集成·新书校注》卷第二《制不定》，北京：中华书局，2000年，第71页。

④ 班固著，颜师古注：《汉书》卷四十八《贾谊传》，北京：中华书局，1962年，第2260页。《汉书·周勃传》亦谓：“人有上书告勃欲反，下廷尉，逮捕勃治之。勃恐，不知置辞。吏稍侵辱之。”（班固著，颜师古注：《汉书》卷四十《张陈王周传》，北京：中华书局，1962年，第2056页。）

系绁之，输之司空，编之徒官，司寇、牢正、徒长、小吏骂詈而榜笞之，殆非所以令众庶之见也。……故古者，礼不及庶人，刑不至君子，所以厉宠臣之节也。”[①] 由于重臣“离主上不远”，故“酷刑”“恶法”不及于大夫之身，其说与《记》文“刑人不在君侧”不谋而合。从某种角度来看，这也是在君主与军功大臣权力博弈中的“柔治”之策。故贾谊主张的以“礼”入“法”，与“秦法”中对官、民差别甚微的以“法”定“罪”区别甚大，其中渗透了等级、尊卑、人情的要素考量。这种“礼”“法”关系，也为其后古代法律的儒家化奠定了基础。

贾谊主张的先“礼”后“法”，“以法入礼”，实际上使儒学和法家思想在内涵上一脉相通。汉武帝时，儒家在经学决狱中，常常有经学和酷法互辩的情形。例如董仲舒等公羊学者以《春秋》为准为则，“罢黜百家，褒扬六经”，在法律上却并没有多少宽和之意，反而在引经义断狱中，强调诛意、诛心、以原心论罪，使武帝时的酷吏与儒家官吏在理论上相互辩解，狼狈为奸，酷刑成为一些官吏治政的常用手段。“其治如狼牧羊，成不可令治民。”[②] “故盗贼浸多，上下相为匿，以避文法焉。”[③] 这些都与其先儒家学说中的“以法入礼”有直接的传承渊源。

四、“众建诸侯而少其力”

针对诸侯国的不断发展，贾谊上疏提出“众建诸侯而少其力”之策。据《史记》《汉书》贾谊本传载，贾谊曾向文帝上疏建议“列侯就国”，并为文帝所采纳，由此削弱了诸侯王在中央盘根错节的政治势力。贾谊还积极探索巩固皇权之道。他从汉初异性诸侯王的覆灭得出“大抵强者先反”的教训：“窃迹前事，大抵强者先反。淮阴王楚最强，则最先反；韩

---

① 贾谊撰，阎振益、钟夏校注：《新编诸子集成·新书校注》卷第二《阶级》，北京：中华书局，2000 年，第 80~81 页。

② 班固著，颜师古注：《汉书》卷九十《酷吏传》，北京：中华书局，1962 年，第 3653 页。

③ 班固著，颜师古注：《汉书》卷九十《酷吏传》，北京：中华书局，1962 年，第 3663 页。

王信倚胡，则又反；贯高因赵资，则又反；陈豨兵精强，则又反；彭越用梁，则又反；黥布用淮南，则又反；卢绾国北最弱，则最后反。……非独性异人也，其形势然矣。”[①] 贾谊形容当时天下形势说：“天下之势方病大尰，一胫之大几如要，一指之大几如股，臣闻‘尾大不掉，末大必折’，恶病也。平居不可屈信，一二指搐，身固无聊也。失今弗治，必为锢疾，后虽有扁鹊，弗能为已。”[②] 贾谊用“小腿和脚趾”来比喻“诸侯王”，以“腰”来比喻“中央政府”，强调“中央政府”应该在诸侯势力还没有强大起来的情况下采取措施，否则即使“扁鹊”在世也无能为力了。

贾谊除了强调以礼制抑制诸侯王，还制定了“定地制”以弱藩的策略，具体方案即：“割地定制，齐为若干国，赵、楚为若干国，制既各有理矣。于是齐悼惠王之子孙王之，分地尽而止，赵幽王、楚元王之子孙，亦各以次受其祖之分地，燕、吴、淮南佗国皆然。其分地众而子孙少者，建以为国，空而置之，须其子孙生者，举使君之。”[③] “定地制”的实质是在诸侯国总体所占的地盘不变的前提下，让诸侯王的子孙都能够分封其父、祖土地，以减少各个诸侯国的土地面积，由于诸侯国的面积越来越小，其实力也随之缩小，便不会对中央皇权构成威胁。贾谊的“定地制”思想成为汉武帝“推恩令”的滥觞。武帝时期大力推行“推恩令”，“令诸侯以私恩自裂地分其子弟，而汉为定制封号，辄别属汉郡。汉有厚恩，而诸侯地稍自分析弱小云”[④]，规定诸侯王死后，除了嫡长子继承王位，其他子弟也可分割王国的一部分土地成为列侯，由郡守统辖，正是来自贾谊“定地制”的启迪。

贾谊的见解，颇得汉文帝赞赏，却深深得罪了朝廷颇有权势的军功大

---

① 贾谊撰，阎振益、钟夏校注：《新编诸子集成·新书校注》卷第一《藩强》，北京：中华书局，2000 年，第 39 页。

② 贾谊撰，阎振益、钟夏校注：《新编诸子集成·新书校注》卷第一《大都》，北京：中华书局，2000 年，第 43 页。

③ 贾谊撰，阎振益、钟夏校注：《新编诸子集成·新书校注》卷第二《五美》，北京：中华书局，2000 年，第 67 页。

④ 班固著，颜师古注：《汉书》卷五十三《景十三王传》，北京：中华书局，1962 年，第 2425 页。

臣与诸侯王群体。史载其时朝廷公卿“绛、灌、东阳侯、冯敬之属尽害之，乃毁谊曰：‘雒阳之人年少初学，专欲擅权，纷乱诸事。’于是天子后亦疏之，不用其议，以谊为长沙王太傅”①。尽管文帝内心欣赏贾谊的“改制”，但他深知时机未到，不敢过于违逆朝廷大臣的意见，不得不“亦疏之，不用其议”，这显然是一种暂时退让的权宜之术，正反映了文帝心机之深沉，颇知顺时予夺之策。史载“文帝本修黄老之言，不甚好儒术，其治尚清净无为”②，其实，所谓文帝“其治尚清净无为”，显然是一种美饰之言，是不符合文帝内心所想及朝廷博弈的实际情况的。但这也说明“改制”“更法”的影响之大，已经深深触动了作为既得利益者的军功大臣、诸侯王的利益，由此激发朝廷中守旧派与新锐“改制”派的尖锐矛盾和斗争。

尽管《史记》《汉书》贾谊本传曰文帝“谦让未遑”“不用其议”，不过其所载“然诸法令所更定，及列侯就国，其说皆谊发之”③ 之语，可以看出贾谊的“改制”“更化”之举也在一定程度上得以实行。关于贾谊改革之举，目前资料零碎，可是在传世与出土文献中也能窥测一二。例如在文帝十四年（前166），即贾谊逝世两年后，鲁人公孙臣直接上疏申明五德终始论，要求改正朔，易服色，“上书陈终始传五德事，言方今土德时，土德应黄龙见，当改正朔服色制度”④。次年，“黄龙见成纪。文帝召公孙臣，拜为博士，与诸生申明土德，草改历服色事。……夏四月，文帝始幸雍郊见五畤，祠衣皆上赤”⑤。文帝十四年，其在朝廷中势力逐渐强盛。这个时间来完成贾谊倡导的改正朔，易服色，从“天命”的角度表现王朝的

---

① 班固著，颜师古注：《汉书》卷四十八《贾谊传》，北京：中华书局，1962年，第2222页。

② 应劭：《风俗通义》卷二《正失》，《景印文渊阁四库全书》第862册，台北：商务印书馆，1986年，第362页。

③ 班固著，颜师古注：《汉书》卷四十八《贾谊传》，北京：中华书局，1962年，第2222页。

④ 司马迁：《史记》卷十《孝文本纪》，北京：中华书局，1959年，第429页。

⑤ 班固著，颜师古注：《汉书》卷二十五上《郊祀志》，北京：中华书局，1962年，第1212~1213页。

革故鼎新，皇权的有所作为，实际上应是贾谊倡导的“改制”“更化”的继续。此外，武帝时作“左官之律”，设“附益之法”，规定“诸侯惟得衣食税租，不与政事。至于哀、平之际，皆继体苗裔，亲属疏远，生于帷墙之中，不为士民所尊，势与富室亡异”①，亦是贾谊“众建诸侯而少其力”的政治思想的继续。

从张家山汉简出土的《二年律令》可以看到文帝时为了强化中央集权，曾对汉官僚系统进行意义深远的公卿大夫士爵位的改革。杨振红通过张家山汉简《二年律令·秩律》及传世文献的深入研究，认为文帝时汉代官僚体系进行了一次较大改革。其中一个重要方面，即御史大夫、廷尉等秩从二千石升为秩中二千石，通过位、秩关系而改变了中央政府官僚与地方郡县官吏的地位。过去中央这些部门长官的官秩与地方长官的官秩均为二千石，属于平级待遇。而通过在秩二千石之上增设秩中二千石一级，将御史大夫、廷尉等秩从二千石改变为秩中二千石，就将官秩提高了半级，超越过去平级的地方行政长官的官秩。这种提升中央部门官员官秩的做法，变相强化了中央朝廷官僚的权威，也相应加强了中央对地方郡县、诸侯国的集权力度。② 据考证，这一改革时间主要在文帝六年至文帝去世期间（前 174—前 157），而文帝六年正是贾谊辅佐文帝、倡导改制的时期。所以，当时“文帝进行的官秩改革应当是采纳贾谊的建议，在秩二千石之上增设秩中二千石一级，以安排天子列卿，提高其地位，与诸侯列卿相区别”③。再如内史一职，“文帝秩级改革时应当是将内史和其他列卿一样升秩为中二千石”④，由此提高了内史的地位。这些重要的官僚制度改革，应该是贾谊对“诸法令所更定”的部分内容。

---

① 班固著，颜师古注：《汉书》卷十四《诸侯王表》，北京：中华书局，1962 年，第 395~396 页。

② 杨振红：《秦汉官僚体系中的公卿大夫士爵位系统及其意义——中国古代官僚政治社会构造研究之一》，《文史哲》，2008 年第 5 期。

③ 杨振红：《秦汉官僚体系中的公卿大夫士爵位系统及其意义——中国古代官僚政治社会构造研究之一》，《文史哲》，2008 年第 5 期。

④ 杨振红：《秦汉官僚体系中的公卿大夫士爵位系统及其意义——中国古代官僚政治社会构造研究之一》，《文史哲》，2008 年第 5 期。

文景时代二十等爵制中官爵、民爵的界限上升问题亦与贾谊“改制”有关。汉代由于“普赐民爵”导致爵位轻滥，使爵位的政治、经济功能逐渐淡化。高敏先生通过梳理文献中的零散史料，认为秦汉时期高低爵界限有一个不断上移的趋势。[①] 高敏先生的研究显然具有启发意义。但是，学术界对官爵与民爵之分，即从“公乘”上移至第九级爵“五大夫”的时间具体是在什么时候仍然没有定论。同时官、民爵分界上移的原因是什么，仍然没有定论。近年来杨振红结合新出土简牍和传世文献认为，汉高祖五年五月诏和高后二年（前 186）的《二年律令》中，官民爵的分界尚在官大夫与大夫之间，但是到汉文帝晁错上书时已改为五大夫、公乘之间，可见汉代官民爵分界的移动就应当发生在这个期间。杨振红进一步认为，文帝六年至十二年期间所进行的“改制”，除了中央官秩提升，还包括官、民爵界限的上移，即将民爵上限提高到公乘。这应是正确的。正如前述，随着朝廷一次次“普赐民爵”，使赐爵范围扩大，赐爵标准相应宽松，出现了高龄、孤老、退役军士均能赐爵的情况。这就使获得爵位的吏、民人数逐年增加。统治者为了保证足够的服役人口及赋税收入，不得不逐渐调整民爵上限，并使官职、爵位的等级权威开始不断分离，形成重官轻爵的情况。所以，文帝时期将官大夫到公乘爵全部纳入士位，使官民爵分界自此稳定。这样既对官、爵分离有着实际意义，也保证了国家的纳税、服役人口不会减少。这种做法实际上正与战国时期三晋赐爵宽松导致的结果是一样的。由此可肯定的是，在文帝的一系列制度改革中，贾谊是起到了重要作用的，其改革的几项制度也是与当时的社会状况相适应的。这正与贾谊提倡的为什么要“改制”“更化”的背景相吻合。

从文献来看，贾谊所提出的政策，还包括文帝二年在贾谊建议下首开

---

① 高敏先生认为，商鞅变法时大夫爵可能是高爵的起点，不久提高到第六级“官大夫”；秦统一后上移到第七级爵“公大夫”；汉高祖八年提高到“公乘”；惠帝即位后又上移至第九级爵五大夫；东汉明帝时规定赐民爵不得超过第八级爵公乘。参见高敏：《秦汉史论集》，郑州：中州书画社，1982 年，第 20~55 页。

籍田礼以及改革庙制等。[①]《史记·孝文本纪》："孝文帝从代来，即位二十三年，宫室苑囿狗马服御无所增益，有不便，辄弛以利民。……上常衣绨衣，所幸慎夫人，令衣不得曳地，帏帐不得文绣，以示敦朴，为天下先。"[②]文帝之作为，自然与贾谊所提倡的以勤政、简朴而为天下"圣""德"君主的提议相关。

应该说，贾谊在朝居官的时间虽不长，其创议却不少。后代史家对贾谊的评价颇多，并且多为肯定之辞。例如西汉刘向就认为："贾谊言三代与秦治乱之意，其论甚美，通达国体，虽古之伊、管未能远过也。使时见用，功化必盛。为庸臣所害，甚可悼痛。"[③] 班固虽然不同意刘向的观点，但是也认为贾谊的主张对"汉制"的革故鼎新起到重要作用。"追观孝文玄默躬行以移风俗，谊之所陈略施行矣。及欲改定制度，以汉为土德，色上黄，数用五，及欲试属国，施五饵三表以系单于，其术固以疏矣。谊〔亦天〕年早终，虽不至公卿，未为不遇也。凡所著述五十八篇，掇其切于世事者著于传云。"[④]"贾生矫矫，弱冠登朝。遭文睿圣，屡抗其疏，暴秦之戒，三代是据。建设藩屏，以强守圉，吴楚合从，赖谊之虑。"[⑤] 可见时

① 《汉书·食货志》载："文帝即位，躬修俭节，思安百姓。时民近战国，皆背本趋末，贾谊说上曰：'筦子曰"仓廪实而知礼节"……夫积贮者，天下之大命也……'于是上感（贾）谊言，始开籍田，躬耕以劝百姓。"（班固著，颜师古注：《汉书》卷二十四上《食货志》，北京：中华书局，1962年，第1128~1130页。）《汉书·文帝纪》载文帝四年秋九月"作顾成庙"条下注引应劭曰："文帝自为庙，制度卑狭，若顾望而成，犹文王灵台不日成之，故曰顾成"；贾谊曰："因顾成之庙，为天下太宗，与汉无极。"（班固著，颜师古注：《汉书》卷四《文帝纪》，北京：中华书局，1962年，第121页。）由此可知，文帝是在贾谊建议下建立顾成庙，意在汉文帝为天下太宗，治天下，期待汉王朝的统治可以永远延续下去，"长无极"。这正是贾谊"改制"所要求的建立起汉代皇权以"德"为天下大宗，治天下的用意。

② 司马迁：《史记》卷十《孝文本纪》，北京：中华书局，1959年，第433页。

③ 班固著，颜师古注：《汉书》卷四十八《贾谊传》，北京：中华书局，1962年，第2265页。

④ 班固著，颜师古注：《汉书》卷四十八《贾谊传》，北京：中华书局，1962年，第2265页。

⑤ 班固著，颜师古注：《汉书》卷一百下《叙传》，北京：中华书局，1962年，第4252页。

人认为贾谊的“改制”“更法”是符合时代需求的，而分歧点主要在于“遇”与“不遇”。

宋人欧阳修则对贾谊“改制”有独到见解。他认为：“故天下以为（贾谊）可任公卿，而刘向亦称远过伊、管。然卒以不用者，得非孝文之初立日浅，而宿将老臣方握其事，或搴旗斩级矢石之勇，或鼓刀贩缯贾竖之人，朴而少文，昧于大体，相与非斥，至于谪去，则谊之不遇可胜叹哉！且以谊之所陈，孝文略施其术，犹能比德于成康，况用于朝廷之间……”[①] 欧阳修正是一语中的，提出了贾谊之不遇，正是触动了既得利益集团的军功阶层的利益，而受到军功大臣之“非斥”，否则，文帝依靠贾谊之策，就能够做出伊、管之功勋，达到文帝之盛世。王安石承班固之说，在《贾生》诗中认为：“一时谋议略施行，谁道君王薄贾生。爵位自高言尽废，古来何啻万公卿？”[②] 可见，在力主改革的王安石看来，贾谊亦是个有思想、有作为的政治家。

贾谊的满腹韬略虽然没有尽能实行，他所掀起的“过秦”思潮及“汉制”改革却为其他主张新政的思想家继承。例如在贾谊之后，除了鲁人公孙臣上疏申明五德终始论，要求改正朔，易服色。文景时代的名臣晁错、贾山等人也要求通过强化儒家“礼制”，加强君主集权制度，建立更加严格的以皇权为中心的等级尊卑制度。例如大臣贾山，颍川（今河南登封、新密等地）人氏，其家世业儒。贾山祖父贾祛，魏王时博士弟子，贾山受学于祖父贾祛，但是涉猎学术甚广，故文献称其学“不能为醇儒”[③]。孝文帝时，贾山忧惧朝廷军功大臣及诸侯势力对皇权的威胁，于是上疏汉文帝，借秦为谕，言国家与社会的治乱、整合之道。其疏名曰《至言》。在《至言》中，贾山酣畅淋漓地阐述了自己对当时局势的看法。他以秦王朝

---

① 欧阳修：《文忠集》卷七十五《贾谊不至公卿论》，《景印文渊阁四库全书》第1102册，台北：商务印书馆，1986年，第593页。

② 王安石：《临川文集》卷三十二《贾山》，《景印文渊阁四库全书》第1105册，台北：商务印书馆，1986年，第236页。

③ 班固著，颜师古注：《汉书》卷五十一《贾邹枚路传》，北京：中华书局，1962年，第2327页。

的灭亡为例，认为：昔者，秦力并万国，富有天下，破六国以为郡县，筑长城以为关塞。但是，强秦仅传于二世，便兵破于陈涉，地夺于刘氏，这是什么原因呢？这是因为秦夺取天下，富有九州，不思与民休息，以礼治国，反而贪狠暴虐，残贼天下，穷困万民，不施礼义，专以刑治劳民为务。所以秦之二世而亡，实乃非礼重刑的结果。在贾山看来，今时汉王朝，亦承秦之旧弊，奢侈淫逸之风再起。故贾山提出，当今首要之务，即以礼仪为先，定明堂，造太学，修先王之道，举贤良方正之士，风行俗成，轻徭薄赋，然后万世之基定，功业施于四海，天下长治久安。贾山主张以“礼”来强化封建政治等级制度的思想，与贾谊有异曲同工之妙。

在文景时期，主张“改制”的代表人物还有晁错等人。晁错，颍川（今河南登封、新密等地）人。他曾经向轵县（今河南济源）人张恢学习申商刑名之学。孝文帝时，儒学复兴，于是朝廷派晁错前往伏生处学习尚书经义。晁错其后常常以尚书经义论时事，可以说晁错是一个以治儒家尚书经义为主，兼及申商刑名、文学的儒家官僚。

针对西汉社会矛盾，晁错多次向皇帝上书，阐述自己的政治主张。据史书记载，景帝即位后，以晁错为内史，倍加信任。晁错所论及之事，大都受到景帝采纳，“错数请间言事，辄听，幸倾九卿，法令多所更定”①。如文帝十一年（前169），晁错针对当时的民族矛盾与边境守备，上疏《言兵事疏》《守边劝农疏》《复言募民徙塞下疏》等，向朝廷论述其防守边陲，抵抗匈奴的战略思想；文帝十五年（前165），晁错上《贤良对策》，阐述其政治与用人思想。景帝即位后，晁错针对当时诸侯国逐渐坐大的隐患，又上《说景帝削藩书》，主张实行削弱诸侯国的政策。在晁错的强力主张下，汉王朝中央先后削掉了吴国的会稽郡、豫章郡，楚国的东海郡、薛郡，赵国的常山郡等等。

晁错与贾谊一样，也十分注重对旧“秦制”的批判。在晁错看来，秦崛起西域，兼六国，统天下。但是秦统一天下后，不思进取，嗜欲无极，

---

① 班固著，颜师古注：《汉书》卷四十九《爰盎晁错传》，北京：中华书局，1962年，第2299页。

奢侈淫欲，民力罢尽，赋敛不节，妄赏以随喜意，妄诛以快怒心，法令繁苛，刑罚暴酷，由此使天下人莫安其处，奸邪之吏乘其乱法。所以，当陈胜一夫先倡，遂至天下大溃，绝祀亡世。晁错对于秦政的批判，应该说是对当时"过秦"思潮的继续。它本质上继承了贾谊"汉制"改革的思想，希望以儒家"礼制"兼容法家"律治"，来强化以文、景为核心的君主集权政治。所以在具体举措上，晁错极力主张通过礼制强化中央权威，在经济上"贵粟重农"、注重民生，边防上徙民实边等。这些主张应该说正切中当时之弊端，故深得文帝、景帝之心。例如他论证以"礼""德"崇君尊权、崇术尚势："臣窃闻古之贤主莫不求贤以为辅翼，故黄帝得力牧而为五帝〔先〕，大禹得咎繇而为三王祖，齐桓得筦子而为五伯长。"[①]"今以陛下神明德厚，资财不下五帝，临制天下，至今十有六年，民不益富，盗贼不衰，边竟未安，其所以然，意者陛下未之躬亲，而待群臣也。"[②]"臣窃观上世之传，若高皇帝之建功业，陛下之德厚而得贤佐，皆有司之所览，刻于玉版，藏于金匮，历之春秋，纪之后世，为帝者祖宗，与天地相终。"[③] 因此，汉代皇权的合理性正是得自帝王的"德厚"，以及需要一批忠诚正直之士的辅佐。这实际上是通过"民不益富，盗贼不衰，边境未安"的讽喻，暗示文、景应该对改革派大臣加以重用，做出"刻于玉版，藏于金匮，历之春秋"的功勋。

晁错的"改制"思想与举措，首先便引起了诸侯王恐慌，于是一些势力强大的诸侯王以"清君侧""诛晁错"为口号发动"七国之乱"，公开起兵反抗中央王朝。在这个关键时期，景帝刘启听从本来就不满意晁错的朝廷大臣爰盎等谗言，将晁错腰斩于东市，以平息诸侯之乱。

晁错一生以悲剧结局，但是他的思想缘起与贾谊是一样的，对当时汉

---

① 班固著，颜师古注：《汉书》卷四十九《爰盎晁错传》，北京：中华书局，1962年，第2292页。

② 班固著，颜师古注：《汉书》卷四十九《爰盎晁错传》，北京：中华书局，1962年，第2298页。

③ 班固著，颜师古注：《汉书》卷四十九《爰盎晁错传》，北京：中华书局，1962年，第2292页。

代政权有着无比的忧虑。与贾谊不同的是，晁错既具有儒家兼济天下的忧患心理，又有着法家峭直刻深的性格特点，不屈不挠，坚持对“汉制”加以再改革。作为改革家，晁错与贾谊一样以悲剧结尾，但是他们的改革作为给汉代制度注入了新的活力。从更长远的视野看，是为西汉中期汉武帝重用公孙弘、董仲舒等儒家人物对旧“汉制”进行更全面而深刻的政治、经济、文化方面的改革，为达到尊君黜臣、建立巩固的君主集权体制奠定良好的政治基础。

第三节　黄老、儒学之争与朝廷政治风向

贾谊等儒学思想家提倡的“改制”“更法”，在朝廷上受到很大阻力。这些阻力既来自宗室、外戚，也来自执掌权力的军功大臣，这当然和当时皇权与军功阶层、宗室、外戚的权力博弈有关。从思想理论形态来看，主张“尊君”“扬权”却又“无为”的黄老学说亦成为儒家进入朝堂的大碍。黄老思想对于稳定汉初社会秩序，恢复经济有着重要作用，但是，黄老学说尊主卑臣及无为之说，对于汉代君臣而言，亦是一柄利弊相关的双刃剑。一方面，黄老学说对维护君主集权体制、恢复经济、注重民生有着重要意义；另一方面，黄老学说对于汉王朝内部各派别的政治纠葛以及新帝王的揽权心理却有矛盾之处。

汉初布衣将相之局，既是历史的选择，也促进了军功阶层与皇权政治既共存又博弈的复杂的内在关系的形成。这种局面在文帝时更加复杂化，也直接影响到汉代皇权重新进行制度构建的雄心。其时吕氏外戚的灭亡，直接受益者是汉文帝刘恒。刘恒过去在远离政治中枢的代国为诸侯王，吕氏外戚诛灭后，朝廷军功大臣并没有拥立诛杀吕氏立有大功的齐王刘襄、朱虚侯刘章兄弟，其理由是齐王母家驷钧，“恶人也，即立齐王，则复为吕氏”。而是相中了宽厚仁慈的代王刘恒，所谓“宽厚仁慈”，实际是指性格柔弱，便于朝廷大臣控制。文帝亦深晓其中奥秘，故曾再三犹豫是否入京继位，在入京后也谨言慎行。文帝知道自己在汉廷并无深厚的政治、人脉基础，所以他采取恩威并施的两手策略来巩固皇权，但一时难于扭转军

功大臣左右朝廷政务的局面。因此，吕氏乱后，皇权如何克服汉初“承秦”体制上的缺陷，树立君臣间严密的尊卑上下等级权威，是一个迫在眉睫的问题。故文帝一方面注重法家“刑名”之学，另一方面却超擢提拔儒生贾谊等实行“改制”“更化”。

从学派特点看，儒学是利于“顺守”之学，同时汉代儒学也是经过儒生所改造的“明尊卑”“等贵贱”的“礼仪”之学。汉初儒者是最早敏锐地关注“汉制”改革的士人群体。他们怀有深深的忧患意识，希望大汉政权不至重蹈强秦之覆辙，并以“礼乐”之制来改革制度体系，且为此掀起了一股颇有声势的名“过”秦制而实批汉初制度的“过秦”思潮。“过秦”思潮以批“秦制”为题，而对汉初萧何等人所承袭“秦制”留下的弊政大加抨击。但是，文帝时代朝廷宗室、外戚、军功大臣与皇权之间博弈的张力，使黄老之学与儒家学派成为其维护自己利益的理论武器。实际上，这两个学派有一个共同特点，即尊君抑臣，加强君主集权政治，这正好都适应了西汉前期政治格局，故文帝至景帝朝，汉代朝廷中黄老之学与儒学相济并存，共列朝堂，共同为皇权所利用。但是由于两者在朝廷派系之争与政治风向中的不同作用，所以其为皇权与太后、外戚、宗室、军功大臣等各种政治势力的认同程度是不一样的。一般而言，儒学更注重以“礼制”强调尊卑、上下，倡导伦理纲常；同时顾及战国以来关东、关西地域的宗法伦理、民俗旧习，在基层社会控制、整合上有着更大的发展前景。黄老学说虽然主张尊君抑臣，倡导御臣之“权术”，其“清静无为”之说，却要求皇权对宗室、外戚、军功大臣的朝堂派系具备开放性、宽容性，故它在汉代君臣博弈中成为一柄双刃剑。尤其是文景时期，一方面是皇权希望扩大其威权、威仪；另一方面则是朝廷中的军功贵族及宗室、外家希望皇权能够无为而治，而势力逐渐坐大的各同姓诸侯王也希望中央皇权继续实行对他们的宽容政策，这样，朝廷中几股政治势力的博弈也就日趋尖锐起来。

文帝是一个善于审时度势、颇有理想和权谋的帝王。在当时形势下，他能够平衡、化解朝廷中皇族宗室、军功大臣及外戚势力，是要有一套高超政治手段的。故此，一方面，文帝朝喜好“刑名”之学，任用黄老之士，以文法吏治国的政治风向并未改变。《汉书·张释之传》记持黄老学的王生在文景时期深受信任，曾在公卿之前命廷尉张释之为其结袜。此后又有黄生与辕固生共争于景帝前。这个黄生应即黄老学者，可见其时黄老学在朝堂上的尊贵地位。另一方面，文帝又超擢提倡改制的贾谊等儒生，求举贤良方正及能直言极谏者。贾山等人亦因此受到重用，并提出若干涉及政治、经济、外交、诸侯国、礼制等的重大问题，为文帝时期的汉家制度改革提出新的构想。上述黄老学说与儒家思想在内容上的交叉及差异，就便于解释我们对这一时期所常困惑的文景时期既好刑名之学，重黄老之术，又重用贾谊等儒家士人进行“改制”“更法”的矛盾做法。这种徘徊于儒、法之间的做法，有时使两个学派的矛盾显得十分尖锐。

在西汉前期，汉文帝的皇后、景帝的母亲窦太后是一个十分关键的人物。公元前180年，代王刘恒即位为汉文帝，窦氏之子刘启年长，被立为皇太子。母以子贵，窦氏被册立为皇后，文帝去世后，景帝刘启即位，窦后成了皇太后。窦太后十分溺爱幼子刘武，“爱之，赏赐不可胜道”[①]。景帝对弟弟刘武也很喜爱，平时常同辇进出，赏赐甚厚。当时景帝还未立太子。在前元三年（前154）的一次家宴上，当大家饮酒甚欢时，景帝对刘武说：“千秋万岁后我将帝位传给你。”窦太后希望将此事作为旨令确定下来，于是将立刘武为皇太子嗣征求大臣意见。哪知道大臣们都反对这件事，刘武继嗣之事也就作罢。但是，窦太后并没有就此罢休，反而在各种场合为刘武继立皇太子而努力。其后，吴楚齐赵七国诸侯王反。刘武在平定诸侯国叛乱时立有大功，这使窦太后与梁孝王继承皇位的野心又膨胀了起来。《史记》卷五十八《梁孝王世家》记载景帝时期，汉代朝堂上围绕立刘武为皇太子事，发生了一场激烈的政治斗争。

> 盖闻梁王西入朝，谒窦太后，燕见，与景帝俱侍坐于太后前，语言私说。太后谓帝曰：“吾闻殷道亲亲，周道尊尊，其义一也。安车

① 司马迁：《史记》卷五十八《梁孝王世家》，北京：中华书局，1959年，第2083页。

> 大驾，用梁孝王为寄。”景帝跪席举身曰：“诺。”罢酒出，帝召袁盎诸大臣通经术者曰：“太后言如是，何谓也？”皆对曰：“太后意欲立梁王为帝太子。”帝问其状，袁盎等曰：“殷道亲亲者，立弟。周道尊尊者，立子。殷道质，质者法天，亲其所亲，故立弟。周道文，文者法地，尊者敬也，敬其本始，故立长子。周道，太子死，立適孙。殷道，太子死，立其弟。”帝曰：“于公何如？”皆对曰：“方今汉家法周，周道不得立弟，当立子。故《春秋》所以非宋宣公。宋宣公死，不立子而与弟。弟受国死，复反之与兄之子。弟之子争之，以为我当代父后，即刺杀兄子。以故国乱，祸不绝。故《春秋》曰‘君子大居正，宋之祸宣公为之’。臣请见太后白之。”袁盎等入见太后：“太后言欲立梁王，梁王即终，欲谁立？”太后曰：“吾复立帝子。”袁盎等以宋宣公不立正，生祸，祸乱后五世不绝，小不忍害大义状报太后。太后乃解说，即使梁王归就国。[1]

在立梁王为皇太子的问题上，窦太后的想法受到大臣袁盎等人的反对。袁盎等人以“周道尊尊者，立子”为理由，并以宋宣公立弟祸乱朝堂为例，劝告窦太后放弃此想法。于是一场政治斗争就此展开。这场斗争引发了朝堂之上的暗杀事件，并且使梁王成为暗杀事件的主角。为了取得皇位，梁王欲杀朝廷大臣十余人，足见事态的严重。后来经过田叔、吕季主二人以儒家经义加以周旋，以梁王的臣子羊胜、公孙诡之属为替罪羊，处以极刑，才使得这件事平息。但是，汉代中央，包括景帝与梁王的矛盾就此加大，中央与诸侯王国的隔阂也更加深了。在这次事件中，窦太后偏爱梁王刘武的立场十分鲜明。史载她因为梁王谋反事暴露，不饮不食，日夜哭泣不止。就连她喜爱的侄子窦婴进言：“父子相传，是汉代的祖制，怎可如此。”也得罪了窦太后。没有几天，窦太后便下令把窦婴从皇戚的名册中除名，这在当时是很大的惩罚，也足以见窦太后支持刘武立为皇太子

---

① 司马迁：《史记》卷五十八《梁孝王世家》，北京：中华书局，1959 年，第 2091~2092 页。

的态度之坚决。

我们之所以不厌其烦地举出以上事例，是为了说明在景帝时期，皇室内部的诸王权力之争亦是一种主要矛盾。但是，这种立嗣之争仅仅是问题的一个方面。实际上，窦太后所维护的，还有汉初刘邦、萧何、曹参所执行的那一套继秦的政治制度，正是这种制度既维护了中央集权的官僚体制，又保障了对汉初开国有功的宗室、外戚、军功大臣等派系的利益。例如窦太后要求皇室及诸窦读黄老学派的著作，个中原因，既有着窦太后对个人权力失落的担忧，也有着她对于贵戚、外家利益失落的焦虑。[①] 特别是武帝刘彻即位后，当时“荐绅之属皆望天子封禅改正度也。而上乡儒术，招贤良，赵绾、王臧等以文学为公卿，欲议古立明堂城南，以朝诸侯。草巡狩封禅改历服色事未就”[②]。御史大夫赵绾和郎中令王臧，甚至还向武帝建议今后政事“可不必事事请命东宫”，这是公然要求削弱窦太后干预政务的权力，所以窦太后知晓后，怒不可遏。加上武帝采纳儒家大臣建议，令功臣列侯回自己封地，不得留居都城干预朝政。将宗室子弟和外家戚属品性恶劣者“除其属籍”，遭到这些朝廷贵戚功臣列侯的强烈反对，并纷纷到后宫向窦太后诉苦。这些事件加强了窦太后对武帝初政事的抵触，并将之上升到武帝“务隆推儒术，贬道家言”的思想争端，使各方矛盾进一步激化，并演变为朝廷上激烈的儒、道互黜的思想斗争，大黜儒术。“太皇窦太后好老子言，不说儒术……尽下（好儒术者）赵绾、王臧吏，后皆自杀。申公亦疾免以归。”[③] 在当时的中央政权与诸侯王的斗争

---

① 窦太后主张黄老之说，是因为她站在各个利益集团立场上，希望中央无为而治，放纵这些利益群体的发展。据史籍记载，窦太后并不真正地排斥儒学经义之士，而是按照自己现实利益需要，对于各种学说有所取舍。正如前所述，她在为刘武请立皇太子问题上，就以“殷道亲亲，周道尊尊”的儒家宗法血缘继嗣礼制来表达自己的观念。而在梁王阴谋暗杀朝廷大臣袁盎等人的问题上，窦太后也容纳了田叔、吕季主等经术吏的主张，以儒家经义来变通解决此事。所以，窦太后要求皇室诸贵读黄老学派的书，应该是与她对宗室外家等集团的利益考虑有关的。

② 司马迁：《史记》卷十二《孝武本纪》，北京：中华书局，1959 年，第 452 页。

③ 司马迁：《史记》卷一百二十一《儒林列传》，北京：中华书局，1959 年，第 3122 页。

中，窦太后的态度，确实对于汉代上层制度、政策及思想界有着重要的影响。史载除了窦太后要求皇帝、外戚、宗室都读《老子》书，还尽力阻扰儒家官僚与学者的提拔晋升，“故诸博士具官待问，未有进者”[①]。但是从文献看，当时皇权对儒生的排斥是有限的。例如文景在位时期，曾重用许多著名的儒家学者为官。例如前所提到的贾谊、贾山、晁错、辕固生等人，均是以儒为主的官僚、学者。[②] 它说明西汉前期政治发展在几种政治势力的博弈中，代表不同思想、制度的学派如黄老、儒学，都在皇权、宗室、军功大臣等各派利益的斗争中发展。这就使文景时期汉中央朝廷内部的政策之争、派系之争十分激烈，而这种政策、派系之争又直接影响到政治风向的转移。这种学派之争，直到武帝亲政后重用儒士公孙弘、董仲舒后才真正得到解决。

综上所述，黄老学派作为先秦受到法家思想影响的东方别派，其“道法”思想的本质是法家的“霸道”“王术”思想，并且在西汉前期萧规曹随的汉制建构过程中，成为“汉承秦制”的一种代表性为治思想，并在西汉前期皇权、外戚、宗室、军功大臣各种政治力量的博弈中起着重要的平衡作用。随着军功阶层的式微和宗室、外戚力量的削弱，新的形势激发了文帝、景帝、武帝振兴皇权的雄心。故从文帝开始，儒学的复兴与黄老之学的衰微成为一个重要的政治趋向。这种趋向正体现在文景之时对贾谊等儒学人物的扶持及对政治制度的“改制”“更化”。而深谙其味的朝廷军功大臣和宗室、外戚势力，则聚集在窦太后的旗帜下，依靠黄老“无为”之说，展开对儒家“改制”“更化”的“有为”政治的反击。所以，黄老学说与儒家学说的斗争，是西汉前期的一场皇权是否继续与军功阶层、宗室、外戚共享权力的博弈与斗争。尽管武帝亲政后重用儒家官僚，“罢黜

---

① 司马迁：《史记》卷一百二十一《儒林列传》，北京：中华书局，1959年，第3117页。

② 从史料来看，这些儒学经义之士不仅在朝廷中担当重要的职位，而且深受皇帝的信任。如诗之传播者韩婴，“孝文帝时为博士，景帝时为常山王太傅。韩生推《诗》之意而为《内外传》数万言，其语颇与齐鲁间殊，然其归一也”。（司马迁：《史记》卷一百二十一《儒林传》，北京：中华书局，1959年，第3124页。）以辕固生、韩婴等儒家学者为诸侯王太傅，说明儒家思想在汉代上层统治阶级中的影响是不小的。

百家，表章六经”，最终决定了儒升道降的胜负局面，并使西汉大一统皇权得到高度提升。但是黄老之治在汉初政治中的作用不可抹杀。它既使“黎民得离战国之苦，君臣俱欲休息乎无为，故惠帝垂拱，高后女主称制，政不出房户，天下晏然”①，为汉初生产力发展创造了一个稳定的社会环境；同时在西汉前期的布衣将相之局中平衡了朝廷各阶层的关系，使西汉前期政治能够平稳发展。所以，明白了儒家学派与黄老学说的斗争本质，对深刻理解西汉前期政治格局有极为重要的意义。

① 司马迁：《史记》卷九《吕太后本纪》，北京：中华书局，1959年，第412页。

第四章

汉王朝官僚体制的建构

通过西汉前期朝廷上皇权与各阶层的博弈，皇权逐渐占据上风，并在官僚体制建构上呈现新的气象。正如前述，秦统一天下后，官僚体制的刚性科层结构与“选贤与能”的矛盾十分突出。故西汉政权十分注重这个问题。实际上，在西汉政权刚建立时，汉代君臣就致力于解决官僚制度的这个矛盾，并对官僚体制的这一弊病加以改革与完善，即将选拔具有孝敬廉洁、才能优秀、通晓经义、贤良方正等品质的士人作为官僚政治体制的补充。这种对官僚队伍选拔中注重“贤与能”的改革，在中国古代官僚制度形成过程中起到了重要作用，并使中央集权制度得到进一步的加强和发展。

第一节　西汉的选官制度与考核制度

西汉官吏的选拔任用在不同时期制度有所不同。汉初由于中央政权和诸侯王国的对立关系，对王国官吏的任用有诸多限制。在地方官吏的任命上，出于稳定社会环境和恢复地方治理的需要，汉初并没有采取籍贯回避制度，而是直接任命当地人进行治理。因此中朝、地方官员之间形成了错综复杂的裙带关系，吏治腐败，因而统治者后来采取籍贯回避制度，以削弱地方官吏之间的利益往来。

汉初选举途径大致有察举、征召、任子和郎官之选。西汉王朝建立后，开国皇帝刘邦十分重视人才的选拔，这时实行的是察举制度。察举制是汉代的一种选官制度，也是中国古代第一个系统的选官制度，所谓察举，即考察推举，据东汉时期的武荣碑记载，该制度始于汉高祖刘邦。当时汉高祖刘邦下求贤诏，令从郡国推举有治国才能的“贤士大夫”，开汉代察举制度的先河。从文帝开始，把察举作为选官的一项制度。文帝十五年，诏举贤良能直言极谏者参加对策，并根据等第授予官职，特科察举制因此正式成立。汉武帝于元光元年（前 134）下诏郡国每年察举孝者、廉者各一人，自此成为一种公行的选官制度，即由公卿、列侯和地方郡守等高级官吏通过考察把品德高尚、才干出众的人才推荐给朝廷，经过考核，然后授予官职。察举有考察、推举的意思，又叫荐举。汉之察举大致分两类，一类是有特殊才能或专长足以定国安邦之人，称为贤良方正；另一类是品行端正足以为世人榜样的孝子廉吏，称为孝廉。察举是要地方官留意发现这些人才并推荐给中央。察举出的人才到中央后一般还要进行面试，皇帝拿一些国家大事来问，应考者对答，这称为对策。董仲舒就是经过对策才被选为官吏的。

武帝之前的选官主要以军功入仕，而且选官需要有财产资格，仅有察举制度真正行于郡国，选拔人才的覆盖面较小。汉初以来，皇权虽在名义上至高无上，但在制定国策及用人上，还要受大臣和外戚的制约。汉朝刚立国之时，刘邦曾用当过秦博士的叔孙通作汉礼仪。“因为太常，诸生弟子共定者，咸为选首”①，使跟从叔孙通的儒生弟子百余人“悉以为郎”②。“孝惠、吕后时，公卿皆武力有功之臣。孝文时颇征用，然孝文帝本好刑名之言。及至孝景，不任儒者，而窦太后又好黄老之术，故诸博士具官待问，未有进者。”③ 反映出汉朝初年并非一味使用黄老学派人士为官。这一

① 司马迁：《史记》卷一百二十一《儒林列传》，北京：中华书局，1959 年，第 3117 页。

② 司马迁：《史记》卷九十九《刘敬叔孙通列传》，北京：中华书局，1959 年，第 2724 页。

③ 司马迁：《史记》卷一百二十一《儒林列传》，北京：中华书局，1959 年，第 3117 页。

方面是因为当时开国大臣及军功贵族充斥朝廷，同时也反映出传统的政策指导思想、传统的用人标准在人们的思想观念和价值观念上已经根深蒂固。按照黄老政治的用人标准，即“择郡国吏长大，讷于文辞，谨厚长者，即召除为丞相史。吏言文刻深，欲务声名，辄斥去之”[①]。景帝虽然有意改变这种僵化的用人模式，提拔重用晁错等革新人物，但也终难摆脱这种传统的用人标准和思想习惯的束缚，而以卫绾为太子太傅，并在临终前三年拜卫绾为丞相，认为他“敦厚可相少主”。因此，要实现汉初以来的政策转变，首先必须从观念上改变传统的政策指导思想，变清静无为为积极进取；其次要更新统治阶级领导层的成分构成，打破传统的用人标准，以具有开拓精神的进取型人才取代那些保守型的敦厚长者。

汉武帝认为“盖有非常之功，必待非常之人”[②]，因而在改革选官制度方面着力很多，主要表现在：其一，改变汉初的军功入仕为以儒术取士，“罢黜百家，表章六经”，开创了选官主要以儒术入仕的新时代。其二，把察举制度正式确定下来，增设了新的门类，规定按人口比例进行选举，没有资产限制。董仲舒、公孙弘等人即以贤良对策而受重用。其三，接受太常孔臧等人的建议，劝学励贤，自是公卿大夫士吏彬彬多文学之士。国家太学与郡国之学的兴办，使国家的官僚队伍有了一个可靠的来源和良好的基础，也使经由此途入仕的人才有了统一的要求。它虽不是当时主要的选官途径，但已粗具规模，对后世影响深远。武帝欲尽天下良才，还特别注重“公车上书”之举，亲自过问并掌握这一渠道，不惮其烦地阅读吏民的奏章。如东方朔一人上书，竟“凡用三千奏牍。公车令两人共持举其书，仅然能胜之”[③]，东方朔得以受到重用。正由于汉武帝重视这一选官途径，

---

① 班固著，颜师古注：《汉书》卷三十九《萧何曹参传》，北京：中华书局，1962年，第2019页。

② 班固著，颜师古注：《汉书》卷六《武帝纪》，北京：中华书局，1962年，第197页。

③ 司马迁：《史记》卷一百二十六《滑稽列传》，北京：中华书局，1959年，第3205页。

故“四方士多上书言得失，自衒鬻者以千数”[①]。一旦发现人才，便不拘一格，提拔重用，例如主父偃、朱买臣、徐乐、严安、终军等一大批对西汉文治武功做出贡献的人均由此途入仕。

孝廉选仕制度就是按照孝子廉吏的标准选拔举荐人才的制度，在西汉察举入仕诸途径之中，它是重要的一项常行科目。“孝廉”一词的含义，唐人颜师古曾做过很好的解释。他指出：“孝谓善事父母者，廉谓清洁有廉隅者。”[②]《汉书·武帝纪》记载：元光元年冬十一月，初令郡国举孝廉各一人。那么，为何“举孝廉”制度创始于汉武帝时代？西汉建国之初，经济极端困难，政治上也不稳定，可是经过惠帝、吕后、文帝、景帝几代实行的黄老无为、休养生息政策，不仅经济状况得到根本好转，而且政治上大一统局面也得到巩固。历史赋予汉武帝一项重要任务是实现思想上的大一统，以与整个的形势发展相适应。据《汉书·武帝纪》载：“建元元年冬十月，诏丞相、御史、列侯、中二千石、二千石、诸侯相举贤良方正直言极谏之士。丞相绾奏：‘所举贤良，或治申、商、韩非、苏秦、张仪之言，乱国政，请皆罢。’奏可。”[③] 学界一般认为这就是所谓的“罢黜百家，表章六经”。毫无疑义，汉武帝之所以“表章六经”，主要是因为经过改造了的公羊派儒术完全合乎他的胃口，满足了他的政治要求。不过还应看到武帝的这一举动，绝不是突然从天上掉下来的，而是西汉前期诸帝对于儒家思想，有一个逐渐认识、理解，并产生质变性飞跃的过程。从汉武帝开始，为了加强中央皇权，开始削弱剥夺丞相的权力。汉朝初年丞相权力过大的情况得到了纠正。新办法从体制上削弱了丞相的用人权，保证了朝廷的用人大权牢牢地掌握在皇帝的手里，避免了因大臣结党营私而形成的逆向分离势力。在思想上，武帝接受董仲舒的春秋大一统思想，“罢黜

---

① 班固著，颜师古注：《汉书》卷六十五《东方朔传》，北京：中华书局，1962年，第2841页。

② 班固著，颜师古注：《汉书》卷六《武帝纪》“冬十一月，初令郡国举孝廉各一人”条颜师古注，北京：中华书局，1962年，第160页。

③ 班固著，颜师古注：《汉书》卷六《武帝纪》，北京：中华书局，1962年，第155~156页。

百家，表章六经”，把董仲舒的学说作为制定国策的思想原则和选用人才的基本准则，实现了统治阶级政策指导思想的重大转变，在用人政策上大刀阔斧地进行改革，刚即位就向全国下了一道求贤令。广开仕途是为了维护西汉王朝庞大的官僚体系，必须有一大批官吏不断地充实到各个机构中去，这就要求有一套完整的选拔官吏的办法。汉武帝为了网罗天下人才，采纳了董仲舒的“求贤”建议，制定了察举制与考试相结合的选官制度。

察举制虽然源于汉高祖，但明文规定则始于汉武帝。汉武帝令郡国举孝、廉各一人，每年一次。孝廉即孝子和廉吏，是察举的两个科目，后来合为一科。察举的对象是通晓儒学的儒生，其出路是先到中央任郎官。察举的科目除了孝廉，还有茂才、贤良方正、贤良文学、明经、明法等。

选官的另一种途径是以博士弟子入补官吏。元朔五年（前124），丞相公孙弘奏请，让博士弟子受业一年，经过“射策课试”，能通一经者就可以补文学掌故之缺，课试高第者可以任郎中。所谓博士弟子，就是从太学毕业的太学生。

因此办太学成为培养选拔官吏的重要形式之一。西汉武帝时董仲舒在贤良对策中说：“故养士之大者，莫大〔乎〕太学；太学者，贤士之所关也，教化之本原也。”① 东汉光武帝时朱浮亦指出：“夫太学者，礼义之宫，教化所由兴也。”② 这说明太学的兴衰直接关系到国家教化的成败。汉武帝时期在汉长安城南设立太学。通过太学培养人才在中国古代选拔人才上是一个创举，是对孔子“学而优则仕”理念的实践，对后代产生了极为重要的影响。

西汉选拔官员，主要的是文学和吏道两类。前者指对古代典籍有研究、道德有称者，后者指明习法律与行政技术、官员子弟以及王侯子弟。高祖十一年（前196），高祖首次下求贤诏：“贤士大夫有肯从我游者，吾

---

① 班固著，颜师古注：《汉书》卷五十六《董仲舒传》，北京：中华书局，1962年，第2512页。

② 范晔撰，李贤等注：《后汉书》卷三十三《朱冯虞郑周列传》，北京：中华书局，1965年，第1144页。

能尊显之。”[1] 命令各公卿、郡守、诸侯王、列侯举荐贤才以供朝廷选择，违者论罪有差。

明经

平帝元始五年（5）颁诏令天下通晓逸经、古记、天文、历算、钟律、小学、史篇、方术、本草等学术以及通晓《五经》《论语》《孝经》《尔雅》等古代典籍的学者汇集长安，令所在诸郡国以公车接送（后世遂以公车作为举人的代称）。至者数千人，多任以诸郎、博士等职。[2]

明法

高祖十一年，诏：“其有称明德者，御史、中执法、郡守必身劝勉，遣诣丞相府，署其行、义及年。有其人而不言者，免官。”[3] 由此聚集了许多明习法律的人士。

博士

战国时代，齐、魏、秦等国均曾经设置博士官，秦始皇时置博士官七十人，作为皇帝的智囊团，主要负责礼仪，也参议朝政、备皇帝咨询。汉沿袭，初置员甚少，也不为人所重。汉文帝即位后，增设博士官至七十余人，儒士为主，杂以其他学派。武帝“罢黜百家、表章六经”，置五经博士，按《诗》《书》《礼》《易》《春秋》分置博士。甘露三年（前51）宣帝下诏在石渠阁讲儒术，讨论按照儒家的门派分置博士官。至黄龙元年（前49）共置五经十二家博士，分别为《诗》，齐、鲁、韩；《书》，欧阳、大、小夏侯；《易》，施、孟、梁丘；《礼》，后氏；《春秋》，公羊、穀梁。博士官品秩（比六百石）并不高，但是声望很高。博士的晋升非常容易，经常获得越级提拔，迅速得以出任九卿、太子太傅、大夫、侍中等重要官职，如果外放即为郡守、尉、诸侯相、刺史。博士出身的官员，有很多最

---

① 班固著，颜师古注：《汉书》卷一下《高帝纪下》，北京：中华书局，1962年，第71页。

② 班固著，颜师古注：《汉书》卷十二《平帝纪》，北京：中华书局，1962年，第359页。

③ 杜佑著，王文锦等点校：《通典》卷第十三《选举志·历代制上》，北京：中华书局，1988年，第310页。

后出任御史大夫、丞相的。博士官的任命以学术为首要条件，选择非常严格。《汉书·儒林传》说："其不事学若下材，及不能通一艺，辄罢之，而请诸能称者。"①

贤良方正、直言极谏

汉文帝二年下诏说："举贤良方正能直言极谏者，以匡朕之不逮。"②后又诏诸侯王、公卿、郡守举贤良能直言极谏者。被荐举者，文帝均亲自策问。汉武帝时，董仲舒、公孙弘等都应贤良方正入选。宣帝定例凡灾异大灾，皇帝要下罪己诏，同时令郡国选举贤良方正"以匡不逮"。

孝廉

汉朝实行以孝治天下的国策，因此特别重视举孝廉之科，所以中选的人也很少。文帝十二年下诏："孝悌，天下之大顺也。力田，为生之本也。……廉吏，民之表也。朕甚嘉此二三大夫之行。今万家之县，云无应令，岂实人情？是吏举贤之道未备也。"③ 为了鼓励应选者，文帝特派谒者赐孝者每人帛五匹，悌者和力田者每人帛二匹。

茂才异等

这个科目是指因事临时下诏公卿郡国推举特定方向的人才，因事而异。武帝元封五年（前 106）下诏曰："盖有非常之功，必待非常之人，故马或奔踶而致千里，士或有负俗之累而立功名。夫泛驾之马，跅弛之士，亦在御之而已。其令州郡察吏民有茂材异等可为将相及使绝国者。"④主要是征求军事和外交人才。察举茂才异等的要求非常严格，举荐不当要按罪论处。汉元帝时，富平侯张勃推荐陈汤为茂才。而陈汤因匿丧不赴被司隶校尉参劾，为此张勃坐选举不实，削户二百，陈汤被下狱论死。

---

① 班固著，颜师古注：《汉书》卷八十八《儒林传》，北京：中华书局，1962 年，第 3594 页。

② 班固著，颜师古注：《汉书》卷四《文帝纪》，北京：中华书局，1962 年，第 116 页。

③ 班固著，颜师古注：《汉书》卷四《文帝纪》，北京：中华书局，1962 年，第 124 页。

④ 班固著，颜师古注：《汉书》卷六《武帝纪》，北京：中华书局，1962 年，第 197 页。

孝悌力田

惠帝四年（前191）正月，令天下察举孝悌力田者，免其徭役。高后元年（前187），初置孝悌力田二千石者一人。文帝前元十二年，诏以各乡户口多少为比例，设置三老和孝悌力田，后常置。

汉武帝为健全官僚机构、创造伟业，用法律明文规定二千石“不举孝，不奉诏，当以不敬论。不察廉，不胜任也，当免”①。通过法律手段以保证人才源源不断地输送到统治机构中。

为了防范政权主体内部产生异己势力，以及干扰或危害统治阶级的正常统治秩序，汉武帝时期不但对朝官加强控制，对地方郡国也制定了相应的考核与监察制度，在秦及汉初考课制度的基础上，除了正常考课，又把非常考课制度化，并规定了新的内容，将全国划分为十三部（州），每年八月派部刺史“周行郡国，省察治状，黜陟能否，断治冤狱，以六条问事”②。六条中，除了第一条为打击豪强，其余五条都是考核二千石官员的规定。刺史监察机构的设立，把人才的选拔和考核结合在一起，对防止地方官结党营私、徇私舞弊、形成地方割据势力，对保证人才的质量都起到了一定的监督作用。在汉武帝看来，“何世无才，患人不能识之耳。苟能识之，何患无人”③。也就是说，只要你肯花精力去发现和鉴别人才，就一定能够找到人才。金日磾为匈奴休屠王太子，被没入为官奴婢，在宫中养马，武帝察其笃慎忠厚，著忠孝节，遂起用为侍中驸马都尉光禄大夫，颇为信赖，临终拜为车骑将军，特别是受命与霍光共同辅政汉昭帝。武帝敢于选用来自他族的降虏来辅佐少主，没有一定的用人胆略是根本做不到的。

尽管司马迁对汉武帝是有意见的，在《史记》中不乏批评汉武帝的内

① 班固著，颜师古注：《汉书》卷六《武帝纪》，北京：中华书局，1962年，第167页。

② 班固著，颜师古注：《汉书》卷十九上《百官公卿表上》，北京：中华书局，1962年，第742页。

③ 司马光编著，胡三省音注：《资治通鉴》卷第十九《汉纪十一》，北京：中华书局，1956年，第638页。

容，但是司马迁在总结武帝的用人政策时还是给予很高的评价，他指出："至今上即位，博开艺能之路，悉延百端之学，通一伎之士咸得自效。绝伦超奇者为右，无所阿私。"① 武帝这种使用人才的求实精神对他取得内政外交上的成功，确实起到了如虎添翼的作用。司马光以为武帝这种纳谏任人的作风才是他"有亡秦之失而免亡秦之祸"② 的重要原因之一。确实如此，历史上凡是重用人才的朝代均为兴盛王朝。

正因为如此，汉代人才济济。"汉之得人，于兹为盛，儒雅则公孙弘、董仲舒、兒宽，笃行则石建、石庆，质直则汲黯、卜式，推贤则韩安国、郑当时，定令则赵禹、张汤，文章则司马迁、相如，滑稽则东方朔、枚皋，应对则严助、朱买臣，历数则唐都、洛下闳，协律则李延年，运筹则桑弘羊，奉使则张骞、苏武，将率则卫青、霍去病，受遗则霍光、金日磾，其余不可胜纪。是以兴造功业，制度遗文，后世莫及。孝宣承统，纂修洪业，亦讲论六艺，招选茂异，而萧望之、梁丘贺、夏侯胜、韦玄成、严彭祖、尹更始以儒术进，刘向、王褒以文章显，将相则张安世、赵充国、魏相、丙吉、于定国、杜延年，治民则黄霸、王成、龚遂、郑弘、召信臣、韩延寿、尹翁归、赵广汉、严延年、张敞之属，皆有功迹见述于世。"③ 汉代官僚体制中大量涌现的这些人才，在诸多地方弥补了官僚体制的刚性科层结构的不足，使西汉中期的政治、经济、文化达到了一个高峰。

自武帝后的昭宣时代，加强吏治建设和对官员的政绩与道德水平的督察成为汉代治国的重要手段。汉宣帝早年的个人经历使得他即位以后极为重视吏治问题。"具知闾里奸邪，吏治得失"。其年龄尚小的时候身边重要人物的影响和自身在民间游荡所见所闻，共同促成了宣帝对吏治问题重要

① 司马迁：《史记》卷一百二十八《龟策列传》，北京：中华书局，1959 年，第 3224 页。

② 司马光编著，胡三省音注：《资治通鉴》卷第二十二《汉纪十四》，北京：中华书局，1956 年，第 748 页。

③ 班固著，颜师古注：《汉书》卷五十八《公孙弘卜式兒宽传》，北京：中华书局，1962 年，第 2634 页。

性的认识。宣帝的吏治观念中以重视地方官吏和综名核实最为突出，其吏治建设围绕地方二千石官吏的选拔、任用、考核以及如何更好地促使官吏奉职办事而展开。为保证政令的上通下达，汉宣帝省去尚书审核这一步骤，让官员的奏疏可直达皇帝，“去副封以防雍蔽”。汉朝的旧制是官员上书时抄录正副两封，尚书先看其中的“副封”，如果尚书认为上书内容不合适可以直接屏蔽，不用上奏给皇帝。这种制度给了尚书动手脚的机会，阻隔了皇帝和官员之间的直接联系，让作为政策制定者的皇帝难以知道政策施行的实际情况。汉宣帝令地方官员可以直接上书至自己的案头，以防中间的阻隔和雍蔽。

汉宣帝还用巡视制度来保障舆情的上达和加强对官员的监督，经常派遣中央官员前往地方巡视，考察地方官员是否尽职尽力和民间百姓是否生活良好。地节四年（前66）汉宣帝下诏说：“朕惟百姓失职不赡，遣使者循行郡国问民所疾苦。吏或营私烦扰，不顾厥咎，朕甚闵之。”① 宣帝心系百姓，考虑到他们或许会受到地方官吏的骚扰和欺压，因此派遣使者去巡视地方，聆听百姓的呼声。公元前62年，宣帝派遣大中大夫强等十二人巡行天下。公元前54年又“以前使使者问民所疾苦，复遣丞相、御史掾二十四人循行天下，举冤狱，察擅为苛禁深刻不改者”②。巡视的内容主要有五个方面，其一是考察吏治得失，了解官员是否称职，有没有做到为百姓作主；其二是观览地方风俗，了解民意，体察民情，掌握地方官员的治理能力；其三是观察民间是否有冤案，官员为政是否苛察；其四是赈济灾荒，百姓遭遇水、旱、蝗等自然灾害后常常颗粒无收，汉宣帝就此常派遣官员去救济，“今岁不登，已遣使者赈贷困乏”；其五是选拔优秀人才，“举茂才异伦之士”。巡视制度是一种自上而下的监督制度，是汉宣帝关心百姓生活和考察官吏能否胜任的一项重要手段，对地方官员起到了很好的监督纠察作用，震慑了官吏权力的滥用。正因为宣帝青少年时期流落乡

---

① 班固著，颜师古注：《汉书》卷八《宣帝纪》，北京：中华书局，1962年，第252页。

② 班固著，颜师古注：《汉书》卷八《宣帝纪》，北京：中华书局，1962年，第268页。

村，了解到百姓受到官吏欺压、剥削，才能采取更为具体、有效的措施进行吏治改革。正是基于宣帝对吏治如此深刻的认识，宣帝朝的吏治建设才有所成就，为“宣帝中兴”的出现奠定了良好的基础。

考课制度是中国古代吏治的重要组成部分，在西汉得到了快速发展。考课亦称为考绩、考功。对官吏进行考课，是西汉时期中央集权有效实行的一项重要制度，是职官制度的一个重要构成部分，它与选举制度、监察制度以及法律制度等都有极为密切的关系。西汉时期已初步形成了一套比较完整的上计考课制度。这一制度所涉及的问题很多，其中主要有对各级官吏的选拔、任用、升降赏罚等。这些问题对于保证各级官府的上下联系和充分发挥整个官僚机构的统治效能，都有重要的作用。西汉时期的郡有专门负责编造计簿的计曹、上计掾，有上计佐史。地方向中央、下级向上级上计，由上级主管部门进行稽查，上级对下级的工作进行考核，中央派刺史巡察地方，这是西汉进行考课的两条主要途径。上计，即地方行政长官每年将施政情形（户口、垦田、赋税、治安、灾情、狱政等）编为簿籍，层层呈送至朝廷。考课既要“课”，即课责、课试；又要“考”，即定期稽核其治理情况。

只有“德行”与制度是不行的，关键是需要相应的监督考核，西汉时期的考课制度促使监察得以落实。考课的具体事项包括：其一，建立严密的官吏考课体系，形成了中央课郡国、郡国课属县、公卿守相课其掾吏属官的模式，将全国各级官吏置于考课系统中；其二，形成了多方参与的立体化考课信息收集机制，包括自下而上的上计、自上而下的巡行、监察，以及以民间舆论作为参考的“举谣言”；其三，考课内容包括官吏的品行与政绩，两者并举，政绩考课方面涉及户口、垦田、钱谷出入、刑狱状况等；其四，考课之后的奖与罚。统治者将考课之后的结果与赏罚黜陟相联系，大大提高了考课的效果。

官吏考课在西汉不同时期呈现出不同阶段性特征。高祖时期主要围绕军功进行，这和汉初的形势与社会状况相关；文帝、景帝时期，考课内容则向民政方面转化；武帝时期对官吏考课建章立制并针对社会现状对考课内容进行了补充完善；宣帝时期进一步丰富了官吏考课的内容与形式，使西汉官吏考课体系在这一时期趋于完备。

上计制度是进行考课的核心内容，指由地方行政长官定期向上级呈上计文书，报告地方治理等状况。县令、县长于年终将该县户口、垦田、钱谷、刑狱状况等，编制为计簿（亦名“集簿”），呈送上一级——郡国。根据属县的计簿，郡守国相再编制郡的计簿，上报中央朝廷。朝廷据此评定地方行政长官的政绩。这种考评地方官的方式古已有之。秦汉时已有较完备的制度。西汉并颁布有专门的法规《上计律》。可惜该律已不存，仅见一律目。

对于上计制度，不少学者认为，西汉朝廷受计的机构主要是丞相与御史大夫，之所以不少人相信西汉时期皇帝曾经亲自受计，主要是依据《汉书·武帝纪》记载元封五年、太初元年（前 104）、天汉三年（前 98）与太始四年（前 93）四次受计之事。实质上，西汉时期除了武帝曾四次亲自受计，并无皇帝受计与召见上计吏的惯例。朝廷的主计机构是丞相与御史府，上计结束离京前，丞相（司徒）召见计吏，并遣记室掾史宣读敕文。皇帝若要向计吏问询或传达自己的想法，均要通过丞相、御史大夫或身边的近臣来实现。当然，作为皇帝的臣属有义务和责任向皇帝汇报上计的情况，从而可以看出汉武帝对上计工作的重视。

西汉的上计吏并非常任职务，必要时由郡太守临时委派。《后汉书·百官志》云：郡国“岁尽遣吏上计”。可见此“吏”不是常设职务。否则必然会写明“遣上计吏”上计。严耕望先生已有此说。[①] 上计吏受命郡太守送达上计文书至京师，同时接受朝廷的审核、询问，是上计吏的基本任务。上计吏至京师，由丞相负责受计书。宣帝也曾下诏令“御史察计簿，疑非实者，按之，使真伪毋相乱”[②]。实际上是由丞相主持会议，令朝廷各行政机关长官及其他有关人员共同审核上计文书。

1993 年初，考古工作者在江苏省连云港市东海县尹湾村 6 号墓中发掘出土一批西汉时期的郡级行政档案。其中有一方题为《集簿》的木牍，上

---

① 严耕望：《中国地方行政制度上编》（卷上），《秦汉地方行政制度》，台北：“中研究”历史语言研究所，1974 年。

② 班固著，颜师古注：《汉书》卷八《宣帝纪》，北京：中华书局，1962 年，第 273 页。

面记载了西汉后期东海郡的社会、经济概况，是我国目前发现的最早的一批郡级行政文书档案。它的发现为研究西汉的上计制度、行政建置、吏员设置、官吏迁除、国家盐铁生产、国家兵器的制造与贮存以及户口、垦田等，提供了在很多方面较史籍所记具体得多的第一手资料，可以用来补充、订正《汉书》等史籍，并据以判断前人有关研究成果的是非。[①] 简牍整理者认为这方木牍“可能是东海郡上计所用集薄的底稿或副本”[②]。与此同时出土的还有《东海郡吏员簿》《东海郡吏员考绩簿》等，当也是与上计有关的资料。

关于西汉上计文书《集簿》的内容，据胡广《汉官解诂》所言，为“户口、垦田、钱谷入出、盗贼多少”等几项。现从东海县尹湾汉墓出土的《集簿》来看，胡广说的仅是郡县上计的基本内容。东海郡上计《集簿》所载，远远多于胡广所说的几项，而且不仅有简单的数字，还间有说明。这册题为《集簿》的木牍，正反两面书写，约650字，22行。按其内容，大体可以归纳为三类：

其一，所辖区域范围和行政机构的变化。

《集簿》专有一项写明东海郡地区范围界址：“界东西五百五十一里，南北四百八十八里。如前”。所谓“如前”，也就是和过去一样，没有变动。上计文书中有郡地区面积一项，十分必要。郡太守是国家封疆大臣，有责任、有义务保证疆域完整。《集簿》申明郡地区面积“如前”，即完整无失，表明本郡守履行了自己卫护疆土的职责。《集簿》以七个项目分别列出该郡各级行政机构和其他各类机构，以及全郡吏员人数，以表明本郡各类机构的设置完备，吏员配置整齐，各机构均有人员司职、行政。[③]

其二，农业经济状况。

“提封五十一万二千九十二顷八十五亩二口……人。如前。”“封”，疆界、限域。“提封”，指一郡土地总数。包括种植宿麦的面积，“种宿麦

① 连云港市博物馆、东海县博物馆、中国社会科学院简帛研究中心、中国文物研究所：《尹湾汉墓简牍初探》，《文物》，1996年第10期。

② 连云港市博物馆等：《尹湾汉墓简牍·前言》，北京：中华书局，1997年，第2页。

③ 谢桂华：《尹湾汉墓简牍和西汉地方行政制度》，《文物》，1997年第1期。

十万七千三百□十□顷。多前千九百廿顷八十二亩”。关于种树多少，“春种树六十五万六千七百九十四亩。多前四万六千三百廿亩”。《集簿》此项说的“春种树”数目，以亩计算，当不会是通常所说的树木。否则，一年种 656794 亩树，按《集簿》所说的全郡 266290 农户计算，每户至少要种二亩半树。树是多年生植物，每年种如此多的树，逐年累计，将是很大数字。此处说的“树”应当指的是桑树。“种”，也不仅指栽种，而说的是耕种，曾有“耕桑”之说。汉时，农桑并重，主张“方春，农桑兴”。在诏令、政府文书中，常有“劝督农桑”“劝课农桑”“勉务农桑”“勉劝农桑”等。如此说来，每户有两亩多地的桑树，用以养蚕，是可以理解的，这与汉代丝织业发达有很大的关系。东海郡贯彻朝廷“劝农桑”政策，鼓励“春种树”，并于这一年种桑，“多前四万六千三百廿亩”，这自然又是一项值得夸耀的成绩。

其三，民政。

户廿六万六千二百九十。多前二千六百廿九。其户万一千六百六十二，获流。口百卅九万七千三百四十三。其四万二千七百五十二，获流。男子七十万六千六十四人。女子六十八万八千一百卅二人。女子多前七千九百廿六。户口的多少是考课地方官吏的重要数字，因为当时情况下户口的增加代表着生产力的发展，粮食产量的提高，才可以养活如此多的人口。正因为如此，古代统治者都在提倡多生多育，为国家赋税、徭役多做贡献。也因为有了各郡县的这些人口记载，《汉书·地理志》中才为我们留下了西汉时期全国的翔实人口记载，也为后代人口记载开了一个范例。

西汉官吏考课体系完备。统治者不仅在官吏考课具体事项方面做了详细规定，对官吏考课还做到了“因时制宜”与“因地制宜”，可见西汉官吏考课制度的科学性和时效性。在西汉，官吏考课制度在稳定社会、整肃吏治等方面发挥了重要作用。虽然在运行过程中存在弄虚作假等弊端，但其中有很多合理之处，如德才并举的考课标准、多渠道的考课信息收集机制、公开化的考课评议方式、考课结果与赏罚黜陟挂钩等，后被历代所继承，并值得当今公务员考核制度在考核内容、形式以及结果处理等方面借鉴。

“上计”制度为地方官吏定期向上一级政府呈报文书簿籍，报告地方社会治理状况，接受统治者查验。统治者制定上计制度的目的，主要是为了方便对地方政治、经济情况的了解和把握，从而更恰当地制定施政方针，将地方的统治权牢牢掌握在手中。同样，也是皇帝鉴别地方官员能力和功绩的一种方法。有学者认为："所谓'上计'，就是各级地方官吏对其所辖区域的户籍人口、开垦田地、赋税收入、库藏数字、刑狱治安、灾变危害等情况，汇总编制成册，逐级上报直至朝廷审查考核的一种制度。"① 西汉时期对上计工作高度重视，表现在皇帝曾经亲自受计上。前文已经提到，汉武帝曾经四次接受上计，还受计于泰山之明堂，上行下效，发现问题严厉处治，体现在：一是上谷太守郝贤等人由于计簿弄虚作假而被查处；二是丞相公孙贺因财政上的失察而被罢免了丞相职务。又如，公元前49年，汉宣帝针对上计簿中存在的问题，诏批命御史审核监察计簿，以保证上计的质量。

关于西汉考课的时间。大庭脩、李振宏等进行了研究，均认为对官吏的政绩考课每年一次，从本年的十月到次年的九月为一个考课周期。此外，于振波对西汉官吏考课的时间进行研究，文中运用睡虎地秦墓竹简、居延汉简、敦煌汉简等资料，并结合传世文献《汉书》《后汉书》等，对西汉官吏的考课时间和频次做了细致考察，认为西汉的考课时间分日计、月计、四时计和岁计等多种；官吏的级别越低，受考察的次数越频繁；西汉考课形成了由下而上、依次考察、逐级汇报的严格程序。②

《汉书·黄霸传》记载，京兆尹张敞奏霸"窃见丞相请与中二千石博士杂问郡国上计长吏守丞，为民兴利除害成大化条其对"，又"丞相图议上奏曰：'臣问上计长吏守丞以兴化条，皇天报下神雀。'"③《汉书·王成传》载，宣帝"诏使丞相御史问郡国上计长吏守丞以政令得失"④。

---

① 邱永明：《中国古代监察制度史》，上海：上海人民出版社，2006年，第61页。

② 于振波：《汉代官吏的考课时间与方式》，《北京大学学报（哲学社会科学版）》，1994年第5期。

③ 班固著，颜师古注：《汉书》卷八十九《循吏传》，北京：中华书局，1962年，第3632页。

④ 班固著，颜师古注：《汉书》卷八十九《循吏传》，北京：中华书局，1962年，第3627页。

“大治”“治为天下第一”“治行第一”等这些皆为当时政府考课过程中的名列前茅者。史载吴公“治平为天下第一”，颜师古注曰：“治平，言其政治和平也”[①]，故吴公是西汉首位被评为治行第一的官员。《汉书·食货志》载：“理民之道，地著为本……出入相友，守望相助，疾病〔相〕救，民是以和睦，而教化齐同，力役生产可得而平也。”[②] 所谓治平就是指可以保障百姓安居乐业。对于治理好的官员的奖励，一般是赐爵或者赏赐黄金，或者升迁官职。黄霸因为治为天下第一，而被“赐爵关内侯，黄金百斤，秩中二千石”[③]，王成“治有异等之效。其赐成爵关内侯，秩中二千石”[④]，召信臣“为百姓兴利，郡以殷富，赐黄金四十斤。迁河南太守，治行常为第一，复数增秩赐金”[⑤]。在《汉书》中“治行第一”是对一个官员治理政绩卓越的最高评价，表明官员在治理地方时，使用独特的手段与方法将所辖地区治理颇有成效。

西汉选官形式比较多，例如孝廉（孝敬廉洁者）、秀才（才能优秀者）、明经（通晓经义者）、贤良方正（能直言极谏者）等对人才的道德品质的严格要求外，还有一些对身份的原则性要求。

其一，对出身和资产的规定。西汉选拔官吏对出身的要求十分严格，《汉书·贡禹传》载“吏坐赃者皆禁锢不得为吏”[⑥]，《汉书·萧望之传》载“（萧望之）后数年，坐弟犯法，不得宿卫，免归为郡吏”[⑦]，这说明因

---

① 班固著，颜师古注：《汉书》卷四十八《贾谊传》，北京：中华书局，1962年，第2221页。

② 班固著，颜师古注：《汉书》卷二十四上《食货志上》，北京：中华书局，1962年，第1119页。

③ 班固著，颜师古注：《汉书》卷八十九《循吏传》，北京：中华书局，1962年，第3631~3632页。

④ 班固著，颜师古注：《汉书》卷八十九《循吏传》，北京：中华书局，1962年，第3627页。

⑤ 班固著，颜师古注：《汉书》卷八十九《循吏传》，北京：中华书局，1962年，第3642页。

⑥ 班固著，颜师古注：《汉书》卷七十二《王贡两龚鲍传》，北京：中华书局，1962年，第3077页。

⑦ 班固著，颜师古注：《汉书》卷七十八《萧望之传》，北京：中华书局，1962年，第3273页。

罪去官者及其亲属子弟在选官上都会受到一定的限制。《汉书·食货志》指出："孝惠、高后时，为天下初定，复弛商贾之律，然市井子孙亦不得〔为官吏〕。"[①] 汉文帝时也规定贾人、赘婿不得为吏。西汉选官把资产多少作为一个重要条件。《汉书·景帝纪》后元二年（前162）诏曰："今訾算十以上乃得宦，廉士算不必众。有市籍不得宦，无訾又不得宦，朕甚愍之。訾算四得宦，亡令廉士久失职，贪夫长利。"[②] 这就是说，在西汉景帝后元二年以前，一般情况下"算十"才有资格做官，景帝后元二年以后，始减为"算四"。"算"指算赋，即财产税。汉制，有资产万钱纳税一算，"算十"即十万家产，"算四"即四万家产，这个条件一般百姓之家是难以达到的。武帝时，鉴于"选郎吏，又以富赀，未必贤也"[③] 的情况，便实行了太学、察举等一系列选官制度，取消了选举上的资产限制，对于西汉社会来讲是一项重要的改革，同样带来的影响也是非常大的，得以选拔到有才能的人，为后来的科举制提供了良好的基础。

第二，对籍贯、年龄的规定。对籍贯的规定主要限于地方官吏，旨在防止地方官吏相互勾结庇护、结党营私。汉初，郡县权力较小，对中央难以构成威胁，故无此限，严助、朱买臣等都在本籍担任郡守。武帝中期以后，地方官的选用有了要求回避本籍的现象，但并未见明文规定。西汉选官有一定年龄限制。汉初，天下初定，吏员少缺，年龄限制不甚严格，《汉书·艺文志》云："古者八岁入小学，故《周官》保氏掌养国子，教之六书，谓象形、象事、象意、象声、转注、假借，造字之本也。汉兴，萧何草律，亦著其法，曰：'太史试学童，能讽书九千字以上，乃得为史。'"[④] 既是学童，年龄不会太大。此后，选官的年龄限制为"傅籍"，

① 班固著，颜师古注：《汉书》卷二十四下《食货志下》，北京：中华书局，1962年，第1153页。

② 班固著，颜师古注：《汉书》卷五《景帝纪》，北京：中华书局，1962年，第152页。

③ 班固著，颜师古注：《汉书》卷五十六《董仲舒传》，北京：中华书局，1962年，第2512页。

④ 班固著，颜师古注：《汉书》卷三十《艺文志》，北京：中华书局，1962年，第1720~1721页。

所谓“傅籍”，即到了相关年龄便将其姓名年龄著于户籍上，一般在 17 岁至 23 岁之间，有时也有特殊规定。

西汉对地方管理的选拔要求很高，因为地方基层官吏与“总方略、一统类、广教化、美风俗”的中央政府公卿大夫及出镇一方的州部刺史、郡国守相的职责不同，他们要处理日常琐细的公务。居延汉简的出土为探讨这一问题提供了系统的资料。如：

(1) 肩水候官并山隧长公乘司马成中劳二岁八月十四日能书会计治官民颇知律令武年卅二岁长七尺五寸觻得成汉里家去官六百里（13·7）。

(2) 肩水候官始安隧长公乘许宗中功一劳一岁十五日［能书］会计治官民颇知律令文年廿六岁长七尺五寸觻得千秋里家去官六百里（37·57）。

(3) 半日能书会计治官民［颇知律］令文年［五］十一岁长七尺六寸得博厚里家去官千六十三里属张掖郡［积］百□（49·9）。[①]

(4) 肩水候官候史大夫尹则劳二月廿五日能书会计治官民颇知律令文年廿三岁长七尺五寸觻得成汉里（306·19）。[②]

(5) 和候长公乘蓬［丘］长当中劳三岁六月五日能书会计治官民颇知律令武年卌七岁长七尺六寸（562·2）。[③]

上述五简有规律地出现了“能书会计治官民颇知律令文（武）”字句，充分说明这是西汉任用基层官吏的重要条件。其包括：其一，作为国家的基层官吏必须“能书”，即必须具备一定的书写能力，也就是何以称为

---

① “中研院”历史语言研究所简牍整理小组：《居延汉简》（壹），台北：“中研院”历史语言研究所，2014 年，第 45、122、158 页。

② “中研院”历史语言研究所简牍整理小组：《居延汉简》（叁），台北：“中研院”历史语言研究所，2016 年，第 264 页。

③ “中研院”历史语言研究所简牍整理小组：《居延汉简》（肆），台北：“中研院”历史语言研究所，2017 年，第 232 页。

“刀笔吏”的原因。这与《史记·项羽本纪》“使学书”的记载是一致的。其二，必须具备“会计”的能力[①]，即必须有管理财物及出纳等事务的能力。其三，“治官民”，即从事行政管理的能力。其四，“颇知律令文（武）”，即必须熟悉和通晓国家的法律制度。这一条件，同秦代任用基层官吏的条件是一脉相承的。例如睡虎地秦墓竹简《语书》中提出：“凡良吏明法律令，事无不能殹（也）。”[②] 这一继承的关系，不仅在政治制度史上，在思想史上也有极其重要的意义。上述四个条件，是具备法律的强制性意义的。

西汉初年，统治者总结前朝的经验教训，在强调官员的道德水平的同时，还加强对官吏违法犯罪的处罚，晁错在向景帝献策时提出“吏之不平，政之不宣，民之不宁”[③]。贾谊在其《新书·数宁》中也认为要对官吏进行严格的管理和驾驭，这样才能使政治清明，百姓得以安居乐业，如“因官事甚约，狱讼盗贼可令鲜有耳。大数既得，则天下顺治，海内之气清和咸理，则万生遂茂”[④]。

西汉时期对官吏受贿的处罚采取“按赃值处理”与“数罪从重”等原则，不仅受贿者自身要受到严厉的惩罚，行贿者也要受到法律制裁。这一时期对于官吏受贿的惩罚标准多比照“盗”罪，即“与盗同法”或“坐赃为盗”。

西汉时期刺史制度的建立是我国古代官僚监察制度的一大创新。它对于中央政府加强对地方政府的领导和监督、维护统一的中央集权的专制体制，发挥了重要的作用，在西汉国家组织结构中有特殊的地位。过去不少学者都把刺史制度的创建以及刺史部州的划分认作是武帝时代的创新，并

---

① 《后汉书》记载王美人“聪敏有才明，能书会计”。见范晔撰，李贤等注：《后汉书》卷十下《皇后纪下》，北京：中华书局，1965 年，第 450 页。

② 睡虎地秦墓竹简整理小组：《睡虎地秦墓竹简·语书释文注释》，北京：文物出版社，1990 年，第 15 页。

③ 班固著，颜师古注：《汉书》卷四十九《爰盎晁错传》，北京：中华书局，1962 年，第 2290 页。

④ 贾谊撰，阎振益、钟夏校注：《新编诸子集成·新书校注》卷第一《数宁》，北京：中华书局，2000 年，第 30 页。

将其作为武帝时期加强中央集权的一项重要措施。其实刺史制度的创立，应该是文帝时期的一项重大改革。文帝开了刺史制度的先河，主要是借鉴了秦以来官僚体制所暴露的刚性科层结构与贤能在位的矛盾，故以刺史制度来对各级政府官员的道德水平、治理政绩进行纠察。“文帝十三年，以御史不奉法，下失其职，乃遣丞相史出刺并督监察御史”①。武帝不过做了进一步的改善而已。但是经过武帝的大力推动，刺史制度逐渐成为官僚体制中的一种正式制度。

刺史的名称是由出刺郡国之丞相史名称演变而来，这应该是刺史制度的正式创立。汉初的刺史制度在《汉旧仪》中有更清楚的反映，《汉旧仪》在叙述汉初丞相职能时指出：“丞相初置，吏员十五人，皆六百石，分为东、西曹。东曹九人，出督州为刺史。西曹六人，其五人往来白事东厢为侍中，一人留府曰西曹，领百官奏事。”② 这说明刺史制度在当时已经成为一种正规的制度。并且根据九人“出督州为刺史”来看，当时亦已有九州的划分，而把中国划为九州的概念，正是先秦迄汉人们的一种思维习惯，汉武帝以后的十三部州之划分，正是在此基础之上的完善和扩展。武帝“元封元年，御史止不复监”③，西汉行之八十三年的御史监郡制度正式被废除。元封五年，重新划分监察州部，将州部由九个增至十三个，“初置刺史部十三州”，武帝早中期隶属丞相，晚期归御史大夫。由御史中丞“督部刺史”，负责地方监察。御史中丞成为刺史领导，权势非常显赫，元帝时，陈咸被提拔为御史中丞，“总领州郡奏事，课第诸刺史，内执法殿中，公卿以下皆敬惮之”④。

当刺史制度建立之初，刺史作为丞相史巡察地方的时候，没有设立完

---

① 杜佑著，王文锦等点校：《通典》卷第三十二《职官志·州郡上》，北京：中华书局，1988 年，第 884 页。

② 孙星衍等辑，周天游点校：《汉官六种·汉旧仪》，北京：中华书局，1990 年，第 68 页。

③ 孙星衍等辑，周天游点校：《汉官六种·汉官旧仪》，北京：中华书局，1990 年，第 40 页。

④ 班固著，颜师古注：《汉书》卷六十六《公孙刘田王杨蔡陈郑传》，北京：中华书局，1962 年，第 2900 页。

备的办事机构，陪同刺史的是御史，以及从地方郡国抽调的郡吏。他们之间的联系也是临时性的，巡察结束即解体，各归本职所在。自汉武帝元封五年刺史由临时巡察改为常驻地方、设立固定治所之后，逐步建立起了完备的办事机构，各机构之间有相应的分工，在刺史的指导下行使职能。

西汉时期对官吏的监察内容还包括经济方面的审计，如在职审计和离任审计。

第二节　三公九卿的中央行政体制

西汉王朝建立以后，其继承“秦制”方面主要是继续实行君主集权的皇帝制度，皇帝是至高无上的统治者，为皇帝负责的是下属的三公九卿。三公九卿制度是对秦汉时期中央行政体制中权力中枢机构和权力执行机构的概括，代表了以行政为主导的行政、军事、监察三权分立体制。这种制度发轫于商王朝，秦汉时期奠定了基本模式，后演变为三省六部制。

学术界对三公九卿制度研究由来已久，意见也是众说纷纭。日本多位学者提出了自己的观点。中国学者中较早涉猎此问题的劳榦先生，他认为：秦及西汉凡中二千石皆为卿，包括《汉书·百官公卿表》所见太常以下十四五种官职，至东汉九卿定制为九种官职，遂与中二千石厘然有别。[①]阎步克根据《新书·等齐》《二年律令·秩律》等资料，认为：凡二千石中的中央官，皆可称“九卿”。在《二年律令》中，这部分官职包括御史大夫、廷尉、内史、典客、中尉、车骑尉、太仆、长信詹事、少府令、卫将军、卫尉、汉中大夫令、汉郎中令、奉常。[②]

西汉三公是指文官首长丞相、军事首长太尉、监察首长御史大夫。三公制在西汉时期的演变大体可以分为三个阶段：西汉初期，以功臣为三公，丞相位尊权重；西汉中期，太尉改名大司马，横跨中朝与外朝；西汉

---

① 劳榦：《秦汉九卿考》，见《劳榦学术论文集甲编》，台北：艺文印书馆，1976 年，第 861~866 页。

② 阎步克：《从爵本位到官本位——秦汉官僚品位结构研究》，北京：生活·读书·新知三联书店，2009 年，第 293~300、339 页。

后期大司马权倾朝廷，御史大夫禄秩同丞相，三公制日臻完备。可以看出，三公制在具体演变过程中，处于建立、成熟、消亡和重新建立的动态变化中。

尽管学界对秦汉时期的三公九卿制度并未形成一致的意见，但是可以看出，秦汉时期这一制度体现的是，君主之下有若干高级官吏参与军国大政的决策，作为中央政府的首领出纳王命，领导行政、军事和监察等事务，组成权力中枢机构，统领分掌全国各部政务的众卿。众卿之下有人数不等的僚属，负责处理具体政务，组成权力执行机构，两级权力机构组成了以皇帝为核心的金字塔式中央集权行政管理系统。只要中央政府形成了这样的结构并发挥了其职能，就可视为体现了三公九卿制度，而三公九卿的人数、名称等是否确实，当居其次。

秦汉时期中央行政体制虽然有发展变化，以皇帝为核心的两级权力机构却始终未变，并一直围绕着强化皇权这个核心而运作。因此，可以说秦汉时期存在着贯穿始终的、具有完整意义的三公九卿制度。西汉时期在官僚机构上的“汉承秦制”是无疑的，但也有进一步的发展和完善。在官僚制度方面，中央基本上是承袭了秦的三公九卿官僚体制。汉高祖时，沿袭秦制，丞相、太尉、御史大夫三公并设。此后惠帝、吕后、文帝、景帝均袭而无所变更。汉与秦所不同的是三公任者大多是跟随高祖起兵打天下屡建战功的社稷之臣，特别是丞相，更是位尊权重，“丞相进见圣主，御坐为起，在舆为下”[①]。汉朝初年，三公同设，但太尉一职省置无常。从《百官公卿表》中所列可以看出：丞相、御史大夫连续设置无间断，太尉一职则时置时省，而且置因多为国有乱事，置时多则五年，少则一年，间隔最长时间为文帝二年至景帝二年（前178—前155），达24年之久。可见皇帝对军权的重视。

《汉书·百官公卿表》记载“相国、丞相，皆秦官，金印紫绶，掌丞天子助理万机”，“太尉，秦官，金印紫绶，掌武事”，“御史大夫，秦官，

---

① 班固著，颜师古注：《汉书》卷八十四《翟方进传》，北京：中华书局，1962年，第3414页。

位上卿，银印青绶，掌副丞相”。[①]《资治通鉴》卷八《秦纪三》也云：“二世数诮让李斯：‘居三公位，如何令盗如此！’李斯恐惧。”胡注曰：“秦以丞相、太尉、御史大夫为三公，汉因之。”[②] 由是可知，秦王朝时已建三公之制，即以丞相、太尉、御史大夫为辅佐皇帝的最高军政长官。

西汉前期实行丞相制，而且丞相权力较大，因为当时做丞相的都是与汉高祖一同打天下的功臣和兄弟。汉武帝即位以后，力图将权力集中到自己手里，于是皇权与相权的矛盾不可避免。正因为如此，汉武帝时期的丞相可谓高危职业，大多不得善终，也就难怪公孙贺听说自己要当丞相了，急得号啕大哭，这在历史上是罕有的现象。汉武帝为了牢牢控制大权，开始培养自己的秘书班子，给这些官员加上各种名目的加衔，形成了一个“中朝（内朝）”机构，来与以丞相为首的“外朝”相抗衡。过去负责给皇帝递送文件的尚书，也在一夜之间鸡犬升天，成为炙手可热的官职。中朝官里权势最大的是昭宣中兴时期的执政大臣、大司马大将军领尚书事霍光。但无论是大司马、大将军，还是领尚书事，在此时期都不是丞相。除了霍光辅政这一特殊时期，大司马、大将军、领尚书事的权力也相当有限。直到汉成帝和哀帝时期，丞相制度发生了巨变。汉成帝绥和元年（前8），开启“绥和改制”，改御史大夫为大司空，与大司马皆金印紫绶。这样，丞相、大司空、大司马均成了宰相。此时“三公制”才真正建立起来。不过其间也有反复，汉哀帝建平二年（前5），一度将大司空改回御史大夫，大司马罢去印绶，重新成为中朝加官，于是便恢复了丞相制。但不久，即在汉哀帝元寿二年（前1），再度改丞相制为三公制。这次改制更为彻底，不仅御史大夫又被改为大司空，大司马再度赐印绶成为外朝实权官员，丞相也改名大司徒了。如此，大司马、大司徒、大司空就成了三公，并为西汉宰相。起初，大司徒、大司空握有实权，而大司马的权力较

---

① 班固著，颜师古注：《汉书》卷十九上《百官公卿表上》，北京：中华书局，1962年，第724~725页。

② 司马光编著，胡三省音注：《资治通鉴》卷第八《秦纪三》，北京：中华书局，1956年，第267页。

弱。不过后来随着外戚以大司马掌权，大司马遂后来居上。三公的顺序也出现了微妙变化，名义上大司马取代原来的丞相成为三公之首，而由丞相改名而来的大司徒却屈居第二。

汤其领认为，西汉三公制在长达二百多年时间里，经历了一个曲折发展的过程。汉初统治者一方面承袭秦之三公制，一方面设置太尉，此间太尉虽时置时省，但较秦还是向前发展了一步。西汉中期，武帝改太尉为大司马，冠于将军之前，并于元狩四年（前119），以卫青为大司马大将军，霍去病为大司马、骠骑将军。卫青、霍去病死后，遂省而不置。昭帝时霍光以大司马大将军辅政，并领尚书事，从而赋予西汉三公制以新的内涵。宣帝执政后，以张安世、韩增、许延寿、史高继任大司马，三公设置始成定制。西汉后期，元帝一改汉家制度，任儒师为相，但司马权落外家，虽御史大夫三次易名，但仍无改外戚专权的局面，故西汉三公最终形成了以大司马、大司徒、大司空鼎足三立的体制。①

传统观点认为，秦汉中央政府实行三公九卿制，秦汉宰相有三公，即丞相、御史大夫和太尉，其实并非如此。秦和西汉前期实行的是丞相制，宰相只有丞相（1人或2人）。御史大夫虽然为丞相之副，但最初和“九卿”一样，只是位于诸卿之首。直到西汉中后期，御史大夫才超越诸卿，单独成为“上卿”，银印青绶，比金印紫绶的丞相还是要低一级。而且这时候，御史大夫的寿命已经进入倒计时。至于太尉，秦朝根本就没有设置此官。虽然秦设有国尉，但国尉只是中级军官，地位尚在大将之下。西汉前期虽然设有太尉，而且地位也是金印紫绶，但时置时废，既不能发兵、也不领兵，实际上只是军事顾问，说明皇帝牢牢掌握军事大权。

关于九卿制度，孙正军认为：“九卿在汉代经历了由最初泛指同一秩级的若干官职到逐渐特指太常、光禄勋等九个官职的演变历程。西汉前期，九卿泛指二千石中职掌实际事务的中央机构长官；及武帝前期中二千石秩级形成，改指中二千石中的同类官职。迄至西汉灭亡，九卿仍未特指九职，不过西汉后期太常九职渐居同称‘九卿’的其他中二千石之上……

---

① 汤其领：《西汉三公制探论》，《徐州师范大学学报》，2005年第6期。

九卿是汉廷中央日常行政的主要执行机构，九卿任者亦是朝政方针的重要决策者，许之为汉代行政枢纽并不为过……据统计《史记》《汉书》中'九卿'称谓可以发现，太常、光禄勋、卫尉（郎中令）、太仆、廷尉、大鸿胪（大行）、宗正、大司农（大农）、少府、执金吾（中尉）、主爵都尉、京兆尹（右内史）、左冯翊（左内史）、右扶风、长信少府、长乐少府、前辉光等17职，在武帝以降都曾被称为'九卿'。"[①]

实质上，所谓"九卿"是指秦汉时期中央政府三公之下的多个高级官员，指官位很高的人。秦汉时期的卿不一定是九个人，其意思是指多，九卿是说其官职完备。其中奉常，掌管宗庙礼仪，地位很高，属九卿之首；郎中令，掌管宫殿警卫；卫尉，掌管宫门警卫；太仆，掌管宫廷御马和国家马政；廷尉，掌管司法审判；典客，掌管外交和民族事务；宗正，掌管皇族、宗室事务；治粟内史，掌管租税钱谷和财政收支；少府，掌管专供皇室需用的山海池泽之税及官府手工业，政府职能在这里得到充分发挥。

20世纪70年代在河北涿州城北上念头村发现"汉三公九卿宜子孙大富利"砖，长宽各一尺三寸，厚一寸三分，表面虽显松软易剥落，但质地坚硬，叩之有钟磬声。砖面为回文四钱纹，均匀而对称地排列其四方。从右至左设计，文字3行，内容为"三公九卿宜子孙大富利"[②]。可以作为西汉实行三公九卿制度的有力佐证。

第三节　外戚与宦官：官僚体制的异化

外戚与宦官政治现象是中国古代君主集权的官僚政治的特色之一，也是古代中国"家天下"的重要政治标志。《旧唐书·杨复恭列传》云："宦官之兴，肇于秦、汉。"[③] 外戚政治与宦官政治是中国古代宗法制与专

① 孙正军：《汉代九卿制度的形成》，《历史研究》，2019年第5期。

② 韩立壮：《文化保定系列——汉三公九卿宜子孙大富利砖》，《保定师院学报》，2020年第6期。

③ 刘昫等撰：《旧唐书》卷一百八十四《杨复恭列传》，北京：中华书局，1975年，第4777页。

制主义家天下统治的两个毒瘤。在中国古代社会中，政治斗争往往采取朋党，即帮派斗争形式。母后临朝，宠妃与政，均要结成帮派，即以血缘和裙带为纽带的后党（或称戚党）。中国古代传统政治中女性多不能干政，母后临朝向来不接外廷，后妃欲干朝政，或是通过任用嬖幸阉宦，这是造成宦官专权的一个缘由；或是委听于父兄子侄，以寄腹心，这样就造成外戚专权。夏曾佑认为："夫外戚、宦官二害，实皆从政体而生……前汉之世，外戚与宦官常相结；而后汉之世，外戚与宦官常相诛……此盖出于家天下之极端，人主一家之安危，与天下之利害相连，而每遇皇帝变动之时，外廷尚不及知，仓猝之间，其权必归外戚、宦官之手，而其影响遂及于天下焉。"[①] 梁启超也认为后妃和外戚专权"所以发生之由，莫不在专制政体。专制政体者，实数千年来破家亡国之总根源也"[②]。外戚专权与宦官政治相互倾轧、相互交结、相互补充，并为天下之大害。王莽代汉便是西汉一代外戚政治的产物。

一、西汉的外戚专权

外戚专权发端于战国时期的秦国，成熟于西汉时期。西汉的外戚专权经历了从外戚参政到外戚擅政的演变过程。

外戚专权是中国古代政治中的一种特殊现象，是嫡长子继承制度衍生出来的怪胎，也是由于后妃参政而引起的政治体制中的一种特殊的政治形式。西汉外戚政治有一个逐渐演变的过程，由在外领兵作战、南征北战、绝少参与政事的军事将领，逐渐演变为居于政权中心的举足轻重的股肱之臣，形成政治权力不断扩大、政治地位不断提高的局面。外戚受爵的主要方式也从因功受爵变为恩泽受爵。西汉外戚政治经历了从依附于皇权到控制皇权的转变，在二百多年的发展过程中，外戚始终扮演着十分重要的角色，影响着西汉政权的方方面面。

宫廷妻妾制度是个腐朽的制度，从而形成了外戚专权。由于皇帝地位

① 夏曾佑：《古代史》，北京：应急管理出版社，2023 年，第 326 页。
② 梁启超：《饮冰室文集之九》，北京：中华书局，2015 年，第 90 页。

至高无上，在各方面享有最大的特权，性生活上也是如此，因而妻妾子女成群。《周礼》规定“王者立后，三夫人，九嫔，二十七世妇，八十一女御”①，计一百二十一妻妾。汉武帝以后，又“世增淫费”。按照正史中后妃纪、传及《外戚传》的相关记载，外戚是指皇室的外姓亲属，以及后妃系统的亲族，还包括皇家公主的夫族。实际上，她（他）们是一个直接依附于皇母后、皇后或皇帝宠妃的裙带政治集团，史称为戚党，又称为后党。这种裙带集团还包括依附外戚的私门宾客、官吏僚属。由于皇女受宠或临朝干预政事，外戚集团得以入参大政，这是古代王朝宫廷政治的必然产物。后妃通过外戚专权用事，外戚攀龙附凤仰仗后妃权势而入参政治。一般来说，后妃和外戚专权的结果是古代王朝遭受到巨大损害，轻则形成政治混乱、由盛转衰，重则造成国祚倾移、改朝换代，成为天下之祸害。故史书上称之为“女祸”或“外戚之祸”。

君主专制是中国古代社会政治体制最基本的特点，其集权专制主义以高度膨胀的皇权为轴心，以皇帝作为最高统治权力的象征。以皇权为中心，又产生出血缘、名分与政治等级相重合的国家机器与权力机构，形成专制的强权政治和家天下。外戚政治正是君主集权专制政治的产物。从法律上说，帝王权力具有非程序化的随意性；从制度上说，帝王是中国古代官制的主宰，官僚制度只是支撑皇帝家天下统治的支柱。从两千年来政治制度的变迁来看，大体上就是政权机构与文官制度不断适应皇权专制加强的演变过程。这一过程的总体趋势是，帝王不断地将宫内机构和身边侍从、亲信、僚属转化为朝廷式机构和正式官员、职任，皇帝的侍从、僚属不断地由职位较低的事务性小官吏逐步转化为位高权重、拥有一定实力的外朝政务官僚。② 产生这一趋势的原因是，虽然皇帝是最高权力的象征，官僚的任命权由皇帝控制，官僚只对皇帝负责，但事实上问题并不如此简

---

① 范晔撰，李贤等注：《后汉书》卷十上《皇后纪上》，北京：中华书局，1965 年，第 397 页。

② 张晋藩、王超：《中国政治制度史》，北京：中国政法大学出版社，1987 年，第 211 页；韦庆远：《有关中国封建社会政治制度史的几个问题》，《中国人民大学学报》，1987 年第 5 期。

单。官僚士大夫代表着古代统治阶级中不同的利益集团，这些集团依其力量的强弱不可避免地要同皇权发生矛盾冲突，其中最突出地表现在皇权与相权的关系上，如秦汉时发生了多次君主与丞相的权力之争，特别是在西汉初年丞相权力很大。皇帝为了加强皇权、削弱相权，一般采取以下几种办法：其一，直接打击丞相，频繁地更换丞相；其二，从制度上削弱相权；其三，培植外戚和宦官势力以分割相权、制约相权。在中国古代社会前期，以外戚为辅佐大臣，控制外朝丞相，实现皇权统治，是帝王们惯用的办法。由于“母后之党”与皇帝“有此至亲之势”，所以，在古代社会前期，外戚成为皇权用以对付外朝官僚系统的工具。汉武帝为了加强皇权，开始设内朝用以控制丞相的权力，参与决策的侍中在内朝廷臣中最为显贵，而充任者多为外戚子弟及文学侍从，其首领则是以大司马大将军辅政的外戚。东汉和帝以后，窦、邓、阎、梁外戚控制尚书台，掌握内朝，监临外朝，使军政二权集于一身。可以说，外戚由卑至显、由贱而贵、由充任内朝官而凌驾于外朝之上，并楔入外朝的过程，与中国古代社会政治制度上宫内机构和帝王侍从、亲信不断转化为朝廷正式职任的演变过程是一致的。外戚政治的特殊性就在于它在这种制度演变的历程中占有主要地位，成为官制演变的枢纽。当外戚及其亲信、侍从掌握的权力对帝王专断构成威胁时，皇权往往又重新改造内廷势力，让一种新的宫内势力代替旧的宫内势力，从而保持对政权的绝对控制和调整的权力。外戚政治的复杂性，尤其在和官僚、宦官集团势力消长的不平衡性，往往就是专制君主有意无意对朝廷内外势力加以调整的结果，如两汉时期的戚宦相争。可以说，外戚在政治上的突出展现及荣枯盛衰，均属于中国君主专制集权体制及官僚制度发展演变的一种必然趋势与结果。

外戚干政是君主继承制难产的必然趋势。中国古代政治制度是以父权制为核心的体制，同姓宗室拥有很高的地位。但是随着社会关系的演变，同性宗室之间的权力争夺日趋激烈。为了解决在王位继承上的矛盾，早在西周时期就规定了嫡长子继承制，用以避免宫廷斗争。但王权至上极大地诱发了王族内部对王位的贪欲。从两汉到清末，中国历史上出现过三十多个王朝，二百多个皇帝，但以嫡长子继承皇位的比例并不大。相反，兄弟叔侄为争夺王位而相互残杀的宫廷事件却史不绝书。古代的皇帝由于种种原因，往往寿命很短，从而造成嫡长子往往年龄很小，无法正常执政处理政务的现象。因此为了保证皇权的稳定性，防止王室近亲利用亲族身份篡位，在幼君继位时，往往由幼君的母亲即母后垂帘听政，就是合法而必要的事。母后与皇后辅政后，最亲近的力量莫过于自己的父兄。因此当幼帝即位，初临机柄，除了依靠母后的支持，还要依靠舅父们的支持来巩固自己的统治。外戚干政在保证幼君安全、防止强臣作乱、稳定政局上是一个有力的临时性措施，在中央集权统治过程中具有合理性，故常为各朝所援用。可是母后辅政在形式上却有特殊性，这便是父权制社会中女性干政时经常抛头露面而引起的不便。母后执政时，外戚可以凭借亲属身份随意出入禁中，控制权力，“挟天子威福，胁制四海”，号令百官。这些都为外戚参与国家权力提供了多种可能。所以，从某个角度看，外戚干政，靠的是幼主即位时的母后辅政，实质上却是古代社会中君主继承制难产所导致的必然趋势。

外戚干政往往起源于皇权政治目的的需要。这是因为中国古代君主专制的强权政治往往潜伏着异常险恶的政治危机。古代政治等级秩序本来是为稳定古代统治秩序而设立的，但它的政治名分与权力财富具有相结合的本质，又向人们展示了这么一种事实，即等级越高、权力越大，占有的土地财富越多，从而造成不同等级之间权力差距越大。它使权力通过各种方式不断地发生转移，使中国古代官僚政治与文官制度也在一定条件下产生对皇权的离心力。战国晚期的韩非子就已看到这种现象，提出了“臣尽死力以与君市，君垂爵禄以与臣市，君臣之际，非父子之亲也，计数之所出也”①。皇帝为了克服这种离心力，巩固自己的地位，一方面“官与职殊”“名与实分”，制造出中枢机关的权力制衡；另一方面又提拔亲信，任人唯亲，监督与控制朝廷公卿官僚。在这方面，实行过外封藩王以屏卫皇室的办法，但后来的发展趋势表明，外建藩国的政策，最终导致的是专制王权

① 王先慎撰，钟哲点校：《新编诸子集成·韩非子集解》卷十五《难一》，北京：中华书局，1998年，第352页。

更大的动荡不安，官僚们向背不一，朋党互庇，藩王间纵横勾结，如西汉前期的吴楚七国叛乱等。外戚虽然是皇帝的母族、妻党，但比起皇族子孙、诸王及三传四传之后的皇室支系来说，关系既亲密又可靠。同时外戚与诸王、官僚权臣相比，它缺乏一种持久的稳固的权力基础，只能依附在帝王身上，又同朝廷内外百官关系较为疏远。在这一点上，外戚与宦官有同样的作用。皇帝任用宦官，就因为他们只能依附皇权，与公卿官僚很少有纠缠不清的联系，“中人无外党，精专可信任，遂委以政”[①]。外戚比宦官更具有“正统”的亲缘身份，又靠着帝王裙带关系的不断润滑，帝王利用外戚监视、控制百僚，在培植皇权政治力量上起着重要作用。如霍光专权时“置宰相不选贤，苟用可颛制者”[②]，包括像刘贺这样的皇帝也仅仅只当了二十七天就被废除。因此，外戚往往成为皇权的代言人和维护君主专制的工具。武帝晚年开创的外戚以大司马大将军辅政的格局，之所以能为后代遵循，就是因为这一格局比较能适应君主专制的需要。因此，君主专制与外戚政治或宦官政治很难分离，它是解决中国文官制度对专制制度离心力的一种补充手段，它的存在制约与抑制了流官性的官僚制度对皇权歧异的趋向，加强了家天下专制制度的孤立性、专断性，使古代中国真正成为家天下的一体化局面。

西汉时期的外戚政治与其后王朝的外戚政治不同的是，由于西汉作为继秦之后的具有制度开创性和历时性较长的朝代，因此皇权对于外戚干政的危害并没有多少认识，而是以外戚领政来作为君主集权的重要方式，由此开创了古代帝制国家官僚体制中权力由内朝向外朝蔓延的先河。汉武帝设立内朝，利用内朝与外朝对峙，并分夺外朝权力，这是古代政治制度的重要改革。《汉书·刘辅传》注引孟康曰：“中朝，内朝也。大司马左右前后将军、侍中、常侍、散骑、诸吏为中朝。丞相以下至六百石

---

① 班固著，颜师古注：《汉书》卷九十三《佞幸传》，北京：中华书局，1962 年，第 3726 页。

② 班固著，颜师古注：《汉书》卷六十六《公孙刘田王杨蔡陈郑传》，北京：中华书局，1962 年，第 2899 页。

为外朝也。”[①] 钱大昕《三史拾遗》指出：“中外朝之分，汉初盖未之有。武帝始以严助、主父偃辈入直承明，与参谋议，而其秩尚卑。卫青、霍去病虽贵幸，亦未干丞相、御史职事。至昭宣之世，大将军权兼中外，又置前、后、左、右将军，在内朝预闻政事，而由庶僚加侍中给事中者俱自托为腹心之臣矣。此西京朝局之变，史家未明言之，读者可推检而得也。”[②] 从钱氏的考证，我们知道，内外朝之分是从汉武帝时开始的。汉武帝从民间拔擢一批地位低微的儒学之士为侍从，他们以加官名义侍从帷幄，与参谋议。[③] 但是值得注意的是，其时掌管内朝的人往往都是皇帝的外家。以外戚掌握内朝系统的制度化是从汉武帝开始的。例如汉武帝一意提拔外戚卫青、霍去病等挂帅领军，主持征伐，并多予以精兵强将，就有着以外戚统领军政的意蕴。汉武帝临终前，封霍光为大司马大将军，受遗诏辅佐少主。据《汉书·车千秋传》记载，昭帝继位之初，车千秋“居丞相位，谨厚有重德。每公卿朝会，光谓千秋曰：‘始与君侯俱受先帝遗诏，今光治内，君侯治外，宜有以教督，使光毋负天下。’千秋曰：‘唯将军留意，即天下幸甚。’终不肯有所言”[④]。名义上是霍光治内朝，车千秋治外朝，实际上，在整个昭帝统治时期以及宣帝即位之初，霍氏外戚权兼天下，以内朝控制外朝，“政事一决于大将军光”。就连皇帝的废立，百官的任免，无

---

① 班固著，颜师古注：《汉书》卷七十七《盖诸葛刘郑孙毋将何传》，北京：中华书局，1962年，第3253页。

② 钱大昕著，陈文和主编：《三史拾遗》卷三《汉书·刘辅传》，南京：凤凰出版社，2016年，第76页。

③ 《汉书·严助传》曰：“擢助为中大夫。后得朱买臣、吾丘寿王、司马相如、主父偃、徐乐、严安、东方朔、枚皋、胶仓、终军、严葱奇等，并在左右。……上令助等与大臣辩论，中外相应以义理之文，大臣数诎。”师古注曰：“中谓天子之宾客，若严助之辈也。外谓公卿大夫也。”（班固著，颜师古注：《汉书》卷六十四上《严朱吾丘主父徐严终王贾传上》，北京：中华书局，1962年，第2775~2776页。）可见在汉武帝时期朝廷中除了公卿大臣的外朝，还存在着一个以天子的亲信、心腹为主的内朝。除了这些天子的亲信、心腹，外朝大臣为皇帝所亲信者，亦可加带“侍中”等名号在内朝预闻政事，托为腹心之臣。

④ 班固著，颜师古注：《汉书》卷六十六《公孙刘田王杨蔡陈郑传》，北京：中华书局，1962年，第2886页。

不由霍光专断。

与外朝相比，内朝比较容易被皇帝亲自控制，所以自内朝系统确定后，古代帝制国家中央机构也判然为二，丞相由朝廷百官之长降到仅为外朝的行政首长。宋章如愚《山堂考索》后集卷二十二《汉官》："自武帝任中大夫、侍中，而谓丞相为外朝，而内庭之事宰相不与知矣！"[①] 宰相不得管治内朝事，实际上被剥夺了立法权与决策权。所以"武帝以后，外廷之官，统于丞相；中朝之官，统于大司马"[②]，宰相及政府权力受到严重削弱，时时处在皇权和内廷首领、常任大司马的外戚的巨大压力之下。更为重要的是，外戚以大司马将军的名义而为中朝官的领袖，这就为外戚干政提供了制度上的保证。外戚不仅参预机谋，与闻封奏，而且还进一步控制外廷，权兼天下。汉武帝时期内外朝制度的形成，开中国古代宰相制度变革的先河。此后，内外朝两大系统构成了汉代专制制度的基本结构，外戚则凭借着它一步步走向权力的巅峰。

西汉时期出现外戚专权是由于皇帝幼冲、柔弱，于是母后临朝，权移外戚。如西汉时期的惠、元、成、哀、平诸帝。后宫粉黛有三千，皇后贵妃各有亲，谁都想受到皇帝宠幸，都想让自己亲属显赫，而皇帝往往喜新厌旧喜怒无常，于是乎争宠夺位、争风吃醋的宫廷斗争不断出现。由于宫廷是古代国家的权力中心，这个争宠夺位的斗争又经常涉及朝廷，从而陷入不断的争权夺利和宫廷斗争之中。纵观汉代外戚政治的特征，大体可以归纳为以下几个方面：

（一）控制中枢机构，操纵国政

历代外戚干政不外三种形式：其一是先控制宫中内朝，对皇帝决策起重大影响，然后逐渐插手外朝，进退官吏，这是最常见的一种形式；其二是直接担任外朝丞相、尚书，成为百官首领，统领僚属，辅佐帝王；其三是出任地方军事重镇将领，手握兵权，以地方挟持中央，或挟天子以令诸侯。

---

① 章如愚：《山堂考索》卷二十二《汉官》，北京：中华书局，1992 年，第 590 页。

② 班固撰，颜师古注，王先谦补注：《汉书补注》卷第五十九《循吏传·黄霸》，北京：商务印书馆，1959 年，第 5191 页。

外戚进身主要有两途，一是出身寒门，依靠“椒房之宠”而跻身宫廷；二是世代公卿贵族，在门当户对的基础上，通过与皇帝联姻，而更见显贵。不管哪一种进身，要擢升为百官之统领，形成外戚干政专权的局面，主要靠的是裙带关系。皇帝要名正言顺拔擢他们到高位，易受到士大夫官僚的谏争。于是帝王往往从宫中内朝开始任用他们，一方面有用近臣监视、控制外朝廷臣之意，另一方面也有在文官举荐系统之外，另辟一途越级提拔之意。所以，在西汉时期，外戚与内朝的设置演变相始终。在东汉一朝，内朝录尚书事权力重大。窦、邓、梁、何等外戚相继担任内朝首领，“出纳王命，敷奏万机，盖政令之所由宣，选举之所由定，罪赏之所由正。斯乃文昌天府，众务渊薮，内外所折衷，远近所禀仰”[①]。从东汉至中唐以前，随着中枢官制的严密化、等级化，内朝尚书系统逐渐外朝化，枢机决策与行政职事兼而执之。外戚作为高门领袖，也往往兼任内外总领，行对内决策对外督责百官之职。

与控制中朝相呼应，在军事上他们以掌握京师禁军与宫廷卫队为要务，以达到威慑百官、控制政权之目的。早在秦国宣太后专权之时，便让其弟魏冉出任京师卫戍部队统领，率领禁军削平庶长公子壮及诸公子叛乱，稳定昭襄王地位，从而开外戚干政掌握禁军兵权的先河。其后吕后专权，任命吕台、吕产、吕禄为将，将兵居南北军，并对南北军加以改造，使其“皆吕氏之人”。

（二）拉帮结派，朋比为党

外戚干政与朋党相争在历史上总是联系在一起的。在中国古代社会中，“一朝天子一朝臣”。外戚新上台后，总要建立朋党，确立自己的威信。同时，外戚祸福与所攀附的帝王命运息息相关。汉代任宣曾对已经失势而心怀怨望的霍禹说：“（外戚盛衰）各自有时，今许、史（外戚）自天子骨肉，贵正宜耳。大司马（霍禹）欲用是怨恨，愚以为不可。”[②] 这

---

① 马端临：《文献通考》卷五十一《职官考五》，北京：中华书局，2011年，第1471页。

② 班固著，颜师古注：《汉书》卷六十八《霍光金日磾传》，北京：中华书局，1962年，第2953页。

说明外戚权势随帝王更换而转移，已被视为当然之理。故自汉代起，对外戚就有“后父重于帝舅”[①] 之说，为了长久保持尊荣显贵，防止权力中衰，他们必然要以血缘关系为纽带，大树党羽，广结帮派，任人唯亲，排斥异己，以固其根本，茂其枝叶。刘向在《极谏外家封事》中指出：“（外戚）五侯骄奢僭盛，并作威福，击断自恣，行污而寄治，身私而托公，依东宫之尊，假甥舅之亲，以为威重。尚书九卿州牧郡守皆出其门，莞执枢机，朋党比周。称誉者登进，忤恨者诛伤；游谈者助之说，执政者为之言。”[②] 元后临朝，“王氏子弟皆卿大夫侍中诸曹，分据势官满朝廷”[③]。《后汉书·皇后纪》记东汉六位太后临朝，“莫不定策帷帟，委事父兄，贪孩童以久其政，抑明贤以专其威”[④]。官僚士大夫为了自身的生存与发展，也只有依附于外戚，从而结成各个利益集团，使朋党斗争分外激烈。

（三）玩弄阴谋，擅断朝政

外戚政治本质上就是一种阴谋政治。在古代社会他们属非正途出身，因此在宫廷内玩弄阴谋，争宠夺爱，依靠母后与“女宠”而获得皇帝垂青，褒宠显荣。汉长安城中长乐宫和未央宫宫殿中发现的地下暗道正是这种阴谋政治的再现。考古工作者在未央宫椒房殿遗址的地下，发现了数条暗道，暗道周围由青砖铺砌，虽被焦土掩埋却都保存完好。暗道的走向四通八达，每条暗道之间相互都有交叉，并且在交叉处还有暗门用于相互隔离。暗道之内每隔 3 米左右，道壁两侧都有烛台，显然是为了放置蜡烛照明之用。暗道的出入口有很多，最让人奇怪的是，居然还有几条暗道直接通向了长乐宫。长乐宫曾是刘邦的寝宫，刘邦死后，长乐宫便成了太后的居所，在长乐宫发现了一处面积达 240 多平方米的大型“地下室”。专家

---

① 班固著，颜师古注：《汉书》卷九十七下《外戚传下》，北京：中华书局，1962 年，第 3974 页。

② 班固著，颜师古注：《汉书》卷三十六《楚元王传》，北京：中华书局，1962 年，第 1960 页。

③ 班固著，颜师古注：《汉书》卷九十八《元后传》，北京：中华书局，1962 年，第 4018 页。

④ 范晔撰，李贤等注：《后汉书》卷十上《皇后纪上》，北京：中华书局，1965 年，第 401 页。

认为这是长乐宫科学考古以来发现的面积最大、结构最合理的地下建筑。在汉宫的嫔妃居住的桂宫下也发现了数条通道。这些被发现的地下通道，长度基本都在 20 米到 30 米之间，从地下距离地面约 2 米高。分析其原因无非是两个可能：其一，防止大臣造反。刘邦与文臣武将的关系非常微妙，采用的态度也是“既用且防”。刘邦一方面利用韩信、张良、萧何等人为自己建功立业，另一方面，还要防止大臣们暗中结党谋反，故此才会传出“飞鸟尽良弓藏，狡兔死走狗烹”的典故。其二，便于外戚密谋活动的进行。刘邦在晚年的时候，曾经对自己的夫人吕雉极为器重，甚至还重用其亲属，以外戚对抗朝廷内部的那些军功元老派。然而尴尬的是，刘邦虽贵为皇帝，却不能频繁召见外戚势力，否则便有“打草惊蛇”的可能。为此刘邦极有可能暗修密道，与众心腹于地下相见，商讨对抗群臣的策略。刘邦死后，吕后就是依靠外戚掌握了汉朝的军政大权，汉王朝后来的外戚专权的一些阴谋活动应该也是在地下密谋的。从长安城地下通道的发现可以窥见西汉外戚专权的严重。

外戚在掌握朝政后，为了能巩固地位，长期控制幼弱之主，以后父、国舅身份擅断朝廷，并擅自废立皇帝，树立己威。西汉吕后时，拥立小皇帝，便于利用外戚控制政权。武帝时利用外戚卫青、霍去病、霍光等，让他们担任大司马大将军，掌握内政军事大权。汉武帝时期，卫青成为唯一的大司马大将军，汉武帝的皇后是卫子夫，卫青是卫子夫的弟弟，大司马大将军的地位堪比丞相。公元前 139 年，汉武帝取消太尉一职。公元前 119 年，设置大司马一职。根据《汉官仪》记载：“（汉武帝）罢太尉，法周制置司马。时议者以为汉军有官候、千人、司马，故加‘大’为大司马，所以别异大小司马之号。”① 可见，汉武帝设置大司马，其目的就是让大司马取代太尉。然而，大司马和太尉这两个职务又有区别：太尉是独立的官职，朝廷设置的太尉能独立掌管国家军事。根据汉朝法律的规定，被授予大司马“兼官”的将军有 4 个等级：大将军、骠骑将军、车骑将军、

① 孙星衍等辑，周天游校注：《汉官六种·汉官仪》，北京：中华书局，1990 年，第 122 页。

卫将军。其中，大将军和骠骑将军的地位相当于丞相，车骑将军、卫将军的地位相当于上卿。加尊大司马“兼官”后，职位不变，大司马大将军、大司马骠骑将军的地位相当于丞相，大司马车骑将军、大司马卫将军的地位相当于上卿。大将军是军队体系中战功最多、地位最高的将军，而大司马又是汉武帝设置的，取代太尉总管全国军队的“兼官”。“大司马”和“大将军”一结合，自然成为名副其实的掌管全国军队的最高长官。卫青凭借个人战功，以及他和汉武帝之间的关系，成为汉大司马大将军，相当于成了西汉军队的核心顶梁柱，和丞相平起平坐。卫青去世后，“大司马大将军”一职再无人担任，直到霍光出现。霍光担任的“大司马大将军”为辅政大臣的特别称谓，而“大司马大将军”霍光的地位高于宰相。汉昭帝到汉宣帝时期，霍光全权负责国家军政大事，大权独揽，“威震海内”。

到了汉成帝时代，大司马后面不再与大将军组合，而是与丞相、大司空并列为三公。三公成为皇帝的三位最高辅政之臣，大司马居首位。后来建立新朝的王莽就担任过大司马。哀帝时，王莽擅立九岁的平帝，平帝对王莽专断朝政不满，被王莽察觉，不久即被杀。尤其是涉及权力的非程序化兴替，更是头绪纷乱，扑朔迷离，因此大多在阴谋中进行。所以，外戚专权，在冠冕堂皇的背后，往往潜伏着十分险恶的宦海狂潮。

（四）暴虐腐化，秽乱宫闱

外戚是一个腐朽的社会集团，这是由他们的社会地位及特殊的心理、行为特征所决定的。他们依靠血缘裙带关系获得荣华富贵，“或藉长乐之亲，或因椒房之宠，重侯累爵，席宠连封，或一门三主，或同族五侯，分食名城，预闻邦政，车服之制，名器之重，寖或逾焉”①。可是，无论他们一时多么显荣，总难以摆脱其倏生倏灭的不稳定命运。帝王的频繁移情，也使他们的命运变化无常。“君不见汉宫六六多佳丽，露花半染云裾翠”。后妃姿色艳丽时，能获帝王宠幸，一旦年老色衰，便被冷落在掖庭，空守孤寂。同时，在古代社会中，只有母后才具有临朝辅政的合法性。后妃及

---

① 王钦若编纂，周勋初等校订：《册府元龟》卷第三百一《外戚部·封拜》，南京：凤凰出版社，2006年，第3396页。

亲属要谋取这项权力，就必须拿出手段以色邀宠，这加速了帝王的移情别恋，使后妃在地位、权力上的争夺更加激烈，宫廷也堕落腐败，朝廷机构受到腐蚀。另外一点也值得注意，即外戚的兴起与存在，在很大程度上取决于具体帝王的享祚长短。皇帝的更换一般会导致外戚权势的转移。而中国古代帝王由于种种原因大都享祚比较短。以西汉为例，西汉共 14 帝，其中除了武帝在位达 54 年，其余诸帝在位或几年，或十数年，超过 20 年的少见。这就必然导致外戚权势、地位上的短期性。这种短暂的周期性，使他们在专权执柄时，除了少数人清廉，大多数往往豪奢纵侈，肆欲逞能，狂荡不羁。东汉王符在《潜夫论·浮侈篇》记载京师外戚的奢侈："今京师贵戚，衣服、饮食、车舆、文饰、庐舍，皆过王制、僭上甚矣。"[1]在这种及时行乐的心态下，不少外戚人性中的凶残丑恶暴露无遗，成为历史上的一股社会势力。西汉后期，王氏家族因元帝皇后王政君而权倾朝野，王氏一门外戚中有九人封侯，五人出任大司马，风头一时无二，王凤、王音、王商、王根皆是烜赫一时的权臣，王政君之侄王莽更是以外戚身份替代汉王朝政权，建立了新朝。

综上所述，外戚作为西汉时期的一个社会阶层，在政治上、经济上、心理行为上，均有着畸形化趋向，这种畸形趋势是由古代专制制度所决定的。但是它对西汉君主集权体制的重要意义，就在于开创了古代官僚政治制度中权力配置的集中化，即中央权力不断由外朝向内朝倾斜，内朝也不断由皇帝的贴身亲随而逐渐上升为外朝首领。可以说，君主专制制度是外戚专权滋生的土壤，两者有着密不可分的联系。不可否认的是，在汉代外戚中也有一些于国、于民有功的人物。他们中有在民族战争中屡建功勋的卫青、霍去病；有辅佐昭宣、稳定政局的霍光；有谨遵制度、不以功倨傲的邓骘。另一方面，这些人物最终都脱离不了为专制皇权所利用，服务并巩固专制王权的性质，他们毕竟只是汉朝外戚中极少一部分，不能代表整个外戚社会阶层及外戚政治。朱子彦认为，外戚能够成

---

① 王符撰，汪继培笺，彭铎校正：《新编诸子集成·潜夫论笺校正》卷三《浮侈》，北京：中华书局，1985 年，第 130 页。

为汉代政治上的大势力，首先是由于汉初统治者企图以异姓王和同姓王拱卫汉政权的尝试相继失败，皇帝转而寄希望于同皇室有着婚姻关系的外戚集团；其次，汉武帝为了加强皇权，设立中朝，分割宰相权力，以外戚任中朝之首大司马大将军，外戚因此得以操纵朝纲，独揽大权；再次，汉代仕进制度科目纷繁、选举标准复杂、举主多元的特点为任人唯亲提供了有利条件，使皇帝可以在官僚系统中任意安插自己倚重的外戚。诚然，汉武帝设置“中朝”有利于皇帝将权力牢牢掌控在自己手中，但也为外戚擅权打开了方便之门。[①] 田旭东认为，通过对西汉一代大司马之职的考察，大司马一职多为外戚所把持，是皇帝个人专权机关“内朝”的骨干。大司马之职是否专有军权与统治阶级内部尤其是皇帝与外戚的权力之争有着密切的关系，外戚地位的上升是西汉中晚期一个值得注意的政治现象。[②]

二、西汉时期的宦官政治

宦官在先秦时期就已存在，但先秦宦官史料比较少见，这不仅因为先秦史料散佚较多，还因在先秦诸侯、群雄分裂割据的局面中，缺少宦官繁殖滋生的土壤与温床。秦始皇统一中国、建立大一统君主专制政体后，宦官才随着中央集权的进一步发展，开始活跃在中国政治舞台上，并经过西汉时期各派政治势力的沉浮消长，正式形成一股盘根错节的社会政治势力，对中国古代政治产生了重要影响。

（一）宦官登上政治舞台

秦并天下后，广建宫宇，扩充掖庭，后宫嫔妃大量增加，从而形成了一支较庞杂的后宫宦佣队伍。《册府元龟·内臣部》：“秦并天下，并建官号。少府之属，有中书谒者、黄门、钩盾、尚方、御府、永巷、内者、宦者七（当作八）官令丞，诸仆射、署长、中黄门皆属焉。其詹事之属，又有中长秋、私府、永巷、仓、厩、祠祀、食官令长丞，诸宦官皆属焉。又

① 朱子彦：《汉代外戚集团的形成与擅权》，《历史教学问题》，1996 年第 4 期。

② 田旭东：《西汉时期的大司马与外戚专权——读〈汉书〉札记》，《西北大学学报（哲学社会科学版）》，2001 年第 1 期。

有将行为皇后卿及中常侍之职。”[1]《史记·秦始皇本纪》中有“中车府令赵高”[2]的记载。这一时期，秦宦官虽属少府管理，可是其职能之广泛、机构之庞杂，却非先秦各诸侯国的宦人能够比拟。这说明随着中央集权制度的建立，皇室侍从队伍的扩大，宦官也开始成为宫廷中的重要组成部分。

少府为九卿之一，除了掌管皇室私有山海池泽之税，还负责皇帝的饮食起居以及皇宫中其他服务事务，宦官内属少府，说明他们的社会地位及职责都是十分卑贱的。当时的宦官主要是受宫刑者及其家属，以及穷苦百姓子女。以赵高为例，据《史记·蒙恬列传》记载，赵高父亲因犯罪受到宫刑，其母也受到株连，被收为宫中奴婢，并在宫中野合而生赵高兄弟数人。按照秦律，赵高作为罪人子弟也同样被处以宫刑，成为阉人，所以文献载其家庭“世世卑贱”。这些与其后的自宫、自阉是有区别的。然而由于宦官常常侍奉在皇帝身边，所以易于得到亲近皇帝的机会，这就给宦官登上政治舞台创造了条件。《史记·蒙恬列传》记载：“秦王闻（赵）高强力，通于狱法，举以为中车府令。高即私事公子胡亥，喻之决狱。”[3]赵高成为胡亥的法律老师，这为他此后越级擢拔、显声扬名、插手朝政奠定了良好的基础。而且在中国专制集权的独裁政治中，帝王虽拥有极大权力，在皇位继承、协调运转官僚机器以及君臣关系、信息交通各方面，却有许多人为的障碍。深处禁中、跟随在帝王左右的宦官，往往能够利用这种官僚机器运转不灵的情况，达到跻身政界官宦的目的。赵高专权正是这种专制制度弊端的产物。秦始皇第五次出巡中死于沙丘时，“独子胡亥、丞相李斯、赵高及幸宦者五六人知始皇崩”[4]。为了帮助胡亥登上帝位，赵高等宦官隐瞒始皇死讯，发动“沙丘政变”“置始皇居辒辌车中……宦者

---

① 王钦若编纂，周勋初等校订：《册府元龟》卷第六百六十五《内臣部·总序》，南京：凤凰出版社，2006年，第7662页。

② 司马迁：《史记》卷六《秦始皇本纪》，北京：中华书局，1959年，第264页。

③ 司马迁：《史记》卷八十八《蒙恬列传》，北京：中华书局，1959年，第2566页。

④ 司马迁：《史记》卷八十七《李斯列传》，北京：中华书局，1959年，第2548页。

辄从辒辌车中可诸奏事”。[1] 此后赵高说服李斯，矫诏杀死扶苏，赐死蒙恬、蒙毅兄弟，控制李斯为首的官僚集团，操纵皇位更替，都说明随着中央集权专制主义的发展及其弊病的不断出现，宦官干政专权的现象也将会不断出现。

但是，秦代宦官毕竟还未形成一股像两汉那样的政治势力，他们对皇权有着强烈的依附性，缺乏政治上、经济上稳固的社会地位，还不存在一个有一定爵位官品的宦官政治群体，宦官插手政治，也没有得到法律制度上的认可。这样，随着帝王心思的变易，翦除掌权宦官亦是十分容易的事。赵高尽管权势炙人，但当子婴欲诛杀他时，也是仅“与宦者韩谈及其子谋杀高……令韩谈刺杀之”[2]。通过宫廷谋杀，解决了赵高专权的问题，这与其后东汉、唐、明的情况是很不一样的。所以，秦代宦官虽然开始登上政治历史舞台，但就总的情况而言，他们势单力薄，影响局限在宫闱之中，没有形成为一种上层社会中特殊的政治群体与势力。

（二）西汉前期宦官势力的初步兴起

西汉初年，随着中央集权的发展及君权与相权矛盾的深化，宦官势力初兴。汉初实行无为之治，由丞相主持的宰相负责制曾发挥了职能作用。《史记·陈丞相世家》记载，有一次文帝问周勃、陈平当年全国刑狱和财政的情况，陈平对曰：“宰相者，上佐天子理阴阳，顺四时，下育万物之宜，外镇抚四夷诸侯，内亲附百姓，使卿大夫各得任其职焉。”[3] 文帝称善。鉴于秦王朝快速灭亡的教训，汉初帝王能够放心委政丞相，发挥丞相作用，这是实现汉初政治清明、经济发展、社会稳定的重要条件。然而，君权淡化并不等于放弃君权，使宰相权力超越国君的制约。西汉为布衣卿相之局，刘氏以布衣高踞龙位，十分注意对权力的控制。他们除了翦除异姓诸侯王，还对权高势重的丞相深怀疑虑。《史记·萧相国世家》载：“汉

---

① 司马迁：《史记》卷八十七《李斯列传》，北京：中华书局，1959年，第2548页。

② 司马迁：《史记》卷八十七《李斯列传》，北京：中华书局，1959年，第2562页。

③ 司马迁：《史记》卷五十六《陈丞相世家》，北京：中华书局，1959年，第2061～2062页。

十二年秋，黥布反，上自将击之，数使使问相国何为。相国为上在军，乃拊循勉力百姓，悉以所有佐军，如陈豨时。客有说相国曰：‘君灭族不久矣。夫君位为相国，功第一，可复加哉？然君初入关中，得百姓心，十余年矣，皆附君，常复孳孳得民和。上所为数问君者，畏君倾动关中。今君胡不多买田地，贱贳贷以自污？上心乃安。’于是相国从其计，上乃大说。”[①]《史记·绛侯周勃世家》也记载景帝时期丞相周亚夫因为权力过大，很多意见与景帝不合，终被诬以谋反罪逮捕入狱并饿死狱中。这些都说明汉初君权与相权之间的复杂关系。这种复杂的相依相制的关系，就为宦官势力的初兴创造了条件。《汉书·惠帝纪》记惠帝刚即位便规定“宦官尚食比郎中”[②]。“尚食”的职责是掌管帝王食物，是直接关系到皇帝健康和防止皇帝被毒杀的不可小觑的职务，所以受到惠帝的格外重视。从此后宦官在其他领域逐渐活跃起来，开始摆脱奴仆地位，插手政治，与皇帝的亲昵更加明显。如吕后时，中谒者张释卿多次为吕氏巩固地位出谋献计，竭忠尽智；文帝时的宦官赵谈，深受皇帝青睐，与文帝同乘一辆车出入宫廷，招摇过市。宦人作为一个群体，愈发受到皇室重视。《汉书·高后纪》云：“八年春，封中谒者张释卿为列侯。诸中官、宦者令丞皆赐爵关内侯，食邑。”[③] 这是文献上所记汉初对宦官的一次较大规模的封侯晋爵。这种封侯晋爵，不仅说明宦官、中人在人数上日益增多、职务上愈来愈重要，而且在社会地位上也迅速提高并受到法律的确认，使宦官成为官僚高层队伍中的一部分。这是宦官势力形成的一个十分重要的起点。

然而由于这一时期君相权力的相对平衡，又决定了宦官势力不能长足发展。帝王虽欲亲信中官，但由于受到宰相权力的制约与一部分官僚、大臣的极力干涉和抵制，使宦官势力发展比较缓慢。中谒者张释卿虽为吕后

---

① 司马迁：《史记》卷五十三《萧相国世家》，北京：中华书局，1959年，第2018页。

② 班固著，颜师古注：《汉书》卷二《惠帝纪》，北京：中华书局，1962年，第85页。

③ 班固著，颜师古注：《汉书》卷三《高后纪》，北京：中华书局，1962年，第100页。

献计献策，但只是稍有兴风作浪之势而终未成多大气候，赵谈与皇帝同车出入，褒宠尊显即引起大臣不满与反对。大臣爰盎甚至拦住文帝的车，说："臣闻天子所与共六尺舆者，皆天下豪英。今汉虽乏人，陛下独奈何与刀锯之余共载！"[①] 使赵谈灰溜溜地"泣下车"来。这说明宦官势力在初兴阶段，还是有许多政治上、思想上的阻力的。在汉文帝霸陵、景帝阳陵陪葬坑中均出土了陶制宦官俑，是对这一时期宦官制度的形象再现。

（三）西汉中期宦官势力的发展

经过汉初六七十年的无为而治、与民休息，社会经济得到恢复发展，武帝时汉代社会达到了繁荣鼎盛阶段，但同时又出现了日益强大的豪强势力、肆无忌惮的匈奴侵扰威胁以及蠢蠢欲动的地方诸侯势力。这使武帝不得不调整、改变汉初一些政策，改无为而治为有为政治，进一步加强中央集权，强化个人专制。在武帝强化中央集权的诸措施中，设立内朝、排挤外朝是其中重要一项。即由皇帝身边身份职务低下的侍从，组成对国家大政的咨询决策机构，议决军国重事。由此来削弱丞相权力，使丞相的职权由决策变成了执行，丞相仅坐而论道，备员而已。这样，宦官势力进一步发展，活跃于内朝，成为皇帝身边咨询决策国事的重要助手，原先属少府管辖的宦官机构有了进一步调整，宦官编制扩大，分工更为明确细致。尤其是"中书谒者"一职的设立，是宦官干政制度化的具体表现。武帝以前，只有"中谒者"，没有"中书谒者"。"中谒者"与"中书谒者"有重要区别。主要表现在：其一，武帝前中谒者并非全由阉人充当，而是士宦并用，大臣灌婴曾为中谒者，故《汉书·高后纪》注引曰："灌婴为中谒者，后常以阉人为之。"[②] 武帝时，中谒者一职基本上由宦官充当，使宦官掌握了这一权力。其二，武帝时设"中书谒者""中书谒者令"，从而使中人（宦官）、谒者、尚书（尚书令）三者混合一体。当时尚书一职责任重大，不仅在宫中代表皇帝出诏纳奏，而且和皇帝一起研究决策国家大

---

① 班固著，颜师古注：《汉书》卷四十九《爰盎晁错传》，北京：中华书局，1962年，第2270页。

② 班固著，颜师古注：《汉书》卷三《高后纪》，北京：中华书局，1962年，第100页。

事，掌握国家机要，成为皇帝身边的辅佐。“中书谒者”“中书谒者令”的设置，使宦官兼掌尚书事务，并且控制了内朝机要及出入诏令，故《后汉书·宦者列传序》记载汉武帝“数宴后庭，或潜游离馆，故请奏机事，多以宦人主之。至元帝之世，史游为黄门令，勤心纳忠，有所补益。其后弘恭、石显以佞险自进，卒有萧、周之祸，损秽帝德焉”[①]。后庭是皇帝起居饮食之地，一般官员不得随意进入。离馆在皇帝“潜游”时需保守秘密，也为一般官员无法知晓与接近之地。皇帝既要享乐，又要不误军国大事，唯一的办法就是依靠身边亲信宦官处理政事、办理琐事。长此下去，自然会形成机要“多以宦人主之”的局面。武帝“更为中书谒者令”，使宦官干政进一步合法化。此外，其他宦官机构也随需要而进一步调整扩大。《册府元龟·内臣部》记载：“武帝太初元年，更永巷为掖庭，置八丞，宦者增置七丞，钩盾增置五丞两尉。”[②] 宦官令丞数量的增加，一方面标志着他们社会地位的继续上升，一部分人已脱离奴仆地位而成为宫内主管官员；另一方面也说明中级以上职衔的宦官队伍仍在扩大。这种令、丞人数的增加，对形成一个特殊的内朝官僚群体有十分重要的意义。武帝末年，发生了侍中仆射马何罗与兄弟马通入宫行刺事件，这造成帝王对士人的进一步猜忌。“由是侍中出禁外，有事乃入，毕即出”[③]，皇帝也更信赖和依靠宦官。这使昭宣时期宦官在一度沉寂后，于内宫重行尚书之职，权力进一步扩大，进而参预谋议，出纳诏命，退而为皇帝亲随、侍从游乐。不过，宦官势力的抬头，仍受到一定程度的遏制，武、昭、宣三帝并非平庸昏聩之人，他们虽也沉溺游乐，让宦官主持机要，但当时出现的内外困扰，也使他们经常亲自接触百官僚佐，与大臣一起预决军政要务，提拔贤能宰相，委以重任。这样，当宦者以中书谒者令出现的同时，以士人充当

① 范晔撰，李贤等注：《后汉书》卷七十八《宦者列传》，北京：中华书局，1965年，第2508页。

② 王钦若编纂，周勋初等校订：《册府元龟》卷第六百六十五《内臣部·总序》，南京：凤凰出版社，2006年，第7662页。

③ 范晔撰，李贤等注：《后汉书》志二十六《百官三》引蔡质《汉仪》，北京：中华书局，1965年，第3593页。

的尚书权力也进一步发展起来，同宦人中书谒者令分庭抗礼。从武帝时起，士人充当的尚书职权由“通章奏”到“折阅章奏”，进而至“裁决章奏”，代替皇帝处理机事，最终到“下章奏”，代皇帝立言，以至于发展到领尚书制度，即本来不是尚书的朝官，加上“领尚书事”“平尚书事”“录尚书事”等衔，就可以内握重权。如昭帝时外戚、大将军霍光，领尚书事后，“政事壹决于光”。尚书之权的扩大和领尚书制度的出现，既削弱了丞相权力，也使宦官势力的发展受到遏制。

因此，武、昭、宣时代的宦官，尽管开始掌握了一些政治权力，并逐渐构成一支官僚队伍，但尚未形成一支独立的力量登上政治舞台并起到呼风唤雨的作用。武帝时李延年一度地位显赫，“繇是贵为协律都尉，佩二千石印绶，而与上卧起，其爱幸埒韩嫣”①。但他主要是以宦官加外戚双重身份获得恩幸的，况且他感兴趣的主要是乐诗声律之类而非政治活动。不过应看到，经过这一时期宦官插手政事的逐渐合法化，宦官政治势力的形成与登上政治舞台，只是早晚之事了。

元帝时宦官不论在社会地位、官爵侯等还是职务实权上都已渐趋合法化，且已形成一个盘根错节的朋党政治集团。这些正是宦官势力正式形成的基础。元帝以后，王氏外戚崛起、权倾中外，宦官势力复被抑制。

（四）西汉前中期宦官势力形成的原因

西汉前中期宦官势力的形成，经历了一个迂回曲折的过程，这与当时的政治制度、思想文化有密切关系。从官制上看．中国古代历来有外朝内宫之分。外朝是皇帝和大臣们共同探讨、决策国家大事的地方，内宫是皇族生活起居之地。与之相适应，便有朝官与宫官之分：朝官帮助皇帝治国，主管国家政务，诸如遵旨颁布政令，奉令行事等；宫官则侍奉在皇族左右，上可以代替帝王拟诏纳奏，下至为帝王掌溺器、唾壶。

在“朕即国家”的古代宗法制影响下，国家各级官吏都是皇帝仆从。反映到官制上，朝官与宫官便往往混淆不清，甚至叠床架屋、互相牵制。

---

① 班固著，颜师古注：《汉书》卷九十三《佞幸传》，北京：中华书局，1962年，第3725~3726页。

随着中央集权专制主义的发展，各朝统治者在官制上不断调整政策，这种混杂不清的现象渐渐减少并得到消除。秦汉时期这种现象非常普遍。例如三公九卿是当时中央官制的核心，九卿根据职责，可以分为三类：卫尉、廷尉、典客（大鸿胪）、治粟内史（大司农）基本上可看作朝官；太常、郎中令（光禄勋）是朝官、宫官职责兼而有之；掌管皇族属籍的宗正、掌管皇帝车马的太仆、掌管皇室私产及日常事务的少府，则更多地含有宫官之责。武帝时出现了很多加官，诸如侍中、给事中、中常侍、中书谒者等，这些加官似朝官又似宫官，没有清晰的界限。这使本来就混淆不清的朝官和宫官之职，变得越来越错综复杂了。这种官制上的复杂状况，固然为宦官势力的发展创造了很好的条件，使他们能因“中人无外党，精专可信任”而“委以政事”[①]，又“掌侍左右，赞导众事，顾问应对”[②]。但也使朝官、宫官相互牵制、相互排挤。不论朝官还是宫官，即使掌握大权，也不可能长时期盘踞朝廷，难以形成一股根深蒂固的强大势力。尤其是这一时期外戚专权严重，内可以通过女宠影响帝王、参与机要，外可以为群臣首辅，行丞相之职，集内外之权于一身，以大司马大将军领尚书事。这就严重地阻遏了宫官势力的发展，使宦官干政只能走迂回曲折的路线。所以在这一时期，宦官依附于帝王，成功之时固然可达到令人瞠目的巅峰，失败之时却也如同朝露昙花，转瞬即逝，其政治势力的发展，是很不容易的。

君权与相权的矛盾斗争使西汉宦官势力的发展呈现出周期性跌宕起伏的特点。西汉君相权力的矛盾斗争有其特点。秦在战国末期出现丞相一职，职责是“掌丞天子，助理万机”[③]，权力是相当大的。秦庄襄王时期，吕不韦任丞相，由于特殊的原因，曾使丞相权力达到登峰造极的地步。秦

---

① 班固著，颜师古注：《汉书》卷九十三《佞幸传》，北京：中华书局，1962年，第3726页。

② 范晔撰，李贤等注：《后汉书》志二十六《百官三》，北京：中华书局，1965年，第3592页。

③ 班固著，颜师古注：《汉书》卷十九上《百官公卿表上》，北京：中华书局，1962年，第724页。

王朝建立后，正式设立三公九卿，以丞相总领百官，但始皇帝鉴于吕不韦权力太大的教训，通过嫪毐叛乱事件，置吕不韦于死地，牢牢把权力握住，“事无大小，皆决于上”，日理万机，每天以“衡石量书”，参阅奏章，亲操大权。丞相李斯以客卿身份供职于秦，左右逢源，费尽心机，所图不过是“故诟莫大于卑贱，而悲莫甚于穷困”，求取尊显宠荣之目的而已，故事事唯诺，秉承上意。君权始终控制相权，使相权相对削弱。西汉前期，由于丞相皆在立国过程中立下汗马功劳，因此汉初的丞相权力再度大增。当时丞相大体具有选用官吏、劾案百官与执行诛罚、主管郡国上计、考课、总领百官朝议与奏事，封驳与谏诤等各种大权，君权相对淡化。汉武帝时鉴于丞相权力日益扩大，再度削弱相权。除了前所谈及的设置中朝、排挤外朝来分割相权，武帝还用各种办法直接打击丞相。他在位54年，丞相频频更换达12个之多，其中只有3个唯唯诺诺、言听计从的丞相能寿终正寝于相位，其余的大多被贬斥或者杀逐，从而使丞相在当时成为一种危险职业。与此同时，他又设置内朝，使用身边亲近的人，提高尚书职权，参预机务，这就使丞相之权进一步遭到排挤。从上可见，西汉君相关系在很长时间内处于左右摇摆状态，时而强调君权而削弱相权，时而相权相对扩大又削弱了君权。从而造成受君权支持和受相权挟制的宦官势力在发展形成中也就明显地呈现出周期性特征。西汉前期相权的扩大招致武帝时的加强君权，汉武帝加强君权又导致元帝时宦官弘恭、石显的专权以及宦官势力的进一步发展。相反，强臣控权时，宦官势力的发展处于沉寂与低谷时期。总之，这一时期相权扩大导致君权加强，君权加强导致宦官势力抬头，相权、君权与宦官之权周期性地轮番发展，最后随着君权的不断加强，宦官之权也不断扩大，终于在走过一段跌宕起伏的曲折道路后，定型为一个上层社会政治群体，完成宦官中一部分由奴仆到政治官僚的演变。

西汉时期豪强地主发展壮大的参差不一，也使宦官势力的发展有着差异。豪强地主是西汉地主阶级中一个极为特殊的阶层。西汉宦官势力从初兴、抬头直至正式形成，经历了一个迂回曲折的过程，从文景之时起，由于无为而治导致豪强地主逐渐出现并得到发展，到汉武帝时期多遭皇权打击抑制，如武帝将盐、铁、铸钱三大业收归国有，颁布算缗、告缗令等，削弱工商地主及豪强经济实力，甚至任用酷吏，直接打击豪强地主。这就使西汉豪强在发展道路上举步维艰，很难形成强大的与皇权对峙的势力。这样，皇权就不用扶持培养一支势力强大的宦官宫内势力来对抗豪强，而仅靠君主自身力量，就足以消除危及皇权的因素。如颍川大豪强灌夫，虽归附于外戚窦婴，仍与窦婴一起在宫廷内部斗争中同归于尽。外戚兼丞相的武安侯田蚡“治宅甲诸第。田园极膏腴，而市买郡县器物相属于道。前堂罗钟鼓，立曲旃；后房妇女以百数。诸侯奉金玉狗马玩好，不可胜数”[①]。田蚡无疑是既有政治地位又有经济实力的上层豪族，但他死后仅五年，儿子便因“坐衣襜褕入宫，不敬”[②]获罪，家庭也因此走向没落。所以，同豪强一起相对峙而迅速发展的宦官势力，由于西汉时危及君权的豪强势力还不够大，君权的维护者宦官势力也就大不起来。

从思想史的角度看，西汉中期是儒家思想盛行的时期。尤其是董仲舒用阴阳五行系统观念改造原始儒学，汉武帝又把儒学捧上至尊地位，儒学在西汉得到极大发展，成为主导人们意识形态、价值尺度的基本学说。儒学是从个人修养到治平国家这一思维模式展开的，它以强调个人行为道德规范为手段，来形成良好的尊卑有序、上下有别的社会稳定局面，维护大一统的中央集权。自董仲舒“天人感应、君权神授”理论创立后，儒学加强君权的目的越来越突出明显。

宦官是君权的维护者甚至具有代天子立言的君权象征。社会服从于一体化专制王权的统治，对宦官鄙视心理及宦官自己的自卑感便大大减少，使他们在心理上处于相对平衡的状态。加上宦官穿朱着紫，官拜高品，也使许多人趋之若鹜，阿谀奉承，积极投靠，这必然促成宦官在内外朝势力的扩大，并形成他们近水楼台的参政意识和肆无忌惮的经济掠夺。在政治

---

① 司马迁：《史记》卷一百七《魏其武安侯列传》，北京：中华书局，1959 年，第 2844 页。

② 司马迁：《史记》卷一百七《魏其武安侯列传》，北京：中华书局，1959 年，第 2854 页。

上，他们“手握王爵，口含天宪”；在经济上，他们占田建宅、大肆敛财；在个人生活上，他们纳妻娶妾，养子袭爵。即使在外戚豪强与士大夫官僚这两大集团面前，他们也毫不示弱、尔虞我诈，上演了一幕幕惊心动魄的活剧。西汉处于儒学发展初期，受到原始孔孟儒学、墨家侠义精神及邹鲁文化的影响，人们较注重个人品节及个人道德行为规范。虽然董仲舒提出“天人感应”“君权神授”大一统集权理论，但这些理论距成为整个民族普遍循守的规范及价值尺度，还有一个相当漫长的过程。在个人品节及规范中，“孝”是儒家宗法血缘思想的一个核心。“不孝有三，无后为大”[①]“身体发肤，受之父母，不敢毁伤，孝之始也。”[②] 在这种思想影响下，社会心理对宦官大都持鄙视态度，宦官也往往自惭形秽，无地自容。如前引宦官赵谈与文帝同车出入，被大臣爰盎当面以“刀锯之余”斥责之，只好哭着下车，从此后销声匿迹，不再露面。故司马迁在《报任安书》中说道：“夫中材之人，事关于宦竖，莫不伤气，况慷慨之士乎！如今朝虽乏人，奈何令刀锯之余荐天下豪隽哉？”[③] 其语气之悲哀，表明了西汉卑视宦官的社会氛围。这种社会文化和心理的氛围，是宦官势力顺利发展的巨大障碍。它使宦官势力的成长犹如巨石下的小树，只有曲折盘亘在缝隙中穿行。这也是西汉宦官势力发展形成时，不同于其后数朝的特点。

第四节 《春秋》决狱与引经注律：汉代法律制度的建构

西汉时期选官制度的变化影响了汉代律令的变化。汉初沿袭秦法，萧何依据秦“律”治“九章律”，仍然是治理国家的主要法律形式。但是随

---

① 赵岐注，孙奭疏：《孟子注疏》，李学勤主编：《十三经注疏》，北京：北京大学出版社，1999 年，第 210 页。

② 李隆基注，邢昺疏：《孝经注疏》，李学勤主编：《十三经注疏》，北京：北京大学出版社，1999 年，第 3 页。

③ 班固著，颜师古注：《汉书》卷六十二《司马迁传》，北京：中华书局，1962 年，第 2727 页。

着国家与社会关系的变化，秦律中的内容在不断改变。其中最重要的是法律中，“仁政”“德治”与“律法”“刑治”开始结合，以儒家经典议狱、决狱现象不断出现。在汉初到汉中期的法理中，家族伦理与国家伦理不断结合，并作为其法律依据的现象多有发展。

西汉时期儒家知识分子不断通过举荐、“通经入仕”等方式进入国家官僚队伍，这不仅实现了孔子“先进于礼乐”[①]“学而优则仕”[②]的梦想，而且在不断提升官僚队伍结构素质的同时，也悄悄地改变儒家知识分子的传统学风，从深居书斋到关注社会现实问题。因为，在官言官，既然入仕为官，就不能不介入日常政务和司法。此间，伴随着著名宿儒被提拔为三公重臣，董仲舒创始的“春秋决狱”之风也起着推波助澜的作用。与“春秋决狱”之风并驾齐驱的是“引经注律”的活动。据《晋书·刑法志》载，汉代法律，世有增损，集类为篇，结事为章，“后人生意，各为章句。叔孙宣、郭令卿、马融、郑玄诸儒章句十有余家，家数十万言。凡断罪所当由用者，合二万六千二百七十二条，七百七十三万二千二百余言”[③]。深谙儒家经义的名儒们，将探寻微言大义、字斟句酌的看家本领，施用于律令，将礼与法结合得惟妙惟肖。

传统观点认为汉初实行的是黄老无为政治，汉武帝时期才开始“罢黜百家，表章六经”。实质上，汉初为了汲取秦快速灭亡的教训，一些政治家、思想家已经提出来用儒家思想进行统治。汉初的“三贾”（陆贾、贾谊、贾山）都立足于当时社会政治的现实，站在儒士阶层的立场上，以仁义为本，对先秦原始儒学和儒家思想做出了诸多调整，推动了其发展。陆贾为儒学增添了天人感应论及其黄老思想的内容，贾谊给儒学注入了德法并用思想，把道德与功利从原始儒学所认为的对立之中解脱了出来。汉初几十年间，儒士们“皆崇王道，黜霸术”，并对黄老之学实行道不同、不

---

① 何晏注，邢昺疏：《论语注疏》，李学勤主编：《十三经注疏》，北京：北京大学出版社，1999年，第142页。

② 何晏注，邢昺疏：《论语注疏》，李学勤主编：《十三经注疏》，北京：北京大学出版社，1999年，第259页。

③ 房玄龄等：《晋书》卷三十《刑法志》，北京：中华书局，1974年，第923页。

相为谋的“罢黜”。他们不断地对儒家经典进行补充和完善。儒家思想认为，应把“先王之道”和现实政治相结合，“论上世之事，并殷周之迹，以制御其政”[①]。特别是汉初儒家学者几乎自觉地把儒学与时代精神相结合，积极地为大一统帝国吸纳儒学摇旗呐喊。他们有着与时俱进的现实主义精神。如果说叔孙通以这种现实的态度为汉王朝制定了一整套礼仪制度，那么三贾则企图从更高的层次上为汉王朝建构一个理论体系。这不仅开启了汉代儒学顺应时事、容纳百家的先河，而且为后来董仲舒的阴阳灾异论与德法并用的儒家政治学说做了充分的理论准备。固然，儒家思想所赖以存在和发展的社会基础，乃在于其本身适应自然经济特色的农耕文明和以宗法血缘家族为基础的等级结构，但是，如果没有经过战国秦汉之际的巨大嬗变，没有汉初儒士对儒学的不断调整和发展，儒家之学还是很难迅速地与汉初大一统专制制度“亲密结合”的。因此汉代儒学的很快复兴，与汉初思想界的弃法从儒、变异儒术分不开。如果儒学不与汉初的现实政治相结合，为巩固新政权服务，并为当权派所接纳，那么儒学在汉初的复兴就绝非易事。[②] 陆贾鉴于秦二世而亡的教训，极力主张在治政大务上以儒学为体，儒法兼容：一方面，援儒学“礼”“义”于大一统官僚政治中，在承秦制的基础上改造秦“以吏为师”“以法为教”的治政思想；另一方面，保留了法家依“法”循“度”的原则，将社会等级上下管理模式视为按“法”取“度”、“执一政”以绳百姓的统治方式。这样，在陆贾思想中，“礼”“法”并重就成其重要内容。陆贾的礼、法思想是西汉大一统政治的产物，是对秦之后国家意识形态面临的新问题、新挑战做出的回答。陆贾的礼、法思想，一方面根据秦亡之教训，强调儒、法合流，援礼入法，礼、法合璧，企图由此来弥补秦帝国重法轻礼的意识形态上的缺陷；另一方面，陆贾礼法思想亦为汉中期董仲舒新儒学的建立奠定

---

① 贾谊撰，阎振益、钟夏校注：《新编诸子集成·新书校注》卷第一《过秦下》，北京：中华书局，2000 年，第 14 页。

② 李禹阶、汪荣：《汉初儒士的群体认同与价值取向探析》，《重庆师院学报（哲学社会科学版）》，2003 年第 1 期。

了思想基础。[①] 可见在西汉初期，用法治吏的思想氛围已经十分浓厚，为西汉官吏法的建立与发展奠定了良好的基础。后经董仲舒提倡，统治者在吸取历史经验教训的基础上，“罢黜百家，表章六经”，摸索并最终确立了新儒学礼法结合的统治模式，是对秦朝任法弃礼的重刑主义统治方式的否定。汉代新儒学礼法结合综合治理模式的确立，大大促进了大一统国家的巩固和发展，使汉王朝成为当时世界上最强盛的国家之一。汉代礼法结合综合治理模式是历史的选择，是有利于社会发展的选择。自汉代把伦理纲常确立为立法的指导原则以后，逐步建立起维护皇权、父权、夫权的立法，实现了法律的儒家化，使刑事立法“一准乎礼”。同时，新儒家伦理原则贯彻于司法实践，通过推行“春秋决狱”和实行“秋冬行刑”等制度，有力地推动了道德教化，进一步巩固了礼法结合的统治模式。

西汉时期法律中的儒家化现象是一个逐渐演变的过程。早在 20 世纪 40 年代，陈寅恪就首先提出“刑律儒家化”的观点，他指出：“古代礼律关系密切，而司马氏以东汉末年儒学大族创建晋室，统制中国，其所制定之刑律尤为儒家化，既为南朝历代所因袭，北魏改律，复采用之。辗转嬗蜕，经由（北）齐隋，以至于唐，实为华夏刑律不祧之正统。”[②] 随后瞿同祖率先系统论述了“中国法律之儒家化”，他指出：“秦、汉的法律是法家所制定的，其中并无儒家思想的成分在内……儒家化是中国法律发展史上一个极为重要的过程，中国古代法律因此而产生了重大、深远的变化。”[③]

汉代律法在秦律的基础上逐渐发生了变化，这是因为汉初儒士在促进儒学变异之同时，也积极推动汉初统治者对古圣先贤文化知识的认识，对汉王朝吸纳儒家思想提出了许多建设性的主张，这对促进儒学和经学思潮的兴起起了重要作用。汉初儒士认为，刘邦是在马上取天下的，汉初政权

---

① 李禹阶：《论陆贾的“礼”“法”思想》，《重庆师院学报（哲学社会科学版）》，2003 年第 3 期。

② 陈寅恪：《隋唐制度渊源略论稿》，石家庄：河北教育出版社，2002 年，第 102 页。

③ 瞿同祖：《中国法律与中国社会》，北京：中华书局，1981 年，第 327 页。

的建立者多是军功之人，“汉大臣皆故高帝时将，习兵事，多谋诈”[①]，因此汉初的官僚多无文化教养，多处事粗鄙。对于“一个缺乏充分的文化素养、清晰的历史意识的执政集团，不可能单由其自身来主动地完成对社会政治粗简、疏陋的改善和转变”[②]。文化视野限制了汉初统治者对古圣先王政治理论的认识，需要具有深厚教育涵养的儒士的文化理性对政治的渗透，才能使汉初统治者认识到治国之术离不开《诗》《书》之道。所以在汉帝国建立不久，一些儒士就以复兴儒学为己任，积极推动汉初统治者对儒家思想的认识。儒士陆贾向刘邦进言：“马上得之，宁可马上治乎？……文武并用，长久之术也。”[③] 叔孙通“知当世之要务”，当汉初军功阶层在朝廷上饮酒狂欢、拔剑击柱而使刘邦颇为厌烦时，他适时提出了“夫儒者难与进取，可与守成。臣愿征鲁诸生，与臣弟子共起朝仪”[④]，得到刘邦的赏识。虽有“鄙儒”批评他“所为不合古”，对其人格不予肯定。其实，他的行为实为顺应汉初“轻狂”的时代风气的权宜之计，他在适时应变中并未完全放弃士人倡导的道义和良知。应该说，叔孙通对刘邦的说服和诱导对汉初统治者认识和接受儒术起了不可磨灭的作用。正是由于他不拘泥于古制成法，才促进了儒学在汉廷的发展，并使儒家在西汉政权中有了一席之地。因而，司马迁赞曰：“叔孙通希世度务，制礼进退，与时变化，卒为汉家儒宗。”[⑤] 先有陆贾主张“仁政”“德治”，强调德、法兼具；其后有贾谊主张“更化”“改制”，提倡“礼制”，要求“先德后刑”“德刑并用”。同时，经学决狱之事也在不断发生。如景帝时朝堂围绕立刘武为皇太子事所发生的激烈争论。爰盎等曰：“方今汉家法

---

① 班固著，颜师古注：《汉书》卷四《文帝纪》，北京：中华书局，1962年，第105页。

② 于迎春：《秦汉士史》，北京：北京大学出版社，2000年，第43~44页。

③ 班固著，颜师古注：《汉书》卷四十三《郦陆朱刘叔孙传》，北京：中华书局，1962年，第2113页。

④ 班固著，颜师古注：《汉书》卷四十三《郦陆朱刘叔孙传》，北京：中华书局，1962年，第2126页。

⑤ 司马迁：《史记》卷九十九《刘敬叔孙通列传》，北京：中华书局，1959年，第2726页。

周，周道不得立弟，当立子。”① 爰盎等人以《春秋》中宋宣公的故事说明景帝当立弟还是立子为太子的问题，其后兼通“经义之术”的大臣田叔、吕季主则以儒家经义解决了母后、景帝、梁王间的亲情关系与法律冲突的疑难问题。这说明“方今汉家法周”的“周制”渗入西汉法律中，早在武帝前就开始了。其后董仲舒以“春秋公羊学”决狱，正是这一趋势的继续。所以有学者指出：“凡朝廷决大疑，人臣有献替，必引《春秋》为断，而所遵者，《公羊》家言也。”②

西汉初年在法律上既汉承秦法，亦不断改造秦法。西汉初年沿袭秦法，秦律仍然是治理国家、社会的主要方式。在张家山二四七号墓发现的《二年律令》明显可以看出秦律对汉初法律的影响。但是随着国家与社会关系的变化，秦律中的内容在不断改变，其中最重要的是法律中法家与儒家两种思想开始融合，儒家经典议狱、决狱在汉初就开始出现，法理亦在社会的“孝道”影响下开始渗入儒家宗法血缘思想。

当时社会的一个重要特征是，许多学习法律的官吏转而学习儒家经典，成为法、儒双通之吏。如贾谊、晁错等朝廷诸多大臣皆是。以儒家经义辨析国家大事，逐渐成为朝廷重要的政治活动内容。武帝时期“春秋决狱”成为法律实施中的重要举措。比如梁王立帝嗣之争中大臣的言论，反映出儒家以经典决定国家大事的趋向。其后董仲舒的“春秋公羊学”，与其时的酷吏混为一谈，有其差异，也有其必然趋向。

周制最重要的是体现在思想文化与道德建设上，秦、周二道逐渐融合的董仲舒时代内化为西汉帝国“罢黜百家，表章六经”的统治思想与政治哲学。其最重要表现是：法家思想逐渐渗入儒家思想中，礼、法合一，强调皇权治下的大一统及中央集权政治，由此改造了先秦原始的儒家孔孟思想，成为新儒学，使儒家思想成为维护大一统中央集权的工具，董仲舒是

① 司马迁：《史记》卷五十八《梁孝王世家》，北京：中华书局，1959年，第2091页。

② 唐晏著，吴东民点校：《西汉三国学案》，北京：中华书局，1986年，第443~444页。

其代表。法家思想在这种融合中，逐渐消融于儒学之中，成为董仲舒政治哲学的内核。儒家的以宗法血缘关系为核心的家族、社会、国家的道德伦理思想，则成为整个西汉国家的政治哲学与教化内涵。因此，法家治理思想并没有湮灭，而是融入儒家思想中。故董仲舒的儒学理论往往成为汉中期酷吏治狱的依据。

从陆贾到贾谊，再到董仲舒的儒学发展历程，就是一个儒家思想法家化、法家思想儒家化的过程。在这个过程中，儒学内核大量渗入秦制的主干理念，即中央集权官僚体制与皇帝制度思想。实质上这一过程也是一个法家儒家化的历程，法家的主体思想融入儒学，构成“内法外儒”的政治特征。

由家族伦理向国家伦理的延伸中，提倡“孝”“忠”“节”三道的合一，这是新儒家的理论基石。儒家道德伦理规范的真正转型，开始于董仲舒的“春秋公羊学”。原始儒家提倡的“仁义”“五常”“四端”之义，转化为“天不变道亦不变”的以“尊王”“大一统”为宗旨的，以“仁义”“五常”为规范的新儒家伦理范畴体系。“三纲五常”成为西汉正式的国家道德伦理的核心价值观。三纲、五常两词连用，出自西汉董仲舒的《春秋繁露》一书。但作为一种道德原则、规范的内容，它来源于先秦时期的孔子和韩非。孔子提出了君君臣臣、父父子子和仁义礼智等伦理道德观念。孟子进而提出“父子有亲，君臣有义，夫妇有别，长幼有序，朋友有信”的“五伦”道德规范。韩非则提出了社会人伦的三种纲常，即“忠”“孝”“节”，也提出了一些伦理范畴，可是他的思想并没有在秦国治理中得到运用。董仲舒按照他的“贵阳而贱阴”的阳尊阴卑理论，通过继承儒家的“五常”和韩非的“三纲”，加以连用，并对五伦观念做了进一步的发挥，提出了三纲原理和五常之道，形成西汉国家的日用道德伦理范畴。这种连用，是秦汉道德伦理的合并，有着重大意义。

与此同时，“五经”被正式提出作为国家政治与社会生活的经典。“五经”作为国家政治典籍，是周代血缘宗法制度治理思想与秦制合流的最重要体现。因为“五经”源出三代典籍，讲述的是三代政治、宗法、血缘、社会、民间风俗的问题，以它为最高政治典籍，是十分耐人寻味的，它无疑宣告了西汉制度对于秦制的重大改革，即以周秦两种制度融合为一种治理成本最低、也最适合古代中国基层乡里社会的地缘加血缘的治理体制。

“五经”作为国家政治典籍，是中国古代政治哲学与思想文化的一件最为重要的大事，我们认为目前学术界还没有完全认识到它的意义。因为“五经”作为国家重要政典，与孔子时代是不同的，它是在帝制时期君主专制政体下，以君主专制为主线而形成的一种新的政治典籍和社会礼仪。它明确标示了西汉国家以君主专制和宗法血缘为一体的国家政治哲学与治理方式。

特别是汉初儒家学者几乎自觉地把儒学与时代精神相结合，积极地为大一统帝国吸纳儒学摇旗呐喊。他们有着与时俱进的现实主义精神。如果说叔孙通以这种现实的态度为汉王朝制定了一整套礼仪制度，那么贾谊等人企图从更高的层次上为汉帝国建构一个理论体系。这不仅开启了西汉儒学顺应时事、容纳百家的先河，而且为后来董仲舒的阴阳灾异论与德法并用的儒家政治学说做了充分的理论准备。

正因为汉王朝实行的“霸王道杂之”，才避免了重蹈秦王朝快速灭亡的覆辙。司马光指出“孝武穷奢极欲，繁刑重敛，内侈宫室，外事四夷，信惑神怪，巡游无度，使百姓疲敝，起为盗贼，其所以异于秦始皇者无几矣”，但他同时也肯定汉武帝“能尊先王之道，知所统守，受忠直之言，恶人欺蔽，好贤不倦，诛赏严明，晚而改过，顾托得人”，认为这就是“其所以有亡秦之失而免亡秦之祸”“秦以之亡，汉以之兴”的根本原因。[①] 这实际上是通过对比指出，武帝霸道与王道并用，从而相对地缓和了当时的社会矛盾，避免了秦二世而亡的悲剧的再发生。

---

① 司马光编著，胡三省音注：《资治通鉴》卷第二十二《汉纪十四》，北京：中华书局，1956年，第747~748页。

第五章
汉王朝乡里制度的建构与基层治理

西汉在行政区划管理上继承和发展了秦的郡县制，实行郡国并行制，即在行政区域管理上郡与诸侯国同时存在。为何要进行这种改变？刚开始时可说是汉高祖不得已的办法，是由于在楚汉战争时期，刘邦的部下已经提出战争胜利后希望得到一块封地，刘邦后来战败项羽后，就对这些异姓部下进行了分封。但不久后又采取各种方法把这些异姓诸侯王几乎全部除掉，随后把刘姓子弟分封到全国各地，与郡共同存在，从而形成了郡国并行制的地方管理格局。

关于郡县的研究成果比较多了，我们在这里主要侧重基层的管理。先秦时期由周代分封制向春秋、战国时代“国家本位”体制的转化，在基层社会所实行的最重要举措便是编户齐民的产生。编户齐民制度使国家能够直接管辖乡村社会，而去掉了天子与民众的诸多由封君、贵族所构成的中间治理环节，达到了最高“王权”与基层“治权”的统一。从战国到秦汉大一统的历程，实际上也是中国古代乡村社会由诸侯国治理而转型为统一王朝的统治历程。因此，“汉承秦制”中，乡村社会的转型是其一大特色。鲁西奇认为：“乡里制度”乃是“乡”“里”“邻”构成的乡村控制制度，是王朝国家立足于统治需要建立的、县级政权以下的、直接或间接地控制乡村民户与地域、以最大限度地获取人力与物力资源、建立并维护乡村社会秩序的控制制度，是王朝国家诸种统治制度的组成部分。乡里编排的基本原则主要有户口原则与田亩、居地原则两种，其由户口原则向居地、田亩原则的转变，乃是古代乡里制度演变的根本性变化。乡里制度既是王朝国家实现其社会控制的主要制度性安排，也是王朝国家政治控制权力在县级政权以下的延伸。汉唐时期的“乡官”与宋元明清时期的“职役”，都是王朝国家权力体系的组成部分。中国古代的乡里制度及其实行与运作，就是王朝国家权力（“皇权”）向县级政权之下的乡村社会的延伸，是“下县的皇权”。[①] 特别是在汉代社会的发展中，由于汉代政府实行的普赐民爵，使获得爵位的民众数量加大，低等爵的编户齐民越来越少，这既使国家减少了劳役及赋税收入，国家的财政、兵役紧张，同时导致官重于爵、官爵分离的趋势加大，形成爵多官少、官重于爵、官爵分离的情形。爵次高低不再是决定人们身份等级的依据，官职高低、资产多寡却成为影响人们身份尊卑的实有标准。这就使秦代行之有效的军功爵制度的影响逐渐削弱，其直接后果是国家政权对基层社会的统治难度加大。它造成汉代基层社会控制产生了两个问题：其一是国家权力对基层社会的整合、控制力量削弱，由秦代法家所实行的连坐制、告密制是在其军事化轨道基础上的产物，而军功爵制是通过政治权力对民众经济上的生产、分配、消费的直接介入，并通过政治等级一体化来实行秦国家政权对全国吏民的控制。但是随着军功爵制度的削弱，秦王朝实行的那一套显然已不适应汉王朝的这种局势，故必须通过建构新的乡里制度来进行补充。其二，军功爵制的削弱，也使汉代国家在征收赋税、征集力役等方面遇到了困难，其管理成本也大大提高。因此，不论从对基层社会的管理来说，还是对国家至关重要的赋税、力役而言，汉代加强乡村社会的整合和控制是必然的。

汉代国家对基层社会的管理、控制仍然是以编户齐民为基础，同时加大了乡村血缘组织的建设及“孝”“悌”等伦理观念的提倡、普及。在汉代，县以下的乡，在基层管理中地位最为重要，乡的最高行政长官叫“三

---

① 鲁西奇：《“下县的皇权”：中国古代乡里制度及其实质》，《北京大学学报（哲学社会科学版）》，2019 年第 4 期。

老、有秩、啬夫、游徼。三老掌教化。啬夫职听讼，收赋税。游徼徼循禁贼盗”[①]。《后汉书·百官志》也指出：“乡置有秩、三老、游徼。本注曰：有秩，郡所署，秩百石，掌一乡人；其乡小者，县置啬夫一人。皆主知民善恶，为役先后，知民贫富，为赋多少，平其差品。三老掌教化。凡有孝子顺孙、贞女义妇，让财救患，及学士为民法式者，皆扁表其门，以兴善行。游徼掌徼循，禁司奸盗。又有乡佐，属乡，主民收赋税。”[②] 西汉时期“年籍”正本由乡里管理，副本藏于县廷，每年八月县廷进行检查，如果乡民有所迁移，乡有责任在规定时间里把户籍和年籍转到新徙之地；如果不按时迁移，乡部啬夫、里正、典及负责具体事务的人要受到罚款的惩处。这在张家山汉简中有明确记载。《汉书·贡禹传》云：“已奉谷租，又出藁税，乡部私求，不可胜供。”[③]

里是经过政府周密规划的处于最基层的组织单位，是普通百姓的聚居之所，地位相当于现在的村社，是一种聚落形态。西汉文献中还多见聚的名称，也是基层的聚居单位，但似乎未被纳入正规的行政体系中形成一级组织单位。也有乡里之外自发形成的散居形式的自然聚落，由于规模的慢慢扩大，逐渐引起政府的注意，编入行政体系进行管理。

对里的管理依靠国家法律与乡村社会的乡约族规的相互渗透、影响。因为国家权力在上，基层社会力量在下，国家权力要充分伸展到基层中去，就必须依靠基层社会的认同。正是国家和社会的这种互动关系，导致西汉中期以后礼与法相结合，并产生对社会的控制与整合。从国家治理的角度看，汉承秦制，在面对一个庞大、复杂的官僚帝国的政治机器与工具时，理性的行政系统和法律制度的运行机制是必不可少的。这套理性的政治制度如何为社会接受却是一个需要考虑的大问题。本部分正是探讨政治

---

① 班固著，颜师古注：《汉书》卷十九上《百官公卿表上》，北京：中华书局，1962年，第742页。

② 范晔撰，李贤等注：《后汉书》志第二十八《百官五》，北京：中华书局，1965年，第3624页。

③ 班固著，颜师古注：《汉书》卷七十二《王贡两龚鲍传》，北京：中华书局，1962年，第3075页。

制度与社会接受、认同的互动性问题。

第一节　里：汉王朝的基层管理单位

里是汉代的基层单位。里这种基层单位早在秦都雍城（今陕西凤翔）中就出现了，到秦都咸阳时里的建制越来越多，到汉长安城时里的建制更为规范。当时不仅都城中有里的建制，在一般的基层单位也有这种建制。

《说文》云："里，从田从土。"段玉裁注曰："有田有土，而可居矣。"[①]《尔雅·释言》云："里，邑也。"[②] 从西周到秦汉，城邑中居民聚居的基本单位为里。顾名思义，"里"应该有一平方里的面积。关于春秋战国时期城邑中的里，《管子·立政》指出：分"国"为5个"乡"，分"乡"为5个"州"，分"州"为10个"里"，整个国都共有250个里。[③]《管子·八观》也指出"里"必须是封闭式的，"大城不可以不完，郭周不可以外通，里域不可以横通，闾闬不可以毋阖，宫垣关闭不可以不修。故大城不完，则乱贼之人谋。郭周外通，则奸遁逾越者作。里域横通，则攘夺窃盗者不止"[④]，其义为"里"实行封闭式的管理，四周均有围墙，有利于统治秩序的稳定。里中只能有一条直通的道路，在其一头或两头设有里门，住户均由里门出入，以便加强管理。当时居民所居住的"里"，其里门叫"闾"，"闾左"就是指居住在里门之内的左边。战国时期各国基本上都使用"里"为基层单位。《吕氏春秋·怀宠》提到当时的行政系统为"国""邑""乡""里"四级。[⑤]

---

① 许慎撰，段玉裁注：《说文解字注》，上海：上海古籍出版社，1981年，第694页。

② 郭璞注，周远富、愚若点校：《尔雅》卷上《释言》，北京：中华书局，2020年，第48页。

③ 黎翔凤撰，梁运华整理：《新编诸子集成·管子校注》卷第一《立政》，北京：中华书局，2004年，第65页。

④ 黎翔凤撰，梁运华整理：《新编诸子集成·管子校注》卷第五《八观》，北京：中华书局，2004年，第256页。

⑤ 吕不韦编，许维遹集释，梁运华整理：《新编诸子集成·吕氏春秋集释》卷第七《孟秋纪》，北京：中华书局，2009年，第173页。

秦时“里”的居民是分等级的，分为“闾左”和“闾右”，“闾”即门，秦时重右而轻左，“闾右”的地位高于“闾左”，因而《史记·陈涉世家》云：“二世元年七月，发闾左适戍渔阳。”[①]《汉书·食货志》也云：“发闾左之戍。”颜师古注云：“闾，里门也。言居在（闾）〔里〕门之左者，一切发之。”[②] 可见“闾左”的地位低于“闾右”。曹砚农结合湖南湘西里耶秦简牍撰文认为：“‘发闾左之戍’，闾左就是简文中称为‘士伍’的人。秦始皇统一中国以后，分民众为士族、齐民二等，前者居闾左，不服徭役，后者居闾右，服徭役，里耶秦简印证了古籍所载史实。”[③] 秦国的基层“里”出现很早，在秦都雍城凤翔37号秦墓出土的瓮棺上有“雍崇里”。《史记·秦始皇本纪》中记载秦雍城（今陕西凤翔）的里有“桓公葬义里丘北”“景公葬丘里南”“毕公葬车里北”“剌龚公葬入里”等记载，这些里在雍城南的三畤原上。甘肃天水放马滩秦木板地图中也有“杨里”“贞里”的地名。张衡《西京赋》云“秦里其朔，实为咸阳”[④]，说明咸阳当时有里。咸阳的里设置很多，相当于后代都市中的坊。《汉书·食货志》“在野曰庐，在邑曰里”[⑤]，说明里为城邑中的基层单位。里的形成与城内道路所隔成的方块区有关。从考古发现的陶文可看出咸阳的诸里有：屈里、完里、右里、泾里、当柳里、阳安里、沙寿里、东里、新安里、煭阳里、成阳里、如邑里、壮易里、芮里、市阳里、巨阳里、旨里、白里、商里、阇里、桓里、于里、中里、牛里、禾里、卜里、賨里、蒲里、平浃里、陈里、高里、故仓里、少原里、亭阳里、咸里、陶里、右里、直里、炇里、戎里、重里、闾里等。[⑥] 这些关于里的陶文大多为地下出土，

---

① 司马迁：《史记》卷四十八《陈涉世家》，北京：中华书局，1959年，第1950页。

② 班固著，颜师古注：《汉书》卷二十四上《食货志上》，北京：中华书局，1962年，第1126~1127页。

③ 曹砚农：《试读里耶——历史空缺的填补》，《中国文物报》，2002年12月6日。

④ 张衡：《西京赋》，见严可均辑：《全后汉文》，北京：商务印书馆，1999年，第537页。

⑤ 班固著，颜师古注：《汉书》卷二十四上《食货志上》，北京：中华书局，1962年，第1121页。

⑥ 徐卫民：《秦都城研究》，西安：陕西人民教育出版社，2000年，第155~158页。

对于我们研究秦都咸阳的行政建置有十分重要的意义。随着考古工作的进行，我们相信还会有新的“里”名出现。

汉承秦制，这种里的建置到西汉时期继续沿用，并且更为规范。正如《三辅黄图》所云：“长安闾里一百六十，室居栉比，门巷修直。”① 张衡《西京赋》也云：“街衢相经，廛里端直，甍宇齐平。”② 其中文献中可以看到的记载有宣明、建阳、昌阴、尚冠、修成、黄棘、北焕、南平、大昌、陵里、戚里、函里等160个里。在当时的县邑中也有这种里的建制，如《汉书·高帝纪》云：“高祖，沛丰邑中阳里人也。”③ 万石君石奋先居住在长安城中“戚里”，后迁至茂陵中里。④ “里”的最高行政长官为里正，据《韩非子·外储说右下》云：因秦昭王有病，百姓杀牛谢神，却触犯无故杀牛之法，遂“訾其里正与伍老屯二甲”。⑤《睡虎地秦墓竹简》文字中则为“里典”，这是当时为避秦嬴政之讳而改。里典的职责范围很广，如监督居民的户口登记，告知居民何时服役等。《汉书·郦食其传》载郦食其在秦朝时曾为“里监门”小官吏。可见一里的居民是同住在一个有墙、有大门的大院里面。秦都城邑内的里，多按职业划分，不同的职业编入不同的里。正如《管子·大匡》所云：“凡仕者近公，不仕与耕者近门，工贾近市。”⑥ 这说明当时里是按照行业门类来划分的。甘肃悬泉置发现的汉简中，可以确认的效谷县乡名有3个，里名有45个，“敦煌县”的乡名有4个，里名有51个。⑦

---

① 何清谷校释：《三辅黄图校释》，北京：中华书局，2005年，第106页。

② 张衡：《西京赋》，见严可均辑：《全后汉文》，北京：商务印书馆，1999年，第539页。

③ 班固著，颜师古注：《汉书》卷一上《高帝纪上》，北京：中华书局，1962年，第1页。

④ 班固著，颜师古注：《汉书》卷四十六《万石卫直周张传》，北京：中华书局，1962年，第2193、2196页。

⑤ 王先慎撰，钟哲点校：《新编诸子集成·韩非子集解》卷十四《外储说右下》，北京：中华书局，1998年，第336页。

⑥ 黎翔凤撰，梁运华整理：《新编诸子集成·管子校注》卷第七《大匡》，北京：中华书局，2004年，第371页。

⑦ 张俊民：《悬泉汉简：社会与制度》，兰州：甘肃文化出版社，2021年，第126~183页。

关于里的规模和大小，政府是没有统一规定的，而是根据实际情况决定的。文献中对里中居民多少有不同的记载：

1. 25 家之说。《周礼·地官·遂人》云：“五家为邻，五邻为里。”[1]《诗经·郑风·将仲子》云：“二十五家为里。”[2]

2. 50 家之说。《管子·小匡》云：“五家为轨，轨有长。十轨为里，里有司。”[3]《国语·齐语》云：“五家为轨，轨为之长；十轨为里，里有司。”[4]

3. 72 家之说。《尚书大传》：“古八家而为邻，三邻而为朋，三朋而为里，五里而为邑，十邑而为都。”[5]

4. 80 家之说。《公羊传》宣公十五年何休注：“一里八十户，八家共一巷。”[6]

5. 100 家之说。《管子·度地》：“百家为里。”[7]《礼记·杂记下》郑玄注引《王度记》：“百户为里。”[8]《后汉书》：“里魁掌一里百家。”[9]

从历史的发展来看，随着经济的发展和人口的增加，里的规模一直处于扩大之中，因此自周至汉，里这一行政管理单位呈现出一种扩大的趋势。这一趋势的出现，当与经济的发展和人口的增长有关。文献史料中除

---

① 郑玄注，贾公彦疏：《周礼注疏》，李学勤主编：《十三经注疏》，北京：北京大学出版社，1999 年，第 390 页。

② 毛亨传，郑玄笺，孔颖达疏：《毛诗正义》，李学勤主编：《十三经注疏》，北京：北京大学出版社，1999 年，第 280 页。

③ 黎翔凤撰，梁运华整理：《新编诸子集成·管子校注》卷第八《小匡》，北京：中华书局，2004 年，第 400 页。

④ 左丘明撰，徐元诰集解，王树民、沈长云点校：《国语集解·齐语六》，北京：中华书局，2002 年，第 224 页。

⑤ 皮锡瑞撰，吴仰湘编：《尚书大传疏证》卷二《皋陶谟》，北京：中华书局，2015 年，第 95 页。

⑥ 公羊寿传，何休解诂，徐彦疏：《春秋公羊传注疏·宣公十五年》，李学勤主编：《十三经注疏》，北京：北京大学出版社，1999 年，第 360 页。

⑦ 黎翔凤撰，梁运华整理：《新编诸子集成·管子校注》卷第十八《度地》，北京：中华书局，2004 年，第 1051 页。

⑧ 郑玄注，孔颖达疏：《礼记正义》，李学勤主编：《十三经注疏》，北京：北京大学出版社，1999 年，第 1215 页。

⑨ 范晔撰，李贤等注：《后汉书》志第二十八《百官五》，北京：中华书局，1965 年，第 3625 页。

了郑玄、何休注间接反映了西汉的一些情况，直接涉及西汉里户数的尚有以下几条史料：《汉书·张安世传》载“‘……其为故掖〔庭〕令张贺置守冢三十家。’上自处置其里，居冢西斗鸡翁舍南”①，是为1里30家。《汉书·平帝纪》记“起五里于长安城中，宅二百区，以居贫民”②，是为1里40家。《汉书·武五子传》载“置奉邑二百家……以湖阌乡邪里聚为戾园”③，是为1里200家。考古资料中亦有不少涉及西汉里中户数的。如：湖北省江陵凤凰山10号汉墓出土的《郑里廪簿》中载有郑里25户农民的人口与土地状况，说明郑里中至少有25户以上的农民，里内的确切户数尚难以断定。在长沙马王堆3号汉墓出土的《驻军图》中标明了21个里的户数。其中户数最多的龙里有108户；其次是垣里和智里，分别为81户和68户；最少的资里只有12户。平均为41户左右。

综观上述西汉有关里的户数的材料，少则12户，多则200户，相差较大。若仔细分析诸条材料，则因其各自背景不一，又难以反映出当时带有浓厚传统色彩的里的户口状况。如《汉书·张汤传》与《武五子传》的记载，均为宣帝以行政命令方式所置的守冢之邑，任意性很强。《平帝纪》中所言于长安城中设置五里以安置贫民，则为荒年防止流入京师的灾民骚乱的一种临时性举措，且只能择地设里，不能不受当时长安城已有规划的限制。至于马王堆《驻军图》，则必须对其出土地的地理环境加以考虑。司马迁“江南卑湿，丈夫早夭”的描述，即部分反映出中原人士对江南“地广人稀”之地的认识。因此，贾谊视贬谪长沙为畏途，也就不足为怪了。且长沙当时正值西汉王朝与南越赵佗战争的最前线，受此影响，百姓流亡，人口明显少于较为安定、富庶的关中与中原地区，当是情理之中

① 班固著，颜师古注：《汉书》卷五十九《张汤传》，北京：中华书局，1962年，第2651页。

② 班固著，颜师古注：《汉书》卷十二《平帝纪》，北京：中华书局，1962年，第353页。

③ 班固著，颜师古注：《汉书》卷六十三《武五子传》，北京：中华书局，1962年，第2748页。

的事。

由此看来，里这一基层行政组织的构成，往往受地理环境、人口密度、政治形势、经济形式等多种条件的限制。加之疾病死亡、出生多少、户口迁徙等多方面因素的影响，在全国范围内经常性地保持一里百家“或数十家”的定制，显然是不太可能的。因此，与其将里视作一种以户数为单位的行政组织，倒不如把它看成一种区域性的地方行政单位。在发达富庶的关中和黄河中下游地区，传统的里的户数应多保持在50家以上、接近百家。因此，成书于东汉的《太平经》卷四十五《起土出书诀》称：“今一大里有百户。”[①] 有时为表述便利计，即取其整数，概言一里百家。1993年初，在江苏省连云港市东海县的尹湾汉墓中，出土了总数约40000余字属于官府文书性质的简牍。据其中的《集簿》统计，西汉时东海郡有人口266290户，置有2534个里，平均每里管辖约105户，和文献记载正可互相印证。

秦简《法律答问》记载：“越里中之与它里界者，垣为‘完（院）’不为？巷相直为‘院’，宇相直者不为‘院’。”[②] 即翻越里墙则被处罚。郑玄注《孝经》云“坏人垣墙、开人关跕者，膑”[③]，应是继承了秦律的。汉《二年律令》记载：“越邑里、官市院垣，若故坏决道出入，及盗启门户，皆赎黥。”[④] 汉宣帝时，张敞守京兆尹，治长安偷盗，令偷长“致诸偷以自赎。……偷长以赭污其衣裾。吏坐里闾阅出者，污赭辄收缚之，一日捕得数百人”[⑤]。此即为于治安方面显示功效之一例。

---

① 王明编：《太平经合校》卷四十五《起土出书诀》，北京：中华书局，2014年，第124页。

② 睡虎地秦墓竹简整理小组编：《睡虎地秦墓竹简·法律答问释文注释》，北京：文物出版社，1990年，第137页。

③ 皮锡瑞撰，吴仰湘点校：《孝经郑注疏》卷下《五刑章》，北京：中华书局，2016年，第96页。

④ 张家山二四七号汉墓竹简整理小组：《张家山汉墓竹简（二四七号墓）》，北京：文物出版社，2001年，第157页。

⑤ 班固著，颜师古注：《汉书》卷七十六《赵尹韩张两王传》，北京：中华书局，1962年，第3221页。

既有里墙，自有里门，以利出入。里门在两汉史料中又称闾门、闾阎、里闬等。《汉书·石奋传》云："（石）庆及诸子入里门，趋至家。"①《汉书·于定国传》云："始定国父于公，其闾门坏，父老方共治之。"②班固《西都赋》："内则街衢洞达，闾阎且千。"③ 左思《蜀都赋》："轨躅八达，里闬对出。"④ 关于闾阎的"阎"字，段玉裁注云："阎，里中门也。别于闾闬为里外门也。"⑤ 居延汉简中有关里中门的记载，可作为参考：

终古燧卒，东郡临邑高平里古胜，字游翁，贳卖九稯曲布三匹，匹三百卅三，凡直千。觻得富里张公子所，舍在里中二门东入。任者，同里徐广君。⑥

以上简中，"门"字前都标有数字加以区别。是否可做如下推论：即当时一个里内除了闾门，里内各家各户的门又以数字相排，类似于现在的门牌号码。文献中的"阎"字，大概指的就是这些各家各户的门。

关于里门之数，李剑农认为同市一样，应设有四门。但遍阅西汉史料，看不到里有四门的记述。《春秋繁露·求雨》记载："凿社通之于闾外之沟，取五虾蟆，错置社之中。……阖邑里南门，置水其外。开邑里北门，具老豭猪一，置之于里北门之外。"⑦ 这条史料中只谈及里的南北两

① 班固著，颜师古注：《汉书》卷四十六《万石卫直周张传》，北京：中华书局，1962年，第2196页。

② 班固著，颜师古注：《汉书》卷七十一《隽疏于薛平彭传》，北京：中华书局，1962年，第3046页。

③ 赵逵夫主编：《历代赋评注》（汉代卷），成都：巴蜀书社，2010年，第490页。

④ 赵逵夫主编：《历代赋评注》（魏晋卷），成都：巴蜀书社，2010年，第439页。

⑤ 许慎撰，段玉裁注：《说文解字注》，上海：上海古籍出版社，1981年，第587页。

⑥ 中国社会科学院考古研究所编：《居延汉简（甲乙编）·释文》，北京：中华书局，1980年，第201页。

⑦ 董仲舒著，苏舆撰，钟哲点校：《新编诸子集成·春秋繁露义证》卷第十六《求雨》，北京：中华书局，1992年，第429~430页。

门。《管子·立政》："一道路，博出入，审闾闬，慎筦键。"[①] 表明里内只有一条道路，专司出入。里门则分居其两端，没有四门的迹象。"街衢相径，廛里端直，甍宇齐平""轨躅八达，里闬对出"，叙述的虽是长安和成都的风景，但一般城市中里里相连、鳞次栉比的居民区的存在也是可以想见的。若里有四门，则相邻之里难以并存，亦无法划分"闾左""闾右"。故此，对人口密集的城内之里来说，辟置四门似乎是不太可能的。李剑农所谓里有四门之说，依据的是《洛阳伽蓝记》卷五"里开四门，门置正二人"的记载。北魏时洛阳城内的里，是北魏迁都洛阳后于景明元年（500）征调5万人，一次性建成的，共有320里（坊）。这是中国古代都城史上第一次有计划地将居民的"里"全部建成，与前代的里的形制迥然有别。

普通的里门一般规模不大，难以容纳驷马高车的通行。《汉书·于定国传》中记有这样一则轶事："始定国父于公，其闾门坏，父老方共治之。于公谓曰：'少高大闾门，令容驷马高盖车。我治狱多阴德，未尝有所冤，子孙必有兴者。'"[②] 反之，高官贵族所居之处则里门宽敞，可驱车直入。如万石君石奋，父子五人皆为二千石高官，"徙居陵里。内史庆醉归，入外门不下车。万石君闻之，不食。庆恐，肉袒谢请罪"[③]，即为其中一例。高祖刘邦姻亲集中居住的戚里，想必亦当如此。里内的居民，皆比户相连，列巷而居，井然有序。诸里"室居栉比，门巷修直""比屋连甍，千庑万室"。住宅排列整齐，使得言某里某门即可知其详细住所。

豪贵之家，则可以突破里的规制，向街开门。张衡记长安城内"北阙甲第，当道直启"；左思记成都"亦有甲第，当衢向街，坛宇显敞，高门纳驷"。对此，《初学记·居处部》中有较为详细的说明：

---

① 黎翔凤撰，梁运华整理：《新编诸子集成·管子校注》卷第一《立政》，北京：中华书局，2004年，第65页。

② 班固著，颜师古注：《汉书》卷七十一《隽疏于薛平彭传》，北京：中华书局，1962年，第3046页。

③ 班固著，颜师古注：《汉书》卷四十六《万石卫直周张传》，北京：中华书局，1962年，第2196页。

宅亦曰第，言有甲乙之次第也。一曰：出不由里门，面大道者曰第。爵虽列侯，食邑不满万户，不得作第；其舍在里中，皆不称第。[1]

由此可见，自起宅第者，有严格的资格限制。但朝廷特赐，不受此限制。如武帝曾“‘……以二千户封地士将军（栾）大为乐通侯。’赐列侯甲第”[2]。贵族官吏显赫豪华的高门大第，与里内普通居民的局促狭窄形成了鲜明的对照。因此，他们也就颇以入里巷为耻。如成都侯王商至楼护家，“欲候护，其主簿谏：‘将军至尊，不宜入闾巷。’”[3] 里作为地方上最重要的基层组织，在整个国家行政系统的运作过程中，发挥着重大作用。白钢认为：乡村社会实行乡里制行政管理，这是古代中国不同于中世纪西欧的地方。乡里制度的宗法性与行政性的高度整合，集中反映了中国古代社会结构的一些特殊性。历代乡里制度都是以对全体乡村居民进行什伍编制为起点，以“什伍相保”“什伍连坐”为基本组织原则的。它是君主专制主义国家政权结构中最基层的行政单位，拥有按比户口、宣布教化、督催赋税、摊派力役、维持治安、兼理司法的职权，被称为“治民之基”。[4]

里在基层的作用表现在：

其一，进行生产的组织与协调。

《管子》中所说的“四民不使杂处”“凡仕者近公，不仕与耕者近门，工贾近市”的居住原则[5]，秦汉时期仍沿用未改。身份或职业相同者，多

---

① 徐坚：《初学记》卷第二十四《居处部》，北京：中华书局，2004年，第578~579页。

② 司马迁：《史记》卷十二《孝武本纪》，北京：中华书局，1959年，第463页。

③ 班固著，颜师古注：《汉书》卷九十二《游侠传》，北京：中华书局，1962年，第3707页。

④ 白钢：《中国乡里制度》序，赵秀玲：《中国乡里制度》，北京：社会科学文献出版社，2002年，第1页。

⑤ 见黎翔凤撰，梁运华整理：《新编诸子集成·管子校注》卷第五《八观》，北京：中华书局，2004年，第267页；黎翔凤撰，梁运华整理：《新编诸子集成·管子校注》卷第七《大匡》，北京：中华书局，2004年，第368页。

集居于一里之内。集中而居的工商业者的生产经营状况，因缺乏史料，一时难以究明。农业居民的劳动生产状况，则可窥见一二。官府贷与农民生产资料的例子，在西汉能够看到。如文帝二年春诏曰：

民谪作县官及贷种食未入、入未备者，皆赦之。[①]

江陵凤凰山10号汉墓出土的《郑里廪簿》竹简中有这样的文字：

户人圣能田一人口一人，田八亩……贷八斗……[②]

对于这些借贷的农民，官府当然有权督促其生产。联系赵过行代田法时曾令里父老学新式耕田技术一事，官府的监督与检查，也应该是以里为单位来进行的。

其二，管理户籍与征派赋役。

西汉凡言人籍贯，必以“名县爵里”的形式予以表现。如《汉书·宣帝纪》地节四年诏书云：

其令郡国岁上系囚以掠笞若瘐死者所坐名、县、爵、里。

颜师古注曰：“名，其人名也。县，所属县也。爵，其身之官爵也。里，所居邑里也。”[③] 检阅文献与汉简，“名县爵里”之类的记述屡见不鲜。

居民被固定在闾里户籍之内，不得擅自迁徙，即使短期外出，也要通过乡里向县府申请凭证，即“过所”。

---

① 班固著，颜师古注：《汉书》卷四《文帝纪》，北京：中华书局，1962年，第117页。

② 裘锡圭：《湖北江陵凤凰山十号汉墓出土简牍考释》，《文物》，1974年第7期。

③ 班固著，颜师古注：《汉书》卷八《宣帝纪》，北京：中华书局，1962年，第253页。

户籍上不仅要登记年龄、性别、籍贯、身高、肤色等个人情况，还要详及社会关系、家庭人口、财产状况等，以作为征发赋役的根据。凤凰山汉墓《郑里廪簿》竹简，即涉及里内居民的家庭人口、能田者和拥有土地的数量：

户人击牛，能田二人，口四人，田十二亩。

户人胜，能田三人，口五人，田五十四亩。[1]

郑里的口赋和算钱，则是由里正偃收齐后上缴给所属西乡乡佐的。调发徭役时，则由乡吏同里正，通知服役人。秦简《法律答问》曰：

可（何）谓“逋事”……律所谓者，当繇（徭），吏、典已令之，即亡弗会，为“逋事”。[2]

此处的典即里典，吏当为乡吏。一旦发现有逋逃徭役者，除了追究本人的责任，里正、父老亦难辞其咎。《秦律·傅律》曰：

匿敖童，及占瘁（癃）不审，典、老赎耐，·百姓不当老，至老时不用请，敢为酢（诈）伪者，赀二甲；典、老弗告，赀各一甲；伍人，户一盾，皆䙴（迁）之。[3]

意即隐匿成童及申报废疾不真实，里典、伍老应赎耐；百姓不应免老，或已应免老而不加申报、敢弄虚作假者，罚二甲；里典、伍老不予告发，各罚一甲。所言虽为秦制，汉制亦当相去不远。

---

① 裘锡圭：《湖北江陵凤凰山十号汉墓出土简牍考释》，《文物》，1974 年第 7 期。

② 睡虎地秦墓竹简整理委员会：《睡虎地秦墓竹简·法律答问释文注释》，北京：文物出版社，1990 年，第 132 页。

③ 睡虎地秦墓竹简整理委员会：《睡虎地秦墓竹简·秦律杂抄释文注释》，北京：文物出版社，1990 年，第 87 页。

其三，维护社会治安

《管子·八观》云："大城不可以不完，郭周不可以外通，里域不可以横通……大城不完，则乱贼之人谋。郭周外通，则奸遁逾越者作。里域横通，则攘夺盗窃者不止。"① 将防范盗窃、维护秩序，视为里的当然功用。

秦简《法律答问》中载有以下一则问答：

> 贼入甲室，贼伤甲，甲号寇，其四邻、典、老皆出不存，不闻号寇，问当论不当？审不存，不当论；典、老虽不存，当论。②

由此可见，里中居民均有权也必须制止犯罪行为。里典与父老则需承担更为重大的责任。

治安方面遇有非常之事，里正必须及时向上级汇报。

同时，在上级官署查抄罪犯家室时，里正（典）也必须到场作证，并有责任提供情况介绍、协助查封与保管。《封诊式·守》：

> 乡某爰书：以某县丞某书，封有鞫者某里士五（伍）甲家室、妻、子、臣妾、衣器、畜产。……几讯典某某、甲伍公士某某："甲党（倘）有【它】当封守而某等脱弗占书，且有罪。"某等皆言曰："甲封具此，毋（无）它当封者。"即以甲封付某等，与里人更守之，侍（待）令。③

在整个过程中，里典需密切配合，提供协助。正是里在维护社会治安方面的这一功能，使得官府在整治地方社会秩序时，无不将着眼点放于闾

① 黎翔凤撰，梁运华整理：《新编诸子集成·管子校注》卷第五《八观》，北京：中华书局，2004 年，第 256 页。

② 睡虎地秦墓竹简整理委员会：《睡虎地秦墓竹简·法律答问释文注释》，北京：文物出版社，1990 年，第 116 页。

③ 睡虎地秦墓竹简整理委员会：《睡虎地秦墓竹简·封诊式释文注释》，北京：文物出版社，1990 年，第 149 页。

里之内。

其四，教化民众。

在构成社会基层单位的乡里世界中亲族血缘关系的存在，使得法律之外的以孝悌、敬老为核心的家族伦理，成为维护乡里秩序的重要基础。而“先礼后法”“德主刑辅”的立法思想，也使汉帝国的统治者非常注重伦理道德的教化。

首先，针对闾里居民的特点，大力宣传以“孝悌”为核心的伦理观念。“导民以孝则天下顺”之类的文句，频频出现于西汉皇帝的诏书中，“入则孝慈于亲戚，出则弟长于乡里”[①] 被视为做人之根本。一些致仕退归故里的士绅更是率先垂范、身体力行。如万石君石奋闻知其子石庆过里门不下车、里中长老为之走匿的消息后，曾断食以示谴责。对于那些以孝悌闻名于乡里者，官府则不遗余力地予以表彰。如张璠《汉纪》云：

> （荀）淑有八子：俭、鲲、靖、焘、汪、爽、肃、敷。淑居西豪里，县令苑康曰：“昔高阳氏有才子八人。”遂署其里为高阳里。[②]

武帝时下令郡国将察孝举廉列为仕进的一项重要途径，“崇乡党之化，以厉贤材”[③]，使本行于周代的乡举里选之制得以发扬光大。自此，人们于闾里之中更是束修砥行，以获得乡曲之誉，获晋身之阶。如东汉时期的冯豹，“长好儒学，以《诗》《春秋》教丽山下。乡里为之语曰：‘道德彬彬冯仲文’”，乡里的赞赏引起官府的注意，冯豹由此被“举孝廉，拜尚书郎”。[④] 类似的记载于两汉史书中随处可见。

---

① 吴毓江撰，孙启治点校：《新编诸子集成·墨子校注》卷之九《非命上》，北京：中华书局，2006 年，第 402 页。

② 转引自刘义庆著，刘孝标注，余嘉锡笺疏，周祖谟、余淑宜、周士琦整理：《世说新语笺疏》卷上之上《德行》，北京：中华书局，2007 年，第 8 页。

③ 班固著，颜师古注：《汉书》卷六《武帝纪》，北京：中华书局，1962 年，第 172 页。

④ 范晔撰，李贤等注：《后汉书》卷二十八下《冯衍传》，北京：中华书局，1965 年，第 1004 页。

其次，乡里的学校教育于其中所起的作用也不可低估。两汉郡县以下的教育制度因缺乏史料，难以详知。但闾里之内学校的存在是可以确定的。《汉书·艺文志》云：

> 汉〔兴〕，闾里书师合《苍颉》《爰历》《博学》三篇，断六十字以为一章，凡五十五章，并为《苍颉篇》。①

《汉书·食货志》在言及学校制度时亦称：

> 里有序而乡有庠。序以明教，庠则行礼而视化焉。②

文献记载中的小农聚居形式称为“里”，多经过周密规划，内部管理体系完备。

西汉时期基层管理以及税收绝大部分是通过乡里行政组织来具体实施的。因此，国家必须把行政组织设置到乡里一级，最大限度地贴近直接生产者。无论授田还是公田的分配，乡官里吏恐怕都是具体的执行者。出土材料就证明乡里行政组织承担着土地分配与土地管理的繁杂事务。《二年律令·户律》载：“未受田宅者，乡部以其为户先后次次编之，久为右。久等，以爵先后。有籍县官田宅，上其廷，令辄以次行之。”③ 亭长的职责虽然“承望都尉”“主求捕盗贼”，但这种治安管理本身也有维护正常经济生产秩序的职能，如任安的行为就是如此。个别亭长（如仇览）行使经济职能还不能说是一种制度化的规定，更不能说在“亭部”管辖范围内的民事都由亭长来管理，而应看作是亭长将自己维持治安的职能加以延伸的

---

① 班固著，颜师古注：《汉书》卷三十《艺文志》，北京：中华书局，1962 年，第 1721 页。

② 班固著，颜师古注：《汉书》卷二十四上《食货志上》，北京：中华书局，1962 年，第 1121 页。

③ 张家山二四七号汉墓竹简整理小组：《张家山汉墓竹简（二四七号墓）》，北京：文物出版社，2001 年，第 176 页。

结果。例如从尹湾汉简来看，东海郡有170个乡，有688位亭长，即便只有一乡的侯国也有两个亭长。如果亭内居民的民事都归亭长管理，这种体制恐怕令人难以理解，也与事实不相符合了。因此，正常的经济措施还应是由乡里行政组织实施的。

与里这种管理形式不同的是当时的村落管理模式。西汉时期的这种村落基层管理模式在考古发掘资料中也得到了验证。主要反映在西汉农业聚落形态上，西汉农业聚落形态指西汉小农的各种聚居方式。考古发现揭示西汉有两种自发形成的聚居形式：一是河南内黄三杨庄遗址发现的散居式的自然聚落；二是辽阳三道壕遗址发现的相对集中的聚落。聚落中“田”（小家的田地）与“宅”（小家聚居处）的空间布局呈现两种特征：一是三杨庄式的西汉农业聚落中“田”“宅”相连；二是文献记载中的“里”与三道壕式聚落中“田”“宅”不相连属。《汉书·食货志》记载，自“殷周之盛”“圣王域民”讲到“周室既衰”“陵夷至于战国”“及秦孝公用商鞅”，直至“汉兴”，他描写的“圣王”时代“先王制土处民富而教之之大略”中有关“民”的生活情境是：

> 在野曰庐，在邑曰里。五家为邻，五邻为里，四里为族，五族为党，五党为州，五州为乡。乡，万二千五百户也。邻长位下士，自此以上，稍登一级，至乡而为卿也。于〔是〕里有序而乡有庠。序以明教，庠则行礼而视化焉。春令民毕出在野，冬则毕入于邑。其《诗》曰：“四之日举止，同我妇子，馌彼南亩。”又曰：“十月蟋蟀，入我床下，嗟我妇子，聿为改岁，入此室处。”所以顺阴阳，备寇贼，习礼文也。春，〔将〕出民，里胥平旦坐于右塾，邻长坐于〔左〕塾，毕出然后归，夕亦如之。入者必持薪樵，轻重相分，班白不提挈。冬，民既入，妇人同巷，相从夜绩，女工一月得四十五日。必相从者，所以省费燎火，同巧拙而合习俗也。男女有不得其所者，因相与歌咏，各言其伤。[1]

---

① 班固著，颜师古注：《汉书》卷二十四上《食货志上》，北京：中华书局，1962年，第1121页。

可以看出，里有序以“明教”，有大门，里胥、邻长早晚坐于左右两门塾监督，显然是有围墙的里。

张家山汉墓竹简《二年律令·户律》中有与班固所说极为相似的里：“自五大夫以下，比地为伍，以辨券为信，居处相察，出入相司。有为盗贼及亡者，辄谒吏、典。田典更挟里门籥（钥），以时开；伏闭门，止行及作田者。”[①] 里有门，田（里）典挟门钥，掌以时开闭。监门应为田（里）典的从属。

三道壕是辽宁辽阳一处西汉时期的聚落遗址，遗址位于太子河西岸的冲积平原地带，20 世纪 50 年代发掘 1 万多平方米，这仅是大型聚落遗址的一小部分，共发现居址 6 处，砖窑址 7 座，水井 11 眼，以及道路等遗迹。“各住宅都向南或稍偏东、西开门，互不连接，排列得也无次序。各宅院间的距离，近的 15 米，远的约 30 多米或更远些。宅院大都具备：房屋、炉灶、土窖、水井、厕所土沟、木栏畜圈、垃圾堆等。在这些分散的宅院遗址中间和附近，分布着砖窑址和卵石路。”[②] 三道壕的住址很分散，只是整体上相对集中，15~30 米的间距显然不能形成巷道，但住宅间穿插生产和生活的设施，也使聚落内部不会有太大的空地，是一种相对集中但无统一规划的聚居点，聚落内小农的田地应在聚落之外远近不等的地方。根据出土遗迹现象推测，三道壕的房址原是一种土墙、木柱、草瓦盖顶的小房舍，比较简陋。遗址不见有围墙的迹象，应该不是云梦睡虎地秦简、张家山汉墓竹简《二年律令·户律》和《汉书·食货志》等提到的有里巷、围墙和门塾并依时开闭的里，而应属于城邑之外的自然聚落类型。

近年来河南省文物考古研究所发掘的内黄三杨庄西汉聚落遗址，也展示了与前述里居完全不同的聚居形式。在三杨庄遗址 100 万平方米范围内勘探发现 14 处西汉晚期的宅院建筑遗址，已经发掘的有 4 处，通过调查和

---

① 张家山二四七号汉墓竹简整理小组：《张家山汉墓竹简（二四七号墓）》，北京：文物出版社，2001 年，第 175 页。

② 东北博物馆：《辽阳三道壕西汉村落遗址》，《考古学报》，1957 年第 1 期。

发掘，基本搞清了三杨庄西汉聚落的布局和结构。[①] 其布局特征主要有三个：第一，宅院和宅院不相邻，近的两处宅院之间的距离从50米到200米不等。宅院和宅院间是大片农田，农田中可见清晰的田垄。这些宅院既不成行也不成列，完全是一种散居的形式。第二，宅院坐北朝南，每处面积大都在900平方米左右，前面都有较大的活动场地，与宅院一起，面积总计1300平方米左右（第二处宅院前面的空地较大）。这些聚落有瓦顶的主房和厢房，有水井、厕所等生活设施，院墙之外有桑、榆环绕，出土石臼、石磨等生活用器，应是常年居住的房舍。第三，遗址发现窑址1座，道路5条，其中一条东西向道路宽达20米。道路上发现车辙，说明该聚落不是临时性的住所。

三道壕与三杨庄的聚落形态在西汉绝不是孤例，仅仅是通过考古发掘了解到的，它们实质上反映了西汉乡间农业聚落的另一种形式，使我们对西汉农业聚落的多样性有了直观的认识。我们不能再像以前那样，把整齐划一的里当作普遍的、唯一的聚居形式。

就目前的材料来看，最能反映两汉乡村社会中里的真实面貌的，还是马王堆出土的《驻军图》与《地域图》[②]，这是关于西汉里的规模的第一手材料。尤其是《驻军图》，其上不仅标最小的里只有12户人家，最大的里为108户。从《驻军图》所列里之分布及人户状况，我们可以清楚地看到，作为自然聚落的里聚普遍存在于乡村社会，它们与各类城市相对应，共同构成了地方社会组织结构。村落与城邑的区界点有三：其一，村落中的居民几乎完全是自给自足的农民与农民家庭；其二，村落的规模明显小于城邑，并且以城邑为权力中心与经济中心；其三，村落无论大小，都自成一体，有着自己的祭祀、信仰、宗法血缘以及其他组织体系，是社会的基本细胞。[③]

---

① 河南省文物考古研究所、内黄县文物保护管理所：《河南内黄县三杨庄汉代庭院遗址》，《考古》，2004年第7期。

② 马王堆汉墓整理小组编：《古地图论文集》，北京：文物出版社，1977年，第45页。

③ 马新、齐涛：《汉唐村落形态略论》，《中国史研究》，2006年第2期。

汉代对基层社会的管理还表现在“编户齐民”上，通过编户齐民一方面加强最基层的管理，另一方面为国家征收赋税、徭役提供保障。先秦时期的世卿世禄封建贵族制，一变而为编户齐民的郡县制，并由此奠定两千年帝制社会的根基。过去层层分封的贵族分崩瓦解，专制君主皇权加强，通过郡县制和编户制建立起一个皇权直接支配下的“齐等无贵贱”的社会，从而使传统政治社会结构得以形成。[①]

郡县制和编户制无疑是实现这一社会巨变的主要措施，郡县制的展开和编户制的推进，是“齐民”社会出现的重要基础。郡县化和编户化过程息息相关，前者是后者的基础，而后者是前者深化的结果。[②] 二者共同作用，使编户齐民社会在秦汉时期得以最终形成。

“编户齐民”最早见于《淮南子·齐俗》：“且富人则车舆衣纂锦……贫人则夏被褐带索……故其为编户齐民无以异，然贫富之相去也，犹人君与仆虏，不足以论之。”[③] “编户”一词，史籍常见，颜师古注《汉书》曰：“编户者，言列次名籍也。”[④] 所谓列次名籍，乃指按一定顺序著录于名籍之上，这种以户为单位的名籍即为户籍。[⑤]《汉书·梅福传》载梅福上书，内有“今仲尼之庙不出阙里，孔氏子孙不免编户，以圣人而歆匹夫之祀，非皇天之意也”[⑥]。颜师古注“编户”曰“列为庶人”。则知此处“编户”即“编户齐民”。

---

① 参杜正胜：《编户齐民：传统政治社会结构之形成》，台北：联经出版事业有限公司，1988 年，第 34~47 页。

② 参钟良灿：《东汉时期南方诸蛮的编户化与反编户化——以〈后汉书·南蛮西南夷列传〉为中心的考察》，待刊稿。

③ 刘安编，何宁整理：《新编诸子集成·淮南子集释》卷十一《齐俗训》，北京：中华书局，1998 年，第 822~823 页。

④ 班固著，颜师古注：《汉书》卷一下《高帝纪下》，北京：中华书局，1962 年，第 80 页。

⑤《汉书·司马相如传》“非编列之民”之“编列”曰：“编列，谓编户也。”可见编列、列次是户籍的一种著录方式，因此成为户籍的一种别称。见班固著，颜师古注：《汉书》卷五十七下《司马相如传下》，北京：中华书局，1962 年，第 2579 页。

⑥ 班固著，颜师古注：《汉书》卷六十七《杨胡朱梅云传》，北京：中华书局，1962 年，第 2925 页。

“齐民”一词，最早见于《管子·君臣》：“君子食于道，小人食于力，分民……君子食于道，则义审而礼明……齐民食于力，作本。作本者众，农以听命。”[①]

编户齐民是宗法制瓦解、郡县制出现，郡县制逐步取代宗法制这一过程中所产生的必然结果。战国时期是这一转变发生的关键时期，各国为适应这一历史潮流，都进行了程度不同的变法改革。这其中，秦国的变法比较彻底，而商鞅变法正是秦国走向富国强兵的一个重要起点。

户是国家为控制、管理赋役人口而创设之经济生活单位，户内之成员也全部被纳入国家的统治、管理之下，成为郡县制下新政府的社会基础。[②]秦自商鞅变法时期实行“分异令”，使这种小型生产、生活单位——户得以成型。这种小型的“家”“户”，正是现代社会一般“家庭”的原型。如果说编户齐民的出现与成型标志着传统政治社会结构的形成，那么，这种社会经济单位的出现与成型，则预示着古代传统家庭结构的形成。

汉代对基层的管理是在秦的基础上进一步的深化，对后代产生了重要的影响。正如卜宪群认为：“乡里是秦汉国家的社会基础，也是国家治理的重要对象。在四百多年的历程中，秦汉国家在乡里治理上多有创新，开创了我国封建社会大一统中央集权国家乡里治理模式之先河。社会演变是国家治理方式转变的根本动因，国家治理方式的转变又是社会演变在政治领域里的反映。春秋战国以降的社会变革，推动了秦汉国家治理的革新，也推动了国家在乡里治理上的积极探索。在乡里社会演变过程中，国家通过对社会流动的控制与治理、对乡里社会结构变化所带来的社会问题的治理、对宗族组织兴起的管控与治理，体现了秦汉乡里社会治理的主要特点，既积累了丰富经验，也留下深刻教训。”[③]

---

① 黎翔凤撰，梁运华整理：《新编诸子集成·管子校注》卷第十一《君臣下》，北京：中华书局，2004年，第584页。

② 杜正胜：《编户齐民：传统政治社会结构之形成》，台北：联经出版事业有限公司，1988年，第34页。

③ 卜宪群：《秦汉乡里社会演变与国家治理的历史考察》，《中国社会科学》，2022年第3期。

第二节　“以孝治天下”与乡里教化

“百善孝为先”，中华民族的孝文化历史悠久、源远流长、倍受推崇。何为孝？《尔雅·释训》认为“善父母为孝”[①]；《说文解字》的解释是“善事父母者，从老省、从子、子承老也”[②]。许慎认为“孝”字是由“老”省去右下角的形体，和“子”字组合而成的一个会意字。孝文化萌芽于尧舜时代，距今已有四千多年的历史。《史记·五帝本纪》载：“舜年二十以孝闻。”[③] 在考古发现的资料中，“孝”字最初见于殷墟甲骨卜辞。儒家思想非常重视孝悌，孔子把“孝悌”作为实行“仁政”的根本，提出“三年无改于父道”“父母在，不远游”等一系列“孝悌”主张。孟子也把孝悌视为基本的道德规范。《孝经》中则进一步提出——“人之行莫大于孝”[④]。

以“孝”治天下是西汉的国策。其实质是重新建立基层社会的“齿”“长”兼序的制度，建立一种有别于周代与秦代的新的宗法制度。这是由家族伦理向国家伦理的延伸，提倡“孝”“忠”“节”三道的统一，是汉初政府治理的理论基石。而秦代主要关注“忠”“节”的国家伦理。

汉王朝将宗法血缘的“亲亲”“尊尊”伦理制度作为整合社会的内在机制，是适应当时关东诸地和长江中下游地区宗法血缘制的。汉“以孝治天下”，正是对秦毁灭宗法血缘制，单纯强调“忠”的一种纠偏。从高祖开始，历经惠、文、景、武帝，统治者认识到家族伦理与政治伦理的互通性，于是“孝”的地位逐渐上升，成为国家政治道德属性的家族伦理范畴，成为国家控制基层社会、缓和阶级矛盾的不变之策。

---

① 郭璞注，周远富、愚若点校：《尔雅》卷上《释训》，北京：中华书局，2020 年，第 77 页。

② 许慎撰，段玉裁注：《说文解字注》，上海：上海古籍出版社，1981 年，第 398 页。

③ 司马迁：《史记》卷一《五帝本纪》，北京：中华书局，1959 年，第 33 页。

④ 李隆基注，邢昺疏：《孝经注疏》，李学勤主编：《十三经注疏》，北京：北京大学出版社，1999 年，第 3 页。

刘邦完成“帝业”并开辟了汉“以孝治天下”的伦理道德模式，这是与“秦制”的重要区别。“秦制”固然也强调家庭中的父子、夫妻的尊卑、上下，但是仅仅局限在家庭伦理，而没有上升到“治国平天下”之大伦。[①] 汉自惠、文、吕后起，就逐渐实行“以孝治天下”的“周道”伦理模式，走上以君主集权体制和传统宗法文化相结合的“治理”新路。[②]

汉初开国未遑，万事尚未走上正轨。自惠文、吕后起，制度初备，汉代统治者就开始提倡把“孝”“仁”作为重要的伦理范畴。在西汉建立不久，皇权为了标示“孝”在帝制国家意识形态中的极端重要性，在帝王谥号中均加上“孝”字，如“孝文”“孝景”“孝武”“孝宣”等，以表示国家对孝道的昭彰，达到上行下效的目的。同时，汉王朝为了标示对“孝”的重视，在官吏选拔中特意将其作为一项重要条件。例如公元前196年，刘邦就下求贤诏，令从郡国推举有治国才能的“贤士大夫”[③]，而这种“贤士大夫”的标准不久就具体化为“孝弟力田”。如《汉书》记惠帝四年“春正月，举民孝弟力田者”[④]，说明家族伦理的“孝”“悌”已成为汉代选官途径科目之一。惠帝死后，少帝立，吕后临朝称制，在中央特设“孝弟力田”官，秩二千石。文帝时，在郡县下设“孝弟力田”，并与乡

---

① 例如韩非为了达到巩固君主专制的目的，将国家政治思想充分地狭窄化、限域化。表现在政治伦理上，则是倡导单向义务型的“忠”与“孝”。例如韩非就将父子、君臣关系比喻为利害关系，强调“孝子之事父也，非竞取父之家也；忠臣之事君也，非竞取君之国也”；“故人臣毋称尧、舜之贤，毋誉汤、武之伐，毋言烈士之高，尽力守法，专心于事主者为忠臣”。其说“孝”主要是为了喻“忠”，与周代礼法中宗法血缘家族伦理有着不同的取向。见王先慎撰，钟哲点校：《新编诸子集成·韩非子集解》卷二十《忠孝》，北京：中华书局，1998年，第468页。

② 例如在陆贾看来，“仁者道之纪，义者圣之学。学之者明，失之者昏，背之者亡”；“仁者以治亲，义者以利尊。万世不乱，仁义之所治也”。“仁”“义”分别有着权利与义务的双向型伦理意义，也包括了这种从家族伦理（亲）向国家政治伦理（尊）的演进与转化。见陆贾撰，王利器整理：《新编诸子集成·新语校注》，北京：中华书局，2012年，第34页。

③ 班固著，颜师古注：《汉书》卷一下《高帝纪下》，北京：中华书局，1962年，第71页。

④ 班固著，颜师古注：《汉书》卷二《惠帝纪》，北京：中华书局，1962年，第90页。

里“三老”共为基层社会掌教化的乡官。自此以后“孝弟力田”成为汉代选官的特科之一。武帝元光元年，下诏令“郡国举孝廉各一人”[①]，其后“孝廉”规定为“察举制”的岁举常科。“孝廉”出身的官吏，则被认为是“正途”“清流”而被看重。

“孝”作为汉代伦理道德的大纲目，显然与继承周代“礼文”之宗法伦理有密切关系，这在汉前期的政治实践中常能看到。例如吕后势力初去，朝廷大臣计立代王。代王府中群臣也计议该事，中尉宋昌说道：“方今高帝子独淮南王与大王，大王又长，贤圣仁孝，闻于天下，故大臣因天下之心而欲迎立大王，大王勿疑也。”[②] 将贤圣仁孝作为代王德贤的标准。文帝时期，有司请早立太子，文帝不许。有司固请曰：“古者殷周有国，治安皆且千岁，有天下者莫长焉，用此道也。立嗣必子，所从来远矣。”以宗周之立子制度劝说帝王。又曰：“子启最长，敦厚慈仁，请建以为太子。”[③] 以敦厚慈仁作为立太子的理由，这是典型的以周代“礼文”之宗法血缘伦理道德去作为“圣”帝、“贤”王的标准。虽然这中间包含着皇权宗室内部的权力博弈，但是以此理由说明皇权继承制度，可以证明“周道”在当时已经成为能够拿上朝廷引经据典的重要“礼制”。

文帝在位时期，十分注重用孝道作为治理社会的工具。例如文帝二年诏曰：“老者非帛不暖，非肉不饱。今岁首，不时使人存问长老，又无布帛酒肉之赐，将何以佐天下子孙孝养其亲？今闻吏禀当受鬻者，或以陈粟，岂称养老之意哉！具为令。”后“有司请令县道，年八十已上，赐米人月一石，肉二十斤，酒五斗。其九十已上，又赐帛人二匹，絮三斤”。[④] 文帝十三年（前167），以诏令的形式宣布：“孝悌，天下之大顺也。力

① 班固著，颜师古注：《汉书》卷六《武帝纪》，北京：中华书局，1962年，第160页。

② 班固著，颜师古注：《汉书》卷四《文帝纪》，北京：中华书局，1962年，第106页。

③ 班固著，颜师古注：《汉书》卷四《文帝纪》，北京：中华书局，1962年，第111页。

④ 班固著，颜师古注：《汉书》卷四《文帝纪》，北京：中华书局，1962年，第113页。

田，为生之本也。三老，众民之师也。廉吏，民之表也。……其遣谒者劳赐三老、孝者帛人五匹，悌者、力田二匹，廉吏二百石以上率百石者三匹。”① 文帝以孝、悌治国，倡导以“孝”“廉”为社会伦理标准，并将“孝”“廉”作为入仕条件之一，这说明“汉以孝治天下”确确实实是当时的一种既定政策，也是社会治理的道德要求。事实上，在小农社会中，由于分散的小农自然经济和自耕农业，皇权要直接统治浩如烟海般的广大“编户”，仅仅凭借有限的军队、官吏是远远不够的，必须采取传统的乡村治理方式。而以“孝”为核心的宗法血缘伦理，由于植根于中国上古以来的“村社”文化，有着个体的“人”与家族血缘的本能亲和的文化传统，因此它能够弥补“秦制”之失，达到“古者殷、周有国，治安皆且千岁”的长治久安。因此，鉴于秦朝短祚的教训，建构一种民众内在的伦理道德自觉，莫过于利用传统的“有天下者莫长焉，用此道也”的方法。正由于“孝”这种可以由家庭、宗族血缘宗法伦理起始，再向国家伦理过渡的道德延伸性，故汉初统治者十分注重在“汉制”中采用其内容作为法家“制度”之治的补充。

对于“孝”伦理倡导并纳入制度（如选官等），儒学的提倡起到了重要作用。儒家经典《孝经》大约创作、完成于汉初。《孝经》是对于儒家宗法血缘的孝道及相关伦理进行总括式论述的一本书。目前关于《孝经》的成书时代问题，还是一个争论不休的问题。② 但是，从目前学术界对于《孝经》的研究来看，大多数学者还是认为《孝经》思想的形成在战国后期，而成书于汉代。③ 其实，《孝经》文本无疑在汉初就出现了。《孝经》

---

① 班固著，颜师古注：《汉书》卷四《文帝纪》，北京：中华书局，1962 年，第 124 页。

② 例如《汉书·艺文志》言：“《孝经》者，孔子为曾子陈孝道也。夫孝，天之经，地之义，民之行也。举大者言，故曰《孝经》。”（班固著，颜师古注：《汉书》卷三十《艺文志》，北京：中华书局，1962 年，第 1719 页。）故此，有的人认为其成书于春秋末期由孔子自撰，亦有人认为《孝经》由孔子学生曾子、曾子门人或者子思编录，还有人认为《孝经》为汉儒伪作。

③ 参见姜广辉主编：《中国经学思想史》第二卷第二十六章，北京：中国社会科学出版社，2003 年，第 115~122 页。

有今、古文两个版本，《汉书·艺文志》皆有著录。古今文版的文字大致接近，相差不大。今文《孝经》十八章，据说是汉初惠帝废除“挟书令”以后，由河间（今河北河间）人颜芝之子颜贞献给河间献王后，用当时通行的隶书写成。古文本《孝经》，据说为汉武帝时期鲁恭王拆孔子故屋时所得。《汉书·艺文志》记载：“汉兴，长孙氏、博士江翁、少府后仓、谏大夫翼奉、安昌侯张禹传之，各自名家。经文皆同，唯孔氏壁中古文为异。‘父母生之，续莫大焉’，‘故亲生之膝下’，诸家说不安处，古文字读皆异。”[1] 这说明在汉初《孝经》已经开始流传于世。

《孝经》宣扬了儒家的宗法血缘的伦理道德思想。《孝经·三才章》明确将孝作为“天道”即天地的本体与规律：“曾子曰：‘甚哉！孝之大也。’子曰：‘夫孝，天之经也，地之义也，民之行也。’天地之经，而民是则之。则天之明，因地之利，以顺天下。是以其教不肃而成，其政不严而治。先王见教之可以化民也。是故先之以博爱，而民莫遗其亲。”[2] 可见倡扬“孝”是儒家政治哲学的组成部分，也是汉代制度体系中的重要内容。它的根本在于辅助政治、协和教化，以达到“其政不严而治”的目的，这正是刘邦、萧何以宽松之策对严酷“秦制”的补充。所以，“孝”的伦理范畴在汉初受到统治者追捧，是“汉承秦制”中制度建设的另一环节，是提倡以宗法血缘伦理来教化民众，进行伦理自律的社会统治方法，并通过由家族伦理向国家伦理的贯通，将民众的“孝”化为对君王的“忠”。

《孝经》第一章《开宗明义》中曰：“子曰：‘先王有至德要道，以顺天下，民用和睦，上下无怨。汝知之乎？’……‘夫孝，德之本也，教之所由生也。’”[3] 这就将孝作为儒家提倡的宗法血缘伦理道德加以强化，主

---

① 班固著，颜师古注：《汉书》卷三十《艺文志》，北京：中华书局，1962年，第1719页。

② 李隆基注，邢昺疏：《孝经注疏》，李学勤主编：《十三经注疏》，北京：北京大学出版社，1999年，第19~20页。

③ 李隆基注，邢昺疏：《孝经注疏》，李学勤主编：《十三经注疏》，北京：北京大学出版社，1999年，第2~3页。

张通过孝的实行，而达到儒家治国平天下的目标。在《孝经》作者看来，孝起始于宗法家族伦理，终于社会与国家伦理。在《孝经·士章》中明确提出："故以孝事君则忠，以敬事长则顺。忠顺不失，以事其上，然后能保其禄位，而守其祭祀。盖士之孝也。"[①] 在家事父母以爱，出门事君上则必以敬；在家事父母以孝顺，出门事君上则必以忠。所以，守其宗法血缘中心的祖先崇拜与族类祭祀，是士之孝；而以孝事君，忠以敬事长则顺，是士之以家族伦理运用于社会、国家伦理的具体表现。《孝经》还主张通过宗法伦理达到对君主的"忠"和汉代国家的认同。"夫孝始于事亲，中于事君，终于立身"[②]，"君子之事亲孝，故忠可移于君"[③]，都要求从上层到乡里社会的每个人从遵循家庭伦理规范做起，切实地通过维护家庭、家族社会秩序，将家庭、家族、各级政府作为个体的"人"社会化的学校，从幼年、青年、中年到老年都受"孝悌"伦理的熏陶，最终效果是在从乡村民众到各级官吏，通过家族教化而达到忠君、事国的目的。在这方面包括了两个方面内容：其一是建立乡村社会的家庭、家族伦理"自治"，利用传统的"村社"力量而达到皇权对全国俗异、风别的统一的有效治理；其二，是建立由"编户齐民"的乡村与国家的直接联系，这种联系虽然不能在"力"与"制度"的威权下达到，但是可以在伦理上达到上下相通，弥补"秦制"中王权与治权直接相通的结构性弊政。这样，就将家族孝道与对君主、国家的忠顺结合起来，孝就成为贯穿家族与社会的基本伦理趋向。这是其后几千年中国古代帝制国家都十分看重并大力推行的事情。从汉至清，古代帝制中国就大力倡扬两种"制度"之治，即政治、法律制度与宗法、礼仪制度（包括意识形态等）。这两种制度相互补充又各有所领，构成了古代国家的两大制度体系，其滥觞则是在汉代。

---

① 李隆基注，邢昺疏：《孝经注疏》，李学勤主编：《十三经注疏》，北京：北京大学出版社，1999年，第14页。

② 李隆基注，邢昺疏：《孝经注疏》，李学勤主编：《十三经注疏》，北京：北京大学出版社，1999年，第4页。

③ 李隆基注，邢昺疏：《孝经注疏》，李学勤主编：《十三经注疏》，北京：北京大学出版社，1999年，第46页。

汉代《孝经》提出的论证方式，还让我们看到了儒家伦理范畴体系地位的上升。《孝经》“孝”与儒家伦理道德系统相联系，认为孝是联系仁、义、礼、智、信的中心。《孝经·广要道章》记曰：“教民亲爱，莫善于孝。教民礼顺，莫善于悌。移风易俗，莫善于乐。安上治民，莫善于礼……此之谓要道也。”[①] 这样，“孝”就不仅仅是单纯的血缘伦理范畴，还成为政治伦理与国家伦理的基础。例如《孝经》就对圣明君主提出了要求，它认为君主治国不仅要注重政治、法律制度的建设，更要重视以孝的伦理精神治国。《孝经·圣治章》特别指出：“圣人之教不肃而成，其政不严而治。其所因者本也。父子之道，天性也。君臣之义也。父母生之，续莫大焉。君亲临之，厚莫重焉。”[②] 在《孝经·五刑章》中则曰：“五刑之属三千，而罪莫大于不孝。要君者无上，非圣人者无法，非孝者无亲，此大乱之道也。”[③] 这是在法律上将“孝”作为违逆重罪的依据，“孝”已不仅仅是礼仪、伦理问题，还是对君主、国家“不忠”、“无法”“大乱”的罪行。

为什么汉代统治者不像秦代统治者那样直接提倡“忠”，而将“孝”作为“治天下”的中心伦理范畴呢？这是因为秦、汉立国机制有重大差异。

其一，秦王朝经历了自周代以来数十代的嬴姓贵族的代代相因，有着深厚的嬴姓贵族的执政基础。贾谊《过秦论》所谓“及至始皇，奋六世之余烈，振长策而御宇内，吞二周而亡诸侯，履至尊而制六合，执敲扑而鞭笞天下，威振四海”[④]，说明秦朝的王权是有着雄厚的世代传承基础的，故秦代提倡“忠”是有基础的。同时，法家主张单纯的以“法”治国，而

---

① 李隆基注，邢昺疏：《孝经注疏》，李学勤主编：《十三经注疏》，北京：北京大学出版社，1999 年，第 42~44 页。

② 李隆基注，邢昺疏：《孝经注疏》，李学勤主编：《十三经注疏》，北京：北京大学出版社，1999 年，第 32~34 页。

③ 李隆基注，邢昺疏：《孝经注疏》，李学勤主编：《十三经注疏》，北京：北京大学出版社，1999 年，第 40 页。

④ 贾谊撰，阎振益、钟夏校注：《新编诸子集成·新书校注》卷第一《过秦上》，北京：中华书局，2000 年，第 2 页。

极度忽略伦理道德对社会的统治作用，也是有原因的。法家虽然也把“孝”列为“三纲”之一，但是由于“孝”所提倡的宗法血缘伦理与法家所要摧毁的以宗法血缘为重的执政方针和世卿世禄制是矛盾的，故法家商、韩等人提出了家庭的尊卑关系并立之于律条，他们从本质上却淡化宗族伦理与国家伦理的联系，例如他们提出的“以奸民治善民”论——“以良民治，必乱至削；以奸民治，必治至强”[①]。实际上这些所谓“奸民”，就是指不顾宗法情谊、社会道德，为了获取重赏、官爵，而不惜出卖、告发邻里、亲属，以期获利的不孝不悌不仁不义之人[②]，这与汉代制度有着本质区别。商鞅等人提倡“忠”而漠视“孝”，正是为了打破过去牢固的宗法“位次”结构，淡化宗法血缘伦理关系，建立以军功爵制为主的政治等级结构。

汉帝国建立初期和商鞅变法时期的时代特征完全不同。汉朝发现秦代的“制度”缺陷，法家主张单纯以“法”治国，极度忽略伦理道德对社会的统治作用，故秦以“法”“刑”而兴，亦以“法”“刑”而亡。汉朝君主集权的官僚制度是建立在秦的“帝业”基础上的，宗法血缘制度已经不是君主集权制的障碍。特别是因为汉代是一个“布衣将相”的新时代，刘邦不像周、秦、齐、楚等君主那样具有悠久而显赫的家世和贵族的血统，刘邦与其臣属乃是以政治实力的“利”而非“义”的结合，刘氏君臣关系相当脆弱。故在汉初直接倡导对君主、国家的“忠”，其效果并不十分显著，需要另辟蹊径，倡扬一种新的伦理观念。随着军功爵制度影响的日渐缩小，以单纯的政治体制管理基层社会已经成为一项成本颇高的事务。所以，汉朝在国家治理上尽可能采取法律与伦理的多元化手段，例如选择“周道”的“孝”来教化民众、理顺上下，就是统治者愿意做出的

---

① 蒋礼鸿：《新编诸子集成·商君书锥指》卷二《说民》，北京：中华书局，1986年，第36页。

② 例如《商君书》对此曰：“合而复者，善也；别而规者，奸也。章善则过匿，任奸则罪诛。过匿则民胜法，罪诛则法胜民。”“民胜法，国乱；法胜民，兵强。故曰：以良民治，必乱至削；以奸民治，必治至强。”见蒋礼鸿：《新编诸子集成·商君书锥指》卷二《说民》，北京：中华书局，1986年，第36页。

选择。由于儒家提倡的“孝”具有从家族伦理向国家伦理转化的三代政治文化传统，也符合关东广大地区尚存的较多宗法血缘残余的民俗、民情，故刘邦建汉，能够采纳儒士建议，以宗法伦理的“孝”来作为与“忠”相提并论的道德范畴，这也为“布衣将相”之局的君臣关系增加了一种新的伦理色彩。汉代大力提倡“孝”，甚至将其作为基层政权中官吏的选拔标准，说明汉代在制度建设上确实十分注重将宗法血缘的伦理自觉作为国家、社会整合、认同的治理工具。这是对秦代制度的一大变革，也是中国古代国家体制中与政治、法律制度这一端又相互弥合的另一端，开“法”与“礼”相互结合的先河。

其二，秦王朝单纯提倡对君主、国家的“忠”而漠视家族伦理的“孝”，同它建立的父传子、家天下的世袭制度产生了尖锐矛盾，加剧了嫡子、庶子以及嬴姓皇族之间的冲突。随着君主专制制度的确立和发展，皇权独大，皇位继承与保持问题也更加突出。君主为了巩固帝位，对宗室的排摈和打击也越加厉害。早在秦大一统帝国诞生的前夜即秦昭王时代，这种情况就开始出现。《史记·穰侯列传》记：“武王卒，诸弟争立，唯魏冉力为能立昭王。昭王即位，以冉为将军，卫咸阳。”① 魏冉诛杀了拥有一定实力的庶长公子壮。然后为了消除隐患，又大肆诛戮武王诸弟。《史记·秦本纪》曰：“庶长壮与大臣、诸侯、公子为逆，皆诛，及惠文后皆不得良死。”② 秦王朝建立后，这一宗室内部斗争更是达到了登峰造极的地步。如秦始皇就把本家族的成员排斥在权力结构之外，不给同姓宗室子弟以政治实权。秦二世用阴谋手段夺取皇位以后，更大肆诛杀诸公子，造成“宗室振恐”、人人自危的局面。所以，秦王朝对“亲亲”原则的淡化甚至否定，是与帝制时代家天下原则不相容的。它不仅使本来就已深居宫中成为“孤家寡人”的帝王失去了宗法、家族的人伦温馨，更堵塞了一个来自宗室、戚属的重要信息通道以及他们通过内外势力对中央皇权的支持，使统治天下的信息反馈只有官僚系统这一唯一的渠道。这就增加了君王判断的

① 司马迁：《史记》卷七十二《穰侯列传》，北京：中华书局，1959 年，第 2323 页。
② 司马迁：《史记》卷五《秦本纪》，北京：中华书局，1959 年，第 210 页。

失误风险，形成权臣产生的土壤。秦二世时赵高专权，指鹿为马，上瞒下压，便是例证。

汉朝统治者吸取了秦的教训，为了避免“激秦孤立亡藩辅”“亡秦孤立之败”的结局，刘邦君臣希望重新恢复周代的“亲亲”原则，把“亲亲”同“尊尊”结合起来，建立新的汉家制度。故汉代初创，就需要以“孝”的家族伦理去重新倡扬“亲亲”原则，把“亲亲”同“尊尊”结合起来，防止在父传子、家天下的世袭制度下嫡子和庶子间、长子与兄弟间产生矛盾、冲突，通过承袭“周道”的“以孝治天下”的伦理模式，使“亲亲”同“尊尊”更好结合，避免“亡秦孤立之败”的结局。

其三，适应具有深厚宗法血缘土壤的关东地区的民风俗情。汉初大力提倡“孝道”，褒奖老者，以“孝弟力田”作为选官之标准，无疑在关东地区重新激发了崇“孝”之风。这种方法与“秦制”试图单纯利用爵制、刑律来强力治理社会，以至于引起社会反感显然有着重要区别，它不仅能够适应该区域的地方特色，也使汉代地方社会容易通过这种根深蒂固的宗法伦理范畴进行乡里宗氏、族氏的自理，使经济拮据的汉代政府能够在低成本模式下开展社会的整合、控制。事实上，在古代中国社会，尽管社会处于等级森严、贫富不均的状况，但源于血缘关系中的孝秩序观大都是一致的。由于“孝”是根源于家庭组织中一种自觉的个体行为，由儒家提倡的孝道精神，容易建立起由血缘宗法的家族伦理起始，再向国家与社会伦理过渡的线性桥梁，达到血缘与国家政治伦理的统一。这样，不同等级、不同阶层的人们都会受到孝伦理规范的约束。它易于使全社会形成伦理向心力，使人们发自内心地维护家庭、家族和各级政权的治理秩序，达到帝制国家对广大编户齐民的社会化要求。所以，“汉以孝治天下”不仅具有传统的内在向心力，也适应了古代中国各个地域的特殊情况。

在汉代统治者倡导的“以孝治天下”的氛围中，《孝经》作为具有现实政治意义的经籍，有着重要的经世致用价值。它充分运用小农社会分散的自然经济和小自耕农业的特点，提出利用植根于中国传统文化基础的宗法血缘精神，通过“孝”来治理小农社会分散的自然经济国家。所以，《孝经》在汉初很快被作为汉帝制国家意识形态的主体内容而大力阐扬，这是与儒家思想建设的努力相关的。从《孝经》的问世、流行及“孝”在汉初国家政治思想意识方面的重要地位，我们可以看出汉初儒家以宗法血缘为基础的政治伦理教化举措，已经成为汉帝制国家制度建构的一个重要组成部分。与此同时，西汉时代作为《礼记》中的两篇即《大学》《中庸》的流传，也与汉代的这种注重伦理道德的趋势有关。特别是《大学》所提出的“古之欲明明德于天下者，先治其国。欲治其国者，先齐其家。欲齐其家者，先修其身。欲修其身者，先正其心……心正而后身修，身修而后家齐，家齐而后国治，国治而后天下平”[①] 的“修齐治平”的千古格言，更是为汉代国家制度中从“心”“身”“家”再到“国”与“天下”的伦理纲目奠定了教化基础，成为与国家政治、法律制度同等重要的礼仪、伦理制度的法则。

西汉也把《孝经》列为各级各类学校的必修课程，还创立了“举孝廉”的官吏选拔制度，把遵守践行孝道与获得爵禄联系起来，这成为孝道社会化过程中最强劲的动力源泉。西汉的皇帝提倡孝道，为各级官僚和百姓树立了榜样。刘邦刚入关，便与民“约法三章”，显示出其政治家的风采。西汉初期，国家刚刚恢复安定，皇帝就颁布了养老诏令，汉高祖诏曰：凡 50 岁以上的子民，若人品好，又能带领大家向善的，便可担任“三老”职务，由乡而县，与县令丞尉“以事相教”，尽免徭役，每年十月还赐予酒肉；汉文帝诏令：“老者非帛不暖，非肉不饱。今岁首，不时使人存问长老，又无布帛酒肉之赐，将何以佐天下子孙孝养其亲？今闻吏禀当受鬻者，或以陈粟，岂称养老之意哉！具为令。”[②] 刘邦在建汉之初，尊其父为“太上皇”；惠帝“令郡诸侯王立高庙”“举民孝弟力田者复其身”[③]，即首次表彰“孝弟力田者”，免除其赋税徭役；吕后时期“初置孝

① 郑玄注，孔颖达疏：《礼记正义》，李学勤主编：《十三经注疏》，北京：北京大学出版社，1999 年，第 1592 页。

② 班固著，颜师古注：《汉书》卷四《文帝纪》，北京：中华书局，1962 年，第 113 页。

③ 班固著，颜师古注：《汉书》卷二《惠帝纪》，北京：中华书局，1962 年，第 88、90 页。

弟力田二千石者一人”[1]，即“举孝悌、力田者授官”；文帝时期置《孝经》博士，除了继续举“孝悌、力田”授官，还“遣谒者劳赐三老、孝者帛人五匹，悌者、力田二匹，廉吏二百石以上率百石者三匹。及问民所不便安，而以户口率置三老孝悌力田常员，令各率其意以道民焉”[2]。尤其是十三年，缇萦上书救父，文帝为其“孝”所感动，下《除肉刑诏》，废除肉刑；武帝一继位，也下诏说：“古之立教，乡里以齿，朝廷以爵，扶世导民，莫善于德。然则于乡里先耆艾，奉高年，古之道也。今天下孝子顺孙愿自竭尽以承其亲，外迫公事，内乏资财，是以孝心阙焉。朕甚哀之。民年九十以上，已有受鬻法，为复子若孙，令得身帅妻妾遂其供养之事”[3]，即要求严格执行“受鬻法”。

在用人制度上实行“举孝廉”。汉武帝接受董仲舒的建议，规定郡国每年察举孝者、廉者各一人，通称为举孝廉。从汉武帝开始，以孝廉取士成为常制。《汉书·武帝纪》记载：“元光元年冬十一月，初令郡国举孝廉各一人。”颜师古注曰：“孝为善事父母者。廉谓清洁有廉隅者。”[4]从此以后“孝廉”成为西汉察举制度中的重要科目。从西汉到东汉初，察举制的实施比较严格，被察举者如发现其不合标准，举荐的主要官员要承担责任。举孝廉，甚至可以由此而直接担任尚书郎、郡守、国相等要职。

自武帝以后，统治者基本上承袭了武帝“以孝治天下”的国策。到了成帝建始年间，又将享受这种法定待遇的老人的最低年限降到了70岁。每年秋天，由地方政府普查人口，对高龄老人进行登记造册，并举行隆重的授杖仪式。如《后汉书·礼仪志》记载：“仲秋之月，县道皆案户比民。年始七十者，授之以王杖，哺之糜粥。八十九十，礼有加赐。王杖长

---

① 班固著，颜师古注：《汉书》卷三《高后纪》，北京：中华书局，1962年，第96页。

② 班固著，颜师古注：《汉书》卷四《文帝纪》，北京：中华书局，1962年，第124页。

③ 班固著，颜师古注：《汉书》卷六《武帝纪》，北京：中华书局，1962年，第156页。

④ 班固著，颜师古注：《汉书》卷六《武帝纪》，北京：中华书局，1962年，第160页。

〔九〕尺，端以鸠鸟为饰。鸠者，不噎之鸟也。欲老人不噎。”① 可以看出，西汉的养老敬老不仅务实，而且有美好的健康祝愿。

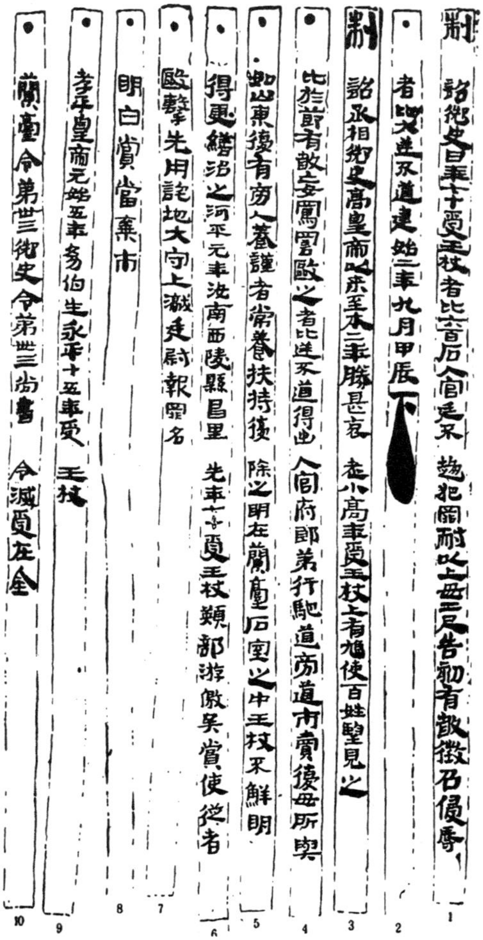

西汉诏书还明确规定，各级官府严禁对高龄老人擅自征召、系拘，也不准辱骂、殴打老者，违者“应论弃市”。据记载，汝南地区云阳白水亭长张熬殴辱了受王杖者，还让老者去修道路。这件事在当时影响很大，太守无法判决张熬，廷尉也难断决此案，只好奏请皇帝定夺。皇帝裁定：“对照诏书，就该弃市。”张熬最终被判处死刑。

与此同时，如果有人不想做官了，赡养父母是最好的托词。因为最高统治者标榜孝道，不得不予以准许。

1959 年在甘肃武威磨咀子 18 号汉墓内出土了《王杖十简》，可以说是目前发现最早的“养老令”了。② 所谓“王杖”，是一种长九尺（相当于 2.07 米）、顶端雕有鸠形的手杖，它由官府授给 70 岁以上的老人，以示养老之意。杖端系着王杖诏书木简，根据此木简，以及 1981 年在同一地点汉墓中出土的一份西汉王杖诏书令册木简的记载可知，汉朝的养老、敬老法规始终如一，没

① 范晔撰，李贤等注：《后汉书》志第五《礼仪中》，北京：中华书局，1965 年，第 3124 页。

② 甘肃省博物馆：《甘肃武威磨咀子汉墓发掘》，《考古》，1960 年第 9 期。本段引文同引于此。

有间断，而且每隔一段时间，皇帝就要将敬老养老的法令诏告天下。最耐人寻味的是，西汉诏书中明确写道："高年赐王杖，上有鸠，使百姓望见之，比于节。"① 汉代的"节"只有皇帝才能设立，故持节者，即代表国家最高统治者汉天子，具有较大权力。鸠杖比于"节"，可见受杖高年享受了汉代"大夫"的部分政治待遇。"年七十以上杖王杖，比六百石，入官府不趋。"② 当时的"六百石"官职为郡丞、小县县令。也就是说，西汉的 70 岁老人持王杖进入官府不必趋俯，可以与当地官员平起平坐。西汉老人的"政治"待遇还体现在可以"行驰道旁道"。驰道是指仅限天子的车马可以驰走的道路，绝对禁止他人行走，即便是皇子也不允许，可见西汉老人是何等特殊。臧知非认为，汉宣帝时赐老者王杖并赋予老者一定政治特权诏令的颁布，是将敬老、尊养高年上升到国家制度层面的反映。③

在尹湾汉墓出土的一批西汉简牍中也有西汉尊重老人的记载。其《集簿》记录的人口数字中，有关于 90 岁以上高龄老人的统计数据："年九十以上万一千六百七十人，年七十以上受杖二千八百廿三人，凡万四千四百九十三，多前七百一十八。"④《集簿》将 90 岁以上的老人和 70 岁以上受杖者一起统计，用以反映东海郡本年度在养老敬老方面的政绩。这里的 90 岁以上老人，可能是王杖制度之外另一种养老敬老制度——"受鬻法"的受惠者。"受鬻法"是西汉政府定期向达到法定年龄的老人发放粥米，是用以熬粥养生的养老制度。《汉书》中《文帝纪》《武帝纪》都提到了这一制度，张家山出土的汉简《二年律令·傅律》中记载："大夫以上［年］九十，不更九十一，簪裹九十二，上造九十三，公士九十四，公卒、

---

① 武威县博物馆：《武威新出王杖诏令册》，收入《汉简研究文集》，兰州：甘肃人民出版社，1984 年，第 36 页。

② 武威县博物馆：《武威新出王杖诏令册》，收入《汉简研究文集》，兰州：甘肃人民出版社，1984 年，第 37 页。

③ 臧知非：《"王杖诏书"与汉代养老制度》，《史林》，2002 年第 2 期。

④ 连云港市博物馆：《尹湾汉墓简牍释文选》，《文物》，1996 年第 8 期。

士五（伍）九十五以上者，禀鬻米月一石。”① 可见，“受鬻法”是一项专门惠及90岁以上人群的养老福利制度。更重要的是，从西汉相关文献的文本表述方式来看，在描述政府养老政策时，“受鬻法”经常与“受王杖制”联系在一起。《二年律令·傅律》简354为“受鬻法”，接下来的简355便是“受王杖制”，上有“大夫以上年七十，不更七十一，簪裹七十二，上造七十三，公士七十四，公卒、士五（伍）七十五，皆受仗（杖）”，“大夫以上年五十八，不更六十二，簪裹六十三，上造六十四，公士六十五，公卒以下六十六，皆为免老”的记载。②《礼记·月令》中规定“养衰老，授几杖，行糜粥饮食”③，同样将这两种制度作为养老的标志性内容置放在一起。

尹湾汉简《集簿》中有关于尊老爱幼的相关记载：

> ［年］八十以上三万三千八百七十一，六岁以下廿六万二千五百八十八，凡廿九万六千四百五十九。
>
> 年九十以上万一千六百七十人，年七十以上受杖二千八百廿三人，凡万四千四百九十三，多前七百一十八。④

这两项虽然是人口年龄统计数字，但不是陈述人口年龄构成问题。从其统计方式看，是要展示东海郡“矜老幼、尊高年”的成绩。将“八十以上”和“六岁以下”年龄的人口列为一项，并相加出总数，只有一种用途，即为了陈述已贯彻、执行了“矜老幼”的政策。这也是当时上计制度必须有的内容，是考察官僚政绩的主要内容。汉景帝后元三年（前141）曾

---

① 张家山二四七号汉墓竹简整理小组：《张家山汉墓竹简（二四七号墓）》，北京：文物出版社，2001年，第181页。

② 张家山二四七号汉墓竹简整理小组：《张家山汉墓竹简（二四七号墓）》，北京：文物出版社，2001年，第181页。

③ 郑玄注，孔颖达疏：《礼记正义》，李学勤主编：《十三经注疏》，北京：北京大学出版社，1999年，第524页。

④ 连云港市博物馆：《尹湾汉墓简牍释文选》，《文物》，1996年第8期。

经下诏："高年老长，人所尊敬也；鳏寡不属逮者，人所哀怜也。其著令：年八十以上，八岁以下，及孕者未乳，师、朱儒当鞠系者，颂系之。"[①] 汉宣帝元康四年（前62）也下诏："自今以来，诸年八十以上非诬告杀伤人，它皆勿坐。"[②]《集簿》在此项虽未作文字说明，但其统计方式是要表述东海郡在司法中贯彻、实行尊老爱幼政策的情况。西汉还不断完善有关"孝亲"问题的立法。如宣帝地节四年，诏曰："导民以孝，则天下顺。今百姓或遭衰绖凶灾，而吏徭事，使不得葬，伤孝子之心，朕甚怜之。自今诸有大父母、父母丧者勿徭事，使得收敛送终，尽其子道。"又诏曰："父子之亲，夫妇之道，天性也。"[③] 从目前汉代墓葬中出土的鸠杖来看，其材质可分为错金银、玉质、青铜、木质、陶质等，应该与墓主人生前的年龄和地位有关系。高年受杖制度的确立和贯彻执行不仅有助于形成尊老尚贤的社会道德风尚，在维护汉代社会基层政权的稳定方面也发挥了较为重要的作用。

西汉统治者还将《孝经》作为对太子、诸王进行教育的重要内容，且将其制度化。从史籍记载看，汉宣帝、平帝以及广川王、沛宪王等皇室都曾向当时的硕学宿儒拜师，修习《孝经》。在民间，西汉武帝元狩六年（前117）已下诏谕三老、孝悌以为民师。这是朝廷希望通过地方上的长老和孝悌这些最底层的地方官员来推崇孝道。当时大概还没有正式的制度，到西汉末平帝的时候，朝廷则在最基层的行政单位如乡、聚中设立学校，特别安置这些《孝经》师来推广孝道思想，鼓励孝义行为。

汉以"孝"治天下，推行吏人行三年之丧的制度，"汉律以不为亲行三年服不得选举"[④]。《汉书·陈汤传》云："富平侯张勃与汤交，高其能。

① 班固著，颜师古注：《汉书》卷二十三《刑法志》，北京：中华书局，1962年，第1106页。

② 班固著，颜师古注：《汉书》卷二十三《刑法志》，北京：中华书局，1962年，第1106页。

③ 班固著，颜师古注：《汉书》卷八《宣帝纪》，北京：中华书局，1962年，第250~251页。

④ 班固著，颜师古注：《汉书》卷八十七下《扬雄传下》应劭注，北京：中华书局，1962年，第3569页。

初元二年，元帝诏列侯举茂材，勃举汤。汤待迁，父死不奔丧，司隶奏汤无循行，勃选举故不以实，坐削〔户二百〕，会薨，因赐谥曰缪侯。"[1] 汉制，父母亡故，为官者要去官行丧，称为居宁。居宁期内一般没有俸禄，并且在日常生活中要严格节制，不得宴饮、歌舞、沐浴、行房事等。居宁而不行丧时，是要受到罢官和舆论谴责的。

汉画像石中也有大量反映汉代有关孝的图像，如养亲图、葬礼图和祭祀图，从而折射出汉代孝文化盛行的状况。如乐山柿子湾 1 号东汉崖墓、泰安大汶口东汉画像石墓、开封白沙东汉画像石墓、朝鲜东汉乐浪郡壁画墓等。表现最为集中的是出现在山东嘉祥的东汉武氏石室画像，上面刻有成排的孝子图画，有曾子、董永、丁兰、老莱子、闵子骞等历史上著名孝子的故事。关于孝的故事在不少地方的汉画像石中都可以找到，充分体现出人们对孝的重视。

由于政府的大力提倡，孝文化受到社会各界推崇，因而"孝"成了当时社会的一种风气，关于孝子的事例特多。比如：汉安帝时候，汝南有一个叫薛包的人，好学笃行，丧母后以致孝而有名声。其父娶了后妻以后，开始憎恨薛包，逼他分家而居。薛包日夜哭泣，不愿离开，以至于被其父殴打。不得已，薛包就在宅外搭建一间小屋住下，每天早上仍过来洒扫。其父又发怒，驱逐他。于是他就在远一点的乡里之门处搭建一间小屋住下，但从不忘记早晚去父亲那里请安。这样过了一年多，父母自己都感到羞愧了，就让他回来居住。后来父母死后，薛包守丧六年，超过了规定的丧礼，因为按规定三年就行了。建光年间，公车官署特地征用薛包，官拜侍中。但薛包生性恬淡虚怀，声称自己有疾病，不去做官。于是朝廷下诏，准他保留官职而告归养病。

"孝"是我国优秀传统文化中特有的一种文化表现，是五千年文明古国的重要组成部分，长久存在于我国的历史发展之中，是构建于血缘宗法关系之上的一种特殊的情感。我国传统文化从某种意义上，可以称为孝的

---

① 班固著，颜师古注：《汉书》卷七十《傅常郑甘陈段传》，北京：中华书局，1962 年，第 3007 页。

文化。“孝”是中华民族传统文化之精髓，是儒家伦理思想的核心，是千百年来我国社会维系家庭关系的道德准则。

西汉是我国孝道发展历程中极为重要的一个阶段，建立了以孝为核心的社会统治秩序，把孝作为自己治国安民的主要精神基础。随着儒家思想体系尊崇地位的确立，孝道在维护君主权威、稳定社会等级秩序等方面的价值更加凸显，“以孝治天下”的孝治思想也逐渐走向理论化、系统化。《孝经》《礼记》以及“三纲”学说集中体现了孝治理论的风貌。孝道由家庭伦理扩展为社会伦理、政治伦理，孝与忠相辅相成，成为社会思想道德体系的核心。

西汉是我国历史上第一个提出“以孝治天下”的王朝，统治者继承并改造了先秦儒家的孝文化，逐渐形成了一套有特色的完整而严密的伦理观念，并采取了一些举措来提倡和推行孝道。孝治作为施政方针，在西汉社会得到具体实践运用，且取得了显著的效果，不仅对西汉社会的稳定发挥了巨大作用，也对后世产生了深远的影响。

两汉社会之所以能够延续长达 426 年，其中有很多的治理天下的经验与教训，但“以孝治天下”是其中应该值得关注的重要内容。孝当时达到了和谐家庭和社会的目的，并由孝而至于忠，移忠于孝，忠孝一体。正如《孝经》所言：“资于事父以事君，而敬同……故以孝事君则忠。”[①] 由事父的孝升华为事君的忠，于是一个家庭便与一个国家联系起来，一种伦理便与政治联系起来，这就是“以孝治天下”的逻辑进程。

那么，西汉为何要“以孝治天下”呢？又何以能行得通呢？这是因为：

其一，时代的需要，以小农经济为基础的社会组织结构要求以“孝”作为统治工具。

经济基础决定上层建筑。西汉选择以孝治国是由西汉特定的社会物质基础——小农经济结构和社会组织结构决定的。小农经济是西汉社会

---

① 李隆基注，邢昺疏：《孝经注疏》，李学勤主编：《十三经注疏》，北京：北京大学出版社，1999 年，第 14 页。

主要的经济形式，个体家庭成为劳动力的主要源泉和社会生产的直接承担者，其稳定和繁衍有助于小农生产的顺利进行。小农经济的兴衰和汉王朝的命运是息息相关的，整个国家的物质如粮食、布帛以及兵役、徭役等都来自小农家庭。西汉统治者清楚地认识到了小农户耕织养家、富国的重要性，小农家庭安则国安，小农家庭衰则国衰。正因如此，所以有汉以来统治者就非常关注小农家族的组织和管理。在选择治国纲领时，统治者积极借用家庭的道德观念来管理民众。在寻找治国理念的过程中，他们被先秦儒家的孝道观念所吸引。先秦儒家学说包括政治意识在内的各类观念多以家族道德为原生点，儒家孝道不但是最好的家庭黏合剂、幸福源，还可以成为维系社会秩序的精神支柱，是最好的政治和社会生活的思想滋养剂。统治者可以利用孝道去限制与引导小农户该做什么和不该做什么，可以培养出孝子，孝子又可以转化为忠臣，忠臣则有利于统治管理。

国是家的放大。西汉面临家庭、家族为社会生活的基本单位及整个社会的现实基础的事实，统治者试图利用家庭道德为政治服务，就是要把家庭道德与政治道德结合起来，把“国”与“家”打通，“君权与父权”互为表里，以强化统治权，使君权得到社会大众的自觉拥护。统治者依据家国一体的观念，改造原来的家庭孝道，加以大力提倡，使孝道观念成为西汉社会伦理道德的本位。

其二，血缘亲族观念仍然有着深厚的土壤。

不可一世的秦王朝的快速灭亡，促使新建的汉王朝必须思考秦王朝快速灭亡的原因，寻求新的统治方法。为了避免重蹈秦的覆辙，汉代统治者建立新的社会统治秩序已是当务之急。当政者让其臣子总结秦失败的教训。当时的政治家和思想家一般认为，崇尚“暴政”“酷刑”，弃绝“仁政”“德治”是秦王朝覆亡的根本原因。西汉力图和“暴秦”划清界限，适应社会和人民生活安定的需要，提出“以礼为教”，并从儒家孝道思想中得到启发。

统治者把家庭作为“治国、平天下”的出发点，一方面强调血亲观念以加强小农家庭内部团结；另一方面，把小农家庭血亲伦理观念的孝道引申、扩展、转化到政治和社会范畴，从人性的根本上发展出大孝“忠”，强调“忠孝一体”的政治伦理观念。所以西汉一改秦的统治方法，在“任刑”的同时，更强调“任德”，用血亲关系来维系社会、家庭内部的稳定，把孝道作为统治思想的重要原则，以达到“以孝治天下”的目的。

西汉统治者认为君、父之间不仅具有许多相通之处，甚至还可以合而为一。正是出于此种认识，统治者希望借助孝道作用巩固其统治。后来的宣帝对此目的讲得十分明白：“导民以孝，则天下顺。”①

其三，“罢黜百家，表章六经”的统治思想是推行“以孝治天下”的理论保证。

统治者以儒学作为其政权的主要统治思想，他们的政治思想和政治制度都与伦理思想结下了不解之缘，因为儒学最重伦理纲常道德，主张“修身、齐家、治国、平天下”。西汉初建时期，由于经济情况较差，为了与民休息，选择了比较保守的“黄老思想”为统治指导思想。但在使用道家的同时，也兼用儒者入朝为官，著名的有叔孙通等，这些儒者都深受儒家文化熏陶，不断地向朝廷建议用儒家的德化、礼治、仁政来治理国家，这些都不同程度地影响了汉初统治者的治国思想。从汉武帝开始，统治思想发生了明显的重大变化。汉武帝令三公、诸侯王等荐举“贤良方正，直言极谏之士”。最有影响的是儒学大师董仲舒，他到朝廷应试，援引《春秋》大一统之精义，提出了著名的“天人三策”，建议以儒家思想作为统治的指导思想，大力培养儒家知识分子以充实国家官僚机构。在思想文化领域推行以“三纲五常”为核心的等级制度，树立大一统的君主的绝对权威，受到武帝高度重视。

孝道是儒家思想的核心内容之一，从而给西汉统治者的统治披上了一层道德外衣，迎合了当时统治者的需要。因此统治者不但赋予它特殊的政治地位和权威，还借用国家力量去推行它，如用国家法律来奖惩孝与不孝

① 班固著，颜师古注：《汉书》卷八《宣帝纪》，北京：中华书局，1962年，第250页。

等，以至于原来仅仅属于道德范畴的孝观念被提升到国家政治生活的最高点，成了西汉的治国方策。

西汉的“以孝治天下”取得了明显的效果，两汉时期社会稳定，经济发展，人民安居乐业。自然也引起了后来许多朝代的兴趣并借鉴之，甚至发扬光大。许多朝代皇帝的谥号等也用上孝。比如东晋孝武帝，南朝宋的孝武帝，北魏孝文帝、孝明帝、孝庄帝、孝武帝，北齐孝昭帝，北周孝闵帝，南宋孝宗等等。又如唐代也有孝悌力田科，清末还有“孝廉方正”等选官标准，孝在后世也得到了充分的延伸。

第六章
汉武帝时期皇权的强化与巩固

楚汉战争中刘邦打败项羽，建立西汉王朝，但汉初中央政权并不稳固，国家尚有诸多隐患。如何巩固新生政权，如何解决皇权与宗室诸侯及军功地主之间的矛盾，如何纠正早期皇权制度的弊端，构建中央集权的大一统帝国，是摆在统治者面前的一个重要课题。如前章所言，汉初有识之士特别是部分儒生进行了思考与探索，不论是“立典”还是“建制”，都围绕这些核心问题展开，而且其中的思考有不少付诸了实践，像“以孝治天下”和贾谊以礼治国的“改制”等。文景及其之后的帝王，仍在继续上述努力，包括打击地方王侯的离心势力，再到汉武帝时期强化集权、监督地方、内兴功利、“外事四夷”等一系列动作，才真正建立起多元一体格局的大一统国家。

第一节　由“郡国并行”到“削藩”“推恩”：汉代皇权的强化

如前所述，“郡国并行”是汉初地方行政和国家权力分配的特殊形态，有其存在的合理性，却非长久之策。当汉代皇权逐渐由对军功阶层及宗室、外戚的开放、“共得”转型为皇权一支独大时，汉初建立同姓诸侯国的时代背景就发生了深刻变化。为了进一步强化皇权，解决地方王侯尾大不掉的问题，文景二帝进行了“削藩”，武帝继而巧妙地“推恩”，逐渐消除了地方势力威胁。

正如前述，西汉政权在秦朝政体基础上建立，又处于楚汉之争后一个特殊时代，所以实行了郡国并行的地方行政体制。郡之外“国”的设置，取决于秦汉之际特定的历史环境。

分封制作为西周社会的一大支柱，虽然在“百年未有之大变局”的战国时代受到冲击，逐渐式微、瓦解，进而为郡县制所取代，但其观念根深蒂固，并未立即退出历史舞台。秦始皇一统六国后，朝廷就出现了多次分封与郡县之争，最有名的是始皇三十四年博士淳于越与丞相李斯关于分封的争论。[①] 淳于越主张“师古”，分封子弟功臣以拱卫皇室。李斯斥之为“愚儒”，认为殷周不可法，主要理由是分封会造成“天下散乱，莫之能一”，“主势降乎上，党与成乎下”，秦始皇显然不愿见到这种状态，所以最后肯定了李斯的观点，坚持单一的郡县制度。虽然如此，我们从这件事可以看出，秦统一后的若干年仍有人对分封念念不忘，足见影响之深。

四年之后，由于秦朝的苛政，陈胜、吴广揭竿起义，秦帝国土崩瓦解。“分封”之议再起，有人甚至将没有“藩辅”看作秦朝速亡的主要原因。在其后农民起义、楚汉之争中，自封或他封为王的活动非常频繁，李开元因此认为这一时期某种程度上是战国关系的重演，天下再次进入霸业

---

① 对于这件事，《史记》有详细记载：“始皇置酒咸阳宫，博士七十人前为寿……博士齐人淳于越进曰：‘臣闻殷周之王千余岁，封子弟功臣，自为枝辅。今陛下有海内，而子弟为匹夫，卒有田常、六卿之臣，无辅拂，何以相救哉？事不师古而能长久者，非所闻也。今青臣又面谀以重陛下之过，非忠臣。’始皇下其议。丞相李斯曰：‘五帝不相复，三代不相袭，各以治，非其相反，时变异也。今陛下创大业，建万世之功，固非愚儒所知。且越言乃三代之事，何足法也？……古者天下散乱，莫之能一，是以诸侯并作，语皆道古以害今，饰虚言以乱实，人善其所私学，以非上之所建立。今皇帝并有天下，别黑白而定一尊。私学而相与非法教，人闻令下，则各以其学议之，入则心非，出则巷议，夸主以为名，异取以为高，率群下以造谤。如此弗禁，则主势降乎上，党与成乎下……’制曰：‘可。’”见司马迁：《史记》卷六《秦始皇本纪》，北京：中华书局，1959年，第254~255页。

时代。[1] 有争霸当然有“诸侯”林立，有分封。秦汉之际规模较大的分封，是项羽借义帝楚怀王之名进行的封王活动，“乃分天下，立诸将为侯王”[2]，其中沛公刘邦为汉王，王巴、蜀、汉中，都南郑（今陕西汉中南郑）；章邯为雍王，王咸阳以西，都废丘（今在陕西西安长安）；司马欣为塞王，王咸阳以东至河，都栎阳（今在陕西西安阎良）；董翳为翟王，王上郡，都高奴（今在陕西延安延长）；徙魏王豹为西魏王，王河东，都平阳（今在山西临汾）；立瑕丘申阳为河南王，都雒阳（今河南洛阳）；韩王成因故都，都阳翟（今河南禹州）；立司马卬为殷王，王河内，都朝歌（今在河南鹤壁）；徙赵王歇为代王；立赵相张耳为常山王，王赵地，都襄国（今河北邢台襄都）；立黥布为九江王，都六（今安徽六安）；立鄱君吴芮为衡山王，都邾（今在湖北黄冈）；立义帝柱国共敖为临江王，都江陵（今湖北荆州）；徙燕王韩广为辽东王；立燕将臧荼为燕王，都蓟（今在北京）；徙齐王田市为胶东王；立齐将田都为齐王，都临菑（今山东淄博临淄）；立齐王田建的孙子田安为济北王，都博阳（今在山东泰安）；封成安君陈余三县；封番君将梅鋗十万户侯；项羽自立为西楚霸王，王九郡，都彭城（今江苏徐州）。

以上所封有王有侯，有重新分封者，也有对原已自封者的改封（如徙赵王歇为代王），说明因身份或军功得赏受封的做法在秦汉之际开始死灰复燃。在与项羽争夺天下的过程中，刘邦深知难凭一己之力战胜霸王项羽，遂采取“斗智不斗力”的策略，也非常重视拉拢其他王侯、分化项羽势力：一旦归附者建立功勋，刘邦立马顺水推舟，承认原有名号或重新剖符封王，如韩王信被封就在西汉立国之前，“汉二年，信略定韩地十余城。汉王至河南，信急击韩王昌，昌降汉。乃立信为韩王”[3]。这是后来实行郡国并行的一个重要背景。

---

① 参看李开元：《汉帝国的建立与刘邦集团——军功受益阶层研究》第三章《秦末汉初的王国》，北京：生活·读书·新知三联书店，2000年，第77页。

② 司马迁：《史记》卷七《项羽本纪》，北京：中华书局，1959年，第316页。

③ 班固著，颜师古注：《汉书》卷三十三《魏豹田儋韩王信传》，北京：中华书局，1962年，第1853页。

公元前202年，刘邦建立西汉王朝，一方面“汉承秦制”，继续推行郡县制，另一方面沿袭“楚制”，大行分封。这次分封就层级而言，主要分为王侯两等，“汉兴，设爵二等，曰王，曰侯”①。就被封对象而言，主要包括功臣、宗室、外戚三大群体，又以异姓功臣、同姓宗室两类为多，《汉书·诸侯王表》曰：“汉兴之初，海内新定，同姓寡少，惩戒亡秦孤立之败，于是剖裂疆土，立二等之爵。功臣侯者百有余邑，尊王子弟，大启九国。”②

在异姓功臣群体中，被封、续封或改封的功臣诸侯王有燕王臧荼、赵王张耳、韩王信、淮南王英布、长沙王吴芮、楚王韩信（原为齐王）、梁王彭越等。被封侯的功臣较多，所谓“功臣侯者百有余邑”，柳春藩统计高祖期间封侯的功臣多达137位。③ 宗室分封中，较早封王的有吴王刘濞、楚王刘交、齐王刘肥、赵王如意、代王刘恒、梁王刘恢、淮阳王刘友、燕王刘建、淮南王刘长等，他们有的与异姓王同时分封，有的于异姓王被废后改封，不一而足。宗室同姓被封者情况与功臣列侯类似，只是数量更多一些。经过上述分封，封国与郡县犬牙交错，从而形成了历史上独特的“郡国并行”制度，有学者又形象地称之为“半集权半分权”体制。④

“郡国并行”制度作为汉初特殊时期下的产物，曾经发挥了一定积极作用，如《汉书·诸侯王表》虽然多次指出分封的弊端，但也肯定其正面意义：“高祖创业，日不暇给，孝惠享国又浅，高后女主摄位，而海内晏如，亡狂狡之忧，卒折诸吕之难，成太宗之业者，亦赖之于诸侯也。”⑤ 可

---

① 杜佑著，王文锦等点校：《通典》卷第三十一《职官志》，北京：中华书局，1988年，第855页。

② 班固著，颜师古注：《汉书》卷十四《诸侯王表》，北京：中华书局，1962年，第393页。

③ 柳春藩：《西汉的封侯制度》，《松辽学刊（社会科学版）》，1984年第3期。

④ 唐赞功：《吴楚七国之乱与西汉诸侯王国》，《北京师范大学学报》，1989年第1期。

⑤ 班固著，颜师古注：《汉书》卷十四《诸侯王表》，北京：中华书局，1962年，第394页。

见诸侯在“拱卫王室”、平息吕氏集团过程中发挥了巨大作用。但是，大面积的分封使得郡国比例失调。当时中央直接控制的只有寥寥 15 个郡，而王侯遍布天下，形成鲜明对比，“自雁门、太原以东至辽阳，为燕、代国；常山以南，大行左转，度河、济，阿、甄以东薄海，为齐、赵国；自陈以西，南至九疑，东带江、淮、谷、泗，薄会稽，为梁、楚、淮南、长沙国：皆外接于胡、越……汉独有三河、东郡、颍川、南阳，自江陵以西至蜀，北自云中至陇西，与内史凡十五郡”①。劳榦还通过统计分析，朝廷直接控制的国土面积约 109 万平方公里，诸侯王控制的面积却高达 134 万平方公里，分别占全国的 45%、55%②，足见封国疆域之广。

更关键的还在于，数量庞大的王侯不仅是一种身份象征，更重要的是它们俨然是一个个相对独立的王国，拥有实实在在的权力，对中央集权、君主权威构成直接威胁。诸侯有独立的征税权，《史记·五宗世家》曰：“高祖时诸侯皆赋。”裴骃《集解》注引徐广曰：“国所出有皆入于王也。”诸侯有官吏任免权，“汉独为置丞相，黄金印。诸侯自除御史、廷尉正、博士，拟于天子”③。他们还有自己的军事武装，可以自行铸钱、“自作法令”等，基本上“掌其治国”。换言之，封国并非郡县制的简单补充，至少是与郡县制并行的一种地方行政体制。而郡县、分封本质上是集权与分权、统一与分裂的区别，难以兼容，在新的郡县制业已产生并且成为主流的背景下，不可能允许前一种制度长期存在。

分封的上述消极影响，在文景时期逐渐凸显出来。文帝继位不久，诸侯陆续有小规模的反叛，“济北一反，淮南为逆，今吴有见告”④。于是，削弱诸侯、维护中央统治成为当时一大主题。需要指出的是，异姓诸侯问题在高祖期间已基本得到解决。异姓诸侯多为楚汉之争或汉初因军功封王

---

① 司马迁：《史记》卷十七《汉兴以来诸侯王年表》，北京：中华书局，1959 年，第 801~802 页。

② 劳榦：《两汉郡国面积之估计及口数增减之推测》，《历史语言研究所集刊》第 5 本第 2 分，上海：商务印书馆，1935 年，第 216~219 页。

③ 司马迁：《史记》卷五十九《五宗世家》，北京：中华书局，1959 年，第 2104 页。

④ 贾谊撰，阎振益、钟夏校注：《新编诸子集成·新书校注》卷第二《制不定》，北京：中华书局，2000 年，第 71 页。

者，手握兵权，对刘家天下的威胁很直接，又无血缘上的束缚，因此刘邦借口他们勾结周边少数民族、造反叛乱等，相继铲除，唯独保留了长沙王吴芮，并与诸侯杀白马而盟："非刘氏而王者，若无功上所不置而侯者，天下共诛之。"[①] 对长沙王的特殊处理以及结盟天下，均说明郡国并行体制下朝廷巩固政权、维护统一的努力。之所以单独保留唯一的异姓王，理由有三：一是吴芮忠于朝廷，得到刘邦厚爱，"高祖贤之，制诏御史：'长沙王忠，其定著令。'"[②] 二是吴芮的实力有限，对朝廷构不成威胁，"长沙乃在二万五千户耳，功少而最完，势疏而最忠，非独性异人也，亦形势然也"[③]。既然"最忠"，又实力有限，那么树立正面典型，相当于发出了一个提倡忠臣、打击分裂的信号。三是可能有更深层次的考虑，封吴芮为王并让其续嗣，很大目的是出于防范、解决岭南的南越国问题。[④] 上述原因归根结底指向一个目标，即中央集权，与"削藩"异曲同工。

另外要说明的是，汉初对中央构成直接威胁的主要是封国。诸侯王跨郡连城，实力较强，"故王孽子悼惠王王齐七十余城，庶弟元王王楚四十余城，兄子濞王吴五十余城：封三庶孽，分天下半"[⑤]。齐王、楚王、吴王三王既如此，天下所有同姓王侯的情况可想而知。侯者不同，王子侯、功臣列侯的食户要少得多，有的列侯长期居住在京城，只享受封邑的赋税，对中央的威胁也相对较小。因此，文景之际的"削藩"首要目标是同姓诸侯王。

济北王叛乱事件之后，朝廷有识之士提醒文帝提防，甚至"削藩"。其中"洛阳少年"贾谊的建议最直截了当，他说："诸侯势足以专制，力

---

① 司马迁：《史记》卷十七《汉兴以来诸侯王年表》，北京：中华书局，1959 年，第 801 页。

② 班固著，颜师古注：《汉书》卷三十四《韩彭英卢吴传》，北京：中华书局，1962 年，第 1894 页。

③ 班固著，颜师古注：《汉书》卷四十八《贾谊传》，北京：中华书局，1962 年，第 2237 页。

④ 何旭红：《汉代长沙国考古发现与研究》，长沙：岳麓书社，2013 年，第 6 页。

⑤ 司马迁：《史记》卷一百六《吴王濞列传》，北京：中华书局，1959 年，第 2825 页。

足以行逆。"[1] 多次建议文帝削弱诸侯，"数上疏，言诸侯或连数郡，非古之制，可稍削之"[2]。贾谊提出的目标很明确，具体方式却不激烈，是灵活的"众建诸侯而少其力"[3]，也就是表面上以恩泽的名义让诸侯在境内继续分封，从而化整为散，消解威胁。这一"分国"式削藩建议十分及时，也很稳妥，但由于贾谊年少得志早为朝中老臣忌惮，同时削藩动作与汉初以来无为而治的理国策略相左，加之文帝由代地入主京城较为谨慎等原因，所以文帝起初"不听"，后虽"思贾生之言""从谊计"，局部实施了"众建诸侯而少其力"的做法，但仅仅针对齐、淮南等少数几个诸侯，转而以"柔""德"治诸侯，如"吴王前有太子之隙，诈称病不朝"[4]，有人建议处罚，但"仁孝宽厚"的文帝"弗忍，因赐几杖"。汉文帝以"王道"德化兼用霸道的态度，不妨称作温和试探，其手段和出发点很好，但并没有彻底执行。朝廷欲行又止的态度，让诸侯产生错觉，纵容了他们继续坐大、专断地方的行为。

"削藩"真正大规模得到落实是在景帝年间。面对积重难返的地方割据势力，御史大夫晁错"数上书"，主张利用诸侯的罪过"削其地"，因为诸侯尾大不掉，反叛是迟早的事，所以削藩宜早不宜迟，"今削之亦反，不削之亦反。削之，其反亟，祸小；不削，反迟，祸大"[5]。景帝接受晁错建议，开始削藩。景帝前元二年（前 155），削赵王河间郡，削胶西王六县；前元三年冬，以"私奸服舍"罪削楚王东海郡，还准备削吴豫章、会稽两郡。这些动作很快引起其他诸侯的惊恐，特别是吴王刘濞。刘濞在吴地盘踞几十年，早将吴视为他统治的独立国家，"吴有豫章郡铜山，濞则

---

① 贾谊撰，阎振益、钟夏校注：《新编诸子集成·新书校注》卷第二《权重》，北京：中华书局，2000 年，第 64 页。

② 司马迁：《史记》卷八十四《屈原贾生列传》，北京：中华书局，1959 年，第 2503 页。

③ 贾谊撰，阎振益、钟夏校注：《新编诸子集成·新书校注》卷第一《藩强》，北京：中华书局，2000 年，第 39~40 页。

④ 司马迁：《史记》卷一百六《吴王濞列传》，北京：中华书局，1959 年，第 2825 页。

⑤ 司马迁：《史记》卷一百六《吴王濞列传》，北京：中华书局，1959 年，第 2825 页。

招致天下亡命者〔盗〕铸钱，煮海水为盐，以故无赋，国用富饶”，“吴王由此稍失藩臣之礼，称病不朝”，“乃益骄溢，即山铸钱，煮海水为盐，诱天下亡人，谋作乱”。[①]

刘濞自然不甘被拿掉豫章、会稽两地，便串通楚王、赵王等利益与共的七国，以“清君侧”名义举起叛旗。景帝最初杀晁错为替罪羊，但旋即醒悟，坚决平定七国之乱。关于平定过程，《史记》《汉书》记载颇详，不拟复述。这次反叛与平乱，说明温和的政令根本无法让业已坐大的王侯恭敬听命，更不会主动交出各种权益；要削弱地方离心力，强硬的暴力手段必不可少。同时平乱的结果也显示，文景盛世有足够的经济实力、人才储备应对地方分权问题。因此，削藩与平定七国之乱是汉初集权、分权斗争中的重要决策，是王国问题中的一次关键转折，成为继续削藩的动力，所以史书说“(景帝) 感吴楚之难，始抑损诸侯王”[②]，而并不像后人所说是一次操之过急、不明智的选择。[③]

七国之乱被平定后，朝廷多手并用，继续解决王国问题，或“收其枝郡”，或析分，或改封，因此景帝时的王国数量虽没有减少，但它们的面积、实力大不如前，原来那种“夸（跨）州兼郡，连城数十”的状况不复存在。另外，汉廷釜底抽薪，剥夺王国的治民设吏之权，“景帝中五年令诸侯王不得复治国，天子为置吏，改丞相曰相，省御史大夫、廷尉、少府、宗正、博士官，大夫、谒者、郎诸官长丞皆损其员”[④]。要之，高祖以来沉积已久的棘手问题，到景帝时得到了大致解决，原来中央失控、诸侯

---

① 司马迁：《史记》卷一百六《吴王濞列传》，北京：中华书局，1959 年，第 2822、2823、2825 页。

② 范晔撰，李贤等注：《后汉书》志第二十四《百官一》，北京：中华书局，1965 年，第 3555 页。

③ 如《史记·平津侯主父列传》记主父偃对汉武帝说：“古者诸侯不过百里，强弱之形易制。今诸侯或连城数十，地方千里，缓则骄奢易为淫乱，急则阻其强而合从以逆京师。今以法割削之，则逆节萌起，前日晁错是也。”主父偃忘了如果没有景帝期间的削藩，他主张的“推恩”难以实行。见司马迁：《史记》卷一百一十二《平津侯主父列传》，北京：中华书局，1959 年，第 2961 页。

④ 班固著，颜师古注：《汉书》卷十九上《百官公卿表上》，北京：中华书局，1962 年，第 741 页。

坐大、“弱干强枝”的局面向“强干弱枝”转变。

如前所述，文景时期特别是景帝年间朝廷大力削藩，有效抑制了诸侯势力的膨胀。武帝继位后软硬兼施，继续削弱地方诸侯，其方式包括颁布“推恩令”、附益法、左官律、借酎金制度直接夺爵夺侯等。

一是酎金夺爵。所谓“酎金”，指汉代地方诸侯参加国家祭祀按规定捐献的黄金。文帝时颁布《酎金律》，形成了专门的酎金制度，“酎金律，文帝所加，以正月朝作酒，八月成，名酎酒。因令诸侯助祭贡金”[①]。《酎金律》对诸侯献酎有一些明文规定，比如所献酎金由皇帝亲受，少府负责检验酎金的重量、成色，若王侯所献酎金数量不足或成色不好，要受到相应处罚，甚至被削爵免侯等。[②] 在当时生产力和技术条件下，人为地进行酎金成色判断，未免出现偏颇且具有较大的主观随意性。这一制度缺陷也为武帝借机惩罚王侯提供了可能。元鼎五年（前112），武帝正是利用酎金制度，成功削弱了诸侯势力，“九月，列侯坐献黄金酎祭宗庙不如法夺爵者百六人，丞相赵周下狱死”[③]。一次性夺爵百余人，不可谓规模不大。究其原因，当然是朝廷延续了文帝以来的削藩政策，故意以酎金“不如法”为借口打击诸侯。

二是颁布“推恩令”，进一步瓦解地方诸侯。武帝一朝除了直接夺爵，也采用了温情方式，比如颁布“推恩令”。“推恩”之策由中大夫主父偃提出，主父偃认为单纯的削藩过于苛刻，容易引起反叛，所以建议武帝诏令诸侯，务必再次分封所有子弟，而不应局限在嫡长子范围内，从而达到“分其国”“自削弱”的目的，“今诸侯子弟或十数，而適嗣代立，余虽骨肉，无尺地之封，则仁孝之道不宣。愿陛下令诸侯得推恩分子弟，以地侯之。彼人人喜得所愿，上以德施，实分其国，必稍自销弱矣”[④]。武帝采纳

---

① 杜佑著，王文锦等点校：《通典》卷第五十二《礼志·吉礼十一》注引《汉仪》，北京：中华书局，1988年，第1448页。

② 关于汉代酎金制度的详细规定，可参见杨爽爽、蒋波：《汉代酎金制度考论》，《南都学坛》，2018年第5期。

③ 班固著，颜师古注：《汉书》卷六《武帝纪》，北京：中华书局，1962年，第187页。

④ 班固著，颜师古注：《汉书》卷六十四上《严朱吾丘主父徐严终王贾传上》，北京：中华书局，1962年，第2802页。

了主父偃的建议，下令“推恩”。这一政策与文帝时的“众建”方式具有相似性，都是化整为散分解诸侯，但“众建”只是简单的分国，没有解决诸侯权限过大的本质问题。“推恩”不同，由于它与景帝以来对诸侯的削地、夺权互为表里，因此效果好得多，“武帝施主父之册，下推恩之令，使诸侯王得分户邑以封子弟，不行黜陟，而藩国自析”①。

三是制定附益法、左官律等，以法律形式限制诸侯。《汉书》曰：“武有衡山、淮南之谋，作左官之律，设附益之法，诸侯惟得衣食税租，不与政事。”② 左官律主要从官员构成角度约束诸侯。关于诸侯国境内官员的设置，文景之前朝廷只任命国相，其他官员由诸侯自行选拔，景帝、武帝时将主要官员任免权收归中央，但诸侯仍可辟除低级官员。为防止优秀人才起家为诸侯官，朝廷特设“左官律”——汉代尚右卑左，朝廷歧视性地称诸侯之吏为“左官”，应劭曰：“人道上右，今舍天子而仕诸侯，故为之左官也。”颜师古曰：“汉时依上古法，朝廷之列以右为尊，故为降秩为左迁，仕诸侯为左官也。”③ 左官在迁转晋升方面受到限制，入仕诸侯的人自然减少。附益法则是为了防范他人与诸侯勾结，串联谋利。张晏曰：“律郑氏说，封诸侯过限曰附益。或曰阿媚王侯，有重法也。”颜师古曰：“附益者，盖取孔子云‘求也为之聚敛而附益之’之义也，皆背正法而厚于私家也。”④ 左官律、附益法从心理和法律层面防范了诸侯坐大。

通过以上措施，朝廷较彻底解决了延续百余年的诸侯国问题，马端临在《文献通考》中这样评价汉武帝的王国政策：“汉之所谓封建，本非有公天下之心，故其予之甚艰，而夺之每亟。至孝武之时，侯者虽众，率是不旋踵而褫爵夺地。方其外事四夷，则上遵高帝非功不侯之制，于

---

① 班固著，颜师古注：《汉书》卷十四《诸侯王表》，北京：中华书局，1962 年，第 395 页。

② 班固著，颜师古注：《汉书》卷十四《诸侯王表》，北京：中华书局，1962 年，第 395 页。

③ 班固著，颜师古注：《汉书》卷十四《诸侯王表》，北京：中华书局，1962 年，第 396 页。

④ 班固著，颜师古注：《汉书》卷十四《诸侯王表》，北京：中华书局，1962 年，第 396 页。

是以有功侯者七十五人，然终帝之世失侯者已六十八人，其能保者七人而已。及其外削诸侯，则采贾谊各受其祖之分地之说，于是以王子侯者一百七十五人，然终帝之世失侯者已一百一十三人，其能保者五十七人而已；外戚恩泽侯者九人，然终帝之世失侯者已六人，其能保者三人而已。”[①] 可见武帝一朝“褫爵夺地”后诸侯实力大大减弱，而且由于朝廷的直接打击和相关法规的限制，同姓王侯、异姓列侯、外戚恩泽侯数量均大大减少，并没因“推恩”而增加，这是多重方式并用的结果。实力有限，数量少，诸侯从此“国将不国”，再也无力对抗中央。与此同时，分剥后的诸侯在地方还享有衣食税租的权力，又维持了“家天下”宗法观念下的“亲亲”关系，从而在大一统与分封二者之间达成一种平衡。

第二节　多措并举：汉武皇权的强化

武帝执政的50余年中，打击地方王侯之外，朝廷在各个领域继续强化中央集权，包括设内朝，置州部刺史从制度层面防范与监督地方，经济上实行盐铁、钱币专管专营政策等。

一、强化皇权，设立“内朝”

中央集权、皇权至上是专制社会的主要特征，也是古代国家实现大一统的强有力保障。皇权至上是中央集权的集中表现。汉武帝时期，皇权得到空前加强，得益于一个重要举措，便是设立内朝以分割丞相为首的外朝的权力。

文武百官本是皇帝的辅佐，但由于皇权至上的社会特性，皇帝既希望百官为其效劳尽忠，又担心他们的权力过大，所以时刻提防、限制某些权高位重的臣僚。如嬴政首称“皇帝”，中央设三公九卿，分职理政，但实

---

① 马端临：《文献通考》卷二百六十七《封建考八》，北京：中华书局，2011年，第7312页。

际上并未设掌军权的太尉，便是证明。

汉代继承秦朝的三公九卿制，汉初仍不常设太尉，但丞相、御史大夫的权力极大，其中又以丞相权力为最。丞相在皇帝之下、百官之上，总理国家一切政务，这种独一无二的权力，在汉初尚可为皇帝所容忍，因为汉初社会休养生息，皇帝垂拱而治，三公九卿亦多行无为之术，丞相虽然权力极大，但与皇帝之间的矛盾还不突出。

武帝一朝，国家积极事功，公务增多，各大府寺机构、权限迅速扩大，上述矛盾凸显出来。年富力强的武帝当然不可能对膨胀的相权坐视不管。那么，采取何种方式既能保证皇帝权威、驾驭臣僚，又能“为朕分忧”、不影响原来的官僚行政？“内朝”便应运而生。所谓内朝，又称中朝、内廷，相对外朝而言。内外之别，据《礼记》记载，周代早已有之，“公族朝于内朝，内亲也。虽有贵者以齿，明父子也。外朝以官，体异姓也”[①]。这里的内外朝很明显与血缘宗法有关，用在不同地点朝见的方式体现“亲亲”原则。汉武帝时期出现的“内朝”，与地点也有一定关系，因为当时的丞相府、御史府以及其他九卿多设在皇宫之外，所以统称“外朝”；与之对应，武帝日益倚重的某些官员长期居于宫内，由此形成的权力集团史称“内朝”。

当然，武帝之“内朝”与周代的“内朝”又有本质区别，它的重点不在于别亲贵，而是国家中枢权力的再分配。关于这一点，我们从武帝“内朝”的组成与内朝官的职权可以看出。内朝的官员组成，《汉书》提到“中朝”时注引孟康曰：“中朝，内朝也。大司马左右前后将军、侍中、常侍、散骑、诸吏为中朝。丞相以下至六百石为外朝也。”[②] 据劳榦等人考证，内朝官尚有给事中、左右曹、尚书等。[③] 这些官员的一个共性是常与

---

① 郑玄注，孔颖达疏：《礼记正义》，李学勤主编：《十三经注疏》，北京：北京大学出版社，1999年，第646页。

② 班固著，颜师古注：《汉书》卷七十七《盖诸葛刘郑孙毋将何传》，北京：中华书局，1962年，第3253页。

③ 劳榦：《论汉代的内朝与外朝》，黄清连主编：《制度与国家》，北京：中国大百科全书出版社，2005年，第44页。

皇帝接触，有的虽不居于宫内，但皇帝赏予他们侍中、给事中等加官，亦可在宫内理政。可见内朝成员不取决于血缘，而是与皇帝的亲疏程度。

内朝官的职权，由于成员的不同，可能有不同的偏重，但根本目的均是直接服务皇帝，为皇帝出谋划策。祝总斌曾将其归纳为两大职能，一是"给皇帝处理日常政务当参谋、顾问"；二是对国家重大事件进行讨论，形成解决方案。[①] 这与丞相"掌丞天子，助理万机"的职能何其相似！所以，某种意义上原来丞相的决策权被分割出来，他们只剩实际的执行权。也正因为如此，内朝官中的机要之臣，权力远比丞相大。武帝、昭帝之际的辅政大臣大将军霍光，就是如此，史书说当时"政事壹决于光"[②]。

以上情况的出现，主要原因当然如学界所公认的，是皇权与相权或者说皇权与以丞相为主的外朝的冲突。[③] 不过，这一矛盾本身具有特殊性——如前所言，皇帝既希望普天之下为我所用，又希望"朕即国家"、时时刻刻体现皇权的存在和至高无上，所以就需要不时进行权力调剂，以保持和强化这一特性。因此，内朝在武帝时期的出现有一定时代性，但它所彰显的意图和要达到的目的，却是当时社会的长期需要。正由于这一内在必然性，武帝之后内朝中的官员如将军等权力仍然显赫，"中外朝之分，汉初盖未之有。武帝始以严助、主父偃辈入直承明，与参谋议……至昭宣之世，大将军权兼中外，又置前、后、左、右将军，在内朝预闻政事，而由庶僚加侍中给事者俱自托为腹心之臣矣"[④]。内朝中的尚书经过西汉后期的发展，更是大权在握，有取代三公之势；到了东汉，天下要事都归尚书台处理，三公名为宰相，实则备员而已，"光武

---

① 祝总斌：《两汉魏晋南北朝宰相制度研究》，北京：北京大学出版社，2017 年，第 66~68 页。

② 班固著，颜师古注：《汉书》卷六十八《霍光金日磾传》，北京：中华书局，1962 年，第 2932 页。

③ 如钱穆先生在《中国历代政治得失》一书中总结"汉制得失"时，就提到了这一问题，见钱穆：《中国历代政治得失》，北京：生活·读书·新知三联书店，2001 年，第 25~32 页。

④ 钱大昕著，陈文和主编：《三史拾遗》卷三《汉书·刘辅传》，南京：凤凰出版社，2016 年，第 76 页。

皇帝……政不任下，虽置三公，事归台阁。自此以来，三公之职，备员而已”①。这一现象是武帝加强皇权的延续与结果，从此亦可看出武帝设立内朝的初衷所在。

二、设州部刺史监管地方

诸侯问题得到较好解决后，武帝将重心转向郡县。其中将全国郡国划分州部，设置刺史进行监察，是强化大一统、管控地方的一种重要创制。

西汉是我国古代监察制度发展完善的重要时期。西汉统治者在继承秦制的基础上根据现实情况的变化，不断对地方监察制度进行调整，最终创立并发展了刺史制度。刺史制度大大强化了中央对地方的控制，有力加强了中央集权，对后世产生了深远影响。

刺史制度的源头可以追溯到秦代。秦在各郡设置监郡御史，负责监察地方事务。当陈胜、吴广在大泽乡揭竿而起时，大秦帝国迅速土崩瓦解。在秦末战争中，虽然也有郡监领兵镇压起义的记载，但郡监制度未能充分发挥出巩固地方统治的作用。刺史监郡形式的出现是中央集权社会的必然产物。秦始皇时期就在各郡设置了监察官，“分天下以为三十六郡，郡置守、尉、监”②。文中的“监”就是监御史，它不归郡守管辖，而隶属于御史系统，专门负责各郡的监察工作。王宇星、卜宪群认为：“西汉是我国古代监察制度发展完善的重要时期。西汉统治者在继承秦制的基础上根据现实情况的变化，不断对地方监察制度进行调整，最终创立并发展了刺史制度。刺史制度大大强化了中央对地方的控制，有力维护了中央集权，对后世影响深远。”③

汉初沿用秦朝做法，以监御史督郡，但郡国并行体制下郡不如国、郡少国多，所以不可能真正管控住地方，是一种名不副实的监督。加之

① 范晔撰，李贤等注：《后汉书》卷四十九《王充王符仲长统列传》，北京：中华书局，1965年，第1657页。

② 司马迁：《史记》卷六《秦始皇本纪》，北京：中华书局，1959年，第239页。

③ 王宇星、卜宪群：《西汉刺史制度是一大创举》，《中国纪检监察》，2020年第24期。

某些监御史不勤政、不称职，后来朝廷干脆改由丞相遣员外出监察，“惠帝三年，又遣御史监三辅郡……其后诸州复置监察御史。文帝十三年，以御史不奉法，下失其职，乃遣丞相史出刺并监察御史”[①]。不过，负责监督地方的丞相史“不常置”“无常官”，事实上也是一种零散、非常态的监管。

随着诸侯国威胁的消除，朝廷开始将监督郡国制度化、常态化，于是刺史监察制度诞生了，“初置刺史部十三州”[②]，“武帝元封五年初置部刺史，掌奉诏条察州，秩六百石，员十三人”[③]，即将全国划为冀州、兖州、青州、扬州、豫州、徐州、荆州、益州、凉州、幽州、并州、交阯、朔方等十三州部，每个州部作为一个监察单元，固定设置刺史一名，合为十三人。朝廷选拔才德兼备者出任刺史，以便“奉诏条察”州郡，做地方官的表率，“刺史古之方伯，上所委任，一州表率也”[④]。刺史任职若干时日后，一旦有机会晋升，常常获到破格提拔，“部刺史奉使典州，督察郡国，吏民安宁。故事，居部九岁举为守相，其有异材功效著者辄登擢”[⑤]。有功则直接擢拔，若功绩不突出，也可凭任职资历升迁为守相等。刺史秩六百石，守相秩二千石，一下跨过了比千石、千石、比二千石，所以属于超迁也即破格提拔。之所以如此看重刺史的选任，或破格提拔刺史，原因很简单，因为他们责任大、权限大，肩负着监管地方的重任。

那么，刺史职务既然如此重要，为何禄秩却只有区区六百石呢？我们认为原因有二：其一，代表皇帝出使、巡视地方的官吏位卑权重、以小制

---

① 杜佑著，王文锦等点校：《通典》卷第三十二《职官志·州郡上》，北京：中华书局，1988年，第884页。

② 班固著，颜师古注：《汉书》卷六《武帝纪》，北京：中华书局，1962年，第197页。

③ 班固著，颜师古注：《汉书》卷十九上《百官公卿表上》，北京：中华书局，1962年，第741页。

④ 班固著，颜师古注：《汉书》卷八十六《何武王嘉师丹传》，北京：中华书局，1962年，第3484页。

⑤ 班固著，颜师古注：《汉书》卷八十三《薛宣朱博传》，北京：中华书局，1962年，第3406页。

大是两汉通例，如大夫常代表皇帝出巡，禄秩并不高。刺史“奉诏条察”也具有皇帝使者的性质，所以禄秩同样不高。其二，它应是朝廷的一种巧妙设计。清人顾炎武对此有一个解释：“（刺史）秩六百石，而得按二千石不法，其权最重。秩卑则其人激昂，权重则能行志。”① 沿着这个解释，我们不妨进一步大胆猜测，刺史的低秩可以激励他们勤于政务、尽职尽责，然后通过积功累劳获得升迁。这一点在崇尚功名的汉武时代更容易理解。相反，刺史本身权力较大，如果禄秩又高，他们的动力无疑要小得多，而且容易与守相勾结，偏离监察地方的本意。总之，低秩的最终目的是要调动刺史的积极性，实现监察地方的初衷。

当然，刺史监察地方与皇帝的临时使者有所不同，他们须常驻州部，与属吏经常性出巡郡国，然后定期向朝廷汇报。具体形式是以“六条”奏事，“汉制，刺史以六条问事，非条所问即不省。一条，强宗豪右田宅逾制，以强凌弱，以众暴寡。二条，二千石不奉诏书，遵承典制，背公向私，旁诏守利，侵渔百姓，聚敛为奸。三条，二千石不恤疑狱，风厉杀人，怒则任刑，喜则任赏，烦扰刻暴，剥截黎元，为百姓所疾，山崩石裂，妖祥讹言。四条，二千石选署不平，苟阿所爱，蔽贤宠顽。五条，二千石子弟恃怙荣势，请托所监。六条，二千石违公下比，阿附豪强，通行货赂，割损正令”②，这六条详细交代了刺史监察的对象与具体内容。监察对象以郡国二千石长吏即郡守国相为主，兼及地方豪强。监察的具体内容包括郡守国相是否执行朝廷诏令、体恤百姓、治理得当、公正廉洁等，通过这些条目针对性地监察，防止守相们自行其是、违法乱纪。同时刺史要盯防豪强兼并田地、为非作歹，以及与二千石长吏狼狈为奸。这一点与“附益法”十分相似，可见刺史制度的根本目的仍是维护中央权威，防范地方豪强。

汉武帝征和年间，还设置了司隶校尉一职，其职责原本在于监督朝内

① 顾炎武撰，黄汝成集释，栾保群校点：《日知录集释》卷九《部刺史》，北京：中华书局，2020 年，第 475 页。

② 杜佑著，王文锦等点校：《通典》卷第三十二《职官志·州郡上》，北京：中华书局，1988 年，第 884 页。

大臣与皇亲国戚，以及京都附近的京兆尹、左冯翊、右扶风、河东、河南、河内和弘农等七个郡的官员。司隶校尉的职权范围与刺史相似，但是刺史是监督地方上的官员，而司隶校尉是监督中央的官员，因此在地位上比刺史要高。

三、盐铁官营与钱币专铸

经济是基础。实行符合社会实际情况和历史发展阶段的经济政策是统一王朝稳定的重要保障。武帝时期社会形势发生了深刻变化，长期的休养生息促使国家元气恢复，经济走向繁荣，政权日益稳固，思想趋于一统。与此同步，朝廷在经济领域加大了主动干预力度，比如对盐铁等重要物资进行管控，将钱币铸造和发行权收归中央等。

盐铁是古代国家的必需品。“盐”与每个人的日常生活息息相关，“铁”在传统农业社会、冷兵器时代的重要性也不言而喻。正因为如此，早在春秋时期就有人提出了国家掌控盐铁的意见，《管子·海王》里齐桓公问管子“何以为国”，管子的一个建议便是“官山海”“谨正盐策”[①]，即国家专营包括盐铁在内的山海物产。不过，汉初以秦为鉴，并没有采取《管子》提倡的官营措施，实行了无为而治、较为自由放任的政策，“汉兴，海内为一，开关梁，弛山泽之禁”[②]。放开“山泽之禁”，其中就包括放松盐铁的开采和冶铸权，比如文帝时“纵民得铸钱、冶铁、煮盐”[③]，说明盐铁至少由官民兼营，国家没有专管。

武帝时国家开始主动干预关系社会稳定、国计民生的各个领域。思想上，从以黄老为主的百家并行转向尊崇儒术；民族问题上，由原来的“和亲”转向主动出击、开疆拓边、“外事四夷”，详见本章下一节；中央与地

---

① 黎翔凤撰，梁运华整理：《新编诸子集成·管子校注》卷第二十二《海王》，北京：中华书局，2004 年，第 1246 页。

② 司马迁：《史记》卷一百二十九《货殖列传》，北京：中华书局，1959 年，第 3261 页。

③ 桓宽撰集，王利器校注：《新编诸子集成·盐铁论校注》卷第一《错币》，北京：中华书局，1992 年，第 57 页。

方关系方面，诸侯问题得到了较好解决，中央集权加强，已如前述；经济生活方面，由原来的自由放任转向收缩管控，“盐铁”很快被纳入政府统筹范围，“今大夫君修太公、桓、管之术，总一盐、铁，通山川之利而万物殖”[1]。可见盐铁的“国有”化，其实是朝廷政策调整的结果，是新形势下治国策略变化在经济领域的反映。[2]

另外，朝廷对盐铁的专营也有更直接的动机。其一，之前国家允许私人经营，并非让利于民，获利的主要是地方诸侯和富商大贾，这显然与长期以来削藩的做法，以及重农抑商思想背向而行。其二，武帝期间“外事四夷”，对外用兵频繁，消耗极大，迫切需要“内兴功利”，以提供物力财力支撑。盐铁的需求大、利润高，自然成为朝廷专营的目标，“孝武皇帝……故权收盐铁之利，以奉师旅之费”[3]。

基于以上原因，元狩六年，武帝接受大臣孔仅、咸阳等人建议，出台盐铁官营政策，《史记·平准书》对此事记载较详：

> 大农上盐铁丞孔仅、咸阳言：“山海，天地之藏也，皆宜属少府，陛下不私，以属大农佐赋。愿募民自给费，因官器作煮盐，官与牢盆。浮食奇民欲擅管山海之货，以致富羡，役利细民。其沮事之议，不可胜听。敢私铸铁器煮盐者，釱左趾，没入其器物。郡不出铁者，置小铁官，便属在所县。”使孔仅、东郭咸阳乘传举行天下盐铁，作官府，除故盐铁家富者为吏。吏道益杂，不选，而多贾人矣。[4]

由上可见，盐铁官营虽然引起不少非议，但朝廷仍坚决施行，规定由

---

① 桓宽撰集，王利器校注：《新编诸子集成·盐铁论校注》卷第三《轻重》，北京：中华书局，1992年，第178页。

② 有学者从社会控制层面对此也有讨论，参见李禹阶主编：《秦汉社会控制思想史》第九章《西汉中期国家对社会调控的争论与调适》，北京：中国社会科学出版社，2017年，第277~309页。

③ 范晔撰，李贤等注：《后汉书》卷四《孝和孝殇帝纪》，北京：中华书局，1965年，第167页。

④ 司马迁：《史记》卷三十《平准书》，北京：中华书局，1959年，第1429页。

大司农专管专营，有敢私铸铁器煮盐者严刑伺候。同时朝廷破例吸纳熟悉盐铁事务的富家子弟或商人入仕，设立盐官铁官，以商治商。之后，朝廷继续收缩盐铁之权，如元封年间理财大师桑弘羊任大农令，在全国分别设置了近 36 处盐官、48 处铁官及其机构[①]，进一步落实了盐铁官营政策，从此结束了汉初盐铁自由经营的局面。

与盐铁类似，从汉朝建立到武帝时期，国家对货币制造、流通也经历了一个半放任到严格管控的过程。汉初的币制比较混乱，主要表现在钱币形制不固定，钱币重量、币值时常变动，地方郡县、诸侯享有铸币权等方面。关于这一状况，《通典》卷八《食货志》“钱币”条曰：“汉兴，以为秦钱重难用，更令民铸荚钱。黄金一斤。高后二年，行八铢。六年，行五分钱。孝文五年，为钱益多而轻，乃更铸四铢钱，其文为‘半两’。除盗铸钱令，使民放铸。”[②] 朝廷对铸币权的开放，造成了严重后果，像“七国之乱”的始作俑者吴王刘濞，其实力的积累与野心膨胀就与文帝放任钱币政策有关，“（吴王）即山铸钱，富埒天子”[③]“寡人金钱在天下者往往而有，非必取于吴，诸王日夜用之弗能尽”[④]，可见地方诸侯不仅有私铸权，其货币还被允许流通。钱币向来被视为“民庶之通施”即通行交易工具，善于理政者应“执其通施，以御其司命”[⑤]。汉初钱币政策原本不稳定，任其流通无异于错中添乱。

文帝之后，朝廷意识到放任政策的危险，开始管制；武帝时对钱币的管制尤为突出，武帝初期就至少进行了三个阶段的币制改革。[⑥] 到元鼎二

---

① 关于盐官铁官的数量，参晋文：《桑弘羊与西汉盐铁官营》，《江苏大学学报（社会科学版）》，2010 年第 4 期。

② 杜佑著，王文锦等点校：《通典》卷第八《食货志·钱币上》，北京：中华书局，1988 年，第 171 页。

③ 司马迁：《史记》卷三十《平准书》，北京：中华书局，1959 年，第 1419 页。

④ 司马迁：《史记》卷一百六《吴王濞列传》，北京：中华书局，1959 年，第 2829 页。

⑤ 黎翔凤撰，梁运华整理：《新编诸子集成·管子校注》卷第二十二《国蓄》，北京：中华书局，2004 年，第 1259 页。

⑥ 钱剑夫：《秦汉货币史稿》，武汉：湖北人民出版社，1986 年，第 47 页。

年（前115），朝廷置水衡都尉，两年后令其所辖上林三官专管铸钱之事，“悉禁郡国无铸钱，专令上林三官铸。钱既多，而令天下非三官钱不得行，诸郡国所前铸钱皆废销之，输其铜三官。而民之铸钱益少”[①]。这等于明文取消了地方铸币权，禁止既有私钱的流通，并规定以“五铢钱”为通用货币，从此较彻底解决了币制混乱的问题。

此外，武帝年间利用国家力量干预经济活动的行为，还有均输平准、榷酒酤、实行算缗告缗政策等，不逐一赘述。这些措施一定程度上属于武帝时的“兴利”手段，具有频繁用兵“战时政策”的性质，它们的实施也达到了“佐百姓之急，助军旅之费”的效果。但另一方面，上述措施又不完全是兴利的一时之策，像货币问题在武帝之前已暴露出弊端。再以盐铁为例，朝廷采取官营不仅是为了增加国库收入，也是继续削弱地方割据势力的手段，正如《盐铁论》所说：“令意总一盐、铁，非独为利入也，将以建本抑末，离朋党，禁淫侈，绝并兼之路也。”[②] 这一解释应该是比较公允的。总之，盐铁官营、钱币专铸等收缩经济权限的做法，是服务于大一统国家政权的经济干预手段。有学者甚至指出，武帝对盐铁物资的管理、对行业经济的支配，就是中央集权、君主专制的产物，是“专制主义统治发展到一定阶段的产物”。[③]

第三节　“罢黜百家，表章六经”的思想一统

黄老清静、无为的统治思想在汉初社会恢复过程中发挥了重要的作用，但也是一柄对皇权有着正面与负面作用的双刃剑。由于黄老道家崇尚自然而轻教化的特点，决定了它守成有余而进取乏力，同样不能作为恒久的立国之道，所以尽管黄老学说在汉初的与民休息、恢复经济方面产生了

---

① 司马迁：《史记》卷三十《平准书》，北京：中华书局，1959年，第1434～1435页。

② 桓宽撰集，王利器校注：《新编诸子集成·盐铁论校注》卷第一《复古》，北京：中华书局，1992年，第78页。

③ 杨一民：《〈盐铁论〉和西汉社会》，《学术月刊》，1984年第10期。

重要的作用，但是它的“无为”学说显然已经不适应于文景之后的武帝一朝。于是经过汉代朝堂数十年的思想意识形态的博弈，在汉武帝执政后，逐渐消除了黄老思想的影响，而采取“罢黜百家，表章六经”政策，确立了中国此后长达两千余年的主流意识形态和国家最高指导思想以及国民基本价值标准、行为规范体系。可以说，这一举措是经过数十年血与火的考验乃至惊心动魄的政治斗争，付出了昂贵的“学费”后，西汉的统治者对国家统治政策和国家指导原则做出的一次根本性的转变与调整。历史的事实充分证明，“罢黜百家”并不是消灭百家，而是融会百家、超越百家，“表章六经”并不是为了尊某一家、某一派，而是尊“古之道术”，因“六经”是前诸子时代中国文化的结晶，代表了中国“古之道术”。“罢黜百家，表章六经”说到底是回归到中国文化的前诸子时代，在复古的旗帜下从事新文化整合、重建工作，儒家由此而成为汉以后两千多年中国的立国之道、中华民族的主流意识和普通民众的基本信仰。在以后的历史长河中，虽然佛教、道教争端较长，甚至佛教、道教一度受到个别帝王的竭力推崇，但儒家文化作为国家主流意识形态和民众精神信仰以及百姓日常生活行为准则的地位未发生根本性的改变。

汉武帝建元六年（前135），黄老道家的政治代言人窦太后去世，汉武帝才完全可以按自己的意志行事，此时支持儒家的田蚡为丞相，“黜黄老、刑名百家之言，延文学儒者以百数，而公孙弘以治《春秋》为丞相封侯，天下学士靡然乡风矣”①。元光元年，董仲舒的“罢黜百家，表章六经”的主张得以实现。他指出：

> 《春秋》大一统者，天地之常经，古今之通谊也。今师异道，人异论，百家殊方，指意不同，是以上亡以持一统；法制数变，下不知所守。臣愚以为诸不在六艺之科孔子之术者，皆绝其道，勿使并进。

---

① 班固著，颜师古注：《汉书》卷八十八《儒林传》，北京：中华书局，1962年，第3593页。

邪辟之说灭息，然后统纪可一而法度可明，民知所从矣。[①]

班固在《汉书·武帝纪》赞中云："汉承百王之弊，高祖拨乱反正，文景务在养民，至于稽古礼文之事，犹多阙焉。孝武初立，卓然罢黜百家，表章六经。"[②]"表章六经"与后人概括的"独尊儒术"尽管没有本质的区别，然而在表达上有不同。"六经"不是某一家，不是儒、不是道、不是法、不是墨，是先王之典文，代表了前诸子时代的中国文化，"儒术"是战国时代的儒家言。统治集团的标榜、口号是一回事，其政治实践中的具体操作则又是另外一回事。不仅武帝本人没有真正做到罢黜与独尊，武帝之后，儒学也没有获得独尊，百家也未遭致罢黜。整个汉朝乃至历代所有帝王君主，其治国施政的策略和手段一贯都是霸王道兼用、儒法并采的，儒术的象征意义远大于其实际所起的作用。《汉书·艺文志》云汉武帝"于是建藏书之策，置写书之官，下及诸子传说，皆充秘府"[③]。明确提出"诸子传说"，那就不是只有儒家经典。

金春峰认为："'罢黜百家，独尊儒术'不是'百家争鸣'结束的原因，而恰恰是它的结果。"[④]

一、"罢黜百家，独尊儒术"的源与流

汉朝初期的黄老政治对汉初社会的发展和稳定起到了积极的作用，然而也带来了一些负面影响，随着历史发展变化和新形势的出现，问题又复杂了起来。黄老"无为"无法适应一个泱泱帝国实现进一步发展和统一治理的需要。作为中央政权，在完成了国家疆域、政治体制统一的

---

① 班固著，颜师古注：《汉书》卷五十六《董仲舒传》，北京：中华书局，1962年，第2523页。

② 班固著，颜师古注：《汉书》卷六《武帝纪》，北京：中华书局，1962年，第212页。

③ 班固著，颜师古注：《汉书》卷三十《艺文志》，北京：中华书局，1962年，第1701页。

④ 金春峰：《汉代思想史》，北京：中国社会科学出版社，1987年，第203页。

基本任务之后，必须实行强有力的“有为”统治思想。那么，如何在诸多思想中选择与确立帝国的主导意识形态，以便有效地统一、重整人们的精神世界，已成为当务之急。鉴于前朝秦亡的惨痛教训，刑名法家肯定已不可用，主张无为而治的黄老道学，也显然与帝国中央政府在政治、经济、文化、思想领域实施统一治理的路向相抵触，因此能够供选择的各家思想只有儒家最合适。儒家在内容和形式上都符合统治集团的期待。实际上，由黄老之学到儒家教化、由“无为”到“有为”的转变，早就在统治阶级内部悄悄地进行了。不应忘记的是，从高祖建汉、文景之治，到武帝时代，一批批既酷好儒术又通达事变并富有远见卓识的儒学政治家，从郦食其、叔孙通、贾谊，到卫绾、窦婴、田蚡、公孙弘、赵绾等，对儒学的权威化、官方化都立下了汗马功劳，发挥着至关重要的作用。并且，这种作用超出了任何一个或一批醇儒学者的能力范围。

班固在《汉书·武帝纪》中指出：“自武帝初立，魏其、武安侯为相而隆儒矣。及仲舒对册，推明孔氏，抑黜百家。立学校之官，州郡举茂材孝廉，皆自仲舒发之。”① 在《汉书·武帝纪》赞中又云：“孝武初立，卓然罢黜百家，表章六经”②。这是目前看到传世文献中最早的关于汉武帝时期实行的统治思想的记载。但后来这样的记载逐渐被演变成了“罢黜百家，独尊儒术”，而且认为是由董仲舒提出的，与原来汉武帝的统治理念有了不同的理解，影响深远。

“罢黜百家，独尊儒术”一直以来就是一桩学术公案，对于“罢黜百家”并没有异议，对于“表章六经”则分歧比较大。学术界对于“罢黜

---

① 班固著，颜师古注：《汉书》卷五十六《董仲舒传》，北京：中华书局，1962年，第2525页。

② 班固著，颜师古注：《汉书》卷六《武帝纪》，北京：中华书局，1962年，第212页。《汉书·董仲舒传》载：“自武帝初立，魏其、武安侯为相而隆儒矣。”（班固著，颜师古注：《汉书》卷五十六《董仲舒传》，北京：中华书局，1962年，第2525页。）《汉书》纪、传所记载的都是汉武帝即位初年尊经崇儒事件。《汉纪》亦载：“孝武之初立，卓然罢黜百家，表章六艺。”（荀悦著，张烈点校：《汉纪》卷第十五《孝武皇帝纪六》，北京：中华书局，2002年，第270页。）在沿袭《汉书》说法时，稍有改变。

百家，独尊儒术”最早提出者并没有形成一致的认识，真可谓“百家争鸣”。有人认为“罢黜百家”最早语出卫绾[①]；有人认为是董仲舒最早提出[②]；有人认为出自《汉书·董仲舒传》[③]；有人认为不知最早出自何人[④]；郭龙在《“独尊儒术，罢黜百家”与儒家经学的确立》中认为：“‘罢黜百家，独尊儒术’这个说法，最早出自谁人，今已很难确考。”[⑤] 谢谦认为是后儒对于董仲舒天人三策策三之末精义的概括[⑥]；王葆玹认为出于《资治通鉴》[⑦]；牛秋实认为梁启超是“罢黜百家，独尊儒术”的始作俑者[⑧]；有人认为《汉书·武帝纪》赞“罢黜百家，表章六经”就是所谓“罢黜百家，独尊儒术”的由来[⑨]；王子今认为“独尊儒术”这种表述方式，出现得相当晚，并不能反映当时的历史真实[⑩]；郑济洲认为“‘罢黜百家，独尊儒术’的提法源自新文化运动时期易白沙所作《孔子评议》”[⑪]。可谓众说纷纭，莫衷一是。

---

① 陈业新：《“罢黜百家”语出何人》，《中国史研究》，1998 年第 2 期。

② 李玲崧：《“罢黜百家，独尊儒术”语主考辨——与陈业新先生商榷》，《学术研究》，1999 年第 7 期。

③ 《薛瑄全集·读书续录》卷四载：董子曰：“尊孔氏者黜百家。”注释曰：“引自《汉书·董仲舒传》。原文为：‘罢黜百家，独尊儒术。’”薛瑄：《薛瑄全集·读书续录》，太原：山西人民出版社，1990 年，第 1391、1406 页。

④ 陈静认为：“‘独尊儒术’的说法，最早出自谁人，今已很难确考。遍寻《二十五史》无此语，盖非古人所言。”见陈静：《“罢黜百家”旨在“表彰〈六经〉”而非“独尊儒术”》，《洛阳师范学院学报》，2004 年第 4 期。

⑤ 郭龙：《“独尊儒术，罢黜百家”与儒家经学的确立》，四川师范大学硕士学位论文，2010 年。

⑥ 谢谦：《儒学独尊的历史真相与儒家学者的精神蜕变》，《四川师范大学学报（社会科学版）》，2006 年第 6 期。

⑦ 王葆玹：《今古文经学新论》，北京：中国社会科学出版社，1997 年，第 197～198 页。

⑧ 牛秋实：《“罢黜百家、独尊儒术”说的形成及时人、后人之批判》，《衡水学院学报》，2010 年第 6 期。

⑨ 赵克尧：《“罢黜百家，独尊儒术”辨》，《汉唐史论集》，上海：复旦大学出版社，1993 年，第 98 页。

⑩ 王子今：《汉武英雄时代》，北京：中华书局，2005 年，第 48 页。

⑪ 郑济洲：《董仲舒的“规约君权”理念：“推明孔氏，抑黜百家”新探》，《河北师范大学学报（哲学社会科学版）》，2016 年第 5 期。

其实，“罢黜百家、独尊儒术”这句话并不是出自董仲舒之口。“罢黜百家”的首次出现是在《汉书·武帝纪》中。余治平认为，仅仅作为一介书生的董仲舒可能还没有那么大的能量，他的建议也并不如后人想象的那样能够对皇帝治政发挥举足轻重的影响。退一步分析，董仲舒的对策，如果真的得到了武帝的欣赏和器重，按理皇上应该将其直接留在身边，以供垂询、资政之用，最差也应该在中央朝廷里赏赐一个官职，而不可能只是一个小小的“江都相”，即一个侍奉藩王的事务总管。其实，能够对罢、尊决策一直起推波助澜作用的倒是那些极富战略眼光的包括皇帝在内的政治家们。[①] 实际上，与“罢黜百家，独尊儒术”这种讲法关系最密切的，是班固在《汉书·武帝纪》赞中说的：“孝武初立，卓然罢黜百家，表章六经。”[②] 孝武初立说的是汉武帝即位初期。罢黜百家，当是指建元元年（前140），罢法家、纵横家。建元六年，“绌黄老、刑名百家之言”[③]，又罢黜了儒家《孟子》等诸子博士，标志着治诸子百家者失去了由贤良方正等察举入仕的资格，诸子百家从官学系统退出。“表章六经”是指建元五年（前136）“置《五经》博士”[④]，不再立诸子博士。元朔五年（前124），设立博士弟子。这是班固对汉武帝初年“罢黜百家，表章六经”系列举措的概括。“六经”又称“六艺”，《周礼·地官·大司徒》曰：“六

① 余治平：《汉武帝独尊儒术的虚与实——论汉帝国主导意识形态的最初确立》，《中国社会科学院研究生院学报》，2004年第5期。

② 班固著，颜师古注：《汉书》卷六《武帝纪》，北京：中华书局，1962年，第212页。

③ 司马迁：《史记》卷一百二十一《儒林列传》，北京：中华书局，1959年，第3118页。《汉书·儒林传》作“黜黄老、刑名百家之言”。（班固著，颜师古注：《汉书》卷八十八《儒林传》，北京：中华书局，1962年，第3593页。）虽有“绌”与“黜”之别，含义并无不同。

④ 班固著，颜师古注：《汉书》卷六《武帝纪》，北京：中华书局，1962年，第159页；《汉书·百官公卿表》亦载：“武帝建元五年初置《五经》博士。”（班固著，颜师古注：《汉书》卷十九上《百官公卿表上》，北京：中华书局，1962年，第726页。）《汉官仪》载：“（孝武建元五年）初置五经博士，秩六百石。”（孙星衍等辑，周天游点校：《汉官六种·汉官仪》，北京：中华书局，1990年，第128页。）上述三条资料，记载时间相同，后两种增“初置”二字，强调了设立五经博士的创造性。

艺，礼、乐、射、御、书、数”[①]，系指六种技艺而言。战国时，“六艺”演变为《诗》《书》《礼》《乐》《易》《春秋》六种典籍。“六经”是华夏文明的元典，是中华智慧的结晶，而非儒家所私有。[②] 因为，“六艺非孔氏之书，乃《周官》之旧典也。《易》掌太卜，《书》藏外史，《礼》在宗伯，《乐》隶司乐，《诗》领于太师，《春秋》存乎国史”[③]。春秋时，孔子整理“六经”作为教学的课本，“六经”与儒家联系越来越密切，但并非只属于儒家，政治家、外交家、文学家、诸子百家等都可以研读、引用，在日常生活中、外交场合里都有人引用“六经”。[④] 其实，“六经”也不全是儒家的，比如《易》就为道家和阴阳家的学术宝典，《书》又实为夏、商、周三代的行政法典。汉武帝“表章六经”的重要举措，就是设立五经博士，专门研究传授“五经”。在太学设立博士弟子员，以经取士，以经入仕。“罢黜百家，表章六经”，已经走出了尊崇某个学派、诸子互黜的怪圈，是要以诸子百家共同的资源——“六经”，作为治国理政的理论基础，由此开辟了汉代的经学时代，并且深刻影响了中国以后两千年的经学发展。尊经与尊儒有区别，“表章六经”与“独尊儒术”也并非等同，但后

---

① 郑玄注，贾公彦疏：《周礼注疏》，李学勤主编：《十三经注疏》，北京：北京大学出版社，1999 年，第 266 页。

② 《汉书·儒林传》载：“古之儒者，博学乎《六艺》之文。《六〔艺〕》者，王教之典籍，先圣所以明天道，正人伦，致至治之成法也。”（班固著，颜师古注：《汉书》卷八十八《儒林传》，北京：中华书局，1962 年，第 3589 页。）儒家以“六经”作为教科书，墨家也经常说到“六经”，道家也提到过“六经”，杂家也引用“六经”文字，诸子论述中也经常引用“六经”词语，故“六经”与儒家不能画等号。“六经”，是华夏文明的元典、王教的典籍，蕴含着治国之道、文化源泉，并非诸子某家的私有文献资源，当然也不是儒家所独有。只是随着汉武帝“表章六经”政策的实行，“六经”逐渐与儒家联系越来越密切，被视为儒家经典，实在是以偏概全。

③ 章学诚撰，叶瑛校注，靳斯点校：《校雠通义》卷一《原道》，北京：中华书局，1985 年，第 951 页。

④ 郭伟川在《从〈左传〉论春秋时期各国普遍引用“六经”》一文中，“举《诗》三十五例、《书》十八例、《礼》六十七例、《乐》十三例、《易》十三例、《春秋》二例（三见），涉及的国家，除周王室外，有鲁、晋、齐、郑、蔡、吴、楚、宋、秦、虞等诸侯国，皆普遍应用‘六经’。”见郭伟川：《先秦六经与中国主体文化》，北京：北京图书馆出版社，2007 年，第 84 页。

代对这一事件的理解是不同的，并赋予不同的内涵。宋代范祖禹言：“汉武帝时，董仲舒对策以为诸不在六艺之科、孔子之术者，皆绝其道，勿使并进。武帝感其言，遂罢黜百家，表章六经。”[①] 元代郝经称：“董仲舒出，而孝武方隆儒，乃请罢黜百家，表章六经，尊孔氏，明仁义，圣人之道复立。”[②] 他认为董仲舒因汉武帝隆儒而建议“罢黜百家，表章六经”，将因果关系说得很清楚。

实际上，两千年来我们都过高地估计了董仲舒对汉武帝统治思想的影响。从东汉到清朝千余年间，在班固所言“罢黜百家，表章六经”的基础上，有的改变词语先后顺序，有的变更词语结构，有的增加词语，有的表达词句不同，形式多种多样。总起来说，宋元以来，对汉武帝“罢黜百家，表章六经”的评价越来越高，认同班固说法的学者越来越多，并把董仲舒与“罢黜百家”联系起来，这与经学传播越来越广泛和地位日益巩固有着密切关系，学者们表达了自己的想法，也难免有误解。不仅“六经”与儒术所指对象不完全相同，而且表章“六经”、表章“六艺”、表章儒术、尊崇儒术、崇重儒术与“独尊儒术”含义也不完全相同。表章与表彰同义，指显扬、表扬，含有提倡、倡导之意。[③]

董仲舒所建议独尊的儒学，绝非当初的孔孟儒学，而是被学术界重新命名的“新儒学”。董仲舒根据社会的发展和需要，杂糅儒、法、道、阴阳诸家学说，把传统儒学加工改造为新的儒学体系。在春秋战国时期，儒家所主张的“德治”和法家所主张的“法治”虽然是对立的，但在维护中央集权上是统一的。在董仲舒的新儒学里，“德”和“刑”变成了相辅相成的关系。他指出：“天道之大者在阴阳。阳为德，阴为刑；刑主杀而

---

① 范祖禹：《范太史集》卷二十一《封还差道士陈景元校道书事状》，《景印文渊阁四库全书》第1100册，台北：商务印书馆，1986年，第265页。

② 郝经：《陵川集》卷二十六《去鲁记》，《景印文渊阁四库全书》第1192册，台北：商务印书馆，1986年，第281页。

③ 秦进才：《“罢黜百家，独尊儒术”源流考》，《秦汉研究》第17辑，西安：西北大学出版社，2022年。

德主生。”[①] 这样，儒家的明教化、严名分的“德治”和法家的严刑赏、正法度的“法治”巧妙地结合为一体，精神麻醉和暴力压迫紧密地联系在一起。作为统治者来说，“德”是本体，“刑”是手段。正如时人司马谈在《论六家之要指》中对阴阳、儒、墨、名、法、道家作了评判。他认为尽管诸子之间存在着不同门派的差别，但“天下一致而百虑，同归而殊途”[②]，“同归”终归是大势。这就强调了各家学说之间存在着相互吸收、融合，彼此沟通、统一的可能性和必然性。司马迁在《史记·龟策列传》也指出：“至今上即位，博开艺能之路，悉延百端之学，通一伎之士咸得自效，绝伦超奇者为右，无所阿私。”[③]

二、以儒补法的统治方略

汉武帝时期由于形势的变化，各种社会矛盾出现，因此汉武帝在统治方法上也发生了较大的变化，变得更功利一些。从历史文献中可以看出，汉武帝是一个实用主义和功利主义者，在统治思想上以儒家思想为主导，兼用诸子百家，除了任用董仲舒、公孙弘等儒者，也用尊黄老学说的汲黯、司马谈、司马迁等人，还用了学纵横术的主父偃、杂家东方朔以及术数家、卜筮者、方士，特别是法家代表人物张汤、桑弘羊，以及酷吏义纵、王温舒等。其实，后来历代统治者也是在尊儒术基础上而兼用诸子百家，来达到稳定统治的目的。

汉武帝是一个“内多欲而外施仁义”的皇帝，因此尽管汉武帝实行了“罢黜百家，表章六经”的政策，表面上看似只用儒家思想进行统治，实质上实行的是“外儒内法”的统治思想，这种统治思想既是对西汉初年“黄老道家”无为而治思想的摒弃，也是对前朝统治经验的吸收。“外儒内

---

① 班固著，颜师古注：《汉书》卷五十六《董仲舒传》，北京：中华书局，1962年，第2502页。

② 司马迁：《史记》卷一百三十《太史公自序》，北京：中华书局，1959年，第3288页。

③ 司马迁：《史记》卷一百二十八《龟策列传》，北京：中华书局，1959年，第3244页。

法”是汉武帝至宣帝时期的统治政策，其形成与确立是在顺应儒学转变的趋势下，统治者有意为之。儒学转变的趋势主要有两个方面：其一，由于礼与法在某种程度上的相通，出现了礼、法合流的趋势；其二，儒家兼容百家的特性，使其最终出现折中百家的杂家化趋势。

于是出现了以叔孙通治“礼”（“古礼”与现实礼制的结合）与陆贾的“新儒家”思想（主要是以道德教化去替代秦的“以法为教”，以儒家官吏的教化代替“以吏为师”）作为王朝的思想意识形态。董仲舒的新儒家思想以儒家思想为主，辅之以法家手段，兼采道家的合理内核，成为汉武帝之后新儒家的主流思想。

在文化与道德建设上，秦、周二道逐渐融合，内化为西汉帝国“罢黜百家，表章六经”的统治思想与政治哲学。其最重要的表现是：法家思想逐渐渗入儒家思想中，强调皇权统治下的大一统及中央集权政治，由此改造了先秦原始的儒家孔孟思想，使儒家思想成为维护帝制大一统的工具。从陆贾到贾谊，再到董仲舒的儒学发展历程，就是一个儒家思想法家化、法家思想儒家化的过程。在这个过程中，儒学内核大量渗入秦制的主干理念，即中央集权官僚体制与皇帝制度思想。同时，这一过程，也是一个法家思想儒家化的过程，法家的主体思想融进儒学，构成“内法外儒”的政治特征，其实尽管儒、道、法三家思想体系有不同之处，但在维护中央集权这一点上是统一的。汉宣帝毫不隐瞒地指出：“‘汉家自有制度，本以霸王道杂之，奈何纯〔任〕德教，用周政乎！且俗儒不达时宜，好是古非今，使人眩于名实，不知所守，何足委任！’乃叹曰：‘乱我家者，太子也！’”[①] 叔孙通和陆贾的思想和实践，也体现了儒家的“王政”“仁政”思想，其最重要的是以政治等级和血缘制度相结合的双重治理思想。而汉初提倡的“以孝治天下”，就是一种周制，即周代缘于血缘宗法的基层治理体制。它成为汉代中央集权制度外的另一种治理思想。

汉初经过六十余年的休养生息、发展经济，出现了“文景之治”的大

---

① 班固著，颜师古注：《汉书》卷九《元帝纪》，北京：中华书局，1962年，第277页。

好局面。当时“民则人给家足，都鄙廪庾尽满，而府库余货财。京师之钱累巨万，贯朽而不可校。太仓之粟陈陈相因，充溢露积于外，至腐败不可食。众庶街巷有马，阡陌之间成群”①，呈现出一片富庶繁荣的景象。汉初社会经济“自天子不能具钧驷，而将相或乘牛车，齐民无藏盖”② 的局面得到了极大的改善。汉武帝继位以后，在当时的社会环境下，统治阶层所主张的清静无为的黄老思想，已经不再能满足统治阶级的新的需求，西汉社会需要一种与汉武帝刚强多欲的性格相适应、积极有为又有利于强化中央集权的思想理论。此时儒家思想已经在社会中形成气候，仁义、忠君、孝道的思想已经深入人心，迎合了汉室统治天下的需求，儒家思想与统治者的中央集权需要不谋而合。于是在汉武帝时期，儒家思想开始向国家意识形态转变。

史书记载：“武帝即位，举贤良文学之士前后百数。”③ 所谓“贤良”即品德端正、道德高尚的人，所谓“文学”是指精通儒家经典的人，两者都是儒家思想的捍卫者和实践者。窦太后驾崩后，汉武帝对“黄老之学”予以打击，并且任用好儒术的武安侯田蚡为相，赵绾任御史大夫，王臧任郎中令，大兴儒术，儒家思想得以迅速发展起来。“绌黄老、刑名百家之言，延文学儒者数百人。”④ 从西汉初年到汉武帝时期，经过叔孙通、陆贾、贾谊、董仲舒等儒家代表人物的提倡，儒家的德治思想正式为统治者所接受。儒家在批判法家思想的同时，也进一步吸收了法家思想的一些内容。以董仲舒为代表，从其代表作《春秋繁露》与《天人三策》所反映的思想来看，的确不是纯粹的儒家思想。董仲舒利用战国以来阴阳、法、道、名诸家思想，结合孔孟的“法古”“法先王”“任德”“任贤”等政治主张，建立了一套有利于西汉专制主义中央集权政治需要的思想体系。他

---

① 司马迁：《史记》卷三十《平准书》，北京：中华书局，1959 年，第 1420 页。

② 司马迁：《史记》卷三十《平准书》，北京：中华书局，1959 年，第 1417 页。

③ 班固著，颜师古注：《汉书》卷五十六《董仲舒传》，北京：中华书局，1962 年，第 2495 页。

④ 司马迁：《史记》卷一百二十一《儒林列传》，北京：中华书局，1959 年，第 3118 页。

强调“《春秋》大一统者，天地之常经，古今之通谊也”[1]，鼓吹“君权神授”，构筑了一个沟通神权、皇权、父权、夫权的庞大神学思想体系，将天道与人事相比附，认为君位、父子、夫妻等纲常关系出于天道，而“道之大原出于天，天不变，道亦不变”[2]。董仲舒的理论虽与孔子“不语怪力乱神”相违，然而从某种程度上来说是儒学与君权相互妥协、相互支持的产物。“春秋大一统”“天人感应”说在塑造天子权威的同时，也使统治者默认了圣人的道德权威。于是，便有了“外儒内法”的契机。实际上汉武帝在接受董仲舒思想的同时也进行了改造，如董仲舒提出“今师异道，人异论，百家殊方，指意不同，是以上亡以持一统；法制数变，下不知所守。臣愚以为诸不在六艺之科孔子之术者，皆绝其道，勿使并进。邪辟之说灭息，然后统纪可一而法度可明，民知所从矣”[3]。董仲舒这一混合着儒家、法家、阴阳家的大一统思想，与急切要强化君权的汉武帝可谓一拍即合。汉武帝认为，只靠儒术是无法治国的，必须与其他思想特别是法家思想结合。在表面上他仍然尊崇儒学，为五经置博士弟子，学通者可以授官，而实际上推行的主要还是刑名法术那一套。在当时背景下，刑名法术的名声太差，武帝不能冒天下之大不韪，故不敢明目张胆地宣布以法治天下，而是用儒术缘饰吏治的手法来实现他的“多欲政治”。他用儒家的大一统来缘饰他的“外攘四夷”，用儒家的改正朔、易服色、尊君卑臣来缘饰他的“法度”与“法治”。在他的导演下，其臣属亦多心领神会，依样办理。

汉武帝时期，经过之前的“文景之治”以及武帝的励精图治，国力强大、经济繁荣，军事实力也得到加强，汉王朝的进取之心逐渐清晰。表现在思想意识领域中就是法家思想抬头，同时出现了一批酷吏、能吏。他们

---

① 班固著，颜师古注：《汉书》卷五十六《董仲舒传》，北京：中华书局，1962 年，第 2523 页。

② 班固著，颜师古注：《汉书》卷五十六《董仲舒传》，北京：中华书局，1962 年，第 2518~2519 页。

③ 班固著，颜师古注：《汉书》卷五十六《董仲舒传》，北京：中华书局，1962 年，第 2523 页。

虽然残酷无情，但果敢、高效的处事能力深为统治者所青睐。比如对主父偃的重用就是一个典型事例。主父偃先学纵横长短术，晚乃学《易》《春秋》百家言。他先以儒生的身份，走通了与大将军卫青的关系，卫青多次将其介绍给武帝，但武帝毫无兴趣。不得已，主父偃只好自己写了一封自荐书投给汉武帝。想不到早晨投出，晚上就得到了武帝的召见。原因在于，主父偃在自荐书里没有谈儒家的德治，“所言九事，其八事为律令，一事谏伐匈奴”[①]，因而受到武帝高度重视，得以迅速召见除官。汉武帝为了完成“内多欲”的目标，开始了对儒法互补、儒法结合治国方略的探索。他使儒家“德治”与法家“法治”由对立走向合流，逐步形成了儒法结合、外儒内法的治国模式，也就是汉宣帝总结的“汉家自有制度，本霸王道杂之”。

汉武帝时期的统治思想，既主张德治、礼治，又注重法的威慑作用。在提倡“德主刑辅”“明德慎罚”的同时，将“德主刑辅”附会为上天“任阳不任阴，好德不好刑”的天意。推动“以礼入律”，通过注释《春秋》等儒家经典的方式去注释法典，对汉初的法典进行儒家式的改造，在司法实践中，官吏可以直接引用儒家的经义作为判断疑难案件的依据。所谓“经义”就是儒家的最高道德准则，“礼”在当时被赋予了法理的效力。这种思想与当时的统治形势相适应，虽重刑而不用其极。外儒内法的进一步发展，极大地增强了西汉中央集权。汉武帝等帝王已经认识到单纯以儒家学说来治理国家是行不通的，因为温情的儒家教化是软弱无力的，修身齐家其实并不能天然地治国平天下，只有通过儒法结合才能治理国家。于是，董仲舒在强调法制的基础上，把儒法两家融合为一体，既主张“以教化为大务”，又主张“正法度之宜”，其实质就是儒法结合。外儒，给统治者披上一层仁德的外衣，较之秦朝赤裸裸地实行法家政治隐蔽了许多；内法，则为统治者的专制统治提供了坚强的后盾，维护了当时的社会秩序。

---

① 班固著，颜师古注：《汉书》卷六十四上《严朱吾丘主父徐严终王贾传上》，北京：中华书局，1962 年，第 2798 页。

但随后，“内多欲而外施仁义”的汉武政治开始出现种种危机，武帝时期政策的有效性也因此遭遇质疑和反思，儒学意识形态的有效性自然也不可避免地遭到了考量。盐铁会议就是儒法两家在儒学意识形态有效性问题上的碰撞和冲突，也是汉代儒法之争的集中体现。在盐铁会议上，代表儒家立场的以贤良文学入仕的儒生与代表法家立场的御史大夫就义利之辩、本末之争、贫富之论等问题展开深入论争。从表面上看，盐铁会议是从盐铁政策等具体制度出发开展的儒法之争。盐铁会议上双方论争的焦点却是有着强烈实践性的现实问题，即儒学作为意识形态的有效性问题。儒生们捍卫儒学意识形态的有效性，御史大夫则认为儒学作为意识形态是无效的。经过盐铁会议上儒法之间全面而深入的论争，儒法关系有了改变。法家在现实政治中的地位开始隐性化，但是仍然实实在在地发挥着作用，儒学进一步实现了事实上的尊崇，儒法结合成了现实政治发展的必然结果。到汉宣帝时期，这种儒法结合、阳儒阴法的政治模式可以用“霸王道杂之”来概括。从汉武晚年的“亡秦之失”到“昭宣中兴”，历史证明“儒法并用，王霸杂之”的治国模式是儒学意识形态功能得以有效发挥的政治模式。[①] 汉宣帝也重视刑法在社会中的作用。《汉书·刑法志》载宣帝重刑狱，“于是选于定国为廷尉，求明察宽恕黄霸等以为廷平，季秋后请谳。时上常幸宣室，斋居而决事，狱刑号为平矣”[②]。

历史已经证明，在社会实践中以教化为本的德治往往需要时间和过程，法制则很容易见效。这样被纳入了董仲舒“王道”思想体系中的法家的霸道思想的作用，在社会实践中很快就凸现出来了。董仲舒是西汉时期著名的思想家，其过人之处就在于他以高超的政治智慧，让儒学与政治成功联姻，变成大一统政治的指导思想。董仲舒也由此而被尊为“儒林之宗”，成为汉代儒学的一代宗师。汉武帝曾经与董仲舒有三次对话，董仲舒在其“天人三策”中，发挥了孔子的正名、仁义、五伦等思想，同时配

---

① 李国娟：《儒学与秦汉意识形态的建立》，华东师范大学博士学位论文，2010 年。

② 班固著，颜师古注：《汉书》卷二十三《刑法志》，北京：中华书局，1962 年，第 1102 页。

合法家、阴阳家、道家的学说，提出天人感应、刑德并施、兴太学、选明师等主张。董仲舒的天人感应说的核心是“灾异说”和“祥瑞说”，通过它们来论证君权神授，同时对天子的行为进行监督。“天”这个概念，孔子提到了“天命”，孟子提到了“知性知天”，他们主要将天看成道德之天。荀子认为天是自然之天。董仲舒则用阴阳家的思想来大谈灾异之变：“天地之物有不常之变者，谓之异，小者谓之灾。灾常先至而异乃随之。灾者，天之谴也；异者，天之威也。”[①] 灾和异是有区别的，天地之间出现不正常的现象，小的异常叫作“灾”，大的异常叫作“异”。灾比异先出现，如果执政者犯了小错，上天会用灾来警告他，警告不听，就用更严重的异来警告，弄不好，统治者就要下“罪己诏”。相反的情况是，如果天子工作做得好，上天也会看在眼里，会显现“祥瑞”来表扬。这种观点其实是一把双刃剑，既可以维护统治者的权威，也告诫统治者不要胡作非为，否则天会惩罚统治者。汉武帝和董仲舒之间的故事就是最好的诠释。“灾异说”使董仲舒差点丢掉脑袋。当他的对策获得汉武帝赏识以后，被安排在汉武帝的哥哥——江都王刘非身边为相。汉武帝建元六年，皇帝祭祖的地方发生了大火，董仲舒认为这是天在惩罚统治者，于是起草了一份奏章，以两次火灾说明上天已经对汉武帝发怒，想让他做出相应的整改措施。结果奏章还没上，正巧主父偃到董仲舒家做客，看见奏章，就把奏章草稿偷走，交给了汉武帝。武帝看后大怒，本来想杀了董仲舒，但怜惜他的才能，又下诏赦免，但他的江都王相的官职却被罢免。

先德后刑，礼法相融，成为西汉中期以后的社会主流认识，这也是在总结汉以前统治经验的基础上提出的有效应对。通过对儒家思想的改造，将儒家变成了“新儒家”，使儒术成了武帝及以后宣帝治国理政的理论。这种现实情况与已经厕身庙堂的儒者的“王道”理想有了一定的差距。董仲舒作为汉武帝的重要智囊，融合其他思想，从而将儒家思想系统化，与先秦时期儒学的难以贯彻相比，具有了一定程度的可操作性，使武帝得以

① 董仲舒著，苏舆撰，钟哲点校：《新编诸子集成·春秋繁露义证》卷第八《必仁且智》，北京：中华书局，1992 年，第 259 页。

采纳，但武帝时期的现实政治，也确实偏离了儒家政治思想以仁德为核心的体系，任用大量的酷吏就是对过去统治政策的调整。

汉武帝是一个具有雄才大略的杰出政治家，通过对统治思想的调整，使西汉社会达到全盛。班固在《汉书·武帝纪》中指出："孝武初立，卓然罢黜百家，表章六经。……兴太学，修郊祀，改正朔，定历数，协音律，作诗乐，建封禅，礼百神，绍周后，号令文章，焕焉可述。后嗣得遵洪业，而有三代之风。如武帝之雄材大略，不改文景之恭俭以济斯民，虽《诗》《书》所称何有加焉！"[①] 汉武帝实行王道与霸道并用的统治方略，他内虽多欲，却注重外施仁义；既追求霸主吏事却又以儒术缘饰。在他那里，儒为外饰，法为内行，可谓儒为虚用，法为实制。一方面，他采纳董仲舒、公孙弘的建议："兴太学，置明师，以养天下之士，数考问以尽其材，则英俊宜可得矣。"[②] 他下令在长安城南设立太学，由郡县选择五十人为博士弟子，由五经博士讲授儒家经典，"一岁皆辄课，能通一艺以上，补文学掌故缺；其高第可以为郎中，太常籍奏"[③]。这样，从中央到地方的官吏都得学习经学，精通儒学成为西汉选拔官吏的重要条件之一。但是，另一方面，汉朝以法家治国的理念并没有改变。武帝不断强化法律制度所具有的惩戒等功能，在实际政治运作中对法术酷吏也大开绿灯。《史记》中记载的酷吏大多是汉武帝时期的，汉武帝重用张汤、赵禹制定法令。《汉书·刑法志》云"张汤、赵禹之属，条定法令"，即颁布了苛刻的刑法，"禁罔浸密。律令凡三百五十九章，大辟四百九条，千八百八十二事，死罪决事比万三千四百七十二事。文书盈于几阁，典者不能遍睹"。[④] 有一次武帝招来文学儒者，对着儒生们大谈要怎样推行儒道，而这时憨直的汲

---

① 班固著，颜师古注：《汉书》卷六《武帝纪》，北京：中华书局，1962年，第212页。

② 班固著，颜师古注：《汉书》卷五十六《董仲舒传》，北京：中华书局，1962年，第2512页。

③ 班固著，颜师古注：《汉书》卷八十八《儒林传》，北京：中华书局，1962年，第3594页。

④ 班固著，颜师古注：《汉书》卷二十三《刑法志》，北京：中华书局，1962年，第1101页。

黯对武帝谏言："陛下内多欲而外施仁义，奈何欲效唐虞之治乎！"武帝"怒，变色而罢朝"。[①] 原因是汲黯在光天化日之下揭开了武帝的痛处。这里的"内多欲"乃武帝与法家心理上的共鸣，"外施仁义"是武帝对儒家思想的采用。武帝名曰尊儒，但所信用的乃张汤、杜周、赵禹一班文法酷吏，这些人以经术古义附会当时狱事。即使武帝所器重的董仲舒、公孙弘、兒宽，虽为儒者，但也只是因为他们"通于世务，明习文法，以经术润饰吏事"，才为"天子器之"。[②] 后来，司马光批评"孝武穷奢极欲，繁刑重敛，内侈宫室，外事四夷，信惑神怪，巡游无度，使百姓疲敝，起为盗贼，其所以异于秦始皇者无几矣"。但司马光同时也肯定汉武帝"能尊先王之道，知所统守，受忠直之言，恶人欺蔽，好贤不倦，诛赏严明，晚而改过，顾托得人"，认为这就是"其所以有亡秦之失而免亡秦之祸"，"秦以之亡，汉以之兴"的根本原因。[③] 这实际上是通过对比指出，武帝霸王道并用，相对地缓和了社会矛盾，避免了重蹈秦二世而亡的悲剧。

众所周知，秦的统治是以法家思想为主导的，但我们把汉武帝的行事与秦始皇的做一下对比，就可以明显地看出，汉武帝基本上是继承了秦始皇的做事风格，两个人就像克隆的一样。秦始皇做过的事汉武帝都在践行，汉武帝只是因为秦王朝的快速灭亡而在处事风格上增加了儒家的色彩来平衡社会矛盾，以维护其统治。所以认为汉武帝"内多欲而外施仁义"，是一个绝佳的评价。其实对秦亡于刑罚严苛，我们认为并非如此，从出土的大量秦简可以看出秦的法律并非汉代史书及以后史书所记载的情况，考古发掘资料也证明汉代的法律严酷程度并没有比秦代减轻，其实从汉朝初年的《二年律令》到汉武帝时期的外儒内法，以及汉宣帝提出的"霸王道杂之"完全可以看出汉王朝统治思想的演变过程。

---

① 班固著，颜师古注：《汉书》卷五十《张冯汲郑传》，北京：中华书局，1962年，第2317页。

② 班固著，颜师古注：《汉书》卷八十九《循吏传》，北京：中华书局，1962年，第3623~3624页。

③ 司马光编著，胡三省音注：《资治通鉴》卷第二十二《汉纪十四》，北京：中华书局，1956年，第747~748页。

将儒家与法家思想结合最好的就是用《春秋》学说解决西汉社会的重大问题。当时的法官廷尉张汤才干深受武帝赏识，所以常奏事至日晚，使武帝忘食，并让丞相成了无用的摆设，甚至出现了“天下事皆决于汤”的局面。张汤生病时，武帝亲至其家探视，“其隆贵如此”，可见汉武帝对他倚重之深。与张汤“共定律令”的赵禹和杜周，也都是武帝时在政府中任要职的法家官员。赵禹历任御史、中大夫、廷尉、少府。杜周则历任御史、廷尉、执金吾、御史大夫等。张汤在断狱的过程中，用儒家学说来加以解释。张汤“决大狱，欲傅古义，乃请博士弟子治《尚书》《春秋》补廷尉史，亭疑法”；董仲舒晚年居家的时候，“朝廷如有大议，使使者及廷尉张汤就其家而问之，其对皆有明法”。[①] 最为轰动的事件就是长安城里出现了假冒太子刘据之事。当时幼小的昭帝刘弗陵新立未久，有人即利用新皇帝还是个孩童、威严不足之机，冒充卫太子刘据再出现于长安城中。太子刘据在九年前因“巫蛊之祸”被迫逃出长安，后自杀于湖县（今在河南灵宝）。但因太子刘据是受冤而死，百姓同情他，因此当时又有传言，说太子未死，尚流落民间。这个假冒者姓成，湖县人，原以算卦为业，别人说他相貌很像卫太子，于是他心想可借此招摇撞骗一番，没准能得以富贵。他坐着牛车来到长安城未央宫北阙，这是上书言事的地方，谎报自己是卫太子刘据，让人赶快报告宫中。消息传出后整个长安城顿时轰动起来，因为假如真的卫太子回来，那么皇帝宝座属谁都成大问题了。因此汉昭帝和大将军霍光命令所有公卿将军二千石要员前去辨认，长安吏民聚观者有数万人。右将军张安世亲率全副武装的士兵守卫皇宫，以防发生大乱。丞相车千秋和其他官员呆立街头，不知如何处置。在如此混乱的形势下，京兆尹隽不疑引用了《春秋》的一句话稳住了局面，隽不疑因为精于《春秋》而进入朝廷，当他赶到现场时，立即喝令从吏把假冒者收缚。有人胆怯地劝他：现在真假太子还没弄清楚，你不要错抓了人闯祸。隽不疑

---

① 司马迁：《史记》卷一百二十二《酷吏列传》，北京：中华书局，1959年，第3139页；班固著，颜师古注：《汉书》卷五十六《董仲舒传》，北京：中华书局，1962年，第2525页。

立即引《春秋》高声回令："诸君何患于卫太子！昔蒯聩违命出奔，辄距而不纳，《春秋》是之。卫太子得罪先帝，亡不即死，今来自诣，此罪人也。"[①] 隽不疑的根据是《春秋公羊传》中哀公三年（前566）的记载：卫国太子蒯聩因与卫灵公夫人不和，出奔晋国。尔后被晋国护送欲入卫，被其子即后立的国君拒绝。《公羊传》解释说：蒯聩为无道，灵公逐蒯聩而立辄，辄拒而不纳符合于"义"，因为他的做法体现出家事服从于国事、下（父亲）服从于上（祖父）的道理。由于隽不疑搬出《春秋》这一最高权威经典，原先公卿大臣们感到束手无策的难题立即找到了处理的权威性依据，在场的数万官员百姓人人信服，冒充太子者当即被逮入狱。本来对这场意外风波感到不好对付的昭帝和大将军，至此才如释重负，对隽不疑大加赞许，要求公卿大臣们都效仿他，遇到难题多找《春秋》解决，"当用经术明于大谊"[②]。隽不疑也有"名声重于朝廷"的美誉。陈其泰认为："儒学地位的上升，从根本上说，乃是取决于儒家思想的基本主张比较适应当时的社会需要。儒学是在宗法制度上产生的最典型的思想学说，较为适合于当时的生产水平和社会心理，具有维系社会各方面力量的作用。"[③] 至文景时期，由于实行轻徭薄赋、发展经济、无为而治的政策，经济上有效地恢复、发展，儒学的地位也迅速上升。文帝时，贾谊、韩婴被立为博士，鲁徐生因通礼被任为礼官大夫。景帝时，儒生鲁申公回到鲁地，"弟子自远方至受业者百余"，这在当时已属很大规模，可见影响之大。他的学生王臧通《诗经》，被拜为太子少傅，其所教的学生有后来的汉武帝。治《诗经》的辕固生和治《春秋》的董仲舒均被立为博士。

武帝死后，受武帝遗命辅政的霍光、上官桀、桑弘羊、金日磾等一班大臣，为争夺皇朝的实际控制权而展开激烈的斗争，最终霍光取得宣帝朝的"秉政"之权。史称霍光"知时务之要"，措施得当，继续实行武帝晚

---

① 班固著，颜师古注：《汉书》卷七十一《隽疏于薛平彭传》，北京：中华书局，1962年，第3037页。

② 班固著，颜师古注：《汉书》卷七十一《隽疏于薛平彭传》，北京：中华书局，1962年，第3037~3038页。

③ 陈其泰：《〈春秋〉与西汉社会生活》，《北京师范大学学报》，1992年第2期。

年推行的减轻赋税徭役、节约民力、与民休息的有效经济政策，国力逐渐得到了恢复。在政治方针方面，霍光“遂遵武帝法度，以刑罚痛绳群下，由是俗吏上严酷以为能”①，也完全是武帝统治方法的延续。宣帝在废帝刘贺被废后即位，即位之初，他吸取了刘贺被废的经验教训，处事谨慎，但朝中实权仍由霍光掌控，“诸事皆先关白光，然后奏御天子”，而霍光秉政，权益重，“每朝见，上虚己敛容，礼下之已甚”②。宣帝地节二年（前68），霍光死去，宣帝亲政，随即霍光一手经营的霍氏家族一朝瓦解，持续二十余年的大臣“秉政”局面终于结束。不过，就统治政策而言，宣帝却基本上延续了霍光秉政时期的为政方略，继续实行文法吏与儒生并用的政策。从宣帝朝丞相人选来看，宣帝朝丞相共七任，其中儒士三人，即韦贤父子和大儒匡衡，其余四人都是文法掾吏出身。

西汉中后期的统治者为加强中央集权，将儒家思想作为主要的统治思想，正如《史记·儒林列传》所云：“及今上（汉武帝）即位，赵绾、王臧之属明儒学，而上亦乡（向）之，于是诏方正贤良文学之士。自是之后，言《诗》于鲁则申培公，于齐则辕固生，于燕则韩太傅。言《尚书》自济南伏生。言《礼》自鲁高堂生。言《易》自菑川田生。言《春秋》于齐鲁自胡母生，于赵自董仲舒。及窦太后崩，武安侯田蚡为丞相，绌黄老、刑名百家之言，延文学儒者数百人，而公孙弘以《春秋》白衣为天子三公，封以平津侯。天下之学士靡然乡（向）风矣。”③ 可以看出，汉武帝的统治思想表面上虽然尊崇儒学，实际上却是用儒家的尊君卑臣理论来缘饰内在的“法治”，推行的还是刑名法术那一套，正如汲黯所言“陛下内多欲而外施仁义，奈何欲效唐虞之治乎”④。儒学只不过是“内法”的

① 班固著，颜师古注：《汉书》卷八十九《循吏传》，北京：中华书局，1962年，第3628页。

② 班固著，颜师古注：《汉书》卷六十八《霍光金日磾传》，北京：中华书局，1962年，第2948页。

③ 司马迁：《史记》卷一百二十一《儒林列传》，北京：中华书局，1959年，第3118页。

④ 班固著，颜师古注：《汉书》卷五十《张冯汲郑传》，北京：中华书局，1962年，第2317页。

最好外衣而已。比如《汉书·元帝纪》记载，元帝为太子时“见宣帝所用多文法吏，以刑名绳下”，乃进言“‘陛下持刑太深，宜用儒生。’宣帝作色曰：‘汉家自有制度，本以霸王道杂之，奈何纯〔任〕德教，用周政乎！且俗儒不达时宜，好是古非今，使人眩于名实，不知所守，何足委任！’”[①] 一语道破天机，说明“外儒”与“内法”结合，适应了君主专制中央集权的需要，为汉朝统治者找到了最适合专制主义中央集权制度所需要的理论基础，从而使西汉中央集权得以进一步稳固。正因为如此，“外儒内法”也成为后世历代统治者实行的一以贯之的统治思想。

可以看出，汉武帝及其之后都是以儒法思想为学术基础，兼用霸道与王道，杂用诸家，积极进行政治文化的整合，其最终成果就是在武、宣时期基本上形成了“霸王道杂之”的政治文化模式。正是这种儒法相兼、儒生与文吏相表里的现象，使得汉武帝以后一直到昭宣时期的国家政治成为整个西汉时期最为顺畅、政治效率最高、社会也最安定的一段。既出现了“汉武盛世”，也产生了“昭宣中兴”，使西汉社会文明成为世界仰慕的文明。归根到底，这种政治结构使社会管理具有了一种原则性和灵活性相协调的可能。也正因为如此，“霸王道杂之”的新儒家统治思想才占据了汉以后的中国古代社会主流思想的地位。正如金春峰在《汉代思想史》中指出：“武帝时期，尊儒的政策虽然确立了，但由于对匈奴的全国性战争，国家实际转入战时体制，因而在政权组成成分和政策指导思想上，不仅儒术没有独尊，相反被指名‘罢黜’的申商韩非之言，倒成了政治的指导思想，儒学被扫进了‘无权’的角落。”[②] 杨生民也认为，汉武帝只是在学术上“独尊”了儒术，并未把这一方针贯彻到用人和政治各方面去。那么，汉武帝的学术思想政策究竟是什么呢？“霸王道杂之”的儒法结合思想就是其指导思想，同时又兼用各家。这些就是其学术思想政策。这

① 班固著，颜师古注：《汉书》卷九《元帝纪》，北京：中华书局，1962年，第277页。

② 金春峰：《汉代思想史》，北京：中国社会科学出版社，1987年，第19页。

与董仲舒的“罢黜百家，独尊儒术”建议是不同的。因此，不能把二者混为一谈。①

外儒内法的统治思想从汉武帝开始，后来的历代帝王，其治国施政的手段都是“儒表法里”，王霸兼用、儒道并采是通行法则，是传统的策略和方法；在具体的实践层面上，几乎从来就没有真正实现过“独尊儒术”。

综而言之，从理论与实际情况来看，汉武帝实行的“罢黜百家，表章六经”只是为了吸取秦快速灭亡的教训和汉朝初年无为政治对君主集权带来的不良效果而采取的调整政策，并非要禁止诸子百家的思想学说在社会上流传。对汉武帝在思想政治方面所做的努力和成就，概括为“尊崇儒术，兼容百家”更为确切，有其合理性和可行性。汉武帝真正奉行的统治思想和政策是既尊儒术，又“悉延百端之学”。这一点不仅符合历史实际，也与当时的社会思潮相适应。司马谈《论六家之要指》中就主张尊黄老，兼采儒、法、墨、名、阴阳各家之长而治国。汉武帝则适应时代需要，尊儒术，重法治，兼用各家之思想治国。也正因为如此，汉宣帝时盖宽饶明确指出：“方今圣道寝废，儒术不行，以刑余为周召，以法律为《诗》《书》。”②

第四节　“华夷共祖”与“外事四夷”的民族一统

秦帝国的建立，标志着春秋战国时期分裂割据局面的结束，以及统一的、多民族（族群）国家政权的建立。汉朝在此基础上发展和巩固了这一成果，特别是汉武帝执政时期，既“内兴功利”又“外事四夷”，采取了一系列开疆拓土的措施。其南征北战大大促进了各民族文化之间的交流融合，并将汉文化影响力向周边扩张。当然，武帝所表现出的雄才大略、文治武功，是西汉前期长期与民休息、经济得到发展的结果，也是统治思想发生转变的外在表现。

---

① 杨生民：《论汉武帝是否独尊儒术——也谈思想方法问题》，《中国社会科学院研究生院学报》，2004 年第 2 期。

② 班固著，颜师古注：《汉书》卷七十七《盖诸葛刘郑孙毋将何传》，北京：中华书局，1962 年，第 3247 页。

一、“《春秋》公羊学”大一统思想

如何处理中央政权与周边民族的关系，是西汉统治者一开始就面临的问题。实际上，中国古代的国家构建与民族认同的历程，既具有相互促进性，又经历了一个曲折往复的过程。以秦为例，“秦始皇在西到甘肃，北抵内蒙，东至海，东北及辽河以东，南达两广的广大地区，实现了政治上的统一；采取了一系列统一的措施，使先秦以华夏族为主体，包括四周各民族在内的多民族，统于一个国家之内，我国历史上统一的多民族国家正式形成”①。伴随着汉族共同体的形成和壮大，汉民族的民族意识也随之逐渐形成。这种民族意识的最突出特点便是大一统的观念。汉代儒家主张大一统政治理念，将《春秋》大一统当作天地之常道，古今之通义，使“大一统”成为武帝时期国家建设的指导思想，也成为汉民族自身稳定和发展的基础。《淮南子·俶真训》曰：“是故槐榆与橘柚合而为兄弟，有苗与三危通为一家。……是故自其异者视之，肝胆胡越；自其同者视之，万物一圈也。”② 由此可见，西汉时期的民族观念已经发生了极大变化，即不再像春秋战国时期那样强调“夷夏之辨”，而是宣称各民族以兄弟关系视之，可谓四海之内为兄弟。这正是“大一统”思想对民族认同意识的影响，也为其后以司马迁《史记》为代表的华夏士人的“大一统”民族意识提供了理论依据。

汉初建国，百废待兴，清静无为的黄老思想为统治阶级所接受，汉初近七十年的休养生息为日后的“有为”时代打下了基础。随着窦太后的去世和汉武帝的即位，汉帝国迎来了从“无为”到“有为”的政治转型，汉武帝在其“有为”的政治梦想下势必重新造就真正的“大一统”，而武帝时代的“大一统”内容不仅包括政治一统、文化一统、思想一统，亦包括了“天下为一”的民族一统思想。正是这种国家、文化、民族的“一

---

① 周伟洲：《周人、秦人、汉人和汉族》，《中国史研究》，1995 年第 2 期。

② 刘安编，何宁整理：《新编诸子集成·淮南子集释》卷二《俶真训》，北京：中华书局，1998 年，第 116 页。

统”，构建了武帝时期的王朝气象，并在其后的历程中使人们对汉帝国达成国家认同、文化认同与民族认同。

关于上述努力与转变，陈苏镇有精微考论。他认为从秦到汉，从“逆取”即以武力取天下，到“顺守”即以文德治天下，西汉前中期至少经历了“黄老治国”到“以礼为治”再到“以德化民”的变化。“以礼为治”“以德化民”是儒家《春秋》学两大支派的不同主张，武帝时以董仲舒、公孙弘为代表的《春秋》公羊派得到尊宠，后者遂成为主流。公羊派一方面提倡“德化”治民，另一方面“守天下”之外要开太平、治“夷狄”，从而形成了“霸王道杂之”的统治模式。[①]

公羊学的核心内容之一是大一统思想。《公羊传》开篇就明确提到“大一统”[②]，其具体所指，正如刘家和所言，是以“一统”为大为重，所谓“一统”，就是合多为一，就是要有纲纪（王纲）[③]。自从儒家独尊后，武帝朝一系列作为与公羊学派的大一统思想均有密切关系。前章及本章所论朝廷解决诸侯离心力问题、设立“内朝”、以刺史监管地方、盐铁官营与钱币专铸等，意在强化国家对地方的控制，解决王权与朝廷军功大臣、宗室王侯的矛盾，是政治经济上的“一统”。关于汉代民族一统思想，实际上是汉武帝政治、经济大一统的继续。这种“大一统”理论体系的构建，在公羊学者那里有鲜明的反映。董仲舒曾言：“《春秋》大一统者，天地之常经，古今之通谊也……然后统纪可一而法度可明，民知所从矣。”[④]这正契合了汉武帝“有为”的政治诉求。从“今陛下并有天下，海内莫不率服……尽天下之美，至德昭然，施于方外。夜郎、康居，殊方万里，说

① 参见陈苏镇：《〈春秋〉与“汉道”：两汉政治与政治文化研究》第二章至第三章，北京：中华书局，2011年，第133~306页。

② 公羊寿传，何休解诂，徐彦疏：《春秋公羊传注疏·隐公元年》，李学勤主编：《十三经注疏》，北京：北京大学出版社，1999年，第10页。

③ 刘家和：《论汉代春秋公羊学的大一统思想》，《史学理论研究》，1995年第2期。

④ 班固著，颜师古注：《汉书》卷五十六《董仲舒传》，北京：中华书局，1962年，第2523页。

德归谊，此太平之致也”[①] 的记载，可见“德及四夷”与“海内率服”的多民族统一国家的构建契合了汉武帝的政治理想。所以汉武帝时期，以政治统一为目的、思想统一为手段、民族一统为基础的思想，亦应和了当时“天下”观念下的民族融合理念。

正因为如此，在汉武帝“大一统”政治背景下实现“天下”一统的族群整合就被官方提上日程，而实现汉王朝内部的族群整合首先就需要构建关于民族一统的理论依据，这个理论依据就是在汉武帝时代正在形成的“圣王同祖”“华夷共祖”观。在汉代人的历史观念中，“圣王同祖”“华夷共祖”是人们较为普遍的认识。不论是国家起源还是民族起源，均上溯到炎黄的历史。司马迁在其《史记》中，以极其开阔的视野，阐释了“圣王同祖”“华夷共祖”的社会理想，将东西南北的“五方”之民，将秦、楚、越，以及位于中国四边的匈奴、南越、东越、“西南夷”等的祖先一同纳入华夏的同祖共源的世系中去，并以黄帝为华夏第一帝。正是这个观念构成了当今中华民族共同体意识的渊源，在这种观念的影响下，造就了古代中国多元一体的民族格局。《史记》中又极为明确地记载了春秋战国时期的各大国先祖都为夏、商、周三代的后裔。《史记·匈奴列传》说：“匈奴，其先祖夏后氏之苗裔也，曰淳维。”[②] 可见按司马迁的记载，匈奴与华夏本来同出一源，都是大禹的后裔。夏朝亡后，夏桀的一支后裔逃亡北方，成为匈奴，并在不断吞并周围部族的基础上迅速壮大，到秦汉之际成为中国北方最大的部族。南越政权为秦故吏赵佗所建，从“闽越王无诸及越东海王摇者，其先皆越王句践之后也，姓驺氏。秦已并天下，皆废为君长，以其地为闽中郡”[③]，可见司马迁将南方诸越归于越王勾践之后。而

---

① 班固著，颜师古注：《汉书》卷五十六《董仲舒传》，北京：中华书局，1962 年，第 2511 页。

② 司马迁：《史记》卷一百十《匈奴列传》，北京：中华书局，1959 年，第 2879 页。

③ 司马迁：《史记》卷一百一十四《东越列传》，北京：中华书局，1959 年，第 2979 页。

从“朝鲜王满者，故燕人也”[①] 可以看出，司马迁将朝鲜视为战国时代的燕国后裔。司马迁还认为，我国西南少数民族至少在楚威王时就已经与楚国发生了大规模的民族融合，他说：“始楚威王时，使将军庄蹻将兵循江上，略巴、（蜀）黔中以西。庄蹻者，故楚庄王苗裔也。蹻至滇池，（地）方三百里……会秦击夺楚巴、黔中郡，道塞不通，因还，以其众王滇，变服，从其俗，以长之。”[②] 总之，与先秦时代的民族观相比，《史记》的民族观更加重视“夷夏”之间的融合性、统一性，注重华夏民族的共同体意识，由此构建出一套关于大一统的民族意识的世系传承。从世界民族史的发展来看，许多民族都有一种共同传统，即将神话人物变成历史人物，再把这些历史人物作为各自民族的祖先。古代中国的民族观念亦是如此。黄帝作为最早的神话人物之一，被司马迁塑造成中国各民族的共同始祖与“圣王”。这种将黄帝塑造为各民族共同始祖的做法，为各民族间的相互认同和西汉时期的族群整合提供了理论依据。司马迁《史记》中所提出的“华夷共祖”的民族思想成为今天中华民族共同体意识的直接来源之一。需要指出的是，董仲舒改造过的儒学虽然强调民族融合，但其仍然未摆脱传统“夷夏之辨”的窠臼。《春秋繁露·精华》中说：“是故小夷言伐而不得言战，大夷言战而不得言获，中国言获而不得言执，各有辞也。……是故大小不逾等，贵贱如其伦，义之正也。”[③] 从中可见董仲舒心目中“华夷之别”的民族思想，这也是董仲舒民族思想与司马迁“华夷共祖”的民族平等思想之间的本质区别。

下面要论及的中央与周边民族关系，亦受《春秋》公羊学大一统思想的影响。公羊学派认为，针对衰乱、升平、太平不同社会阶段，应有不同的国家治理策略，经过休养生息、文景之治，汉室处于从升

---

① 司马迁：《史记》卷一百一十五《朝鲜列传》，北京：中华书局，1959 年，第 2985 页。

② 司马迁：《史记》卷一百一十六《西南夷列传》，北京：中华书局，1959 年，第 2993 页。

③ 董仲舒著，苏舆撰，钟哲点校：《新编诸子集成·春秋繁露义证》卷第三《精华》，北京：中华书局，1992 年，第 85 页。

平向太平转变的阶段，太平之世则应“天下远近小大若一”①，要“尊天子”而“治夷狄”。正是在这一思想指导下，武帝积极出师征伐，“外事四夷”。

二、汉武帝的民族一统和“外事四夷”

汉初虽受限于国力，采取了保持现状的策略，比如针对北面的匈奴威胁，几次尝试性反击后转而以“和亲”为主，对岭南地区的南越也没有贸然用兵。由于国家实力、治国思想的变化，汉武帝继位不久，改变了这一策略。首先是全力反击匈奴。西汉前中期，正值匈奴强盛一时，其活动范围东及辽东，西达西域，北跨大漠，南到长城，“与中国为敌”。匈奴以游牧经济为主，是马背上的民族，善于骑战，来去迅速，成为西汉王朝北面最大的威胁，即使汉初采取了“和亲”之策，匈奴仍“数犯塞，侵扰边境”。武帝即位后反复表达了改变这一现状的心愿，要实现“氐羌徕服”“汉为天下宗”，并肯定禁暴止乱“非兵”不可的观点，主张武力征伐。在武帝的影响下，朝廷的主战派越来越多，严助曾说：“天子不振，尚安所诉，又何以子万国乎？”② 王恢也认为，既然匈奴“率不过数岁即复倍约。不如勿许（和亲），兴兵击之”③。总之，以武力形式解决匈奴的骚扰，成了朝廷的主流呼声。

以上变化当然归根结底在于国家实力的变化，经过汉初几十年休养生息，国家元气得到恢复，《史记·平准书》载：“至今上即位数岁，汉兴七十余年之间，国家无事，非遇水旱之灾，民则人给家足，都鄙廪庾皆满，而府库余货财。京师之钱累巨万，贯朽而不可校。太仓之粟陈陈相因，充溢露积于外，至腐败不可食。众庶街巷有马，阡陌之间成群，而乘字牝者

---

① 公羊寿传，何休解诂，徐彦疏：《春秋公羊传注疏·隐公元年》，李学勤主编：《十三经注疏》，北京：北京大学出版社，1999年，第26页。

② 班固著，颜师古注：《汉书》卷六十四上《严朱吾丘主父徐严终王贾传上》，北京：中华书局，1962年，第2776页。

③ 司马迁：《史记》卷一百八《韩长孺列传》，北京：中华书局，1959年，第2861页。

傧而不得聚会。守闾阎者食粱肉，为吏者长子孙，居官者以为姓号。”[①] 原来那种表面上德化、实际上带有屈辱性的“和亲”政策，不再适合实力大增的西汉，雄才大略的汉武帝更不能容忍。

元光二年（前133），武帝力排众议，用王恢之谋，在马邑设计伏击匈奴，从而拉开了反击匈奴的序幕。此后，从这一年到武帝颁布“轮台诏”的征和四年（前89）间，汉廷发动的大规模征伐不下十次，其中公元前119年卫青、霍去病、李广、公孙贺等人率军深入匈奴腹地，直至大漠以北，更是空前的壮举。经过武帝大规模用兵，匈奴动辄南下的气焰被打压下去，甚至一度“漠南无王庭”，据史书载“汉武乘匈奴之困，亲行边陲，威震朔方，而漠南无王庭者，詟其气而服之，所谓先声而后实也”[②]。可见，汉武帝的用兵取得了实际效果。虽然武帝之后匈奴问题仍然存在，但其做法坚定了之后朝廷对匈奴的政策。匈奴本身分裂、衰落，对两汉王朝的威胁逐渐变小是总趋势。西汉后期匈奴分裂为南北两部，南匈奴归顺朝廷，并自称“汉匈奴”[③]，这种变化与汉武帝时期的大力反击休戚相关。

其次，消除了南越（粤）[④] 政权的割据。越、越人是对我国南方众多少数民族的统称，春秋战国之际，南方几大诸侯疆域纷纷南扩、渐次开发江南，越人多遁走岭南，“断发文身”，散居于山谷。由于实力相对较弱，又远离王朝的政治中心，它们对朝廷的威胁远不如匈奴。但是秦末大乱，南海郡官吏赵佗趁机吞并桂林郡、象郡，自立为“南武帝”，成为南方的割据势力。

汉初朝廷陆续铲除了异姓、宗室诸侯王割据势力，但对于岭南这位“自立”者无力解决。吕后称制时，赵佗还曾公然上帝号，称霸岭南，“佗

---

① 司马迁：《史记》卷三十《平准书》，北京：中华书局，1959年，第1420页。

② 脱脱等：《宋史》卷三百九十八《余端礼列传》，北京：中华书局，1985年，第12103页。

③ 1977年在青海大通上孙家寨村汉墓群一号墓中出土一枚铜印，方座，驼钮，阴刻篆文“汉匈奴归义亲汉长”八字。印通高2.9、边宽2.3、驼钮高2.1、重厚0.8厘米。作为印钮的骆驼屈肢跪卧，昂首向前。见青海省文物管理处考古队：《青海大通上孙家寨的匈奴墓》，《文物》，1979年第4期。

④ 《史记》载为“南越”，《汉书》载为“南粤”，本书论述统一取“越”字。

因此以兵威财物赂遗闽粤、西瓯骆，役属焉。东西万余里”[①]。崇尚大一统的汉武帝，断然不会坐视不管。武帝对南越大致采取了断其臂膀、恩惠分化、武力讨伐的策略：遣使通“西南夷”，允许东瓯迁徙至江淮之间，防止南越与周边各族、割据势力勾结；尽力拉拢愿意内属的赵兴母子，对反对内属、有反叛之心的丞相吕嘉等人武力讨伐。元鼎五年秋，朝廷发兵进攻南越，多路并进，“卫尉路博德为伏波将军，出桂阳，下汇水；主爵都尉杨仆为楼船将军，出豫章，下横浦；故归义越侯二人为戈船、下厉将军，出零陵，或下离水，或抵苍梧；使驰义侯因巴蜀罪人，发夜郎兵，下牂柯江：咸会番禺”[②]。第二年楼船将军杨仆、伏波将军路博德联手攻入番禺城，南越亡，岭南平定。

诚然，匈奴、南越问题是武帝时期周边问题的关键，但“外事四夷”不局限于匈奴、南越地区，还包括经营西南夷、“凿通”西域、远征朝鲜等，详见后文。武帝对匈奴、南越、朝鲜、西域、西南等民族或地区的经营与开拓，还有一项关键的举措，即将控制的边地郡县化。一是复置原来秦朝所设郡县，如岭南的桂林郡、南海郡、象郡。二是在原来郡县的基础上增设或新设郡县，如在反击匈奴、联系西域的过程中陆续新设了武威郡、张掖郡、酒泉郡、敦煌郡等“河西四郡”；在辽东、朝鲜半岛之间设乐浪、玄菟、真番、临屯四郡；在西南地区也新设了大量“初郡”，《史记》卷三十《平准书》记：“汉连兵三岁，诛羌，灭南越，番禺以西至蜀南者置初郡十七。”[③] 与此同时，朝廷在这些地区采取灵活多样的治理方式，如移民拓边、在西北屯田，又如在西南地区的初郡采取“以夷制夷”、减免赋税等政策，“且以其故俗治，无赋税”[④]。这些郡县的设置和灵活的

---

① 班固著，颜师古注：《汉书》卷九十五《西南夷两粤朝鲜传》，北京：中华书局，1962年，第3848页。

② 司马迁：《史记》卷一百一十三《南越列传》，北京：中华书局，1959年，第2975页。

③ 司马迁：《史记》卷三十《平准书》，北京：中华书局，1959年，第1440页。

④ 班固著，颜师古注：《汉书》卷二十四下《食货志下》，北京：中华书局，1962年，第1174页。

治理措施，是中央朝廷行使直接统治权的标志，也有效巩固了武帝“外事四夷”的成果。

三、丝绸之路的“凿空”与开拓

汉武帝时期的另一大壮举，是开通丝绸之路。人们广泛提及的“丝绸之路”概念，最早由19世纪德国地理学家李希霍芬提出[①]，指从公元前114年开通的连接我国与中亚、欧洲的西域贸易通道，因我国古代贸易输出品中以丝绸、茶叶等最为有名，所以将这条通道称作“丝绸之路”，简称“丝路”。实际上，丝路上早有内地百姓与西域交流的痕迹，但只是民间零散的、辗转的往来，真正贯通的、世人公认的官方通道始于武帝时期。今天，学界在此基础上还延伸出更广泛的“丝路”概念，泛指有史以来与域外经济文化交流的所有主要通道，包括欧亚丝绸之路、西南丝绸之路、草原丝绸之路、海上丝绸之路、东北丝绸之路等，广义的各条丝路与汉武帝的开拓也有或多或少的联系。

张骞通西域与欧亚丝绸之路的开通。人们通常将阳关、玉门关以西地区称为“西域”，狭义的西域主要指阳关、玉门关到葱岭之间的区域，广义的西域还包括葱岭直至欧洲大陆的广大地区。据《汉书·西域传》，汉代西域小国林立，“本三十六国，其后稍分至五十余”[②]。他们早就有与汉朝交往的意愿，但由于当时的匈奴阻断了道路，无法通行，“闻汉之饶财，欲通不得”[③]。恰好此时朝廷有人建议联系受匈奴压迫的大月氏，夹击匈奴，汉武帝遂派张骞出使西域。公元前138年，张骞率领使团百余人出发，途中被匈奴劫持，后逃脱继续西行，到达大宛、康居、大夏等国，于公元前126年回到长安。张骞向武帝详细报告了西域各国各族的人口、物

---

① 参见郑彭年：《丝绸之路全史》，天津：天津人民出版社，2016年，第13~14页；周伟洲、丁景泰主编：《丝绸之路大辞典》，西安：陕西人民出版社，2006年，第1页。

② 班固著，颜师古注：《汉书》卷九十六上《西域传上》，北京：中华书局，1962年，第3871页。

③ 班固著，颜师古注：《汉书》卷六十一《张骞李广利传》，北京：中华书局，1962年，第2688页。

产、风俗等情况，并说："臣在大夏时，见邛竹杖、蜀布。"[①] 这些见闻与身在异域却来自汉朝西南地区的特产，大大刺激了武帝，于是再次派张骞出使西域。这次规模更大，带去了金币、丝绸等礼物，使团到达乌孙、安息、身毒等国，尔后各国陆续派使者来汉答谢。汉朝与西域的往来具有重要意义，标志着丝绸之路的贯通，"乌孙使既见汉人众富厚，归报其国，其国乃益重汉。其后岁余，骞所遣使通大夏之属者皆颇与其人俱来，于是西北国始通于汉矣。然张骞凿空，其后使往者皆称博望侯，以为质于外国，外国由此信之"[②]。虽然汉朝联合西域各国夹击匈奴的愿望没有实现，但沟通了西域，可谓失之东隅收之桑榆，"凿空"一词形象说明张骞两次出使对于丝绸之路的开创性意义。

通西南夷与西南丝绸之路。从世界史的范围来看，我国西南地区山重水复，似乎构成了中原王朝与东南亚地区的天然屏障。然而，各地文化之间的吸引力赋予了百姓生生不息的动力，据说早在先秦就有一条西南到缅甸等地的民间古道，如有学者指出，南方地区出土的东周时代的玻璃珠，可能就是通过古道从印度等地辗转而来。[③] 不过，真正由政府主导、向西南更边远地区推进的行为却始于汉武帝。武帝之所以要经营"西南夷"，是国家财富积蓄到一定程度后"汉为天下宗"理想的落实，同时跟南越局势有关，因为番（鄱）阳令唐蒙听说从西南的牂柯江顺流而下，可以到达南越，于是向朝廷进谏先控制西南地区；另外，张骞在西域见到巴蜀之地的特产，刺激了武帝开通西南到身毒再到西域通道的想法。因此，朝廷派唐蒙、张骞、司马相如相继经营西南，设置了犍为郡、牂柯郡、越嶲郡、沈黎郡、汶山郡、武都郡、益州郡等，并开通了"南夷道""西夷道"。虽然最后没有"凿空"西南，但诸郡的设立以及官道的开通，说明西南区域的疆域大大得到了拓展，为后人继续探索西南丝路

---

① 司马迁：《史记》卷一百二十三《大宛列传》，北京：中华书局，1959年，第3166页。

② 司马迁：《史记》卷一百二十三《大宛列传》，北京：中华书局，1959年，第3169页。

③ 张正明：《料器与先秦的楚滇关系和中印交通》，《江汉论坛》，1988年第12期。

打下了基础。

征伐朝鲜与东北丝绸之路。东北地区、朝鲜半岛与中原地区的联系，汉代之前也以民间往来为主。日本学者田久川等认为，在先秦日本列岛与我国的交往就已开始，日本古居民先跨越朝鲜半岛与日本列岛之间的狭窄海峡，然后经朝鲜进入我国[①]，也就是说中原与朝鲜半岛之间很早就存在一条古道。虽然早期文献关于中日交往的资料不多，但中朝之间的民间往来有史可考。据《史记》等载，商周之交，商朝贵族箕子就曾带着族人远遁朝鲜，周王室还象征性地“遥封”箕子于朝鲜，“于是武王乃封箕子于朝鲜而不臣也”[②]。《汉书·地理志》也说：“殷道衰，箕子去之朝鲜，教其民以礼义，田蚕织作。”[③] 箕子后人还曾在此建立地方政区，史称“箕氏朝鲜”。西汉初，燕赵地区的卫满攻入朝鲜，取代箕氏，建立“卫氏朝鲜”，但不归西汉王朝管辖。

武帝时，卫满孙右渠在位，长期诱招汉朝亡人，且不朝贡。武帝派使者涉何前往劝说，不听。武帝决定发兵征伐，元封三年（前 108）灭“卫氏朝鲜”，设真番、临屯、乐浪、玄菟四郡。战争不免血腥残酷，但客观上有利于朝鲜地区乃至日本列岛与中原地区的交流。正如《史记·朝鲜列传》所说，当时朝鲜半岛小国林立，除了卫氏朝鲜，其他诸国为汉王朝强大的国力和经济文化所吸引，有主动交往的意愿，只是迫于古道中断作罢，“真番旁众国欲上书见天子，又拥阏不通”[④]。因此对卫氏朝鲜的征伐，疏通、巩固了这条东北丝绸古道。

四、武帝“外事四夷”的意义

雄才大略的汉武帝，在汉初国力积蓄、日益强盛的基础上，一改原来

---

① 田久川：《古代中日关系史》，大连：大连工学院出版社，1987 年，第 19~23 页。

② 司马迁：《史记》卷三十八《宋微子世家》，北京：中华书局，1959 年，第 1620 页。

③ 班固著，颜师古注：《汉书》卷二十八下《地理志下》，北京：中华书局，1962 年，第 1658 页。

④ 司马迁：《史记》卷一百一十五《朝鲜列传》，北京：中华书局，1959 年，第 2986 页。

休养生息、谨慎守成的做法，着力解决匈奴、南越问题，并积极开疆拓土，沟通西域、“西南夷”，东征朝鲜，置郡设县，向更远的范围展示汉朝的国威。武帝“外事四夷”的种种举措，产生了多方面的影响。

首先，在西汉“大一统”政治背景下的族群整合，形成了中华民族共同体意识和中华民族多元一体格局，其影响深远，泽及后世，并成为此后中国历代王朝占主导地位的民族思想。西汉初期，不仅皇权受到地方诸侯、军功阶层的制约，是一种“有限的皇权”，而且国家对周边各族群的约束力也十分有限，像南越一度不服管辖，匈奴则直接威胁中央王朝的稳定。武帝举全国之力经略周边，逐步扭转了汉朝在汉匈关系中的被动局面，彻底解决了南越割据问题，巩固了汉王朝的统治。汉元帝时，韩昌、张猛代表西汉王朝与匈奴呼韩邪单于盟誓：“自今以来，汉与匈奴合为一家，世世毋得相诈相攻。”① 对此田继周先生指出，汉武帝时期与匈奴的战争，对古代中国“实现更大领域的政治一统”，对“我们这个多民族国家的形成和发展”，都是具有积极意义的，“其后果和影响也是巨大的，可以说为后来我国统一的多民族国家的发展奠定了坚实的基础”。②

其次，大大拓展了帝国的生存空间。秦始皇实现了“六王毕，四海一”的理想，疆域空前开阔。汉初由于各方面的原因，朝廷直接控制的区域并没有恢复秦朝的盛况。经过武帝的开拓，不仅重新控制到秦已有区域，而且大大向外拓展。我们比较一下秦朝、汉武帝时的“四至”便可一目了然。关于秦朝的疆域，史书说：“地东至海暨朝鲜，西至临洮、羌中，南至北向户，北据河为塞，并阴山至辽东。”③ 武帝在此基础上，东面从辽东推进到朝鲜半岛北部；北面稳固于黄河、长城两岸，是实现“长城内外是故乡”局面的重要一步；南面的直接管辖范畴到达海南岛、南海、越南北部；西面扩至甘肃、新疆一带，并在西域设置了都护，所以《后汉书》

---

① 班固著，颜师古注：《汉书》卷九十四下《匈奴传下》，北京：中华书局，1962年，第3801页。

② 田继周：《秦汉民族史》，成都：四川民族出版社，1996年，第109页。

③ 司马迁：《史记》卷六《秦始皇本纪》，北京：中华书局，1959年，第239页。

曾说汉武帝“情存远略，志辟四方”[1]，肯定其开拓之功。在开拓疆土的同时，汉武帝加强对周边地区的郡县化。汉武帝“外事四夷”的过程中，对于“四夷”的整合大都实行着边地郡县化政策，为西汉族群的整合提供了和平融合的条件。《汉书·韦贤传》记曰：“及汉兴，冒顿始强，破东胡，禽月氏，并其土地，地广兵强，为中国害。南越尉佗总百粤，自称帝。故中国虽平，犹有四夷之患，且无宁岁。……孝武皇帝悯中国罢劳无安宁之时，乃遣大将军、骠骑、伏波、楼船之属，南灭百粤，起七郡；北攘匈奴，降昆邪十万之众，置五属国，起朔方，以夺其肥饶之地；东伐朝鲜，起玄菟、乐浪，以断匈奴之左臂；西伐大宛，并三十六国，结乌孙，起敦煌、酒泉、张掖，以鬲婼羌……单于守藩，百蛮服从，万世之基也，中兴之功未有高焉者也。”[2] 这则记载是对汉代以来构建大一统政权并“外事四夷”的一个总结，其中虽有夸大之嫌，但汉武帝时期开创了一个拥有多民族的封建大一统帝国确是一个不争的事实，从而为我国历史上统一多民族国家的巩固、壮大、发展打下了坚实的基础。

再次，促进了我国各民族的经济文化交融，以及中华文明与域外文明的交流。汉廷在周边地区的行政建制，本身就是制度文明的外向延伸，移民政策也有利于中原经济文化的传播，如部分匈奴人士后来内属，逐渐汉化，甚至在汉朝做官（如金日磾等）。当然，经济文化的交流从来不是单向的，周边地区一些物产、习俗文化也传入内地，为人们所认识、接受。另外，武帝时期开拓的朝鲜半岛的四郡以及越南北部的交阯郡等地已经在今天的中国之外，张骞一行直接或间接联系了中亚、欧洲地区——尽管如前所说，武帝之前中原与域外有一些民间联系，但并不明显，真正由政府主导开通的与今天中国之外地区的联系，始于汉武帝，而且它是全方位的，从东北与朝鲜、日本，从西域与中亚、欧洲，从西南与东南亚、南

---

① 范晔撰，李贤等注：《后汉书》卷九十《乌桓鲜卑列传》，北京：中华书局，1965年，第2990页。

② 班固著，颜师古注：《汉书》卷七十三《韦贤传》，北京：中华书局，1962年，第3126页。

亚，都有不同的交流与辐射，因此武帝时期的“外事四夷”还有利于中华文明与域外文明的交流。

最后，增强了各民族的认同意识，特别是对以汉民族为主多民族并存统一政权的认同意识。各民族的交流融合，从另一个角度看又是民族间的相互接受，是一种实实在在的认同。尤其应该提到的是，由于武帝期间的“外事四夷”活动，某种程度上实现了“汉为天下宗”的目的，人们对以汉族为主多民族并存统一政权有了更强烈的认同。一方面，汉族希望在“尊王攘夷”的基础上建立起“四夷来附”的中央集权、多民族的大一统政权。《魏书》详细记载了拓跋鲜卑先祖的来源：“昔黄帝有子二十五人，或内列诸华，或外分荒服，昌意少子，受封北土，国有大鲜卑山，因以为号。其后，世为君长，统幽都之北，广漠之野……世事远近，人相传授，如史官之纪录焉。黄帝以土德王，北俗谓土为托，谓后为跋，故以为氏。……积六十七世，至成皇帝讳毛立。聪明武略，远近所推，统国三十六，大姓九十九，威振北方，莫不率服。”① 其中如此清晰明了地将其归于黄帝后裔，明显是在武帝时期的民族一统基础上，受《史记》“华夷共祖”民族思想的影响而提出的。虽然这种提法的主观目的是以汉民族认同的黄帝这位显赫人物来抬高拓跋鲜卑族的身价，有其缓和民族矛盾、争夺“正统”的目的，可是也能够看出当时以华夏为中心的民族观念的巨大影响力。匈奴人赫连勃勃以“大夏”为国号，其理由就是“自以匈奴夏后氏之苗裔也”②，并宣称“我皇祖大禹”，表达了以炎黄后裔自居的民族社会心理。这种民族社会心理的根源显然来自《史记》的黄帝“华夷共祖”观念。再如氐人苻坚建立后秦，其并不满足于割据一方，而志在统一全国，进而言：“吾每思天下不一，未尝不临食辍哺，今欲起天下兵以讨之。”③ 可见武帝时代树立的民族一统理念深深影响着周边少数民族的文化

① 魏收：《魏书》卷一《序纪第一》，北京：中华书局，1974年，第1页。

② 房玄龄等：《晋书》卷一百三十《赫连勃勃载记》，北京：中华书局，1974年，第3202页。

③ 房玄龄等：《晋书》卷一百十四《苻坚载记》，北京：中华书局，1974年，第2911页。

心理。

武帝期间的大一统政权的巩固，还改变了原来周边民族“欲通不得”的局面，如张骞“凿空”西域后西域各国“使者相望于道”，增进了各民族对汉朝的了解、认同，比如其他民族开始用“汉人”[①] 一词统称中原地区的人们。同时，武帝期间对匈奴的主动出击、对南越地区的重新控制、与其他周边民族的联系，用事实告诉天下百姓，中央王朝追求“天下一家”，反对分裂，这对后世多民族政权认同意识的建立具有深远影响。

总而言之，武帝时期“外事四夷”具有重要开拓、开创意义。正因为如此，虽然连年征战，导致国库虚空，但后人对武帝大力经略周边地区给予了充分肯定，《汉书》说：“孝武皇帝躬仁谊，厉威武，北征匈奴，单于远遁，南平氐羌、昆明、瓯骆两越，东定秽、貉、朝鲜，廓地斥境，立郡县，百蛮率服，款塞自至，珍贡陈于宗庙。”[②]

---

① 《史记·大宛列传》记：“乌孙使既见汉人众富厚，归报其国，其国乃益重汉。”（司马迁：《史记》卷一百二十三《大宛列传》，北京：中华书局，1959 年，第 3169 页。）《汉书·李广利传》亦说：“是时，康居候视汉兵尚盛，不敢进。贰师闻宛城中新得汉人知穿井，而其内食尚多。”（班固著，颜师古注：《汉书》卷六十一《张骞李广利传》，北京：中华书局，1962 年，第 2701 页。）

② 班固著，颜师古注：《汉书》卷七十五《眭两夏侯京翼李传》，北京：中华书局，1962 年，第 3156 页。

下编

西汉王朝的精神世界

第七章
中心场域：汉王朝政治空间系统与皇权永恒的建构

先秦时期的“中国”，十分注重中心与边缘的界域差异。从战国文献中，我们可以看出当时人对三代政治的认识，即“中国”的政治地缘构成，是由夏、商、周“王畿”即其政治、文化中心向四周延伸，并以等级、血缘为根据由近及远分布的。王朝国家及与周边邦国的关系在这种“天下观”的政治地理及文化中心理念下得到统一。因此，在传统中国，王朝的政治中心即天下的文化中心、地缘中心，故王朝政治中心不仅有君临“天下”的作用，也有宣扬“王化”的功能。所以历代统治者都十分注重都城即皇权中心标志物的建设。例如周人建国，一开始就是择“土中”定位建都，从形式上确立自己政治中心与宗法中心的“国中”“中土”地位。《逸周书·作雒解》：“乃作大邑成周于土中……制郊甸方六百里。”[①]《何尊》铭文：“余其宅兹中或（国），自之（兹）辪（乂）民。”[②]这里的中国既指政治地理上的“土中”，又指统治中心的“京师”，还指华夏政治国家的核心，这就是古人所理想化的“五服”制或“畿服”制。

---

① 黄怀信等撰，李学勤审定：《逸周书汇校集注》卷五《作雒解》，上海：上海古籍出版社，1995 年，第 560~564 页。

② 唐兰：《䂞尊铭文解释》，《文物》，1976 年第 1 期。

《国语·周语》记载祭公谋父的一段话，揭示了五服制中的国家与民族、文化同一性特征："夫先王之制：邦内甸服，邦外侯服，侯、卫宾服，蛮夷要服，戎狄荒服。"① 这是一个从近及远、与邦国政体相对应的国家与民族在地缘、族缘结构上的观念化图式，即王畿内为周天子直属，周围为大小华夏诸侯，再外则由"戎""狄""夷""蛮"等非华夏族所居，以及华夏"礼仪"文明为主而共同形成的一种有关国家、民族的世界观念。它也是一个以政治文化为内涵的宇宙的空间观念，是贯通天、地、人的文化境域。从地域空间上看，这个范围的界限既清晰又模糊。清晰的是，它有从"中土""土中"向四方延伸的政治国家大小邦国的界域，有与"蛮畿""夷畿""镇畿""蕃畿"，或者说"宾服""要服""荒服"的"夷夏"之间的民族境域；模糊的是，它又与现代有明确界限的主权国家的域界及民族分布有很大区别，是一种没有固定主权界域的理想国家、天下图式。更重要的是，这种"天下"观念以华夏政治、文化为中心，向四域扩展，所以，它既是将"夷""夏"列为一个礼仪文化和社会习俗有区别的整体构成，也是一个具有"天下结构"的朝贡体系。因此，汉代皇权权威的反映，也与其中心所在的都城有关。

汉长安城是西汉时期的政治、经济、军事和文化中心，是统治者发号施令、实施有效统治的中枢。汉代统治者为了倡扬皇权，就把这种都城空间的建构赋予了非同寻常的政治意义。而在这个空间里，不仅有标志"天人合一""君权神授"的营建格式，亦有代表巍巍皇权的包括未央宫等多建筑的大型宫殿群，还有功能齐全的，包含有官府、武库、宗庙、坊里、市场、监狱等的多功能城市设施等。这种中心都城的建设，构成了一个城市空间相互作用和扩散的政治、交通和文化体系，它与周边区域共同组成一个完整的政治空间系统，促进西汉大一统国家的区域治理等，所以，研究西汉时期的中心与边缘问题，是很有必要的。本章兹以西汉都城的构建为对象，对该问题做进一步探讨。

① 左丘明撰，徐元诰集解，王树民、沈长云点校：《国语集解·周语上》，北京：中华书局，2002年，第6~7页。

西汉关于此主题的传世文献资料较少，对我们的研究带来一定的困难，而近半个世纪以来的考古学资料可以对历史文献资料进行补充和修正。尤其随着考古事业的不断发展，西汉时期的简牍资料和其他考古资料大量涌现，为我们研究这个问题提供了第一手资料，使我们能够对此进行较深入研究。

第一节　长安城：汉帝国政治中心的建造

汉长安城是西汉时期的政治中心之所在，是汉王朝的政治、经济、军事和文化中心，是统治者发号施令、实施有效统治的中枢。都城的选址和建设直接关系到一个王朝的对内对外政策，关系到国家构建与社会整合，直接影响国运的兴衰。“食者国之宝也，兵者国之爪也，城者所以自守也，此三者国之具也。”① “自古帝王维系天下，以人和不以地利，而卜都定鼎，计及万世，必相天下之势而厚集之。”② 所以，西汉统治者十分重视都城的选址和建设，把定都建都视为“国之大事”。都城的选址要考虑到政治形势、经济条件、地理环境、交通等多方面因素，都城地址一旦确定和建设，会对社会的政治、经济、军事等各方面产生极为重要的影响。

汉长安城周长25700多米，相当于今天的50余里长，面积达36平方公里，是可以与西方罗马城相媲美的大都城，而且规模庞大。这还不算城外的建章宫等离宫别馆。可以说长安是当时世界上最大的都城。

西汉长安城的营建始于公元前202年，当时以秦朝末年未被焚烧的兴乐宫为基础，营建了长乐宫作为皇宫。两年后长乐宫建成，刘邦从关中东部的栎阳迁都长安（今陕西西安西北）。与此同时，又以秦的章台为基础，兴建了未央宫，主要建筑有东阙、北阙和前殿，迄今前殿遗址尚在，可以设想其雄伟高大。此外，在长乐宫和未央宫之间修筑了武库，在长安城东

---

① 吴毓江撰，孙启治点校：《新编诸子集成·墨子校注》卷之一《七患》，北京：中华书局，2006年，第37页。

② 顾炎武：《历代宅京记·徐元文序》，北京：中华书局，1984年，第3页。

南修建了中央粮库——太仓。这些工程由时任丞相的萧何指挥，由阳成延具体负责设计、安排施工。汉惠帝时期修建了城墙，汉武帝时期又修建了桂宫、北宫等，直到王莽时期才将在城南的礼制建筑修建完成，汉长安城才实现了《周礼》对都城布局的要求。

一、内城外郭结构的都城布局

汉朝初年由于受到秦末农民战争和楚汉战争的影响，社会经济拮据，不得不实行“黄老无为”的统治政策，与民休息，减轻赋税和徭役，因此在长安城的修建上，只是先修建了急需的长乐宫和未央宫，而没有先修建四周的城墙。惠帝刘盈即位后，才利用百姓和徒吏的空余时间，开始修建长安城城墙。从惠帝元年开始修筑城墙，到汉惠帝五年才完成，共修建了五年时间。其间大规模的修筑共有三次，第一次是在惠帝三年（前 192）春，汉朝中央政府下令，一次征召了 14.6 万人来京师修长安城，共进行了一个月。由于工程浩大，用工多，所以征用劳动力的范围扩及长安周围 600 里之内。男劳动力不够用时，就征用妇女，用工日 438 万个。京畿附近劳力不够用，就由全国各地诸侯王、列侯提供徒隶来补充。第二次是在同年六月，西汉政府通过各诸侯王和列侯，征召了两万名徒隶修筑长安城，时间也是一个月。第三次是在惠帝五年（前 190）春，再次征召长安附近 600 里之内男女劳动力 14.5 万人修筑长安城城墙，也是一个月，用工日 435 万个。

汉武帝时期改变了过去的“无为而治”政策，在内外政策上开始实行“有为”政策，在汉长安城的建设中也是如此，因此这一时期是长安城的大规模营建时期，其营建思想与都城布局模式都发生了巨变。具体而言，表现在以下三点：一是长安城的规模突破了城墙的限制，在长安城墙之西营建了建章宫。建章宫的落成，改变了整个长安城的布局，使原来的安门大街中轴线失去意义，导致城市重心往西移，以西安门、未央宫前殿、北阙、横门大街、横桥组成的中轴线趋于定型。伴随着布局模式的改变，新增的离宫别馆、亭台楼阁遍及汉长安城外的空间区域。二是城市设计思想的变化，“象天法地”思想得到了进一步发展，神仙崇拜思想也渗透进城市设计规划当中。上林苑中的昆明池象征着天河，牛郎织女分列昆明池的两旁，成为“象天”思想的具体体现。建章宫的神明台、太液池、凤阙及阊阖门，未央宫的柏梁台，上林苑的飞廉馆和桂观馆等，都是神仙思想的最好体现。尤其是这两种思想演绎出来的城市建筑，更是名目繁多。如建章宫的玉堂、神明堂、天梁宫，北宫的神仙宫（寿宫），未央宫的麒麟殿、凤凰殿、白虎殿、寿安殿，以及太液池均属其列。三是城市功能更加完备，从战国时期以军事防御为主的都城模式中解放出来。都城中的市场功能增强、交通发达、文化设施增加，从而使得汉长安城成为当时世界上的一个著名国际大都会。

西汉长安城平面呈不规则长方形。西、南、北三面城墙多曲折，东面城墙平直，尤其是南、北城墙更为突出。南、北城墙的平面，与天上的南斗星和北斗星很相似，因此后代称长安城为“斗城”。《三辅黄图》指出：“城南为南斗形，北为北斗形，至今人呼汉京城为斗城是也。”[①] 其书认为这是当时修筑长安城的规划者，以天空中的“北斗”和“南斗”为蓝图设计的。因为统治阶级要神化皇权、神化皇帝，皇帝的一言一行、一举一动、衣食住行都要披上神话的外衣，因此皇帝所在的都城更在神化之列。但是后来遭到元代李好文的质疑，他认为并非如此。他从地理环境来解释长安城形状不规则的原因，指出，长乐、未央修建在前，“皆据冈阜之势，周二十余里，宫殿数十余区”，而城墙修建在后，“必须包二宫在内。今南城及西两方凸出，正当二宫之地，不得不曲屈以避之也”；北墙的曲折则是受到渭河制约的结果，“渭水自西南而来，其流北拒高原，千古无改，若取东城正方，不惟大宽，又当渭之中流”，北墙“委曲迂回之状，盖是顺河之势，不尽类斗之形。以是言之，岂后人偶以近似而目之也欤”。[②] 我们认为，长安城之所以出现这样的不规则形状，实质是“天人合一”“君权神授”思想在都城规划中的影响。当时既考虑了地形因素，

① 何清谷校释：《三辅黄图校释》，北京：中华书局，2005年，第64页。

② 宋敏求、李好文撰，辛德勇、郎洁点校：《长安志　长安志图》，西安：三秦出版社，2013年，第52页。

又将“法天”观念融入都城设计理念之中，以充分体现皇帝意志来自上天、上帝这样的理念。可以说汉长安城的建设是对“天人合一”思想的完美体现。

“天人合一”“君权神授”思想是中国古代哲学思想中的主要命题，在诸子百家思想中多有体现。秦汉时期人们在都城设计和布局时都非常注意“天人合一”，以达成与自然界的和谐。更重要的是，通过“天人合一”的筑城理念，就把“君权神授”的思想贯彻在都城营建中。从自然科学的发展来讲，当时的人应该对天文星相有比较多的了解，战国时期的齐人甘德和魏人石申两人就写有这方面的著作《天文星占》和《天文》，他们是观测星宿运行的占星家。秦汉时期的天文学更有了长足进步，人们对天文的认识更清楚了。秦始皇陵地宫中就是按照“上具天文，下具地理”的要求实施的。[①] 西汉长安城由内城和外城组成，现仍留下外城墙的不少遗迹。根据实测，长安城城墙周长 25700 米，约合西汉 62 里多一点，这与历史文献记载的长安城周长 63 里的数字基本相近。其中东城墙长 6000 米，南城墙长 7600 米，西城墙长 4900 米，北城墙长 7200 米。[②] 城墙纵剖面为梯形，上窄下宽，底部宽 16 米。[③] 城墙原来高度在 10 米以上，全部为版筑夯土墙，墙体坚硬如石。为了加强防卫，城墙角有角楼建筑。[④] 城墙外侧有宽 8 米、深 3 米的壕沟围绕。长安城的城壕又称“御沟”，由于长安城城壕边广植参天杨，因而又称“杨沟”，这就是当时的护城河。西汉长安城城墙每面各开 3 座城门，全城共有 12 座城门，这和《周礼·考工记》中对都城城门的要求是吻合的。

城中大道和城门三个门道是对应的，都是用两条排水沟将大道分为平行的三条道。中间的道路宽约 20 米，两侧的道路各宽约 12 米。中间道路

---

① 司马迁：《史记》卷六《秦始皇本纪》，北京：中华书局，1959 年，第 265 页。

② 刘庆柱：《汉长安城的考古发现及相关问题研究——纪念汉长安城考古工作四十年》，《考古》，1996 年第 10 期。

③ 王仲殊：《汉长安城考古工作的初步收获》，《考古通讯》，1957 年第 5 期。

④ 中国社会科学院考古研究所汉长安城工作队：《西安市汉长安城城墙西南角遗址的钻探与试掘》，《考古》，2006 年第 10 期。

称为“御道”，也称为“驰道”，是专供皇帝行走的，其他官吏和平民只能走两边的道路。御道的使用和管理制度十分严格，除了皇帝，其他任何人不但不能在驰道上行走，甚至连穿越都是不允许的，即使贵为太子也不敢违反这个规定。即使经过皇帝特许的诸侯王或皇亲国戚可以在驰道上行走，也只允许在驰道两边，中央 3 丈宽的驰道还是不能随便使用的，而且可使用的驰道部分也仅限于本人，随从不包括在内。对于违反规定者，处罚是非常严厉的。比如平州侯昭涉昧，因为在驰道中行车，触犯了刑律，中央政府收回了封给他的土地和百姓。

二、高大威严的宫殿建筑

汉长安城是以宫殿为主体，包含有官府、武库、宗庙、居民坊里、市场、监狱等多功能设施为一体的都城，还有手工业作坊等。八条大街将长安城内分成宫殿、市场、作坊和居址区等不同区域。宫殿区包括有未央宫、长乐宫、桂宫、北宫和明光宫，这些宫殿占去全城总面积的三分之二以上，分布在城的南部和中部。五大宫殿的四周围以墙垣，形成宫城。在五座宫城中，以未央宫和长乐宫规模最大、地位最重要。每座宫城之中又有各种各样的宫室建筑群。市场在长安城西北的横门附近，有东市和西市。长安城中的手工业作坊，主要由官府掌握，它们为官府服务。有的作坊设在皇宫之中，如未央宫中有东、西织室。有的作坊分布在城内西北部，如铸币、制陶俑的作坊等。

一般官吏和平民居住在长安城的北部和东北部。当时的达官显贵都以能够居住在未央宫北阙附近为荣耀，被称为“北阙甲第”。此外，北阙附近还有外国、少数民族地区的首领、使者的住地——“蛮夷邸”，相当于外交使馆区。

西汉中期是西汉王朝的鼎盛时期，国都长安这时也处于它的黄金时期。汉武帝不仅在长安城内大兴土木，而且向城外大力发展。他营筑了长安城西邻的建章宫，还扩建了城南的上林苑。

未央宫是长安城中最高大的宫殿，是皇帝居住办公的地方，已经成为“世界文化遗产”，是由丞相萧何监修的，雄伟壮观，气势威严。当时汉高祖刘邦颇不以为然，《史记·高祖本纪》云：“（高祖）见宫阙壮甚，怒，谓萧何曰：‘天下匈匈苦战数岁，成败未可知，是何治宫室过度也？’萧何曰：‘天下方未定，故可因遂就宫室。且夫天子以四海为家，非壮丽无以重威，且无令后世有以加也。’高祖乃说。”[①] 萧何的解释，高祖觉得有道理，高大雄伟的宫殿建筑就是要达到显示皇帝“威严”的效果。刘邦在世时虽然以长乐宫为皇宫，最后也死在那里，但是刘邦是把未央宫作为新的皇宫修筑的。刘邦死后，刘盈即位，他开始以未央宫为皇宫，终西汉一代未改其制。以后在长安建都的前赵、前秦、后秦等朝代的皇宫都设在这里，因而未央宫成了中国古代最著名的宫殿建筑群之一。

未央宫前殿，是未央宫多建筑群中最重要的宫殿，是统治者发号施令和举行大型朝仪的地方，地位非常重要，也是目前我国历史上保存最完整、最有代表性、时代较早的高台宫殿建筑遗址群。宫殿规模宏大、建筑考究，殿宇之盛确实在当时达到了一个新的高峰。它以前殿为中心，向四面展开，使宫殿布局协调大方，整齐美观。未央宫又称紫宫或紫微宫。我国古代天文学家分天体恒星为三垣，中垣有紫微十五星，也称紫宫，紫宫是天帝的居室。之所以把未央宫称为紫宫，是因为它是天子的皇宫，贯彻了“天人合一”“君权神授”的营建思想。未央宫四周筑有宫墙，形成宫城。宫城平面基本呈方形，东西长 2150 米，南北宽 2250 米，周长 8800 米。宫墙厚约 8 米，面积约 5 平方公里，占长安城总面积的七分之一。宫城北邻直城门大街，东距安门大街约 750 米，南面和西面邻近长安城南、西二城墙。

未央宫建筑以前殿为主体，前殿居未央宫正中，它利用了龙首原高大地形形成的高台作为殿址。前殿遗址的高大台基，至今仍高高耸立于汉长安城之中，其南北长 350 米，东西宽 200 米，高 15 米，地形由南向北逐渐升高。台基由南向北可分成低、中、高三层台面，中间台面的主体建筑是前殿的中心建筑物。其他重要建筑分布在前殿周围，其中以前殿东南和西北部各种宫室建筑最为密集。未央宫中，当时各种楼台殿阁不下 40 余座。

---

① 司马迁：《史记》卷八《高祖本纪》，北京：中华书局，1959 年，第 385~386 页。

皇后的宫殿称椒房殿，位于前殿北面。20 世纪 80 年代初期发掘的椒房殿遗址，由正殿、配殿和便房等组成。椒房殿的殿名源于这个宫殿是以椒和泥涂抹墙壁。这样做一则可以使墙壁呈现暖色，室内有温暖的感觉；二则可以使宫殿中芳香袭人。遗址东西宽 150 米，南北长 200 米，平面为长方形。其结构与皇帝大朝的前殿一样，由正寝和燕寝两部分组成。

在未央宫第三号建筑遗址中出土骨签 6 万多件，其中有刻字的骨签 5.7 万多件。骨签以动物骨骼制成，其中以牛骨为原料的占绝大多数。骨签的颜色以白色或黄白色者数量为最多，还有一些灰色、黑色和褐色的骨签。后三种骨签的颜色系因不同理化因素而形成的。西汉时期的公文主要以竹简、木简和帛书为书写材料，但这批公文当时不用上述材料，而选用坚硬的动物骨头刻文，远比在竹简、木简和帛书上书写困难得多。加之骨签刻文细微，这又远比一般书写难度大。骨签大小相近，一般长 5.8~7.2 厘米、宽 2.1~3.2 厘米、厚 0.2~0.4 厘米。骨签形制基本相同，为长条形骨片，其上、下端加工成圆弧形，一般上端较尖。从骨签横截面观察，其正面微呈圆弧状，背面平。正面和背面均有竖行锯痕，背面的锯痕更显粗糙。骨签正面上部为磨光平面，长 3.5~4 厘米、宽 1.5~2 厘米，其上用以刻字。骨签体积小，其上刻文更为微小，有的近乎“微雕”，这是因为骨签保存数量大、时间长，以便于在同样的空间收藏、存放更多的骨签。骨签中腰一侧有一半月形凹槽，其位置因不同种类的骨签而各异。骨签只有一行刻字者，其凹槽在骨签左侧；有两行以上刻字者，其凹槽在骨签右侧，个别骨签也有例外。骨签两个一对，每对骨签由半月形凹槽位置相反的两个骨签组成。两个骨签背面相对，以绳捆系，系绳通过骨签的半月形凹槽，这样使绳子不至于滑脱。每对骨签的大小、形制、颜色相同（但骨签半月形凹槽位置相反）。在发掘出土的骨签中，还发现了原来两个骨签捆系在一起的情况。骨签出土于这些房屋之中或房屋附近，主要分布在房屋的墙壁之旁，据此推测骨签原来放在靠墙而立的架子上。从公布的骨签刻字内容来看，一般可分两种：

第一种为物品代号、编号、数量、名称、规格等，这种骨签一般为一行字，个别也有两行字者，字数少者两三个字，多者六七个字。

第二种为年代、工官或官署名称及其相关各级官吏、工匠之名，这种骨签一般为二至四行字，字数少者十余字，多者数十字。

骨签刻文记载了河南工官、南阳工官、颍川工官向中央政府或皇室“供进之物”的具体内容、生产的管理机构和人员等。这些骨签应该是“三工官”向中央政府或皇室“供进之物”的资料。时间跨度逾百年，数以万计的骨签集中有规律地放置于未央宫官署中，显然是国家或皇室的有意收藏。不用竹木简、帛书写，选用坚硬的动物骨头刻文，显然是为了使其较长时间保存。骨签刻文微小，便于更多地存放骨签。这些都使骨签具有了“档案”性质。由于骨签出土于都城皇宫，内容与中央、皇室有着直接关系，它们应属于中央、皇室档案，是研究西汉手工业、官制等方面十分珍贵的资料。①

未央宫前殿为西汉一代大朝之地，是长安城中最重要的地方，因此其建筑之豪华为其他宫殿所不及。据《三辅黄图》记载，其建筑所用的木材都是清香名贵的木兰和纹理雅致的杏木。屋顶椽头贴敷的金箔，在阳光照射下熠熠发光。华贵的大门上装饰着鎏金的铜铺首和闪光的宝石。窗户上雕饰着古香古色的花纹，回廊栏杆上雕刻着清秀典雅的图案。洁白无瑕的玉石础石上耸立着高大的铜柱，使殿堂显得格外壮观，紫红色的地面、金光闪闪的壁带把大殿烘托得富丽堂皇、分外壮观。

前殿的正门在南面，叫端门。门前有谒者十人，全副武装，手持长戟，日夜守卫。门内是广阔的庭院。每逢朝会，庭院之中旌旗迎风招展，仪仗浩浩荡荡。功臣列侯诸将军列队站在西边，面向东方；丞相、御史大夫、太常等文职官员列队站在东边，面向西方。庭院之北则是前殿上的三大殿。大朝正殿是中间台面上的大殿，坐北朝南。国家的大事往往是在正殿北部的宣室里决定。由于宣室位于前殿最高处，本身建筑犹如台阁，所以又称“宣室阁”。

前殿正北除了宣室，还有非常室，这是皇帝在前殿下朝的居处。前殿之上还有皇帝冬居之温室殿、夏处之清凉殿。温室殿是汉武帝时修建，殿

① 刘庆柱、李毓芳：《汉长安城》，北京：文物出版社，2003年，第98~99页。

内有清洁卫生、设计别致的壁炉，炉内以木炭取暖。殿的内壁用椒泥涂抹，墙壁上披挂着文绣的丝帛。殿中的木柱以清香的桂木制成，殿门之内设置了反射出五光十色的云母屏风，紫红色的地面之上铺放着西域地毯。清凉殿又名延清室，殿内陈放着线雕图案的白色玉石床，床上罩着紫色琉璃帐，床边放着水晶石制成的盛有冰块的鉴盘。

长乐宫位于长安城东南部，是皇太后办公和居住的宫殿。刘邦决定定都长安，然而由于秦都咸阳被项羽一把火烧了，没有可以居住的宫殿，于是汉高祖刘邦先居住在栎阳（今在陕西西安阎良）。同时高祖命萧何在秦兴乐宫基础上加以修缮和改造，改名为长乐宫，并作为长安城中的第一座宫殿，是汉高祖时期的政治中心。长乐宫遗址呈长方形，东西 2760 米，南北 2120 米，周长约 10000 米，占地面积约 6 平方公里，约占长安城面积的六分之一，是长安城中面积最大的宫殿群。从汉惠帝开始，西汉皇帝移居未央宫办公，长乐宫从此就变成了母后之宫，形成了“人主居未央，长乐奉母后”的制度。由于长乐宫在未央宫之东，所以又称为“东宫”或“东朝”。这是历史上最早的“东宫”。尽管从汉惠帝开始，未央宫成了皇宫，但是由于西汉时期特殊的政治环境，由于幼年继位的皇帝较多，外戚专权严重，长乐宫的地位不可小瞧，一直扮演着重要的角色，往往成为左右政局的政治中心。汉惠帝虽居未央宫，但他性格懦弱，经常要到长乐宫向母后吕后请安和汇报工作。景帝时，吴楚七国之乱，政局危难，景帝频繁往来于长乐宫，大事都要和母后商量。即使雄才大略的汉武帝，因为田蚡囚禁灌夫之事，也要到“东宫”与太皇太后争辩。西汉晚期，政治动乱加剧，宫廷斗争异常激烈，象征着国家政权的“国玺”也藏在长乐宫的母后之处。王莽建立新朝后，在长乐宫胁迫元后把“国玺”交给他，元后拒不从命，最后无奈，义愤填膺，将“国玺”投之于地，摔坏一角。这些都充分说明，长乐宫在长安政治舞台上占有重要的地位，同时东宫地位的上升反映出西汉时期母后专权、女性干政问题非常严重。

由于长乐宫是在秦兴乐宫基础上修建起来的，缺乏系统规划，因此平面不甚规整，尤其南宫墙凹凸曲折较多。宫城四面各设一座宫门。东、西二宫门是主要的通道，门外筑有阙楼，称东阙和西阙。南宫门与复盎门南北相对，从复盎门通过南宫门可以直达长乐宫前殿。长乐宫设有前殿，前殿四周有墙垣，南面辟有殿门，门内设庭院，陈列车骑，张扬旗帜，这里是举行朝仪的地方。汉朝的宫廷礼仪是由叔孙通制定并在此实践的，汉高祖特别满意。长乐宫廷的两边有重约万石、声传百里的巨钟。廷中有南北道通至前殿之上。前殿是长乐宫的主体建筑，前殿的正殿两边对称分布着大小相同的东厢和西厢，东厢和西厢有着重要用途，其中尤以东厢更为突出。皇帝的朝觐虽在正殿，但许多军机政务都在东厢决定。文武大臣进入正殿之前，往往等候于东厢。皇帝的亲信有不便于在大庭广众之下向皇帝说的话，也在东厢汇报。皇帝在正殿的许多决策，都是在东厢商讨决定的。东厢很像“便殿”。由于东厢用途很多，所以建筑规模较大。相对东厢而言，西厢则是清静闲宴之处，因而又称“西清”。

长乐宫中有众多的宫室，前殿西侧有长信宫、长秋殿、永寿殿、永昌殿等。前殿北面有大厦、临华、宣德、通光、高明、建始、广阳、神仙、椒房和长亭诸殿。此外，长乐宫中有温室、钟室等建筑。长乐宫自惠帝居未央宫以后，已成母后之宫，其中的长信宫是母后的主要宫殿，因而“长信”成为皇后的代名词。汉成帝时由于宠爱赵飞燕，赵飞燕骄妒宫中，而班婕妤为逃避她的迫害，只得请求去长信宫服侍皇太后，以求庇护，保全性命，因此她不无感慨地发出“奉共养于东宫兮，托长信之末流，共洒扫于帷幄兮，永终死以为期”① 的慨叹。考古发现的长乐宫一号建筑遗址，其夯土台基平面为长方形，东西 76.2 米，南北 29.5 米，台基周施回廊，廊外置卵石散水。根据遗址位置与建筑布局，结合文献记载，推测该建筑遗址很可能为“长信宫”殿址。长秋殿、永寿殿和永昌殿也属于太后的宫殿，椒房殿则为高祖以长乐宫为皇宫时的皇后宫殿。大厦殿是长乐宫中的重要宫殿之一，也是长乐宫中主要的政治活动场所之一。

钟室是“长乐宫悬钟之室”。西汉的开国元勋、淮阴侯韩信就被吕后

---

① 班固著，颜师古注：《汉书》卷九十七下《外戚传下》，北京：中华书局，1962 年，第 3986 页。

用阴谋斩杀在这里。韩信之所以被吕后所杀，是因为汉王朝建立初始，各异姓王拥兵自重，功高震主，形成对刘氏天下潜在的威胁。剪灭异姓诸侯王是刘邦难以释怀的大事。异姓诸侯王中，韩信势力最大。刘邦借口韩信袒护一叛将为由，把他由楚王贬为淮阴侯，调到京城居住，实际上有点“软禁”的味道。韩信功高盖世，当年楚汉相争战斗激烈之时，谋士蒯彻曾建议韩信与刘邦分手，使天下三分。韩信拒绝了蒯彻的建议，辅佐刘邦夺得了天下，却落得这样的下场，心中怨恨至极。事情的原委是这样的，公元前200年，刘邦派陈豨为代相，统率边兵，对付匈奴。韩信私下里会见陈豨，以自己的遭遇为例，警告陈豨：你虽然拥有重兵，但并不安全，刘邦不会一直信任你，不如乘此机会，带兵反汉，我在京城里接应你。两个人秘密地商量好，决定伺机起事。公元前197年，陈豨在代郡反汉，自立为代王。刘邦领兵亲自平定陈豨。韩信与陈豨约定，起事后他在京城诈称奉刘邦密诏，袭击吕后及太子，两面夹击刘邦。然而韩信的计谋被人告发，吕后与丞相萧何设下一计谋对付韩信。吕后派人在京城散布消息说陈豨已死，皇上得胜，即将凯旋。韩信听到这个消息后，又没有见到陈豨派人来联系，心中甚为恐慌。丞相萧何骗韩信说陈豨已死，叛乱已定，皇上已班师回朝，文武百官都要入朝庆贺，请韩信立即进宫。韩信进宫后即被吕后逮捕，囚系在长乐宫之钟室。半夜时分，韩信被杀。

在汉长安城中还有桂宫、北宫、明光宫等宫殿，分别是太子、皇子和妃子居住的宫殿。考古工作者对桂宫和北宫进行了局部发掘。长安城中的五大宫殿占据了长安城内三分之二的面积，充分反映出西汉时期的都城还是以政治功能为主。

建章宫在长安城西边，即今西安市三桥镇以北的高堡子、低堡子、双凤村、柏梁村和孟家村一带。汉武帝营筑的建章宫，是一个含有很多宫室的建筑群，是作为新的皇宫来修筑的，其建设仿未央宫，号称“度比未央”。建章宫建成以后，汉武帝在那里的活动是相当频繁的，直到元凤二年（前79），汉昭帝才把皇宫从建章宫迁回未央宫。建章宫的范围，据《三辅黄图》引《三辅旧事》载“周回三十里”，又载“度为千门万户，宫在未央宫西长安城外”[①]。武帝为了往来方便，跨西城墙筑有飞阁辇道，可从建章宫直达未央宫。建章宫建筑组群的外围筑有城垣。就建章宫的布局来看，从正门圆阙、玉堂、建章前殿和天梁宫形成一条中轴线，其他宫室分布在左右，全部围以阁道。建章宫四面各有一座宫门。南宫门叫阊阖门，是建章宫的正门。因为门上装饰有玉璧，所以又称为璧门。东宫门和北宫门外各有一对高达25丈的阙楼，其上装饰有鎏金铜凤鸟，高1丈余。因此人们又称其为凤阙，其中东宫门外的双凤阙最有名。古代民歌中的“长安城西有双阙，上有双铜雀”中的“双阙”，即东宫门外的双凤阙，位于建章宫前殿以东700米，在今双凤村东南，双凤村就是由双凤阙而得名的。建章宫北门的阙楼叫“圆阙”，其建筑形式和规模与东宫门双凤阙相同。西汉末年，赤眉军攻占长安时，“圆阙”毁于战火之中。

建章宫的建筑高大豪华、雄伟壮观，出现了不少超高建筑。比如，南宫门之内对称分布有别风阙和井干楼。别风阙又叫凤凰阙，也称折风阙，传世的“折风阙当”文字瓦当应该就是此阙遗物。别风阙是用于辨别风向的，高达50丈。井干楼与别风阙同高，二者之间有天桥相连接，在这种空中阁道上雕画有色彩缤纷的云气和珍禽异兽图案。井干楼的建造方法十分特殊，它“积木而高为楼”，好像井上的木栏，其形式有四角形或八角形。井干楼也叫凉风台。这些超高建筑的修建，反映出西汉时期的建筑水平是很高的，难怪考古发掘出西汉的很多多层陶楼建筑模型。

穿过别风阙和井干楼之间的天桥，就到了建章宫前殿，也叫“玉堂”。前殿为三层台，高30丈，殿内有12座门。屋顶之上装饰有高大的鎏金铜凤，下有转动的枢纽。金色的铜凤，随风转动，犹如翱翔于太空。前殿西边的广中殿，是个万人大殿堂。萧何营建未央宫时，曾经不顾汉初国困民穷的形势，修建了高大宏伟的未央前殿，并且自以为后世不会有比它更加高大宏伟的建筑了。曾几何时，使萧何“且无令后世有以加”的想法化为泡影，可惜建章宫遗址保存现状不如未央宫。

建章宫中宫殿很多，号称“千门万户”。它们各具特色，如駆娑宫，

---

① 何清谷校释：《三辅黄图校释》，北京：中华书局，2005年，第127、122页。

规模甚大，马在宫中疾行一日才能周游一遍。枍诣宫中树木郁郁葱葱。天梁宫的建筑，犹如耸入云天的梁木。奇华殿中收集了四海之内的珍宝、异兽、特产，如火浣布、切玉刀、巨象、大雀（即鸵鸟）、雄狮、西域骏马等。还有一个鼓簧宫，是建章宫的乐器制造和展演之处，位于前殿西北，太液池东南。建章宫中壮观的建筑物还有神明台，神明台高达 50 丈（合今天 115 米），台上有个铜铸的仙人，仙人的手掌就有七围之大，至于仙人之巨大那就可想而知了。仙人手托一个直径达 27 丈的大铜盘，盘内有一巨型玉杯。因为这个大铜盘中的玉杯是用来承接空中的露水，所以取名为承露盘。显然这是一个巨大的建筑雕塑。汉武帝认为只要喝了这个盘中玉杯的露水，人就可以成仙，所以他不惜耗资亿万来营建神明台。神明台上除了承露盘，还设有九室，象征九天。其中有巫士百余人，认为在高入九天的神明台上能够和神仙通话，其实这不仅以此欺骗百姓，也欺骗自己，更欺骗了想当神仙的人间皇帝汉武帝。汉武帝是一个迷信思想极为严重的人，迷信长生不老药，迷信鬼神。

三、神秘的地下暗道

考古工作者在长安城中宫殿建筑发掘过程中，发现了不少神秘地道。地道是在 2020 年的考古发掘中逐步显现的，这些秘密的、纵横交错的地下通道是随着发掘工作的不断深入逐步显现出来的。最先挖到的是皇后居住的未央宫椒房殿地下的通道，当时并没有引起大家的注意，只觉得那可能是通往地下储藏室的甬道。随着未央宫椒房殿挖掘的纵深和广度的增加，通过飞机航拍，考古工作者惊奇地发现，数条地下通道将未央宫内的各个屋宇连接了起来，使得未央宫的地下形成了一个互通的“蜘蛛网”。后来考古工作者在嫔妃居住的桂宫下也发现了数条地下通道，在太后居住的长乐宫的地下也找到了纵横交错的地下通道，所有这些发现的地下通道，长度基本都在 20 米到 30 米之间，从地下距离地面约 2 米高。这些通道究竟是干什么用的呢？一条条通道里到底隐藏着什么秘密？如果说皇帝挖地道是出于防备政变或被行刺的安全考虑，那么，后宫嫔妃中的地道又有什么作用呢？汉长安城宫殿的神秘地道是将两间屋通过通道连接起来，而且仅限于各自的宫殿，并没有和别的宫殿或外界连通。专家们研究认为这些神秘的地下通道可能和当时的政治形势有关。建筑是凝固的历史，它虽无言，却能告诉后人一些信息。根据这些密道的分布和特点，可以看出这是出于政治信息安全的需要。在西汉之前，唯我独尊的皇帝往往依靠诸侯的力量进行杀伐，往往借助亲兄弟的力量来巩固政权。而到了西汉，出现了不少的小皇帝，由于皇帝年龄太小，无法上朝处理政事，于是太后便借外戚来巩固政权，也就是依靠皇后、太后的家族人。汉高祖驾崩以后，吕后长期专权，使汉朝初年的政治出现了问题，吕氏家族掌握了汉朝的军政大权。大将军卫青正是因为姐姐卫子夫被汉武帝选入宫中，他自己才有幸被召到建章宫当差，得到汉武帝的赏识，数次出征匈奴，平定了匈奴，解除了匈奴对汉朝的威胁，从而名垂青史。而之后的王莽之所以能篡权，也和他的姑姑是汉元帝的皇后有直接的关系。外戚的政治势力和地下通道环环相扣。汉朝的政治斗争在作为政治中心的皇宫中没有一天停止过，但有一点必须注意，作为传统社会的汉代妇女被要求贤德、安心于相夫教子，后宫不得干政这种限制女性权力的思想在中国古代传承了几千年，所以，有这个老规矩在，借助外戚之力也就不能堂而皇之地登上大雅之堂，这就需要避讳，所以能隐藏秘密的地道也就必不可少。从实际需要的角度而言，地下通道在西汉时期有着举足轻重的作用，皇宫中各种势力错综复杂，基本是你中有我、我中有你的状态，为避人耳目、转移众人视线，通过地道商谈政治计划、制定政治联盟也就不难理解。因此外戚的政治势力和地下通道环环相扣，这样西汉太后、皇后、嫔妃居住的宫殿下有秘密通道就可以想象了，这也客观地印证了西汉二元政治造就了秘密地下通道。

四、戒备森严的防御体系

都城与皇宫之宿卫警备，事关皇帝之安全及王朝政府的正常运转，西汉王朝极为重视。长安城保卫措施极为严格。汉朝首先建立了以保卫皇帝安全为中心任务的京城禁卫制度。该制度主要由三部分京城卫戍军队组成，分别是由郎中令所率领的守护殿内安全的郎卫，卫尉所率领的警卫殿门之外皇宫以内安全的卫士和中尉所统领的负责皇宫以外京城安全的军队。京城这三部分卫戍军队既分工合作，又互相制约。汉武帝时扩建南北军编制，改郎中令为光禄勋，中尉为执金吾，曾设北军八校尉、城门校尉，使西汉长安城卫戍军队建设进入了一个新的阶段。皇宫之宿卫由卫尉、光禄勋、少府三卿主领其事，加上掌京城警备之执金吾，由四卿负责皇宫之安全。宫廷之门禁，依出入者之身份不同而有不同之手续，实行案籍齿符，严防阑入。有罪之官员，不论其是宫内当差者还是朝廷官员，皆禁止入宫。而凡劾奏他官有罪，须同时移书宫门，禁止该被劾者入宫，否则，以阑入罪问罪，罪至死。太子诸王以下至百官，出入宫门、殿门，皆得下车、下马步行，否则以不敬论罪。宫门夜晚关闭，就算宫内之官员、皇亲国戚，无诏也不得进出。而泄漏禁中语者，罪至死。

汉长安城中的市场管理也非常严格。东、西二市位于汉长安城的西北部，称为东市和西市。市场平面呈方形，市的四周筑有围墙，称“阛”，墙上辟门，称市门，是市的进出通道。市门多少不一，少者一门，多者也有八门的。市内有“十”字或“井”字形街道，称“遂”，“遂”两旁为陈列商品的列肆，市中各种货物分门别类出售，叫“货别隧分”。长安九市的管理由京兆尹属下的长安令丞和左冯翊属下的长安西市长丞具体负责，主要职责是击鼓令市、监督物价。管理市场的官署设在市中心，称“市楼”，一般皆高二层以上，以便俯瞰监督整个市场的交易情况。

汉长安城的布局充分体现了《周礼·考工记》关于古代都城建制的特点，宗庙与社稷分别位于未央宫东南和西南。上述布局，反映了都城的“前朝后市”“左祖右社”特点。都城百姓的里居位于汉长安城东北部，贵族的宅第则大多在皇宫附近。

第二节　陵墓与祠堂：皇权永恒的构筑

西汉时期人们相信人死后灵魂不灭，实行“事死如事生”制度，统治者更是有过之而无不及，于是将地上社会搬到了地下。帝陵是当时社会政治、经济、文化、军事中心物质化的集中反映，而且由于埋在地下，其保存程度相对来说比地上要好一些。因此，围绕西汉政治中心的帝陵更深刻地反映了当时的社会状况，在中国陵墓制度史上产生了十分重要的影响。虽然经过两千多年的自然和人为的破坏盗扰，现在已看不到当时地面上的恢宏景观和威严气势，但其地宫、地下的陪葬坑、陪葬墓等遗址经过考古工作者的勘探与发掘，使人们得以窥探当时社会的方方面面。下面兹以长安城周围地区的汉代陵墓、祠堂，来谈谈在汉代政治中构筑的同样代表皇权神圣及配祀天地的国家政治的物化载体——都城制度周围的陵制、祠堂。

一、西汉帝陵：中国陵墓史上的里程碑

西汉时期是中国制度史上的创立时期，在陵墓制度史上也是如此。西汉帝陵至今仍然屹立于长安城的周边，其布局形制“若都邑”，是当时长安城的缩影，是研究西汉社会方方面面的第一手资料。

西汉一代有 14 个皇帝，以帝陵形式埋葬的只有 11 个皇帝。西汉帝陵实行皇帝与皇后合葬的制度，但他们不是埋在同一座坟墓之内，而是在同一茔地各筑一座坟墓，即历史文献记载的“同茔异穴”。此外，西汉有些皇帝为其父母或者夫人按照帝陵规格修建坟墓，或以皇帝、皇后的礼仪进行安葬，如汉太上皇陵、薄太后南陵、钩弋夫人云陵，以及宣帝父母史皇孙和王夫人的陵墓。这些陵墓或在皇室帝陵陵区附近，或在陵区之外的京畿之地。11 个皇帝的陵墓分别位于汉长安城以北的咸阳原和汉长安城东南的白鹿原与鸿固原。按照当时观点，这些地方属于“风水宝地”“地高土厚”，是修筑帝王陵墓的绝佳选择。分布在渭河北岸咸阳原的 9 座西汉帝陵，西自今兴平市南位镇，东至今西安市高陵区泾渭街道，东西一线排开，绵延百里。9 座帝陵从西向东依次为武帝茂陵、昭帝平陵、成帝延陵、平帝康陵、元帝渭陵、哀帝义陵、惠帝安陵、高祖长陵和景帝阳陵。其中长陵、安陵、阳陵、茂陵和平陵附近均设置了陵邑，所以咸阳原又称“五陵原”。西汉时代五陵原人文荟萃、人口稠密，相当于汉长安城的卫星城，具有一时之繁华。

西汉帝陵的墓室形制为“亞”字形，有 4 条墓道，4 条墓道大小、形制基本相同，东墓道是主墓道，4 条墓道的墓葬是当时墓葬级别中最高的。

皇陵墓室称为“方中”，这是与“方上”相对而言的。帝陵的“方中”犹如倒置的“方上”，墓室上部比封土底部面积略小。墓室深度与封土高度基本相近。与帝陵4条墓道相连接的陵园地面上的道路叫“神道”，神道也有4条，分别与陵园4座司马门相对，因此也称“司马门道”或“司马道”。神道宽达百米，不容许任何人侵占。西汉帝陵中的4条神道，以东神道为主要道路。西汉帝陵方中的营筑方法是从平地向下挖好墓穴，然后在墓穴中构筑成“黄肠题凑”的墓室，其上再置木炭、砾石，然后堆沙、复土。之所以如此，是因为木炭防潮、沙石防盗。有的地宫之上覆以青膏泥，以与外界隔绝。由于方中规模宏大，因而用料之多相当惊人。如修建昭帝平陵时，仅方中填沙一项，就租用了3万辆牛车，从平陵附近的渭河河滩拉运沙子。汉皇陵方中的中心建筑是“明中”，就是通常所说的“墓室”，也称“玄宫”。

秦汉时期的帝王陵形制与布局结构是仿照地上都邑修建的。《吕氏春秋·安死》云：“世之为丘垄也，其高大若山，其树之若林，其设阙庭、为宫室、造宾阼也若都邑。”[①] 蔡邕《独断》也指出：“宗庙之制，古学以为人君之居，前有朝，后有寝，终则前制，庙以象朝，后制寝，以象寝，庙以藏主、列昭穆，寝有衣冠、几杖、象生之具，总谓之宫。……古不墓祭，至秦始皇出寝，起之于墓侧，汉因而不改，故今陵上称寝殿，有起居、衣冠、象生之备，皆古寝之意也。”[②] 秦始皇陵是对春秋战国时期帝王陵的集大成之作，陵园中的寝殿、便殿、饲官遗址、陪葬坑等充分反映出其陵墓是地上都城的反映。

“汉承秦制”在汉帝王陵制度及其发展格局上表现得非常明显。秦始皇陵的规划与建造，是对秦国几百年王公陵的继承与发展。考古工作者目前在甘肃礼县，陕西凤翔（秦都雍城）、咸阳及秦时芷阳县（今在陕西西安东北）发现的秦时王公的陵墓，规模也都比较大。在雍城附近，发现了

---

① 吕不韦编，许维遹集释，梁运华整理：《新编诸子集成·吕氏春秋集释》卷第十《孟冬纪》，北京：中华书局，2009年，第224页。

② 蔡邕：《独断》（卷下），北京：中华书局，1985年，第21页。

秦公 14 个陵园遗址，共探出 44 座大墓，有“中”字形、“目”字形、“甲”字形、“凸”字形、“刀把”形、“国”字形等。“中”字形大墓有 22 座，是当时诸侯王墓中的规定形制。其中的秦公 1 号大墓经过 10 年的清理发掘，墓葬的形制已基本摸清，它是迄今我国已经发掘的先秦时期墓葬中规模最大的一座，墓长达 300 米，深达 24 米，据研究应为秦景公的大墓。考古勘探资料证明，随着秦国力的不断增强，由“春秋五霸”到“战国七雄”，秦国的墓葬形制从秦惠文王开始已经变成了最高级别，已经从“中”字形变成“亞”字形大墓了，僭越了当时礼制。

秦始皇陵园是中国历史上第一个皇帝陵园，也是中国古代帝王陵墓中规模大、埋藏丰富的帝王陵园之一，不仅因为其壮观的规模、巍峨的建筑、丰富的埋藏品著称于世，更因其蕴含着巨大的历史、科学、文化等价值而备受社会各界的关注。从目前的考古勘探情况来看，秦始皇陵有呈“回”字形的两重城垣，即内城与外城。其门阙为最高级别的三出阙，城垣的四角有角楼，在陵园内有寝殿、便殿，有饲官遗址。其地宫深及三泉，为了解决地下水对陵墓的影响问题，便“下锢三泉”，修建了庞大的阻排水渠。目前已经在陵园中发现了 600 多个陪葬坑和陪葬墓，内涵极为丰富。其中有 184 座大小、内容、形制皆不相同的陪葬坑，包括陵园内有 77 座，陵园外有 107 座，而且这些还不能说是秦始皇陵园陪葬坑的全部内容。这些陪葬坑广泛分布在封土之下、内城之内、内外城之间和外城之外。

秦始皇陵的陪葬坑就是当时秦都城中三公九卿制度的反映，之所以布局不如后来的西汉帝陵那样整齐有序，是与秦都咸阳的发散式布局有关系，而汉长安城的布局相对要整齐有序。秦始皇陵对西汉帝陵产生了十分重要的影响，西汉时期的 11 个帝陵的规划与建设大多是继承并发展了秦的陵墓制度，以都城长安作为陵园规划布局的范本。刘庆柱、李毓芳认为西汉帝陵陵园系模仿都城长安而筑，“帝陵陵墓封土，似皇帝的‘正殿’，即所谓‘象生制度为殿屋’”，“帝陵陵墓四条墓道，犹如帝王为‘开四聪，延直言之路，下不讳之诏，立敢諫之旗’而开辟的‘四门’”。“帝陵封土四周的墙垣，犹如皇宫‘宫墙’。陵园墙垣四面中央各辟一门，此犹皇宫四门。”“帝陵陵园象征未央宫，皇后陵陵园象征长乐宫。”分布在陵东、陵北的陪葬墓和陵邑，是“汉长安城居民贵宣平之地”，“视未央宫北阙附近为‘甲第’”观念的影响，“这是他们京城生活的反映”。[①] 赵化成认为：“西汉帝陵陵园是大体模仿宫城即未央宫而设计的。”[②] 焦南峰认为：“对考古资料和文献的综合分析，可以推论出以下几点认识。（1）阳陵的帝陵、后陵、‘罗经石’遗址、外城分别是长安城的未央宫、长乐宫、礼制建筑、城垣在陵区的地下再现。（2）阳陵不同的陪葬坑代表和象征‘宫观及百官位次’，代表不同的政府机构及设施（包括军队在内）。（3）阳陵诸侯王的墓园代表其管辖的王国，诸侯的墓园象征的是侯国，公主和郡太守的墓园是其管理的邑和郡的地下微缩。都城、宫殿、礼制建筑、政府机构、军队、王国、侯国、邑、郡，一个王朝的中央政权和地方建制应有尽有，无一或缺。至此，可以推断，西汉王朝是汉阳陵的建设模本，汉阳陵是模仿现实中的西汉帝国建设而成的。推而广之，早于阳陵的长陵、安陵、霸陵，晚于阳陵的茂陵、平陵、杜陵、延陵、渭陵、义陵诸陵，大致都采用了‘阳陵模式’。”[③] 汉景帝阳陵封土周边有 81 个陪葬坑，从陪葬坑出土的印章、封泥和文物可以证明每一个陪葬坑的内涵不同，是当时中央政府三公九卿制度在地下的反映，其他帝陵也是如此。汉武帝茂陵封土周边的陪葬坑更多，与汉武帝时期实行的“有为”政策有关系。

西汉诸陵的陪葬墓大多在帝陵之东，长陵的陪葬墓区规模最大。曹龙认为，西汉帝陵除了康陵，其余诸陵均有陪葬墓，或见于文献，或见于地面调查。从目前保存封土的陪葬墓来看，它们大多数分布在帝陵以东，有的也在帝陵以北。分布在帝陵以东的陪葬墓，位于东司马道南北两侧，其中尤以南侧的陪葬墓数量较多。[④] 西汉帝陵陪葬墓区的设置是在继承秦制

---

① 刘庆柱、李毓芳：《关于西汉帝陵形制诸问题探讨》，《考古与文物》，1985 年第 5 期。

② 赵化成：《秦始皇陵园布局结构的再认识》，见《远望集——陕西省考古研究所华诞四十周年纪念文集》，西安：陕西人民美术出版社，1998 年，第 507 页。

③ 焦南峰：《试论西汉帝陵的建设理念》，《考古》，2007 年第 11 期。

④ 曹龙：《西汉帝陵陪葬制度初探》，《考古与文物》，2012 年第 5 期。

的基础上有所发展的，其陪葬墓区的设置在规划整个陵园时已预先设计并规划。陪葬墓距离帝陵陵园及东司马道的远近，显示出陪葬者身份的高低。西汉开国丞相萧何墓（今徐家寨双冢）即位于长陵陪葬区内最显要的位置——长陵东司马门道北边，西邻长陵。长陵陪葬墓区西起长陵，东至泾河南岸的原上，东西绵延约 15 里，20 世纪 80 年代统计有 63 座带封土。[①] 长陵陪葬墓——杨家湾汉墓曾出土 3000 余件陶武士俑，有步兵、骑兵，手持兵器和盾牌，皆为塑衣式，关于该墓主人，学界一般认为是西汉名臣周勃或周亚夫。[②] 阳陵陪葬墓的发掘提供了较为完整的信息，已发掘的墓园位于东司马道两侧，规模比较大，应为皇帝重臣、近臣。从已发掘的资料看，墓葬形制多为“甲”字形长斜坡墓道土圹墓及洞室墓，其中前者数量小、体量大，如 M797、M740 等；后者数量较大、体量较小，如 M760、M130 等；在墓葬规模、随葬品种类数量上亦存在区别，如 M797、M740 皆有其自己的陪葬坑，坑内出土了衣式裸体陶俑以及彩绘动物俑，与阳陵帝陵外藏坑出土的同类陶俑形制相差无几。这类陶俑是专门用来为皇室墓葬随葬的等级较高的随葬品，一般的贵族大臣在未经皇帝特赐的情况下不得使用此类陶俑，只能陪葬塑衣式彩绘陶俑。这些帝陵加上皇亲国戚、权臣列侯的陪葬墓自东而西绵延百里。[③] 茂陵 113 座（组）陪葬墓中现有 14 座保留封土，可确认身份的有卫青墓、霍去病墓、金日磾墓、霍光墓、上官桀墓等。[④] 茂陵陪葬墓中带封土的墓葬基本分布于东司马道两侧，其中卫青墓、霍去病墓位于陵园与陵邑之间，是陪葬墓中距离帝陵最近的墓葬，霍光墓与上官桀墓虽然仍位于东司马道附近，但是距离稍远，位于陵邑的东侧。墓主人等级越高，墓园及墓葬规模越大。西汉陪葬墓封土的规模，在当时法律中上至列侯、关内侯，下至庶人都有明文规定。目

---

① 刘庆柱、李毓芳：《西汉十一陵》，西安：陕西人民出版社，1987 年，第 9~12 页。

② 陕西省文管会、博物馆，咸阳市博物馆，杨家湾汉墓发掘小组：《咸阳杨家湾汉墓发掘简报》，《文物》，1977 年第 10 期。

③ 曹龙：《西汉帝陵陪葬制度初探》，《考古与文物》，2012 年第 5 期。

④ 陕西省考古研究院等：《汉武帝茂陵考古调查、勘探简报》，《考古与文物》，2011 年第 2 期。

前所见的陪葬墓之封土，亦显示了墓葬本身大小体量的差异。

自长陵陪葬墓的这种格局一经确立后，西汉一朝其后的诸陵均以此为制，或有细微的改变，但不关乎整体格局。西汉帝陵陪葬制度的形成及发展大致经过了三个阶段：高祖长陵创立陪葬制度，经惠帝安陵到景帝阳陵时基本确立，此为陪葬制度的形成期；武帝茂陵、昭帝平陵、宣帝杜陵为陪葬制度的发展期；自元帝渭陵开始，至成帝延陵、哀帝义陵、平帝康陵为陪葬制度的萎缩或衰退期。武帝时期由于武帝本人的文治武功以及开疆拓土，涌现出一大批良将贤臣陪葬茂陵；到西汉晚期，元帝罢设陵邑及陵庙，对于整个西汉帝陵制度是一次大的改动，这也影响到了陪葬制度，后四陵（延、康、渭、义陵）的陪葬墓数量和规模都明显减少、变小。[①] 西汉帝陵陪葬制度的确立及演变对后世帝陵陪葬制度有着深远的影响，作为古代的礼仪制度而言，其中很大一部分是一种不成文的制度，亦可称之为习俗，尤其是在丧葬制度方面，这种习俗式的表现尤为明显。因此，虽然后来东汉、隋唐乃至明清时期帝王陵墓的陪葬形式发生了一些大的变化，但从其陪葬墓区的设置、陪葬墓的形制、陪葬者的身份等来看，都受到了西汉帝陵陪葬制度的影响。可以说西汉帝陵陪葬制度奠定了中国古代帝陵陪葬制度的基础。[②]

秦汉时期的帝陵普遍设立了陵邑，这是中国古代行政区划管理中的特例。陵邑的设置，滥觞于秦始皇陵设置的丽邑。汉承秦制，自汉初至汉元帝下诏罢置陵邑止，其间各陵都设陵邑。其作用从秦到汉稍有改变，一是供奉陵园；二是迁徙关东大族、达官巨富，以便起到强本抑末、巩固中央集权统治的目的；三是繁荣关中经济。陵邑大多数分布在帝陵以北、以东地区。据文献记载，各陵邑的人口大致为 3 万至 5 万户，茂陵邑的人口达到 27 万，比当时的长安城中人口还要多。其中许多户属关东豪强大族，因此当时的关中地区成为全国人口最稠密的地区。陵邑的人口成分比较复杂，达官显宦、学者文人、俳优世家、市井子弟，可谓“五方杂厝”，陵

① 曹龙：《西汉帝陵陪葬制度初探》，《考古与文物》，2012 年第 5 期。
② 曹龙：《西汉帝陵陪葬制度初探》，《考古与文物》，2012 年第 5 期。

邑与汉长安城的关系极为密切，这些陵邑相当于汉长安城的卫星城，既促进了汉长安城的经济繁荣，也相当于在汉长安城以北形成了一道防御线。

二、“事死如事生”——汉帝陵是汉社会的缩影

汉帝陵是秦汉社会的缩影，是地上世界在地下的形象反映，其发展演变与秦汉时期的政治、经济、文化、军事等有着不可分割的关系。

（一）西汉帝陵是中央集权专制制度的充分体现

春秋时期以前，先民墓葬“不树不封”，地面没有任何标志。至春秋战国时代，富豪大族为祭祀先祖并便于识别，才堆土成丘。后由“陵”发展成“山”，封土的大小就成为显示权威富贵的标志了。诸侯大臣竞相隆起高坟，而天子之坟更是巍峨耸立，状若山陵，秦始皇陵原名“丽山”，充分显示出皇帝的威严和气势。

从文献和考古资料可以看出，西汉时期的帝陵与当时的都城有密切关系，其位置都在都城的附近，这是出于管理与祭祀便利的需要。其陵园内的布局也是“设阙庭、为宫室、造宾阼也若都邑”[①]。西汉帝陵位于长安城的北部和东南部，其陵园的建筑布局也受到都城建制的影响。大多数陵墓在陵区的南部，帝陵在西，后陵在东，这种布局和长安城内皇帝所居的未央宫在西南部、皇太后所居的长乐宫在东南部近似。陵墓居陵园中央，陵园四面各辟一门，正门在东，其形式和未央宫的主体建筑——前殿在宫城中央、四面各辟一宫门、东门为正门的布局也是非常相似的。

西汉帝陵封土堆犹如一座小山，地下宫殿更是豪华壮观。高大的封土和豪华的地下宫殿，正是中央集权的需要和体现，是皇权至上的产物。统治者不惜国家的人力、物力，进行大规模的陵墓建筑，以表现其威权。汉景帝阳陵的考古资料显示，阳陵的建制和布局已非常成熟。阳陵整个陵区坐西面东，设有两重陵园，帝、后同茔异穴合葬，并各起一座陵园，帝陵居于整个陵区的中部偏西；后陵、南区外藏坑、北区外藏坑、陵庙（“罗

① 吕不韦编，许维遹集释，梁运华整理：《新编诸子集成·吕氏春秋集释》卷第十《孟冬纪》，北京：中华书局，2009年，第224页。

经石”遗址)、陵寝(3号建筑遗址)分布在帝陵四周。以上建筑均位于外园墙之内。高级贵族(或为嫔妃)陪葬墓区位于陵区以北;大臣陪葬墓园棋盘状分布于陵区以东的司马道两侧;阳陵邑则设置在陵区的最东端。整个陵区以帝陵为中心,四角拱卫,南北对称,东西相连,布局规整,结构严谨,显示了唯我独尊的皇家意识和严格的等级观念。

阳陵陵园之内部分陪葬坑发掘成果告诉人们,帝陵陵园之内陪葬坑的性质为皇宫管理机构在地下的反映,这些机构为皇帝个人提供直接的服务,包括管理皇族事务的宗正以及少府中为皇帝提供直接服务职能的衙署。在帝陵陵园之内封土周围呈放射状分布着81座大型陪葬坑,东侧21座,南侧19座,西侧20座,北侧21座,分别展示出不同的功能定位。封土四侧陪葬坑均为东西或南北的条状坑形,绝大多数距现封土的距离在10米左右,从地层上看当年这些陪葬坑都被压在封土之下。各侧陪葬坑靠近封土的顶端与地宫的边圹形成平行线,各坑的间距最窄的是2米左右,最宽的为7米;绝大多数坑体的宽度在3.5米左右,坑体最长的超过100米,最短的只有4米。帝陵东侧的陪葬坑分布在东墓道的南北两侧,第13号坑长92米,其间以夯土隔梁为界分为东西两部分,而且以木板为架上下两层搁置,东部主要放置羊、狗、猪等动物陶俑群,各类家畜家禽整齐地分区分类摆放在坑内;西部放置两辆原大的木车马及大量的彩绘漆箱大陶仓。第11号陪葬坑内出土了骑兵俑及战车等物;第12号坑出土龟钮银印“宗正之印”和鼻钮铜印“大泽律印”各一枚;第13号坑出土“大官丞印”封泥;第14号坑出土“陈疢”鼻钮铜印;第15号坑出土“仓印”“甘泉仓印”“别臧官印”鼻钮铜印3枚以及“导官令印”封泥6枚;16号坑出土“大官之印”“府印”“内官丞印”“左府之印”“右府”5枚铜印;第17号坑不仅出土了宦官俑,还出土鼻钮铜印“长乐宫车”“宦者丞印”;第18号坑出土鼻钮铜印“永巷丞印”“永巷厨印”“府印”“西府”4枚;第19号坑出土鼻钮铜印“徒府”;第21号坑出土鼻钮铜印“山府”“东织寝官”及“东织令印”封泥。[①]

---

① 焦南峰:《汉阳陵从葬坑初探》,《文物》,2006年第7期。

从阳陵周围陪葬坑出土的印章、封泥可以看出，这些陪葬坑是管理汉王朝政府机构的再现，是皇帝生前管理的机构在“地下世界”的重现。西汉时期中央政府中最重要的管理机构三公九卿，以及与皇室事务有关的管理机构有奉常、郎中令、卫尉、宗正、太仆、少府等官僚机构，在阳陵的部分陪葬坑已得到确认。汉武帝茂陵封土周围据勘探有151个陪葬坑，可见汉武帝时期官僚机构的庞大。

要建造西汉帝陵等大规模的王朝级重点工程，没有强大的经济实力做后盾是不可能的，可以说建筑的发展与经济的发展基本上是同步的。因为建筑所必需的经济支柱、技术力量、建筑材料与建造工具都与经济的发展有密不可分的关系，是由经济基础所决定的。从西汉帝陵可以看出，在汉初经济实力不济的情况下，陵墓的规模受到了一定的限制，文、景两位皇帝时期的节俭政策在陵墓上也体现出来了。文景之治以后，汉朝的社会经济实力大增，帝陵的营建得以扩大。汉武帝茂陵的封土是西汉帝陵中最高大的，陵园的规模也是最大的，地宫中的陪葬品也是最好的。《汉旧仪》记载：“天子即位，明年，将作大匠营陵地，用地七顷，方中用地一顷，深十三丈，堂坛高三丈，坟高十二丈。武帝坟高二十丈，明中高一丈七尺，四周二丈。”① 到元、成、哀、平时期由于经济萧条，其帝陵的规模和设施便每况愈下。

（二）当时科技实力的反映

由于帝陵工程是王朝的重大工程，所以在修建过程中，当时的高科技都得到了充分应用。随着科学技术的发展，西汉帝陵建造中的科技元素更加丰富。尽管西汉帝陵的地宫还没有打开，其中采用的高科技元素目前还无法看到，但是从目前在帝陵陪葬坑中出土的文物可以略见一斑，鎏金铜马、鎏金鎏银竹节熏炉、鎏金铜编钟、精美的陶俑等正是高科技在西汉帝陵中的展示。

---

① 孙星衍等辑，周天游点校：《汉官六种·汉旧仪》，北京：中华书局，1990年，第106页。

（三）祭祀制度

“国之大事，在祀与戎。”[①] 西汉时期对祭祀非常看重，特别是皇家的祭祀活动——祭祀乃西汉帝陵的大事。西汉提出“以孝治天下”的治国方略，“孝”道已经深入人心，因此，对帝陵的祭祀制度和活动格外重视。对陵墓的祭祀实质上是对祖先祭祀的具体表现，主要表现在帝陵的寝殿、便殿、陵庙制度等方面，在历史上产生了极为重要的影响。时人认为，帝王死了以后还要像生前一样，每天、每月、每年都要按活人那样侍奉祭祀，因而在陵墓旁就必须有相应的供祭祀用的建筑。东汉蔡邕《独断》记载：“古不墓祭，至秦始皇出寝，起之于墓侧，汉因而不改。”[②] 东汉时期的应劭也有相同的说法。西汉帝陵的陵园旁边多建立寝园。园内以寝殿为中心，配以便殿等构成一组建筑群。寝殿里面陈设皇帝的衣冠、几杖、象生之具，由宫人像生前一样侍奉。《后汉书·祭祀志》记载：“古不墓祭，汉诸陵皆有园寝，承秦所为也。”[③] 当时还有“日祭于寝”的礼仪制度，说明秦汉时代的“寝”应是先秦墓上建“堂”的发展，已有用于祭祀的功能。

西汉时期，对于帝陵的一整套祭祀建筑包括寝殿、便殿是非常重视的。当时奉行“日祭于寝，月祭于庙，时祭于便殿”[④] 的陵寝制度。寝殿用来摆放死者的神座，守陵人要像侍奉生者一样，“日四上食”。便殿里存放皇帝生前的衣物、器皿，其祭祀活动则不像寝殿那样频繁。据文献记载：“便殿，岁四祠。”大约是一年四季各祭祀一次，与季节的变化有关系。寝殿、陵庙与帝陵密不可分，因而其位置一般距帝陵很近。汉初高祖依秦制，将寝殿、便殿建于陵园之内，惠帝以后，将之移于陵园墙垣之

---

① 左丘明传，杜预注，孔颖达正义：《春秋左传正义·成公十三年》，李学勤主编：《十三经注疏》，北京：北京大学出版社，1999 年，第 755 页。

② 蔡邕：《独断》（卷下），北京：中华书局，1985 年，第 21 页。

③ 范晔撰，李贤等注：《后汉书》志第九《祭祀下》，北京：中华书局，1965 年，第 3199 页。

④ 班固著，颜师古注：《汉书》卷七十三《韦贤传》，北京：中华书局，1962 年，第 3115~3116 页。

外，但距离不远。汉宣帝杜陵的寝园就设置在杜陵陵园南墙以外的东南方。

西汉帝陵的祭祀活动是非常复杂繁琐的。关于当时的祭祀形式，据《后汉书·礼仪志》记载："东都之仪，百官、四姓亲家妇女、公主、诸王大夫、外国朝者侍子、郡国计吏会陵。昼漏上水，大鸿胪设九宾，随立寝殿前。钟鸣，谒者治礼引客，群臣就位如仪。乘舆自东厢下，太常导出，西向拜，〔折〕旋升阼阶，拜神坐。退坐东厢，西向。侍中、尚书、陛者皆神坐后。公卿群臣谒神坐，太官上食，太常乐奏食举，〔舞〕《文始》《五行》之舞。"[①]《后汉书·祭祀志》也载："汉诸陵皆有园寝。"[②] 然而西汉初年寝园还未设置，寝殿、便殿均在陵园之内。后来，由于汉高祖长陵的便殿发生火灾，董仲舒才指出："高园殿不当居陵旁。"[③] 可见按照当时的制度，寝殿、便殿不应放在陵园之内，应筑于陵园之外的"园寝"之中。

园寝之设，始于汉景帝阳陵，而此前的西汉诸陵园寝，为西汉中期或后来所增筑。杨宽认为："正因为陵园中设有'寝'，所以陵园就称为'寝园'。"[④] 刘庆柱认为，寝园应该是寝殿从陵园内迁移出来，单独围筑成封闭性院落而得名。就是寝园出现后，它也应该是从属于陵园的，陵园和寝园名称不同，前者以陵墓为中心，得名"陵园"；后者以寝殿为中心，得名"寝园"。[⑤]

便殿则是存放帝王生前衣物、葬仪用具，以及用于参与陵事活动和管理的官员办公、休息、宴饮的场所。西汉初帝陵寝殿大多建在陵园里，高

---

① 范晔撰，李贤等注：《后汉书》志第四《礼仪上》，北京：中华书局，1965 年，第 3103 页。

② 范晔撰，李贤等注：《后汉书》志第九《祭祀下》，北京：中华书局，1965 年，第 3199 页。

③ 班固著，颜师古注：《汉书》卷二十七上《五行志上》，北京：中华书局，1962 年，第 1332 页。

④ 杨宽：《先秦墓上建筑和陵寝制度》，《文物》，1982 年第 1 期。

⑤ 刘庆柱：《汉宣帝杜陵陵寝建筑制度研究》，见《古代都城与帝陵考古学研究》，北京：科学出版社，2000 年，第 245 页。

祖和吕后陵的寝殿就在陵墓的一侧。从景帝阳陵开始，寝殿移到陵园以外，一般在帝陵封土东南，独立成园。目前尚存建筑遗迹的有景帝阳陵和武帝茂陵，均在陵园外东南方。而经过钻探和发掘的宣帝杜陵和王皇后的寝园均在陵园南侧。

杜陵寝园四周筑墙垣，北墙利用陵园南墙的一段，平面呈长方形，东、西、南三面有门，内有寝殿和便殿两组建筑。寝殿在西部，为大型宫殿建筑，通宽13间，进深5间。壁柱下部置基石并箍以八角形鎏金铜镄，墙壁内抹糠泥，外涂白垩，复施粉红色。殿堂四周建回廊，回廊外为卵石铺砌的散水。整座建筑显得庄重典雅、富丽堂皇。便殿在寝殿以东，是一组多功能的建筑群，由殿堂、院落和成套的房间组成，每套房屋间数不一，面积不等，布局结构各异，表明其作用不同。后陵寝园布局与帝陵相似，但规模较小。《汉书·贡禹传》记载，武、昭、宣三帝陵园中奉陵宫人竟达数百人之多。这样的规模，绝不仅是一座殿堂所能容纳的。寝园南部有大面积建筑基址，大概是守陵宫女或从事陵事活动人员的住地。

西汉帝陵旁建有陵庙，供奉皇帝“神主”。“京师自高祖下至宣帝，与太上皇、悼皇考各自居陵旁立庙。”[①] 陵庙的规模很大，周围筑有墙垣，内有正殿、殿门和阙等建筑。陵庙的位置并不一致，一般都不在陵园内，也不一定与陵园建在一起。如武帝的龙渊庙、昭帝的徘徊庙均在陵东，元帝庙在陵西北，宣帝庙在陵东北。陵庙与陵墓的距离远近不一，远者几里，近者几百米。庙寝之间修建“衣冠道”。宣帝庙中央现存一座夯土台基，东西长73米，南北宽70米，厚5米，东西两边各有一条道路通往陵墓。当时祭庙活动非常频繁，除了月祭，各主要节气庆典都要举行仪式，将衣冠由寝殿迎入庙内，接受祭祀。文武大臣遇到重要事情，也要参谒陵庙。

三、西汉帝陵对当时社会的影响

西汉是我国历史上厚葬盛行的时期，其帝王陵更是有过之而无不及。

---

① 班固著，颜师古注：《汉书》卷七十三《韦贤传》，北京：中华书局，1962年，第3115页。

尽管西汉帝陵地宫尚未发掘，地宫内的陪葬品我们只能从简单的记载中看到一斑，暂时无法了解其真相，但我们从外藏坑的陪葬品就可以推测其最核心的地宫情况。因为地宫之内才是其陵墓最重要的部分。西汉帝陵的豪华情况据《晋书·索綝列传》载："汉天子即位一年而为陵，天下贡赋三分之，一供宗庙，一供宾客，一充山陵。"① 可见当时帝陵的花费状况。《汉书·贡禹传》载："及（武帝）弃天下，昭帝幼弱，霍光专事，不知礼正，妄多臧金钱财物，鸟兽鱼鳖牛马虎豹生禽，凡百九十物，尽瘗臧之，又皆以后宫女置于园陵，大失礼，逆天心，又未必称武帝意也。昭帝晏驾，光复行之。至孝宣皇帝时，陛下〔恶〕有所言，群臣亦随故事，甚可痛也。"② 帝后陵的随葬品尽管逊色于帝陵，但无疑仍然是珍奇华美、数量巨大。其他各陵也应大体近似。关于西汉厚葬之风甚盛，从当时的诸侯王墓的发掘情况也可以看出，刘胜夫妇墓随葬品达 4200 多件，出土了金缕玉衣、长信宫灯等大量的高级陪葬品，还有诸侯王墓已经发现不少"黄肠题凑"结构的墓葬。海昏侯刘贺墓尽管是列侯的墓葬，但出土了一万多件珍贵随葬品，包括 478 件如麟趾金、马蹄金、金饼、金板等纯金制品。这种厚葬制度既是对社会财富的挥霍浪费，浪费了国家的大量人力和物力，又会带来盗墓盛行的后果。

营建帝陵动用的劳动力是很惊人的，不用说数年乃至数十年的兴建，光埋葬时用于穿土下棺与填复坟土的人就达数万人之多。以节俭著称的汉文帝生前要求"治霸陵皆以瓦器，不得以金银铜锡为饰，不治坟，欲为省，毋烦民"，但实际上工程量也是十分浩大的，于是"令中尉亚夫为车骑将军，属国悍为将屯将军，郎中令武为复土将军，发近县见卒万六千人，发内史卒万五千人，藏郭穿复土属将军武"。③ 实行节俭、与民休息的汉文帝霸陵尚动用三万余人，其他西汉皇帝陵墓修建滥用民力便可想而知了。

---

① 房玄龄等：《晋书》卷六十《索綝列传》，北京：中华书局，1974 年，第 1651 页。

② 班固著，颜师古注：《汉书》卷七十二《王贡两龚鲍传》，北京：中华书局，1962 年，第 3070~3071 页。

③ 司马迁：《史记》卷十《孝文本纪》，北京：中华书局，1959 年，第 433、434 页。

汉昭帝暴亡后，由大司农田延年负责抢修陵墓，仅为运河沙就征用了长安附近的牛车三万辆。汉成帝为了修建陵邑，于鸿嘉元年（前20）借口地势不利，将已营建16年之久的延陵作废，决定在长安东新丰县境内重建新陵，名昌陵。然而由于昌陵附近地势较低，积土为陵的工程十分浩大不得不作罢。“昌陵因卑为高，积土为山，度便房犹在平地上，客土之中不保幽冥之灵，浅外不固，卒徒工庸以巨万数，至燃脂火夜作，取土东山，且与谷同贾（价）。作治数年，天下遍被其劳，国家罢敝，府臧空虚，下至众庶，熬熬苦之。”[①] 刘向也指出：“营起昌陵，数年不成，复还归延陵，制度泰奢。”[②] 结果是数万名徒卒日夜劳作、经营五年仍未完工，只得废止，继续在咸阳原上修建延陵。

为了守冢与保证日常陵墓祭祀活动的进行，西汉在各帝陵边还设有庙郎、寝郎、园郎、校郎、食官令等官员各司管理之职。西汉帝陵均发现了寝、便殿遗址和园寺吏舍遗址。帝陵中的陵庙、寝殿、便殿之设置需要大量的管理人员。除了官员，承担陵园寝殿杂务的人数也很多，仅侍妾宫女便有数百乃至数千人之多。正如《汉书·韦贤传》记载：“一岁祠，上食二万四千四百五十五，用卫士四万五千一百二十九人，祝宰乐人万二千一百四十七人，养牺牲卒不在数中。”[③] 可见当时祭祀规模的庞大和奢靡。

西汉帝陵的厚葬制度是建立在对百姓的盘剥搜刮之上的，因而导致百姓怨气十足。“及徙昌陵，增埤为高，积土为山，发民坟墓，积以万数，营起邑居，期日迫卒，功费大万百余。死者恨于下，生者愁于上，怨气感动阴阳，因之以饥馑，物故流离以十万数。”[④]

可以看出，西汉帝陵是当时社会的缩影和再现，其发展变迁与西汉

① 班固著，颜师古注：《汉书》卷七十《傅常郑甘陈段传》，北京：中华书局，1962年，第3024页。

② 班固著，颜师古注：《汉书》卷三十六《楚元王传》，北京：中华书局，1962年，第1950页。

③ 班固著，颜师古注：《汉书》卷七十三《韦贤传》，北京：中华书局，1962年，第3116页。

④ 班固著，颜师古注：《汉书》卷三十六《楚元王传》，北京：中华书局，1962年，第1956页。

社会政治、经济、文化、科学技术的发展有着极为密切的关系。西汉时期的帝王陵出现了一个飞跃，规模巨大，豪华无比，这是皇权至上的产物，也是统治者好大喜奢价值观的具体表现。这也是以雄厚的经济力量和科学技术作为支撑的。西汉帝陵对秦始皇陵既有继承，又有创新。由于秦汉统治者把增长有限的经济力量用在了无限度的陵墓修建上，耗费了大量民脂民膏，结果激化了社会矛盾和阶级矛盾，加速了秦汉王朝的衰亡。

西汉帝陵是当时都城的缩影，皇帝和皇后陵园则为其宫城的象征。若把帝陵陵园比作皇宫——未央宫的话，皇后陵陵园当比作长乐宫。西汉时期，皇帝一般比皇后去世早（汉武帝除外）。皇帝死后，其子即位，原来的皇后就成了皇太后。自惠帝开始，皇帝居未央宫，皇太后居长乐宫，两宫均在长安城南部，长乐宫在东，称东宫；未央宫在西，称西宫。宫城的这种布局和称谓，对皇帝和皇后陵园的相对位置与名称有直接影响。西汉大多数帝陵陵园在陵区的西南部，未央宫在长安城西南隅。帝陵陵园和未央宫在陵区与都城的位置十分相似，这应是前者受后者影响所致。帝陵陵园平面为方形，陵墓居陵园中央，陵园四面各辟一门。未央宫平面近方形，皇宫主体建筑——前殿，在宫城中央。未央宫四面各辟一宫门。上述情况反映出，两者形制布局的惊人相似绝非偶然，它说明西汉帝陵陵园是仿皇宫——未央宫营建的。西汉帝陵陵园的分布位置，除了受长安城建筑形制影响，还沿袭了古代以西为上的礼制。东汉思想家王充说西方是“长老之地，尊者之位也。尊长在西，卑幼在东”①。陵园位于陵区西部就是这个道理。

由于文献资料的匮乏，汉朝时期帝陵和都城考古资料成为不断探索历史奥秘的富矿，每个帝陵和都城遗址都是历史的宝藏，而且新的考古资料不断出现必将大大促进西汉社会各方面的研究。从中国古代都城考古中，可以看到历史上不同王朝、不同族属的统治者，在传承与发展国家物化载体——都城文化中的继承性和连续性，佐证了中华民族各个族群、各个王

① 王充撰，黄晖校释：《新编诸子集成·论衡校释》卷第二十三《四讳篇》，北京：中华书局，1990年，第970页。

朝几千年来在国家认同、历史认同和中华民族文化认同上的一致性。汉长安城都城的“居中”理念在都城中轴线上得到进一步发展，体现在以大朝正殿为都城基点的连接宫城正门、郭城正门的南北中轴线上。汉长安城宫城偏于都城南部，市场在都城北部，宗庙、社稷分列宫城东西两侧，大朝正殿在寝宫之南，充分体现了汉长安城遵循《周礼·考工记》的“前朝后寝”“前朝后市”“左祖右社”等儒家筑城理念。都城中轴线的政治思想、历史文化理念的一脉相承，反映出中国古代历史上不论什么王朝作为统治者，都遵循都城基本布局形制、都城建筑称谓，象征国家政权的大朝正殿“居中”“居前”“居高”的理念与都城中轴线制度延续不断、代代相传、世世相袭，形成了中国古代都城的核心理念。

汉长安城与帝陵在中国都城制度史上具有承前启后的意义，在国家认同、社会整合与民族认同方面发挥了极为重要的作用。从“三皇五帝”的“邦国”都邑，到元明清历代王朝都城，中国古代诸多王朝的统治者虽然来自不同地区、不同族属，但其国家政治物化载体——都城制度和陵制有着一脉相承的发展历史。

四、祠堂：政治与宗法的结合

西汉时期把“以孝治天下”作为治国之策，因此孝文化得到了极大的弘扬。“孝”在丧葬文化上表现突出。除了皇帝陵园具有的寝殿、便殿用来进行祭祀，达官贵人也在陵园地面上修建了用来祭祀的华丽祠堂。祠堂是建造在坟墓前供其亲属祭祀的享堂，亦称庙祠、食堂、斋祠等。在春秋战国时代的墓葬考古中，诸侯陵墓上最为典型的享堂建筑有多处发现，诸如战国田齐大墓、辉县魏王室墓、邯郸赵王陵、平山中山王墓、凤翔秦公大墓等，最初是在墓上建享堂，后移之于墓侧。西汉墓祀成为最重要的祭祖方式。王充《论衡·四讳》云：“古礼庙祭，今俗墓祀……墓者，鬼神所在，祭祀之处。”[①] 王子今认为：“在两汉精神文明发展历程中，原始宗

---

① 王充撰，黄晖校释：《新编诸子集成·论衡校释》卷第二十三《四讳篇》，北京：中华书局，1990年，第971~972页。

教的影响渐次削弱，与社会秩序、人文关怀和伦理规范关系比较密切的宗族祠堂则受到更多的重视。”[①]

在陵墓前筑建祠堂，始于西汉。西汉祠堂一般分为土木和石结构两种。土木结构的建筑早已荡然无存，难窥其形制。石材建筑的祠堂则不易损毁，在山东、安徽等地大多已经被发现。根据祠主财力、身份的不同，祠堂建造的规模大小不一，常见的形式有四种：由基石、左右侧壁、后壁、屋顶和屋脊组成的双开间悬山顶式；由基石、左右侧壁、后壁、屋顶和屋脊组成的双开间悬山顶且后带小龛式；由基石、左右侧壁、后壁、屋顶和屋脊石组成的单开间平顶式；小龛式等。祠堂前通常有供案，是用来放置祭祀用品的。有的案上刻画杯盘盛鱼、鸡等。一般祠堂都刻画画像，其东西壁和后壁刻画有画像，有历史故事、孝子烈女、义士忠臣、歌舞宴饮、百戏杂技、车骑出行、庖厨狩猎、死后升仙、神人鬼怪、祥瑞辟邪和祠主受谒等场景；屋顶刻画有升仙、辟邪和神话场景，具有浓郁的时代特色。《盐铁论·散不足》云：“古者，不封不树，反虞祭于寝，无坛宇之居，庙堂之位……今富者积土成山，列树成林，台榭连阁，集观增楼。中者祠堂屏阁，垣阙罘罳。”[②]《汉书·张安世传》“将作穿复土，起冢祠堂”[③]；《汉书·霍光传》“发三河卒穿复土，起冢祠堂”[④]。“祠堂”与冢墓同时营造。《汉书·文翁传》也说：“文翁终于蜀，吏民为立祠堂，岁时祭祀不绝。”[⑤] 据《汉书·龚胜传》记载，龚胜“称疾”拒绝王莽“安车驷马”征召，绝食十四日死，在安排丧葬事宜时，提到“衣周于身，棺周

---

① 王子今：《两汉祠堂的社会文化探源》，《人民论坛》，2021 年 2 月中下旬合并出版，第 158~160 页。

② 桓宽撰集，王利器校注：《新编诸子集成·盐铁论校注》卷第六《散不足》，北京：中华书局，1992 年，第 353 页。

③ 班固著，颜师古注：《汉书》卷五十九《张汤传》，北京：中华书局，1962 年，第 2653 页。

④ 班固著，颜师古注：《汉书》卷六十八《霍光金日磾传》，北京：中华书局，1962 年，第 2948 页。

⑤ 班固著，颜师古注：《汉书》卷八十九《循吏传》，北京：中华书局，1962 年，第 3627 页。

于衣。勿随俗动吾冢，种柏，作祠堂”[①]。可见，墓园中“作祠堂”，已经是通常社会礼俗的表现。

西汉祠堂在古文献中有不同的称呼，比如称“食堂”、“斋祠”或“食斋祠”，由于祠堂被视为逝世者接受后人献祭之地，故有此称。武利华认为：“祠堂是陵园中祭奠死者的地方，西汉陵园祠堂有多种称谓，如庙祠、食堂、斋祠、食斋祠、石室……徐州汉画像石中的祠堂题记皆称祠堂为‘石室’，山东画像石习惯将祠堂称为‘食堂’。”[②]《春秋公羊传注疏》：“祠，犹食也，犹继嗣也。春物始生，孝子思亲继嗣而食之，故曰祠，因以别死生。”[③] 东汉永寿三年（157）许国安祠堂顶石所刻的长篇题记中说：“甘珍滋味兼设，随时进纳，省定若生时。”[④] 山东芗他君祠堂石柱刻铭文：“财立小堂，示有子道，荏（差）于路食。”[⑤] 从上述文献可知，汉人事死如事生，祠堂作为献祭之处，以彰显后人之孝心。在西汉时，中等家庭的墓地祠堂基本单体元素已经包括祠堂和阙。此外，祠堂有作为逝世者陵寝的功用，祠堂的这一用途与西汉帝陵的正寝有相似的功能。《汉书·龚胜传》：“胜因敕以棺敛丧事：‘……勿随俗动吾冢，种柏，作祠堂。’”[⑥] 司马光指出：“汉世公卿贵人多建祠堂于墓所。”[⑦] 目前在考古发现中多为如此，比如梁孝王陵、海昏侯墓、张安世墓等。霍光死后，

---

① 班固著，颜师古注：《汉书》卷七十二《王贡两龚鲍传》，北京：中华书局，1962年，第3085页。

② 武利华：《徐州汉碑刻石通论》，北京：文化艺术出版社，2019年，第121～145页。

③ 公羊寿传，何休解诂，徐彦疏：《春秋公羊传注疏·定公八年》，李学勤主编：《十三经注疏》，北京：北京大学出版社，1999年，第90页。

④ 济宁地区文物组、嘉祥县文管所：《山东嘉祥宋山1980年出土的汉画像石》，《文物》，1982年第5期。

⑤ 罗福颐：《芗他君石祠堂题字解释》，《故宫博物院院刊》，1960年第6期。

⑥ 班固著，颜师古注：《汉书》卷七十二《王贡两龚鲍传》，北京：中华书局，1962年，第3085页。

⑦ 司马光撰，李文泽、霞绍晖校点：《司马光集》，成都：四川大学出版社，2010年，第1602页。

"太夫人显改光时所自造茔制而侈大之……盛饰祠室"[①]。经过调查，考古工作者在陪葬茂陵的霍光墓发现东北部有一高台，散存集中的建筑材料残件[②]，疑为霍光墓的祠堂所在。在满城汉墓，考古工作者推测冢茔附近可能有祠堂遗迹，满城汉墓依陵山开凿，"陵山顶上的西汉砖瓦，当即'祠庙'一类建筑物的遗存。根据板瓦和筒瓦的纹饰较多样、时代有早晚等现象推测，在刘胜绝祀之前，'祠庙'曾数经修葺"[③]。西安石家街汉墓墓室东北相距30米处有平面呈长方形东西向的建筑，可能是祠堂，遗迹已被破坏。[④] 过去我们对此现象并未予以足够重视，近些年考古工作者开始关注这一问题，因此发现愈来愈多。西汉一些祠堂的相关设施中有祭台或供案，与祠堂形成组合，且多位于祠堂内，可摆放墓主神位或相关祭品，是开展祠堂祭祀的设施之一。

一般来说墓祭不重视等级身份，种种规范约束少，不像庙祭那样讲求太多的繁文缛节，而且对祖先的祭祀更为直接和感性，故而到了秦汉时期这种形式被进一步普及，不论是庶民阶层，还是贵族等级，甚至连帝王都采取了墓祭的祭祖方式。像富平侯张安世、丞相张禹都在冢茔前修建祠堂。汉哀帝宠臣董贤的祠堂建在哀帝的义陵旁，内有便道，外有徼道，四周垣墙数里，门楼城阙甚为壮观。刘尊志认为："从《葬律》的记载看，西汉列侯墓园有垣墙、门、阙及罘罳等设施，而关于垣墙的记载中又穿插对祠堂的描述，推测祠堂的位置与垣墙有着比较密切的关系。"[⑤] 信立祥认为："汉惠帝到汉景帝（前194~前141年）的五十余年间，是墓上祠堂的

---

① 班固著，颜师古注：《汉书》卷六十八《霍光金日磾传》，北京：中华书局，1962年，第2950页。

② 咸阳市文物考古研究所：《汉武帝茂陵钻探调查简报》，《考古与文物》，2007年第6期。

③ 中国社会科学院考古研究所、河北省文物管理处：《满城汉墓发掘报告》，北京：文物出版社，1980年，第9页。

④ 西安市文物保护考古研究院：《西安东郊石家街发现西汉列侯级别墓葬》，《中国文物报》，2013年8月16日。

⑤ 刘尊志：《西汉列侯墓葬墓园及相关问题》，《考古》，2020年第1期。

滥觞期，汉武帝以后，墓地建祠堂之风已经风靡了整个社会。”①

王子今认为：“汉代社会相当普及的宗族‘祠堂’，其作用超越了以往日月山川诸神祀所，形成了社会文化经纬的要络，也成为先祖祭祀的场地、孝道宣传的课堂、亲情凝聚的中心。皇族‘宗庙’是最高层次的‘祠堂’，其宗法权威与政治强势结合，作用尤其显著……两汉时期文化演进的几个重要特征，儒学教育的广泛普及，宗法秩序的初步稳定，道德建设的空前升格，都与一种社会文化存在有关，这就是‘祠堂’。……其社会文化意义之重要，可以看作先祖祭祀的场地、孝道宣传的课堂、亲情凝聚的中心。……‘祠堂’作为纪念祖上、宣传孝道、寄托哀思、团结宗亲的方式，有很突出的文化意义。缅怀先祖的光荣，汇聚宗族的情感，在东汉豪族兴起的时代条件下，应该有益于宗亲这种社会关系的维系，有益于家族这种社会单元的凝聚。但是‘祠堂’毕竟只是一种象征性的与物质层面存在距离的文化存在，对于实际的社会生产和社会生活没有直接的作用。”② 西汉政府多修建祠堂或“诏令立祠”，民间亦盛行立祠之风。这一现象的出现固然与西汉的经济、政治密不可分，而更深层次的原因，则应与当时的统治思想有关，大体包括以下三方面的原因：其一，祠堂的兴起与当时人们的生死观休戚相关。“大丈夫居世，生当封侯，死当庙食。”③因此，祠堂在当时人眼中，既是身份的象征，又是荣誉的代名词，司马迁所说“重于泰山”和“轻于鸿毛”就是人们当时生死观的体现，祠堂的修建就是对祠主生命价值的肯定。其二，厚葬的社会风俗对祠堂的兴建有推波助澜的作用。既然汉代人认为灵魂不灭，死亡并不是生命的终结，而只是生命形态的改变，他们就应尽一切可能给予死者最好的物质条件。在这一社会心理的导引下，西汉盛行厚葬之风，上至达官贵人，下至百姓，均尽可能厚葬死者。其三，“以孝治天下”统治政策的影响。西汉在儒家

---

① 信立祥：《汉代画像石综合研究》，北京：文物出版社，2000年，第74页。

② 王子今：《汉代“祠堂”的宗法权威与文化位势》，《中国人民大学学报》，2020年第5期。

③ 范晔撰，李贤等注：《后汉书》卷三十四《梁统列传》，北京：中华书局，1965年，第1172页。

思想的影响下，特别重视孝道的作用，更加强调孝治的作用，作为巩固统治的手段，“导民以孝，则天下顺”①。修建祠堂是体现孝道的重要表现形式。尽孝的方式就是“生，事之以礼。死，葬之以礼，祭之以礼”②。《礼记·祭统》中指出：“祭者，所以追养继孝也……是故孝子之事亲也，有三道焉：生则养，没则丧，丧毕则祭。养则观其顺也，丧则观其哀也，祭则观其敬而时也。尽此三道者，孝子之行也。”③ 生前尽心奉养是孝，身死之后的葬祭之礼也是体现孝心的重要部分。“‘孝’成了人们出仕入宦的重要途径之一，厚葬又是获得‘孝’桂冠的重要手段之一。”④ 西汉时期的祠堂制度到东汉时期得以延续，而且有过之而无不及，这与东汉时期宗法宗族、豪强地主实力强大有密切关系。祠堂起着维护宗族血缘关系、沟通人神、教化吏民的作用。

从汉初的亲缘性小家庭逐渐发展到汉中期的亲缘性大家庭，到汉后期宗法性的乡里大家庭及非亲缘性豪门家族不断出现，导致爵制系统也逐渐名存实亡。

---

① 赵吉惠等主编：《中国儒学史》，郑州：中州古籍出版社，1991 年，第 240 页。

② 何晏注，邢昺疏：《论语注疏》，李学勤主编：《十三经注疏》，北京：北京大学出版社，1999 年，第 16 页。

③ 郑玄注，孔颖达疏：《礼记正义》，李学勤主编：《十三经注疏》，北京：北京大学出版社，1999 年，第 1346 页。

④ 罗开玉：《丧葬与中国文化》，海口：三环出版社，1990 年，第 90 页。

第八章
汉代宫廷鼓吹乐与皇威建构

西汉王朝的统治者为了强化其皇权政治，不仅建构了以长安城为中心的政治空间系统，还借助陵墓、祠堂等物化载体，企图贯通现世与来世，实现皇权永恒。不仅如此，王朝统治者还在此空间场域之内，尤其是宫廷朝堂之上，借助对以宫廷鼓吹乐为代表的朝廷礼制的整肃，实现皇权的威权建构。

"黄门鼓吹"作为朝廷礼制的重要部分，其在武帝朝的确立体现出一种新的礼制建构及政治权力观念，也反映了西汉君主专制集权体制的演进历程。西汉武帝政治的最重要特征，即随着朝廷军功大臣及藩国势力的削弱，君相矛盾开始激化。在这种情况下，为了抑制宰相权力，一方面，汉武帝设置内朝，重用内宫那些较低级的官员诸如尚书以及侍中、给事中等一些加官，使国家大政的讨论、决策权逐渐转移到皇帝身边人手中。另一方面，重用外戚，包括宫内宦者，形成了外戚总领内朝以控制外朝百官的局势。自此，内朝系统进一步扩大，并不断向外朝扩展。当时武帝以内朝控制外朝之另一举措，便是通过学术取向的区别，以内朝所用文学侍从于朝堂以辞赋辨折深通经术之外朝大臣。钱穆认为："武帝外廷所立博士，虽独尊经术，而内朝所用侍从，则尽贵辞赋。大体言之，经术之与辞赋，亦当时学术界一分野也。”① 当代学者亦有对武帝时期把经学和辞赋作为内外朝学术之分野的探索。例如成祖明就指出，汉武帝朝致力于“造作辞赋博尽奇异，构建帝国新礼乐文化”，因此“汉武帝率领言语侍从之臣大作辞赋，我们当从更深的层面来理解。汉武帝作为大有为之君，他既要有一代之学术思想，必然要求有一代之礼乐文化”。② 故综观武帝朝之政治文化建树，其不仅在儒家倡导下全面实行三纲五常的礼仪制度，而且在宫廷帝制礼仪的构建中，也利用礼乐制度的改革来强化帝王的无上权力。这种礼乐制度改革，还不仅限于经学和辞赋的学术取向的差异，也表现在汉代宫廷礼乐、威仪即标志帝王权威的“黄门鼓吹”中。

汉武帝时期“甘泉卤簿”中“黄门鼓吹”便是这种背景下的产物。在汉代礼制史上，“黄门鼓吹”是强化帝王尊崇的重要手段。故汉武帝时的“甘泉卤簿”中关于“黄门鼓吹”的问题，尽管表现为礼乐制度的修订，它的本质却不只是涉及“黄门鼓吹”之“俗”“雅”性质演变的问题，更关乎鼓吹乐与汉代集权建制的关系问题。它从某一侧面反映了西汉中期一种新权力意识与君主集权制下的政治文化问题。

正是在武帝朝重视礼乐以尊崇皇权的背景下，汉代礼乐制度大兴。例如《西京杂记》卷五“甘泉卤簿”所述内容，其书写内容即透露出与武帝时期多项改制成果的勾联。如“汉朝舆驾祠甘泉汾阴”中的郊祀改制、“黄门前部鼓吹”中“黄门”称谓所牵涉的服色改制（“色尚黄”）与职官制度（“黄门”乐人）。特别是“黄门鼓吹”的文本书写，从另一个角度深刻反映了当时改制中加强君主集权体制的内容。可以说，“甘泉卤簿”之“黄门鼓吹”在武帝朝的集权体制建设中“应需而生”，且是当时多项改制催生的产物。

如果我们从政治、礼乐制度演变的角度，透视“甘泉卤簿”与“黄门鼓吹”的问题，它就不是一个简单的礼制问题，而是一个汉代中期政治、礼乐制度与当时政治上适应皇权需要而进行“改制”的重要问题。从制度

① 钱穆：《秦汉史》，北京：生活·读书·新知三联书店，2004 年，第 98 页。
② 成祖明：《汉武帝西京变局与汉代儒学演构》，《中州学刊》，2009 年第 5 期。

史维度，爬梳“甘泉卤簿”所涉车舆制度、服色制度、郊祀制度的变改情况，围绕改制时间、要素、理念、历程，讨论汉武帝朝、“黄门鼓吹”、“甘泉卤簿”三者交集的前提条件与必然性，通过君主集权礼制建构及其成果表现形式的礼仪之器、必备之物，来说明“乐”在武帝时的君主专制集权的制度建构中起到的重要作用，是十分重要的。

本章旨在将新兴乐种鼓吹乐视为汉代王朝统治者构建皇权威权与治理新型社会的有效资源，结合先秦至秦汉社会转型之际宫廷音乐（面貌）、王权性质、集权结构（郡县建制与伦理建构）等多维度的演变，通过汉代鼓吹乐仪式场域与仪式行为的微观分析，探寻其参与集权政治建构的具体过程。

第一节　鼓吹乐的出现与汉代宫廷音乐的新面貌

汉代宫廷音乐文化既有对前朝的继承，如宫廷音乐依然附着于各类礼仪活动，祭祀用乐仍占据重要位置；也有新的发展，如以“殿庭”“从行”为代表性活动场所的非祭祀用乐逐渐成为宫廷活动的另一类主角，以鼓吹乐为代表的民间俗乐伴随新增的非祭祀仪典而入主宫廷，一同开启“以俗入雅”的新时代。

一、西周至汉代宫廷音乐活动的种类变化

在汉代，宫廷音乐活动的种类相比西周而言，略有增加。据不完全统计，西周宫廷音乐活动共23种，汉代25种。详见下表：

表8-1　西周与汉代音乐活动种类汇总表

西周宫廷音乐活动种类	汉代宫廷音乐活动种类
1. 祀天	1. 祀天
2. 雩祭	2. 雩祭
3. 享明堂	3. 享明堂

（续表）

西周宫廷音乐活动种类	汉代宫廷音乐活动种类
4. 祭五帝	4. 祭五帝
5. 祭日月	5. 灵星
6. 灵星	6. 祭地（后土）
7. 风师雨师诸星	7. 祭社稷
8. 祭地（后土）	8. 封禅
9. 祭社稷	9. 傩
10. 祭山川	10. 天子宗庙
11. 腊祭	11. 上陵
12. 傩	12. 老君祠
13. 天子宗庙	13. 亲桑享先蚕
14. 释奠（祀先圣）	14. 天子冠
15. 天子冠	15. 天子册后
16. 视学（幸学）养老	16. 视学（幸学）养老
17. 大射	17. 大射
18. 天子受诸侯朝	18. 元正冬至受朝贺
19. 天子四时田猎	19. 天子受诸侯、藩国朝
20. 亲征	20. 天子田猎
21. 讲武（校阅）	21. 讲武（校阅）
22. 天子合朔伐鼓	22. 飨遣卫士
23. 巡狩	23. 天子合朔伐鼓
	24. 巡狩
	25. 丧礼

从祭祀用乐活动与非祭祀用乐活动的占比来看，汉代祭祀用乐活动的种类相较西周有所减少，非祭祀用乐活动则有所增加。

表 8-2　西周至汉代祭祀用乐活动与非祭祀用乐活动种类汇总表

	西周	汉代
祭祀音乐活动的种类	1. 祀天	1. 祀天
	2. 雩祭	2. 雩祭
	3. 享明堂	3. 享明堂
	4. 祭五帝	4. 祭五帝
	5. 祭日月	5. 祭地（后土）
	6. 风师雨师诸星	6. 祭社稷
	7. 祭地（后土）	7. 封禅
	8. 祭社稷	8. 傩
	9. 祭山川	9. 天子宗庙
	10. 腊祭	10. 上陵
	11. 傩	11. 老君祠
	12. 天子宗庙	12. 亲桑享先蚕
	13. 释奠（祀先圣）	
非祭祀音乐活动的种类	1. 天子冠	1. 天子冠
	2. 视学（幸学）养老	2. 天子册后
	3. 大射	3. 视学（幸学）养老
	4. 天子受诸侯朝	4. 大射
	5. 天子四时田猎	5. 元正冬至受朝贺
	6. 亲征	6. 天子受诸侯、藩国朝
	7. 讲武（校阅）	7. 讲武（校阅）
	8. 天子合朔伐鼓	8. 天子田猎
	9. 巡狩	9. 飨遣卫士
		10. 合朔伐鼓
		11. 巡狩
		12. 丧礼

从表 8-2 来看，汉代祭祀用乐活动 12 种，西周 14 种；汉代非祭祀用乐活动 13 种，而西周 9 种。汉代祭祀用乐活动比西周减少 2 种，非祭祀用乐活动则比西周增加 4 种。

用乐活动的种类增减，具体表现为以下四种情况：西周用乐汉代也用乐、西周用乐汉代不用乐、西周不用乐汉代用乐、汉代新增用乐：

表 8-3　西周与汉代仪式用乐情况变化统计表

西周用乐、汉代也用乐	1. 祀天	祭祀仪式
	2. 雩祭	
	3. 享明堂	
	4. 祭五帝	
	5. 祭地（后土）	
	6. 祭社稷	
	7. 傩	
	8. 天子宗庙	
	1. 天子冠	非祭祀仪式
	2. 视学（幸学）养老	
	3. 大射	
	4. 天子受诸侯（藩国）朝	
	5. 巡狩	
	6. 天子田猎	
	7. 讲武校阅	
	8. 合朔伐鼓	
西周用乐、汉代不用乐	1. 祭日月	祭祀仪式
	2. 祭星辰	
	3. 腊祭	
	4. 祭山川	
	5. 祭先师（释奠）	

（续表）

<table>
<tr><td rowspan="3">西周不用乐、汉代用乐</td><td>1. 亲桑享先蚕</td><td>祭祀仪式</td></tr>
<tr><td>2. 册命礼</td><td rowspan="2">非祭祀仪式</td></tr>
<tr><td>3. 丧礼</td></tr>
<tr><td rowspan="6">汉代新增用乐</td><td>1. 封禅</td><td rowspan="3">祭祀仪式</td></tr>
<tr><td>2. 上陵</td></tr>
<tr><td>3. 老君祠</td></tr>
<tr><td>4. 元正冬至受朝贺</td><td rowspan="3">非祭祀仪式</td></tr>
<tr><td>5. 冬至夏至日吹律</td></tr>
<tr><td>6. 飨遣卫士</td></tr>
</table>

从表 8-3 可看出以下四点：其一，西周至汉代，宫廷活动用乐以继承为主，如西周用乐、汉代也用乐的情况最多，共 16 种；其二，就宫廷活动用乐的增删而言，汉代以删为多，增为少，如西周用乐、汉代不用乐的仪式有 5 种，西周不用乐而汉代用乐的仪式仅 3 种；其三，在增删的用乐仪式中，增加非祭祀用乐、删减祭祀用乐的情况比较突出，如祭祀仪式中，周代用乐而汉代不用乐的情况较多，非祭祀仪式中只存在西周不用乐而汉代用乐的情况；其四，汉代新增仪式，皆是用乐仪式，祭祀与非祭祀各 3 种。

二、宫廷鼓吹乐的出现与运用

汉代宫廷新增用乐仪式共 9 种，其中 6 种皆有鼓吹乐，可以说，宫廷鼓吹乐与新增仪典相伴而生，共同彰显着汉代宫廷音乐文化的新面貌。

“鼓吹”一语始见于汉初，《汉书 · 叙传》说：“始皇之末，班壹避地于楼烦，致牛马羊数千群。值汉初定，与民无禁，当孝惠、高后时，以财雄边，出入弋猎，旌旗鼓吹。”① 汉初鼓吹属民间之乐，使用者是边民班

① 班固著，颜师古注：《汉书》卷一百上《叙传》，北京：中华书局，1962 年，第 4197~4198 页。

壹。班壹，楚王室后裔，秦末汉初战乱而避地楼烦，修整储力，“以财雄边”，后遂为“边地之雄豪”。班壹之“旌旗鼓吹”之乐，当同班壹身世及楼烦马上奏乐习俗有关。楚王室后裔之班壹，熟谙先秦礼乐之道。春秋晋楚之争，“晋文公振旅，奏恺乐以入于晋”。“恺乐”，“献功之乐”[①]，在建威造势上功效独特。“楼烦”，本北方少数民族聚居之地，《史记·赵世家》说“变服骑射，以备燕、三胡、秦、韩之边”，《索隐》曰“林胡，楼烦，东胡，是三胡也”。[②]《史记·匈奴列传》亦说“晋北有林胡、楼烦之戎”[③]。作为游牧族群，因逐水草而居，生产生活方式练就善骑射之马背功夫，弋猎禽兽，常年生活于马背而形成马上奏乐的习俗，故有“北狄诸国，皆马上作乐”之说。

继《汉书·叙传》后，“鼓吹”一语再次出现则是到了武帝朝。班固《西都赋》：“棹女讴，鼓吹震，声激越，謍厉天，鸟群翔，鱼窥渊。”[④]《三辅黄图·池沼》：“池中有龙首船，（汉武帝）常令宫女泛舟池中，张凤盖，建华旗，作棹歌，杂以鼓吹，帝御豫章观临观焉。”[⑤]《后汉书·高句骊传》：“武帝灭朝鲜，以高句骊为县，使属玄菟，赐鼓吹伎人。”[⑥]《太平御览》卷五百六十七引《晋中兴书》曰：“汉武时南平百越，始置交阯、九真、日南、合浦、南海、郁林、苍梧，凡七郡，立交阯刺史。以州边远，山越不宾，宜加威重，故刺史辄假节，七郡皆加鼓吹。”[⑦] 以上资料

---

① 《周礼·春官·大司乐》：“王师大献，则令奏恺乐。”郑玄注：“恺乐，献功之乐。”见郑玄注，贾公彦疏：《周礼注疏》，李学勤主编：《十三经注疏》，北京：北京大学出版社，1999 年，第 592 页。

② 司马迁：《史记》卷四十三《赵世家》，北京：中华书局，1959 年，第 1809～1810 页。

③ 司马迁：《史记》卷一百十《匈奴列传》，北京：中华书局，1959 年，第 2883 页。

④ 范晔撰，李贤等注：《后汉书》卷四十上《班彪列传上》，北京：中华书局，1965 年，第 1348 页。

⑤ 何清谷校释：《三辅黄图校释》，北京：中华书局，2005 年，第 253 页。

⑥ 范晔撰，李贤等注：《后汉书》卷八十五《东夷列传》，北京：中华书局，1965 年，第 2813 页。

⑦ 李昉等：《太平御览》卷五百六十七《乐部五》，上海：上海古籍出版社，2008 年，第 294 页。

显示，鼓吹乐入主宫廷，当始自汉武帝，而已被用于皇帝主持的各项政治活动之中，如帝王的苑馆宴乐、边疆辖区治理等。此时的“鼓吹”，政治功能显著增强，明显有别于汉初班壹“以财雄边”“旌旗鼓吹”的财富象征。

汉代鼓吹乐入主宫廷后，主要用于三类活动：

其一，殿庭仪典。秦汉已降，殿庭取代郊庙成为最重要的礼仪场所。据不完全统计，汉代 25 种宫廷音乐活动的场所主要有“殿庭”“郊”“庙”“途中”“学宫”“陵寝”等。按举行音乐活动的种类多少排序，“殿庭”居首，共 12 种，“途中”其次，共 10 种，“郊”7 种，“庙”1 种。可见，殿庭用乐成为汉代宫廷最常见的音乐现象。12 种殿庭用乐中，汉代新增有 3 种：朝贺礼、册后礼与大丧礼，此 3 种皆是殿庭鼓吹乐的重要礼典。

其二，从行途中。天子出行，或郊祀天地，或外出狩猎，自古有之，但从行仪仗与用乐的制度化，始自秦汉。唐封演《封氏闻见记》所言：“舆驾行幸，羽仪导从谓之‘卤簿’，自秦、汉以来始有其名。”[①] 按汉代卤簿制度，帝王卤簿有大驾、法驾、小驾之分，用于不同仪式场域。“天子有大驾、小驾、法驾。”[②]《汉旧仪》载：“汗西郡（周天游案：当作‘汉西都’）祀天于甘泉宫。大驾祀天，法驾祀地，五郊、明堂省十三，祀宗庙省九，谓之小驾。大驾，大仆校驾。法驾，黄门令校驾。”[③]《后汉书·舆服志》载“东都唯大行乃大驾”，“行祠天郊以法驾，祠地、明堂省什三，祠宗庙尤省，谓之小驾”。[④] 其中，大驾与法驾设有鼓吹乐，“案大驾卤簿，五校在前，各有鼓吹一部”[⑤]。“乘舆法驾……后有金钲黄钺，

---

① 封演撰，赵贞信校注：《封氏闻见记校注》卷五《卤簿》，北京：中华书局，2005 年，第 38 页。

② 司马迁：《史记》卷九《吕太后本纪》“乃奉天子法驾”注引蔡邕，北京：中华书局，1959 年，第 412 页。

③ 孙星衍等辑，周天游点校：《汉官六种·汉旧仪》，北京：中华书局，1990 年，第 105 页。

④ 范晔撰，李贤等注：《后汉书》志第二十九《舆服上》，北京：中华书局，1965 年，第 3648、3650 页。

⑤ 范晔撰，李贤等注：《后汉书》志第二十七《百官四》，北京：中华书局，1965 年，第 3613 页。

黄门鼓车。"[①] 长途跋涉的外出郊祀与巡狩，使千乘万骑的随驾仪仗成为帝国疆土上最引人注目的政治展演。行进途中成为此类移动式展演服务于至尊皇权、威慑天下臣民的重要仪式场域。

其三，给赐。汉代宫廷鼓吹乐，除用作礼仪乐，还有一种重要用途，即给赐。礼乐给赐制度并非始于汉代，先秦早已有之。《礼记·王制》载："天子赐诸侯乐，则以柷将之。赐伯子男乐，则以鼗将之。"[②]《韩诗外传》卷八："传曰：诸侯之有德，天子锡之。……四锡乐器。"[③]《仪礼·乡射礼》郑玄注云："君赐大夫乐，又从之以其人，谓之大师。"[④]《史记·乐书》："天子之为乐也，以赏诸侯之有德者也。德盛而教尊，五谷时孰，然后赏之以乐。"[⑤] 可知，西周赐乐制度已趋完备，且给赐内容多样化，既有乐舞、乐器，还包括乐人。至汉代，皇帝给赐现象仍然十分普遍，且给赐对象更广泛，给赐形式更多样化。[⑥] 但就赐乐而言，仅有给赐鼓吹乐一项。由此看来，在汉代给赐制度中，鼓吹乐具有举足轻重的地位。

汉代鼓吹乐给赐的情况，主要有以下诸种。一是给赐臣下。如前所述"七郡皆加鼓吹"[⑦]。《后汉书·班超传》："八年，拜超为将兵长史，假鼓吹幢麾。"[⑧]《后汉书·百官志》"（将军）又赐官骑三十人，及鼓吹"，刘

---

① 范晔撰，李贤等注：《后汉书》志第二十九《舆服上》，北京：中华书局，1965年，第3649页。

② 郑玄注，孔颖达疏：《礼记正义》，李学勤主编：《十三经注疏》，北京：北京大学出版社，1999年，第369页。

③ 韩婴撰，许维遹校释：《韩诗外传集释》，北京：中华书局，1980年，第285页。

④ 郑玄注，贾公彦疏：《仪礼正义》，李学勤主编：《十三经注疏》，北京：北京大学出版社，1999年，第187页。

⑤ 司马迁：《史记》卷二十四《乐书》，北京：中华书局，1959年，第1197页。

⑥ 张思：《西汉皇帝赏赐现象的文化考察》，陕西师范大学硕士学位论文，2019年；徐鹏：《汉代皇帝物质赏赐研究》，郑州大学硕士学位论文，2021年。

⑦ 李昉等：《太平御览》卷五百六十七《乐部五》，上海：上海古籍出版社，2008年，第294页。

⑧ 范晔撰，李贤等注：《后汉书》卷四十七《班梁列传》，北京：中华书局，1965年，第1577页。

昭注引应劭《汉官仪》曰："鼓吹二十人，非常员。舍人十人。"[①] 二是给赐异国归附的君主。如前所述，"武帝……赐鼓吹伎人"，李贤注曰："前书元封中，定朝鲜为真番、临屯、乐浪、玄菟四（部）〔郡〕。"[②]《后汉书·南匈奴列传》："（建武二十六年）秋，南单于遣子入侍，奉奏诣阙。诏赐单于冠带、衣裳……乐器鼓车。"[③] 三是给赐分封诸国君王。《后汉书·楚王英传》："乃废英，徙丹阳泾县，赐汤沐邑五百户。遣大鸿胪持节护送，使伎人奴婢〔工技〕鼓吹悉从。"[④]《后汉书·梁节王畅传》："所受虎贲、官骑及诸工技、鼓吹、仓头、奴婢、兵弩、厩马皆上还本署。"[⑤]《后汉书·济南安王康传》："错为太子时，爱康鼓吹妓女宋闰，使医张尊招之不得，错怒。"[⑥] 四是赠大臣之葬。《后汉书·耿弇传》："（永元三年）夏卒，赐以朱棺、玉衣，将作大将穿冢，假鼓吹，五营骑士三百余人送葬。"[⑦]《后汉书·杨赐传》："（中平二年九月）薨……及葬，又使侍御史持节送丧，兰台令史十人发羽林骑轻车介士，前后部鼓吹。"[⑧]

综上可知，西汉武帝时期，鼓吹乐经历了从民间至宫廷的空间转换，随即施用于各类政治仪典，东汉更是进一步增加了鼓吹乐的使用场合。从

① 范晔撰，李贤等注：《后汉书》志第二十四《百官一》，北京：中华书局，1965年，第3564页。

② 范晔撰，李贤等注：《后汉书》卷八十五《东夷列传》，北京：中华书局，1965年，第2813、2814页。

③ 范晔撰，李贤等注：《后汉书》卷八十九《南匈奴列传》，北京：中华书局，1965年，2943页。王运熙先生《汉代鼓吹曲考》一文认为"鼓车是载鼓吹乐队的车子"，本文采纳此观点。其具体论说过程，详见王运熙：《乐府诗述论》，上海：上海古籍出版社，2006年，第238页。

④ 范晔撰，李贤等注：《后汉书》卷四十二《光武十王列传》，北京：中华书局，1965年，第1429页。

⑤ 范晔撰，李贤等注：《后汉书》卷五十《孝明八王列传》，北京：中华书局，1965年，第1676页。

⑥ 范晔撰，李贤等注：《后汉书》卷四十二《光武十王列传》，北京：中华书局，1965年，第1432页。

⑦ 范晔撰，李贤等注：《后汉书》卷十九《耿弇列传》，北京：中华书局，1965年，第718页。

⑧ 范晔撰，李贤等注：《后汉书》卷五十四《杨震列传》，北京：中华书局，1965年，第1785页。

宫廷鼓吹乐的使用场合看，无论是殿庭、从行，还是给赐，无论是“鼓吹”还是“黄门鼓吹”，都与“帝王”这一身份紧密关联。作为秦汉已降的新兴乐种，鼓吹乐无疑是大一统皇权相伴而生的产物，代表着汉代宫廷音乐文化的独特面向。

第二节 从“圣”到“俗”①：汉代鼓吹乐与皇权的塑造

本节拟围绕汉代鼓吹乐仪式场域的非宗教性，结合西周至汉代“天下观”的演变，讨论汉代集权政体推崇、强化世俗皇权的策略。

一、“天下观”的演变与皇权的世俗面向

西周至秦汉，“王国时代”逐渐转型为“帝国时代”，服务于王权建构的天下观，其性质与内涵发生了很大程度的变化，这一变化又反映出王权建构策略与倾向的转型。

“天下”一词，西周文献并不多见，且用法相似，皆与“受天命”关联。如《尚书》《逸周书》《诗经》中的几处用例：

> 《尚书·召诰》：其惟王位在德元。小民乃惟刑用于天下，越王显。上下勤恤，其曰，我受天命，丕若有夏历年，式勿替有殷历年。欲王以小民受天永命。②

> 《尚书·顾命》：太史秉书，由宾阶隮，御王册命。曰：“皇后凭玉几，道扬末命，命汝嗣训，临君周邦；率循大卞，燮和天下，用答

---

① 本文使用“圣”“俗”概念指称王权建构与彰显的不同倾向与策略。“圣”，强调君权“神授”，其面向是“天命”，将“天命”视为王权的核心；“俗”，强调“天下一家”与“无不臣者”，其面向是“天下”，通过君臣关系彰显王权独尊。

② 孔安国传，孔颖达疏：《尚书正义》，李学勤主编：《十三经注疏》，北京：北京大学出版社，1999年，第400~402页。

扬文武之光训。”王再拜，兴。答曰：“眇眇予末小子，其能而乱四方，以敬忌天威？”①

《逸周书·商誓》：王曰：“在昔后稷，惟上帝之言，克播百谷，登禹之绩。凡在天下之庶民，罔不维后稷之元谷用蒸享。在商先哲王，明祀上帝，□□□□亦维我后稷之元谷用告和、用胥饮食。肆商先哲王维厥故，斯用显我西土。”“今在商纣，昏忧天下，弗显上帝，昏虐百姓，奉天之命。上帝弗显，乃命朕文考曰：‘殪商之多罪纣。’”②

《诗经·大雅·皇矣》：皇矣上帝，临下有赫。监观四方，求民之莫。维此二国，其政不获。维彼四国，爰究爰度。上帝耆之，憎其式廓。乃眷西顾，此维与宅。……帝省其山，柞棫斯拔，松柏斯兑。帝作邦作对，自大伯、王季。维此王季，因心则友。则友其兄，则笃其庆，载锡之光。受禄无丧，奄有四方。……帝谓文王，无然畔援，无然歆羡，诞先登于岸。密人不恭，敢距大邦，侵阮徂共。王赫斯怒，爰整其旅，以按徂旅。以笃于周祜，以对于天下。③

在上述用例中，召公认为统治者须从上天处取得天命，即“受天永命”；康王继位时的记录中，认为康王须继承天命方可治理天下；武王克商后对商人的演讲以及周人记述文王之德，其得“天下”皆与“上帝”“天命”有关。

就是说，西周文献中的“天下”可理解为“上帝”之“天下”，即“上帝”所监督的区域。“上帝”选择周王代其治理天下，即统治者必须

① 孔安国传，孔颖达疏：《尚书正义》，李学勤主编：《十三经注疏》，北京：北京大学出版社，1999年，第510~512页。

② 黄怀信等撰，李学勤审定：《逸周书汇校集注》卷五《商誓解》，上海：上海古籍出版社，1995年，第481~482页。

③ 毛亨传，郑玄笺，孔颖达疏：《毛诗正义》，李学勤主编：《十三经注疏》，北京：北京大学出版社，1999年，第1018~1028页。

从“上帝”处取得天命才得以成为“下民之王”。不仅如此，统治者还须遵照“上帝”旨意治理天下，因为“上帝”不但会监临天下，还会不满意受命者的作为而主动更换天下统治者。由此可知，周王的“天下”以“天命”为核心，强调天子与“上帝”的关系，体现了王权的神圣性。正如我国台湾学者甘怀真所言，“上天与下土的联结是藉由王者的上天、下地的宗教能力，并作为天与地二界的媒介。文王就是这样的宗教领袖”①。

到汉代，自春秋战国开始普及的“天下”一语，大量出现。

表 8-4　先秦及汉主要典籍“天下”一词出现次数统计表②

先秦														汉代	
诗经	逸周书	周礼	尚书	左传	国语	礼记	管子	孟子	吕氏春秋	荀子	庄子	墨子	韩非子	史记	汉书
1	2	11	13	19	30	37	140	70	164	137	144	170	117	713	977

“天下”作为皇帝统治疆域的代名词，不仅是地域意识的表达，更具有通过强调皇帝与臣民的关系以彰显皇帝权力的功能与意涵，即天下是皇帝的天下，天下之民是皇帝的臣民。《汉书·严助传》载：“淮南王安上书谏曰：‘……陛下以四海为境，九州为家，八〔薮〕为囿，江〔汉〕为池，生民之属皆为臣妾。’”③其中，“四海”“九州”“八薮”“江汉”作为“天下”一语的地域性表述，其目的是强调“生民之属皆为臣妾”，即君与臣（民）的上下关系。自秦汉统一中国，各级封建贵族不复存在，皇帝成为“天下一家”之主，独尊天下，各级郡县官吏都是皇帝之臣。由此

① 甘怀真：《天下概念成立的再探索》，刊于《北京大学中国古文献研究中心集刊》第 9 辑，2010 年 6 月，第 6 页。

② 该表引自游逸飞：《四方、天下、郡国：周秦汉天下观的变革与发展》，台湾大学硕士学位论文，2009 年。

③ 班固著，颜师古注：《汉书》卷六十四上《严朱吾丘主父徐严终王贾传上》，北京：中华书局，1962 年，第 2777~2784 页。

可见，在汉代，“天下”一语面向的是君臣关系，目的在于彰显皇权独尊，即世俗王权。这与西周王权的“天命”观有很大不同。

综上所述，与西周王权依赖“上帝”、天命而呈现出神圣性的内涵有所不同，汉代皇帝权力具有明显的世俗化内涵，强调皇帝与臣（民）间的关系，以此彰显皇权在凡俗世间的独尊。从世俗王权的角度来看，汉代宫廷音乐活动所呈现出的“崇俗”特征恰好体现了汉代统治者建构世俗王权的意图与策略。

二、汉代鼓吹与世俗皇权的塑造

汉代鼓吹乐从物质空间（殿庭）与关系空间（君臣）两个维度塑造并强化着集权政体对世俗皇权的彰显。

（一）从“宗庙”到“殿庭”：汉代鼓吹乐与世俗化的物质空间

晋孙毓《东宫鼓吹赋》云：“鼓吹者，盖古人之军声，振旅献捷之乐也。后稍用之朝会焉，用之道路焉。”① 自汉代始，殿庭与道路作为鼓吹乐的两类活动空间，已成定制，后世并无改易。值得注意的是，汉代，殿庭作为鼓吹乐活动凸显的礼仪空间，其在政治统治中的重要性可与宗庙分庭抗礼，这一现象明显有别于西周视宗庙为施政中心的传统。

西周，王室宗庙既是祭祖的场所，也是处理国家政务的重地，除了祭祖的诸多政治礼仪在宗庙内进行，集祖庙与殿庭两种功能于一身。至汉代，殿庭成为最主要的礼仪场所。这一变化与殿庭、宗庙的性质即世俗与神圣之别密切相关，同时，这一变化反映出西周与汉代王权彰显的倾向与策略存在的某种区别。

1. 宗庙与王权神圣性

宗庙，作为祭祀先祖的活动场所，具有浓厚的神圣性。西周，周天子不仅在宗庙举行祭祀活动，还有不少非祭祀活动也在此进行。如册命、颁朔、朝聘之飨礼与食礼等非祭祀礼仪都在宗庙举行。从仪式用乐的角度

---

① 虞世南：《北堂书钞》卷一百八《乐部》注引孙毓《东宫鼓吹赋》，天津：天津古籍出版社，1988 年，第 453 页。

看，周天子于宗庙内举行的五项用乐仪式中，祭祀用乐有两项：祭祖与大腊；非祭祀用乐有两项：天子冠与征伐。

武子对曰："君冠，必以祼享之礼行之，以金石之乐节之。"[①]

大献，献捷于祖。恺乐，献功之乐。[②]

宗庙内行冠礼，是为了表达"尊先祖"之意。《礼记·冠义》：

是故古者重冠。重冠，故行之于庙。行之于庙者，所以尊重事。尊重事而不敢擅重事，不敢擅重事，所以自卑而尊先祖也。[③]

于宗庙内举行天子冠礼，主要目的在于告诫加冠之人"尊先祖"。"尊先祖"即继承先祖事业，秉承先祖意志。因为在周人的观念中，天子的现实统治，不过就是先王事业的继续。《礼记·郊特牲》曰："继世以立诸侯，象贤也。"郑玄注曰："贤者子孙，恒能法其先父德行。"[④] 这一点还可以由周王在宗庙内册命臣下之事予以证实。册命臣下作为国家施政中的大事，被置于宗庙内进行，并与宗庙祭祖结合起来，"必赐爵禄于大（太）庙，示不敢专也。故祭之日，一献，君降立于阼阶之南，南乡，所命北面……再拜稽首，受书以归"[⑤]。这同样是将周代现实统治者看作其先祖的

---

① 左丘明传，杜预注，孔颖达正义：《春秋左传正义·襄公九年》，李学勤主编：《十三经注疏》，北京：北京大学出版社，1999年，第876页。

② 《周礼·春官·大司乐》："王师大献，则令奏恺乐。"见郑玄注，贾公彦疏：《周礼注疏》，李学勤主编：《十三经注疏》，北京：北京大学出版社，1999年，第592页。

③ 郑玄注，孔颖达疏：《礼记正义》，李学勤主编：《十三经注疏》，北京：北京大学出版社，1999年，第1615页。

④ 郑玄注，孔颖达疏：《礼记正义》，李学勤主编：《十三经注疏》，北京：北京大学出版社，1999年，第811页。

⑤ 郑玄注，孔颖达疏：《礼记正义》，李学勤主编：《十三经注疏》，北京：北京大学出版社，1999年，第1357页。

继体观念在政治活动中的一种表现。也就是说，周代统治者所实行的制度，不过是在秉承祖先的意志。天子冠礼用乐，其作用在于节制行礼之人的行为举止，即“以金石之乐节之”，使行礼者在祖先神位面前毕恭毕敬，谨遵先祖遗愿。

就是说，周天子在宗庙内举行的非祭祀性用乐活动，不同程度地反映了祖先崇拜、祖先意志与天子权力间的关系。周天子不仅借由宗庙证实其王权合法性与统治正当性，而且通过权力实践体现着先祖意志：周王所实行的制度，不过是秉承祖先意志，并得到祖先庇佑。

> 古者，明君爵有德而禄有功，必赐爵禄于大庙，示不敢专也。[①]

> 禄爵庆赏，成诸宗庙，所以示顺也。[②]

其中，“不敢专”与“示顺”都包含有谨遵祖宗意志的内涵。君王赐爵臣属作为彰显君王权力之礼仪，被安排在宗庙内进行，表明君王的赐爵之举并非独断行事，而是秉承先祖意志的举措。由此可见，在西周，宗庙不仅是祭祖的场所，也是周天子处理国家政务的政治场所。西周宗庙在天子朝政中的重要地位，反映出周王权力中的神圣性内涵。这种神圣性源于西周政治体制的血缘基础。

2. 殿庭与王权世俗化

自战国至秦汉，宗庙与殿庭的地位与重要性发生了巨大变化。宫殿逐渐独立于祖庙而成为最重要的朝政之所。从权力的内涵来看，这种独立意味着政治权力逐渐摆脱“家族与宗教背景”的禁锢，权力中的祖先崇拜与祖先意志的内涵逐渐弱化。落实到具体实践层面，则表现在：原先在宗庙内举行的诸多非祭祀仪式被承袭后，大多（或部分仪节）被移至殿庭。

---

① 郑玄注，孔颖达疏：《礼记正义》，李学勤主编：《十三经注疏》，北京：北京大学出版社，1999 年，第 1357 页。

② 郑玄注，孔颖达疏：《礼记正义》，李学勤主编：《十三经注疏》，北京：北京大学出版社，1999 年，第 1343 页。

汉代，皇帝于宗庙内举行的用乐礼仪，仅祭祖一项。天子冠礼中的奏乐仪节被移至殿庭，征伐则无宗庙献俘奏乐之事。此外，西周时期于宗庙内举行的册命仪式，也被移至殿庭，并在册后礼中增加了奏乐之仪。也就是说，从宫廷用乐仪式的角度来看，汉代王权的建构与彰显对宗庙的依赖程度相比西周大为减弱，而是转向殿庭这一礼仪空间。相比宗庙而言，汉代殿庭内的用乐仪式种类繁多，具体包括：大傩、老君祠、天子冠、天子册后、朝贺、朝聘、至日吹律、天子田猎（部分）、巡狩、飨遣卫士、合朔伐鼓，共11项。其中，祭祀用乐仪式有2项，分别为大傩与老君祠；其余9项全是非祭祀用乐仪式。其中，奏乐场所有调整的仪式有天子冠与天子册后两种。

（1）天子冠礼中的“庙”与“朝”

天子冠礼，在汉代称为“加元服”。元服礼无论是西周还是汉代，都在宗庙内举行。但是，元服礼中的奏乐之仪从西周宗庙移至汉代殿庭。《东汉会要》载曰：

> 既臻庙以成礼，乃回轸而反宫。正朝服以飨宴，撞太蔟之庭钟，祚藩屏与鼎辅，暨夷蛮之君王。咸进爵于金罍，献万寿之玉觞。[①]

庙内冠礼礼毕，汉天子即返回宫中，飨宴群臣。宴飨前，天子还需“正朝服”。《汉书·贾谊传》“是古天子后服，所以庙而不宴者也”，颜师古注曰：“入庙则服之，宴处则不著，盖贵之也。”[②] 从活动内容与天子所着服冠都表明，朝廷内的音乐活动是表达庆贺之义。正如蔡邕《上元加服与群臣上寿表》中所言，天子加冠后与群臣的宴飨活动，觥筹交错，载歌载舞，旨在庆祝皇帝加冠，臣下借此场合向皇帝贺寿与颂赞。

---

① 徐天麟：《东汉会要》卷六《嘉礼》，北京：中华书局，1955年，第61页。

② 班固著，颜师古注：《汉书》卷四十八《贾谊传》，北京：中华书局，1962年，第2242、2243页。

……令月吉日，始加元服……臣妾万国，遐迩大小一心，同欢同喜逸豫，式歌且舞。臣等不胜踊跃凫藻，谨奉生头酒九钟，稽首再拜，上千万寿。陛下享兹吉福，永守皇极，通遵大和，靖绥六合，宜民宜人，受禄于天。《书》曰："一人有庆，兆民赖之，其宁惟休。"《诗》曰："颙颙卬卬，如珪如璋。令闻不忘，万寿无疆。"①

这段文字中，"臣妾万国""大小一心""同喜逸豫""上千万寿""万寿无疆"之语无不昭示着，汉代天子加元服是举国上下同庆之大事。值得注意的是，西周时期的天子冠礼并无此内涵。在西周，天子冠礼需"以金石之乐节之"，奏乐活动是用于节制与规范天子的行为举止的，与庆贺祝寿之义丝毫无涉。

由此可见，西周与汉代的天子元服礼中奏乐之仪的场所调整反映出仪式用乐性质与功能的转变。这一转变与元服礼内涵的变化是一致的，同时，在某种程度上折射出天子权力的内涵发生了变化。

西周，天子冠礼重在"尊先祖"，继承先祖事业与秉承先祖意志，冠礼中的奏乐之仪则通过金石之乐节制与规范行礼之人的行为举止而使之尊祖敬祖。通过冠礼音乐活动可以看出，天子权力与祖先崇拜之间有密切关联。汉代，元服礼同样在宗庙内举行，天子与祖先的关联仍然被强调，但更重要的是，移至殿庭举行的奏乐活动不再是对行礼之人的规范与节制，而是天子宴飨群臣以示庆贺。也就是说，王权的彰显开始侧重天子与臣民关系的建构。

冠礼奏乐活动场所的变化反映出奏乐活动性质的变化，这种变化与西周至汉代元服礼自身渐趋俗化的趋势是一致的。庞骏《魏晋南北朝皇帝元服礼简论》一文通过梳理与统计汉魏时期皇帝是否加元服以及何时加元服的情况后认为："皇帝举行元服礼的年龄和政治时机是皇帝政治地位变化的重大转折性事件之一，是皇帝亲政的重要时间标志。"② 也就是说，从某

① 蔡邕：《蔡中郎集》，《四部丛刊初编集部》，上海：商务印书馆，1936年，第49页。
② 庞骏：《魏晋南北朝皇帝元服礼简论》，《阅江学刊》，2012年第1期。

种程度上来说，元服礼的实施，象征与标志着权力的分配及转移。

表 8-5 汉代部分皇帝元服礼统计表

	即位年龄	加元服年龄	原因	文献出处
惠帝	16	20		《汉书·惠帝纪》
昭帝	8	18	霍光辅政	《汉书·昭帝纪》
平帝	9	14（死后）	王莽操弄权术之计	《汉书·平帝纪》
和帝	10	13	窦太后临朝	《后汉书·和帝纪》
安帝	13	16	邓太后临朝称制	《后汉书·安帝纪》
顺帝	11	15		《后汉书·顺帝纪》
桓帝	15	17	太后犹临朝政	《后汉书·桓帝纪》
献帝		14		《后汉书·献帝纪》

（2）天子册后中的“朝”与“乐”

册命，是缔结君臣关系的最主要仪式。在西周，周王册命臣属多在宗庙进行。至汉代，天子主持的册命仪式有三类，即册拜皇太子、册拜诸侯王公以及册后。三类册命仪式都在殿庭举行。其中，仅册后礼中有奏乐活动。

册后，作为册命礼的一种，出现时间较晚。尽管西周册命有“命妇”一项，《释名·释亲属》：“夫受命于朝，妻受命于家也。”① 此处“命妇”为受命男子之妻，与天子册后之事不可混同。再有，详细记载西周册命仪式的金文中，也未见命妇之赐。依据周王册命都在宗庙内举行可知，即使西周有册后之仪，也断然不会出现在朝廷之上。

首先，从册命地点来看。西周时期，册命礼在宗庙内进行，是周天子在政治上借助祖先观念建立君臣关系的具体表现。② 也就是说，周王的权力的彰显，很大程度上依赖于祖先观念。至汉代，册命这一缔结君臣关系的仪式被汉代皇帝视为凸显王权的重要场合，之所以被置于殿庭之上举行，与世俗王权的彰显有紧密联系。

---

① 刘熙撰，毕沅疏证，王先谦补，祝敏彻、孙玉文点校：《释名疏证补》卷第三《释亲属》，北京：中华书局，2008 年，第 106 页。

② 杨小召：《西周金文的册命与祖先观念》，《殷都学刊》，2011 年第 4 期。

其次，从册后奏乐来看。在汉代三项册命仪式中，唯独册后礼有奏乐之仪，这与受册者的身份密切相关。皇后作为皇帝嫡妻，在后宫中地位最尊。皇帝掌管前朝政务，统治天下臣民，皇后则统摄内宫，掌管内廷事务，后宫所有妃嫔、女官、宫女都得服从、听命于皇后。《礼记·昏义》云："天子听男教，后听女顺；天子理阳道，后治阴德；天子听外治，后听内职。"① 从皇后的权位可以看出，册后之礼显然比册拜皇太子、册拜诸侯王公更能彰显最高权力。此外，册后仪式中的奏乐之仪是黄门鼓吹乐，黄门作为专为皇帝奉职的职官，用于皇帝册后场合，一方面可以以此彰显皇后作为后宫之主的特殊地位；另一方面，皇后在册命仪式中自称"臣妾"，意即皇后的后宫独尊之权源于皇帝，皇权的至高无上再次得以凸显。

表 8-6　汉代册命仪式场所统计表

册命仪式种类	地点	文献出处
册拜皇太子	百官会，位定，谒者引皇太子当御坐殿下，北面。	《后汉书·礼仪志中》
册拜诸侯王公	百官会，位定，谒者引光禄勋前。谒者引当拜〔者〕前，当坐伏殿下。	《后汉书·礼仪志中》
册后	皇后初即位章德殿，太尉使持节奉玺绶，天子临轩，百官陪位。	《后汉书·礼仪志中》注引《汉官典职仪式选用》

综上所述，宫廷音乐活动场所从"庙"至"朝"的转变，反映了西周与汉代王权内涵的演变。前者强调祖先崇拜的神圣性内涵，强调统治正当性的亲缘基础；后者将权力重心从宗庙移至朝廷，侧重世俗权力的建构与彰显。这一变化是伴随着血亲纽带缔结而成的国家向一个由中央政体统治管理的国家的转变。

① 郑玄注，孔颖达疏：《礼记正义》，李学勤主编：《十三经注疏》，北京：北京大学出版社，1999 年，第 1624 页。

（二）“君臣之间”：汉代鼓吹乐活动的“无神之域”与皇帝“在场”

如前文所言，与西周之“天下”乃“天帝”下的世界之“天下”观不同，汉代“天下”观的崇“俗”性质更为明显，即侧重“天下一家”与“无不臣者”，“家”与“臣”透露出“天下”这一政治空间场域中对君臣关系的强化。在此观念的统摄下，君臣关系的缔构成为汉代皇帝集团确立皇权至尊地位并扩张其皇权的主要策略与倾向。备受汉代皇帝推崇的新兴乐种鼓吹乐，其活动空间与神无涉，仅面向天下之臣民，成为统治集团形塑世俗皇权的有效媒介之一。

1. 汉代鼓吹乐的用途与皇帝“在场”

汉代，鼓吹乐的用途有三类，即卤簿仪仗、殿庭元会及册后、赏赐。此三类活动无一例外都在皇帝与其臣僚间展开，以强调皇帝与其臣僚之间的支配与从属关系为目的，皇帝是活动场内的唯一主角，拥有至高无上的权力，场内的鼓吹乐是传递此信息的核心介质。

卤簿仪仗。汉制，大驾卤簿与法驾卤簿中设有鼓吹乐，“案大驾卤簿，五校在前，各有鼓吹一部”[①]。“乘舆法驾……后有金钲黄钺，黄门鼓车。”[②] 大驾与法驾仅用于帝（后）的仪式出行。如西汉大驾卤簿用于甘泉、汾阴郊祀，法驾用于天子田猎；东汉唯大丧用大驾，郊天、天子田猎与皇后亲桑用法驾。就甘泉、汾阴郊祀而言，汉武帝时代，国家祭祀改革如火如荼，进入前所未有的整改与创建时期，甘泉泰畤与汾阴后土祠的兴建，是汉武帝创建汉家天地祭礼的重要举措，其打破都城内行国家最高祭礼的传统，采取巡行出游的方式祭祀天地并管理国家众多神祠，不仅通过皇权操控各地祭祀、彰显皇权对祀权的掌握与专断，还将世俗政务纳入巡行途中，如夸耀武力，震慑沿途旁观百姓之类。道路作为此类俗务的仪式场域，与坛场内的通神之域截然不同，道路上的权力中心仅皇帝一人，祭坛

---

① 范晔撰，李贤等注：《后汉书》志第二十七《百官四》注，北京：中华书局，1965年，第3613页。

② 范晔撰，李贤等注：《后汉书》志第二十九《舆服上》，北京：中华书局，1965年，第3649页。

上的皇帝还需凭借沟通天地神灵以彰显权力合法性，皇帝之上（或之外）还有天地神灵。基于此，汉武帝不辞辛苦数次远征，其真实意图昭然若揭，即充分利用道路作为向天下臣民展示世俗皇权至尊之位的绝佳场域。

殿庭元会与册后。元会，即正旦朝会，“正月一日为元日，是日朝会为元会”①。因其有庆贺之意，有别于日常朝会，故又称朝贺。一般认为，“改封建为郡县”始有“元会仪”，“元会仪”是中央集权政体形塑皇帝至尊地位的新兴仪式。已有研究表明，“元会仪”的举行，正是通过确认不同层级的君臣关系以尊崇“皇帝之贵”：朝臣向皇帝行委贽之礼，以示臣服；地方郡国向皇帝行上计礼，以皇帝为代表的中央政府与地方郡国之间的从属关系也再次得以确定；周边其他民族的入贡，更新了中华—“夷狄”之间征服与被征服的关系；同时，皇帝以宴飨赠答臣僚，以期实现君臣关系之和。② 如此看来，此大型仪式充分体现了皇权的无可辩驳性，象征着皇帝对整个宇宙的统治权。

临轩册后，册命礼之一种，先秦没有。伴随中央集权制的确立与巩固，皇权的渗透无孔不入，为进一步强化君尊臣卑之关系，汉代增加了先秦的册命诸侯王礼仪种类，新增册命皇后之礼。中古时代以皇帝为中心制定的国家礼仪中，册后礼是皇帝对皇后崇高地位的初次赋予和认定，具有特殊意义。皇后作为皇帝正妻，在后宫妃嫔中的地位最高，不容僭越，为了突出皇后在后宫的特殊地位，册命礼仪仅施用于后宫之主。值得注意的是，册后礼中皇后“称臣妾”之仪，强调的是其与皇帝之间的君臣关系，意即皇后统摄后宫的权力源于皇帝的授予。

赏赐臣属，是汉代鼓吹乐的重要功用之一。就政治领域的馈赠传统而言，赏赐被定调为君主表彰臣下功绩才能，换取其尽忠报答的行为，是维系君臣关系的重要活动。汉代鼓吹乐，乃帝王专享之物，其作为赏赐，注

---

① 司马光编著，胡三省音注：《资治通鉴》卷一百三《晋纪二十五》，北京：中华书局，1956年，第3265页。

② 参见杨宽：《中国古代都城制度史研究》，上海：上海古籍出版社，1993年。渡边信一郎：《元会的建构——中国古代帝国的朝政与礼仪》，见沟口雄三、小岛毅主编，孙歌等译：《中国的思维世界》，南京：江苏人民出版社，2006年，第363~409页。

重的是公领域的意义，即传达皇帝获得臣下忠诚的期望，提高臣下贡献己能的意愿，同时鼓励旁观者见贤思齐。作为君权与君恩的象征，鼓吹乐赏赐在巩固君臣关系的同时，无疑扩展了皇帝“在场”的辐射范围，使宫廷内的帝王形象传至宫廷外，有效增加了于宫墙之外的城市、街道、府邸乃至边疆异域宣扬皇权的管道。

综观以上三类用途不难发现，汉代鼓吹乐，或作为皇家仪仗，见于天子出行的卤簿中；或作为一种音乐，缭绕于天子燕飨群臣的宴席上；或作为一种恩惠，赏赐于钟爱之宠臣；或作为一种武力威慑，置于边疆异域。总而言之，与神无涉之鼓吹乐，作为皇帝专享物件，被用于各种建构君臣关系的世俗活动中。无论是天子给赐臣属用鼓吹，还是天子飨宴群臣或册后用鼓吹，抑或是天子出行途中用鼓吹，无一例外是为了让臣民感受汉朝皇帝的无上威仪，汉代皇帝借由鼓吹乐彰显世俗王权的用意显而易见。

2. 黄门鼓吹之“黄门”与皇帝“在场”

“黄门”，不仅是隶属少府的官署名称，也有“宫禁之中”之义。杜佑《通典·职官志》：“凡禁门黄闼，故号黄门。”[①] 作为官署的“黄门”与“禁中”关系密切。“禁中”是指皇帝起居之所，皇帝私密性空间的核心，仅限皇帝最亲近之人进出。蔡邕《独断》载“汉天子正号曰皇帝……所居曰禁中，后曰省中”，“禁中者，门户有禁，非侍御者不得入，故曰禁中”。[②] 从“黄门”与“禁中”的关系推测，黄门职官与皇帝亲近关系可见一斑。汉代职官中有“黄门”二字的官员是贴身侍奉皇帝之人，与皇帝十分亲近。“诏罢黄门乘舆狗马”，颜师古注曰：“黄门，近署也，故亲幸之物属焉。”[③] “察群臣唯光任大重，可属社稷。上乃使黄门画者画周公负成王朝诸侯以赐光。”颜师古注曰：“黄门之署，职任亲近，以供天子，百

---

① 杜佑著，王文锦等点校：《通典》卷第二十一《职官志》，北京：中华书局，1988年，第549页。

② 蔡邕：《独断》（卷上），北京：中华书局，1985年，第1、3页。

③ 班固著，颜师古注：《汉书》卷九《元帝纪》，北京：中华书局，1962年，第281、282页。

物在焉，故亦有画工。”①

“黄门鼓吹”，是指由黄门乐人表演的鼓吹乐。从皇帝与黄门职官的关系可知，黄门乐人表演的鼓吹乐，定与皇帝（后）亲临的活动有关。详见下表。

表 8-7　汉代“黄门鼓吹”统计表

	黄门鼓吹使用场合	文献出处
西汉	“汉朝舆驾祠甘泉汾阴，备千乘万骑，太仆执辔，大将军陪乘，名为大驾。……黄门前部鼓吹（注曰：左右各一部，十三人，驾四。）”	《西京杂记》卷第五《甘泉卤簿》
东汉	“永平七年，阴太后崩，晏驾诏曰：‘柩将发于殿，群臣百官陪位，黄门鼓吹三通，鸣钟鼓，天子举哀。’”	《后汉书·礼仪志下》注引丁孚《汉仪》
	“皇后初即位章德殿，太尉使持节奉玺绶，天子临轩，百官陪位。……皇后伏，起拜，称臣妾。讫，黄门鼓吹三通。”	《后汉书·礼仪志中》注引蔡质《汉官典职仪式选用》
	“正月旦，天子幸德阳殿，临轩。公、卿、将、大夫、百官各陪〔位〕朝贺。……小黄门吹三通，谒者引公卿群臣以次拜，微行出。”	《后汉书·礼仪志中》注引蔡质《汉仪》
	“顺帝永和元年，其王来朝京师，帝作黄门鼓吹、角抵戏以遣之。”	《后汉书·夫余列传》
	“三曰《黄门鼓吹》，天子所以宴乐群臣。”	《后汉书·礼仪志中》注引蔡邕《礼乐志》
	“乘舆法驾……后有金钲黄钺，黄门鼓车。”	《后汉书·舆服志》
	“皇后帅公卿诸侯夫人蚕”；“皇后出……置虎贲、羽林骑、戎头、黄门鼓吹，五帝车……”	《后汉书·礼仪志上》及注引丁孚《汉仪》

由表 8-7 可看出，但凡使用“黄门鼓吹”的仪式场合，皆有帝（后）

① 班固著，颜师古注：《汉书》卷六十八《霍光金日磾传》，北京：中华书局，1962年，第 2932 页。

亲临。上表还显示，从西汉到东汉，黄门鼓吹乐的仪式场域明显增多。西汉，“黄门鼓吹”仅用于皇帝亲祭天地的卤簿仪仗中，至东汉，太后丧葬、天子册后、正旦朝贺、遣送藩王、宴乐群臣、天子郊祀天地明堂及田猎的出行卤簿、皇后即位等活动中都有“黄门鼓吹”。“黄门鼓吹”的使用场合在东汉逐渐增多，这与其时频繁的鼓吹赏赐有关，实是为了借“黄门”乐人表演的鼓吹乐对皇帝专用鼓吹与赏赐给臣僚用的鼓吹进行区辨，其凸显王权独尊的目的十分明确。

从历史角度看，与鼓吹乐相关的仪式场域，多是汉代新增，如帝王出行、殿庭朝贺、天子册后、皇帝大行等，可以说，作为汉代新兴乐种，鼓吹乐的出现与广泛施用，实是满足宫廷新增仪式场域之需，且此类仪式的共通之处在于“尚不给予神祇”。鼓吹乐仪式场域的非宗教性，归因于汉代集权政体对皇权世俗性的推崇，具体表现为：其一，西周至汉代“天下观”的演变，透露出王权“宗教”性内涵的消减以及世俗性的强化；其二，以殿庭为主要活动场所的鼓吹乐，使郊庙兆域中天地/先祖神灵—皇帝—臣民的层级关系转变为皇帝—臣民，汉代鼓吹乐从物质空间（殿庭）与关系空间（君臣）两个维度强化集权政体对世俗皇权的推崇。

第三节　从“内外”到“上下”：汉代鼓吹乐与王朝郡县的建制

本节主要围绕西周至汉代宫廷朝礼的演变，讨论宗法封建制与中央郡县制对君臣关系的不同侧重面，继而剖析汉代鼓吹乐仪式场域中对“上下”君臣关系的强调，讨论汉代鼓吹乐参与中央集权王朝君臣关系建构的方式与途径。

一、“内外”与“上下”：从“封建”到“郡县”的君臣关系之演变

（一）“封建”与“郡县”治下的君臣关系

西周的君臣关系，以周王与诸侯的关系为主。周王与诸侯的关系，首

先体现为地域布局上的“内”“外”之别。周王“分土建侯”后，邦国并立。周邦与诸侯邦国在地域上呈现出“中心”与“四方”的布局：以“周邦”为中心，向外依次是诸侯、方国、“蛮夷”之属。其次，“内”“外”之别还体现在权力范围上。受封诸侯在封国内是一国之君、一家之主，享有最高权力。尽管这种权力源于周王的册命封赐，但拥有权力后的国君与周王之间更多的是“友邦”关系或“兄弟”关系，并非后世的臣属关系。《尚书·梓材》曰：“今王惟曰，先王既勤用明德，怀为夹，庶邦享，作兄弟，方来。”[①] 因此，“国”与“国”之间界限分明，“内”“外”区隔划分甚为明晰。因“内外”有别，故有宾主之礼。维系这种“内外”关系的主要途径是朝聘之礼。朝聘礼的实质，是宾主之仪。正如唐杜佑《通典》卷七十四《礼志》所云：“自古至周，天下封建，故盛朝聘之礼，重宾主之仪，天子诸侯，卿大夫士，礼数服章，皆降杀以两。”[②] 体现宾主之仪的朝聘礼，其目的在于“协诸侯之好”，“是以周制朝宗聘眺之礼，协天下之事，以结诸侯之好”。[③] 由此可见，周王与诸侯之间并非纯粹的上下臣属关系。这种君臣关系应归因于分封制度的基础——血缘。成周是王室宗族的基地，诸侯国的都城由周王分封的宗室和功臣建立，诸侯王与周王作为同宗成员，他们之间共同的血缘关系使封国与成周之间形成平面上的权力延伸，即从中央到外围的扩张。

自秦统一六国，一种全新的政治制度——由皇帝专制的“郡县制”开始在全国推行。《史记·秦始皇本纪》：“分天下以为三十六郡，郡置守、尉、监。”[④]《史记·商君列传》：“集小乡邑聚为县，置令、丞，凡三十一县。”[⑤] 郡、县的行政和军事权力，都控制在皇帝手中，皇帝直接任免郡、

---

① 孔安国传，孔颖达疏：《尚书正义》，李学勤主编：《十三经注疏》，北京：北京大学出版社，1999年，第387页。

② 杜佑著，王文锦等点校：《通典》卷七十四《礼志·宾礼一》，北京：中华书局，1988年，第2015页。

③ 杜佑著，王文锦等点校：《通典》卷七十四《礼志·宾礼一》，北京：中华书局，1988年，第2025页。

④ 司马迁：《史记》卷六《秦始皇本纪》，北京：中华书局，1959年，第239页。

⑤ 司马迁：《史记》卷六十八《商君列传》，北京：中华书局，1959年，第2232页。

县长官，并加以考核。郡县制度的建立，是以集中皇帝的权力为目的的。“秦皇帝荡平九国，宇内一家，以田氏篡齐，六卿分晋，由是臣强君弱，终成上替下凌，所以尊君抑臣，列置郡县，易于临统，便俗适时。”[①] 汉承秦制，历经汉景帝的削藩、汉武帝的推恩令，“诸侯”逐渐名存实亡，与郡县同为汉王朝的地方政权单位。至此，在“天下一家”的政治体制中，国与国的界限荡然无存，朝聘“郊劳”之礼失去了意义。殷周以前，天子有迎劳飨燕诸侯之礼。至秦罢侯置守，无复古仪。地方郡县官长直接受命于皇帝，权力收归中央。天下所有臣僚与天子之间的关系得以统一，一律成为臣属关系。汉代郡县制下的“中央”与“地方”，直接呈现出臣属间的上下关系。

君臣关系的确立与维系直接影响整个社会管理体制的正常运作，故而尤为重要。从西周以来，君臣关系的缔结不仅需要通过某种仪式来缔结，如“册命委质”，而且不同性质的臣属关系还依赖于出席不同仪式场合的规定予以彰显与维持，如：“常朝”之“治朝”属周天子与王畿之内臣属间的议政朝会之所，王畿之外的诸侯不在其间；天子与诸侯间主要依赖“以宾礼亲邦国”之“朝聘”来维系。至汉代，这种观念得以延续，落实到实践层面，则与西周社会呈现出诸多不同。最典型的变化主要体现在“朝贺”这种新礼仪的产生。

（二）从“朝会”“朝聘”到“正旦朝贺”：礼仪中的“内外”与“上下”

自西周以来，“朝”有两类：“朝会”与“朝聘”。“朝会”是天子处理国内政务的礼仪，“朝聘”作为“亲邦国”之礼主要涉及对外关系的处理，如天子与诸侯。此两类礼仪所处理的事务，就已体现出“内”（国内政务）、“外”（国外政务）之别。西周时期“朝会”中的“常朝”（又称“内朝”）与“非常朝”（又称“外朝”），更是通过礼仪参与者的规定彰显出“内”“外”之别。至汉代，尽管“朝会”与“朝聘”仍然有区隔“内

---

① 杜佑著，王文锦等点校：《通典》卷第七十四《礼志·宾礼一》，北京：中华书局，1988年，第2015页。

外”的含义，新产生的“正旦朝贺”礼则将“内外”消于无形之中，代之以“上下”。

1.“朝会”与“朝聘”中的“内”“外”之别

西周，天子之朝因宫城“五门”布局而形成“四朝”之制。“五门”由内至外分别是路门、应门、雉门、库门、皋门。“四朝”分别是：路门之内的路寝称“内朝”或“燕朝”；路门之外、应门之内称“中朝”或“治朝”；雉门之外、库门之内称“询事之朝”；库门之外、皋门之内称“外朝”。依据是否为“常治事之朝”的标准，此“四朝”可分为“常朝”与“非常朝”两类。其中，“常朝”包括“燕朝”与“治朝”，又可统称为“内朝”；“非常朝”是指“询事之朝”与“外朝”，可统称为“外朝”。①

“内朝”与“外朝”的区别，除了场所距离王宫的远近不同，更为关键的区别是：二朝礼仪通过仪式参与者的规定彰显出两类不同性质的君臣关系。在西周，天子与臣的关系按地域可分为两大类：一类是天子与王畿之内的王臣；一类是天子与王畿之外的诸侯王。其中，王畿之内的王臣又有“内臣”与“外臣”之分。这些都在“内朝”与“外朝”中有所体现。《通典》卷七十五“天子朝位”就“四朝”朝位发表不同看法如下：

所以每朝列位所向不同者，皆以事异，故变其位。三公之位常北

---

① 《通典》卷七十五“天子朝位”将“外朝”分为“询事之朝”与“外朝”，雉门之外、库门之内曰“询事之朝”；库门之外、皋门之内称“外朝”。（杜佑著，王文锦等点校：《通典》卷第七十五《礼志·宾礼二》，北京：中华书局，1988年，第2039～2040页。）《周礼》认为“外朝”就是“询事之朝”，即雉门之外之朝。《周礼》：“小司寇之职，掌外朝之政，以致万民而询焉。一曰询国危，二曰询国迁，三曰询立君。”郑玄注曰：“外朝，朝在雉门之外者也。”贾公彦疏曰：“周天子诸侯皆有三朝，外朝一，内朝二。内朝之在路门内者，或谓之燕朝。”“天子外朝一者，即朝士所掌者是也。内朝二者，司士所掌正朝，大仆所掌路寝朝，是二也。”“内朝二，路门外与路寝庭是也；外朝一，此朝在皋门内、库门外是也。”本文以为，“燕朝”与“治朝”之所以能统称为“内朝”，应与其“常朝”的性质有关。“外朝”，贾公彦疏曰：“外朝在库门外，其事希简，非常治政之所。此云治朝，是常治事之朝。”（郑玄注，贾公彦疏：《周礼注疏》，李学勤主编：《十三经注疏》，北京：北京大学出版社，1999年，第912、937、938、889、64页。）

面不变者，以三公内臣，位尊，故屈之使常北面。其余诸侯孤卿大夫，皆以地道尊右，故尊者东面，卑者西面，是以于外朝之时，诸侯东面，尊于孤卿也。故于内朝，孤卿东面，尊于卿大夫也，时亦无诸侯故也。唯询事之朝，非常朝之限，故不与三朝同。或云客有诸侯之位，故孤卿在东也。①

其中主要论及两类参与者：一类是三公，一类是诸侯、孤卿、卿大夫。三公之仪位在各朝中都是一致，“常北面不变”，因其为“内臣”而“位尊”。至于诸侯、孤卿、卿大夫的仪位，则因诸侯是否参与而有所不同：“外朝”有诸侯，诸侯尊于孤卿与卿大夫，故而诸侯“东面”；“内朝”无诸侯，则孤卿“东面”，因其“尊于卿大夫”。不难看出，其中涉及的“内外”之别主要体现在如下两个方面：

第一，“内臣”与“外臣”。朝礼中的“内臣”是指三公，因其尊于其他所有臣僚，故而在朝礼中通过仪位的“常北面不变”予以体现。第二，“王畿之内”与“王畿之外”。在朝礼中，三公、孤卿、卿大夫属于“王畿之内”的臣僚，而诸侯属于“王畿之外”的臣僚。“王畿之内”的臣僚既能参与“内朝”之事，也能出席“外朝”之礼②，诸侯作为“王畿之外”的臣属，则无“内朝”之事。

---

① 杜佑著，王文锦等点校：《通典》卷第七十五《礼志·宾礼二》，北京：中华书局，1988年，第2041~2042页。

② 关于内朝之“治朝”参与者，《周礼·夏官·司士》曰：“正朝仪之位，辨其贵贱之等。王南乡；三公北面东上；孤东面北上；卿大夫西面北上；王族故士、虎士在路门之右，南面东上；大仆、大右、大仆从者在路门之左，南面西上。”（郑玄注，贾公彦疏：《周礼注疏》，李学勤主编：《十三经注疏》，北京：北京大学出版社，1999年，第815页。）关于内朝之“燕朝”参与者，《通典》卷七十五“天子朝位”曰：“燕朝者，路寝之朝。群公以下，常日于此朝见君，位其位，太仆掌之。初入之时，亦门右，北面东上。王揖之，三公则阶前北面东上；孤东面，卿大夫西面，皆北上；士则门外之西，北面东上。”（杜佑撰，王文锦等点校：《通典》卷第七十五《礼志·宾礼二》，北京：中华书局，1988年，第2041页。）关于“外朝”参与者，《周礼·秋官·朝士》曰：“左九棘，孤卿大夫位焉，群士在其后。右九棘，公侯伯子男位焉，群吏在其后。面三槐，三公位焉，州长众庶在其后。左嘉石，平罢民焉。右肺石，达穷民焉。”（郑玄注，贾公彦疏：《周礼注疏》，李学勤主编：《十三经注疏》，北京：北京大学出版社，1999年，第936~937页。）

由上可知，周天子通过“内朝”与“外朝”将内臣与外臣之尊卑、王畿之内与王畿之外臣僚的区别彰显得一览无余。这也同时反映了“内”“外”之别对于西周社会的重要性。

汉代也有“常朝”与“朝聘”，但二者间的“内”“外”之别，其性质与西周有所不同。汉代对“常朝”参与者的规定是较为严格的。李俊方《汉代常朝制度考析》一文通过文献分析指出，“常朝参加者必须是朝臣”①。日本学者大庭脩著《秦汉法制史研究》将朝臣界定为“在京师当朝执勤的官员”，并指出朝臣的身份是可以转变的，即使是中朝首领，倘若不在京师当朝执勤，也应视为非朝臣。② 也就是说，“是否在京师”是区分朝臣与非朝臣的首要标准。至于“朝聘”，尽管仍然是针对“诸侯”，但汉代至武帝时，“诸侯”名存实亡，已经成为汉王朝的地方政权单位，“诸侯朝聘天子”已经不再是西周时期国与国间的关系往来，而是中央与地方的关系性质。

从这一角度来看，尽管“常朝”针对的是京城之内的朝臣，“朝聘”针对的是京城之外的诸侯，但“内”“外”之别的性质仅仅是地域差异而已。西周时期的“内”“外”尽管也含有地域的因素，但其地域上的“内”“外”是依据血缘亲疏关系而定的。

2. 汉代“正旦朝贺”中的“上”与“下”

“正旦朝贺”是始于秦汉之际的一种朝仪。清人秦蕙田《五礼通考》将之归为“嘉礼”，并与“常朝”统称为“朝礼”：“古者有朝觐之礼无朝贺之文。秦改封建为郡县，始有朝十月之礼。汉叔孙通起朝仪，其制始详。大朝会实始于此。”③ 文献明确指出，秦汉的朝贺之礼是郡县制的产物。推行郡县制的根本动机与目的，是将地方的各种权力收拢至天子从而

---

① 李俊方：《汉代常朝制度考析》，《信阳师范学院学报（哲学社会科学版）》，2008年第2期。

② 大庭脩著，林剑鸣等译：《秦汉法制史研究》，上海：上海人民出版社，1991年，第243页。

③ 秦蕙田：《五礼通考》卷一百三十六《嘉礼九》，《景印文渊阁四库全书》第138册，台北：商务印书馆，1986年，第183页。

拱卫天子权力的至高无上与独一无二，是秦汉统治者实践“天下一家”“普天王臣”政治理念的具体举措。

“正旦朝贺”，即在岁首元日举行的朝贺。《后汉书 · 礼仪志》云：“每岁首〔正月〕，为大朝受贺。”[①] 蔡质《汉仪》云：“正月旦，天子幸德阳殿，临轩。”“正旦元日”作为朝贺的时间，足以说明此礼是统治者最为重视的“大朝”。这一天集“岁月日三者之始”[②]，是古人最为重视的一天。从时间上看，朝贺定于岁首自高祖十一年始就已形成定制。[③] 从参与者来看，朝贺礼在高祖之后经历了重要变化。

高祖七年（前200）首次举行的朝贺，参加者仅限于诸侯王以下、六百石以上的高级官吏。《汉书 · 叔孙通传》载曰：“汉七年，长乐宫成，诸侯群臣朝十月。仪：先平明，谒者治礼，引以次入殿门……功臣列侯诸将军军吏以次陈西方，东乡；文官丞相以下陈东方，西乡。大行设九宾，胪句传。于是皇帝辇出房，百官执戟传警，引诸侯王以下至吏六百石以次奉贺。自诸侯王以下莫不震恐肃敬。至礼毕，尽伏，置法酒。诸侍坐殿上皆伏抑首，以尊卑次起上寿。”[④]

宣帝以前，史料多载诸侯、大臣、“蛮夷王侯君长”岁首朝贺，但匈奴等新“番”并未参与。至宣帝甘露二年（前52），“匈奴呼韩邪单于款五原塞，愿奉国珍朝……”[⑤]，“番邦”参与岁首朝贺自此始。之后，宣帝

---

① 范晔撰，李贤等注：《后汉书》志第五《礼仪中》，北京：中华书局，1965年，第3130页。

② 《汉书 · 谷永传》“三朝之会”注云：“岁月日三者之始，故云三朝。”见班固著，颜师古注：《汉书》卷八十五《谷永杜邺传》，北京：中华书局，1962年，第3469页。

③ 高祖时，承袭秦制以十月为岁首，故朝贺为“朝十月”。《汉书 · 高帝纪》：“令诸侯王、通侯常以十月朝献。”（班固著，颜师古注：《汉书》卷一下《高帝纪下》，北京：中华书局，1962年，第70页。）至汉武帝依正月为岁首后，朝贺则于正月朔举行，但十月朝仍然保留。“至于十月朔，犹常享会。”也就是说，自汉武帝始，汉王朝在正月元日举行朝贺，仪式极为隆重；十月再行享会，但规模不大。

④ 班固著，颜师古注：《汉书》卷四十三《郦陆朱刘叔孙传》，北京：中华书局，1962年，第2127~2128页。

⑤ 班固著，颜师古注：《汉书》卷八《宣帝纪》，北京：中华书局，1962年，第270页。

黄龙元年（前49）、元帝竟宁元年（前33）、成帝河平四年（前25）、哀帝元寿二年，匈奴单于皆参与朝贺。至东汉，藩国朝贺已成为定例。

东汉时期的朝贺礼，大致沿袭西汉宣帝时的礼仪。《后汉书·礼仪志》及刘昭注引蔡质《汉仪》对其内容有如下记述：

> 每岁首〔正月〕，为大朝受贺。其仪：夜漏未尽七刻，钟鸣，受贺。及贽，公、侯璧，中二千石、二千石羔，千石、六百石雁，四百石以下雉。百官贺正月。二千石以上上殿称万岁。举觞御坐前。司空奉羹，大司农奉饭，奏食举之乐。百官受赐宴飨，大作乐。
>
> 正月旦，天子幸德阳殿，临轩。公、卿、将、大夫、百官各陪〔位〕朝贺。蛮、貊、胡、羌朝贡毕，见属郡计吏，皆〔陛〕觐，庭燎。宗室诸刘〔亲〕会，万人以上，立西面。位既定，上寿。〔郡〕计吏中庭北面立，太官上食，赐群臣酒食，〔西入东出〕。御史四人执法殿下，虎贲、羽林〔张〕弓〔挟〕矢，陛戟左右，戎头偪胫陪前向后，左右中郎将〔位〕东〔南〕，羽林、虎贲将〔位〕东北，五官将〔位〕中央，悉坐就赐。……谒者引公卿群臣以次拜，微行出，罢。卑官在前，尊官在后。德阳殿周旋容万人。陛高二丈，皆文石作坛。激沼水于殿下。画屋朱梁，玉陛金柱，刻镂作宫掖之好，厕以青翡翠，一柱三带，韬以赤缇。天子正旦节，会朝百僚于此。自到偃师，去宫四十三里，望朱雀五阙、德阳，其上郁律与天连。①

文献表明，自西汉宣帝后至东汉，正旦朝贺参与者相对高祖时已有很大扩充，多至上万人。其中包括百官、诸侯、“四夷”、郡国计吏、宗室等。这些参与者大致可分为四类：三公为首的中央官僚、诸侯及郡国计吏为代表的地方官员、“四夷”为代表的周边民族以及刘氏宗亲。

显然，皇帝通过正旦朝贺将中央官僚、地方郡吏及周边民族、刘氏宗

---

① 范晔撰，李贤等注：《后汉书》志第五《礼仪中》，北京：中华书局，1965年，第3130、3131页。

亲齐聚一堂，首先从空间上已经消除了中央与地方、汉族与其他民族、刘氏与非刘氏之间的“内”“外”之别，继而通过“献贽”之礼凸显与强化臣属与天子之间的“下”“上”之别，并且“献贽”之礼的内容规范再次彰显出臣属间的“上下”之别。

总而言之，汉代君臣之间的关系尽管仍然由“常朝”与“朝聘”区分“内”“外”，但在“正旦朝贺”中，中央官僚、地方郡吏乃至“外藩”民族齐聚一堂并在同一场合内向皇帝称臣贺寿，此时的“内”“外”之别荡然无存，只有皇帝与天下臣民之间的“上”“下”之别以及“委贽”礼中凸显出的臣僚间的“上”“下”之别。

二、汉代鼓吹乐仪式场域中的“上”与“下”

伴随西周封建邦国制至秦汉大一统郡县制的社会转型，君臣关系中的“内外”之别逐渐被“上下”之别所替代，参与权力表达及秩序建构的宫廷礼仪也随之发生变化。频繁施用于各类礼仪活动的鼓吹乐，作为政治社会变动的具体表现“符号”之一，亦介入这一历史时期君臣关系的建构。

（一）“黄门鼓吹三通”之仪与君臣“上”“下”关系的建构

汉代国家新增用乐仪式中，常见“黄门鼓吹三通”之仪。如天子朝贺典礼、天子册后典礼、天子举哀发丧典礼：

> （天子朝贺）正月旦，天子幸德阳殿，临轩。公、卿、将、大夫、百官各陪〔位〕朝贺。……钟磬并作，〔倡〕乐毕，作鱼龙曼延。小黄门吹三通，谒者引公卿群臣以次拜，微行出，罢。卑官在前，尊官在后。[①]

> （天子册后）皇后初即位章德殿，太尉使持节奉玺绶，天子临轩，

① 范晔撰，李贤等注：《后汉书》志第五《礼仪中》刘昭注引蔡质《汉仪》，北京：中华书局，1965 年，第 3131 页。

百官陪位。……皇后伏，起拜，称臣妾。讫，黄门鼓吹三通。鸣鼓毕，群臣以次出。后即位，大赦天下。皇后秩比国王，即位威仪，赤绂玉玺。[1]

（天子举哀发丧）永平七年，阴太后崩，晏驾诏曰："柩将发于殿，群臣百官陪位，黄门鼓吹三通，鸣钟鼓，天子举哀。"[2]

上述三段引文分别描述了三种活动场景。其中，关于在场者的描述较为一致。朝贺礼中有天子、公、卿、将、大夫、百官、谒者、群臣，册后礼中是皇后、太尉、天子、百官、群臣，大丧礼中是群臣百官与天子。由参与者的身份可知，上述三类设有"黄门鼓吹三通"之仪的典礼活动，并无"神灵"降临，自始至终都在君臣之间展开，此时，皇帝乃礼仪活动中的权威之最，且无需凭借己身与"神灵"的沟通礼仪来树立至高无上之威权。权威的彰显与建构，在天子与群臣的仪式行为中进行。

典礼中，"黄门鼓吹三通"的功能性并不在音乐本身，仪式参与者的关注点也不在音乐的表现形式。以上三种典礼中黄门鼓吹的功能与意义主要有二：

其一，为了辅助仪式的完成，不具有观赏性，只是在仪式中起到一种引导的作用，维持仪式程序的衔接与递进。朝贺与册后典礼中，"黄门鼓吹三通"暗示整个仪式的结束，提示臣僚按照尊卑秩序退出殿庭；举哀发丧典礼，"黄门鼓吹三通"提示天子举哀之仪的开始。

其二，象征权力与尊威，宣扬"威""忠"等观念。"黄门鼓吹"作为鼓吹之一，"黄门"是这类鼓吹的标志性特征。"黄门"，不仅是隶属少府的官署名称，也有"宫禁之中"之义。杜佑《通典·职官志》："凡禁

---

① 范晔撰，李贤等注：《后汉书》志第五《礼仪中》刘昭注引《汉官典职仪式选用》，北京：中华书局，1965年，第3122页。

② 范晔撰，李贤等注：《后汉书》志第六《礼仪下》刘昭注引丁孚《汉仪》，北京：中华书局，1965年，第3151页。

门黄闼，故号黄门。”[①] 可知，作为官署的“黄门”与“禁中”关系密切。“禁中”是指皇帝起居之所，是皇帝私密性空间的核心，只有皇帝最亲近之人才得以进出。蔡邕《独断》载：“汉天子正号曰皇帝……所居曰禁中，后曰省中”，“禁中者，门户有禁，非侍御者不得入，故曰禁中”。[②] 从“黄门”与“禁中”的关系不难看出，黄门职官与皇帝亲近关系非同寻常。且汉代职官中有“黄门”二字的官员是皇帝贴身侍奉之人，与皇帝非常亲近。[③]“黄门鼓吹”，顾名思义，是指由黄门乐人表演的鼓吹乐。进而言之，“黄门鼓吹”是专供皇帝（后）使用的鼓吹品类，是天子的专用之物。那么，在典礼中借由“黄门鼓吹三通”之仪树立天子尊威之象、象征天子权力的用意可想而知。

（二）鼓吹赏赐后的“鼓吹”与“黄门鼓吹”：君“上”与臣“下”的身份区辨

据载，西汉一朝赏赐鼓吹仅两次，都是汉武帝之举。《太平御览》卷五六七引《晋中兴书》：“汉武时南平百越，始置交阯、九真、日南、合浦、南海、郁林、苍梧，凡七郡，立交阯刺史。以州边远，山越不宾，宜加威重，故刺史辄假节，七郡皆加鼓吹。”[④]《后汉书·东夷传》：“武帝……以高句骊为县，使属玄菟，赐鼓吹伎人。”[⑤]

西汉时期被载入史册的两次鼓吹赏赐，都是汉武帝将边疆地区收为大汉郡县、重构臣属关系的重要举措之一。此举彻底改写了武帝时期中央王朝与南越、朝鲜的关系。汉武帝之前，南越、朝鲜皆是汉朝之“藩臣”或“外臣”。之所以称“外臣”，原因之一是“藩属关系建立后，两个政权的统治区域、统治体系并没有受到任何干扰，甚至可以说西汉王朝对两个政

① 杜佑著，王文锦等点校：《通典》卷第二十一《职官志》，北京：中华书局，1988年，第549页。

② 蔡邕：《独断》（卷上），北京：中华书局，1985年，第1、3页。

③ 陈维昭：《汉代“黄门”考》，《南京师大学报（社会科学版）》，2010年第3期。

④ 李昉等：《太平御览》卷五百六十七《乐部五》，上海：上海古籍出版社，2008年，第294页。

⑤ 范晔撰，李贤等注：《后汉书》卷八十五《东夷列传》，北京：中华书局，1965年，第2813、2814页。

权在政治上的领属关系名义上的意义更大”[①]。也就是说，尽管南越与朝鲜对中央王朝俯首称“臣”，却只是“名义上”的，实际上，他们作为“臣”的地位和享有的权力远高于汉朝的诸侯王，“这些政权与汉族内部诸侯王和西汉王朝皇帝的关系存在明显的差别”[②]。汉武帝即位后，在武力征伐的基础上，通过推进对南越、朝鲜等藩属地区的郡县统治，使南越、朝鲜成为接受中央王朝直接统治的臣民，彻底改变了“名义上”的统治局势，进而坐实了南越、朝鲜对中央王朝的“臣属”关系。

南越、朝鲜变为郡县后，汉武帝在此设置郡县长官与刺史。对于这些新归属的“以州边远，山越不宾”的边远辖区，如何有效地强化中央与地方之间的君臣关系，加强朝廷对边地的镇抚？汉武帝采取的措施是“加（赐）鼓吹”。因为，西汉时期的“鼓吹”，是天子专属之物，作为一种符号，它象征着皇权，在庶民眼中，鼓吹如同尚方宝剑，代表着皇帝本人。将代表皇帝、象征皇权的鼓吹赐于远离中原的偏远辖区，可以实现“宜加威重”的治理目的。

由此可见，西汉鼓吹赏赐并非皇帝对个人的赏赐，而是针对已被“内地化”的其他民族。在他们日常生活的边远辖区，象征皇权、象征天子的“鼓吹”符号，时刻向他们传递着一种信息，强化着他们与大汉皇帝之间的臣属关系。

西汉皇帝尤其是汉武帝之后，将“鼓吹”塑造为天子专属之物——黄门鼓吹，朝廷对鼓吹严格管控，对擅用鼓吹的大臣，一律严惩不贷。

“黄门鼓吹”，西汉文献记载甚少，常为人所提及的有《西京杂记》卷五：“汉朝舆驾祠甘泉汾阴，备千乘万骑，太仆执辔，大将军陪乘，名为大驾。……黄门前部鼓吹（注曰：左右各一部，十三人，驾四。）”[③] 此记载应是汉武帝朝事，由此我们知道汉武帝时已有“黄门鼓吹”，并且用

---

① 李大龙：《西汉王朝藩属体制的建立和维系》，《学习与探索》，2005年第3期。

② 李大龙：《西汉王朝藩属体制的建立和维系》，《学习与探索》，2005年第3期。

③ 葛洪撰，周天游校注：《西京杂记》，西安：三秦出版社，2006年，第219～222页。

作皇帝的郊祀卤簿仪仗。此外，史丹向汉元帝谏言时曾提及黄门鼓吹乐人。“凡所谓材者，敏而好学，温故知新，皇太子是也。若乃器人于丝竹鼓鼙之间，则是陈惠、李微高于匡衡，可相国也。”服虔注曰：“（陈、李）二人皆黄门鼓吹也。”[①] 这里提到的陈惠与李微，是黄门鼓吹乐人，是“丝竹鼓鼙”的演奏能手。由此可知，西汉时期的黄门鼓吹乐，既用于郊祀卤簿仪仗，也用于怡情悦性。无论如何使用，其“黄门”标签已向世人昭告：此乃皇帝专属之物。

至于大臣擅自用鼓吹遭严惩的事例，文献记载有二。一是汉昭帝时期的韩延寿，另一个就是汉废帝刘贺。《汉书·韩延寿传》：“延寿在东郡时……衣黄纨方领，驾四马，傅总，建幢棨，植羽葆，鼓车歌车。”孟康注“鼓车歌车”云：“如今郊驾时车上鼓吹也。”[②]《汉书·霍光传》：“召内泰壹宗庙乐人辇道牟首，鼓吹歌舞，悉奏众乐。……召皇太后御小马车，使官奴骑乘，游戏掖庭中。与孝昭皇帝宫人蒙等淫乱，诏掖庭令敢泄言要斩。”[③] 汉昭帝时，韩延寿因僭位越分而被处以弃市之刑，其罪状之一即擅自用鼓吹。昌邑王刘贺继承帝位仅 27 天，就因荒淫无度而被废，弹劾其荒淫无度的奏折中，擅自用鼓吹也被视为罪状之一。

综观可知，汉代“鼓吹赏赐”以及“黄门鼓吹”帝王专享性的强化，展现了鼓吹乐参与权力塑造、身份建构的政治运作的具体过程。西汉中期，随着车服制度的逐渐完善，鼓吹乐成为天子的专属物件：皇帝频繁使用“鼓吹”的同时，严格控制和禁止臣下擅自用“鼓吹”，有效强化了“鼓吹”的专属性质，塑造了“鼓吹”作为王权之象征的社会形象。

---

① 见班固著，颜师古注：《汉书》卷八十二《璃史丹傅喜传》，北京：中华书局，1962 年，第 3376~3377 页。同卷亦载：“建昭之间，元帝被疾，不亲政事，留好音乐。或置鼙鼓殿下，天子自临轩槛上，隤铜丸以擿鼓，声中严鼓之节。后宫及左右习知音者莫能为，而定陶王亦能之，上数称其材。丹进曰：‘……’于是上嘿然而笑。”

② 班固著，颜师古注：《汉书》卷七十六《赵尹韩张两王传》，北京：中华书局，1962 年，第 3214、3215 页。

③ 班固著，颜师古注：《汉书》卷六十八《霍光金日磾传》，北京：中华书局，1962 年，第 2940~2941 页。

第四节 “忠君”：汉代鼓吹乐与王朝伦理建构

一、“忠君”：汉代集权专制政体的国家意识形态

“忠”，最初作为一种社会伦理观念，其内涵并未局限于忠君，西周至春秋时代亦有广泛涵义。秦汉以降，随着中央集权专制的不断强化，“忠”逐渐限定于君臣关系的范畴之中，“忠君”成为“忠”的核心内涵。

（一）汉以前“忠”观念的演变

在先秦尤其是春秋战国之际，作为政治文化体系中的重要概念，“忠”观念被普遍重视，其内涵与原初义并不完全一致，且内容较为丰富并有所变化。

“忠”在春秋之际，内涵比较丰富。其一，将“忠”视为较为宽泛的社会道德。尤其是视“忠”为君子应当具有的修养：“君子有九思：……貌思恭，言思忠，事思敬……”[①]；亦有将“忠”作为处理社会人际平等关系的道德准则：“子贡问友。子曰：‘忠告而善道之，不可则止，毋自辱焉。’”[②]“爱之，能勿劳乎？忠焉，能勿诲乎？”[③]“夫子之道，忠恕而已矣。”[④]其二，将“忠”视为美德，多指政治品性。如“忠为令德”，“忠，德之正也”。“其为吾先君谋也，则忠。忠，社稷之固也，所盖所矣。”[⑤]

---

① 程树德撰，程俊英、蒋见元点校：《新编诸子集成·论语集释》卷三十三《季氏》，北京：中华书局，1990年，第1159页。

② 程树德撰，程俊英、蒋见元点校：《新编诸子集成·论语集释》卷二十五《颜渊下》，北京：中华书局，1990年，第877页。

③ 程树德撰，程俊英、蒋见元点校：《新编诸子集成·论语集释》卷二十八《宪问上》，北京：中华书局，1990年，第958页。

④ 程树德撰，程俊英、蒋见元点校：《新编诸子集成·论语集释》卷八《里仁下》，北京：中华书局，1990年，第263页。

⑤ 左丘明传，杜预注，孔颖达正义：《春秋左传正义·成公二年》，李学勤主编：《十三经注疏》，北京：北京大学出版社，1999年，第705页。

"君薨不忘增其名，将死不忘卫社稷，可不谓忠乎？"[①] "无私，忠也。"[②] "临患不忘国，忠也。"[③] "言忠必及意"，"帅意能忠"，"忠，所以分也"。不难发现，上述品德既可以针对国君而言，也可以针对臣民而言，并无明确的规范对象。并且，用于指称臣民之"忠"时，并非强调臣民忠于君王个人，忠于国家与社稷也是臣民之"忠"的重要表现。如"公家之利，知无不为，忠也。"[④] "以私害公，非忠也。"[⑤] "将死不忘卫社稷，可不谓忠乎？""临患不忘国，忠也。"其三，将"忠"视为臣民应当遵守的政治道德信条，即"君使臣以礼，臣事君以忠。"[⑥] "不忠，受君之罚。"[⑦] "圣人不出，忠臣解骨"[⑧] 等。值得注意的是，"忠臣"称谓的出现，意味着"忠"逐渐成为臣民事君所必须严格遵循的准则与规范。其四，将"忠"视为君主为政的特征与人格保证，如"忠惠""忠信"之语。"王曰：'越国之中，吾宽民以子之，忠惠以善之。吾修令宽刑，施民所欲，去民所恶，称其善，掩其恶，求以报吴……'"[⑨] 其中，"忠惠"作为君主为政的特征，通过宽仁之心以待民众表现出来。"所谓道，忠于民而信于

---

① 左丘明传，杜预注，孔颖达正义：《春秋左传正义·成公十六年》，李学勤主编：《十三经注疏》，北京：北京大学出版社，1999年，第931~932页。

② 左丘明传，杜预注，孔颖达正义：《春秋左传正义·成公九年》，李学勤主编：《十三经注疏》，北京：北京大学出版社，1999年，第739页。

③ 左丘明传，杜预注，孔颖达正义：《春秋左传正义·昭公元年》，李学勤主编：《十三经注疏》，北京：北京大学出版社，1999年，第1146页。

④ 左丘明传，杜预注，孔颖达正义：《春秋左传正义·僖公九年》，李学勤主编：《十三经注疏》，北京：北京大学出版社，1999年，第359页。

⑤ 左丘明传，杜预注，孔颖达正义：《春秋左传正义·文公六年》，李学勤主编：《十三经注疏》，北京：北京大学出版社，1999年，第516页。

⑥ 程树德撰，程俊英、蒋见元点校：《新编诸子集成·论语集释》卷六《八佾下》，北京：中华书局，1990年，第197页。

⑦ 左丘明撰，徐元诰集解，王树民、沈长云点校：《国语集解·晋语三》，北京：中华书局，2002年，第306页。

⑧ 左丘明撰，徐元诰集解，王树民、沈长云点校：《国语集解·越语下》，北京：中华书局，2002年，第580~581页。

⑨ 左丘明撰，徐元诰集解，王树民、沈长云点校：《国语集解·吴语》，北京：中华书局，2002年，第557页。

神也。”[①]“天事武，地事文，民事忠信。”[②] 显然，这里的“忠信”是指君王而言。

至战国，春秋时期“忠”观念仍有延续。如孟子将“忠”视为待人之道：“分人以财谓之惠，教人以善谓之忠，为天下得人者谓之仁。”[③] 但更多的是变化的出现。这一变化主要体现在“忠君”概念的普遍及其内涵转变。

首先，“忠臣”概念趋于普遍。在春秋时期，“忠君”的表述方式并不多见，仅《国语》“圣人不出，忠臣解骨”一例。至战国，“忠君”一语普遍使用。如《管子》《商鞅书》中：“是故能象其道于国家，加之于百姓，而足以饰官化下者，明君也。能上尽言于主，下致力于民，而足以修义从令者，忠臣也。”[④]“明君在上，忠臣佐之。”[⑤]“如此，则臣忠君明治著而兵强矣。”[⑥]“故有明主忠臣产于今世而散领其国者，不可以须臾忘于法。”[⑦]

其次，“忠臣”作为对臣之“忠”的界定，其内容也在发生变化。春秋之时，臣之“忠”不仅强调忠于君王个人，也包含忠于社稷、国家之义。战国之际，用“忠臣”对为臣之道进行要求，侧重臣下对君上个人的

---

① 左丘明传，杜预注，孔颖达正义：《春秋左传正义·桓公六年》，李学勤主编：《十三经注疏》，北京：北京大学出版社，1999 年，第 174 页。

② 左丘明撰，徐元诰集解，王树民、沈长云点校：《国语集解·楚语下》，北京：中华书局，2002 年，第 520 页。

③ 赵岐注，孙奭疏：《孟子注疏》，李学勤主编：《十三经注疏》，北京：北京大学出版社，1999 年，第 147 页。

④ 黎翔凤撰，梁运华整理：《新编诸子集成·管子校注》卷第十《君臣上》，北京：中华书局，2004 年，第 545 页。

⑤ 黎翔凤撰，梁运华整理：《新编诸子集成·管子校注》卷第十一《君臣下》，北京：中华书局，2004 年，第 584 页。

⑥ 蒋礼鸿：《新编诸子集成·商君书锥指》卷三《错法》，北京：中华书局，1986 年，第 66 页。

⑦ 蒋礼鸿：《新编诸子集成·商君书锥指》卷五《慎法》，北京：中华书局，1986 年，第 137 页。

忠顺。如《荀子》:“请问为人臣?曰:以礼待君,忠顺而不懈。”① 春秋与战国前期,对臣之“忠”进行强调的同时,也对君有所要求,如《论语》“君使臣之礼,臣事君以忠”,战国时期的“忠臣”与“明君”常相提并论,如“明君在上,忠臣佐之”;“如此,则臣忠君明治著而兵强矣”;“故有明主忠臣产于今世而散领其国者,不可以须臾忘于法。”也就是说,臣民对君主的忠诚并非绝对或单向的:不仅要求臣忠于君,同时要求君主“下慈于民”“使臣以礼”,才为明君。忠臣之道与明君之道是相对应的,并无偏重其中一方,并未出现将“忠臣”界定为对君主的绝对服从。但在战国末期,“忠”更多地被用于强调“为臣”的要求。如《荀子》:“有大忠者,有次忠者,有下忠者,有国贼者:以德复君而化之,大忠也;以德调君而补之,次忠也;以是谏非而怒之,下忠也;不恤君之荣辱,不恤国之臧否,偷合苟容,以之持禄养交而已耳,国贼也。”②《吕氏春秋》:“故忠臣廉士,内之则谏其君之过也,外之则死人臣之义也。”③《韩非子》:“专心于事主者为忠臣”,“故有忠臣者,外无敌国之患,内无乱臣之忧,长安于天下而名垂后世,所谓忠臣也”④ 等。

由上可知,战国时期的“忠”,以“忠君”为主要内涵,并且,这种“忠君”呈现出绝对化倾向,即无条件绝对忠于个人,强调的是单方面的道德要求,凸显的是君主个人权力的绝对优势。这种现象是伴随诸侯称霸局面的逐渐结束,以及建立统一君主专制国家的需要所导致的。

---

① 王先谦撰,沈啸寰、王星贤点校:《新编诸子集成·荀子集解》卷第八《君道篇》,北京:中华书局,1988 年,第 232 页。

② 王先谦撰,沈啸寰、王星贤点校:《新编诸子集成·荀子集解》卷第九《臣道篇》,北京:中华书局,1988 年,第 254 页。

③ 吕不韦编,许维遹集释,梁运华整理:《新编诸子集成·吕氏春秋集释》卷第二十《恃君览》,北京:中华书局,2009 年,第 546 页。

④ 王先慎撰,钟哲点校:《新编诸子集成·韩非子集解》卷二十《忠孝》,北京:中华书局,1998 年,第 468 页;王先慎撰,钟哲点校:《新编诸子集成·韩非子集解》卷四《奸劫弑臣》,北京:中华书局,1998 年,第 106 页。

（二）汉代“移孝作忠”语境下的“孝治天下”

“孝”，备受汉代统治者推崇，“孝治天下”以及《孝经》的普及[①]是其明证。汉代孝观念，是对战国时期孝观念政治化的继续推进。主要体现在三个方面：孝的绝对化与片面化、事父与事君的紧密联系、孝观念的实践化。

董仲舒“三纲”说，明确了父尊子卑的地位。“父者，子之天也。”[②]与先秦父慈子孝的双向平等义务明显不同，汉代的孝观念强调的是子对父的绝对服从与绝对义务，凸显了父的绝对权力。《白虎通义》在此基础上进一步阐释：“父子者，何谓也？父者，矩也，以法度教子也。子者，孳也，孳孳无已也。”[③] 意思是，子女必须毫无疑义地服从与接收父亲的管教，使自己的一言一行都符合父亲的要求。

汉代从父子关系入手，将“孝”绝对化与片面化，其真正目的是通过推崇父权继而推崇君权。这种目的通过“孝”“忠”同质说得以实现。

“孝”“忠”同质，是指孝与忠之间只是尊崇对象有所不同，其蕴含的道德感与规范是相同的。这种观念集中体现在《孝经》一书中。“资于事父以事君，而敬同……故以孝事君则忠，以敬事长则顺。”[④] “君子之事亲孝，故忠可移于君；事兄悌，故顺可移于长；居家理，故治可移于官。”[⑤] 意思是，以人类自然血缘亲情为基础的孝，也是人类普遍存在的内在道德感。正因如此，家内的“孝”可同于家外的“忠”。君臣间的上下关系与父子间的上下关系一样，都可用“孝”的运作原理来理解。基于

---

① 《孝经》在汉代，上至帝王将相，下至平民百姓，广为传习。如：汉文帝始置《孝经》博士；汉武帝兴办太学，将《孝经》列为基本教材；汉宣帝令疏广为皇太子讲授《孝经》；汉平帝征天下教授《孝经》者诣京师；汉明帝令羽林之士诵习《孝经》等。

② 董仲舒著，苏舆撰，钟哲点校：《新编诸子集成·春秋繁露义证》卷第十五《顺命》，北京：中华书局，1992年，第410页。

③ 班固撰集，陈立疏证，吴则虞点校：《新编诸子集成·白虎通疏证》卷八《三纲六纪》，北京：中华书局，1994年，第376页。

④ 李隆基注，邢昺疏：《孝经注疏》，李学勤主编：《十三经注疏》，北京：北京大学出版社，1999年，第14页。

⑤ 李隆基注，邢昺疏：《孝经注疏》，李学勤主编：《十三经注疏》，北京：北京大学出版社，1999年，第46页。

此，《孝经》明确指出，“事君”是孝观念的重要内容。“夫孝始于事亲，中于事君，终于立身。”① 结合“三纲”学说来看，“孝”被董仲舒纳入尊卑有别的“三纲”，就表明“孝”不再是独立于“三纲”之外的单纯道德范畴，而是直接服从于“父为子纲”并间接服务于“君为臣纲”“夫为妇纲”的道德规范。对于后者而言，其内涵就是“移孝为忠”。

在汉代，“忠”“孝”同质的观念普遍为人所接受。《汉书·张敞传》：“臣闻忠孝之道，退家则尽心于亲，进宦则竭力于君。”②《后汉书·傅燮列传》：“忠臣之事君，犹孝子之事父也。子之事父，焉得不尽其情?”③《后汉书·韦彪列传》：“求忠臣必于孝子之门。”④《白虎通义》：“臣之于君，犹子之于父，明至尊臣子之义也。”⑤ 家内的敬父之情，可直接施用于君主。以此来看，汉统治者大力推崇孝观念的最根本原因在于孝是维护封建专制统治的思想基础。汉初陆贾强调孝是忠的基础，“在朝者忠于君，在家者孝于亲”。

基于“孝”“忠”同质的观念，孝观念的强化能够转化为忠君观念，故汉统治者通过各种途径与措施，将孝观念贯彻到实践层面，通过实践活动来弘扬、推崇孝观念。其一，以孝作谥。此举始于孝惠帝。《汉书·惠帝纪》赞曰：“孝惠内修亲亲。”颜师古注“孝惠皇帝”曰：“孝子善述父之志，故汉家之谥，自惠帝已下皆称孝也。”⑥ 两汉时期，除了汉高祖与光武帝，所有帝王谥号均带“孝”字，以表“汉之传谥常为孝者，以长有天

① 李隆基注，邢昺疏：《孝经注疏》，李学勤主编：《十三经注疏》，北京：北京大学出版社，1999 年，第 4 页。

② 班固著，颜师古注：《汉书》卷七十六《赵尹韩张两王传》，北京：中华书局，1962 年，第 3219 页。

③ 范晔撰，李贤等注：《后汉书》卷五十八《虞傅盖臧列传》，北京：中华书局，1965 年，第 1874 页。

④ 范晔撰，李贤等注：《后汉书》卷二十六《伏侯宋蔡冯赵牟韦列传》，北京：中华书局，1965 年，第 918 页。

⑤ 班固撰集，陈立疏证，吴则虞点校：《新编诸子集成·白虎通疏证》卷十一《丧服》，北京：中华书局，1994 年，第 504 页。

⑥ 班固著，颜师古注：《汉书》卷二《惠帝纪》，北京：中华书局，1962 年，第 92、86 页。

下，令宗庙血食也”[①] 之义。其二，选官制度中的“举孝廉”。《汉书·武帝纪》：“元光元年冬十一月，初令郡国举孝廉各一人。”[②] 此举标志着举孝廉制度的正式确立。自此，孝廉成为汉代选官制度的主要科目，从制度导向上将“孝”的规训扩展为对官员素质的基本要求。其三，设置孝悌、力田、三老等乡官。《汉书·高后纪》：“初置孝弟力田二千石者一人。”[③]“孝悌”乡官的设立，作为“孝”的一种实践方式，对引导民风民俗有重要的意义。

以上三方面表明，汉代通过各种举措将孝观念推广至社会各个层面。对于天子而言，“孝”侧重于“尊祖敬宗”之意，与“承宗庙”的政治意识密切相关。拥有最高权力的天子，必须服从“孝”的规训，以此表明承传与接续祖宗之法的资格与合法性。正如邢义田所指出的：“对汉家天子而言，律令由其所发，真正对之有约束力的还是所谓祖宗故事。在宣传‘以孝治天下’的汉代政治里，皇帝以敬宗法祖自命。他们对祖宗的故事是不敢轻易违背的。”[④] 以“承宗庙”为核心内容的“孝”，不仅有着家庭伦理的内涵，在“家天下”的社会中，“孝”同时被赋予了政治伦理的观念内涵。对于以公卿士大夫为代表的官僚集团而言，“孝”是其从黎民百姓跻身统治阶层最基本的入场券。原本局限于家庭伦理的“孝”，被扩展为对于官员素质的基本要求，“孝”的政治伦理与社会伦理内涵得到凸显。在家庭之外的社会、政治生活中，天子的“孝”与官僚集团人士的“孝”，是作为天下黎民百姓效法的对象而树立的伦理道德条目。从统治者的角度来看，其目的在于顺化民众，使民众顺从统治者。

汉代的“忠”观念，在承袭战国“忠”观念的基础上，进一步演变

① 班固著，颜师古注：《汉书》卷六十八《霍光金日磾传》，北京：中华书局，1962年，第2938页。

② 班固著，颜师古注：《汉书》卷六《武帝纪》，北京：中华书局，1962年，第160页。

③ 班固著，颜师古注：《汉书》卷三《高后纪》，北京：中华书局，1962年，第96页。

④ 邢义田：《秦汉史论稿》，台北：东大图书公司，1987年，第381~382页。

与发展，主要体现在两个方面：其一，将汉代普遍推行与提倡的“孝”观念作为“忠”观念的基础，借由“孝”提倡“忠”，即“移孝作忠”；其二，对社会不同阶层应尽之“忠”进行明确规定。

自战国末期以来，“忠”强调的是“下事其上”这一行为准则。至汉代，随着中央集权的不断巩固，“忠君”成为“忠”的首要内涵。在“忠君”观念的提倡方面，统治者借由汉代社会普遍倡导与推崇的“孝”予以进行，即以“孝”释“忠”，强调“忠孝一体”。“孝”被纳入君臣关系的建构之中，生发出“忠孝同质”的理念。汉代通过“移孝为忠”说，逐渐将君臣关系等同于“父子关系”，从而提高了“忠”在伦理规范中的地位。这一观念集中体现于《孝经》：

> 资于事父以事君，而敬同……故以孝事君则忠。①

> 君子之事亲孝，故忠可移于君；事兄悌，故顺可移于长；居家理，故治可移于官。是以行成于内，而名立于后世矣。②

《孝经》强调，“孝”作为人类普遍的内在道德情感，既存在于父子、兄弟关系中，也可运用于人间所有上下关系之中，诸如君臣、官长等。“忠”与“孝”及“悌”与“顺”的区别只在于尊崇对象有所不同而已，二者蕴含的道德感及其规范是相同的。所以，君臣关系等同于父子关系，孝可移为忠；兄弟关系可用于官长，故悌可移为顺。

董仲舒的“阴阳五行说”，也为“移孝作忠”提供了理论架构。“土者，火之子也。五行莫贵于土。土之于四时无所命者，不与火分功名。木名春，火名夏，金名秋，水名冬。忠臣之义，孝子之行，取之土。土者，

---

① 李隆基注，邢昺疏：《孝经注疏》，李学勤主编：《十三经注疏》，北京：北京大学出版社，1999 年，第 14 页。

② 李隆基注，邢昺疏：《孝经注疏》，李学勤主编：《十三经注疏》，北京：北京大学出版社，1999 年，第 46 页。

五行最贵者也，其义不可以加矣。”① “忠臣之义，孝子之行，取之土”，董仲舒将“忠”“孝”均归于“土德”之属，也就是说，“忠”“孝”同根同源。遵循孝道就能遵循“忠”。

“移孝作忠”是汉代“孝治天下”诸举措的理据之所在。为官之前的家内之孝，能在为官之后转化为对君之忠。正如《孝经》引曾子言：“君子之教以孝也，非家至而日见之也。教以孝，所以敬天下之为人父者也。教以悌，所以敬天下之为人兄者也。教以臣，所以敬天下之为人君者也。”② “移孝作忠”的结果是，“孝”成为“忠”的基础，“忠”成为“孝”的结果，“忠”是“孝”的扩大，“孝”是“忠”的缩小。因而才有“以孝事君则忠”“求忠臣于孝子之门”的说法。汉代的“孝治天下”，其最终目的实在于推广“忠君”观念。

（三）汉代“忠”观念

在汉代，为适应“大一统”政治形势的需要，董仲舒对“忠”的专一性问题做了进一步探讨，提出了“一中谓‘忠’，二中为‘患’”之说。《春秋繁露·天道无二》：“一而不二者，天之行也。……天之道，有一出一入，一休一伏，其度一也，然而不同意。……故常一而不灭，天之道。……心止于一中者，谓之忠；持二中者，谓之患。患，人之中不一者也。不一者，故患之所由生也。是故君子贱二而贵一。”③ 董仲舒的“贵一”说，凸显了“忠”的专一性内涵，此内涵恰到好处地迎合了维护政治权威独尊地位的需要。这种“从一而终”式的“忠”，强调的是臣民对君主之“忠”的绝对性。

《忠经》为东汉经学家马融所撰，是一部系统归纳与总结忠德的专门经典，全书仿《孝经》体式，作十八章，即《天地神明章》《圣君章》

---

① 董仲舒著，苏舆撰，钟哲点校：《新编诸子集成·春秋繁露义证》卷第十《五行对》，北京：中华书局，1992年，第316页。

② 李隆基注，邢昺疏：《孝经注疏》，李学勤主编：《十三经注疏》，北京：北京大学出版社，1999年，第45页。

③ 董仲舒著，苏舆撰，钟哲点校：《新编诸子集成·春秋繁露义证》卷第十二《天道无二》，北京：中华书局，1992年，第345~347页。

《家臣章》《百工章》《守宰章》《兆人章》《政理章》《武备章》《观风章》《保孝行章》《广为国章》《广至理章》《扬圣章》《辨忠章》《忠谏章》《证应章》《报国章》《尽忠章》。《忠经》的核心思想为“天下尽忠”，上至君王、宰相及百官，下至地方官与黎民百姓，都有各自应遵循的“忠”德。在分述“忠”德的具体内容之前，《忠经》开篇首先诠释了“忠”的性质与内涵。《忠经·天地神明章》曰：

> 忠者，中也，至公无私。天无私，四时行；地无私，万物生；人无私，大亨贞。忠也者，一其心之谓矣。为国之本，何莫由忠。忠能固君臣，安社稷，感天地，动神明，而况于人乎？夫忠，兴于身，著于家，成于国，其行一焉。是故一于其身，忠之始也；一于其家，忠之中也；一于其国，忠之终也。身一，则百禄至；家一，则六亲和；国一，则万人理。①

《忠经》首先将“忠”视为与天、地、人并存的永恒道德原则，强调了“忠”德的绝对性与永恒性。其次，“忠”德的核心内涵在于“忠”与“一”的关系，并且此处的“一”有明确的实践主体，即“上”与“下”：“上下一德，以征天休，忠之道也。”《忠经》一书中，针对不同阶层之人提出了具体的“忠”德要求，大致可归为三类：君王之“忠”、为臣之“忠”、百姓之“忠”。

1. 君王之“忠”

《忠经·圣君章》载曰：惟君以圣德，监于万邦。自下至上，各有尊也。故王者，上事于天，下事于地，中事于宗庙，以临于人。则人化之，天下尽忠，以奉上也。是以兢兢戒慎，日增其明，禄贤官能，式敷大化，惠泽长久，万民咸怀。故得皇猷丕丕，行于四方，扬于后代，以保社稷，以光祖考，尽圣君之忠也。

---

① 马融：《忠经》，王云五主编：《丛书集成初编·忠经及其他五种》，上海：商务印书馆，1936年，第1页。

其中所谓的“圣君之忠”，其内涵在于“上事于天，下事于地，中事于宗庙，以临于人”[①]，意即君王应该谦诚谨慎，以此追求“惠泽长久，万民咸怀”以及“天下尽忠，以奉上”。

2. 为臣之“忠”

《忠经》将臣分为“冢臣”即宰相、“百工”即百官、“守宰”即地方官三个等级，分别论述其不同的“忠”德内容。关于宰相之“忠”，《冢臣章》曰：“冢臣于君，可谓一体，下行而上信，故能成其忠。夫忠者，岂惟奉君忘身，徇国忘家，正色直辞，临难死节而已矣！在乎沉谋潜运，正国安人，任贤以为理，端委而自化。尊其君，有天地之大，日明之明，阴阳之和，四时之信，圣德洋溢，颂声作焉。”[②] 作为朝廷元首、股肱之臣的宰相，其“忠”德首先表现为“与君一体”，“下行而上信”。其次，宰相之“忠”不仅表现为“奉君忘身，徇国忘家，正色直辞，临难死节”，更为重要的是，能够做到“沉谋潜运，正国安人，仁贤以为理，端委而自化”。意思是，身为宰相，仅有奉公无私、直言不讳的精神是不够的，还需具备运筹帷幄、深谋远虑、任人唯贤等多方面的能力，此外，宰相需协助君主从“大”“明”“和”“信”四个方面提高各种素养。

关于百官之“忠”，《百工章》曰：“有国之建，百工惟才，守位谨常，非忠之道。故君子之事上也，入则献其谋，出则行其政，居则思其道，动则有仪。秉职不回，言事无惮，苟利社稷，则不顾其身。上下用成，故昭君德，盖百工之忠也。”[③] 百官作为管理国家各种具体事务的官员，其“忠”德首先表现在不能“守位谨常”，小心谨慎地守着自己的职位是“不忠”之举，而应该为了国家、社稷之利毫不畏惧地进言献策。

---

① 马融：《忠经》，王云五主编：《丛书集成初编·忠经及其他五种》，上海：商务印书馆，1936年，第2页。

② 马融：《忠经》，王云五主编：《丛书集成初编·忠经及其他五种》，上海：商务印书馆，1936年，第3~4页。

③ 马融：《忠经》，王云五主编：《丛书集成初编·忠经及其他五种》，上海：商务印书馆，1936年，第3页。

关于地方官之“忠”，《守宰章》曰：“在官惟明，莅事惟平，立身惟清。清则无欲，平则不曲，明能正俗，三者备矣，然后可以理人。君子尽其忠能，以行其政令，而不理者，未之闻也。夫人莫不欲安，君子顺而安之，莫不欲富，君子教而富之。笃之以仁义，以固其心，导之以礼乐，以和其气。宣君德，以弘大其化，明国法，以至于无刑。视君之人，如观乎子，则人爱之，如爱其亲，盖守宰之忠也。”① 地方官作为一方百姓之父母官，其职责是代表君主、代表国家管理一方之百姓，即“理人”。与职责相应，地方官之“忠”主要表现为教化百姓，即“顺而安之”“教而富之”“礼乐导之”“和其气”“笃以仁义”，其目的在于“宣君德”，使百姓“明国法”。

3. 百姓之“忠”

关于百姓之“忠”，《兆人章》曰：“天地泰宁，君之德也，君德昭明，则阴阳风雨以和，人赖之而生也。是故只承君之法度，行孝悌于其家，服勤稼穑，以供王赋，此兆人之忠也。”② 对普通百姓而言，“忠”的具体表现有二：其一，“承君之法度”，其二，“行孝悌于其家”。

综而观之，所谓“冢臣之‘忠’”“百工之‘忠’”“守宰之‘忠’”及“兆人之‘忠’”，都包含有以“君”为中心的内容，诸如“尊其君”“昭其君”“宣君德”“承君之法度”等，表明《忠经》是在宣示“臣道”。

二、汉代鼓吹乐与“忠”伦理的强化

至秦汉，伴随中央集权的不断加强，战国时期“忠”的内涵不仅得到承袭，还表现出进一步强化的趋势。正如王子今先生指出，“（‘忠’）体现为臣对于君的绝对服从。这种规范到了汉代确定以‘君为臣纲’为

① 马融：《忠经》，王云五主编：《丛书集成初编·忠经及其他五种》，上海：商务印书馆，1936 年，第 4 页。

② 马融：《忠经》，王云五主编：《丛书集成初编·忠经及其他五种》，上海：商务印书馆，1936 年，第 4 页。

基本点的‘三纲五常’之后，更为凝定化”[1]。正是基于大一统政治体制的建构，“忠”受到汉王朝的特别推崇，一跃而成为社会政治生活中具有指导意义的原则性规范。汉代鼓吹乐作为塑造政治秩序之宫廷礼乐的重要组成部分，无疑也承担着灌输与强化伦理道德观念的职能。

（一）鼓吹曲辞中的“忠”：以“汉鼓吹铙歌十八曲”为例

汉代宫廷宴飨与天子出行有黄门鼓吹乐，鼓吹曲辞也是宴飨、出行活动中传递伦理观念的重要媒介。就鼓吹曲辞而言，目前仅存“汉鼓吹铙歌十八曲”。因“十八曲”歌辞“句读都讹，意义难绎”，明清以来诸多释家或从乐府文学，或从字义训诂，或结合图像考古发现等角度，对“十八曲”的歌词内容与主题进行了各种诠释，论说不一。[2] 本书以为，“十八曲”作为宫廷音乐被施用于宫廷仪式中，这是毋庸置疑的事实。既然如此，曲辞本身无疑被这种特定场合赋予了特定的内涵。本节以此为关照，结合曲辞内容、前人注疏与现有研究，对“十八曲”部分篇章[3]的“忠”观念进行剖析。

1.《朱鹭》

> 朱鹭，鱼以乌。（路訾邪）鹭何食？食茄下。不之食，不以吐，将以问诛（一作谏）者。[4]

该篇主题围绕“鹭”展开。据郭茂倩《乐府诗集》解题，《朱鹭》之“鹭”与建鼓有关。《仪礼·大射》曰：“建鼓在阼阶西，南鼓。”[5]《隋

---

① 王子今：《“忠”观念研究——一种政治道德的文化源流与历史演变》，长春：吉林教育出版社，1999年，第242页。

② 此类研究成果颇多，张长彬、王福利在《“汉铙歌”研究综述》一文中有详细梳理，参见张长彬、王福利：《“汉铙歌”研究综述》，《中国诗歌研究动态》第6辑。

③ “汉鼓吹铙歌十八曲”中《翁离》《芳树》《石留》等部分篇章难解，本书暂不讨论。

④ 郭茂倩编：《乐府诗集》，北京：中华书局，1979年，第226页。

⑤ 郑玄注，贾公彦疏：《仪礼注疏》，李学勤主编：《十三经注疏》，北京：北京大学出版社，1999年，第301页。

书·音乐志》曰：“建鼓。盖殷所作也。又栖翔鹭于其上，不知何代所加。或曰，鹄也，取其声扬而远闻。或曰，鹭，鼓精也。……或曰，皆非也。《诗》云：‘振振鹭，鹭于飞。鼓咽咽，醉言归。’古之君子，悲周道之衰，颂声之辍，饰鼓以鹭，存其风流。未知孰是。”[①]《乐府诗集》记：“孔颖达曰：‘楚威王时，有朱鹭合沓飞翔而来舞，旧鼓吹《朱鹭曲》是也。’然则汉曲盖因饰鼓以鹭而名曲焉。”[②] 可知，《朱鹭》篇的主旨与建鼓的象征意义密切相关。

建鼓，春秋战国以降，逐渐被冠以先圣帝王之名。楚简《容成氏》载：“墨（禹）乃聿（建）鼓于廷，以为民之又（有）法（讼）告者䵻（鼓）焉。”[③]《管子·桓公问》：“禹立建鼓于朝，而备讯唉。”[④]《国语·吴语》：“载常建鼓。”[⑤] 至唐代，建鼓又被称为少皞氏所作之大鼓，《通礼义纂》：“建鼓，大鼓也。少昊氏作焉，为众乐之节。”[⑥]

建鼓与少昊氏、帝禹发生关联，继而被赋予君威、君权的象征意义。这一点还可从“建”字释义中得以证实。许慎《说文解字》：“建，立朝律也。”[⑦] 此释义的取义依据，则与“建”的本义有关，“自上而下以云气为媒介的导引，是神人沟通的管道，由于天神的旨意须通过此管道传达”[⑧]。许慎将其解释为“立朝律”，是因为皇帝作为天子，享有代天行令的权力。

---

① 魏徵等：《隋书》卷十五《音乐志下》，北京：中华书局，1973 年，第 376 页。

② 郭茂倩编：《乐府诗集》，北京：中华书局，1979 年，第 226 页。

③ 马承源主编：《上海博物馆藏战国楚竹书（二）》，上海：上海古籍出版社，2002 年，第 267 页。

④ 黎翔凤撰，梁运华整理：《新编诸子集成·管子校注》卷第十八《桓公问》，北京：中华书局，2004 年，第 1047 页。

⑤ 左丘明撰，徐元诰集解，王树民、沈长云点校：《国语集解·吴语》，北京：中华书局，2002 年，第 549 页。

⑥ 李昉等：《太平御览》卷五百八十二《乐部二十》引《通礼义纂》，上海：上海古籍出版社，2008 年，第 398 页。

⑦ 许慎撰，段玉裁注：《说文解字注》，上海：上海古籍出版社，1981 年，第 77 页。

⑧ 刘晓明：《“建”的文化学意义与建鼓的来历》，《中国典籍与文化》第 39 期，第 88~89 页。

朱鹭作为建鼓的常用饰物，一是为了凸显建鼓通神、神通作用，并借此物强调皇帝身为“天子”而拥有的无上神力与威权。与此同时，还因朱鹭“得鱼而能吐”可比喻敢于直谏的臣僚，与建鼓用于臣下进谏献言之功用完全一致。陈沆《诗比兴笺》：“《书传》言尧禹有敢谏之鼓，则饰鼓以鹭，取其得鱼而能吐，犹直臣闻内外臧否，必入告其君也。”[①]

综上可知，宴飨或出行鼓吹《朱鹭》篇，不仅借由朱鹭、建鼓等物宣扬与强化皇帝之威权，而且以此规训臣僚忠于职守、敢于直谏。

2.《思悲翁》

> 思悲翁，唐思，夺我美人侵以遇。悲翁也，但我思。蓬首（一作蓑）狗，逐狡兔，食交君。枭子五，枭母六，拉沓高飞暮安宿。[②]

该篇述及汉高祖兵败彭城之事。王先谦《汉铙歌释文笺正》认为，曲辞中“悲翁”指刘太公，“美人谓吕后。此时未有后称，故曰美人”，失去“悲翁”又被“夺”了“美人”之人是汉王刘邦。[③]《史记·项羽本纪》载，刘邦趁项羽北征齐国之时，率军五十六万进入项羽都城彭城，“收其货宝美人，日置酒高会”，项羽则率军三万“晨击汉军而东，至彭城，日中，大破汉军”，后“审食其从太公、吕后间行，求汉王，反遇楚军。楚军遂与归，报项王，项王常置军中”。[④] 太公、吕后成为人质。

该篇抒发了高祖面临“既牵于天性之爱，赴救未能，复慑于敌兵之强，遁逃无所”[⑤] 时惨痛迫切之情感。将这类叙述帝王创业艰难之篇章，置于宫廷宴飨或出行之途演唱，其用意已然显豁，试图用真挚情感之流露以告诫并感化后世嗣王与臣僚，“帝业艰难”，“缔造之不易”，应“益思

---

① 陈沆：《诗比兴笺》卷一《汉鼓吹词铙歌十八曲》，上海：上海古籍出版社，1981年，第12页。

② 郭茂倩编：《乐府诗集》，北京：中华书局，1979年，第226页。

③ 王先谦：《汉铙歌释文笺正》，台北：广文书局，1978年，第11页。

④ 司马迁：《史记》卷七《项羽本纪》，北京：中华书局，1959年，第321~322页。

⑤ 王先谦：《汉铙歌释文笺正》，台北：广文书局，1978年，第12页。

慎固”。[①] 进而言之，当朝天子与臣僚唯有忠于帝业、忠于朝廷，才能不负先祖之托。

3.《艾如张》

> 艾而张罗，（夷于何）行成之。四时和，山出黄雀亦有罗，雀以高飞奈雀何？为此倚欲，谁肯礞室。[②]

此篇叙述天子田猎之事，颂扬天子顺时治世有功之德。庄述祖曰：“《艾如张》，戒好田猎也，田猎以时，爰及微物，则四时和，王道成矣。”[③]“艾而张罗”，郭茂倩《乐府诗集》：“艾与刈同，《说文》曰：‘芟草也。’”[④] 陈沆《诗比兴笺》：“《穀梁传》‘艾兰以为防’，《御览》引作‘立阑以为防’，谓刈草，列栏盾以为防，而后设网罗，天子诸侯搜狩之礼。”[⑤]“夷于何”，夷，平坦，于何，声词。意思是，芟草之后，地面平坦简易。“行成之，四时和”，“行成之”既有鸟雀猎物成行成列之义，也有王者成功治理天下之义。后者实指“王道成”。“王道”与“四时”的对应关系，集中体现了“天人感应”的思想。春秋战国至秦汉，“天人感应”思想逐渐成熟，如《管子》将五方、四时、五行、阴阳之气结合起来，邹衍提出“五德终始说”，《吕氏春秋》《淮南子》中对五行、四时、五德与王朝改制更替之关系的论述，都体现了“王道”与“四时”之对应关系。正如汉司马迁评价阴阳家的思想：“夫阴阳四时、八位、十二度、二十四节各有教令，顺之者昌，逆之者不死则亡……故曰‘四时之大顺，不可失也’。”[⑥] 由上可知，《艾如张》篇曲辞“行成之，四时和”既表彰

---

① “盖缕述帝业艰难，使后之览者，知缔造之不易而益思慎固。”王先谦撰：《汉铙歌释文笺正》，台北：广文书局，1978年，第10页。

② 郭茂倩编：《乐府诗集》，北京：中华书局，1979年，第227页。

③ 庄述祖：《汉铙歌句解》，《珍艺宧遗书》本。

④ 郭茂倩编：《乐府诗集》，北京：中华书局，1979年，第226页。

⑤ 陈沆：《诗比兴笺》卷一《汉鼓吹词铙歌十八曲》，上海：上海古籍出版社，1981年，第9页。

⑥ 司马迁：《史记》卷一百三十《太史公自序》，北京：中华书局，1959年，第3290页。

了天子顺应四时治天下有成，也通过四时和顺之景象颂扬天子治世之功，劝诫臣属忠顺。

4.《上之回》

> 上之回所中，益夏将至。行将北，以承甘泉宫。寒暑德。游石关，望诸国。月支臣，匈奴服。令从百官疾驱驰，千秋万岁乐无极。[①]

此篇为纪事之辞，歌颂汉武帝行幸回中宫之事。郭茂倩《乐府诗集》解题："《汉书》曰：'孝（武）〔文〕[②] 十四年，匈奴入朝那萧关，遂至彭阳。使骑兵入烧回中宫，候骑至雍甘泉。'回中地在安定，其中有宫也。……吴兢《乐府解题》曰：'汉武通回中道，后数出游幸焉。'"[③]

汉武帝多次行幸回中，该篇所指应与战匈奴有关，"月支臣，匈奴服"即天汉二年之事。《汉书·武帝纪》："（天汉）二年春，行幸东海。还幸回中。夏五月，贰师将军三万骑出酒泉，与右贤王战于天山，斩首虏万余级。"[④] 这里，"夏五月"与曲辞"夏将至"在时间上也一致。可见汉武帝此次行幸回中，亦有炫耀武力以助贰师威风之意。不仅借由天子一声令下即刻使"百官疾驱驰"显示皇帝之威，更通过匈奴、月支等部落的臣服来凸显皇帝之威。

5.《战城南》

> 战城南，死郭北，野死不葬乌可食。为我谓乌："且为客豪，野死谅不葬，腐肉安能去子逃?"水深激激，蒲苇冥冥。枭骑战斗死，驽马徘徊鸣。（梁）筑室，何以南（梁）何北，禾黍（而）〔不〕获

---

① 郭茂倩编：《乐府诗集》，北京：中华书局，1979 年，第 227 页。

② "孝（武）〔文〕：据《汉书·匈奴传》改。"见郭茂倩编：《乐府诗集》注，北京：中华书局，1979 年，第 227 页。

③ 郭茂倩编：《乐府诗集》，北京：中华书局，1979 年，第 227 页。

④ 班固著，颜师古注：《汉书》卷六《武帝纪》，北京：中华书局，1962 年，第 203 页。

> 君何食？愿为忠臣安可得？思子良臣，良臣诚可思，朝行出攻，暮不夜归。[1]

该篇是哀悼为国捐躯之忠良臣子的曲辞。曲辞中既描述了悲壮的阵亡画面：暮色昏沉，蒲苇滩水流湍急，阵亡将士尸体横陈，也表达了将阵亡将士与“朝行出攻，暮不夜归”将士誉为“忠臣”“良臣”的首肯与推崇。此曲与《思悲翁》所述事迹的用意具有一致性，通过战败、阵亡之事描述帝业之艰难。此类曲辞的目的，一是告诫后人谨记功业来之不易，唯有尽心竭力，兢兢业业；二是弘扬精忠报国之精神。

6.《上陵》

> 上陵何美美，下津风以寒。问客从何来，言从水中央。桂树为君船，青丝为君笮，木兰为君棹，黄金错其间。沧海之雀赤翅鸿、白雁随。山林乍开乍合，曾不知日月明。醴泉之水，光泽何蔚蔚。芝为车，龙为马，览遨游，四海外。甘露初二年，芝生铜池中，仙人下来饮，延寿千万岁。[2]

此篇写祥瑞以美颂宣帝，为宴饮曲辞。曲辞所写祥瑞之物景，如“沧海之雀赤翅鸿、白雁”“醴泉之水”“芝生铜池”“仙人下来饮”等，都与《汉书·郊祀志》记汉宣帝时期的景象相符。陈沆《诗比兴笺》：“……宣帝即位，由武帝正统兴，故立三年，尊孝武庙为世宗，行所巡狩郡国皆立庙。告祠日，有白鹤集后庭，有雁五色，集孝昭寝殿前。西河筑世宗庙，神光兴于殿旁。十三年正月，上始幸甘泉，郊见泰畤，数有美祥……后间岁，凤皇神爵甘露降集京师’，辙改元，赦天下。又《宣纪》神爵元年诏曰：‘乃者金芝九茎，产于函德殿铜池中。’甘露二年诏曰：‘乃者凤皇甘露，降集京师，黄龙登兴，醴泉滂流。枯槁荣茂，神光并见，咸受祯祥。’

---

① 郭茂倩编：《乐府诗集》，北京：中华书局，1979年，第228页。
② 郭茂倩编：《乐府诗集》，北京：中华书局，1979年，第229页。

正此诗所咏者也。”[①]

祥瑞与君王统治的对应关系，以及若干祥瑞的政治文化寓意，对此西汉董仲舒有全面论述。董仲舒指出，祥瑞的出现是天对皇帝的行为和所发布政策的赞成或表彰。“美事召美类，恶事召恶类，类之相应而起也……帝王之将兴也，其美祥亦先见”[②]，“景星见，黄龙下”即“王正”[③]，“天为之下甘露，朱草生，醴泉出，风雨时，嘉禾兴，凤凰麒麟游于郊”[④]即帝王治世成功的表征。祥瑞现象不仅是天下太平的征兆、对帝王治世有功的褒奖，还强调了皇帝的神圣性与权威性。皇帝乃“天之子”，仅皇帝有权与天通过祥瑞或灾异进行沟通。

7.《将进酒》

> 将进酒，乘大白。辨加哉，诗审搏。放故歌，心所作。同阴气，诗悉索。使禹良工观者苦。[⑤]

该篇是描绘宴饮场面的曲辞。郭茂倩《乐府诗集》解题曰：“古词曰：‘将进酒，乘大白。’大略以饮酒放歌为言。宋何承天《将进酒篇》曰：‘将进酒，庆三朝。备繁礼，荐嘉肴。’则言朝会进酒，且以濡首荒志为戒。”[⑥]后世大多承袭此说。陈沆云：“此燕饮之诗也。”[⑦]庄述祖云：

---

① 陈沆：《诗比兴笺》卷一《汉鼓吹词铙歌十八曲》，上海：上海古籍出版社，1981年，第3~4页。

② 董仲舒著，苏舆撰，钟哲点校：《新编诸子集成·春秋繁露义证》卷第十三《同类相动》，北京：中华书局，1992年，第358页。

③ 董仲舒著，苏舆撰，钟哲点校：《新编诸子集成·春秋繁露义证》第四《王道》，北京：中华书局，1992年，第101页。

④ 董仲舒著，苏舆撰，钟哲点校：《新编诸子集成·春秋繁露义证》第四《王道》，北京：中华书局，1992年，第102页。

⑤ 郭茂倩编：《乐府诗集》，北京：中华书局，1979年，第229页。

⑥ 郭茂倩编：《乐府诗集》，北京：中华书局，1979年，第229页。

⑦ 陈沆：《诗比兴笺》卷一《汉鼓吹词铙歌十八曲》，上海：上海古籍出版社，1981年，第11页。

“《将进酒》，戒饮酒无度也，宾主人相劝酬，歌诗相赠答，无沉湎之失焉。”①

由此篇描写可知，宴饮时的举杯奏乐、分享酒肉、宾主相酬、歌诗赠答等仪节，不仅充分说明燕飨礼作为一种礼仪的存在明显区别于纯粹的饮酒作乐，而且在宴饮过程中，诸多仪节都与“戒”有关，即“戒无度”、“戒荒志”或“戒沉湎”等。

8.《圣人出》

> 圣人出，阴阳和。美人出，游九河。佳人来，騑离哉何。驾六飞龙四时和。君之臣明护不道，美人哉，宜天子。免甘星筮乐甫始，美人子，含四海。②

该篇题为“圣人出”，与帝王事迹有关，是歌颂天子之辞，各家并无异议。“天子”究竟指谁，则各有论说。庄述祖谓“圣人”喻高祖，“佳人”喻贤臣，“《圣人出》，思太平也。秦楚之际，民无定极，汉高帝既灭项羽，即位于济阴定陶，百姓皆欣欣然知上有天子焉”③。陈沆认为此篇是颂美汉宣帝之辞，“圣人”“美人”“佳人”“美人子”都指宣帝，“宣帝初年，嘉祥数臻，人民安业，故有‘阴阳和’之语……昌邑无道，霍光废之，而立宣帝，故有‘君之臣明护不道’之语……宣帝本卫太子之孙，史皇孙之子，故又称之曰‘美人子’，而勉以长有四海也”④。

此篇以颂扬天子为主题的曲辞，无论“天子”所指是谁，至少曲辞已向听者明确强调了“君”与“臣”、“天”与“天子”、天子与“四海”、“圣人”（人）与“阴阳”“四时”（天）间的诸种关系。此篇颂歌围绕这些关系，树立天子之威权，歌颂天子之功德。如天人关系中，帝王因具有

① 庄述祖：《汉铙歌句解》，《珍艺宧遗书》本。

② 郭茂倩编：《乐府诗集》，北京：中华书局，1979 年，第 231 页。

③ 庄述祖：《汉铙歌句解》，《珍艺宧遗书》本。

④ 陈沆：《诗比兴笺》卷一《汉鼓吹词铙歌十八曲》，上海：上海古籍出版社，1981 年，第 2~3 页。

燮理阴阳、四时的本领而拥有至上威权。天子作为“天之子”，还有统领四海之威权。

9.《远如期》

远如期，益如寿。处天左侧，大乐万岁，与天无极。雅乐陈，佳哉纷。单于自归，动如惊心。虞心大佳，万人还来，谒者引乡殿陈，累世未尝闻之。增寿万年亦诚哉。①

该篇述及汉宣帝甘露三年（前51）匈奴单于来朝之事，借由匈奴单于的归诚之辞以歌颂汉朝皇帝之德与威。庄述祖《汉铙歌句解》曰：“《远如期》，纪呼韩邪单于来朝也。”② 陈沆《诗比兴笺》曰：“此专颂单于来朝也。四夷宾服，天庥屡臻，为汉道之极盛，故雅颂作于宣帝焉。”③

该篇曲辞所写之事，《汉书·宣帝纪》《汉书·匈奴传》都有明确记载。《汉书·宣帝纪》：“匈奴呼韩邪单于款五原塞，愿奉国珍朝三年正月。诏有司议。咸曰：‘……匈奴单于乡风慕义，举国同心，奉珍朝贺，自古未之有也……’”④《汉书·匈奴传》：“（甘露三年，匈奴呼韩邪单于款五原塞）正月朝天子于甘泉宫，汉宠以殊礼，位在诸侯王上。”⑤ 通过该篇曲辞的描绘可知，值汉宣帝大朝受贺之日，匈奴前来以示臣服，此场面颇为壮观。陈雅乐，大有“与天无极”之势，“万人还来”。更为惊动人心的是，匈奴此举乃“累世未尝闻之”之举，凸显了宣帝治世之朝的“德”与“威”，为“汉道之极盛”。

不难看出，汉代鼓吹曲辞关于“忠君”观念的宣扬与皇帝之威德的彰

---

① 郭茂倩编：《乐府诗集》，北京：中华书局，1979年，第232页。

② 庄述祖：《汉铙歌句解》，《珍艺宧遗书》本。

③ 陈沆：《诗比兴笺》卷一《汉鼓吹词铙歌十八曲》，上海：上海古籍出版社，1981年，第5页。

④ 班固著，颜师古注：《汉书》卷八《宣帝纪》，北京：中华书局，1962年，第270页。

⑤ 班固著，颜师古注：《汉书》卷九十四下《匈奴传下》，北京：中华书局，1962年，第3798页。

显关系密切：皇帝借由鼓吹乐宣扬己之威德使臣民忠顺。这一策略在鼓吹仪仗中表现得更为突出。

（二）出行仪仗中的“忠”：以“大驾”与“法驾”为例

天子出行仪仗，作为皇家礼仪的重要组成部分，体现的是帝王至高无上的地位与权力。皇帝的至尊与威势通过随行浩浩荡荡的庞大仪仗队伍得以衬托，通过象征力量与权威的车舆得以表现，通过喧闹震天的卤簿鼓吹得以凸显。正因为天子出行仪仗是展示帝王“尊”“威”的有效途径，以歌颂、夸耀天子文治武功的宫廷文学汉赋，则借由天子出行仪仗壮观场景的描写对天子歌功颂德。在汉赋四大家司马相如、扬雄、班固、张衡的作品中，不乏天子出行场面的描绘。从这些文字中，也能窥见出行场面的浩荡威武。

1. 车舆中的“尊”与“威”

在古代社会，车舆的作用不止于交通工具而已，更是一种政治符号，象征天子“至尊”的政治权力。蔡邕《独断》阐释秦汉皇帝乘车被称为“车驾”“舆驾”“乘舆”时说：“汉天子正号曰皇帝……史官记事曰上，车马衣服器械百物曰乘舆，所在曰行在所，所居曰禁中……天子至尊，不敢渫渎言之，故托之于乘舆……天子以天下为家，不以京师宫室为常处，则当乘车舆以行天下，故群臣托乘舆以言之，或谓之车驾。”[①] 与此同时，车舆还代表着武力与威势。从战争形态上看，古代战争以车为主，车辙所及就是势力所及，所谓“日月所照，舟舆所载”[②]。拥有车舆规模的大小，是评判国力大小的重要标准。《汉书·刑法志》：“一同百里，提封万井……兵车百乘，此卿大夫采地之大者也，是谓百乘之家。一封三百一十六里……兵车千乘，此诸侯之大者也，是谓千乘之国。天子畿方千里……戎马四万匹，兵车万乘，故称万乘之主。”[③]

车舆作为汉天子出行仪仗的中心，“千乘”“万乘”的车舆规模与排

---

① 蔡邕：《独断》（卷上），北京：中华书局，1985 年，第 1~2 页。

② 司马迁：《史记》卷六《秦始皇本纪》，北京：中华书局，1959 年，第 245 页。

③ 班固著，颜师古注：《汉书》卷二十三《刑法志》，北京：中华书局，1962 年，第 1081~1082 页。

场不仅彰显着强盛国力，皇帝作为仪仗的核心，这种展演更是凸显了皇帝个人作为国家之主、天下之主的权势与尊威。

（1）皇帝御车与“尊”

金根车乃皇帝御车，以金为饰，象征至高无上的尊威，是车之“最尊”。“后汉光武平公孙述，始获葆车舆辇，因旧制金根车，拟周之玉辂，最尊者也。”[①] 金根车的“最尊”，主要体现在车驾规格与文饰两方面。大驾卤簿中的所有车驾，唯独金根车是六马车驾，其余所有车辆至多是四马车驾。蔡邕《独断》：“上所乘曰金根车，驾六马。”[②]《逸礼·王度记》：“天子驾六马，诸侯驾四，大夫三，士二，庶人一。”[③] 金根车的材质与装饰也极其华丽，等级最高。《后汉书·舆服志》：“轮皆朱班重牙，贰毂两辖，金薄缪龙，为舆倚较，文虎伏轼，龙首衔轭，左右有吉阳筒，鸾雀立衡，虡文画辀，羽盖华蚤，建大旂，十有二斿，画日月升龙，驾六马，象镳镂〔锡〕、金〔鋄〕方釳，插翟尾，朱兼樊缨，赤罽易茸，金就十有二，左纛以牦牛尾为之，在左骓马轭上，大如斗。”[④]

天子车驾的“至尊”，还借由车驾通常经过的城门被称为“门之最尊”得以体现。《后汉书》载：“蔡邕曰：‘平城门，正阳之门，与宫连，郊祀法驾所从出，门之最尊者。’”[⑤]

（2）皇帝属车与“威”

天子出行仪仗中，除了皇帝御车金根车，还有大量属车。这些属车或通过所载之物，或借由装饰物的寓意，成为帝王的象征，成为彰显帝王“威”势之物。下略述一二。

华盖车，崔豹《古今注·舆服》云华盖：“黄帝所作也。与蚩尤战于

---

① 郑樵撰，王树民点校：《通志二十略》，北京：中华书局，1995年，第846页。

② 蔡邕：《独断》（卷下），北京：中华书局，1985年，第25页。

③ 王应麟：《玉海》卷五十七《艺文》，《景印文渊阁四库全书》第944册，台北：商务印书馆，1986年，第521页。

④ 范晔撰，李贤等注：《后汉书》志第二十九《舆服上》，北京：中华书局，1965年，第3644页。

⑤ 范晔撰，李贤等注：《后汉书》卷八《孝灵帝纪》刘昭注引，北京：中华书局，1965年，第339页。

涿鹿之野，常有五色云气，金枝玉叶止于帝，上有花花之象，故因而作华盖焉。”[①] 将华盖车上溯至黄帝时期，并将其与黄帝战胜蚩尤之事相联系，可见华盖车也是帝王之物，成为帝王的象征。

毕罕车，也是帝王的象征。帝王出行设“左罕右毕”之仪，是与天文星象相应之举措。中国古代二十八宿中，有毕宿和昴宿，属西方七宿。昴星在北，毕星在南，其间曰“天街”，天街是日月五星出入要道。“昴、毕之间，日、月、五星出入要道，若津梁也。”[②] 可以这样理解，日月、五星出行有毕昴夹道，对应至人间，帝王出行也应设“左罕右毕”之仪。[③] 此外，毕罕由捕猎工具演变为仪仗之具，成为一种符号与标志：拥有毕罕之义与古代操持仪仗中的斧钺一样，象征着征伐与生杀大权。《后汉书·苏竟列传》：“毕为天网，主网罗无道之君，故武王将伐纣，上祭于毕，求助天也。”[④]

黄钺车，承载“钺”之车。“钺”，古兵器，形似斧而较大，盛行于殷周时，多用于礼仪。《尚书·顾命》：“一人冕，执钺，立于西堂。”[⑤]《史记·殷本纪》：“汤自把钺以伐昆吾，遂伐桀。”[⑥] 加冕之君王执钺，汤用钺伐桀取得政权，这些记述都说明，“钺”乃帝王之器具，也是帝王的象征。

仪仗中还通过设置强劲有力的战车彰显皇帝的威严，如武刚车。武刚车并非一般的战车，而是作战先驱之车。《后汉书·舆服志》：“轻车，古之战车也。洞朱轮舆，不巾不盖……吴孙《兵法》云：‘有巾有盖，谓之

---

① 马缟撰，吴企明点校：《中华古今注》，北京：中华书局，2012年，第80页。

② 司马迁：《史记》卷二十七《天官书》“昴、毕间为天街”索隐引孙炎云，北京：中华书局，1959年，第1306页。

③ 秦建明：《唐墓壁画与毕罕》，《乾陵文化研究》第3辑，西安：三秦出版社，2007年，第82页。

④ 范晔撰，李贤等注：《后汉书》卷三十上《苏竟杨厚列传》，北京：中华书局，1965年，第1045页。

⑤ 孔安国传，孔颖达疏：《尚书正义》，李学勤主编：《十三经注疏》，北京：北京大学出版社，1999年，第508页。

⑥ 司马迁：《史记》卷三《殷本纪》，北京：中华书局，1959年，第95页。

武刚车。'武刚车者，为先驱。"[1] 武刚车既有防护车盖，又设远射强弩，防卫与御敌功能十分强劲。《汉书·霍去病传》还记载了武刚车之实用战例，"青军出塞千余里，见单于兵陈而待，于是青令武刚车自环为营"[2]。推知此种战车确实功力不凡，战果累累。

仪仗行进途中，为凸显帝王车驾的训练有素、威仪有嘉，还设置了指挥车以统一行进步调，如金钲车与黄门鼓车。"钲"，乐器名，铜制，形似钟而狭长，有长柄可执，口向上以物击之而鸣，在行军时敲打。钲，古代乐器，形似钟而狭长，有柄，击之发声，用铜制成，行军时用以节制步伐。《诗·小雅·采芑》曰"钲人伐鼓"，毛传："钲以静之，鼓以动之。"[3]

2. 随从与鼓吹中的"威"

天子出行仪仗的"威"仪，不仅借由千乘万骑得以打造，众多随从人员也是造就这种景象的重要因素。汉赋中对天子出行场面的描写，都会提及随从人员众多的场景。扬雄《甘泉赋》"敦万骑于中营兮，方玉车之千乘"[4]，上万的骑兵集结在皇上所在的中军，成千辆玉饰的车子并头前进；《校猎赋》"萃傱允溶，淋离廓落，戏八镇而开关；飞廉、云师，吸嚊潚率，鳞罗布列，攒以龙翰"[5]，许多随从的人会聚在一起，人数众多，队伍庞大，指挥着八方的动静。风伯、云师，都一直喘气，士卒们如鱼鳞般密密排列，集中在一起，就仿佛是龙之须。

队伍中大批人、车、马及鼓乐造成的巨大声响，汉赋中将其形容为震

① 范晔撰，李贤等注：《后汉书》志第二十九《舆服上》，北京：中华书局，1965年，第3650页。

② 班固著，颜师古注：《汉书》卷五十五《卫青霍去病传》，北京：中华书局，1962年，第2484页。

③ 毛亨传，郑玄笺，孔颖达疏：《毛诗正义》，李学勤主编：《十三经注疏》，北京：北京大学出版社，1999年，第644页。

④ 班固著，颜师古注：《汉书》卷八十七上《扬雄传上》，北京：中华书局，1962年，第3524页。

⑤ 班固著，颜师古注：《汉书》卷八十七上《扬雄传上》，北京：中华书局，1962年，第3546页。

天动地。扬雄《河东赋》“千乘霆乱，万骑屈桥，嘻嘻旭旭，天地稠嶅。簸丘跳峦，涌渭跃泾”[①]，成千辆车如雷霆般轰隆隆奔驶，上万匹马昂首前进，尽管骑手们都怡然自得，然已震得天摇地动，简直要使丘山动荡，泾渭之水沸扬。扬雄《校猎赋》“汹汹旭旭，天动地岋”[②]，这种声响十分猛烈，山摇地动。张衡《西京赋》“千乘雷动，万骑龙趋”[③]，天子御车之后有众多的兵车和骑兵紧紧跟随，车马声就似雷声一样轰隆隆地碾过大地，骑兵如龙飞一样迅疾向前。

正如《西京杂记》中记述的大驾卤簿，天子出行，上自公卿、下至士族，都参与到天子行的队伍中。大驾由大将军参乘，其余公卿陪同。汉代大将军“内秉国政，外则仗钺专征，其权任出宰相之右”[④]。即使是法驾，也要地方官吏随从，而且“大驾、法驾出，射声校尉、司马〔吏〕士载，以次属车，在卤簿中”[⑤]。天子六驾，前有仪仗导引，后有扈从护驾，侧有大臣陪从，“于是乘舆鸣和，按节发轫。列翠盖，方龙辀。被五路之时副，槛三辰之旗旍。傅说作仆，羲和奉时。千乘雷骇，万骑星铺。络绎相属，挥沫扬镳”[⑥]。整个队伍，众多车辆，加上随从官吏、护卫以及吏卒，常是浩浩荡荡，络绎不绝，气势浩大，蔚然壮观。

天子出行仪仗，不仅借由浩荡的队伍给人视觉上的震撼与冲击，更通过仪仗中的鼓吹制造喧闹震天的声响，给人听觉上的震撼。鼓吹是天子大驾“中护军警卫方阵”与“金根车方阵”中的重要组成部分。对于“中

① 班固著，颜师古注：《汉书》卷八十七上《扬雄传上》，北京：中华书局，1962年，第3536页。

② 班固著，颜师古注：《汉书》卷八十七上《扬雄传上》，北京：中华书局，1962年，第3546页。

③ 张衡：《西京赋》，陈元龙编：《历代赋汇》，南京：凤凰出版社，2004年，第344~345页。

④ 马端临：《文献通考》卷五十九《职官考十三》，北京：中华书局，2011年，第1760页。

⑤ 范晔撰，李贤等注：《后汉书》志二十九《舆服上》，北京：中华书局，1965年，第3650页。

⑥ 傅毅：《洛都赋》，陈元龙编：《历代赋汇》，南京：凤凰出版社，2004年，第377页。

护军警卫方阵”而言，此方阵是由将军和校尉组成，每位将军、校尉都配备有鼓吹，每部鼓吹都与数行持戟盾、刀盾或弓矢等兵器的吏卒组合。在这种搭配中，鼓吹的巨大声响一方面从听觉震慑观者，另一方面则通过声响将观者的眼光聚集到鼓吹乐周围的大量兵器以及威武的将军、校尉身上。对于“金根车方阵”而言，方阵前有黄门前部鼓吹，方阵后有黄门后部鼓吹，皇帝御车金根车居方阵中心位置。“黄门鼓吹”则借由车驾与“中护军警卫方阵”中的鼓吹乐区分开来，显示出这些在车驾上的鼓吹乐是皇帝的御用鼓吹。

鼓吹乐在西汉时期，最初仅限于天子一人使用，而且主要用于天子出行仪仗，即卤簿鼓吹。即使是假借给边境刺史与将军，也是命边境刺史与将军利用鼓吹替代皇帝在边境振威。也就是说，汉代鼓吹乐最初的主要功能，就是显耀君威、显耀国威。

综上所述，汉天子出行仪仗具有浓厚的炫耀功能。不仅借由大批朝廷命官随从天子出行，呈现出众星捧月之势，炫耀皇帝至尊的权威，而且通过千乘万骑的车驾队伍，展示天子治下的国家实力强盛，训练有素，威仪有加，以此凸显皇帝尊威；更为重要的是，出行仪仗除了在视觉上用威仪浩荡的队伍震慑观者，还利用喧闹震天的鼓吹乐惊动京城内外。天子出行仪仗确实达到了预期效果与目的，热闹隆重的车驾出行场面，常常引起路人百姓争相围观。《后汉书·铫期列传》曰：“光武趋驾出，百姓聚观，喧呼满道，遮路不得行，期骑马奋戟，瞋目大呼左右曰‘跸’，众皆披靡。”① 这里提到，“百姓聚观，喧呼满道，遮路不得行”，壮观的天子车驾对于百姓而言，如同观看盛大的表演，吸引力巨大。而这也正是天子浩荡出行的最终目的，即向天下人展示自己的尊威之象并使其臣服。因此，基于“忠”“威”二者的逻辑关系可知，帝王通过树立

① 范晔撰，李贤等注：《后汉书》卷二十《铫期王霸祭遵列传》，北京：中华书局，1965 年，第 731 页。另，正因如此，为保证皇帝车驾的顺畅与安全，车驾前段才安排式道候负责清道。《后汉书·百官志》“右属执金吾”注曰：“本有式道、左右中候三人，六百石。车驾出，掌在前清道……”（范晔撰，李贤等注：《后汉书》志第二十七《百官四》，北京：中华书局，1965 年，第 3606 页。）

“威”权，试图以此规训臣民忠于己。

本节聚焦于先秦至秦汉之际政治伦理观念的演变，分析了汉代鼓吹乐强化国家政治伦理观念的操作方式。首先是鼓吹曲辞，如《朱鹭》篇借由朱鹭、建鼓等物宣扬并强化皇帝之“威”权，同时规训臣僚忠于职守，敢于直谏；《思悲翁》与《战城南》篇将帝王创业艰难作为篇章主题，意在通过战败、阵亡之事描述帝业之艰难，告诫后人谨记功业来之不易，应当尽心竭力、兢兢业业；《艾如张》篇表彰天子顺应四时治天下有成，通过四时和顺之景象颂扬天子治世之功，继而树立天子之威严；《上之回》篇歌颂汉武帝行幸回中宫与战匈奴之事，借由天子一声令下即刻使“百官疾驱驰”显示皇帝之威；等等。其次是卤簿仪仗。卤簿仪仗是汉代帝王彰显帝王尊威之象训诫臣僚忠君尊君的重要途径。

综上所述，“甘泉卤簿篇”之“黄门鼓吹”所涉制度的改制时间、理念与历程，均始于汉武帝即位之初，从汉武帝改制要素与皇权政治的理念来看，“甘泉卤簿”配备“黄门鼓吹”是汉武帝彰显其改制理念的理想组合。例如“黄门鼓吹”的构成要素（“黄门”与“宫廷”鼓吹），以及“甘泉卤簿”的构成要素（郊祀地点甘泉/汾阴、郊祀对象太一/后土），无不体现了武帝朝“创业变改”以使“制不相复”的改制理念。“黄门”——西汉武帝朝服色改制的成果，西汉国家“尚色”制度从高祖“尚赤”、后“尚黑”、而后又“外黑内赤”到文帝“尚赤”，再到武帝“尚黄”的改制，依次体现了高祖承袭秦制、文帝承袭祖制、武帝力改秦制及祖制的建制思路与理念。“宫廷”鼓吹，亦是武帝朝变改商贾政策、制定“车服之禁”的产物。例如汉初，在孝惠、高后“弛禁”“不设车服之禁”的政策下，边民班壹用“鼓吹”仪仗夸耀财势、称霸一方；随着武帝朝商贾管控举措的不断升级，“民间”鼓吹转为“宫廷”鼓吹，鼓吹乐变身为王室之物，成为区辨身份等级的物件。郊祀地点“甘泉”“汾阴”，郊祀对象“太一”“后土”，经武帝朝的重塑与确定，皆表现出崭新的面貌与意义。继而，“甘泉卤簿”作为汉武帝一手炮制的仪式空间，其与生俱来的移动性与展演性使其成为宣扬武帝改制理念的活动空间，“甘泉卤簿”配备“黄门鼓吹”（表达武帝“创业变改”以使“制不相复”改制理念的物件集合体）由此成为必然。

从汉代中期武帝改制历程中的权力博弈与集权建构言，“甘泉卤簿”配备“黄门鼓吹”是汉武帝展示集权建设成果的理想组合。“黄门鼓吹”所涉服色制度、“甘泉卤簿”所涉郊祀制度的改制历程，无一不是权力博弈的写照。就服色制度而言，“色尚黄”的倡议肇始于文帝朝，文帝的改制念头终因帝权根基未稳无力抗衡朝中功臣集团而不了了之，武帝即位初推行的新制改革同此遭遇，直至抗衡势力核心人物窦太后的离世，此局势才得以扭转。可以说，“黄门鼓吹”因其构成要素的改制历程而被注入权力象征的内涵：“黄门”，作为称谓，是武帝推行服色改制的前期铺垫；作为职官，“黄门”乐人是众多乐人中与皇帝最为亲近的群体；“宫廷”鼓吹，因汉武帝的权力收归才有民间至中央的“华丽变身”。就郊祀制度言，甘泉/汾阴郊祀礼是武帝一手炮制的汉家天地祭礼，郊祀地点、郊祀对象、郊祀卤簿，均史无前例。大刀阔斧地推行改制，有效的权力操控是关键。“黄门鼓吹”与“甘泉卤簿”的结合，可谓武帝集权力于一身的成果展示。

第九章
西汉帝王陵礼制与皇权神圣性

在人类历史长河中，陵墓制度一直扮演着重要而独特的角色。古代墓葬中的各类随葬器物、场景是墓主人在世生活情境的直观反映。西汉帝王陵墓制度与西汉社会的政治制度、思想文化、社会生活等信息密切相关。观察西汉帝王陵墓制度，特别是西汉前中期帝王陵墓礼仪制度的变化，对于剖析西汉统治者对诸侯封国的管控力及对社会群体的整合方式具有重要意义，同时亦能折射西汉前中期中央集权的发展进程及皇权强化的时代趋势。

第一节　西汉帝陵礼制中的承秦与法周

前文重点探讨了作为西汉政治与祭祀中心的长安城周边帝陵、祠堂的构筑，以展现西汉权力集聚的中心场域：汉帝国的政治空间系统与皇权永恒的建构及其意义。作为中国古代政治与人伦的重要象征，位居政治中心的帝陵等象征皇权权威的建构仅仅是西汉地下墓葬系统的一个方面，由于皇帝宗室及其子嗣的枝繁叶茂，以及帝制国家政治等级的严格，使得这种墓葬系统不仅反映在长安周边的帝陵上，也表现在整个君主集权的官僚体制品级结构中。这样，表现君主集权和官僚品级的陵墓建制就成为一种反映“天”“地”“人”合一的物质化权力象征，从中央向地方辐射成为西汉帝制中国家礼乐制度的重要表现。本章主要从“中央—封国”两个层级的贵族墓葬礼制等角度谈谈西汉帝王陵制与皇权的神圣化。

作为一种“汉家礼制”，西汉帝陵建制，既有“承秦”的具体表现，亦有对秦代礼制“更法”“改制”的痕迹。如前所述，以陆贾为代表的儒士主张法“先王之道”，学习秦法的同时亦改造秦法，将社会现实与“殷周之迹”相结合，建立起全新的、具有适应性的“汉制”。而帝陵，作为承载汉家意识与国家礼制、动用巨大人力、物力方能建造的皇家墓葬，帝国的统治者又会采取一种什么样的建制理念？是直接承袭秦陵建制，还是创立一种全新“汉制”帝陵，这是一个值得思考的问题。事实上，西汉帝陵建制在表现出继承“秦制”的基础上大量吸取改造“周制”的特征①，是一种“秦、周制度的聚合物”②。

一、西汉帝陵合葬制度中的“汉家法周”

西汉帝陵实行帝后“同茔异穴”的合葬制度，在“西汉十一陵”③（长陵、安陵、霸陵、阳陵、茂陵、平陵、杜陵、渭陵、延陵、义陵、康陵）中分别对应：汉高祖刘邦—吕后、汉惠帝刘盈—孝惠张皇后、汉文帝刘恒—孝文窦皇后、汉景帝刘启—孝景王皇后、汉武帝刘彻—李夫人、汉昭帝刘弗陵—孝昭上官皇后、汉宣帝刘询—孝宣王皇后、汉元帝刘奭—孝

① 事实上，早在1985年，俞伟超论述汉代诸侯王与列侯墓葬形制时就曾经指出，汉初王侯墓葬中实行的“汉制”是由“周制”演化而来的。参见俞伟超：《先秦两汉考古学论集》，北京：文物出版社，1985年，第117~124页。

② 李禹阶：《“汉制”新探——论西汉前期的“汉承秦制”与“汉家法周”》，《华南师范大学学报（社会科学版）》，2020年第2期。

③ “西汉十一陵”是汉代考古中对西汉十一座帝王陵墓的习惯性合称，参见刘庆柱、李毓芳：《西汉十一陵》，西安：陕西人民出版社，1987年。

元王皇后、汉成帝刘骜—待证[①]、汉哀帝刘欣—孝哀傅皇后、汉平帝刘衎—孝平王皇后。“同茔异穴”合葬，是指夫妻双方合葬于同一茔兆或同一陵园中，但不同坟，属于夫妻合葬形式中的一种。

我国古代夫妻合葬现象始于史前时期，如在庙底沟文化中就发现有年龄相仿的成年男女合葬的现象。[②] 夫妻合葬现象在商代晚期开始增多，但不普遍，直至西周，才逐渐开始流行。周剑对商周时期的合葬墓进行统计后指出：“从夫妻合葬墓的数量来看，商代不流行夫妻合葬的埋葬方式。绝大多数墓葬皆为男女单独埋葬。……西周时期单独享祭急剧减少，合祭的比重迅速上升……西周时期贵族合葬墓较普遍。”[③]

周人的这种注重夫妻合葬的埋葬习俗可能与周公有关。《礼记·檀弓上》记载：“季武子成寝，杜氏之葬在西阶之下，请合葬焉，许之。入宫而不敢哭。武子曰：‘合葬，非古也。自周公以来，未之有改也。’”[④]《礼记·檀弓上》还有：“舜葬于苍梧之野，盖三妃未之从也。季武子曰：‘周公盖祔。’”郑玄注曰：“祔谓合葬。合葬自周公以来。”[⑤] 虽然太田有子指出《礼记·檀弓上》中季武子将合葬的习俗归因于周公的记载可能只是一种假托[⑥]，周代夫妻合葬习俗的流行却真实反映在儒家文献中。《诗

① 汉成帝后妃中有许皇后、赵皇后、班婕妤、马婕妤四位可能安葬延陵，但因为许、赵两位皇后先后被废、自杀，所以其合葬的可能性不大。《汉书·外戚传》虽然记载：“至成帝崩，婕妤充奉园陵，薨，因葬园中。”（班固著，颜师古注：《汉书》卷九十七下《外戚传下》，北京：中华书局，1962 年，第 3988 页。）但班氏仅为婕妤，按礼并不能享用“亞”字形墓葬规制。所以延陵中“同茔异穴”且使用“亞”字形墓室结构安葬的后妃究竟是哪一位，在进一步资料证明或成帝陵发掘前，并不能确定。参见刘卫鹏、岳起：《陕西咸阳市西汉成帝延陵调查记》，《华夏考古》，2009 年第 1 期。

② 山东省博物馆、山东省文物考古研究所：《邹县野店》，北京：文物出版社，1985 年，第 103 页。

③ 周剑：《商周合葬墓研究》，郑州大学博士学位论文，2018 年。

④ 郑玄注，孔颖达疏：《礼记正义》，李学勤主编：《十三经注疏》，北京：北京大学出版社，1999 年，第 170 页。

⑤ 郑玄注，孔颖达疏：《礼记正义》，李学勤主编：《十三经注疏》，北京：北京大学出版社，1999 年，第 195~196 页。

⑥ 太田有子著，杨凌译：《中国古代的夫妻合葬墓》，《华夏考古》，1989 年第 4 期。

经·王风·大车》记有“谷则异室，死则同穴”[①]，《诗经·唐风·葛生》载“夏之日，冬之夜，百岁之后，归于其居！冬之夜，夏之日，百岁之后，归于其室（笺注：居，坟墓也。室犹冢圹）”[②]，均表达了夫妻死后追求合葬的生活态度。《礼记·檀弓下》还记载了孔子评价卫鲁两国合葬习俗优劣之语，“卫人之祔也离之，鲁人之祔也合之，善夫!”孔颖达疏“鲁、卫兄弟，应同周法，故并之也”[③]，也反映了这一点。

东周墓葬考古中亦发现较多的夫妻合葬实例，如郑、韩、楚、齐、晋等国都发现了较多的夫妻合葬墓，相对而言，秦人夫妻合葬的情况则出现较晚。目前发现的秦人夫妻合葬现象主要集中于贵族阶层，如春秋中期到战国中期雍城秦公陵园中有6座陵园为秦公及其夫人（次夫人）的并穴合葬墓[④]，咸阳塬上发现战国中期严家沟Ⅰ号陵、周陵镇Ⅱ号陵为秦公及其夫人合葬墓[⑤]，临潼芷阳秦东陵一号陵园内发现战国中晚期的秦公及夫人合葬大墓[⑥]等。这些秦公夫妻合葬墓中较早的雍城秦公陵园时间上限可能为春秋中期[⑦]，其余合葬墓时间则主要为战国时期，特别是集中在战国中期以后。[⑧] 由此可以推测，秦人墓葬中的夫妻合葬现象应该是秦在战国中

---

① 毛亨传，郑玄笺，孔颖达疏：《毛诗正义》，李学勤主编：《十三经注疏》，北京：北京大学出版社，1999年，第270页。

② 毛亨传，郑玄笺，孔颖达疏：《毛诗正义》，李学勤主编：《十三经注疏》，北京：北京大学出版社，1999年，第402页。

③ 郑玄注，孔颖达疏：《礼记正义》，李学勤主编：《十三经注疏》，北京：北京大学出版社，1999年，第329页。

④ 梁云、田亚岐：《试论雍城秦公陵园的墓主及葬制》，《考古与文物》，2015年第4期。

⑤ 刘卫鹏、岳起：《咸阳塬上“秦陵”的发现和确认》，《文物》，2008年第4期。

⑥ 陕西省考古研究所、临潼县文管会：《秦东陵第一号陵园勘查记》，《考古与文物》，1987年第4期。

⑦ 因为雍城秦公陵园的发掘报告尚未完全发表，暂不能准确判断夫妻合葬的时间上限。

⑧ 另有甘肃大堡子山M2和M3为秦人早期异穴同丘墓葬，但因该墓地被盗严重，文物流失海外，资料极度匮乏，所以学界对于M2和M3的墓主人争议较大，故不列入。参见戴春阳：《礼县大堡子山秦公墓地及有关问题》，《文物》，2000年第5期；魏春元：《大堡子山秦公陵园墓主研究综述》，《天水师范学院学报》，2008年第3期。

期前后受到东方诸国文化的影响所致。

进入西汉以后，汉人不但继承了周代的夫妻合葬习俗，而且合葬墓数量急剧增加，“不仅在皇帝王侯贵族、高级官僚等统治阶层，在下级官吏地方豪族、庶民等被统治阶层中间，合葬也开始流行；夫妻合葬的风俗明显已成为社会的一般观念”①。汉代这种重视夫妻合葬的习俗应是汉代统治者效法周人思想的一种体现。《汉书·哀帝纪》中记载了汉哀帝合葬其生母丁氏于定陶，就能较好地说明这一点。

> 六月庚申，帝太后丁氏崩。上曰：“朕闻夫妇一体。《诗》云：‘谷则异室，死则同穴。’昔季武子成寝，杜氏之殡在西阶下，请合葬而许之。附葬之礼，自周兴焉。‘郁郁乎文哉！吾从周。’孝子事亡如事存。帝太后宜起陵恭皇之园。”遂葬定陶。发陈留、济阴近郡国五万人穿复土。②

上文中哀帝欲合葬其母时引孔子语，明确表示“从周”。除了哀帝，汉初刘邦还曾经效法孔子合葬其父母。《礼记·檀弓上》记载孔子曾经找寻父亲坟墓，将其与母合葬。“孔子少孤，不知其墓。殡于五父之衢，人之见之者，皆以为葬也。其慎也，盖殡也。问于郰曼父之母，然后得合葬于防。”③ 无独有偶，汉高祖刘邦也为能合葬父母而另立生母衣冠冢。刘邦之母早亡，本葬汴州陈留县东北三十三里处的小黄故城（今河南开封东北），《史记·高祖本纪》下《正义》引《汉仪注》有云：“高帝母起兵时死小黄城，后于小黄立陵庙。”④ 后高祖五年刘邦汜水为帝时追封其母为昭灵夫人，《史记·高祖本纪》下《正义》引《陈留风俗传》云：“沛公起兵野

---

① 太田有子著，杨凌译：《中国古代的夫妻合葬墓》，《华夏考古》，1989年第4期。

② 班固著，颜师古注：《汉书》卷十一《哀帝纪》，北京：中华书局，1962年，第339页。

③ 郑玄注，孔颖达疏：《礼记正义》，李学勤主编：《十三经注疏》，北京：北京大学出版社，1999年，第176页。

④ 司马迁：《史记》卷八《高祖本纪》，北京：中华书局，1959年，第342页。

战，丧皇妣于黄乡，天下平定，使使者以梓宫招幽魂，于是丹蛇在水自洒，跃入梓宫，其浴处有遗发，谥曰昭灵夫人。”① 高祖十年（前197），刘邦父太公去世，刘邦又于太上皇万年陵（今陕西西安临潼昌平村与富平县姚村交界处）西北120米处建合葬陵，刘庆柱、李毓芳指出临潼的昭灵皇后陵“或为昭灵后的衣冠冢，即所谓招魂之葬”②。

综上，汉代重视夫妻合葬的习俗应源于汉代统治者“行仁义、法先圣”的有意为之。秦时商鞅变法，为达到巩固君主专制的目的，将国家政治思想充分地狭窄化、限域化，强调“以奸民治善民”，极力毁弃周代以来宗法血缘的家族伦理。汉初鉴秦之弊，将宗法血缘的“亲亲”“尊尊”等伦理制度作为黏合社会的内在机制，将周代血缘宗法制规范作为治天下的道德准则，以家族伦理来对秦毁灭宗法血缘、单纯强调国家伦理的统治方式进行纠偏。不仅如此，上文中高祖为其母设衣冠冢、哀帝合葬生母时所说的“孝子事亡如事存”语，还反映出西汉统治者将周人夫妻合葬的血缘宗法规范与儒家孝道相结合的一面。由此，周人文化中的夫妻合葬习俗作为“亲亲”宗法思想中的一环，逐渐化入“三纲”“五常”的伦理范畴体系，汉代的社会控制思想也在家族伦理向国家政治伦理的递进过程中不断强化。陆贾就曾经在《新语·道基》中说：“百姓以德附，骨肉以仁亲，夫妇以义合，朋友以义信，君臣以义序，百官以义承。曾、闵以仁成大孝，伯姬以义建至贞……”③ 在这种背景下，“五经”中强调宗法、血缘的周代文化思想融入“汉制”的思想体系，被儒家士人提高到政治哲学与道德本位的高度，认为其是与天地同德的天道。④

二、“亞”字形墓葬结构反映的周秦“四方”观念

墓葬结构是墓葬礼制中的重要组成部分，西汉十一帝陵均使用

---

① 司马迁：《史记》卷八《高祖本纪》，北京：中华书局，1959年，第342页。

② 刘庆柱、李毓芳：《西汉十一陵》，西安：陕西人民出版社，1987年，第128页。

③ 陆贾撰，王利器整理：《新编诸子集成·新语校注》，北京：中华书局，2012年，第30页。

④ 参见李禹阶：《“汉制”新探——论西汉前期的“汉承秦制”与“汉家法周”》，《华南师范大学学报（社会科学版）》，2020年第2期。

“亞”字形墓葬结构（表9-1）。“亞”，甲骨文作“”（《合》26953），“亞”字形墓即带有四条墓道的墓葬结构。学界常把西汉帝陵这种“亞”字形墓葬结构与秦咸阳塬严家沟Ⅰ号陵、周陵镇Ⅱ号陵秦公大墓，临潼芷阳秦东陵一号陵、四号陵中三座秦公大墓的“亞”字形墓葬相联系，并借此作为秦汉帝陵建制前后相承的重要表现，如段清波、朱晨露就指出：“战国时期，随着周天子影响力日渐衰微，列国僭越现象不断发展，战国晚期秦国率先开始使用四条墓道。至秦统一，在构建中央集权郡县制社会治理体系的同时，也整合了先秦以来的墓道使用规范，形成皇帝、皇后使用四条墓道并以东墓道为主墓道的制度，直至西汉晚期。”① 对于这种观点，我们是十分赞同的。

表9-1　西汉十一陵墓葬形制

汉高祖 刘邦 （长陵）	汉惠帝 刘盈 （安陵）	汉文帝 刘恒 （霸陵）	汉景帝 刘启 （阳陵）	汉武帝 刘彻 （茂陵）	汉昭帝 刘弗陵 （平陵）	汉宣帝 刘询 （杜陵）	汉元帝 刘奭 （渭陵）	汉成帝 刘骜 （延陵）	汉哀帝 刘欣 （义陵）	汉平帝 刘衎 （康陵）
“亞” 字形	“亞” 字形	“亞” 字形	“亞” 字形	“亞” 字形	“亞” 字形	“亞” 字形	“亞” 字形	“亞” 字形	“亞” 字形	“亞” 字形
吕后	孝惠 张皇后	孝文 窦皇后	孝景 王皇后	李夫人	孝昭上 官皇后	孝宣 王皇后	孝元 王皇后	待证	孝哀 傅皇后	孝平 王皇后
“亞” 字形	“中” 字形	“亞” 字形	“亞” 字形	“甲” 字形	“亞” 字形	“甲” 字形	“亞” 字形	“亞” 字形	“甲” 字形	“亞” 字形

“亞”字形墓葬结构起源较早，河南安阳商代遗址中就发现了十座“亞”字形结构墓葬，均为商王级别的大墓。21世纪初，考古工作者又在陕西周公庙遗址发现了西周时期的十座高等级“亞”字形大墓。“亞”字形墓葬为中国古代早期社会最高等级的墓葬形制已是学界共识，“虽并非

① 段清波、朱晨露：《古代陵墓墓道研究——中国古代陵墓制度研究之四》，《考古与文物》，2019年第5期。

只有王才能享用，但确为王墓规制”[①]。

“亞”字形墓葬建筑工序复杂，远超其他形状的墓葬结构，高去寻就曾经指出，建筑“亞”字形结构的墓室难度远大于建筑其他墓道数量的墓室，其于人力、物力上都需要投入更多。[②] 那么，为什么要选“亞”字形墓葬结构作为王墓的专属形制？高去寻认为这可能与青铜时期的宗庙象征有关。[③] 王爱和在高氏基础上进一步指出“亞”字形墓葬结构代表着一种“四方—中心结构”，“在商代，王族的祖先被视为宇宙中心，是四个方向的交会点。……四方和中心形成一个结构整体，一个三维宇宙观。一方面，中心在每一维都是通过四方来定义、表明的……另一方面，在此宇宙观中，四方依靠中心才成为一个多层次宇宙观，在这多层次宇宙观中，中心即王族祖先。……政治、宗教上的优越性是通过垄断四方—中心这一宇宙层面而获得”[④]。段清波、朱晨露也认为“墓道及其诞生的使用制度，更多是体现在墓主身份等级和中心四方宇宙观的表象上”；“即墓室为统治的中心，四条墓道联通政治地域上的四方”。[⑤]

中国古代“择中”以治四域的理念由来已久，如《史记·五帝本纪》中有“夫而后之中国践天子位焉”，《集解》引刘熙语“帝王所都为中，故曰中国”[⑥]；《史记·周本纪》记周公营建洛邑时称“此天下之中，四方入贡道里均”[⑦]；《诗经·大雅·民劳》有“惠此中国，以绥四方”，传曰

---

① 种建荣、张天宇、雷兴山：《晚商与西周时期墓道形制初识》，《江汉考古》，2018年第1期。

② 高去寻：《殷代大墓的木室及其涵义之推测》，载《“中研院”历史语言研究所集刊》第39本，台北：商务印书馆，1969年，第175~188页。

③ 高去寻：《殷代大墓的木室及其涵义之推测》，载《“中研院”历史语言研究所集刊》第39本，台北：商务印书馆，1969年，第175~188页。

④ 王爱和著，金蕾、徐峰译，徐峰校：《中国古代宇宙观与政治文化》，上海：上海古籍出版社，2011年，第58~67页。

⑤ 段清波、朱晨露：《古代陵墓墓道研究——中国古代陵墓制度研究之四》，《考古与文物》，2019年第5期。

⑥ 司马迁：《史记》卷一《五帝本纪》，北京：中华书局，1959年，第30、31页。

⑦ 司马迁：《史记》卷四《周本纪》，北京：中华书局，1959年，第133页。

“中国，京师也”[①]；《吕氏春秋·慎势》记“古之王者，择天下之中而立国，择国之中而立宫，择宫之中而立庙”[②]；《荀子·大略》言“欲近四旁，莫如中央，故王者必居天下之中，礼也”[③]。邓国军认为先秦时期的择中等空间方位观念包含着浓郁的政治性，在周时被纳入宗法礼制的体系中，渗透于社会生活的方方面面，成为周王朝秩序统治的重要一环，其中就包括影响周人贵族的丧葬秩序。[④]“亞”字形墓葬结构的选择与使用，正是这种王者居中治天下方位观念的地下反映。

方位观在秦时被进一步丰富和发展，秦人不仅将居“中”的认知上升至“天地一体”（郭璐从星象的角度解析秦都咸阳城，认为其是秦人“象天设都”建筑理念的具体表现模式，“天象垂直投影，中宫天极居中、东西南北四宫分别与地上四方相对，五宫星座与都城各片区人工建设一一呼应。这种关系的建立并非‘机械投影’，而是在保持星座间的几何拓扑关系和文化象征意义的基础上，结合地面实际建设条件，进行适当协调、妥协，形成天地一体的空间模式”[⑤]），而且把地域方位等信息与领土扩张、边疆意识相结合（如王子今在《秦汉区域地理学的“大关中”概念》中认为“关中”一词含义与秦国疆域扩张历程有关[⑥]；在《秦汉边政的方位形势：“北边”“南边”“西边”“西北边”》中指出“四边”为秦汉时期的习用语，“四边”“五方”等地理概念不仅与秦汉地理方位知识有关，体现着“中央政权边政之关注点的方位区别”，而且与周边“复杂的民族关系”和“边疆民族理念”等信息有关，秦汉时期“五方”“四边”的相

① 毛亨传，郑玄笺，孔颖达疏：《毛诗正义》，李学勤主编：《十三经注疏》，北京：北京大学出版社，1999年，第1138页。

② 吕不韦编，许维遹集释，梁运华整理：《新编诸子集成·吕氏春秋集释》卷第十七《审分览》，北京：中华书局，2009年，第460页。

③ 王先谦撰，沈啸寰、王星贤点校：《新编诸子集成·荀子集解》卷第十九《大略篇》，北京：中华书局，1988年，第485页。

④ 参见邓国军：《空间方位观念与商周王朝秩序》，《中山大学学报（社会科学版）》，2020年第3期。

⑤ 郭璐：《秦咸阳象天设都空间模式初探》，《古代文明》，2016年第2期。

⑥ 王子今：《秦汉区域地理学的“大关中”概念》，《人文杂志》，2003年第1期。

关知识，“可以归入地理学范畴，然而也体现了当时社会的民族意识和文化理念”[①]）。所以，有着明确方位意识的秦人，在战国中期以后随着国力的增强、野心的膨胀，开始越权使用代表“四方—中心结构”的“亞”字形墓葬结构并不奇怪，这也正反映了秦人志在天下的企图和决心。而秦的这种本源殷周的居中方位观，连同该方位观念下择施的“亞”字形墓葬建制理念，在汉初又被统治者进一步继承了下来。

有趣的是，我们发现，恰恰是在始皇真正统一天下、御宇六合后反倒不再为殷周“四方观”所局限，而是想要创制出自己的宇宙观了，所以秦始皇陵中才会有“以水银为百川江河大海，机相灌输，上具天文，下具地理”[②] 的奇观，今天的考古探测才会出现秦始皇陵结构是采用两条墓道的惊人结果。[③] 当然关于始皇陵墓道数量等的探测数据，学界还存有较大疑问，至于真实情况，只能期待未来进一步的考古结果了。

综上，在古人“事死如生”的墓葬观念中，帝陵作为最高统治者死后的去处，其墓葬选用“亞”字形结构，代表着墓主人对四方疆域统治权的死后延续。西汉帝陵在秦代陵墓制度的基础上，继续沿用殷周陵墓中饱蕴礼制观念与政治统治秩序的“亞”字形结构，并一直延续至西汉末期。

三、西汉后陵形制中的“尊尊”“亲亲”等宗法理念

自先秦起，陵墓所使用的墓道数量，就是区分墓主人身份等级的重要标识，如使用四条墓道“亞”字形墓葬的墓主人等级，往往要高于使用两条墓道“中”字形墓葬和使用一条墓道“甲”字形墓葬的墓主人等级。观察表 9-1，我们发现，西汉十一陵中，皇帝墓葬结构皆为同等级的“亞”字形墓葬，但十一陵中与皇帝“同茔异穴”的后陵并不都是“亞”

---

① 王子今：《秦汉边政的方位形势：“北边”“南边”“西边”“西北边”》，《中央民族大学学报（哲学社会科学版）》，2021 年第 3 期。

② 司马迁：《史记》卷六《秦始皇本纪》，北京：中华书局，1959 年，第 265 页。

③ 段清波：《秦始皇帝陵园考古研究》，北京：北京大学出版社，2011 年，第 139～140 页。

字形墓葬结构，还出现有等级稍低的“中”字形墓葬和“甲”字形墓葬，为什么会有这种现象？

十一座后陵中非“亞”字形墓葬结构的陵墓共有四座，分别为：汉惠帝刘盈（安陵）—孝惠张皇后—“中”字形墓穴、汉武帝刘彻（茂陵）—李夫人—“甲”字形墓穴、汉宣帝刘询（杜陵）—孝宣王皇后—“甲”字形墓穴、汉哀帝刘欣（义陵）—孝哀傅皇后—“甲”字形墓穴。分别梳理四位不能使用“亞”字形陵墓的后妃情况如下：

汉惠帝刘盈安陵孝惠张皇后，名张嫣，为汉惠帝刘盈姐鲁元公主及宣平侯张敖之女。《汉书·外戚传》记：

> 孝惠张皇后。宣平侯敖尚帝姊鲁元公主，有女。惠帝即位，吕太后欲为重亲，以公主女配帝为皇后。欲其生子，万方终无子，乃使阳为有身，取后宫美人子名之，杀其母，立所名子为太子。……吕太后崩，大臣正之，卒灭吕氏。少帝恒山、淮南、济川王，皆以非孝惠子诛。独置孝惠皇后，废处北宫，孝文后元年薨，葬安陵，不起坟。①

从《汉书》记述可知，孝惠张皇后陵墓不用“亞”字形结构，原因可能有二：一无子，“欲其生子，万方终无子”；二受诸吕之乱牵连被废，故其陵墓葬制规格可能有所降低。刘庆柱、李毓芳认为：“(孝惠张皇后)在吕氏宫廷政变失败后，被迫‘退处’北宫，但皇后之名并未被废，因此死后能够合葬安陵。然而，她毕竟不同于其她皇后，所以虽合葬安陵，但‘不起坟’。现在地面上的坟丘或为后代所建。”②

汉武帝刘彻茂陵李夫人，武帝宠妃，早亡。《汉书·外戚传》记：

> 孝武李夫人，本以倡进。初，夫人兄延年性知音，善歌舞，武帝爱

① 班固著，颜师古注：《汉书》卷九十七上《外戚传上》，北京：中华书局，1962年，第3940页。

② 刘庆柱、李毓芳：《西汉十一陵》，西安：陕西人民出版社，1987年，第27页。

之。每为新声变曲，闻者莫不感动。延年侍上起舞，歌曰："北方有佳人，绝世而独立，一顾倾人城，再顾倾人国。宁不知倾城与倾国，佳人难再得!"上叹息曰："善！世岂有此人乎?"平阳主因言延年有女弟，上乃召见之，实妙丽善舞。由是得幸，生一男，是为昌邑哀王。李夫人少而蚤卒，上怜闵焉，图画其形于甘泉宫。及卫思后废后四年，武帝崩，大将军霍光缘上雅意，以李夫人配食，追上尊号曰孝武皇后。[1]

从《汉书》记述可知，李夫人陵墓不用"亞"字形结构，原因是其品阶本非皇后，而是卫后被废，霍光在武帝死后，尊武帝遗愿，才使其配享宗庙，追谥"孝武皇后"的，论其真实位次，确实不能使用"亞"字形结构墓葬。

汉宣帝刘询杜陵孝宣王皇后，本为婕妤，后霍光女霍后被废，宣帝怜惜太子无母，遂立为后，令其养育太子。《汉书·外戚传》记：

孝宣王皇后……父奉光。奉光少时好斗鸡，宣帝在民间数与奉光会，相识。奉光有女年十余岁，每当适人，所当适辄死，故久不行。及宣帝即位，召入后宫，稍进为婕妤。是时，馆陶〔王〕母华婕妤及淮阳宪王母张婕妤、楚孝王母卫婕妤皆爱幸。霍皇后废后，上怜许太子蚤失母，几为霍氏所害，于是乃选后宫素谨慎而无子者，遂立王婕妤为皇后，令母养太子。自为后后，希见无宠。……宣帝崩，元帝即位，为皇太后。封太后兄舜为安平侯。后二年，奉光薨，谥曰共侯，葬长门南，置园邑二百家，长丞奉守如法。元帝崩，成帝即位，为太皇太后。……时成帝母亦姓王氏，故世号太皇太后为邛成太后。邛成太后凡立四十九年，年七十余，永始元年崩，合葬杜陵，称东园。[2]

---

① 班固著，颜师古注：《汉书》卷九十七上《外戚传上》，北京：中华书局，1962年，第3951页。

② 班固著，颜师古注：《汉书》卷九十七上《外戚传上》，北京：中华书局，1962年，第3969~3970页。

从《汉书》记述可知，孝宣王皇后陵墓不用“亞”字形结构，原因可能是无子，“选后宫素谨慎而无子者，遂立王婕妤为皇后，令母养太子”。

汉哀帝刘欣义陵孝哀傅皇后，为定陶太后堂弟之女，汉哀帝为太子时，即为太子妃。《汉书·外戚传》记：

> 孝哀傅皇后，定陶太后从弟子也。哀帝为定陶王时，傅太后欲重亲，取以配王。王入为汉太子，傅氏女为妃。哀帝即位……傅妃立为皇后。……哀帝崩，王莽白太皇太后下诏曰：“定陶共王太后与孔乡侯晏同心合谋，背恩忘本，专恣不轨，与至尊同称号，终没，至乃配食于左坐，悖逆无道。今令孝哀皇后退就桂宫。”后月余，复与孝成赵皇后俱废为庶人，就其园自杀。①

从《汉书》记述可知，孝宣傅皇后陵墓不用“亞”字形结构，原因是王莽专权后指其父傅晏“背恩忘本，专恣不轨，与至尊同称号”，而牵连被废所致。

综上，四位后妃不能使用“亞”字形墓葬的情况可以分为三种：一是无子，如孝宣王皇后；二是因罪（失德），如孝惠张皇后、孝哀傅皇后；三是嫡庶，如李夫人。

无子，汉代以孝治天下，讲究“母以子贵”的“春秋之义”。孝宣王皇后因非汉元帝生母，即使与元帝有养育之情，且在汉宣帝时就已经被册封为皇后，死后墓葬却仍只能使用“甲”字形结构。与之成反例的是汉哀帝生母丁氏，哀帝以定陶王为太子继而登基为帝，为帝后仅一个月就赐封其生母族人，哀帝“诏曰：‘《春秋》“母以子贵”，尊定陶太后曰恭皇太后，丁姬曰恭皇后，各置左右詹事，食邑如长信宫、中宫。’追尊傅父为崇祖侯、丁父为褒德侯。封舅丁明为阳安侯，舅子满为平周侯。追谥满父忠为平周怀侯，皇后父晏为孔乡侯，皇太后弟侍中光禄大

---

① 班固著，颜师古注：《汉书》卷九十七下《外戚传下》，北京：中华书局，1962年，第4004~4005页。

夫赵钦为新成侯”[①]。后隔一岁又以“汉家之制，推亲亲以显尊尊”[②]的原因，再次赐封其母族属高爵厚禄，“定陶恭皇之号不宜复称定陶。尊恭皇太后曰帝太太后，称永信宫；恭皇后曰帝太后，称中安宫。立恭皇庙于京师。赦天下徒”[③]。2010年10月在山东定陶灵圣湖发现一座汉代墓葬，考古工作者判断其可能为汉哀帝生母丁姬之墓，该墓不但为“甲”字形结构，而且封土巨大，墓中还使用了黄肠题凑等高级别埋葬方式。[④]

因罪（失德），孝惠张皇后和孝哀傅皇后。一因诸吕之乱牵连，被迫“退处”北宫，死后虽合葬安陵，但不起坟，仅能使用“中”字形墓葬结构；二因父责被牵连，虽本身无错，但被王莽弄权废黜后自杀，虽合葬义陵，却也只能使用“甲”字形墓葬结构。此二人虽同实为赐封皇后，却均因“罪”无端被剥夺了“亚天子”的葬制权利。

嫡庶，汉武帝李夫人虽享合葬帝陵，但并非皇后，名为宠妃，实为庶妻。《汉书·外戚传》记：“汉兴，因秦之称号，帝母称皇太后，祖母称太皇太后，适称皇后，妾皆称夫人。”[⑤]汉代皇帝正妻称“皇后”，其余妃嫔称“夫人”，一个皇帝的陵域内，只有皇后可以享用“亚天子”葬制。“考古资料证实，在西汉的11座帝陵中，一般都发现有2座大型陵墓，其中一座居中，亚字形，周围有数量较多的外藏坑，多有方形的内陵园环绕，内陵园附近有寝殿、便殿。另一座位于其侧，多为亚字形，外藏坑数量较少，方形陵园也略小，附近的寝殿、便殿规模也相应减省。参照文献，这些居中的亚字形大墓为帝陵，而居其侧的陵墓则应是皇后。也就是

---

① 班固著，颜师古注：《汉书》卷十一《哀帝纪》，北京：中华书局，1962年，第335页。

② 班固著，颜师古注：《汉书》卷十一《哀帝纪》，北京：中华书局，1962年，第339页。

③ 班固著，颜师古注：《汉书》卷十一《哀帝纪》，北京：中华书局，1962年，第339页。

④ 盘霄远：《山东定陶灵圣湖汉墓墓主身份研究》，《赤峰学院学报（汉文哲学社会科学版）》，2014年第2期。

⑤ 班固著，颜师古注：《汉书》卷九十七上《外戚传上》，北京：中华书局，1962年，第3935页。

说作为皇帝的正妻——皇后，可与皇帝‘同茔异穴’，并享用着略低于皇帝级别的亚天子葬制。”[①] 焦南峰等多位学者指出，汉代帝陵建制同“京师”，天子为朝堂至尊，皇后为后宫之尊，不可能有多位至尊同时出现的情况，故天子级别的“亞”字形墓葬绝不会超过两座，如汉元帝渭陵内发现三座大墓的情况下，“亞”字形墓葬也仅有汉元帝和孝元王皇后两人，同葬的孝元傅昭仪虽名为皇后，但其墓葬结构仍然是“甲”字形墓葬。也就是说，与汉帝合葬并享“亚天子”葬制的人必须是汉帝的正妻皇后。[②] 故李夫人虽因汉武帝宠爱，特许合葬，又被“追上尊号曰孝武皇后”，但终究只能使用“甲”字形墓葬结构。

需要注意的是汉高祖刘邦后妃薄姬陵。薄姬陵位于西安市灞桥区鲍旗寨村西北800米处，是一座拥有巨大封土的“亞”字形结构墓葬。薄姬虽仅为刘邦后妃，却因其子为汉文帝，去世时间又晚于吕后，故得享皇后的“亚天子”陵制。《汉书·外戚传》记：

> 太后后文帝二岁，孝景前二年崩，葬南陵。用吕后不合葬长陵，故特自起陵，近文帝。[③]

颜师古注“用吕后不合葬长陵”的原因正是因为嫡庶之别，“以吕后是正嫡，故薄不得合葬也”[④]。汉文帝孝行天下，为使其母可以享受“亚天子”陵制，自己另择陵址。马永嬴指出，汉初陵丧应已有规定，如果薄氏要入葬长陵，大概只能以妃嫔身份规制修建陵墓。这样的墓葬形制，明显贬低了已被尊为皇太后的薄氏。从情感上来讲，文帝不能接受，所以文帝仿照秦昭襄王随母同葬的方式，自己离开咸阳祖陵区，另择新址，使其母

① 焦南峰：《西汉帝陵“夫人”葬制初探》，《考古》，2014年第1期。

② 参见焦南峰：《西汉帝陵“夫人”葬制初探》，《考古》，2014年第1期。

③ 班固著，颜师古注：《汉书》卷九十七上《外戚传上》，北京：中华书局，1962年，第3942页。

④ 班固著，颜师古注：《汉书》卷九十七上《外戚传上》，北京：中华书局，1962年，第3942页。

薄氏以“近孝文皇帝霸陵”为由，顺理成章地在霸陵附近以皇太后之礼营建陵墓。[①]

综上，从四位不能使用“亞”字形墓葬形制的后妃例中，可以观察到“亲亲”“尊尊”“孝”等周人一系列宗法礼制观念在汉代帝后陵墓建制中所起的作用。自西汉初，惠、文、景等帝均十分强调宗法、孝制观念，将亲、孝等核心思想上升为家族伦理，与国家政治道德进行互补。《汉书·文帝纪》：“孝悌，天下之大顺也。力田，为生之本也。三老，众民之师也。廉吏，民之表也。”[②] 陆贾《新语·道基》：“百姓以德附，骨肉以仁亲，夫妇以义合。”[③] 宗法成为一种贯穿西汉家族、社会与国家的规范等级秩序的政治伦理，不仅仅表现为单纯的尊老敬老、夫妻合义的行为，还成为儒家“三纲五常”伦理道德的基础。从西汉帝王对宗法道德的身体力行可以看出以血缘为基础的政治、伦理思想已经成为“汉制”建构的重要内容，成为汉代规范社会教化、奠定社会等级秩序的道德伦理基础。[④]

四、帝陵外藏系统与皇权集中化

外藏系统[⑤]，也称外藏椁，是汉代贵族墓葬中一种常见的随葬制度。《汉书·霍光传》中首次提到“外藏”的概念，“光薨，上及皇太后亲临光丧。太中大夫任宣与侍御史五人持节护丧事。中二千石治莫府冢上。赐金钱、缯絮，绣被百领，衣五十箧，璧珠玑玉衣，梓宫、便房、黄肠题凑各一具，枞木外臧椁十五具。东园温明，皆如乘舆制度”[⑥]。俞伟超把汉墓

① 马永嬴：《汉文帝霸陵选址研究》，《考古与文物》，2021年第1期。

② 班固著，颜师古注：《汉书》卷四《文帝纪》，北京：中华书局，1962年，第124页。

③ 陆贾撰，王利器整理：《新编诸子集成·新语校注》，北京：中华书局，2012年，第30页。

④ 参见李禹阶：《“汉制”新探——论西汉前期的“汉承秦制”与“汉家法周”》，《华南师范大学学报（社会科学版）》，2020年第2期。

⑤ “外藏系统”这种说法，来自段清波、张颖岚的文章《秦始皇帝陵的外藏系统》，载于《考古》2003年第11期。

⑥ 班固著，颜师古注：《汉书》卷六十八《霍光金日磾传》，北京：中华书局，1962年，第2948页。

墓形制度分为“正藏”与“外藏椁”两类，“正藏”包括“梓宫”“便房”“明堂”“后寝”“黄肠题凑”，“外藏”是远离“正藏”，而在墓外的存在。[①] 李如森认为汉代诸侯王、列侯墓葬中“正藏”谓藏主之椁，“外藏椁”可能是婢妾之藏，也可能是“厨、厩之属”。从考古资料看，“外藏椁”包括“婢妾之藏”与“厨、厩之属”三项内容。西汉前期“外藏椁”有三种形式，其中之一是“外藏椁”分列于墓道内与主墓之旁。[②] 刘振东认为所谓墓葬的正藏，“其中心是盛放墓主尸体的棺或套棺，棺外置椁，由棺椁构成的多重封闭的空间即为正藏。它一般位于墓室的中央，是墓葬的主体部分”，“外藏椁是相对于正藏的一个概念，它位于墓葬正藏之外，应是正藏的附属部分。它或位于墓圹内正藏之外，或位于墓道中，或被安置在墓外。不管位置何处，一般来说，每具外藏椁自成一个单元，实际上就是一个一个的陪葬坑（室）”。[③]

外藏系统（外藏椁）起源较早，俞伟超认为这种“汉制”从春秋晚期发其端，战国时已成为好几个诸侯国的王陵制度，到汉代，诸侯王与列侯的墓葬，就沿用了这种制度。[④] 李如森认为外藏椁是由商代后期的殉人坑、车马坑和壁龛发展而来，西汉至鼎盛，到西汉末年至东汉，这种葬制因为葬俗的变化而灭亡。[⑤] 刘振东从考古资料分析认为至迟在春秋中晚期，已经出现了独立于墓主棺椁系统的器物坑外藏椁。战国时期得到进一步发展，后影响到汉代。[⑥] 段清波认为外藏坑或者外藏椁制度最早可以追溯到商周时期，如殷墟出土的一些大型墓葬中棺椁之外的车马、殉人及器物等埋藏方式即可看成外藏坑或者外藏椁制度的雏形。外藏坑或者外藏椁制度的发展在秦汉时期，秦始皇帝陵园陪葬坑为代表的秦代外藏系统，为西汉

---

① 俞伟超：《先秦两汉考古学论集》，北京：文物出版社，1985年，第117~124页。

② 李如森：《汉代“外藏椁”的起源与演变》，《考古》，1997年第12期。

③ 刘振东：《中国古代陵墓中的外藏椁——汉代王、侯墓制研究之二》，《考古与文物》，1999年第4期。

④ 俞伟超：《先秦两汉考古学论集》，北京：文物出版社，1985年，第117~124页。

⑤ 李如森：《汉代“外藏椁”的起源与演变》，《考古》，1997年第12期。

⑥ 刘振东：《中国古代陵墓中的外藏椁——汉代王、侯墓制研究之二》，《考古与文物》，1999年第4期。

陵寝制度中外藏系统的最终成熟奠定了一个不可或缺的基础。到了西汉前期，外藏椁系统正式形成。[①]

关于外藏系统（外藏椁）的内容，刘振东引服虔阐释“在正臧外，婢妾臧也。或曰厨厩之属也”认为：“所谓‘婢妾’……狭义上理解，指各种身份的女性，如侍者、舞者、乐者等；广义上看，也包括了各种身份的男性，如御者、家臣、仪卫、兵士等，应是墓葬外藏椁中全部殉人（俑）的总括。所谓‘厨’……应是象征炊事的场所，包括叫做‘厨’的建筑物，与‘厨’有关的设施（灶、水井、粮仓等）和物品（炊具、食具、食用动物或动物俑、酒等）。所谓‘厩’……是养马的房舍。墓葬外藏椁中的‘厩’，表现为马坑、车马坑和车坑，真马或以马俑、马具代替，真车或用模型车、车器代替。……（秦代）首先得益于对前代各项制度的总结和继承，并在此基础上锐意创新。……始皇陵外藏椁中出现了一种前所未有的崭新内容，那便是模拟军队的兵马俑坑，这对汉代陵墓外藏椁产生了直接的影响。”[②]

西汉帝陵的外藏系统一直是学界关注的重点。2016 年，伴随着白鹿原江村大墓系统性钻探调查工作的开展，学者们逐渐认识到文帝时期的帝陵建制较之西汉初年有了较大的变化，尤其是其外藏系统，更成为文帝后西汉帝陵的建制模范。本文认为霸陵外藏系统的建制具有承上启下的意义，与文帝时期儒生的“更化”“建制”相关，其反映出的中央集权特征，为西汉前中期皇权制度的强化趋势做出了很好的注脚。

（一）西汉帝陵外藏系统基本情况

简列西汉帝陵外藏系统的基本情况如下：

1. 长陵

汉高祖刘邦的长陵位于咸阳市渭城区窑店街道三义村，经钻探发现陪葬坑 33 个（图 9–1）。陪葬坑主要位于东侧陵墓的东北部，均东西向，南

---

① 段清波：《秦始皇帝陵园相关问题研究》，西北大学博士学位论文，2007 年。

② 刘振东：《中国古代陵墓中的外藏椁——汉代王、侯墓制研究之二》，《考古与文物》，1999 年第 4 期。

北平行排列，平面基本呈长方形，宽 4～7 米、长 20～40 米，坑中出土大量陶俑和陶马，但被盗情况严重。陵东墓道的南北各有一条长 110 米、宽 6～7 米的长条形陪葬坑，坑内发现有动物骨骼。封土南部偏东位置有两条 60 米长的陪葬坑，北端深入封土下，坑内发现兽骨、漆皮等物。另外，在封土东南、西南也发现几个陪葬坑，坑内有漆皮、陶块等物。①

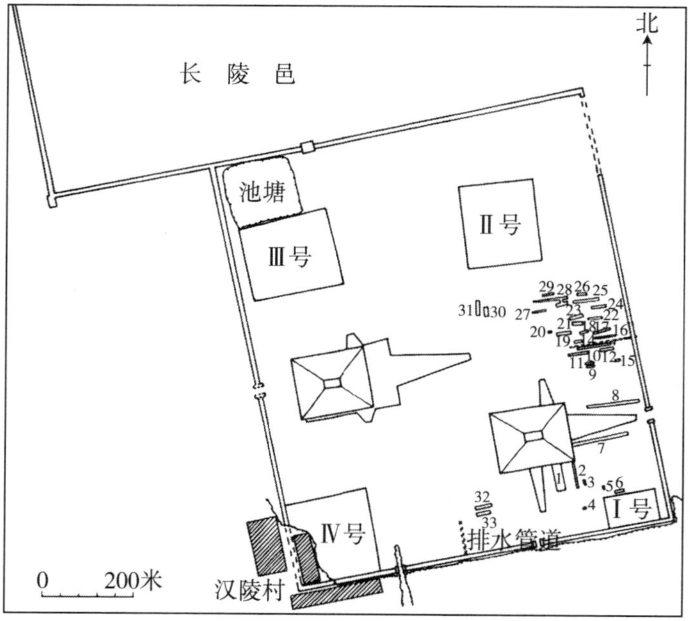

图 9-1　长陵陵园钻探平面图

资料来源：《西汉帝陵钻探调查报告》，北京：文物出版社，2010 年，第 8 页图三。

2. 安陵

汉惠帝刘盈的安陵位于咸阳市渭城区正阳街道白庙村南，经钻探发现陪葬坑 22 个。其中东北部 19 个（图 9-2），陪葬坑基本东西向，仅 2 个南北向。平行排列，长短参差不齐，宽度 4～6 米、长度 11～30 米，长度 50 米以上者有 3 个。封土东发现 3 个长方形平行陪葬坑，均为东西向，西端

① 咸阳市文物考古研究所：《西汉帝陵钻探调查报告》，北京：文物出版社，2010 年，第 7 页。

伸入封土下。封土南部 2 个陪葬坑长 70~90 米、宽 8~9 米。①

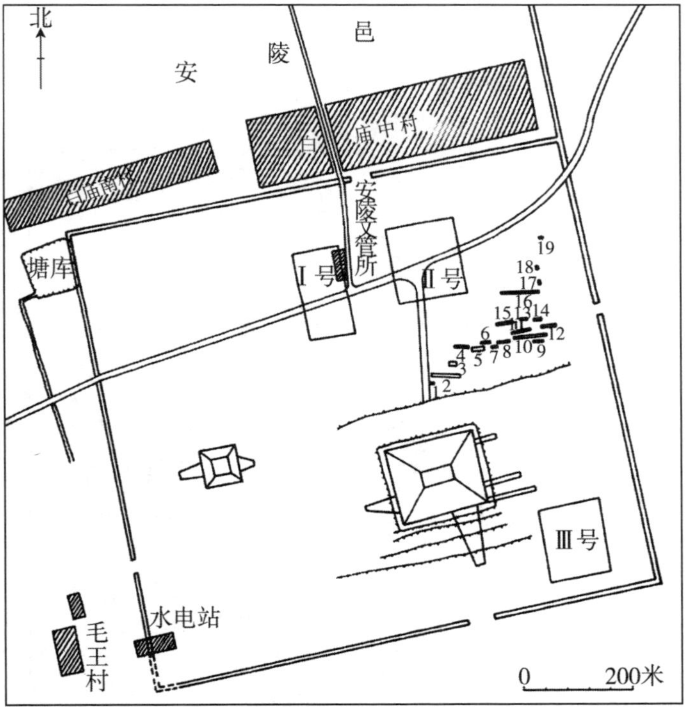

图 9-2　安陵陵园钻探平面图

资料来源：《西汉帝陵钻探调查报告》，北京：文物出版社，2010 年，第 23 页图七。

3. 霸陵

汉文帝刘恒的霸陵曾长期被误认为在西安市东郊白鹿原的凤凰嘴，后经考古学者多次调查勘探，现确认为距离白鹿原凤凰嘴约 2 公里处的江村大墓。霸陵共发现陪葬坑 114 个（图 9-3），其中 74 个呈放射状分布于墓室四周，分别为东侧 19 个、南侧 17 个、西侧 18 个、北侧 20 个；每侧陪葬坑基本平行，靠近墓室的一端几乎位于同一条直线上，排列十分整齐。各陪葬坑整齐围绕着封土呈放射状分布，其中东西侧的陪葬坑为东西向，

① 咸阳市文物考古研究所：《西汉帝陵钻探调查报告》，北京：文物出版社，2010 年，第 22 页。

南北侧的陪葬坑为南北向。陪葬坑多是长条形，最长的约 92.3 米，最短的仅 3 米，宽约 1~10.4 米，深 5.3~10.5 米。①

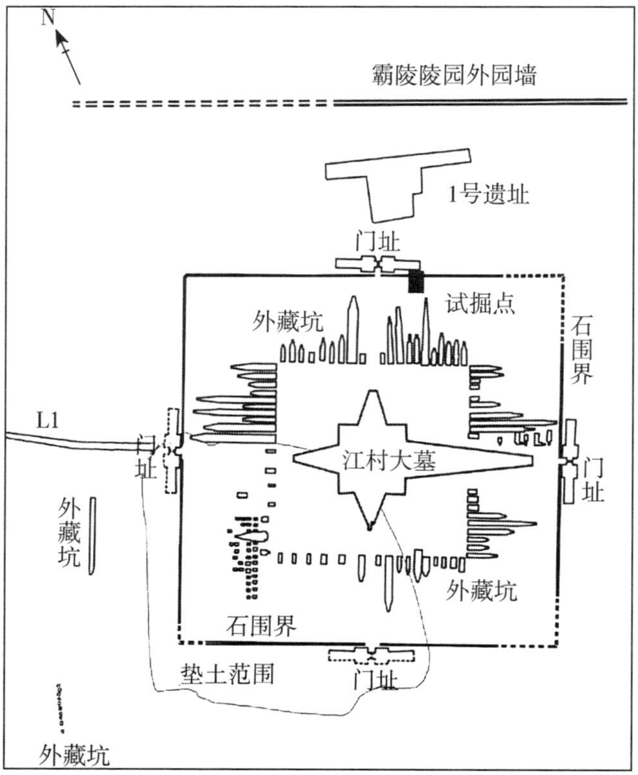

图 9-3　霸陵陵园文物遗迹分布图

资料来源：《汉文帝霸陵考古调查勘探简报》，《考古与文物》2022 年第 3 期，图六（局部）。

4. 阳陵

汉景帝刘启的阳陵位于咸阳市渭城区正阳街道张家湾、后沟村北的塬上，陵园内共发现陪葬坑 86 个（图 9-4）。同霸陵一样，阳陵的各陪葬坑的方向也是整齐围绕封土呈放射状排列，靠近封土的一端形成一条直线，

① 陕西省考古研究院、西安市文物保护考古研究院：《汉文帝霸陵考古调查勘探简报》，《考古与文物》，2022 年第 3 期。

与封土底边平行，其中东西侧的陪葬坑方向为东西向，南北侧的陪葬坑方向为南北向。除了个别陪葬坑，绝大多数陪葬坑与封土间的距离约为 10 米，各坑间最小间距约 2 米，最宽约 7 米，多数在 4 米左右。陪葬坑多宽 3~4 米，个别陪葬坑长度超过 100 米，最短的仅 4 米，深均约 3 米。

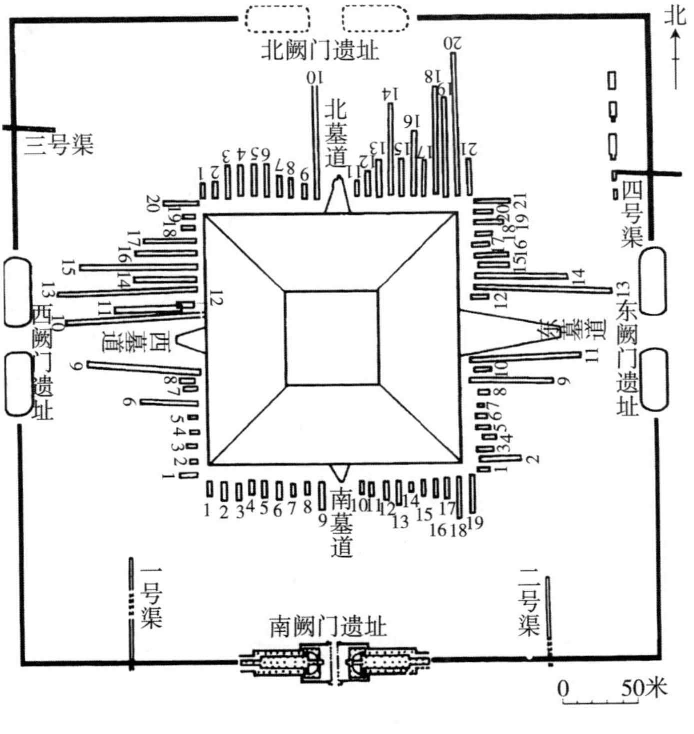

图 9-4　阳陵陵园平面图

资料来源：《西汉帝陵钻探调查报告》，北京：文物出版社，2010 年，第 38 页图一九。

关于各侧陪葬坑的出土物：阳陵东侧陪葬坑 21 个，墓道以南 11 个，墓道以北 10 个，坑内有骑兵、步兵、动物等各式陶俑，陶、铜、漆器等生活用具及兵器、车马器等；南侧陪葬坑 19 个，随葬物不明；西侧陪葬坑 20 个，有骑兵、步兵、动物陶俑，陶、铜、漆器等；北侧陪葬坑 21 个，坑内有兵器、车辆、车马器、步兵俑、生活用具等；东北角另有 5 个南北"一"字形排列的陪葬坑，其北端紧贴陵园北墙，坑内有朱砂、漆皮、板灰等遗迹和遗物。[1] 此外，值得一提的是，阳陵“同茔异穴”的孝景王皇后陵的28个陪葬坑，也是围绕封土呈放射状分布的。

5. 茂陵

汉武帝刘彻的茂陵位于陕西兴平市南位镇张里村、策村和道常村之间，陵园内共发现陪葬坑63个，同样是围绕着封土呈放射状分布（图9-5）。其中东侧13个、南侧14个、西侧17个、北侧19个。陪葬坑平面呈长方形，宽约3~7米、长约14~64米。[2]

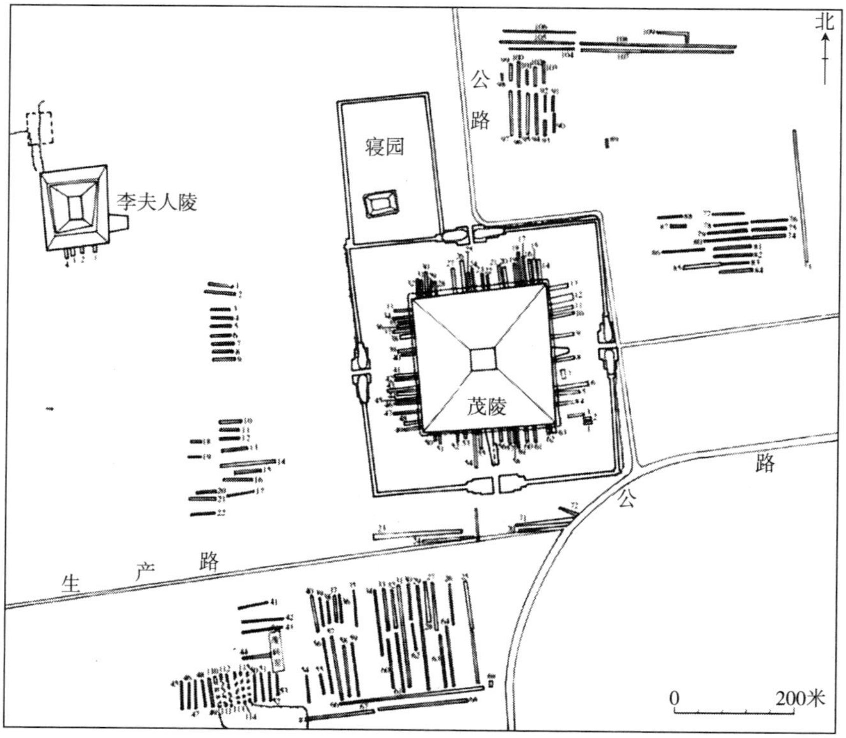

图9-5　茂陵陵园平面图

资料来源：《西汉帝陵钻探调查报告》，北京：文物出版社，2010年，第46页图二三。

① 咸阳市文物考古研究所：《西汉帝陵钻探调查报告》，北京：文物出版社，2010年，第37页。

② 咸阳市文物考古研究所：《西汉帝陵钻探调查报告》，北京：文物出版社，2010年，第46页。

6. 平陵、杜陵及以后

汉昭帝刘弗陵的平陵位于陕西咸阳市秦都区大王村至互助村之间，由于各方面原因，平陵陵园内陪葬坑并没有详细钻探，仅钻探了陵园外的随葬情况，发现有陪葬坑 21 个。①

杜陵陵园陪葬坑目前也没有太多信息公布，考古工作者仅对钻探发现的陪葬坑 K1、K4 进行了发掘，陪葬坑 K1 发现一些陶俑、彩绘明器车等物品，K4 内除了出土陶俑等物，还发现了一枚阴书篆文印章，上有“大仓”两字，发掘者认为 K4 应与“太仓”有关。② 此外，马永嬴在其《汉文帝霸陵对西汉帝陵规制的影响》一文中写道：“汉昭帝平陵与汉宣帝杜陵的外藏坑分布也规整有序，特别是皇帝陵园内的外藏坑均围绕封土四周，与墓道同一方向平行排列。”③

目前，汉宣帝杜陵以后的西汉帝王陵墓考古工作开展较少，有关帝陵外藏坑的信息更少。段清波就曾经指出：“汉宣帝杜陵以后的帝王陵墓考古工作开展较少，现在还不清楚西汉后期帝陵是否存在一如西汉前期帝王陵墓中那样的外藏系统，据文献记载（《汉书·成帝纪》），宣帝之子元帝下葬渭陵时（前 33 年），新皇帝汉成帝认可了‘乘舆、车、牛、马、禽兽皆非礼，不宜以葬’，或许标志着从此开始，秦汉以来帝王陵寝制度中的外藏系统慢慢开始消退。”④

（二）西汉帝陵外藏系统与皇权集中化

根据上文梳理信息，西汉长、惠、霸、阳、茂五陵的外藏系统平面图排列如图 9-6。

---

① 咸阳市文物考古研究所：《西汉帝陵钻探调查报告》，北京：文物出版社，2010 年，第 73 页。

② 咸阳市文物考古研究所：《西汉帝陵钻探调查报告》，北京：文物出版社，2010 年，第 99 页。

③ 马永嬴：《汉文帝霸陵对西汉帝陵规制的影响》，《文博》，2022 年第 3 期。

④ 段清波：《秦始皇帝陵园考古研究》，北京：北京大学出版社，2011 年，第 222 页。

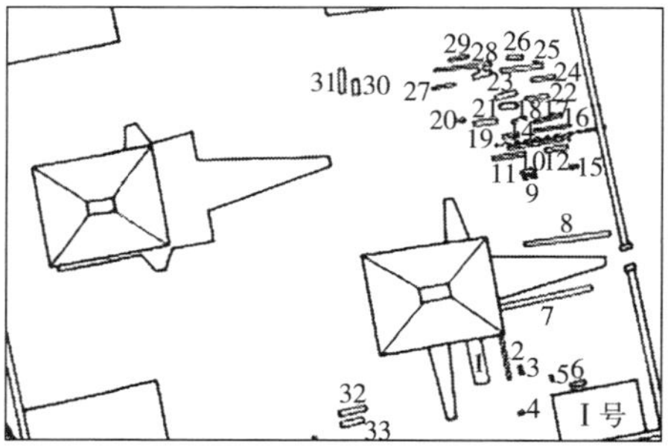

1

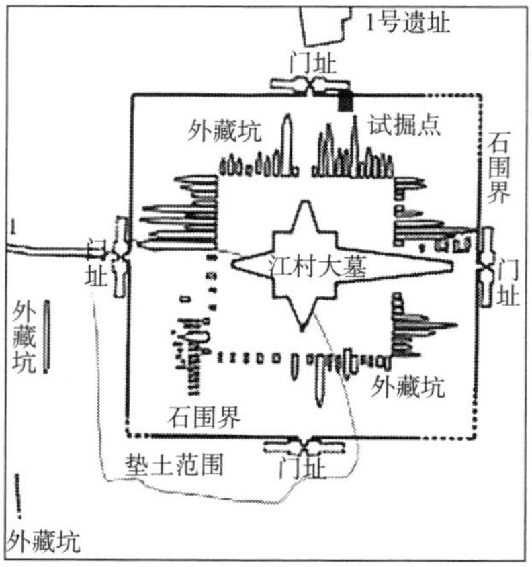

3

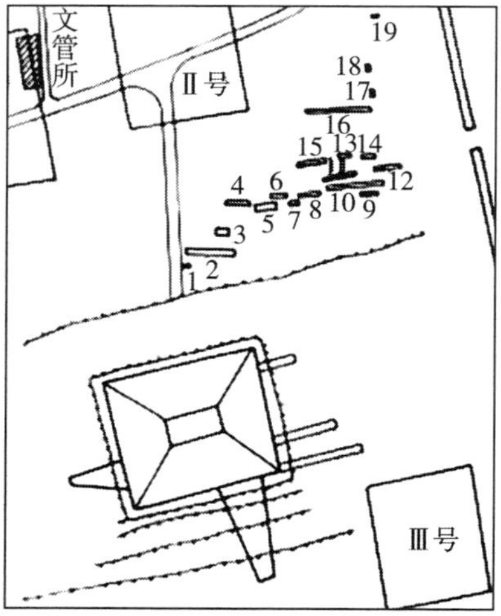

2

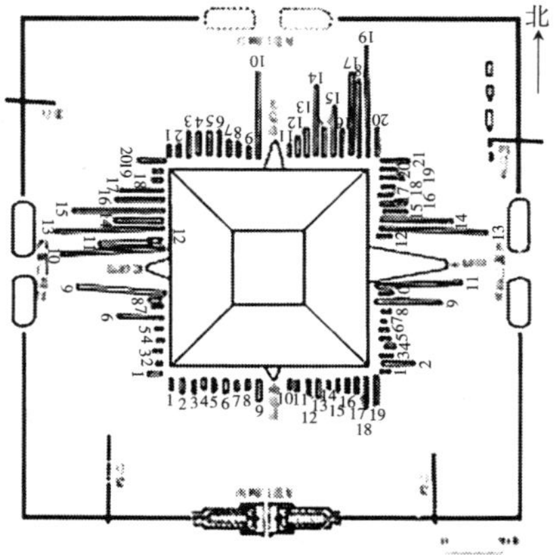

4

1. 长陵外藏系统　2. 安陵外藏系统　3. 霸陵外藏系统　4. 阳陵外藏系统　5. 茂陵外藏系统

资料来源：图 1、2、4、5 来自《西汉帝陵钻探调查报告》，北京：文物出版社，2010 年，第 8 页图三、第 23 页图七、第 38 页图一九、第 46 页图二三；图 3 来自《汉文帝霸陵考古调查勘探简报》，《考古与文物》，2022 年第 3 期，图六（局部）

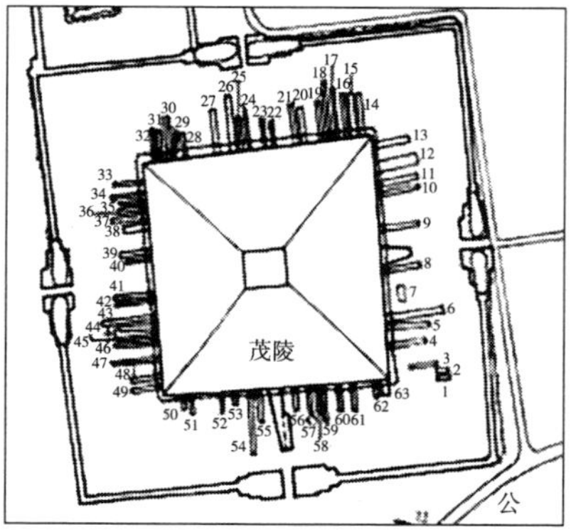

5

图 9-6　帝陵外藏系统排列变化趋势图

1. 帝陵外藏系统的对比变化

观察图 9-6，可以清楚地看到，在西汉帝陵外藏系统的变化趋势中，汉文帝霸陵的外藏系统极具标识性，汉初的汉高祖长陵和汉惠帝安陵的外藏系统多集中于陵园某一方位（帝陵封土堆的东北部）。而自霸陵起，含霸陵在内的霸、阳、茂三陵，及马永嬴提到的平、杜二陵的外藏系统开始出现一种显著的围绕封土呈放射状分布的趋势，即表现为一种典型的“向心式”布局特征。

对这种变化趋势的获知得益于考古工作者对于真实汉文帝霸陵的确认。长期以来汉文帝霸陵被错误定位为白鹿原凤凰嘴，给考古及学术研究带来了较大的干扰，严重影响了学界对于西汉帝陵建制的认识和理解，很多关于西汉帝陵发展趋势的规律性认知在遇到错误的霸陵信息时常常得不到解答。如对于帝陵外藏系统的理解，学界此前的判断多是将其形制显著变化的上限确定在汉景帝的阳陵时期。刘庆柱、李毓芳就曾经说：“汉景帝以后的西汉诸帝陵与秦和先秦帝王陵墓形制不同；至于汉景帝以后西汉诸帝陵和东汉帝陵的形制与西汉帝陵和先秦帝王陵墓形制比较，前者可视为一个大的发展阶段，而后者则应视为两个大的不同发展阶段。”① 伴随着霸陵真正位置的揭晓，许多问题就迎刃而解了。帝陵外藏系统的发展趋势就是其中之一。学界从霸陵外藏系统的建制意识到，西汉帝陵建制的变化始于文帝霸陵时期，而非景帝阳陵时期，而与此对应的是西汉前中期帝国统治政策变化的转型区间，也在实物的证明下确认为始于汉文帝时期。马永嬴就在《汉文帝霸陵对西汉帝陵规制的影响》一文中指出：“西汉文景时期上承高祖立国，下启汉武盛世，是西汉社会的转型时期，作为当时最重要的礼制建筑之一的帝陵，其规制也相应发生变化，文帝霸陵更是西汉帝陵制度发展演变的关键环节。根据考古资料，霸陵首次出现了双重陵园、外藏坑围绕帝陵向心式布局等重大变化，这些变化直接影响了此后西汉帝陵的规划建设。……西汉帝陵外藏坑的布局在初期相对较为凌乱，但自霸陵开始排列逐渐规整有序，特别是中期帝陵陵园外藏坑围绕陵墓向心

① 刘庆柱、李毓芳：《关于西汉帝陵形制诸问题探讨》，《考古与文物》，1985 年第 5 期。

式布局更是与霸陵一脉相承。……霸陵陵园的平面形制演变为东西长方形，外藏坑分布相对规整有序。尤为重要的是霸陵因帝、后陵各自修筑小陵园而形成双重陵园，帝陵陵园外藏坑围绕陵墓向心式布局均为西汉帝陵中首次出现，这些变化深刻影响了其后的景帝阳陵、武帝茂陵、昭帝平陵、宣帝杜陵等，成为西汉帝陵的基本规制。”①

2. 帝陵外藏系统的变化趋势与汉文帝时期儒生的“更化”“建制”

对于外藏系统围绕帝陵封土呈现“向心式”放射性布局的原因，学者们普遍认为帝陵的外藏系统应为皇帝生前官署系统的地下反映，即汉代中央政府“三公九卿制度”的地下再现，符合古人陵墓制度中“事死如生”“事亡如存”的埋葬特点。也有学者认为，这种“向心式”的放射性布局是西汉帝陵“承秦制”的另一种体现，如段清波就指出：“西汉在政治、经济、文化等方面直接借用了秦朝的制度，陵寝制度等也不例外，其中外藏系统就是一项重要的内容。在继承秦朝理念的基础上，西汉外藏系统日益走向完善与成熟……我们之所以将秦和西汉帝陵中的陪葬坑视为模拟中央政府管理机构的外藏系统，是因为在西汉帝陵陪葬坑中出土了诸如‘宗正’‘徒府’‘太仓’等官署机构的青铜印章，说明此时帝陵陪葬坑的性质为政府管理机构，因为汉承秦制，反推秦始皇帝陵园也当如此。”② 马永嬴也认为“汉承秦制，西汉帝陵外藏坑的象征意义应当与秦始皇陵是一致的”③。

段清波曾经从秦始皇陵 184 个陪葬坑入手，说明始皇陵外藏系统的建制理念为秦中央政府三公九卿制度的地下反映。他将秦始皇陵陪葬坑分为第一层次“地宫之内的陪葬坑”、第二层次“内城之内的陪葬坑”、第三层次“内外城之间的陪葬坑”和第四层次“外城之外的陪葬坑”，认为“秦始皇帝陵园陪葬坑象征的应是帝国全盛时期的中央政权机构和皇宫机构，是王朝政治体制在地下的真实反映”，并结合《史记·秦始皇本纪》指出“穿三泉，下铜而致椁，宫观百官，奇器珍怪徙藏满之”中的“百

① 马永嬴：《汉文帝霸陵对西汉帝陵规制的影响》，《文博》，2022 年第 3 期。
② 段清波：《外藏系统的兴衰与中央集权政体的确立》，《文物》，2016 年第 8 期。
③ 马永嬴：《汉文帝霸陵位置考》，《考古与文物》，2022 年第 3 期。

官”是指“维持秦中央政权运作的官府机构或皇宫机构，即官署”。“宫观百官”围绕着死去的皇帝，“再现的是帝国一统的局面，既满足了死者的愿望，也体现了生者的希望。秦帝国时期的中央政权机构三公九卿应是‘宫观百官’所要表现的最重要的内容。三公九卿是秦王朝最重要的权力中枢，他们的权力来自皇帝，在皇帝生前为帝国鞠躬尽瘁，在皇帝死后，在另外的一个世界里皇帝仍然需要模拟的官府为其服务”①。

帝陵外藏系统代表着帝王生前“各类官府机构及皇宫机构”的认知，无疑是十分正确的。本文亦同意前辈学者们的观点。帝陵外藏系统能代表“各类官府机构及皇宫机构”的原因，除了其中所出土的各类陶俑、车马、兵器和生活用具能够与服虔“在正臧外，婢妾臧也。或曰厨厩之属也”②的注释进行对应，更可以从陪葬坑中发现的印章上得到有力证明。如杜陵陪葬坑 K4 内出土有阴书篆文“太仓”印章。③ 景帝阳陵 12 号陪葬坑出土有“宗正之印”银印，“大泽津印”铜印；13 号陪葬坑出土有“大官丞印”封泥；14 号陪葬坑出土有“陈疾”铜印；15 号陪葬坑出土有“导官令印”6 枚封泥，“仓印”“甘泉仓印”“别臧官印”3 枚铜印；16 号陪葬坑出土有“大官之印”“内官丞印”“府印”“左府之印”“右府”5 枚铜印；17 号陪葬坑出土有“宦者丞印”“长乐宫车”2 枚铜印；18 号陪葬坑出土有“永巷丞印”“永巷厨印”“府印”“西府”4 枚铜印；19 号陪葬坑出土有“徒府”铜印；21 号陪葬坑出土有“山府”“东织寝官”等 3 枚铜印和“东织令印”封泥。这些印章均象征了“西汉王朝的宗正，少府下属的导官、徒府、太官、宦者、东织室、永巷及卫尉等官署机构”④ 对帝国最高统治者的服务将于地下恒久持续。

但是，西汉帝陵外藏系统所代表着帝王“各类官府机构及皇宫机构”

---

① 段清波：《秦始皇帝陵园相关问题研究》，西北大学博士学位论文，2007 年。文字标点略有改动。

② 班固著，颜师古注：《汉书》卷六十八《霍光金日磾传》，北京：中华书局，1962 年，第 2949 页。

③ 咸阳市文物考古研究所：《西汉帝陵钻探调查报告》，北京：文物出版社，2010 年，第 99 页。

④ 焦南峰：《汉阳陵从葬坑初探》，《文物》，2006 年第 7 期。

的建制模式是否仅仅为简单继承“秦制”的表现，我们认为还需要进一步分析。前文所析，汉代统治者治国使用的并非完全的“秦制”，而是一种经过儒生改良的、“周制”洗礼后的全新“汉制”，假如仅仅将西汉帝陵外藏系统建制简单表述为继承秦制的话，就很难解释为什么以霸陵为界，前后外藏系统布局发生如此巨大的改变，也无法解释霸陵及其后帝陵外藏系统“向心式”布局的变化趋势。虽然段清波、张颖岚在《秦始皇帝陵的外藏系统》一文中解释秦始皇陵外藏系统“在空间布局上并不具备对称性或规律性有序分布的特点”的原因，“一方面是因为在陵园设计和施工过程中区域地理环境所带来的固有限制，另一方面也反映出营造过程中陵园工程设计的不断拓展”①，但我们确实看到秦始皇陵的外藏系统并不使用规律性“向心式”的布局方式。

本文认为，汉文帝时期帝陵外藏系统“向心式”布局的变化趋势与该时期儒生“立典”“建制”的政治背景有关。汉初，经济凋敝，社会问题严重，百废待兴，刘邦虽然也任用儒生陆贾等人恢复礼制，但相较于重建社会经济、稳定政治局面等更紧迫的问题来说，其用力还是不足的，这种情况下，大部分社会生活制度多是在“秦制”的基础上，修修补补。经历高祖、惠帝—吕后时期后，西汉的社会生产已经逐渐恢复，政治局面开始稳定，这期间儒生也常常采取主动性的“有为”举措来积极改进统治政策，以适应政治格局的变化。文帝时期，伴随着诸侯国势力的逐渐增大，其对中央皇权形成了巨大的威胁。同时，随着整个社会经济的复苏，封国列侯出现了“宗室有土公卿大夫以下，争于奢侈，室庐舆服僭于上，无限度”② 的局面，所以以贾谊为首的儒生积极倡导汉代国家政治思想的“有为”，要求“更化”“改制”，以强化中央集权，提高皇权权威。这种“更化”“改制”的核心是儒家所倡导的“礼治”思想，要求以“礼”来辨尊卑、明贵贱，从而维护帝国统治者的权威地位，完善国家的政治秩序。贾谊向文帝提出“改正朔，易服色，法制度……悉更秦之法”的建议，主张

---

① 段清波、张颖岚：《秦始皇帝陵的外藏系统》，《考古》，2003 年第 11 期。

② 司马迁：《史记》卷三十《平准书》，北京：中华书局，1959 年，第 1420 页。

全面更新汉代思想与制度，强化等级、名号，实现“主主臣臣”“威德在君”的效果。[①] 儒生的这种“更化”“改制”措施应该在西汉贵族陵墓制度中有所体现，所以文帝霸陵外藏系统“向心式”布局的变化趋势，实际上应是皇权集中化背景下，儒家整合周代礼制文化及等级秩序后，所做出的一种皇权集中化政治理想的特殊尝试，属于真正具有创新意义的“汉制”改革，并长期影响着其后帝陵外藏系统的建制模式。

至于西汉后期出现的帝陵外藏系统“向心式”布局日渐弱化的现象，韩国河认为应归因于西汉晚期以后外藏系统的衰退。[②] 段清波认为是“秦汉陵寝制度中外藏系统的形成源于皇帝理念下中央集权政体的确立，也许到西汉中后期，皇权概念以及皇权政体早已被社会各界广泛深入地予以接纳，才导致外藏系统淡出帝王陵墓，而在此之前诸侯王陵中的外藏系统已经消退”[③] 的原因造成的。

综上，西汉前期帝陵外藏系统的“向心式”布局建制，根本原因在于文帝时期儒生政治改制的“立典”“建制”背景。其时代变化趋势成为西汉前中期皇权制度强化进程的另一种实证注脚，与西汉统治者皇权控制力及政治思想的变化紧密相关。

五、帝陵陵邑的社会整合作用

前文所述，汉初建国，面临着严峻的社会困局，布衣君臣趋“利”轻“义”，在“得鹿”之后坐等封疆裂土、立藩建国。刘邦作为天下最大的利益获得者，在这种形势下，不得不“让利”功臣、损益“秦制”，分配疆土，实行郡国并行的“双轨”治理模式。但在表面稳定的权宜之计下，如何于手执重兵的开国功臣、六国旧贵、新建藩王、地方豪杰等一众势力中稳固政局，整合社会各阶层群体，争取经济恢复发展的稳定环境，是刘

---

① 李禹阶主编：《秦汉社会控制思想史》，北京：中国社会科学出版社，2017 年，第 105 页。

② 韩国河：《东汉帝陵有关问题的探讨》，《考古与文物》，2007 年第 5 期。

③ 段清波：《秦始皇帝陵园考古研究》，北京：北京大学出版社，2011 年，第 222～223 页。

邦及其继承者所要思考的问题。

除了杀、废异姓诸侯，分封同姓子弟，“推恩”削藩，“众建诸侯”等学界关注较多、成效显著的统治措施，本文认为，帝陵陵邑建设中对邑民的大规模迁徙，亦是这种社会背景下整合不同社会族群、增强都城竞争力、提高皇权控制性的重要手段之一。

（一）西汉帝陵陵邑基本情况

西汉帝陵自高祖刘邦开始置邑，至汉元帝止，共设陵邑七座，现公布考古资料的有六座，分别为：汉高祖刘邦长陵邑、汉惠帝刘盈安陵邑、汉景帝刘启阳陵邑、汉武帝刘彻茂陵邑、汉昭帝刘弗陵平陵邑、汉宣帝刘询杜陵邑。[①] 据考古测量可知，汉高祖长陵邑东西约2200米、南北约1245米，陵邑面积约2.739平方公里。汉惠帝安陵邑为倒置“凸”字形，北墙东西约长1586米，东墙北段南北约长500米、南段南北约长235米，南墙东西约长940米，陵邑面积约1.139平方公里。汉景帝阳陵邑东西约4500米、南北约1000米，面积约4.5平方公里。汉武帝茂陵邑呈曲尺形，周长约11190米，面积约5.5395平方公里。汉昭帝平陵邑四面筑墙，墙宽4~10米，陵邑东西约2400米、南北约3100米，面积约7.44平方公里。汉宣帝杜陵邑周筑城墙，东西长约2250米、南北宽约500米，陵邑面积约1.125平方公里。[②]

陵邑制度始于秦代，《史记·秦始皇本纪》记秦始皇十六年（前231）置丽邑，《后汉书·东平宪王苍传》中也记东平宪王苍语“园邑之兴，始自强秦”[③]，可见西汉帝陵设置陵邑确实源于秦。因为文献缺乏，秦置陵邑的目的，除了基本的“奉山园”，余未可知，但西汉设置陵邑并迁徙百姓的目的，《汉书·地理志》中记述得十分清楚：“汉兴，立都长安，徙齐诸田，楚昭、屈、景及诸功臣家于长陵。后世世徙吏二千石、高訾富人及豪

---

① 汉文帝霸陵因为近些年才发现，陵邑考古工作还未及展开，故不在本次讨论范围内。

② 咸阳市文物考古研究所：《西汉帝陵钻探调查报告》，北京：文物出版社，2010年；刘庆柱、白云翔主编，中国社会科学院考古研究所编著：《中国考古学·秦汉卷》，北京：中国社会科学出版社，2010年。

③ 范晔撰，李贤等注：《后汉书》卷四十二《光武十王列传》，北京：中华书局，1965年，第1437页。

桀并兼之家于诸陵。盖亦以强干弱支，非独为奉山园也。”颜师古注曰：“谓京师为干，四方为支也。”① 刘庆柱、李毓芳据此指出西汉帝陵陵邑设置目的：“一是为了供奉陵园；二是迁徙关东大族、达官巨富，削弱地方势力，强化中央集权统治；三是由于西汉时代皇帝‘予作寿陵’，通过‘随帝徙陵’，突出当政皇帝的权威。”② 这些观点，是十分正确的。但对于陵邑“削弱地方势力”和“强化中央集权”两个重要的设置目的，本文认为还可以进一步细化分析。

我们先将西汉六座陵邑的考古数据及人口情况列表如表9-2③：

表9-2　西汉六陵邑基本情况

陵邑	周长信息	面积	人口情况	城墙情况	道路	其他
长陵邑	东西约2200米、南北约1245米。	约2.739平方公里	《汉书·地理志》：徙齐诸田，楚昭、屈、景及诸功臣家于长陵。《长安志》引《关中记》：长陵徙关东大族万家以为陵邑。	三面城墙，无东墙，夯筑，发现马面痕迹。		
安陵邑	“凸”字形，北墙东西约1586米，东墙北段南北约500米、南段南北约235米，南墙东西约940米。	约1.139平方公里	居民有相当一部分是关东的艺人。《长安志》引《关中记》：徙关东倡优乐人五千户以为陵邑，善为啁戏，故俗称安陵啁也。	城墙宽约6～10米，陵邑北墙之外1米发现壕沟遗址，壕沟宽5米、深2米。		

① 班固著，颜师古注：《汉书》卷二十八下《地理志下》，北京：中华书局，1962年，第1642、1643页。

② 刘庆柱、白云翔主编，中国社会科学院考古研究所编著：《中国考古学·秦汉卷》，北京：中国社会科学出版社，2010年，第330页。

③ 数据来源参见咸阳市文物考古研究所：《西汉帝陵钻探调查报告》，北京：文物出版社，2010年。

（续表）

陵邑	周长信息	面积	人口情况	城墙情况	道路	其他
阳陵邑	东西约4500米、南北约1000米。	约4.5平方公里		阳陵陵邑周筑城墙，其外置城壕。	东西道路11条、南北道路31条，东西干道宽62米，陵邑北部为官署区，南部为居民区，200余个“里”。	出土“阳陵令印”封泥、“阳陵泾乡”瓦当等。
茂陵邑	曲尺形，周长约11190米。	约5.5395平方公里	《汉书·武帝纪》：建元二年（前139）初置茂陵邑，建元三年（前138）赐徙茂陵者户钱二十万，田二顷。元朔二年夏，又徙郡国豪杰及訾三百万以上于茂陵。太始元年（前196）徙郡国吏民豪杰于茂陵。《三辅黄图》引《三辅旧事》：武帝于槐里茂乡，徙户一万六千置茂陵。	周置沟渠，渠宽3~8米、深4米。	事先规划，两条南北向道路，道路间距60米，宽6米，距离地表1米。	《汉书·地理志》记汉末茂陵户六万一千八十七,口二十七万七千二百七十七。
平陵邑	东西约2400米、南北约3100米。	约7.44平方公里	《汉书·宣帝纪》：宣帝本始元年（前73）募郡国吏民訾百万以上徙平陵。本始二年（前72）春以水衡钱为平陵，徙民起第宅。	四面筑墙，墙宽4~10米。		
杜陵邑	东西约2250米、南北宽约500米。	约1.125平方公里	《史记·吕不韦列传》之《索隐》引《汉旧仪》：武、昭、宣三陵皆三万户。《文献通考》卷一二四引《汉旧仪》：茂陵、平陵和杜陵邑的人口皆三万至五万户。	周筑城墙		

观察表 9-2 可知：

1. 西汉六座陵邑大小不一，最小者为汉惠帝安陵邑，面积仅约 1.139 平方公里，最大者为汉宣帝平陵邑，面积约为 7.44 平方公里，其次为汉武帝茂陵邑，面积约为 5.5395 平方公里。

2. 长陵、惠陵两邑初迁人口相对较少，但长陵徙民仍达到万户以上。《关中记》："徙民置县者凡七，长陵、茂陵各万户，余五陵各五千户。"刘庆柱认为此处所载陵邑人数不确，汉代制度县内户数在万数以上者要置"令"，而长陵、霸陵、阳陵、茂陵、平陵、杜陵皆有"陵令"①，据此可知诸陵人数是过万的。从陵邑面积来推测，阳陵起，邑民迁徙人口数量开始增多，西汉政府同时还会给予一定的优惠政策鼓励迁徙，如武帝建元三年"赐徙茂陵者户钱二十万，田二顷"，甚至为方便邑民迁入还专门架设便捷通道桥梁，"初作便门桥"，颜师古注曰："于此道作桥，跨渡渭水以趋茂陵，其道易直，即今所谓便桥是其处也。"② 后随着陵邑人口的不断增加，邑内设施也日渐完备，人口增长速度开始加快，如茂陵邑在汉末已经达到"户六万一千八十七，口二十七万七千二百七十七"③。

3. 陵邑内道路系统发达、生活设置完备，如阳陵邑内有发达的道路交通，茂陵邑的建设经过事先规划等。

4. 陵邑均有夯筑城墙，部分陵邑如长陵、安陵、阳陵和茂陵内还发现有马面、环壕等防卫设施，说明陵邑设置有防护考虑，且具备一定程度的军事防御功能。

（二）帝陵陵邑设置与西汉前中期的社会整合

汉初实行外封宗室、内依功臣的政权体制，刘邦在翦除异姓诸侯王后大封同姓宗室子弟，先后建立九个刘氏诸侯王国，让他们分布于关东诸地，以"犬牙相制"的方式拱卫京师，同时将大部分"共定天下"的功

---

① 刘庆柱辑注：《关中记辑注》，西安：三秦出版社，2006 年，第 119、124 页。

② 班固著，颜师古注：《汉书》卷六《武帝纪》，北京：中华书局，1962 年，第 158 页。

③ 班固著，颜师古注：《汉书》卷二十八上《地理志上》，北京：中华书局，1962 年，第 1547 页。

臣巨将集中于京师附近。秦学颀指出汉初是“镇守关东的同姓诸侯王与中央王朝的功臣列侯成为西汉之初内外相维的两大支柱。这一政治格局是汉初政权建设上极为突出的一个特点”①。“黄河如带，泰山若厉，国以永存，爰及苗裔”② 的设置目的毕竟只是帝国统治者所期待的一种理想化政治局面，事实上，此时的西汉社会“兼并豪党之徒，以武断于乡曲。宗室有土公卿大夫以下，争于奢侈，室庐舆服僭于上”③，地方豪党、宗室贵族成为威胁帝国统治的两大不稳定因素。为了解决这种困局，刘邦及其继承者在杀、废诸侯等硬性措施外，还采用了另一种相对平和的柔性手段，即通过迁移邑民来缓解社会矛盾。这种柔性手段前后可分为两个阶段：

1.（高祖—惠帝）迁移关东势力，稳定地方社会

汉初地方势力，包括关东旧地的六国贵族、豪杰、游侠等，其势力源自春秋战国，在秦时就成为基层社会动荡不安的重要因素之一，事实上，项羽、刘邦及与其共逐天下的功臣众将，均属于这种势力。西汉初年，地方势力继续影响着帝国的统治，以各地豪侠为例，其作为一种活跃于民间社会的特殊群体，不仅在地方上有着重要的经济实力和社会影响力，而且往往与权贵、功臣来往密切，《后汉书·党锢列传》述此：“及汉祖杖剑，武夫勃兴，宪令宽赊，文礼简阔，绪余四豪之烈，人怀陵上之心，轻死重气，怨惠必仇，令行私庭，权移匹庶，任侠之方。”④

对于地方势力的管理，秦在统一后，曾经采用迁徙六国人口于都城附近的做法，《史记·秦始皇本纪》记载始皇二十六年“徙天下豪富于咸阳十二万户”⑤，始皇三十五年“徙三万家丽邑”⑥。汉初刘邦亦仿秦法，将

---

① 秦学颀：《汉初政治格局与诸吕之乱》，《重庆师院学报（哲学社会科学版）》，1992 年第 4 期。

② 班固著，颜师古注：《汉书》卷十六《高惠高后文功臣表》，北京：中华书局，1962 年，第 527 页。

③ 司马迁：《史记》卷三十《平准书》，北京：中华书局，1959 年，第 1420 页。

④ 范晔撰，李贤等注：《后汉书》卷六十七《党锢列传》，北京：中华书局，1965 年，第 2184 页。

⑤ 司马迁：《史记》卷六《秦始皇本纪》，北京：中华书局，1959 年，第 239 页。

⑥ 司马迁：《史记》卷六《秦始皇本纪》，北京：中华书局，1959 年，第 256 页。

不属于地方诸侯的六国后裔和功臣、豪杰势力，特别是关东豪杰势力，徙至陵邑，《汉书·地理志》中就记述高祖时“徙齐诸田，楚昭、屈、景及诸功臣家于长陵”[①]。喻曦、李令福曾经统计了《史记》、两《汉书》所记长陵邑41位代表人物的情况，发现长陵邑中的重要人物由官吏、外戚、豪杰、汉初功臣后裔和其他五类构成，而这五类人物多数来自关东地区，尤以齐楚地区居多。[②] 这种统计结果正与《汉书·地理志》记载相合。

汉初关东地方势力以齐楚两地最盛。“楚虽三户，亡秦必楚。”刘邦起势于楚地，虽建功立业，但时转事迁，之前秦所面临的楚人压力，摇身一变成为刘邦心中的隐患。在韩信为楚王后，刘邦更是对楚地多有防范。齐是秦灭六国进程中的最后一个，地处东地，在战国及秦末战火时本就少受侵扰，旧贵族、旧势力保存相对较多，兼之齐人权贵在政治上多有影响，韩信初时又被封齐王，所以齐地也再一次成为刘邦的忌惮之地。《汉书·贾谊传》中曾记贾谊语：“梁足以捍齐、赵，淮阳足以禁吴、楚，陛下高枕，终亡山东之忧矣。”[③] 贾谊此语虽是文帝时谏议增益梁国土地时所言，但仍可据此看出汉初统治者对齐楚等地势力的惧忌，因此，刘邦迁徙关东居民充实陵邑，齐楚两地人物首当其冲。喻曦、李令福就曾指出长陵邑的设置给汉初的政治稳定带来了巨大的贡献，“它的设置很大程度上解决了西汉王朝的内忧外患，进一步巩固了京师长安的政治中心地位。长陵邑是在维护封建王朝统一的前提下建设起来的。其设置的最重要目的之一就是护卫京师。西汉王朝创立初期，关东地区并不稳定。高祖入都关中当年就发生了燕王臧荼的叛乱。六国旧贵族在秦朝灭亡后再次兴起，郡国诸侯趁机蠢蠢欲动，随时都可能发生变乱。特别是齐楚两地的动向，直接关系到西汉王朝的安危。高祖采用行政手段强制迁关东大族至长陵，将这些潜在

---

① 班固著，颜师古注：《汉书》卷二十八下《地理志下》，北京：中华书局，1962年，第1642页。

② 喻曦、李令福：《西汉长陵邑的设置及其影响》，《陕西师范大学学报（哲学社会科学版）》，2012年第2期。

③ 班固著，颜师古注：《汉书》卷四十八《贾谊传》，北京：中华书局，1962年，第2261页。

的政敌和危险分子置于强有力的控制之下，有效削弱了地方割据势力，增强关中实力的同时起到巩固中央政权的作用”[①]。

除此之外，应该看到的是自刘邦长陵邑起，及其后有发掘资料的三邑（安陵邑、阳陵邑、茂陵邑）中均发现有军事防卫设施，这点可能与其时汉长安城面临的另一个问题——匈奴边患有关。喻曦、李令福就认为“长陵邑对于遏制匈奴的侵略亦起了很大的作用。……还和其以西的安陵邑一起，共同控制着北向甘泉宫的驰道。长陵不仅把守着长安北部的门户，也是东北至关东的交通要道所在，是护卫京师的关键据点”[②]。两位学者的观点无疑是很正确的，考古资料显示，马面、环壕类军事防卫设施主要出现在汉武帝及其之前的陵邑中，而武帝以后的平陵邑和杜陵邑的军事防卫设施明显减弱、仅见高大的夯筑城墙，这正与汉匈军事力量前后变化的趋势一致。由此看来，帝陵陵邑的设置在整合汉帝国多方势力、拱卫京师方面也起到了积极的作用。[③]

需要指出的是，为了稳定复杂的社会局面，汉初对于关东六国地方势力的迁徙力度其实并不是很大。刘邦时期主要的迁徙对象为六国贵族、功臣家属和地方豪侠，人数只有万余，仅是秦时徙民充实丽邑人数的三分之一，更不用说对比始皇二十六年“徙天下豪富于咸阳十二万户”的迁徙力度了。这点一方面反映出帝国统治者协调社会各方势力时的谨慎态度，另一方面也反映出汉初刘氏政权社会控制力的薄弱。

汉惠帝时，陵邑的迁徙人数应该与刘邦时基本持平，《关中记》指出安陵邑居民中有相当一部分是关东的艺人，“徙关东倡优乐人五千户以为陵邑”[④]。惠帝时迁徙的对象更多是关东下层普通居民，原因推测有三：一是此时吕后行黄老之术，继续保持刘邦时制衡各方势力的统治政策；二是

---

① 喻曦、李令福：《西汉长陵邑的设置及其影响》，《陕西师范大学学报（哲学社会科学版）》，2012 年第 2 期。

② 喻曦、李令福：《西汉长陵邑的设置及其影响》，《陕西师范大学学报（哲学社会科学版）》，2012 年第 2 期。

③ 喻曦、李令福：《西汉长陵邑的设置及其影响》，《陕西师范大学学报（哲学社会科学版）》，2012 年第 2 期。

④ 刘庆柱辑注：《关中记辑注》，西安：三秦出版社，2006 年，第 110 页。

此现象反映出刘氏统治者为了稳定自刘邦时迁徙而来的关东豪族，在其社会生活设施改善上做出的努力；三应是与惠帝—高后时期统治者对国家的控制力不如刘邦时强硬有关，此时迁徙对象主要是下层百姓，而少贵族势力。

2.（文帝—武帝）迁移封国人口，削弱诸侯国力

迁徙的邑民人数发生较大增长，应该是在汉文帝霸陵邑和汉景帝阳陵邑时期，虽然这两个陵邑的人口迁徙资料匮乏，但是我们可以从考古所见陵邑面积来进行观察。阳陵邑面积约为 4.5 平方公里，约是长陵邑面积的 2.6 倍、安陵邑面积的 4 倍。考古调查还指出，阳陵邑内发现有东西道路 11 条、南北道路 31 条，东西干道宽达 62 米，有官署、居民两个区，200 余个“里”，还有专门的“阳陵令”等官员设置，城池的防卫设施也比较成熟。陵邑面积的增大和生活设施的完善必然对应居住人口的增多，陵邑面积的激增反映出此时迁徙人数的扩大。

正如前文所述，文景时期，伴随着诸侯王势力的扩大，中央政府与地方诸侯之间的矛盾日益激化。此时西汉统治者心中的隐患已经从秦末汉初的六国贵族、建国功臣等势力，转变为以齐楚为代表的同姓诸侯国的军事和政治威胁了，如《汉书·高后纪》记载吕氏之乱时，郎中令贾寿出使齐国后曾“具以灌婴与齐楚合从状告（吕）产”，颜师古注：“齐楚俱在山东，连兵西向，欲诛诸吕，亦犹六国为从以敌秦，故言合从也。”[①] 这里颜师古把“齐楚联兵西向诛吕”比拟为六国“合从”敌秦，就深刻反映出齐楚等封国对于中央政局的巨大影响力。在这种局面下，帝国的管理者开始逐步调整自己的统治政策，由汉初的无为政治向强化中央集权的“强干抑末”方向发展。[②] 此时“强干抑末”的要素，不仅仅表现为对军事等实力的强化，经济、人口、要政人物影响力等同样是“强干”的重要因素，于是，迁徙封国人口、削弱封国势力、增强都城管域范围内的整体实力成

---

① 班固著，颜师古注：《汉书》卷三《高后纪》，北京：中华书局，1962 年，第 102、103 页。

② 李禹阶主编：《秦汉社会控制思想史》，北京：中国社会科学出版社，2017 年，第 189 页。

为“强干抑末”政策的重要手段。而此时迁徙的主要对象也由汉初的六国后裔和功臣家属，转变为“吏二千石、高訾富人及豪桀”等。

人口的迁徙高峰出现在汉武帝茂陵邑时期，史书记载茂陵邑前后共进行了四次人口迁徙：第一次是《汉书·武帝纪》所载的建元二年“初置茂陵邑”[①]，《三辅黄图》引《三辅旧事》言武帝“徙户一万六千置茂陵”[②]。第二次与第一次只间隔了一年，是建元三年“赐徙茂陵者户钱二十万，田二顷”[③]。虽然这次人口迁徙奖励的诱因是“三年春，河水溢于平原，大饥，人相食”[④]，但实际上反映出武帝初年急于解决七国之乱后封国遗留问题的态度。第三次是元朔二年（前 127）夏，“又徙郡国豪杰及訾三百万以上于茂陵”[⑤]。第四次是太始元年“徙郡国吏民豪桀于茂陵”[⑥]。调查显示，茂陵邑建设完备，不仅事先规划好居住、墓葬等区域，而且陵邑周围开凿沟渠，目前考古所见渠宽约 3~8 米、深 4 米，还可见两条南北向道路，道路间距 60 米、宽 6 米。完善的陵邑设置反映出武帝时期徙民政策态度的坚决，而对于茂陵邑大举人口迁移的原因，《汉书·主父偃传》记主父偃上“推恩令”语即已说明：“茂陵初立，天下豪桀兼并之家，乱众民，皆可徙茂陵，内实京师，外销奸猾，此所谓不诛而害除。”[⑦] 大举迁徙封国人口充实皇陵邑，不仅是与“推恩”等措施并举的削弱地方势力、加强中央集权、整合社会群体的重要手段，而且具有“不诛而害除”的显著优

① 班固著，颜师古注：《汉书》卷六《武帝纪》，北京：中华书局，1962 年，第 158 页。

② 何清谷校释：《三辅黄图校释》，北京：中华书局，2005 年，第 368 页。

③ 班固著，颜师古注：《汉书》卷六《武帝纪》，北京：中华书局，1962 年，第 158 页。

④ 班固著，颜师古注：《汉书》卷六《武帝纪》，北京：中华书局，1962 年，第 158 页。

⑤ 班固著，颜师古注：《汉书》卷六《武帝纪》，北京：中华书局，1962 年，第 170 页。

⑥ 班固著，颜师古注：《汉书》卷六《武帝纪》，北京：中华书局，1962 年，第 205 页。

⑦ 班固著，颜师古注：《汉书》卷六十四上《严朱吾丘主父徐严终王贾传》，北京：中华书局，1962 年，第 2802 页。

点。经过多次人口迁移，精心规划的茂陵邑俨然新兴都市，文化经济繁荣、人口增长迅速，至西汉末期人数已达27万多。[①]

得益于武帝时期的各项政治举措，西汉社会的不稳定因素逐渐得到解决，昭帝时期平陵邑的面积较武帝茂陵邑继续扩大，达到7.44平方公里。此后，迁民充邑的步调在汉宣帝时逐渐放慢，宣帝杜陵邑面积仅有约1.125平方公里，至汉元帝时，帝陵不再设邑。《汉书·元帝纪》记永光四年（前40）冬十月乙丑，元帝诏："安土重迁，黎民之性；骨肉相附，人情所愿也。顷者有司缘臣子之义，奏徙郡国民以奉园陵，令百姓远弃先祖坟墓，破业失产，亲戚别离，人怀思慕之心，家有不安之意。是以东垂被虚耗之害，关中有无聊之民，非久长之策也。《诗》不云乎？'民亦劳止，迄可小康，惠此中国，以绥四方。'今所为初陵者，勿置县邑，使天下咸安土乐业，亡有动摇之心。布告天下，令明知之。"[②] 这种变化的原因一方面是因为西汉中期以后封国势力一落千丈，再也无力与中央抗衡，社会政局的主要矛盾已不再是中央与地方间的矛盾；另一方面也与元成时期，宦官和外戚开始专权、社会逐渐动荡、中央渐失社会控制力等因素有关。

综上，西汉统治者通过建筑陵邑、迁徙人口的移民手段，间接完成了平定地方势力、削弱封国实力两大核心目标，在"抑末"的同时，成功整合西汉社会各地区各层级的不同群体，使之汇聚于都城长安附近，实现了"强干"的政治目的。此外，建设陵邑城市群，在有效提升都城经济、军事、文化等综合竞争力的同时，也巩固了边防，加强了中央集权，提升了政府的社会控制力。

本节聚焦于西汉帝陵的礼仪建制，分析其与西汉前中期统治政策间的密切关系，认为帝陵的礼仪建制表现出西汉统治者较强的"承秦法周"理念。首先，西汉帝后的合葬习俗、帝陵"亞"字形墓葬结构的使用情况、

---

① 咸阳市文物考古研究所：《西汉帝陵钻探调查报告》，北京：文物出版社，2010年，第52页。

② 班固著，颜师古注：《汉书》卷九《元帝纪》，北京：中华书局，1962年，第292页。

后陵中出现的三种墓葬形制混用现象，反映出西汉初年帝国统治思想中的“法周”倾向：周代礼法经过汉儒的有意改造，使得宗法血缘的家族伦理、“择中”的方位意识、“尊尊”“亲亲”“嫡庶有别”的等级观念成功融入帝王陵墓的墓葬设计中。其次，帝陵外藏系统的发展趋势、陵邑徙民对社会不同群体的整合作用，是汉家“承秦”的重要表现：霸陵及其后帝陵外藏系统的“向心式”发展趋势是汉儒加强中央集权时代背景的地下反映，七座陵邑的徙民政策有效整合了社会各层级群体，成功实现了“强干抑末”的政治目的。在西汉前中期这个特殊时段中，帝国的统治者既不一味地批判“秦制”，也不盲目地崇拜“周法”，而是在“承秦”与“法周”间形成一种具有特色的汉家制度，与其时“东西异制”的郡国“双轨制”一起，一为思想、一为国体，相互对照又相互呼应，共同走出了一条前所未有的创新“汉道”。而西汉帝陵建制中“承秦与法周”思想及其所表现出的种种礼仪规范，一方面成为西汉皇权神圣性的外在表现，另一方面也是帝国统治者实现其皇权集中化目的的依托手段。

第二节　西汉王陵制度与神圣皇权

相对于帝陵，考古成果丰硕的西汉王陵材料同样是我们观察西汉皇权的重要对象。刘庆柱、白云翔就曾经指出：“王侯陵墓作为诸侯王和列侯及其夫人的墓葬，是仅次于帝陵的高级墓葬形态，并且数量较多、类型多样、分布地域广，因此同样是长期以来秦汉墓葬考古的一个重点。”[①] 两位学者还强调，观察王陵材料，不仅要观察、整理墓葬出土器物资料、明确等级墓葬的辨识指标，更要重视“王侯陵墓的各个方面的分类综合研究，如不同国别和不同地区间的比较研究、墓葬结构的历时性研究、随葬品以及陪葬制度的综合研究等”[②]。前辈学者给了我们重要

---

① 刘庆柱、白云翔主编，中国社会科学院考古研究所编著：《中国考古学·秦汉卷》，北京：中国社会科学出版社，2010 年，第 26 页。

② 中国社会科学院考古研究所编著：《中国考古学·秦汉卷》，北京：中国社会科学出版社，2010 年，第 26 页。

的研究启迪，本节即尝试对西汉前中期诸侯王（后）陵的考古数据（主要是现存封土高度和随葬兵器类物品情况）进行历时、共时比较，以期管窥西汉前中期中央皇权与封国势力的博弈关系，及西汉帝国皇权神圣化（集中化）的发展过程。

本节重点考察西汉王（后）陵 49 座，具体包括：

（一）西汉前期（公元前 206 年—公元前 141 年，约 60 年）17 座

1. 高祖—惠帝—吕后（西汉初期）　6 座：河北石家庄北郊西汉墓、洛庄汉墓、长沙象鼻嘴一号西汉墓、楚王山一号墓 CWSM1、楚王山二号墓 CWSM2、山东淄博窝托村齐王墓。

2. 文帝—景帝（西汉前期后段）　11 座：长沙砂子塘西汉墓 61. 长. 砂. M01、狮子山楚王陵、献县汉墓 M36 南边、献县汉墓 M36、长沙咸家湖西汉曹女巽墓、长沙望城坡西汉渔阳墓、徐州驮篮山汉墓一号墓 M1、驮篮山二号汉墓 M2、徐州北洞山西汉墓、河南保安山一号墓 M1、山东章丘危山陪葬坑。

（二）西汉中期（公元前 140 年—公元前 49 年，约 90 年）32 座

1. 武帝时期　13 座：河南保安山二号墓 M2、柿园汉墓、巨野红土山西汉墓、铜山龟山二号崖墓、夫子山一号墓 FM1、夫子山二号墓 FM2、山东长清双乳山一号汉墓、满城陵山一号墓 M1、满城陵山二号墓 M2、盱眙大云山汉墓 M1、盱眙大云山汉墓 M2、高庄汉墓 M1、风盘岭一号墓 M1。

2. 昭宣时期　19 座：双墩一号汉墓 M1、定县八角廊村汉墓 M40、高邮天山一号汉墓、大葆台一号汉墓、大葆台二号汉墓、黄土山一号墓 HM1、黄土山二号墓、铁角山一号墓 TM1、铁角山二号墓 TM2、南山一号墓 NM1、南山二号墓 NM2、东圈汉墓 M1、东圈汉墓 M2、老山汉墓、大青墩汉墓 M53、僖山一号墓、僖山二号墓、窑山一号墓、窑山二号墓。

对于以上墓葬，需要说明三点：

1. 参考《中国考古学·秦汉卷》给出的时间界限[①]，将49座王（后）陵分为二段四期进行观察。

2. 部分墓葬，如曲阜九龙山汉墓一号墓、盱眙大云山汉墓M8等虽然落在西汉前中期的时间范围内，但因为公布的考古材料实在太少，暂不列入本次考察范围。

3. 为了观察西汉前中期皇权的变化趋势，将元成时期的部分诸侯王（后）陵纳入观察的范围。

一、西汉初期王（后）陵的封土与兵器类物品随葬情况

本部分重点考察西汉初期（高祖—惠帝—吕后）王（后）陵6座，分别是河北石家庄北郊西汉墓、洛庄汉墓、长沙象鼻嘴一号西汉墓、楚王山一号墓CWSM1、楚王山二号墓CWSM2、山东淄博窝托村齐王墓。

梳理6座墓葬信息如表9-3。

针对表9-3，首先需要说明的是本节对诸侯王（后）陵归属时间阶段的考虑原则。汉代帝王实行“豫作山陵”制，《后汉书·礼仪志》“大丧”条注引《汉旧仪》：“天子即位明年，将作大匠营陵地。”[②]《晋书·索綝列传》也记载“汉天子即位一年而为陵”[③]。焦南峰引《汉书·诸侯王表》“藩国大者夸州兼郡，连城数十，宫室百官同制京师，可谓矫枉过其正矣。虽然，高祖创业，日不暇给，孝惠享国又浅，高后女主摄位，而海内晏如，亡狂狡之忧，卒折诸吕之难，成太宗之业者，亦赖之于诸侯也”语指出，汉代诸侯陵墓采取了与中央王朝相同的政治管理体制，有“同制京师”的特点，无论是职官群卿，还是墓圹外藏，都可以在西汉帝陵找到其模仿的样本，仅是等而降之的区别。[④] 诸侯王陵墓虽不及帝陵，但也往往

① 刘庆柱、白云翔主编，中国社会科学院考古研究所编著：《中国考古学·秦汉卷》，北京：中国社会科学出版社，2010年，第18页。

② 范晔撰，李贤等注：《后汉书》志第六《礼仪下》，北京：中华书局，1965年，第3144页。

③ 房玄龄等：《晋书》卷六十《索綝列传》，北京：中华书局，1974年，第1651页。

④ 焦南峰：《“同制京师”——大云山西汉王陵形制初识》，《东南文化》，2013年第1期。

表 9-3　西汉初期王（后）陵信息

皇帝/时代	封国	墓主	现存封土	墓葬面积	随葬兵器类物品	受封—去世	死亡原因/世系	在位时间（年）	墓葬名称	备注
高祖	赵国	赵景王张耳	>15 米	“中”字形墓，南北长 14.5 米，东西宽 12.4 米，深 4.9 米。		高祖四年—高祖五年（前 203—前 202）	正常/始封—建国功臣	1	河北石家庄北郊西汉墓	被盗，焚毁。
高后	吕国	吕肃王吕台	>20 米	主墓室东西长 37 米，南北宽 35 米，总面积达 1295 平方米。	泥质兵俑军阵、2 座兵器坑。	高后元年—高后元年（前 187—前 187）	正常/始封—高后兄子	1	洛庄汉墓	主墓室未正式发掘
高祖—高后	长沙国	长沙成王吴臣或长沙哀王吴回	基建挖毁	墓室底长 17.1 ~ 17.35 米，宽 15.65 ~ 15.70 米，高 2.3 米。		高祖元年—孝惠元年（前 206—前 194）/孝惠二年—高后元年（前 193—前 187）	正常/二世或三世	13/7	长沙象鼻嘴一号西汉墓	唐时被盗
高祖—文帝元年	楚国	楚元王刘交	7 米（连山体 54.08 米）	未知		高祖六年—文帝元年（前 201—前 179）	正常/始封—高祖弟	23	楚王山一号墓 CWSM1	被盗严重，未发掘，大型石室横穴墓。
高祖—文帝元年	楚国	楚元王刘交后	26.12 米	未知					楚王山二号墓 CWSM2	被盗严重，未发掘，未公布。
文帝元年	齐国	齐哀王刘襄	24 米		随葬坑出土大量兵器	孝惠七年—文帝元年（前 188—前 179）	正常/二世	10	山东淄博窝托村齐王墓	

封土高耸、规模巨大，“同制京师”的诸侯王陵既然采取与中央相同的管理体制，那么其建造流程也必然与帝陵建造流程相仿，应该为“豫作寿陵”制，也就是说，诸侯王的死亡时间与诸侯王墓葬的建造时间上限是存在一定时间差的。一般来说，诸侯王墓葬所呈现的建造规制应该与其营建时期内诸侯王的等级身份相一致，符合其时皇帝所规定的相应等级陵墓政策。但如果遇到特殊事件，如参与谋反、获罪、帝国政策的临时改变或者猝死等情况出现时，因为诸侯王死亡时间与墓葬建造时间上的滞后性，通常其后继诸侯王并不会为了与突发情况保持一致，而特意改毁陵墓原来的建设规制。所以为了更好地理解诸侯王（后）陵的建制规范，本节对于诸侯王陵墓的时间归类，基本按照取上限的原则，也就是依据诸侯王的起封时间为准，如果明确知道诸侯王死亡时间在某位皇帝初年的，一般归入上一任皇帝所属的时代界限，如本表中的楚元王刘交及其后陵、齐哀王刘襄陵。

（一）封土

对封土的考察一直是考察中国古代贵族墓葬的重要一环，刘庆柱、李毓芳指出：“高大封土出现，是因为受到古人‘事死如事生，事亡如事存’的影响。王陵的封土形制则是受到当时盛行的高台宫殿建筑的影响。封土规模反映了战国时代流行‘宫室之量，器皿之度，棺椁之厚，丘封之大，此以大为贵也’。”① 贵族墓葬封土“以大为贵”已经成为学界的共识，身份等级越高的贵族墓葬，其封土应该越高，如《汉书·刘向传》就记载始皇陵“葬于骊山之阿，下锢三泉，上崇山坟，其高五十余丈，周回五里有余”②。

焦南峰认为秦汉时期贵族墓葬的封土高度应该已有定制③，但是实际研究中对封土的观察存在诸多困难和不确定性。黄展岳就指出：“由于年

① 刘庆柱、白云翔主编，中国社会科学院考古研究所编著：《中国考古学·秦汉卷》，北京：中国社会科学出版社，2010 年，第 310~311 页。

② 班固著，颜师古注：《汉书》卷三十六《楚元王传》，北京：中华书局，1962 年，第 1954 页。

③ 焦南峰：《秦、西汉帝王陵封土研究的新认识》，《文物》，2012 年第 12 期。

代久远，地面上的坟丘、陵寝等设施，大多遭到自然的或人为的破坏，至今很少保存下来，偶有残垣片瓦遗存，大多未认真勘查（只有梁王陵区做了一点工作）。”[①] 焦南峰也说：“关中地区的秦、西汉帝王陵在历史上遭受多次盗掘，经过多次修复，加之两千余年的生产活动、水土流失等，故现存封土与始建原貌有差异。”[②] 科学研究的严谨性让学者们注意到了考古获取样本的误差性，但正如黄展岳所说的那样，考古工作者面对的本就“大多是劫余资料或盗掘者遗弃的墓圹、葬具、车马、陶木漆器”[③]，所以我们必须在使用这些有限样本时注意观察使用的方法和原则。对此，焦南峰指出：“直接以现存封土为基础进行研究，理论上会有所失误。但是，考虑到历史上的破坏程度及历代修复尽可能便捷的原则，以秦、西汉帝王陵封土的现状为基础，参照其变化历程，并结合文献记载，对其形制进行研究应是可行的。”[④]

在这种背景下，我们观察表 9-3 的现存封土数据，可知：西汉初年，诸侯王（后）陵的封土整体较高，平均高度达到 18.42 米。其中最高者为楚王山二号楚元王刘交后墓 CWSM2，现存封土高度 26.12 米，最低者为徐州楚王山楚元王刘交墓 CWSM1，现存封土高度仅有 7 米，但据该墓葬发掘报告描述，“M1 位于楚王山西北尾部山顶上，规模最为庞大，由山体和封土两部分组成，连封土高 54.08 米……自下而上可分为三个层次”[⑤]。另据汉代陵墓考古一般规律来看，王陵一般都要高于其对应的后陵（吕后陵为特例[⑥]）。故可推知，在汉代楚元王刘交墓封土的整体高度应高于楚元王后陵的封土高度。对比同时期帝（后）陵的现存封土高度（表 9-4），汉高祖刘邦墓现存封土高 30 米，汉惠帝刘盈墓现存封土 31 米；皇后陵中

---

① 黄展岳：《汉代诸侯王墓论述》，《考古学报》，1998 年第 1 期。

② 焦南峰：《秦、西汉帝王陵封土研究的新认识》，《文物》，2012 年第 12 期。

③ 黄展岳：《汉代诸侯王墓论述》，《考古学报》，1998 年第 1 期。

④ 焦南峰：《秦、西汉帝王陵封土研究的新认识》，《文物》，2012 年第 12 期。

⑤ 刘照建、梁勇：《徐州市铜山县楚王山汉墓群考古调查》，载《汉代考古与汉文化国际学术研讨会论文集》，济南：齐鲁书社，2006 年，第 247~254 页。

⑥ 对于吕后陵封土高度的问题，学界多有讨论，参见焦南峰：《秦、西汉帝王陵封土研究的新认识》，《文物》，2012 年第 12 期。另有其他文章论及。

除了吕后陵现存封土高 30 米，汉文帝为其母薄太后陵筑封土现存 24 米，而孝惠王皇后陵封土现存仅有 8 米，导致诸侯王（后）陵的封土高度追赶帝（后）陵封土高度、甚至现存王后陵封土高度超过帝后陵封土高度的现象。

表 9-4 西汉帝（后）陵封土情况①（单位：米）

陵墓名称	东西长	南北长	高	高	东西长	南北长	陵墓名称
汉高祖长陵帝陵	160	134	30	30	160	136	汉高祖长陵后陵
				24	171	153	汉薄太后南陵
汉惠帝安陵帝陵	190	140	31	8	65.6	70	汉惠帝安陵后陵
汉文帝霸陵帝陵			未见封土	19.5	137	143	汉文帝霸陵后陵
汉景帝阳陵帝陵	166	155	31	25.2	154	154	汉景帝阳陵后陵
汉武帝茂陵帝陵	229	231	46.5	28	110	127	汉武帝茂陵后陵
汉昭帝平陵帝陵	160	160	29	26.2	150	150	汉昭帝平陵后陵
汉宣帝杜陵帝陵	172	172	29	24	148	154	汉宣帝杜陵后陵
汉元帝渭陵帝陵	168	168	29	17.5	79	85	汉元帝渭陵后陵
汉成帝延陵帝陵	152	156	26-27	21.5	87	87	汉成帝延陵后陵
汉哀帝义陵帝陵	161～166	172～173	29.7	19.3	78	72	汉哀帝义陵后陵
汉平帝康陵帝陵	232～235	214～222	36	11	81	78～81	汉平帝康陵后陵

本阶段内诸侯王（后）陵的封土较高的原因推测有二：一，该时期内百废待兴，尚未建立起较为明晰的帝、王陵墓礼仪制度标准；二，应与西汉初年诸侯功臣本身的位高权重有关。其中第二点原因应该影响更大，汉初的诸侯王主要是建国功臣、吕氏外戚和刘姓子孙，或功勋至伟，或地位尊贵，地位和身份应是其筑陵时秉持“以大为贵”理念的主要原因。

下分三类对表 9-3 中主要墓主身份情况进行简单梳理。

① 本表中的数据单位为米，数据参考焦南峰：《汉成帝延陵名位补证》，《考古与文物》，2019 年第 4 期。

1. 建国功臣类

（1）赵景王张耳

张耳为高祖建汉过程中的重要功臣。张耳少时为魏信陵君门客，刘邦早年曾跟随张耳为下属。巨鹿之战后，张耳随项羽入关。公元前 206 年，项羽分封诸侯时，张耳被立为常山王，定都襄国（今河北邢台），后归附汉王刘邦。韩信破赵后，张耳被立为赵王。高祖四年（前 203）十一月，刘邦以张耳为赵王，定都邯郸。高祖五年张耳去世，谥号景王。

（2）长沙王吴臣/吴回

长沙象鼻嘴一号墓时代争议较大，主要有西汉前期、中期两种意见[①]，本文同意西汉早期说，其墓主可能是吴姓长沙王吴臣或吴回。长沙国为汉初开国功臣吴芮的封国，吴芮秦吏出身，后追随项羽反秦，不久改拥刘邦，《史记·惠景间侯者年表》中《集解》注引邓展语“芮至忠”[②]，所以吴氏在汉初铲除异姓诸侯王事件中得以保全，成为唯一一个善终至无嗣除国的异姓诸侯国。长沙象鼻嘴一号墓封土毁于 1974 年城市基建时，但观察其墓室面积（墓室底长 17.1～17.35 米、宽 15.65～15.70 米，高 2.3 米），与河北石家庄北郊赵景王墓面积（“中”字形墓，南北长 14.5 米，东西宽 12.4 米，深 4.9 米）相差不多，甚至还要大一些，可推测其墓葬原封土也应该等于或者高于赵景王墓封土的高度。

2. 吕氏外戚

吕氏外戚是汉初诸侯王中较为特殊的一类，身兼建国功臣和宗室外戚两种身份，地位极高。刘邦死后，吕雉临朝称制，独揽大权，残酷打压刘氏皇族，给吕氏子弟开路。《史记·吕太后本纪》记齐王书曰：“高后用事……听诸吕，擅废帝更立，又比杀三赵王，灭梁、赵、燕以王诸吕，分齐为四。”[③] 先后分封吕台、吕禄、吕产和吕通为王，

---

① 参见宋少华：《略谈长沙象鼻嘴一号汉墓陡壁山曹䜣墓的年代》，《考古》，1985 年第 11 期。

② 司马迁：《史记》卷十九《惠景间侯者年表》，北京：中华书局，1959 年，第 977 页。

③ 司马迁：《史记》卷九《吕太后本纪》，北京：中华书局，1959 年，第 407 页。

又另封诸吕子弟为列侯，诸吕声威一时如日中天。

吕肃王吕台，为高后兄子，即高后侄。洛庄汉墓封土巨大，发掘报告指出其墓原封土面积近 4 万平方米，20 世纪 70 年代封土高度还有 20 多米。不仅封土巨大，东墓道长近 100 米，西墓道长约 45 米，主墓室面积东西长 37 米，南北宽 35 米，整个墓葬总长约 180 米，深度约 20 米，总面积达 1295 平方米，规模之大，俞伟超都感叹“洛庄汉墓规模太大了，没想到这么大，天子一样的规模”①。除了主墓，考古工作者还在墓室外围发现多达 36 座的陪葬坑和祭祀坑。

3. 刘姓子孙

（1）楚元王刘交

刘交，高祖刘邦少弟。楚王山一号墓 CWSM1 虽然现存封土仅有 7 米，但该墓葬是中国最早的“因山为陵”墓葬②，墓葬主体位于楚王山西北尾部山体最高大的山顶上，规模是楚王山墓群中最庞大的，由山体和封土两部分组成。《水经注 · 获水》中记载刘交墓“获水又东径同孝山北，山阴有楚元王冢，上圆下方，累石为之，高十余丈，广百许步，经十余坟，悉结石也”③。周学鹰指出该墓“依山为陵，面向东方，气势雄大。其东南面与楚王山主峰相连，浑然一体，充分表现了这一独特葬制的恢弘、壮丽”，并认为刘交墓“因山为陵”原创性的渊源来自“垒土为山”“筑陵以象山”的传统坟丘墓制。④ 刘交墓虽然采用“因山为陵”的

---

① 崔大庸、高继习：《章丘洛庄汉墓发掘成果及学术价值》，《山东大学学报（哲学社会科学版）》，2004 年第 1 期。

② 周学鹰指出：“‘因（依、以）山为陵、凿山为藏（葬）’是我国古代葬制的一种。它将墓葬埋在自然山体中，形成背依大山的恢宏气势。……有两种形式，一是竖穴墓；一是横穴墓，即所谓的横穴洞室墓。前者出现较早，西汉后因横穴洞室墓的逐渐流行而渐趋消失。一般所谓的‘因山为陵’葬制，仅指后一种。”参见周学鹰：《“因山为陵”葬制探源》，《中原文物》，2005 年第 1 期。

③ 郦道元著，陈桥驿校证：《水经注校证》卷二十三《获水》，北京：中华书局，2007 年，第 561 页。

④ 周学鹰：《“因山为陵”葬制探源》，《中原文物》，2005 年第 1 期。

建筑方式，但仍有高大封土。[1] 虽然我们今天看不到原墓葬封土的高度，但对比楚元王刘交后陵现存封土 26.12 米的高度，可推知刘交墓初时一定是气象宏伟的。

刘交墓葬建筑宏伟的原因与刘交本人地位相关。刘交，少年即有大志，曾跟随刘邦转战各地，是建汉的刘氏至亲功臣。汉高祖六年刘交获封楚王，为汉初分封同姓子弟中在位时间最长者，历高祖至文帝四朝。因文化水平较高，刘邦对刘交向来倚重，刘邦即位后，刘交常伴左右，“出入卧内，传言语诸内事隐谋”[2]。楚国辖薛郡（今山东曲阜枣庄一带）、东海、彭城（今江苏徐州）等三郡三十六县，地广民富，诸吕叛乱时就曾十分担心楚国出兵，《史记·孝文本纪》记中尉宋昌语“方今内有朱虚、东牟之亲，外畏吴、楚、淮南、琅邪、齐、代之强”[3] 等，均可说明刘交制下楚国的巨大影响力。此外，刘交曾在拥立文帝事上起到了关键作用。诸吕乱后，群臣迎代王继位，刘恒却独向刘交征求意见，“奉高帝宗庙，重事也。寡人不佞，不足以称宗庙。愿请楚王计宜者，寡人不敢当”[4]。刘照建指出，“代王的一番话意味深长，一方面是出于礼节上的谦让，另一方面是对楚王刘交的试探，这说明楚王刘交作为东方大国之诸侯王，确实在朝中具有举足轻重的地位……获得德高望重的楚元王刘交的支持，才是刘恒能够顺利继承帝位的最大保障”，“在西汉初期的政治格局中，刘交具有举足轻重的地位，是一个影响时局的关键人物”。[5] 刘交生前地位如此显赫，死后墓葬封土高硕，也就在情理之中了。

（2）齐哀王刘襄

齐哀王刘襄为刘邦之孙，刘邦庶长子刘肥之子，刘肥封于齐地，死后

---

① 刘照建、梁勇：《徐州市铜山县楚王山汉墓群考古调查》，载《汉代考古与汉文化国际学术研讨会论文集》，济南：齐鲁书社，2006 年，第 247~254 页。

② 班固著，颜师古注：《汉书》卷三十六《楚元王传》，北京：中华书局，1962 年，第 1921 页。

③ 司马迁：《史记》卷十《孝文本纪》，北京：中华书局，1959 年，第 414 页。

④ 司马迁：《史记》卷十《孝文本纪》，北京：中华书局，1959 年，第 416 页。

⑤ 刘照建：《西汉楚元王刘交略论》，《江苏师范大学学报（哲学社会科学版）》，2019 年第 3 期。

其子刘襄继位为齐王。齐哀王刘襄在位期间，齐国国力强盛，具有大规模修建陵墓的能力。山东淄博临淄区大武乡窝托村南的刘襄墓，封土虽历经两千余年，至今仍高达 24 米，现存封土底部直径约 250 米，占地面积约 24 市亩，发掘报告指出该墓“规模巨大，营建工程浩繁，仅封土一项，约计用土四十万方以上”[①]。另考古钻探表明，该墓原始封土的范围比现存封土还要大得多。

（二）兵器类物品随葬情况

从表 9-3 中还可以观察到汉初诸侯王陵中吕国和齐国都着明显的兵器类物品随葬现象。

洛庄吕肃王吕台墓的主墓室虽然还没有被发掘，但仅是随葬器物坑（祭祀坑）中就发现了大量的兵俑军阵，“有的祭祀坑中分三层摆放了木俑、泥质兵俑军阵”，“这种分层的布局在以往汉代王陵考古中也从未见过”，另有两座坑全都是兵器。[②]

齐哀王刘襄墓室四周的 5 个外藏器物坑中三号坑以兵器和仪仗器为主，四号坑为车马坑，五号坑随葬兵器和少量生活用具，其中兵器数量是 5 个器物坑随葬物品中数量最多的，发掘报告指出：“大量的兵器，是齐王墓随葬器物坑的一个显著特点，数量众多，种类齐全，是汉墓发掘中所少见的。……这些兵器中除用于远射的弩机和箭头仍为铜制外，手持兵器的绝大多数为铁制。一九一件手持兵器中，铁制者一六九件，占 88.5%，铜制者仅占 11.5%。铁兵器占主导地位。铁兵中，戟占 83.5%，铍占 11.8%，其它占 4.7%，可见戟在铁兵中数量最多，当属常备兵器。……持戟兵士的多寡当是一国军事力量强弱的重要标志。铁铍在持兵中数量仅次于戟，而它兼具矛、剑的优点，较其它兵器有更强的杀伤力，在当时是一种较先进的武器。大量先进兵器的随葬，一方面反映了汉初齐国军事实力之强大，同时也反映了墓主人对于军事的特别重视。”[③]

---

① 山东省淄博市博物馆：《西汉齐王墓随葬器物坑》，《考古学报》，1985 年第 2 期。

② 崔大庸、高继习：《章丘洛庄汉墓发掘成果及学术价值》，《山东大学学报（哲学社会科学版）》，2004 年第 1 期。

③ 山东省淄博市博物馆：《西汉齐王墓随葬器物坑》，《考古学报》，1985 年第 2 期。

刘襄与吕台墓中重视兵器类物品随葬的现象，正对应了汉初刘姓诸侯王与异姓诸侯王间军事力量的博弈。刘邦建国之初，分封刘姓子孙为王来实现拱卫京师“以藩屏汉”的目的，刘肥作为刘邦庶长子，地位特殊，故被封到了关东要地齐国，肩负着震慑东方、保卫刘姓汉室的重任。在这种分封背景下，齐国军事实力自然不容小觑，《史记・高祖本纪》描述齐地“地方二千里，持戟百万”①。诸吕之乱时，刘襄曾率先起兵讨伐，在平息吕氏之乱中起到了重要作用，《史记・吕太后本纪》记吕禄、吕产“外畏齐、楚兵”②，均说明了齐国军事力量的强大。齐地兵强民腴，难免起争雄之心，刘襄为齐王时，刘肥的另外两个儿子刘章、刘兴，还曾谋划拥立刘襄为帝，虽未得逞，但齐国势力可见一斑。

楚元王刘交墓今未正式发掘，我们虽无法知晓其随葬兵器类物品情况，但据史籍推测，刘交墓中随葬兵器类物品的数量可能也不在少数。刘邦死后，同姓诸侯国中齐楚两国一为刘邦庶长子封地，一为刘邦幼弟封地，无论军事实力还是政治影响力，分量都极重。刘照建就认为，诸吕之乱时“正是以齐楚为首的诸王团结之下，手握重兵不断施加压力，加上朝中大臣的配合，刘姓才得以重新恢复大统”③。

二、文景时期王（后）陵的封土与兵器类物品随葬情况

本部分重点考察西汉前期后段（文帝—景帝）王陵（后）11座，分别是长沙砂子塘西汉墓61.长.砂.M01、狮子山楚王陵、献县汉墓M36南边、献县汉墓M36、长沙咸家湖西汉曹女巽墓、长沙望城坡西汉渔阳墓、徐州驮篮山汉墓一号墓M1、驮篮山二号汉墓M2、徐州北洞山西汉墓、河南保安山一号墓M1、山东章丘危山陪葬坑。

梳理11座墓葬信息如表9-5。

观察表9-5，可知：

---

① 司马迁：《史记》卷八《高祖本纪》，北京：中华书局，1959年，第383页。

② 司马迁：《史记》卷九《吕太后本纪》，北京：中华书局，1959年，第407页。

③ 刘照建：《西汉楚元王刘交略论》，《江苏师范大学学报（哲学社会科学版）》，2019年第3期。

表 9-5 文景时期的王（后）陵信息

皇帝/时代	封国	墓主	现存封土	墓葬面积	随葬兵器类物品	受封—去世	死亡原因/世系	在位时间（年）	墓葬名称	备注
文帝	长沙国	靖王吴著	7米	墓室呈长方形，南北长 5.94 米、东西宽 4.1 米、残高 4.5 米。		文帝二年—文帝后元七年（前178—前157）	正常/五世	22	长沙砂子塘西汉墓 61.长.砂.M01	被盗，薄葬。
文帝	楚国	楚夷王刘郢客	因山为陵，上有人工覆土。	徐州最大的楚王陵	墓外 4 个兵马俑坑，出土陶质兵马俑 2300 余件，有战车、骑兵和步兵三类。	文帝二年—文帝五年（前 178—前 175）	正常/二世	4	狮子山楚王陵	早年被盗
文帝	河间国	河间文王刘辟彊	早年封土巨大，现存约 6 米。	主室东西长 20 米以上，南北宽 15 米以上。		文帝二年—文帝十四年（前 178—前 166）	正常/一世	13	献县汉墓 M36 南边	未发掘
文帝	河间国	河间文王刘辟彊后	早年封土巨大，现存约 6 米。						献县汉墓 M36	多次被盗
文景之际	长沙国	长沙王后嫘	陡壁山顶，以山为陵，未见封土。	墓口 12.8×10×2（米），坑底 11.6×9.5×2.8（米）。					长沙咸家湖西汉曹嫘墓	唐时被盗

（续表）

皇帝/时代	封国	墓主	现存封土	墓葬面积	随葬兵器类物品	受封—去世	死亡原因/世系	在位时间（年）	墓葬名称	备注
文景之际	长沙国	吴氏长沙王后	5米	“甲”字形，现存长37米。					长沙望城坡西汉渔阳墓	被盗
文景之间	楚国	楚王刘戊	——	南北总长53.74米，总面积199.88平方米。	出土有兵佣，有贮藏铁甲和兵器的武库，墓葬旁边3个陪葬坑，其中一个为兵马坑。	文帝六年—景帝三年（前174—前154）	参与七国之乱被诛/三世	21	徐州驮篮山汉墓一号墓M1	早年被盗，未公布。
文景之间	楚国	楚王刘戊后	——	南北总长51.6米，总面积178.96平方米。					驮篮山二号汉墓M2	早年被盗
景帝	楚国	楚文王刘礼或楚安王刘道	依山开凿，原有夯筑高大的封土堆，后遭破坏。	约100平方米	该墓中出土222个仪卫男俑，兵器不多，仅有少量弩机、镞和戟，有一枚武库印。	刘礼，景帝四年—景帝六年，（前153—前151）/刘道，景帝七年—武帝元光六年，（前150—前129）	正常/刘礼是四世，刘道是五世	3/22	徐州北洞山西汉墓	多次被盗

（续表）

皇帝/时代	封国	墓主	现存封土	墓葬面积	随葬兵器类物品	受封—去世	死亡原因/世系	在位时间（年）	墓葬名称	备注
景帝	梁国	西汉梁孝王刘武	10米	大型石崖墓，墓内面积达700平方米，容积达2800立方米。		文帝十二年—景帝中元六年（前168—前144）	正常/始封—文帝子	25	河南保安山一号墓M1	早年被盗
景帝	济南国	济南王刘辟光	7米	方形，边长约24米。	一号车马俑坑内发现170多个陶俑、50余匹陶马、4辆陶马车、近百面盾牌，有兵俑方阵。	文帝十六年—景帝三年（前164—前154）	七国之乱参加而自杀/始封—刘肥子	11	山东章丘危山陪葬坑	未发掘

（一）封土

西汉前期后段（文帝—景帝），诸侯王（后）陵封土的高度比之汉初诸侯王（后）陵封土高度整体有明显下降。在现有数据统计的基础上，除了狮子山楚王陵、长沙咸家湖西汉曹㜸墓、徐州北洞山西汉墓等墓葬因山为陵未见封土，仅有河南保安山一号墓 M1 梁孝王墓的现存封土最高，为 10 米，相对于西汉初年王（后）陵墓葬现存封土平均 18. 42 米的高度而言，下降明显。

（二）兵器类物品随葬情况

西汉前期后段诸侯王陵的兵器随葬现象也比汉初有明显减少，且主要集中在楚国（徐州狮子山楚夷王刘郢客陵、徐州驮篮山汉墓一号墓 M1 楚王刘戊陵、徐州北洞山楚文王刘礼或楚安王刘道陵）[①] 和济南国（山东章丘危山陪葬坑）。

1. 楚国王陵

楚夷王刘郢客，为楚元王刘交子，其陵位于徐州东郊狮子山主峰南坡，该山海拔高度 62. 15 米，主峰上另有人工覆土。狮子山楚墓面积较大，发掘报告指出相对于楚王山汉墓群、北洞山汉墓、小龟山汉墓群、驮篮山汉墓、石桥汉墓、铜山县南洞山汉墓、卧牛山楚王墓，狮子山楚王陵是徐州发现的规模最大的楚王陵。[②] 该墓墓室内出土大量兵器，有铜剑、戟、矛、戈、铍、铁剑等。除了墓室出土兵器，1984 年，考古工作者还在狮子山西麓发现 4 个陪葬的兵马俑坑，出土陶制兵马俑 2300 余件。陪葬坑兵俑阵由战车、骑兵和步兵三部分组成，以步兵为主，也有骑俑，不见战车，只隐约可辨 1 乘指挥车痕迹和 4 匹马。发掘者认为这反映了一个历史时期内军队组成和战术的变化。[③]

---

① 狮子山汉墓和驮篮山汉墓墓主也有争议。本文同意刘尊志等学者的观点，即狮子山汉墓为刘氏二代楚王刘郢客墓，驮篮山汉墓为刘氏三代楚王刘戊墓。参见刘尊志：《汉代诸侯王墓研究》，北京：社会科学文献出版社，2012 年，第 471~481 页。

② 狮子山楚王陵考古发掘队：《徐州狮子山西汉楚王陵发掘简报》，《文物》，1998 年第 8 期。

③ 徐州博物馆：《徐州狮子山兵马俑坑第一次发掘简报》，《文物》，1986 年第 12 期；狮子山楚王陵考古发掘队：《徐州狮子山西汉楚王陵发掘简报》，《文物》，1998 年第 8 期。

楚王刘戊，为楚夷王刘郢客子，其陵位于徐州驮篮山。2004 年考古工作者在墓葬南侧约 100 米处发现 3 个陪葬坑，通过现场初步清理发现了 100 多件乐舞俑、兵马俑、侍俑和陶器碎片，发掘者推断，这 3 个陪葬坑分别为乐舞坑、兵马坑和器物坑。[①] 发掘者还提到墓室内发现有贮藏铁甲和兵器的武库。[②]（该墓考古资料未发表）

徐州北洞山西汉墓的墓主人是谁，学界多有争议。发掘报告认为该墓墓主应该是刘郢客、刘戊、刘礼、刘道中的一个[③]，目前多数学者同意将北洞山墓墓主断为刘礼或者刘道[④]，本文从之。北洞山西汉墓与狮子山和驮篮山出土大量兵器、兵佣的情况不同，其墓室中仅出土了少量弩机、戟和镞。该墓中也出土了 222 个男俑，但发掘报告称其为仪卫俑。另有一枚“楚武库印”出土，发掘者认为该印章可表明当时楚国建有武器仓库。[⑤]

前文所述，楚国膏腴天下、兵力强盛，第一代楚王刘交作为刘邦之弟，在刘邦死后，俨然汉家王朝的中流砥柱。汉文帝即位后为表尊敬，不仅将吕氏所夺楚地归还于楚，还给予刘交及其子极高的待遇，“文帝尊宠元王，子生，爵比皇子”[⑥]。后贾谊献治安策，文帝开始削弱诸侯王势力，将齐一分为六，淮南一分为三，唯独对楚保持其原有封地不变。后文帝立嗣，亦向刘交请教意见，“楚王，季父也，春秋高，阅天下之义理多矣，明于国家之大体”[⑦]。刘交子楚夷王刘郢客为宗正，掌管皇族事务，得文帝

---

① 肖昌琦、徐承德：《徐州驮篮山汉墓惊现神秘陪葬坑》，《新华日报》，2004 年 4 月 12 日。

② 王瑞峰：《驮篮山汉墓发现陪葬坑》，载徐州市地方志编纂委员会：《徐州年鉴》，北京：方志出版社，2005 年，第 325 页。

③ 徐州博物馆、南京大学历史系考古专业：《徐州北洞山西汉墓发掘简报》，《文物》，1988 年第 2 期。

④ 刘尊志：《汉代诸侯王墓研究》，北京：社会科学文献出版社，2012 年，第 481～483 页。

⑤ 徐州博物馆、南京大学历史系考古专业：《徐州北洞山西汉墓发掘简报》，《文物》，1988 年第 2 期。

⑥ 班固著，颜师古注：《汉书》卷三十六《楚元王传》，北京：中华书局，1962 年，第 1923 页。

⑦ 司马迁：《史记》卷十《孝文本纪》，北京：中华书局，1959 年，第 419 页。

信任，后其嗣封楚王位亦是由文帝做主。

景帝继位后，开始对楚有所忌惮，“众建诸侯”，将刘交多子封侯，“景帝即位，以亲亲封元王宠子五人：子礼为平陆侯，富为休侯，岁为沈犹侯，执为宛朐侯，调为棘乐侯”[①]。后又“削东海、薛郡”[②]。楚王刘戊不满，“乃与吴通谋”[③]，后参与七国之乱，兵败自杀。《汉书·楚元王传》记刘戊“稍淫暴”[④]，其墓中存有兵器，墓外陪葬兵马，正是刘戊野心的体现。应看到，虽然刘戊陵中兵马随葬规模比之刘郢客时已大大减弱，但其身为谋反获罪诸侯，陵墓内外都尚有兵器类物品随葬，参考诸侯“预作寿陵”制与实际埋葬时身份规制的差异性，我们也能从一个侧面看出文景时期的大国诸侯王所拥有的强大军事实力。

七国乱后，楚并未除国，景帝以刘交子刘礼续封楚王，一方面是因刘交余荫而对楚国有所照拂，令其得“奉元王祠庙”[⑤]；另一方面，叔继侄位，也可以分化楚国内部势力，使其派系掣肘。所以从北洞山汉墓随葬兵器类物品情况表现出的三个特点（数量比之前明显减少、仪式用俑替代仿真兵佣方阵、武库印章代替真实武器），可以看出七国之乱后继位的楚王，在军力使用上的谨慎态度。（从这个角度来讲，本文也认同刘尊志先生的观点，即北洞山汉墓的主人更可能是刘礼。[⑥]）

2. 济南国王陵

济南王刘辟光，齐王刘肥子，其陵位于山东章丘危山，未发掘，但在其陵一号车马俑坑内发现大量陶俑组成的兵俑方阵。考古工作者描述：

---

① 班固著，颜师古注：《汉书》卷三十六《楚元王传》，北京：中华书局，1962 年，第 1923 页。

② 班固著，颜师古注：《汉书》卷三十六《楚元王传》，北京：中华书局，1962 年，第 1924 页。

③ 班固著，颜师古注：《汉书》卷三十六《楚元王传》，北京：中华书局，1962 年，第 1924 页。

④ 班固著，颜师古注：《汉书》卷三十六《楚元王传》，北京：中华书局，1962 年，第 1924 页。

⑤ 司马迁：《史记》卷五十《楚元王世家》，北京：中华书局，1959 年，第 1989 页。

⑥ 刘尊志：《汉代诸侯王墓研究》，北京：社会科学文献出版社，2012 年，第 483 页。

“坑内摆放的车马兵俑自南向北排列，大体可分为 3 部分：前队为骑兵队列，中部为车队，后部为步兵队列。……已清理出 170 多个陶俑、50 余匹陶马、4 辆陶马车。在陪葬坑的南侧，有 4 个站立俑，东西两侧，各有 10 个站立的陶俑。这 24 个立俑均面向骑兵队列。……一个由 100 个陶俑组成的步兵方阵。这些步兵俑在陶俑中最小，高大致在 40 厘米以上。步兵俑的身前摆放着盾牌。整个兵马坑从前到后，陶马、陶人逐渐变小……这座兵马俑的规模、结构和意义而言，仅次于秦始皇兵马俑、陕西咸阳杨家洼兵马俑，堪称中国少有的大型兵马俑坑。”① 齐国一分为六，济南国为其一，后刘辟光参与七国之乱，兵败自杀。与楚王刘戊一样，危山汉墓陪葬坑中的大量兵佣，不仅是刘辟光作为齐国后裔重视武力传统的地下表现，同时也是其军事野心的一种反映。

三、武帝时期王（后）陵的封土与兵器类物品随葬情况

本部分重点考察西汉中期前段 13 座（汉武帝）王（后）陵，分别是河南保安山二号墓 M2、柿园汉墓、巨野红土山西汉墓、铜山龟山二号崖墓、夫子山一号墓 FM1、夫子山二号墓 FM2、山东长清双乳山一号汉墓、满城陵山一号墓 M1、满城陵山二号墓 M2、盱眙大云山汉墓 M1、盱眙大云山汉墓 M2、高庄汉墓 M1、风盘岭一号墓 M1。

梳理 13 座墓葬信息如表 9-6。

观察表 9-6，可知：

（一）封土

武帝时期的诸侯王（后）陵封土高度整体比文景时期诸侯王（后）陵封土稍高，但远不及西汉初期的诸侯王（后）陵封土高度。13 座王（后）陵中，仅有山东巨野红土山山阳哀王刘定墓、山东长清双乳山一号济北成王刘胡墓、江苏盱眙大云山 M2 江都王刘非后墓 3 座陵墓的现存封土是超过 10 米的，而同时期，汉武帝茂陵现存封土则仍高达 46.5 米。

---

① 王守功、崔大庸：《山东发现大型兵马俑坑》，《走向世界》，2003 年第 1 期。

表 9-6 武帝时期的王（后）陵信息

皇帝/时代	封国	墓主	现存封土	墓葬面积	随葬兵器类物品	受封—去世	死亡原因/世系	在位时间（年）	墓葬名称	备注
景帝—武帝	梁国	梁孝王刘武王李后	8 米	总面积达 1600 余平方米，总容积达 6500 余立方米。	墓内出土部分兵器，陪葬坑出土兵器 41 件。				河南保安山二号墓 M2	严重盗掘
景帝—武帝	梁国	梁恭王刘买	4 米	总容积 1738 立方米，总面积 383.55 平方米。	40 件骑兵俑，带有不同兵器，另有兵器出土。	景帝后元元年—武帝建元四年（前 143—前 137）	正常/二世—刘武子	7	柿园汉墓	被盗
武帝	山阳国	山阳哀王刘定	10.2 米	长方形，长 70 米、宽 4.7～7.1 米、深 6～11.9 米。	戈、剑、弩机、戟、矛，随葬兵器数量较多。	景帝中元六年—武帝建元五年，（前 144—前 136）	正常/刘定，始封—梁孝王子	9	巨野红土山西汉墓	
武帝	楚国	楚襄王刘注	横穴崖墓，不起封土。	500 平方米以上	矛 1 件，镞 5 件。	武帝元朔元年—武帝元狩六年（前 128—前 117）	正常/六世	12	铜山龟山二号崖墓	被盗严重
武帝	梁国	梁平王刘襄	4 米			武帝建元五年—武帝天汉四年（前 136—前 97）	正常/三世	40	夫子山一号墓 FM1	未发掘，被盗。
武帝	梁国	梁平王刘襄后	7 米						夫子山二号墓 FM2	被盗，未发掘。

（续表）

皇帝/时代	封国	墓主	现存封土	墓葬面积	随葬兵器类物品	受封—去世	死亡原因/世系	在位时间（年）	墓葬名称	备注
武帝	济北国	济北成王刘胡	>12 米	总面积 1447.5 平方米，总凿石量约 8800 立方米。	很少，仅有剑 1 件、弩机、镞。	景帝六年—武帝天汉三年（前 151—前 98）	正常/二世—淮南王刘长孙	54	山东长清双乳山一号汉墓	保存完好
武帝	中山国	中山靖王刘胜	因山为陵，无封土	墓洞全长（墓道封门至后室回廊西壁）51.7 米，最宽处（南北耳室的长度）37.5 米，最高处（中室的高度）大于 6.8 米，容积约计 2700 立方米。	玉具剑、刀、戟、镞等近 500 件。	景帝三年—武帝元鼎四年（前 154—前 113）	正常/始封—景帝子	42	满城陵山一号墓 M1	
武帝	中山国	中山靖王后窦绾	以山为陵，无封土	总长 49.7 米，最宽处 65 米，最高处 7.9 米，容积达 3000 立方米。					满城陵山二号墓 M2	

（续表）

皇帝/时代	封国	墓主	现存封土	墓葬面积	随葬兵器类物品	受封—去世	死亡原因/世系	在位时间（年）	墓葬名称	备注
武帝	江都国	江都王刘非	8米	“中”字形，口大底小，开口南北长35.2米、东西宽26米，墓室深19米，墓底东西长15.6米，北壁长14.7米，南壁长14.5米。	兵器坑墓内出土铜铁兵器各近1500件。	景帝前元四年—武帝元朔元年（前153—前128）	正常/徙封—景帝子	26	盱眙大云山汉墓M1	早年被盗
武帝	江都国	江都王刘非后	14米	主室南北4.7米，东西3.9米。	铁剑8件，铁戟3件，但全是明器。				盱眙大云山汉墓M2	被盗
武帝	常山国	常山宪王刘舜	残高约2.4米，原有高大封土。	墓口南北长35.3米、东西宽32.2~33.8米，墓底南北长16.2米、东西宽19.3米，墓深11.4米。		景帝中元五年—武帝元鼎二年（前145—前115）	正常/始封—景帝子	31	高庄汉墓M1	被盗并焚毁
西汉早中期	长沙国	长沙王或者其后	破坏	“甲”字形，总面积74平方米。	玉具剑1件				风盘岭一号墓M1	被盗

（二）兵器类物品随葬情况

武帝时期诸侯王陵随葬兵器类物品情况，呈现出三个特点：一、诸侯王陵随葬兵器类物品数量相对于西汉初年仍然较少；二、少见大规模兵佣阵随葬现象；三、梁国王陵随葬兵器情况相对较多。下面对随葬兵器类物品较多的墓葬进行简单梳理。

1. 梁国王陵

（1）梁孝王刘武后李氏陵

该陵位于河南永城保安山，二号墓作为女性墓葬，不仅墓内出土部分兵器，而且在陪葬坑中出土兵器 41 件，有学者据此认为保安山二号墓墓主可能是梁孝王本人[①]，但目前大多数学者仍然认为保安山二号墓为梁孝王刘武后李氏陵。

（2）梁恭王刘买陵

该陵位于河南永城保安山，柿园汉墓虽多次被盗，但墓道内仍出土有骑士俑及兵器，不同的骑士俑佩戴的兵器也不同，主要类别有戟、剑、铍、弩机、镞等。[②]

（3）山阳国王陵[③]

山阳哀王刘定陵，位于山东巨野红土山。因其为梁孝王子，故本文将之归类于梁王陵下。山阳国是汉景帝削藩时期的新封国，《史记·梁孝王世家》记："梁孝王长子买为梁王，是为共王；子明为济川王；子彭离为济东王；子定为山阳王；子不识为济阴王。"[④] 山阳国辖域虽小，但继承了

① 刘振东、谭青枝：《关于河南永城保安山二号墓墓主问题》，《考古与文物》，2001 年第 4 期。

② 河南省商丘市文物管理委员会、河南省文物考古研究所、河南省永城市文物管理委员会、阎根齐主编：《芒砀山西汉梁王墓地》，北京：文物出版社，2001 年，第 175~176 页。

③ 山东巨野红土山墓墓主也有争议，发掘报告认为是昌邑王刘髆。吕健、刘瑞等人根据其中出土封泥上的文字判断该墓应该是山阳哀王刘定，本文同意这种观点。参见山东省菏泽地区汉墓发掘小组：《巨野红土山西汉墓》，《考古学报》，1983 年第 4 期；吕健：《从出土封泥谈巨野红土山汉墓的墓主问题》，《考古》，2016 年第 9 期；刘瑞、刘涛：《西汉诸侯王陵墓制度研究》，北京：中国社会科学出版社，2010 年，第 586~589 页。

④ 司马迁：《史记》卷五十八《梁孝王世家》，北京：中华书局，1959 年，第 2086~2087 页。

梁国重视武力、武器随葬的传统。

目前梁国考古中发现的 8 座王墓，除了 4 座未发掘（黄土山一号墓、夫子山一号墓梁平王刘襄墓、铁角山一号墓、南山一号墓），1 座被盗空（梁孝王刘武墓），其余 3 座全部随葬有兵器，仅数量多少有所不同，不仅王墓有兵器，甚至连梁孝王夫人李后墓都有兵器出土。梁国如此重视兵器类物品随葬的传统，应与梁国设国原因及其军事经历有关。《汉书·贾谊传》记贾谊疏：

> 如今之势……诸侯犹且人恣而不制，豪植而大强，汉法不得行矣。陛下所以为蕃捍及皇太子之所恃者，唯淮阳、代二国耳。代北边匈奴，与强敌为邻，能自完则足矣。而淮阳之比大诸侯，廑如黑子之著面，适足以饵大国耳，不足以有所禁御。……臣之愚计，愿举淮南地以益淮阳，而为梁王立后，割淮阳北边二三列城与东郡以益梁；不可者，可徙代王而都睢阳。梁起于新郪以北著之河，淮阳包陈以南揵之江，则大诸侯之有异心者，破胆而不敢谋。梁足以捍齐、赵，淮阳足以禁吴、楚，陛下高枕，终亡山东之忧矣，此二世之利也。……文帝于是从谊计，乃徙淮阳王武为梁王，北界泰山，西至高阳，得大县四十余城；徙城阳王喜为淮南王，抚其民。①

由此可知，汉文帝徙淮阳王刘武为梁王的目的就是让自己的亲生儿子为自己“捍齐、赵”，藩卫中央。梁孝王刘武到任后，也确实以此为任，精兵秣马，以备不虞。七国之乱时，梁王壁守睢阳，与吴楚军相持 3 个月，阻其西进，杀敌无数，立下汗马功劳，《史记·梁孝王世家》记：

---

① 班固著，颜师古注：《汉书》卷四十八《贾谊传》，北京：中华书局，1962 年，第 2260~2263 页。

吴楚先击梁棘壁，杀数万人。梁孝王城守睢阳，而使韩安国、张羽等为大将军，以距吴楚。吴楚以梁为限，不敢过而西，与太尉亚夫等相距三月。吴楚破，而梁所破杀虏略与汉中分。[①]

梁孝王刘武身为窦太后少子、汉景帝之弟，身份尊贵，又建功至伟，居天下膏腴之地，故七国战后梁国武备愈加强盛，梁孝王“得赐天子旌旗，出从千乘万骑。东西驰猎，拟于天子……多作兵器弩弓矛数十万”[②]。正是因为梁国有着这样的设国初衷及军事经历，梁国历代统治者的墓葬中才会有大量武备随葬的现象。

2. 中山国王陵

中山靖王刘胜，为汉景帝子，其陵位于河北满城陵山。满城汉墓 M1 随葬兵器 500 余件，包括剑、匕首、刀、戟、矛、铤、殳、镞、铠甲等，但其中较多为明器，机体较小，部件不全。刘胜主要生活在景帝到武帝之间，其国力在景武两帝时期有着逐渐变弱的趋势，发掘报告指出该墓随葬品反映“中山国经济情况的变化。在汉武帝实行加强中央集权制政策的影响下，诸侯王国日趋衰落，中山国当然也不能例外”[③]。

3. 江都国王陵

江都王刘非，为汉景帝子，陵墓位于江苏盱眙大云山。刘非陵随葬大量兵器，其中墓内出土铜兵器 1425 件，有矛、戈、戟、钺、弩机、承弓器、盾饰等；铁兵器 1415 件，其中戟 553 件、剑 862 件。陵园内还发现 2 座车马陪葬坑（K2、K7），2 座兵器陪葬坑（K3、K6）。初步推测，车马陪葬坑内共放置明器马车 50 余辆，而从清理出的大量铁戟、铁剑等兵器来看，木椁内的马车应为战车，联系椁室中部清理出的大量木俑，整个陪葬坑 K7 战车与木俑的排列可能是汉代军阵。兵器坑 K3 与 K6 均清理出大

---

① 司马迁：《史记》卷五十八《梁孝王世家》，北京：中华书局，1959 年，第 2082 页。

② 司马迁：《史记》卷五十八《梁孝王世家》，北京：中华书局，1959 年，第 2083 页。

③ 中国社会科学院考古研究所、河北省文物管理处：《满城汉墓发掘报告》，北京：文物出版社，1980 年，第 337 页。

量模型兵器，种类有弩机、箭镞、铁戟、铁剑、漆盾等，军事意味浓厚。[①]《史记·五宗世家》记刘非：

以孝景前二年用皇子为汝南王。吴楚反时，非年十五，有材力，上书愿击吴。景帝赐非将军印，击吴。吴已破，二岁，徙为江都王，治吴故国，以军功赐天子旌旗。[②]

从《史记》记载可知，刘非深受景帝信任，不仅在七国之乱时被委以重任，七国之乱后，还徙封江都，接管吴王刘濞封地，赏天子旌旗，反映出景帝以亲子镇守东南、藩卫中央的政治意图。元光五年（前130），匈奴侵犯汉朝边境，刘非还上书请缨，愿击匈奴。《史记》称其“好气力，治宫观，招四方豪桀，骄奢甚”[③]。

综上，刘非不仅性“好气力”，且镇乱有功，又奉旨守边，故其墓中随葬大量兵器（甚至其后陵都发现有明器类铁剑8件、铁戟3件随葬），亦在情理之中。

四、昭宣时期王（后）陵的封土与兵器类物品随葬情况

本部分重点考察西汉中期后段（汉武帝）王陵（后）19座，分别是双墩一号汉墓M1、定县八角廊村汉墓M40、高邮天山一号汉墓、大葆台一号汉墓、大葆台二号汉墓、黄土山一号墓HM1、黄土山二号墓、铁角山一号墓TM1、铁角山二号墓TM2、南山一号墓NM1、南山二号墓NM2、东圈汉墓M1、东圈汉墓M2、老山汉墓、大青墩汉墓M53、僖山一号墓、僖山二号墓、窑山一号墓、窑山二号墓。

梳理19座墓葬信息如表9-7。

---

① 参见南京博物院、盱眙县文广新局：《江苏盱眙县大云山西汉江都王陵一号墓》，《考古》，2013年第10期；焦南峰：《“同制京师”——大云山西汉王陵形制初识》，《东南文化》，2013年第1期。

② 司马迁：《史记》卷五十九《五宗世家》，北京：中华书局，1959年，第2096页。

③ 司马迁：《史记》卷五十九《五宗世家》，北京：中华书局，1959年，第2096页。

表 9-7　昭宣时期的王（后）陵信息

皇帝/时代	封国	墓主	现存封土	墓葬面积	随葬兵器类物品	受封—去世	死亡原因/世系	在位时间（年）	墓葬名称	备注
昭帝	六安国	六安恭王刘庆	11 米	全长 45 米，墓口至墓底深 9.8 米。	少量兵器，铜戈 1 件，铁戟 4 件，弓 12 件，其他全为竹木质。	武帝元狩二年—昭帝始元三年（前 121—前 84）	正常/始封—胶东王刘寄子	38	双墩一号汉墓 M1	早年被盗
宣帝	中山国	中山怀王刘修	16 米	土圹长 31 米，最宽 12.9 米。		宣帝地节元年—宣帝五凤三年（前 69—前 55）	正常/六世	15	定县八角廊村汉墓 M40	被盗
宣帝	广陵国	广陵厉王刘胥	5 米		少量，戟、弩机和竹木质箭。	武帝元狩六年—宣帝五凤四年（前 117—前 54）	诅帝自杀/始封—武帝子	64	高邮天山一号汉墓	
宣帝	广阳国	广阳顷王刘建	8 米	平面“凸”字形，墓口南北长 26.8 米、东西宽 21.2 米，墓底南北长 23.2 米、东西宽 18 米。墓底距墓门深 4.70 米。		宣帝本始元年—元帝初元四年（前 73—前 45）	正常/绍封—二世	29	大葆台一号汉墓	被盗后被大火焚毁

（续表）

皇帝/时代	封国	墓主	现存封土	墓葬面积	随葬兵器类物品	受封—去世	死亡原因/世系	在位时间（年）	墓葬名称	备注
宣帝	广阳国	广阳顷王刘建夫人	两墓封土相连	“凸”字形，墓坑上大底小。上口南北长 17.7 米、东西宽 11.75 米，底口南北长 17.3 米、东西宽 11.5 米，距现地面深 3.2 米。					大葆台二号汉墓	被盗后被大火焚毁
西汉中期	梁国	王	8～10 米						黄土山一号墓 HM1	被盗，未发掘。
西汉中期	梁国	后	8 米						黄土山二号墓	被盗，未发掘。
汉武帝后	梁国	王	6 米						铁角山一号墓 TM1	早年被盗，未发掘。
汉武帝后	梁国	后	低于一号墓封土堆约 3.5 米						铁角山二号墓 TM2	未发掘
昭帝—宣帝	梁国	王	7 米						南山一号墓 NM1	被盗，未发掘。

（续表）

皇帝/时代	封国	墓主	现存封土	墓葬面积	随葬兵器类物品	受封—去世	死亡原因/世系	在位时间（年）	墓葬名称	备注
昭帝—宣帝	梁国	后	4米						南山二号墓NM2	未发掘
宣帝—元帝	甾川国	甾川王后墓	5米	总面积约计86平方米					东圈汉墓M2	未发掘
宣帝—元帝	甾川国	甾川国王墓	5米，与M1共封土。						东圈汉墓M1	早年浸水，盗扰。
西汉中期	燕国	燕敬王刘泽王后①		上口南北长24.5~26米、东西宽22~23.5米。					老山汉墓	被盗
昭帝—元帝	泗水国	泗水戾王刘骏	8.5米	长18.5米	南外藏椁内有少量护卫武士俑，手执兵器模型。	元帝永光三年—成帝元延二年（前41—前11）	正常/五世	31	大青墩汉墓M53	早年被盗

① 墓主人归属参考靳宝：《北京大葆台汉墓墓葬年代与墓主人考略——兼谈北京老山汉墓墓葬年代及墓主人》，载秦始皇陵博物院编：《秦始皇帝陵博物院》，西安：西北大学出版社，2012年，第221~229页。

（续表）

皇帝/时代	封国	墓主	现存封土	墓葬面积	随葬兵器类物品	受封—去世	死亡原因/世系	在位时间（年）	墓葬名称	备注
元帝	梁国	梁夷王刘遂	8米						僖山一号墓	
元帝	梁国	梁夷王刘遂后	4米						僖山二号墓	
元帝—成帝	梁国	梁王刘嘉	10米						窑山一号墓	
元帝—成帝	梁国	梁王刘嘉后	8米						窑山二号墓	

观察表 9-7，可知：

(一) 封土

昭宣时期的诸侯王（后）陵封土高度整体延续武帝时期诸侯王（后）陵封土相对较矮的发展趋势，更远不及汉初诸侯王（后）陵的封土高度。19 座陵墓封土中仅有双墩一号汉墓、定县八角廊村汉墓 M40 两陵的现存封土超过了 10 米，而同时期，昭宣帝陵的墓葬现存封土却高达 29 米。

(二) 兵器类物品随葬情况

观昭宣时期诸侯王陵的兵器随葬情况，不仅随葬兵器类物品的王陵数量急剧减少，而且随葬兵器类物品的数量也急剧下降，就少量的随葬兵器中还存在不少的竹木质兵器，反映出该时期内诸侯王军事实力明显下降的趋势。

五、西汉前中期诸侯王（后）陵封土及兵器类物品随葬情况发展趋势

本节将重点考察的西汉前中期 49 座诸侯王（后）陵分为四个阶段：西汉初期（高祖—惠帝—吕后）、西汉前期后段（文帝—景帝）、西汉中期前段（武帝时期）、西汉中期后段（昭宣时期），发现其封土高度及兵器类物品随葬情况呈现明显的发展趋势和时代特征。

(一) 封土发展趋势

去除无数据的诸侯王（后）陵后，可将西汉前中期诸侯王（后）陵现存封土高度绘制出《西汉前中期诸侯王（后）陵封土高度变化图》（图 9-7）和《西汉前中期诸侯王（后）陵封土高度变化趋势图》（图 9-8）。

观察图 9-7 后发现：西汉前中期诸侯王（后）陵的封土高度整体呈现出一种浅 U 型的发展曲线，其趋势则表现为明显的前高后低走势。其中 U 型线的前段较高部分落在了西汉初期，也就是高祖—惠帝—高后统治时期；U 型线的中部最低部分落在了西汉前期后段和西汉中期，也就是文景—武帝—昭宣统治时期；U 型线的后段在昭帝—元帝时期开始缓缓上升，有微微抬头趋势。

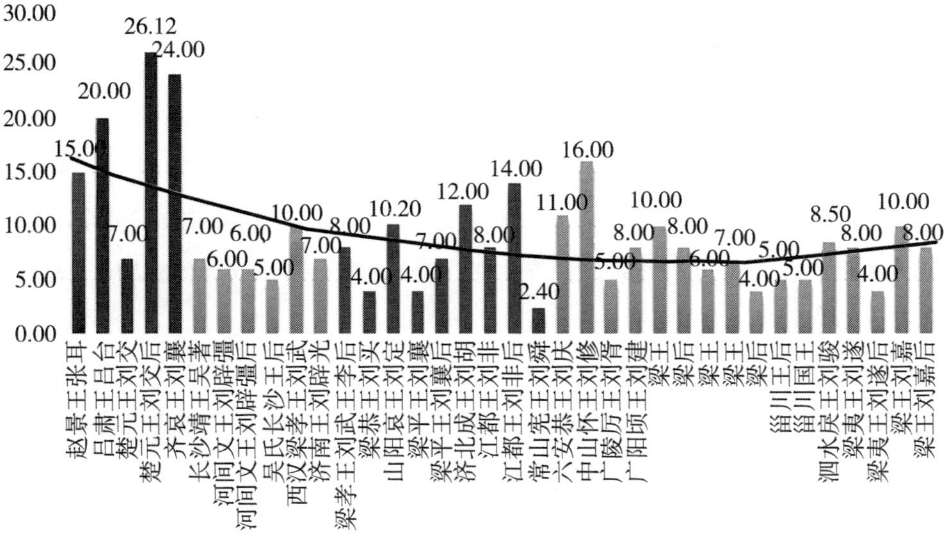

图 9-7　西汉前中期诸侯王（后）陵封土高度变化图

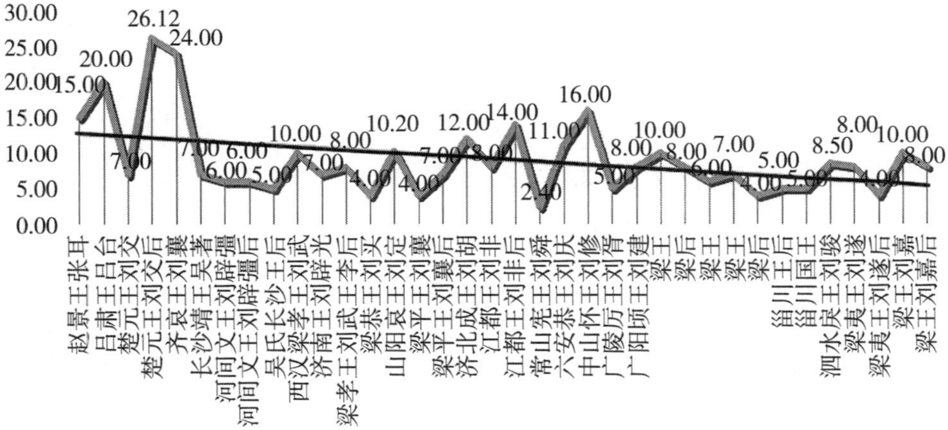

图 9-8　西汉前中期诸侯王（后）陵封土高度变化趋势图

观察图 9-8，可以看到在其趋势线整体呈现前高后低的走势下，前后四个时段中均出现过一些峰值高点：西汉初期（高祖—惠帝—吕后）为楚元王刘交后陵，现存封土高 26. 12 米；西汉前期后段（文景时期）为梁孝王刘武陵，现存封土高 10 米；西汉中期前段（武帝时期）为江都王刘非后陵，现存封土高 14 米（需要注意的是，发掘报告指出江都王后陵封土是叠压在王陵封土下的，而王陵封土被村民取土严重破坏，残存仅剩 8 米，故可推知，刘非王陵封土原高度应大于 14 米）[①]；西汉中期后段（昭宣时期）为中山怀王刘修陵，现存封土高 16 米。

（二）兵器类物品随葬情况特点

将西汉前中期所有随葬兵器类物品的诸侯王陵信息整理如下表 9–8。

观察表 9–8，可以发现西汉前中期诸侯王陵随葬兵器类物品情况呈现出以下特点：

1. 时间趋势

诸侯王陵大量随葬兵器类物品的现象主要出现在西汉前期和西汉中期的武帝时期，到了西汉中期的昭宣时期则很少出现。昭宣时期仅有的诸侯王陵陪葬兵器类物品现象，也呈现出整体数量显著减少、竹木质兵器数量占比增加、兵器明器化趋势加强等特点。

2. 国别情况

在前三个时段中，诸侯王陵随葬兵器类物品数量较多的墓葬主要集中在两类封国：

（1）军事强国及其析封国

A. 军事强国：楚国、梁国、齐国

B. 析封国：山阳国（楚国析封）

（2）与军事叛乱有关的国家

A. 叛乱国

a. 诸吕之乱：吕国

b. 七国之乱：济南国

B. 功臣国或战后镇守国

a. 功臣国：齐国、梁国

b. 战后镇守国：中山国、江都国

---

① 南京博物院、盱眙县文广新局：《江苏盱眙大云山江都王陵二号墓发掘简报》，《文物》，2013 年第 1 期；南京博物院、盱眙县文广新局：《江苏盱眙县大云山西汉江都王陵一号墓》，《考古》，2013 年第 10 期。

表 9-8　西汉前中期诸侯王陵的兵器类物品随葬信息

皇帝/时代	封国	墓主	现存封土	墓葬面积	随葬兵器	受封—去世	死亡原因/世系	在位时间（年）	墓葬名称	备注
高后	吕国	吕肃王吕台	>20 米	主墓室东西长 37 米、南北宽 35 米，总面积达 1295 平方米。	泥质兵俑军阵、2 座兵器坑。	高后元年—高后元年（前 187—前 187）	正常/始封—高后兄子	1	洛庄汉墓	主墓室未正式发掘
文帝元年	齐国	齐哀王刘襄	24 米		随葬坑出土大量兵器	孝惠七年—文帝元年（前 188—前 179）	正常/二世	10	山东淄博窝托村齐王墓	
文帝	楚国	楚夷王刘郢客	因山为陵，上有人工覆土。	徐州最大的楚王陵	墓外四个兵马俑坑，出土陶质兵马俑 2300 余件，有战车、骑兵和步兵三类。	文帝二年—文帝五年（前 178—前 175）	正常/二世	4	狮子山楚王陵	早年被盗
文景之间	楚国	楚王刘戊	——	南北总长 53. 74 米，总面积 199. 88 平方米。	出土有兵佣，有贮藏铁甲和兵器的武库，墓葬旁边 3 个陪葬坑，其中一个为兵马坑。	文帝六年—景帝三年（前 174—前 154）	参与七国之乱被诛/三世	21	徐州驮篮山汉墓一号墓 M1	早年被盗，未公布。

（续表）

皇帝/时代	封国	墓主	现存封土	墓葬面积	随葬兵器	受封—去世	死亡原因/世系	在位时间（年）	墓葬名称	备注
景帝	楚国	楚文王刘礼或楚安王刘道	依山开凿，原有高大封土堆，后遭破坏。	约100平方米	该墓中出土222个仪卫男俑，兵器不多，仅有少量弩机、镞和戟，有一枚武库印。	刘礼，景帝四年—景帝六年（前153—前151）/刘道，景帝七年—武帝元光六年（前150—前129）	正常/刘礼是四世，刘道是五世	3/22	徐州北洞山西汉墓	多次被盗
景帝	济南国	济南王刘辟光	7米	方形，边长约24米。	一号车马俑坑内发现170多个陶俑、50余匹陶马、4辆陶马车、近百面盾牌，有兵俑方阵。	文帝十六年—景帝三年（前164—前154）	七国之乱而自杀/始封—刘肥子	11	山东章丘危山陪葬坑	未发掘
景帝—武帝	梁国	梁恭王刘买	4米	总容积1738立方米，总面积383.55平方米。	40个骑兵俑，带有不同兵器，另有兵器出土。	景帝后元元年—武帝建元四年（前143—前137）	正常/二世—刘武子	7	柿园汉墓	被盗
武帝	山阳国	山阳哀王刘定	10.2米	长方形，长70米、宽4.7～7.1米、深6~11.9米。	戈、剑、弩机、戟、矛，随葬兵器数量较多。	景帝中元六年—武帝建元五年（前144—前136）	正常/刘定，始封—梁孝王子	9	巨野红土山西汉墓	

（续表）

皇帝/时代	封国	墓主	现存封土	墓葬面积	随葬兵器	受封—去世	死亡原因/世系	在位时间（年）	墓葬名称	备注
武帝	楚国	楚襄王刘注	横穴崖墓，不起封土。	500平方米以上	矛1件，镞5件。	武帝元朔元年—武帝元狩六年（前128—前117）	正常/六世	12	铜山龟山二号崖墓	被盗严重
武帝	济北国	济北成王刘胡	>12米	总面积1447.5平方米，总凿石量约8800立方米。	很少，仅有剑1件、弩机、镞	景帝六年—武帝天汉三年（前151—前98）	正常/二世—淮南王刘长孙	54	山东长清双乳山一号汉墓	保存完好
武帝	中山国	中山靖王刘胜	因山为陵，无封土。	墓洞全长（墓道封门至后室回廊西壁）51.7米，最宽处（南北耳室的长度）37.5米，最高处（中室的高度）大于6.8米，容积约计2700立方米。	玉具剑、刀、戟、镞等近500件。	景帝三年—武帝元鼎四年（前154—前113）	正常/始封—景帝子	42	满城陵山一号墓M1	

（续表）

皇帝/时代	封国	墓主	现存封土	墓葬面积	随葬兵器	受封—去世	死亡原因/世系	在位时间（年）	墓葬名称	备注
武帝	江都国	江都王刘非	8米	“中”字形，口大底小，开口南北长35.2米、东西宽26米、墓室深19米，墓底东西长15.6米，北壁长14.7米，南壁长14.5米。	兵器坑墓内出土铜铁兵器各近1500件。	景帝前元四年—武帝元朔元年（前153—前128）	正常/徙封—景帝子	26	盱眙大云山汉墓M1	早年被盗
昭帝	六安国	六安恭王刘庆	11米	全长45米，墓口至墓底深9.8米。	少量兵器，铜戈1件，铁戟4件，弓12件，其他全为竹木质。	武帝元狩二年—昭帝始元三年（前121—前84）	正常/始封—胶东王刘寄子	28	双墩一号汉墓M1	早年被盗
宣帝	广陵国	广陵厉王刘胥	5米		少量，戟、弩机和竹木质箭。	武帝元狩六年—宣帝五凤四年（前117—前54）	诅帝自杀/始封—武帝子	64	高邮天山一号汉墓	
昭帝—元帝	泗水国	第五代泗水戾王刘骏	8.5米	长18.5米	南外藏椁内有少量护卫武士俑，手执兵器模型。	元帝永光三年—成帝元延二年（前41—前11）	正常/五世	31	大青墩汉墓M53	早年被盗

本节聚焦于西汉王陵的礼仪建制，选取现存封土高度和随葬兵器类物品两个参数，采用共时对比与历时分析的方法，观察其与西汉前中期皇权统治政策间的内在联系，认为西汉前中期诸侯王（后）陵的封土高度整体呈现出一种明显的前高后低趋势，以及西汉前中期诸侯王陵兵器类物品随葬情况依据时间和国别呈现出相对集中的特点。此二者一方面本源于西汉前中期皇权神圣化的时代背景，另一方面也与帝国统治者采取的“以亲制疏”的防卫政策有关，关于这一点将在本章第三节中详细论述。

第三节　帝王陵制与西汉前中期皇权政治

“墓葬作为人们埋葬死者的设施和实物遗留，是当时丧葬制度、丧葬礼仪、丧葬习俗以及丧葬活动考古学研究的基本对象。同时，墓葬又是人们‘阳间’生活的一种反映和折射——尽管这种折射具有相当的‘光曲率’和‘哈哈镜’的效果，但无论如何它们从一个侧面反映了现实社会的方方面面。”[①] 西汉前中期帝王陵墓制度及其变化趋势，本源于西汉前中期帝国的统治思想，折射出中央权力对社会群体的整合方式及其对诸侯封国的控制手段。

一、君子不器：西汉帝陵的建制模式

西汉是中国历史上的一个特殊时期。相较于秦的二世而亡，汉不仅结束了长期以来的战乱局面，还在政治制度、思想文化、社会经济等方面成功开创了一系列可供后世借鉴的国家治理模式。熊十力认为汉后二千余年实自汉人开之[②]，何怀宏认为汉代制度是后世两千年制度的基本典范[③]。那么，西汉统治者到底实行的是一种什么样的制度？长久以来说法不一

① 刘庆柱、白云翔主编，中国社会科学院考古研究所编著：《中国考古学·秦汉卷》，北京：中国社会科学出版社，2010 年，第 25 页。

② 熊十力：《读经示要》，萧萐父主编：《熊十力全集》第三卷，武汉：湖北教育出版社，2001 年，第 766 页。

③ 何怀宏：《汉立六十二年之“更化”》，《领导者》，2011 年第 42 期。

（世人常说汉初统治者多行“黄老”，萧何治事惯以“秦法”，叔孙通制“汉器制度”多仿“周制”，宣帝曾言“汉家自有制度，本以霸王道杂之”[①]……），却一直是历代学者所关注的问题。

其实，无论“黄老之术”“周制”，还是“秦法”，相同之处皆为治国之方，其核心目的在于于秦汉大变局中稳固政权，确保刘姓江山统治的千秋永固，这里我们将之称为“道”；而它们的不同之处，是实现这种目的所采用的方法，或“黄老”，或“刑名”，或“秦制”，或“周制”……不管哪种方法，均是一种巩固皇权的控制手段，这里我们将之称为“器”。“道”为本、形而上，“器”为用、形而下。《周易·系辞上》：“形而上者谓之道，形而下者谓之器。”孔颖达疏：“道是无体之名……形由道而立，是先道而后形……故自形外已上者谓之道也，自形内而下者谓之器也。……形在器，不在道也。既有形质，可为器用。”[②] 西汉君主要实现长治久安的统治目标的“道”，就必须采用某种适应社会形势、符合社会各群体利益需求的统治政策“器”。

《论语·为政》记：“子曰：‘君子不器。’”朱熹注：“成德之士，体无不具，故用无不周，非特为一才一艺而已。”[③]《法言义疏·君子卷》记：“《论语》：‘君子不器。’苞云：‘器者，各周不用，至于君子，无所不施也。’”[④]《朱子语类·为政篇》“君子不器章”释：“‘君子不器’，是不拘于一。”[⑤]“治世不一道，便国不必法古。”[⑥] 观察西汉前中期的统治思想及政治制度，我们发现，无论是融合法道的“黄老”、“刑名”至上

---

① 班固著，颜师古注：《汉书》卷九《元帝纪》，北京：中华书局，1962年，第277页。

② 王弼注，孔颖达疏：《周易正义》，李学勤主编：《十三经注疏》，北京：北京大学出版社，1999年，第292页。

③ 朱熹集注，郭万金编校：《论语集注》，北京：商务印书馆，2015年，第95页。

④ 扬雄撰，汪荣宝注疏，陈仲夫点校：《新编诸子集成·法言义疏》，北京：中华书局，1987年，第498页。

⑤ 黎靖德编，王星贤点校：《朱子语类》，北京：中华书局，1986年，第578页。

⑥ 蒋礼鸿：《新编诸子集成·商君书锥指》卷一《更法》，北京：中华书局，1986年，第5页。

的“秦制”，还是“霸王道而杂之”的“汉家制度”，帝国的统治者并没有固守任一、亘常不变，更多时候则是表现为一种事随势转、信手拈来的圆转态度，但凡是能够服务于皇权统治的思想或方法，无论其本源于周礼、孔儒、黄老还是秦法，皆可为汉所用。正是这样一种不拘于一的清醒的治世理念，方成就了内涵丰富、别具一格、开明包容且又为后世所效法的“汉道”。

秦人战时尚“首功”，被东方诸国视为虎狼，又以法治天下，“严而少恩”，实行连坐、告奸制度，“法令诛罚日益刻深，群臣人人自危，欲畔者众”①。这种风气延续到了汉初，刘邦君臣起身布衣，薄义重利，虽推尊刘邦为帝，但心中缺少君臣之区、上下之别，《史记·叔孙通列传》记“汉五年，已并天下，诸侯共尊汉王为皇帝于定陶，叔孙通就其仪号。高帝悉去秦苛仪法，为简易。群臣饮酒争功，醉或妄呼，拔剑击柱，高帝患之”②。后叔孙通“知上益厌之”③，召三十儒生制定朝礼，虽只是初制，刘邦却顿知“皇帝之贵”④。“居马上得之，宁可以马上治之乎？”⑤陆贾的问话，振聋发聩，更是让帝国初期的统治者认识到定国安邦大业对于意识形态建设的必然需求。于是，在汉初奋力恢复经济及社会生活的同时，一场社会意识形态的重塑工作在儒生的不懈努力中展开了。叔孙通、陆贾等人的行为看似是迎上之举，实际上却是汉初统治者清醒治世态度的必然选择。此时，融合道法的“黄老”、日常管理沿用的“秦制”、被儒家改造过的“周道”，三者共同组成帝国统治者在建汉之初所选用的治世之“器”，其中“黄老”为旗帜、“秦法”“周道”相互补充。

---

① 司马迁：《史记》卷八十七《李斯列传》，北京：中华书局，1959年，第2553页。

② 司马迁：《史记》卷九十九《刘敬叔孙通列传》，北京：中华书局，1959年，第2722页。

③ 司马迁：《史记》卷九十九《刘敬叔孙通列传》，北京：中华书局，1959年，第2722页。

④ 司马迁：《史记》卷九十九《刘敬叔孙通列传》，北京：中华书局，1959年，第2723页。

⑤ 司马迁：《史记》卷九十七《郦生陆贾列传》，北京：中华书局，1959年，第2699页。

西汉帝陵建制，作为一种礼制意义大于实用功能的特殊产物，其更多地成为“周道”施行的对象。如前文所述，周礼中的“尊尊”“亲亲”等宗法精神，在融合了儒家“孝”“义”等理念后，充分而有意地体现在帝后陵墓的合葬制度中，“同茔异穴”时后妃身份不同所带来的墓葬结构等级的区分等，使得尊卑、亲疏等政治礼制体现得淋漓尽致，而西汉十一陵中“亞”字形墓葬结构的普遍使用，又深刻反映了商周礼制中“择中”以御“四方”的世界观。

“汉道”对于“器”的选择，不仅表现在对前代宗法礼制、思想的学习和继承上，也表现在与时俱进的制度创新中。西汉帝陵外藏系统蕴含的“三公九卿”官僚体系理念是效仿秦制，文帝霸陵外藏系统转变为新式“向心”规律布局，却是汉时独创。这种陵制的改变与文帝时儒生“更法”“建制”背景有关，反映出君尊臣屈、“中央集权”的皇权神圣性，是一种明贵贱、辨等列的“汉道”发明。

二、强干抑末：西汉陵邑与社会整合

西汉时期郡国并行，为安定地方势力、削弱封国实力，帝国统治者实行“强干抑末”的统治政策。当这种统治方式与陵邑建制相结合时，就表现为一种独特的长时期的人群迁徙，可以将之看作一种定向的社会群体整合模式。

陵邑迁徙之民前后可分为两个大的群体：刘邦时期是以关东诸地的六国贵族、功臣家属和民间豪侠为代表的地方势力，如“皆豪桀，宗强，能得人”[①] 的故齐田氏贵族，如“攻剽椎埋，劫人作奸，掘冢铸币，任侠并兼，借交报仇，篡逐幽隐，不避法禁”[②] 的闾巷豪杰等，皆为迁徙的重点对象。将他们移至长安附近，不仅可以安定地方环境、限制其与封国贵族间的勾结往来，也可方便国家对其就近集中监控管理。伴随着六国贵族和

---

① 班固著，颜师古注：《汉书》卷三十三《魏豹田儋韩王信传》，北京：中华书局，1962 年，第 1847 页。

② 司马迁：《史记》卷一百二十九《货殖列传》，北京：中华书局，1959 年，第 3271 页。

大量移民的迁入，巨额的财富和人力也汇聚都城长安附近，从而达到了充实京师的效果。班固描述其时“州郡之豪杰，五都之货殖，三选七迁，充奉陵邑”[①]。同时，为稳定西迁群体、方便迁入贵族的日常生活，惠帝时期开始组织服务人员入迁陵邑，也促成了另一种形式的社会融合。而高祖至武帝前期的匈奴边患问题，也促使紧邻长安的陵邑设置各种环壕保卫设施，客观上形成了一道抵御侵略、环卫京师的防御门户。

文、景、武时期，陵邑迁徙的主要对象转变为诸侯封国的贵族和子民，这成为中央统治者削弱王国实力的重要手段之一。特别是汉武帝时的四次徙民，帮助西汉政府真正实现了“强干抑末”的政治目的，陵邑徙民成为削藩、推恩、“众建诸侯”等统治政策外的重要辅助。

刘邦至武帝时期，随着陵邑人口的逐渐增多，陵邑内设施齐全、经济繁荣、权贵云集，临近长安的陵邑开始成为西汉社会具有重要政治、经济、文化影响力的新兴都会，班固在《西都赋》中描述“名都对郭，邑居相承，英俊之域，绂冕所兴，冠盖如云，七相五公”[②]。武伯纶指出：“（陵邑）人物有丞相、将军、循吏、酷吏、文学家、史学家、经学家、画家、医者、富商、大地主等等，几乎包括了汉代社会生活中的各色人等，各个阶层。他们都以迁徙的原因而列于汉帝诸陵。他们从汉代各个地区（包括民族）流动而来，造成了帝陵附近人口的增殖及人才的汇合，形成一个特殊的区域文化。”[③] 王子今统计《汉书》42 位西汉名人中出身陵邑者有 30 人，占 71.43%，班固单为之立传者 22 人，占 68.75%，认为陵邑广聚天下“英俊”，集会四方“豪杰”，确为历史真实。王子今还进一步指出陵邑“能够较为显著地打破传统的地域文化界域，能够毫无成见地吸取来自不同区域的文化营养，于是文化的积累和文化的创获也有突出的历史贡献”，“这一地区因此在实际上获得文化领导的地位……甚至成为具有强有力的影响的社会舆论的中心”。[④]

---

① 萧统编，李善注：《文选》，北京：中华书局，1977 年，第 23 页。
② 萧统编，李善注：《文选》，北京：中华书局，1977 年，第 23 页。
③ 武伯纶：《五陵人物志》，《文博》，1991 年第 5 期。
④ 王子今：《秦汉区域文化研究》，成都：四川人民出版社，1998 年，第 41、43 页。

三、以亲制疏：王陵建制所反映的皇权控制力

西汉诸侯王陵封土高度的发展趋势及其随葬兵器类物品的变化情况，给我们提供了某些特殊时期帝国统治者“以亲制疏”政策的新证据。

汉初统治者吸取秦亡教训，采取郡国并行“东西异制”的管理模式。虽然分封群体包括异姓功臣和同姓子弟两种，但唯有同姓子弟才是刘邦信任的对象，“海内初定……激秦孤立亡藩辅，故大封同姓，以填天下”①。刘邦将至亲族人分封各地，使之成为藩卫中央的核心力量。初封的宗室子弟身兼重任、地位极高，从前文王陵封土高度分析中可以推断这一点，刘邦—高后时期，在诸侯王陵封土整体较高的情况下，其阶段高度峰值多出现在刘邦至亲宗王子弟中，如楚元王刘交后陵和齐哀王刘襄陵封土。刘邦的这种封国设置方式在关键时期确是收效巨大的，诸吕之乱时，刘邦子之齐国和刘邦弟之楚国在平息叛乱、拥立文帝事上都表现出重要的时局影响作用，同时我们也发现，汉初随葬兵器类物品较多的诸侯王陵恰恰正是齐楚两国及其析封国王陵。

随着异姓王被基本翦除、吕氏之乱平息，帝国皇权的威胁者就转变成了汉初刘邦所分封的同姓诸侯王国。初封的一代刘氏诸侯相继死去，而新继位的诸侯王面对逐渐安稳的社会环境，早已丧失了汉初面对异姓威胁时共守刘氏天下的初心，转而沉浸于各种比肩凌上的富贵生活中，一时“室庐舆服僭于上，无限度”② 的现象比比皆是。此时诸侯王陵中不仅出现了堪比帝王的巨大墓室建筑、奢华无匹的陪葬珍宝等，一些野心较大的诸侯王陵中还存在大量兵器和军俑阵随葬的现象。墓葬作为墓主人在世生活的特殊映射，这种随葬现象的出现真实反映出部分诸侯国经济实力雄厚、军事力量强大的社会现实，以及皇权控制力的相形见绌。

此时，虽同为刘氏子孙，但其间已经有了亲疏远近的区别。面对诸侯

---

① 班固著，颜师古注：《汉书》卷三十八《高五王传》，北京：中华书局，1962 年，第 2002 页。

② 司马迁：《史记》卷三十《平准书》，北京：中华书局，1959 年，第 1420 页。

王凌比人君的社会现象，贾谊等儒生提出“更法”“改制”的政策方针，要求树立君主权威、强化皇权神圣性，于是各种形式的削藩、限权政策开始相继展开。削藩的直接后果是激起了部分年纪长、资格老、地位高的刘氏封王的不满，继而爆发了“七国之乱”。观察该时期的墓葬统计数据，可以发现随葬大量兵器类物品的诸侯王陵恰好落在了“七国之乱”参与者的名单之中。

七国乱后，部分叛乱国被除国，另有部分叛乱国的土地被重新分封给了战争中的功臣，比较有代表性的是江都国刘非。刘非为景帝之子，深受景帝信任，不仅战时被赐封将军，而且战后徙封吴国故地，赏天子旌旗。此外，同为景帝子被分封镇守叛乱之地的还有中山国，中山靖王刘胜得封赵国常山郡东地。景帝分封亲子制辖叛臣旧地，显然有“以亲制疏”、镇守安民之义。除此之外，中山和江都两国均地处边镇，其中亦可能暗含防边戍疆之虑。中山和江都两国王陵中有大量兵器类物品随葬现象应与这种分封背景有关。

综上，所谓的“以亲制疏”，“亲”与“疏”都有其相对性，相对于汉初的异姓封国来说，刘姓子孙为“亲”；相对于文景时期的同姓旁支封国来说，皇帝的亲弟、亲子封国为“亲”。帝国的统治者在皇权受到威胁挑战的时候，总是习惯于安插设置自己最亲近的人为自己藩卫河川。当然，不论异姓封国还是亲子（弟）封国、叛乱之臣还是镇戍功将，应该看到的是西汉皇帝对封国势力的打压是一个长期持续的过程，前一任皇帝的分封亲信，到了下一任皇帝时，难免都会变成疏远和忌惮的对象，此过程中唯有皇权与地方封国间的博弈是恒久不变的。后，随着文景时期的削藩，武帝时期的推恩、酎金等一系列措施的相继实行，诸侯封国仅“衣食租税”而已，对应前文诸表中的考古数据，可以发现无论是王陵封土的整体高度还是随葬兵器类物品的数量、种类，均在武帝后进一步走向了低谷。

另外，关于汉宣帝后，在诸侯势力日趋衰弱的背景下，为什么又出现了陵墓封土高度稍稍抬头的趋势？这可能与该时期内社会问题增多、皇权控制力渐失、儒学复古思潮等因素有关，具体留待另文分析。

本章重点关注西汉（前中期）帝王陵墓礼制与皇权之间的关系，从帝陵礼制中的承秦法周表现、王陵制度与神圣皇权间的联系两大方面，以及帝陵合葬制度中的“汉家法周”的表现、“亞”字形结构反映的周秦“四方”观、后陵形制中展现的礼制思想、帝陵外藏系统对皇权集中化的反映、陵邑徙民政策对西汉社会的整合作用、西汉前中期王陵封土发展趋势与皇权神圣化、西汉前中期王陵兵器类物品随葬情况与汉家控制政策等七个角度展开论述，认为：

一、西汉前中期的统治思想是汉朝统治者在秦汉大变局时代背景下的一种灵活选择，其既不拘泥于“秦制”、也不受限于“周礼”、更不固守“黄老”，而是一种因事审时的变通选择，其灵活运用不仅表现在对前代宗法礼制、政策的学习和继承上，也表现在与时俱进的制度创新中，既有效仿秦制的部分，又有汉时的发明。在这种思想指导下，汉家帝陵礼制的种种表现与改变的原因均与西汉前中期的不同阶段背景有关，无论帝陵建制呈现出何种面貌，其整体均对应着皇权的强化趋势，可概括为“汉道”导向下的全新帝陵制度。

二、西汉帝陵陵邑的徙民政策，在秦代的基础上成功实现了“强干抑末”的政治目标，其前后可分为两大阶段：刘邦时期长陵邑徙民的主要目的是安定地方势力，徙民对象主要为六国贵族、建国功臣和地方豪杰；刘邦之后的陵邑徙民，特别是文、景、武三代，其主要目的是削弱封国实力，徙民对象转变为封国权贵、富商大户和地方豪杰民众。前后两段长时期的徙民过程，使得天下财货、人物等汇聚都城长安附近，不仅成功实现了削弱地方、充实京师的目的，而且促使陵邑区都会相连、冠盖如云，成为西汉社会具有重要影响力的新型区域。

三、西汉前中期诸侯王陵封土高度的发展趋势整体呈现出前高后低的发展特点，四个阶段中现存封土高度的峰值均出现在当世皇帝的至亲子弟中。王陵随葬兵器类物品的时代特征也表现为前多后少的发展趋势，其中随葬兵器类物品较多的国家集中于战乱叛国与镇压国两类，而镇压国国主也恰为当世皇帝的至亲子弟，该类王陵的墓主人几乎与四个阶段中封土峰点墓葬的墓主人完全重合。这些王陵制度中的规律性现象，给我们提供了帝国统治者“以亲制疏”政策的地下证据。

墓葬是礼仪制度的物化表现，西汉时期的礼仪制度与西汉帝王的统治政策和皇权思想密不可分。西汉的统治政策是一种充分展现帝国统治智慧的复杂混合体——“汉道”，其最重要的两个思想来源为“周礼”和“秦法”，西汉统治者对此二者既有学习借鉴的地方，也有修改扬弃的成分。对“周礼”的学习是重点取用其“辨等列”的宗法规范功能，周礼强调社会等级，上至天子，中至诸侯、大夫，下至士、民，无论哪个层级皆界限分明，可也正是因为每个等级皆界限分明，反倒无法突出统治者的唯一性与至高无上。对“秦法”的学习是重点取用其“定一尊”的强调皇权神圣性的方面，秦法强调皇帝独一无二，讲求法治天下，使得社会各阶趋利忘义，只知文法、势术，而全无孝义忠德，成为时人口诛笔伐、众矢所向的残暴之“的”。而汉代统治就是要融汇二者、继承扬弃，其途径为儒生群体的“更法”“建制”。经过儒生有意识地改造吸收，汉家统治中既有了宗法礼制“尊尊”“亲亲”“孝”“德”“义”的一面，又有了“定一尊”的皇权神圣性与集中化；既迎合了各阶层厌弃暴秦、诉求改制的社会心理，又赋予了政治更多的柔性、弹性和人性的空间。西汉社会由此形成了一套具有特色的“汉家制度”，而本章所观察的西汉（前中期）帝、王陵墓礼制与中央皇权间的关系，正是承载着这种“汉家制度”的地下反映。

第十章
巡狩封禅：皇权信仰与“天下”风俗的匡饬

“巡狩”一词出现较早。《尚书·虞书·舜典》载：“岁二月，东巡守，至于岱宗，柴，望秩于山川，肆覲东后……五月南巡守，至于南岳……八月西巡守，至于西岳……十有一月朔巡守，至于北岳……五载一巡守，群后四朝。敷奏以言，明试以功，车服以庸。”①《礼记·王制》载天子五年一巡守，与此略同。《左传·庄公二十一年》“王巡虢守”，杜预注：“巡守于虢国也。天子省方，谓之巡守。”②《孟子·告子下》中说：“天子适诸侯曰巡狩，诸侯朝于天子曰述职。”③《越绝书》：“及其（禹）王也，巡狩大越，见耆老，纳诗书，审铨衡，平斗斛。”④

据上面这些文献记载，巡狩由来已久。王国维《周时天子行幸征伐考》

① 孔安国传，孔颖达疏：《尚书正义》，李学勤主编：《十三经注疏》，北京：北京大学出版社，1999年，第59~60页。

② 左丘明传，杜预注，孔颖达正义：《春秋左传正义·庄公二十一年》，李学勤主编：《十三经注疏》，北京：北京大学出版社，1999年，第265页。

③ 赵岐注，孙奭疏：《孟子注疏》，李学勤主编：《十三经注疏》，北京：北京大学出版社，1999年，第334页。

④ 袁康撰，李步嘉校释：《越绝书校释》卷第八《越绝外传记地传》，北京：中华书局，2013年，第221页。

谓："殷时天子行幸田猎之地，见于卜辞者，多至二百，虽周亦然……(周) 天子亲自行幸征伐之事，见于彝器者，其事凡二十有五，而为地凡十有九，则其余未见纪录者，亦可知矣。"① 可见，巡狩是古代天子通过出行，视察邦国州郡而宣扬王权威望、树立权威的重要政治活动。故在巡狩中，常常刻石、勒铭、立庙予以纪念。《史记·夏本纪》："舜登用，摄行天子之政，巡狩。"②《史记·周本纪》："汉兴九十有余载，天子将封泰山，东巡狩至河南，求周苗裔，封其后嘉三十里地，号曰周子南君，比列侯，以奉其先祭祀。"③《汉书·宣帝纪》："武帝巡狩所幸之郡国，皆立庙。"④

巡狩活动在秦朝建立后变得频繁起来，秦始皇二十六年（前 221）初并天下，次年即"巡陇西、北地，出鸡头山，过回中"⑤。二十八年又东巡郡县，礼祠驺峄山，封禅泰山，东游海上，祠名山大川及八神。⑥ 秦始皇三十七年（前 210）十月，又南至湘山，登会稽，并海上，返程至沙丘而崩。秦二世元年，就"东巡碣石，并海南，历泰山，至会稽，皆礼祠之"⑦。入汉之后，汉武帝非常热衷于巡狩封禅。⑧ 据统计，秦始皇曾"巡行"六次，秦汉皇帝巡行最多者为汉武帝，达 34 次。⑨

---

① 王国维：《观堂集林》，北京：中华书局，1959 年，第 1155~1156 页。

② 司马迁：《史记》卷二《夏本纪》，北京：中华书局，1959 年，第 50 页。

③ 司马迁：《史记》卷四《周本纪》，北京：中华书局，1959 年，第 170 页。

④ 班固著，颜师古注：《汉书》卷八《宣帝纪》，北京：中华书局，1962 年，第 243 页。

⑤ 司马迁：《史记》卷六《秦始皇本纪》，北京：中华书局，1959 年，第 241 页。

⑥ 见司马迁：《史记》卷二十八《封禅书》，北京：中华书局，1959 年，第 1366~1367 页。八神为天主、地主、兵主、阴主、阳主、月主、日主、四时主。

⑦ 司马迁：《史记》卷二十八《封禅书》，北京：中华书局，1959 年，第 1370 页。

⑧ 关于先秦秦汉时期巡狩的讨论，见何平立：《先秦巡狩史迹与制度稽论》，《军事历史研究》，2003 年第 1 期，以及何平立：《巡狩与封禅：封建政治的文化轨迹》第一章《上古先秦时期的巡狩史迹》，济南：齐鲁书社，2002 年，第 1~53 页；秦汉时期的巡狩活动，可参见赵世超：《巡守制度试探》，《历史研究》，1995 年第 3 期；刘太祥：《试论秦汉行政巡视制度》，《郑州大学学报（哲学社会科学版）》，2004 年第 5 期；等等。

⑨ 刘太祥：《试论秦汉行政巡视制度》，《郑州大学学报（哲学社会科学版）》，2004 年第 5 期。

秦皇汉武的巡狩封禅活动促进了秦及汉初中期的社会与文化整合。本章即从汉武帝封禅与黄帝故事的演变、秦皇汉武封禅与匡饬全国风俗两个方面来探讨这个问题。

第一节　巡狩：帝国威权与风俗匡饬

秦始皇和汉武帝的巡狩封禅活动，其本身就是宣扬皇权权威、整合天下风俗的过程，这种巡狩封禅活动也带来了匡饬风俗的结果。

荀子曾指出，美俗和恶俗在一个国家常常兼而有之，矫正恶俗、倡导美俗对于国家富强很重要。《荀子·王霸篇》："无国而不有美俗，无国而不有恶俗。"① "政令行，风俗美，以守则固，以征则强，居则有名，动则有功。"② 贾谊《论积贮疏》亦说："淫侈之俗，日日以长，是天下之大贼也。"③《风俗通义》认为："为政之要，辩风正俗，最其上也。"④

1972年，在山东临沂银雀山一号和二号汉墓中发掘出大批竹简，其中包括《孙子兵法》《孙膑兵法》《六韬》《尉缭子》《晏子》等先秦古籍，另外有一些古佚书，其中有些述及国家治理与社会风俗问题，比如：

> ……桓公曰："为国不能定国风者何以也？"管子曰："贵其所……□民，故不能定……"
>
> 【·三，为国之过】：欲民之易牧也，不定国风，而欲徒以名数、阑（连）伍、刑罚牧之。故其民……数，滕（遁）伍，行奸，避事……

---

① 王先谦撰，沈啸寰、王星贤点校：《新编诸子集成·荀子集解》卷第七《王霸篇》，北京：中华书局，1988年，第219页。

② 王先谦撰，沈啸寰、王星贤点校：《新编诸子集成·荀子集解》卷第七《王霸篇》，北京：中华书局，1988年，第229页。

③ 班固著，颜师古注：《汉书》卷二十四上《食货志上》，北京：中华书局，1962年，第1128页。

④ 应劭撰，王利器校注：《新编诸子集成·风俗通义校注》，北京：中华书局，1981年，第8页。

……者，以其国法之芒（荒），正（政）之坏，塞之扁（漏），俗之失，令之相伤，教之相害，物衡失，【禁失】。何以知法之芒（荒）？国之所以利民之道少，民之所苦于国者多，乃【法之芒（荒）也……】①

上引数条虽然残断严重，但仍然可以明显地看出论述的内容与国家治理和匡定风俗有关。②

所谓风俗，《汉书·地理志》中说：

凡民函五常之性，而其刚柔缓急，音声不同，系水土之风气，故谓之风；好恶取舍，动静亡常，随君上之情欲，故谓之俗。孔子曰："移风易俗，莫善于乐。"言圣王在上，统理人伦，必移其本，而易其末，此混同天下一之乎中和，然后王教成也。③

《风俗通义》认为人们的生长环境为"风"，人适应环境而形成的秉性为"俗"："风者，天气有寒暖，地形有险易，水泉有美恶，草木有刚柔也。俗者，含血之类，像之而生，故言语歌讴异声，鼓舞动作殊形，或直或邪，或善或淫也。"④ 阮籍在《乐论》中说："造始之教谓之风，习而行之谓之俗。"⑤ 刘昼认为："风者，气也；俗者，习也。土地水泉，气有缓急，声有高下，谓之风焉；人居此地，习以成性，谓之俗焉。"又说移风

① 银雀山汉墓竹简整理小组编：《银雀山汉墓竹简》（贰），北京：文物出版社，2010年，第177、142、185页。

② 关于银雀山汉简所见社会风俗认识及其治理，可参见阎盛国：《出土简牍与社会治理研究——以〈银雀山汉墓竹简（贰）为中心〉》第三章第三节《银雀山汉简所见社会风俗认识及其治理》，郑州：河南人民出版社，2018年，第106~118页。

③ 班固著，颜师古注：《汉书》卷二十八下《地理志下》，北京：中华书局，1962年，第1640页。

④ 应劭撰，王利器校注：《新编诸子集成·风俗通义校注》，北京：中华书局，1981年，第8页。

⑤ 阮籍著，陈伯君校注：《阮籍集校注》，北京：中华书局，2012年，第81页。

易俗、圣主教化亦为之风俗："是以下之化下，亦谓之风焉；民习而行，亦谓之俗焉。"①

早在先秦时期，人们已经注意到了各地不同的自然环境会孕育出不同的民情风俗②，比如《管子·水地》就把水看作万物之本原，各国之水的性质不同，因而各国人的性情风俗也随之不同：

> 夫齐之水道躁而复，故其民贪粗而好勇。楚之水淖弱而清，故其民轻果而贼。越之水浊重而洎，故其民愚疾而垢。秦之水泔冣而稽，淤滞而杂，故其民贪戾，罔而好事齐。晋之水枯旱而运，淤滞而杂，故其民谄谀葆诈，巧佞而好利。燕之水萃下而弱，沈滞而杂，故其民愚戆而好贞，轻疾而易死。宋之水轻劲而清，故其民闲易而好正。③

秦汉时期人们对各地的不同风俗有了进一步的认识，《史记·货殖列传》中说："关中自汧、雍以东至河、华，膏壤沃野千里，自虞夏之贡以为上田，而公刘适邠，大王、王季在岐，文王作丰，武王治镐，故其民犹有先王之遗风，好稼穑，殖五谷，地重，重为邪。"④ 荀子曾入秦，见其风俗，《史记》中所记与他所见的情形吻合。《荀子·强国篇》曰：

---

① 刘昼著，傅亚庶校释：《新编诸子集成·刘子校释》卷之九《风俗章》，北京：中华书局，1998年，第443页。周振鹤认为的风俗观念要更加广泛，他认为风俗文化的内容应包括生产方式（耕种方式、水利设施）、生活习俗（衣食住行）、社会风气（重农重商、尚文尚武、奢靡勤俭）、礼仪制度（婚丧嫁娶）等方面。参见周振鹤：《从"九州异俗"到"六合同风"——两汉风俗区划的变迁》，《中国文化研究》，1997年第4期。

② 关于先秦时期各地不同风俗的研究，参见辛士成：《论吴越的民俗》，《浙江学刊》，1987年第2期；陈克伦：《吴越风俗考》，《复旦学报（社会科学版）》，1989年第1期；屈景昭：《楚风俗漫议》，《理论月刊》，1994年第10期；彭文：《秦人齐人尚武精神》，《西北史地》，1996年第4期；吴小强：《〈日书〉与秦社会风俗》，《文博》，1990年第2期。

③ 黎翔凤撰，梁运华整理：《新编诸子集成·管子校注》卷第十四《水地》，北京：中华书局，2004年，第831~832页。

④ 司马迁：《史记》卷一百二十九《货殖列传》，北京：中华书局，1959年，第3261页。

> 入境，观其风俗，其百姓朴，其声乐不流污，其服不挑，甚畏有司而顺，古之民也。及都邑官府，其百吏肃然莫不恭俭、敦敬、忠信而不楛，古之吏也。入其国，观其士大夫，出于其门，入于公门，出于公门，归于其家，无有私事也，不比周，不朋党，倜然莫不明通而公也，古之士大夫也。观其朝廷，其间听决百事不留，恬然如无治者，古之朝也。故四世有胜，非幸也，数也。是所见也。故曰：佚而治，约而详，不烦而功，治之至也。秦类之矣。[①]

汉兴以后，富贵豪杰之家世世迁徙于长安诸陵邑，因而此地“四方辐凑并至而会，地小人众，故其民益玩巧而事末也”[②]。《汉书·地理志》中更说长安“五方杂厝，风俗不纯。其世家则好礼文，富人则商贾为利，豪桀则游侠通奸。濒南山，近夏阳，多阻险轻薄，易为盗贼，常为天下剧。又郡国辐凑，浮食者多，民去本就末，列侯贵人车服僭上，众庶放效，羞不相及，嫁娶尤崇侈靡，送死过度”[③]，可见风俗人情也是在不断地变动之中。[④]

《史记·货殖列传》接下来又分别列举了故秦地之外各地的风俗，说河东、河内、河南，即所谓“三河”在天下之中，“其俗纤俭习事”，种、代“地边胡，数被寇。人民矜懻忮，好气，任侠为奸，不事农商”。“其民

---

① 王先谦撰，沈啸寰、王星贤点校：《新编诸子集成·荀子集解》卷第十一《强国篇》，北京：中华书局，1988年，第303页。

② 司马迁：《史记》卷一百二十九《货殖列传》，北京：中华书局，1959年，第3261页。

③ 班固著，颜师古注：《汉书》卷二十八下《地理志下》，北京：中华书局，1962年，第1642~1643页。

④ 臧知非认为，先秦时期各地丰富多彩的风俗处在不停变动之中。他把这种变动区分为三种类型：“一是政府功能的引导，如齐太公治齐的‘因其俗，简其礼’；鲁国伯禽以周制为本的变其俗、改其礼；商鞅变法对秦民行为的整齐划一等。二是社会生产发展所致，如司马迁所述各地经济构成对民风的影响。三是人口流动的结果，如吴王阖闾等招来喜游子弟对吴地民风的影响，孟尝君招来宾客死士对薛地的影响等等。”见臧知非：《周秦风俗的认同与冲突——秦始皇“匡饬异俗”探论》，吴永琪主编：《秦文化论丛》（第10辑），西安：三秦出版社，2003年，第1~22页。

羯羠不均，自全晋之时固已患其僄悍，而武灵王益厉之，其谣俗犹有赵之风也。”“中山地薄人众，犹有沙丘纣淫地余民，民俗懁急，仰机利而食。丈夫相聚游戏，悲歌慷慨，起则相随椎剽，休则掘冢作巧奸冶……”郑、卫“微重而矜节”“野王好气任侠”，燕“民雕捍少虑”，齐“俗宽缓阔达，而足智，好议论，地重，难动摇，怯于众斗，勇于持刺，故多劫人者，大国之风也”。邹、鲁“犹有周公遗风，俗好儒，备于礼，故其民龊龊”，“地小人众，俭啬，畏罪远邪。及其衰，好贾趋利，甚于周人”。梁、宋“其俗犹有先王遗风，重厚多君子，好稼穑，虽无山川之饶，能恶衣食，致其蓄藏”。越、楚风俗则分三大块，其一，自淮北沛、陈、汝南、南郡为西楚，“其俗剽轻，易发怒，地薄，寡于积聚”。徐、僮、取虑，“则清刻，矜己诺”。其二，彭城以东，东海、吴、广陵为东楚，“其俗类徐、僮。朐、缯以北，俗则齐。浙江南则越”。其三，衡山、九江、江南、豫章、长沙为南楚，“其俗大类西楚……与闽中、干越杂俗，故南楚好辞，巧说少信”。颍川、南阳为夏人故地，“夏人政尚忠朴，犹有先王之遗风。颍川敦愿”。南阳“俗杂好事，业多贾。其任侠”。①

从《史记·货殖列传》和《汉书·地理志》中的记载可以看出，风俗的地域差异与地理环境的差异紧密相关，与历史传统有关，风俗的变迁与环境变迁和官员教化有关。②

---

① 司马迁：《史记》卷一百二十九《货殖列传》，北京：中华书局，1959年，第3263~3269页。臧知非按《史记·货殖列传》《汉书·地理志》中的描述，把战国时代的区域文化和社会发展特色进行了撮述，按秦地、燕赵地区、韩国、魏地、齐鲁、楚地几块进行了区分。周振鹤对《汉书·地理志》篇末的风俗资料重新组合，把秦汉时期的风俗地理划分为塞上塞外风俗区域、黄河中下游风俗区域以及淮汉以南风俗区域，他又将这三大风俗区域进一步划分为二十几个次一级的风俗区，并对各风俗区的基本特征进一步做出了剖析。周文认为，朱赣所条理的虽然是西汉的风俗区域，但因为风俗的传承作用，秦代的风俗区划与之相去不会太远，这对先秦时期风俗区域的划分也具有参考作用。参见臧知非：《周秦风俗的认同与冲突——秦始皇“匡饬异俗”探论》，吴永琪主编：《秦文化论丛》（第10辑），西安：三秦出版社，2003年，第1~22页；周振鹤：《秦汉风俗地理区划浅议》，《历史地理》，1996年第13辑。另外，万建中把秦汉时期风俗的时代特征概括为急进、奢侈、迷信、儒化四点，参见万建中：《试论秦汉风俗的时代特征》，《民俗研究》，2000年第2期。

② 周振鹤：《秦汉风俗地理区划浅议》，《历史地理》，1996年第13辑。

秦在统一之前，就有着匡饬风俗的举措。秦孝公任用商鞅进行变法，商鞅认为自己的“变法”在移风易俗方面有很大的功绩：“始秦戎翟之教，父子无别，同室而居。今我更制其教，而为其男女之别，大筑冀阙，营如鲁卫矣。”[①] 后世的李斯对这一点大为赞赏，在说起商鞅变法时，率先提到的就是“移风易俗”，他说：“孝公用商鞅之法，移风易俗，民以殷盛，国以富强，百姓乐用，诸侯亲服，获楚、魏之师，举地千里，至今治强。”[②]《韩非子·五蠹》云：“故明主之国，无书简之文，以法为教；无先王之语，以吏为师。”[③] 这是秦国的教化方式，它的目的就是整齐风俗。[④]

在秦统一之前，总体说来，从秩序的层面看，东方六国的风俗共性明显，有着明显的非秩序性和流动性，反映出崇尚个体自由的特点。而藐视国家秩序，社会力量和国家力量在相当程度上处于二元的对立状态。秦国则相反，吏民均遵纪守法、谨守秩序，人们追求财富名利必须在法律的范围之内，社会力量处于国家力量的绝对支配地位。[⑤]

睡虎地秦墓所出竹简中有一篇《语书》，体现了秦走向统一时，整饬风俗、追求一元化统治的坚强意志[⑥]，其辞曰：

> 古者，民各有乡俗，其所利及好恶不同，或不便于民，害于邦。是以圣王作为灋（法）度，以矫端民心，去其邪避（僻），除其恶俗。灋（法）律未足，民多诈巧，故后有间令下者。凡灋（法）律令者，以教道（导）民，去其淫避（僻），除其恶俗，而使之之于为

---

① 司马迁：《史记》卷六十八《商君列传》，北京：中华书局，1959年，第2234页。

② 司马迁：《史记》卷八十七《李斯列传》，北京：中华书局，1959年，第2542页。

③ 王先慎撰，钟哲点校：《新编诸子集成·韩非子集解》卷十九《五蠹》，北京：中华书局，1998年，第452页。

④ 周振鹤：《从“九州异俗”到“六合同风”——两汉风俗区划的变迁》，《中国文化研究》，1997年第4期。

⑤ 臧知非：《周秦风俗的认同与冲突——秦始皇“匡饬异俗”探论》，吴永琪主编：《秦文化论丛》（第10辑），西安：三秦出版社，2003年，第1~22页。

⑥ 工藤元男著，广濑薰雄、曹峰译：《睡虎地秦简所见秦代国家与社会》，上海：上海古籍出版社，2010年，第361页。

善殹（也）。今灋（法）律令已具矣，而吏民莫用，乡俗淫失（泆）之民不止，是即灋（废）主之明灋（法）殹（也），而长邪避（僻）淫失（泆）之民，甚害于邦，不便于民。故腾为是而修灋（法）律令、田令及为间私方而下之，令吏明布，令吏民皆明智（知）之，毋巨（歫）于辠（罪）。[①]

关于文中的“恶俗”，可能还包括“带剑游侠、掘冢锥埋、杀人越货、游手好闲、作奸犯科、群聚私斗、借交报仇、豪恶横行、武断乡曲”等恶风陋俗。[②] 周振鹤认为：“所谓恶俗就是不利于国家稳定、社会安定的习俗与风气，包括热衷商贾，不务本业，包括奢靡之风、淫僻通奸，甚至包括刚武、尚气力等（这一习俗容易引起各种刑事犯罪）。去除恶俗的办法，是教民遵守法令。”[③]

秦统一前，还用法律这种强有力的形式对一些恶习进行了矫正，比如睡虎地秦墓竹简《法律答问》中规定，对不合法律规定祭祀活动应该进行处罚：“‘擅兴奇祠，赀二甲。’可（何）如为‘奇’？王室所当祠固有矣，擅有鬼立（位）殹（也），为‘奇’，它不为。”整理者认为：“奇祠”指不合法的祠庙，即后世所称的“淫祠”。[④] 针对私斗的恶习，商鞅变法时就明令“为私斗者，各以轻重被刑大小”，而后秦人“勇于公战，怯于私斗”[⑤]。据陈苏镇统计，睡虎地秦简《法律答问》中有私斗之律 12 条，另有父子、祖孙、臣主、夫妻等斗殴杀伤之律 10 条。对“拔其须眉”“拔人

① 陈伟主编：《秦简牍合集（壹下）·睡虎地秦墓简牍》，武汉：武汉大学出版社，2014 年，第 30 页。

② 张金光：《秦制研究》，上海：上海古籍出版社，2004 年，第 28 页。

③ 周振鹤：《从“九州异俗”到“六合同风”——两汉风俗区划的变迁》，《中国文化研究》，1997 年第 4 期。

④ 陈伟主编：《秦简牍合集（壹下）·睡虎地秦墓简牍》，武汉：武汉大学出版社，2014 年，第 260 页。

⑤ 司马迁：《史记》卷六十八《商君列传》，北京：中华书局，1959 年，第 2230、2231 页。

发”“决人耳”等都有具体的处罚办法。[①]

秦始皇在巡行天下时，曾勒石记功，刻石的内容体现出了移风易俗的成果。秦始皇二十八年，始皇东行，上邹峄山，随即登泰山立石，并刻石记功，其辞曰：

> 皇帝临位，作制明法，臣下修饬。二十有六年，初并天下，罔不宾服。亲巡远方黎民，登兹泰山，周览东极。从臣思迹，本原事业，祗诵功德。治道运行，诸产得宜，皆有法式。大义休明，垂于后世，顺承勿革。皇帝躬圣，既平天下，不懈于治。夙兴夜寐，建设长利，专隆教诲。训经宣达，远近毕理，咸承圣志。贵贱分明，男女礼顺，慎遵职事。昭隔内外，靡不清净，施于后嗣。化及无穷，遵奉遗诏，永承重戒。[②]

其中说到“昭隔内外，靡不清净”系对纠正“父子无别”“男女无别”的陋习而发。秦始皇接着南登琅邪，作琅邪台，复立石刻，颂秦德，明得意，其中有“匡饬异俗，陵水经地”的内容。秦始皇二十九年，始皇登之罘，刻石，其东观刻石中说：“黔首改化，远迩同度，临古绝尤。”[③]

对于齐同天下风俗内容最多的是秦始皇三十七年的会稽山刻石，其辞开始仍然铺陈秦始皇统一六合之功，又说皇帝“遂登会稽，宣省习俗”，而后曰：

> 皇帝并宇，兼听万事，远近毕清。运理群物，考验事实，各载其名。贵贱并通，善否陈前，靡有隐情。饰省宣义，有子而嫁，倍死不贞。防隔内外，禁止淫泆，男女洁诚。夫为寄豭，杀之无罪，男秉义

---

① 陈苏镇：《〈春秋〉与“汉道”：两汉政治与政治文化研究》，北京：中华书局，2011年，第34~35页。

② 司马迁：《史记》卷六《秦始皇本纪》，北京：中华书局，1959年，第243页。

③ 司马迁：《史记》卷六《秦始皇本纪》，北京：中华书局，1959年，第245、250页。

程。妻为逃嫁，子不得母，咸化廉清。大治濯俗，天下承风，蒙被休经。皆遵度轨，和安敦勉，莫不顺令。黔首修洁，人乐同则，嘉保太平。后敬奉法，常治无极，舆舟不倾。从臣诵烈，请刻此石，光垂休铭。[①]

在刻石铭文中，秦始皇明言登会稽立石的用意即在于“宣省习俗”。从战国一直到秦汉，六国不同地区的风俗有着相当大的差异。在秦始皇的几种刻石的内容中，对风俗的关注程度也有着相当大的差距，其中会稽刻石则大谈男女关系问题。[②] 顾炎武注意到“秦始皇刻石凡六，皆铺张其灭六王，并天下之事”，对于风俗，仅在以前的刻石中略有提及，而唯会稽一石，大谈男女问题，“何其繁而不杀也”？顾炎武援引《国语》《吴越春秋》，认为系越王勾践“惟恐国人不蕃”，“欲民之多，而不复禁其淫泆”，民风相传既久，直到六国末期仍然不改。且秦始皇“以此与灭六王、并天下之事并提而论，且不著之于燕、齐，而独著之于越，然则秦之任刑虽过，而其坊民正俗之意固未始异于三王也”。[③] 秦把越地的风俗看作是亟须整治的“异俗”典型，这表示秦对待六国境内不同地区的文化并不是采取平等的态度，而是有所偏重和取舍。[④] 其实会稽刻石的内容也并非专门针对越地而发，而是对于秦朝各地都有其效力。[⑤] 由此也可以看出，秦把端正风俗与统一六国相提并论，是将其作为统一大业来看待的。[⑥]

这些刻石的铭文除了反复强调“反对分裂、坚持统一”和“安定天

---

① 司马迁：《史记》卷六《秦始皇本纪》，北京：中华书局，1959 年，第 262 页。

② 金方廷：《从“错法俗成”到“匡饬异俗”：中国早期的法与民俗》，《民俗研究》，2021 年第 4 期。

③ 顾炎武撰，黄汝成集释，栾保群校点：《日知录集释》卷十三《秦纪会稽山刻石》，北京：中华书局，2020 年，第 678 页。

④ 金方廷：《从“错法俗成”到“匡饬异俗”：中国早期的法与民俗》，《民俗研究》，2021 年第 4 期。

⑤ 林剑鸣：《秦始皇会稽刻石辨析》，《学术月刊》，1994 年第 7 期；党超：《“匡饬异俗”：秦始皇重建社会文化新秩序的举措及其影响》，《东方论坛》，2018 年第 1 期。

⑥ 何平立：《狩猎与封禅：封建政治的文化轨迹》，济南：齐鲁书社，2003 年，第 135 页。

下、巩固政治”的内容，金方廷认为另有两个方面值得注意：其一是将秦法推及六国各地，意味着秦已经确定在吞并六国之后，仍将延续商鞅变法之后的法治传统；其二则是通过标榜移风易俗的铭文表露出对宇内民间风俗伦理的强烈关注。秦始皇石刻铭文中至少存在着三层递进的意思：“首先是疆域的统一，进而是所谓‘法令由一统’的法律和制度之统一，最终才过渡到风俗伦理及思想观念的文化统一。”①

秦始皇刻石颂德本身也是来自西部的秦文化与东部齐鲁文化的整合，秦人本来就有刻石的传统，而刻石为颂的建议就出自齐鲁儒生，刻石铭文为36句，是6的倍数，也是秦人接受齐人邹衍的五德终始说的结果。② 秦始皇二十八年，嬴政立泰山刻石以后，又“过黄、腄，穷成山，登之罘，立石颂秦德焉而去”③。《史记·封禅书》记载：

> 于是始皇遂东游海上，行礼祠名山大川及八神，求仙人羡门之属。八神将自古而有之，或曰太公以来作之。齐所以为齐，以天齐也。其祀绝，莫知起时。八神：一曰天主，祠天齐。天齐渊水，居临菑南郊山下者。二曰地主，祠泰山梁父。盖天好阴，祠之必于高山之下，小山之上，命曰“畤”；地贵阳，祭之必于泽中圜丘云。三曰兵主，祠蚩尤。蚩尤在东平陆监乡，齐之西境也。四曰阴主，祠三山。五曰阳主，祠之罘。六曰月主，祠之莱山。皆在齐北，并勃海。七曰日主，祠成山。成山斗入海，最居齐东北隅，以迎日出云。八曰四时主，祠琅邪。琅邪在齐东方，盖岁之所始。④

秦始皇在称帝后的出巡主要是宣威性质，同时又不得不在文化方面采

---

① 金方廷：《从“错法俗成”到“匡饬异俗”：中国早期的法与民俗》，《民俗研究》，2021年第4期。

② 程章灿：《传统、礼仪与文本——秦始皇东巡刻石的文化史意义》，《文学遗产》，2014年第2期。

③ 司马迁：《史记》卷六《秦始皇本纪》，北京：中华书局，1959年，第244页。

④ 司马迁：《史记》卷二十八《封禅书》，北京：中华书局，1959年，第1367页。

取区别对待的方针。秦始皇在齐地礼拜齐人的八神，表示对齐地信仰的接受，却在南方的会稽郡又立石，表明要革除当地的恶俗。[①] 秦始皇在之罘和成山祠立石颂秦德，说明了对东部各国原有风俗的接纳与吸收。后来汉武帝封禅泰山后也曾东巡海上，礼祠八神。

从任用的人才来看，秦始皇和汉武帝巡狩封禅都起用了很多东部的人才，也因而接受了很多东部的风俗。比如建议秦始皇到海上三神山蓬莱、方丈、瀛洲寻找仙人的徐市是齐人；上书奏请文帝改正朔、易服色的是鲁人公孙臣；赵人新垣平又以望气见上；汉武帝求神君；亳人谬忌奏祠泰一方；齐人少翁以鬼神方见上；齐人公孙卿言武帝得宝鼎与黄帝时等；济南人公王带上黄帝里明堂图。

汉武帝时期，随着疆土的开拓，新合并地区的风俗也被授受采用。元鼎六年（前111）灭南越后开始祠天神上帝百鬼。越人勇之说："越人俗鬼，而其祠皆见鬼，数有效。昔东瓯王敬鬼，寿百六十岁。后世怠慢，故衰秏"。汉武帝听信他的说辞，令越巫立越祝祠，亦祠天神上帝百鬼，此后"越祠鸡卜始用"。[②]

元封六年（前105），柏梁台发生火灾，勇之又说："越俗有火灾，复起屋必以大，用胜服之。"于是汉武帝开始了一系列的规模极为宏大的工程：

> 于是作建章宫，度为千门万户。前殿度高未央。其东则凤阙，高二十余丈。其西则唐中，数十里虎圈。其北治大池，渐台高二十余丈，命曰太液池，中有蓬莱、方丈、瀛洲、壶梁，象海中神山龟鱼之属。其南有玉堂、璧门、大鸟之属。乃立神明台、井干楼，度五十丈，辇道相属焉。[③]

---

① 见周振鹤：《从"九州异俗"到"六合同风"——两汉风俗区划的变迁》，《中国文化研究》，1997年第4期。

② 司马迁：《史记》卷二十八《封禅书》，北京：中华书局，1959年，第1399~1400页。

③ 司马迁：《史记》卷二十八《封禅书》，北京：中华书局，1959年，第1402页。

后来，到汉成帝时，刘向大致论述了各地风土人情的不同，丞相张禹又派遣朱赣调查各地风俗，这被班固后来整理记录在《汉书·地理志》中。东汉时期，在儒家思想的指导下，移风易俗过程加速进行，于是中原地区的风俗渐渐趋向一致，南方“蛮夷”则渐次向华风演变，边郡风俗也有了较大的转变。至东汉后期，虽然风俗的地域差异仍然存在，但可以说，华夏风俗从表面上看来已在东汉各郡国中占了上风，风俗区域的界线已经变得相对模糊。[①]

根据文献的记载，古代帝王的巡狩封禅活动由来已久，这种活动在秦汉时期随着帝国的统一和强盛而变得空前频繁，尤其是在秦始皇和汉武帝时期。到了汉武帝时期，又把巡狩封禅和帝王的求仙结合起来。

先秦时期关于黄帝的记载和传说，有的记录黄帝的战功和德行，有的传说则明显带着神话的意味，但都没有关于黄帝制历的说法。在汉武帝时期，黄帝的传说与汉武帝的巡狩封禅发生密切联系，而改正朔历法也是武帝朝一件非常重要的事项，此番动作则主要由方士参与，具有历法知识的方士编造了黄帝制历的传说。这种说法被司马迁采纳，并撰写进《史记》，由此，黄帝制历的说法愈来愈清晰丰富，逐渐成为定论，成为黄帝对中华文化的一大功绩。

秦统一之前，就有整饬旧有陋俗的举措，这是商鞅变法中的重要一环，并取得了良好的效果。秦统一之后，对东部诸国的风俗采取不同的处理方式，有的接受，比如对于齐地的八神；有的压制，比如对越地旧俗。秦始皇和汉武帝的巡狩封禅活动，客观上起到了匡饬风俗的作用。秦始皇出巡所立刻石，也体现了整饬全国风俗的成果。汉武帝开疆扩土以后，吸收了新合并土地上的民俗，比如在翦灭南越后，开始采用越祠鸡卜，并遵

---

① 周振鹤：《从“九州异俗”到“六合同风”——两汉风俗区划的变迁》，《中国文化研究》，1997年第4期。另外，万建中认为秦汉风俗文化的演变趋势具有多样化的统一、民俗事象演进趋于定型和风俗与礼制逐渐合一的特点，见万建中：《秦汉风俗文化的演变趋势》，《南昌大学学报（社会科学版）》，1999年第2期。关于秦汉时期风俗的全面研究，还可参看陈高华、徐吉军主编，彭卫、杨振红著：《中国风俗通史（秦汉卷）》，上海：上海文艺出版社，2002年；彭卫、杨振红：《转型与契合——解读秦汉风俗》，《史学理论研究》，2001年第3期。

照越俗实施了一系列重大工程。

第二节　封禅：黄帝故事与文化整合

汉朝建立后，最早准备封禅的是汉文帝，他说“方内艾安，民人靡疾，间者比年登”，此“皆上帝诸神之赐”，应该遵照“飨其德，必报其功”的传统，乃“使博士诸生刺六经中作王制，谋议巡守封禅事”。因为新垣平的伏诛，汉文帝的计划最终没有成行。汉朝第一个真正实行封禅的是汉武帝，他的第一次巡狩是在元鼎四年（前113），《史记·平准书》记载：

> （元鼎四年）天子始巡郡国。东度河，河东守不意行至，不辨，自杀。行西逾陇，陇西守以行往卒，天子从官不得食，陇西守自杀。于是上北出萧关，从数万骑，猎新秦中，以勒边兵而归。[①]

此次武帝巡狩，似乎并不全是出于军事方面的目的，而是与当年出现的一件祥瑞有关。元鼎四年六月，在汾阴后土营旁边发现了一只鼎[②]，“鼎大异于众鼎，文镂无款识”。宝鼎的发现，被认为是只有圣王出现才会有的祥瑞现象，“唯受命而帝者心知其意而合德焉”[③]。方士公孙卿认为汉武帝得宝鼎的时间与黄帝相同，黄帝后来成仙登天，如果汉武帝想成仙，就应该仿效黄帝的做法。汾阴的这件宝鼎出现得有些蹊跷，顾颉刚认为此鼎乃新垣平所预埋，“使新垣平不诛夷，则汾阴之鼎早出于文帝世矣”。[④] 而

---

① 司马迁：《史记》卷三十《平准书》，北京：中华书局，1959年，第1438页。

② 《汉书·武帝纪》系得鼎汾水上之事于元鼎元年。《资治通鉴》认为应在元鼎四年，《资治通鉴考异》对此有讨论。见班固著，颜师古注：《汉书》卷六《武帝纪》，北京：中华书局，1962年，第182页；司马光编著，胡三省音注：《资治通鉴》卷第二十《汉纪十二》，北京：中华书局，1956年，第652~653页。

③ 司马迁：《史记》卷二十八《封禅书》，北京：中华书局，1959年，第1392页。

④ 顾颉刚：《顾颉刚全集·顾颉刚读书笔记》卷七《古柯庭琐记（二）》“汾阴之鼎为新垣平豫埋”条，北京：中华书局，2010年，第79~80页。

徐中行认为："观公孙卿所言，则知汾阴鼎必其所为，以欺武帝者。"①

公孙卿自称从齐人申功处得到《鼎书》，他说：

> 申公，齐人。与安期生通，受黄帝言，无书，独有此鼎书。曰"汉兴复当黄帝之时"。曰"汉之圣者在高祖之孙且曾孙也。宝鼎出而与神通，封禅。封禅七十二王，唯黄帝得上泰山封"。申功曰："汉主亦当上封，上封则能仙登天矣。黄帝时万诸侯，而神灵之封居七千。天下名山八，而三在蛮夷，五在中国。中国华山、首山、太室、泰山、东莱，此五山黄帝之所常游，与神会。黄帝且战且学仙。患百姓非其道者，乃断斩非鬼神者。百余岁然后得与神通。黄帝郊雍上帝，宿三月。鬼臾区号大鸿，死葬雍，故鸿冢是也。其后黄帝接万灵明廷。明廷者，甘泉也。所谓寒门者，谷口也。黄帝采首山铜，铸鼎于荆山下。鼎既成，有龙垂胡髯下迎黄帝。黄帝上骑，群臣后宫从上者七十余人，龙乃上去。余小臣不得上，乃悉持龙髯，龙髯拔，堕，堕黄帝之弓。百姓仰望黄帝既上天，乃抱其弓与胡髯号，故后世因名其处曰鼎湖，其弓曰乌号。"②

武帝大喜过望，说："嗟乎！吾诚得如黄帝，吾视去妻子如脱躧耳。"③武帝时期的方士们极力宣扬黄帝，这在当时有着深厚的社会背景。

顾颉刚认为当时黄帝传说的盛行与汉武帝有关，他说："凡此可见当时人直把武帝捧成了活黄帝，而以公孙卿为尤甚。此即司马迁所云'百家言黄帝，其文不雅驯，搢绅先生难言之'者也。'百家'，指方士也。"④顾颉刚又说"汉武有一事，黄帝则多一事"，黄帝竟成了汉武帝的投射：

---

① 赵光勇、吕新峰编：《史记研究集成·十二本纪·五帝本纪》，西安：西北大学出版社，2019 年，第 121 页。

② 司马迁：《史记》卷二十八《封禅书》，北京：中华书局，1959 年，第 1393~1394 页。

③ 司马迁：《史记》卷二十八《封禅书》，北京：中华书局，1959 年，第 1394 页。

④ 顾颉刚：《顾颉刚全集·顾颉刚读书笔记》卷七《缓斋杂记（一）》"汉武帝被捧成活黄帝"条，北京：中华书局，2010 年，第 142~143 页。

“即此可知黄帝故事皆如楼台倒影，若岸上无是物即水中无是影。公孙卿附会饰说，其事独多，可谓大言不惭者。继之者公玉（王）带也。”①

因为要仿效黄帝，所以汉武帝才会在这一年有“郊雍，至陇西，西登崆峒，幸甘泉”的一系列巡狩活动②，之所以幸甘泉，是因为根据申功的说法，甘泉是黄帝“接万灵”的“明廷”。过了三年，即元封元年（前110），汉武帝又亲自“勒兵十八万骑，旌旗径千余里，威震匈奴”③。这次规模空前的举动，是汉帝国经营边疆地区的一个重要里程碑，同时是西汉军事力量的一次展示。然而，这样的举动虽然在客观上起到了“威震匈奴”的效果，但其与三年前的“猎新秦中”一样，并不仅是为了军事的目的。《史记·封禅书》中清楚地说明了它和封禅的关系：

> 其来年冬，上议曰：“古者先振兵泽旅，然后封禅。”乃遂北巡朔方，勒兵十余万，还祭黄帝冢桥山，释兵须如。④

之所以劳民伤财，如此大规模地炫耀武力，可能也与汉武帝要积极仿效的对象黄帝有关，据齐人公孙卿的转述，“黄帝且战且学仙”。

在秦汉之前，就有很多关于黄帝的记载和传说。在《史记》中司马迁说：“学者多称五帝，尚矣。然《尚书》独载尧以来；而百家言黄帝，其文不雅驯，荐绅先生难言之。”⑤ 诸家竞相谈论黄帝，其说纷纭，令人莫衷一是。《淮南子》中甚至说：“世俗之人，多尊古而贱今，故为道者必托之于神农、黄帝而后能入说。”⑥

---

① 顾颉刚：《顾颉刚全集·顾颉刚读书笔记》卷三《旅杭杂记（二）》“汉武有一事，黄帝即多一事”条，北京：中华书局，2010年，第622页。

② 司马迁：《史记》卷二十八《封禅书》，北京：中华书局，1959年，第1394页。

③ 班固著，颜师古注：《汉书》卷六《武帝纪》，北京：中华书局，1962年，第189页。

④ 司马迁：《史记》卷二十八《封禅书》，北京：中华书局，1959年，第1396页。

⑤ 司马迁：《史记》卷一《五帝本纪》，北京：中华书局，1959年，第46页。

⑥ 刘安编，刘文典撰，冯逸、乔华点校：《淮南鸿烈集解》卷十九《修务训》，北京：中华书局，2013年，第653页。另外，关于先秦时期“百家言”黄帝的讨论，参见刘全志：《先秦话语中黄帝身份的衍生及相关文献形成》，《中国社会科学》，2015年第11期。

先秦文献中关于黄帝的记载颇多，比如《逸周书·尝麦解》记载：

王若曰：宗掩、大正，昔天之初，□作二后，乃设建典，命赤帝分正二卿，命蚩尤于宇少昊，以临四方，司□□上天未成之庆。蚩尤乃逐帝，争于涿鹿之河，九隅无遗。赤帝大慑，乃说于黄帝，执蚩尤，杀之于中冀。[①]

又《左传·僖公二十五年》记载：

秦伯师于河上，将纳王。狐偃言于晋侯曰："求诸侯，莫如勤王。诸侯信之，且大义也。继文之业而信宣于诸侯，今为可矣。"使卜偃卜之，曰："吉！遇黄帝战于阪泉之兆。"公曰："吾不堪也。"对曰："周礼未改，今之王，古之帝也。"[②]

可见在春秋时"黄帝战于阪泉"已成为人们所熟知的事件，并已进入了卜辞，成为占断吉凶祸福的依据。[③]《左传·昭公十七年》记载："昔者黄帝氏以云纪，故为云师而云名。炎帝氏以火纪，故为火师而火名。"[④]《国语·鲁语》记载展禽说"黄帝能成命百物，以明民共财"，"故有虞氏禘黄帝而祖颛顼"，"夏后氏禘黄帝而祖颛顼"。[⑤]《国语·晋语》："凡黄帝之子二十五宗，其得姓者十四人，为十二姓……唯青阳与苍林氏同于黄

---

① 黄怀信等撰，李学勤审定：《逸周书汇校集注》卷六《尝麦解》，上海：上海古籍出版社，1995 年，第 780~783 页。

② 左丘明传，杜预注，孔颖达正义：《春秋左传正义·僖公二十五年》，李学勤主编：《十三经注疏》，北京：北京大学出版社，1999 年，第 426~427 页。

③ 参见刘全志：《先秦话语中黄帝身份的衍生及相关文献形成》，《中国社会科学》，2015 年第 11 期。

④ 左丘明传，杜预注，孔颖达正义：《春秋左传正义·昭公十七年》，李学勤主编：《十三经注疏》，北京：北京大学出版社，1999 年，第 1360 页。

⑤ 左丘明撰，徐元诰集解，王树民、沈长云点校：《国语集解·鲁语上》，北京：中华书局，2002 年，第 156、159 页。

帝，故皆为姬姓。”“昔少典娶于有蟜氏，生黄帝、炎帝。黄帝以姬水成，炎帝以姜水成。成而异德，故黄帝为姬，炎帝为姜。二帝用师以相济也，异德之故也。”①《庄子·在宥》中说“昔者黄帝始以仁义撄人之心”②。《庄子·天运》中有北门成与黄帝关于音乐的问答。③《管子·地数》中引用了黄帝和伯高的对话。④

《吕氏春秋·序意》：“文信侯曰：‘尝得学黄帝之所以诲颛顼矣，爰有大圜在上，大矩在下，汝能法之，为民父母。盖闻古之清世，是法天地……’”⑤《大戴礼记·五帝德》载孔子论黄帝：

黄帝，少典之子也，曰轩辕。生而神灵，弱而能言，幼而慧齐，长而敦敏，成而聪明。治五气，设五量，抚万民，度四方，教熊罴貔豹虎，以与赤帝战于版泉之野。三战，然后得行其志。黄帝黼黻衣，大带，黼裳，乘龙扆云，以顺天地之纪，幽明之故，死生之说，存亡之难。时播百谷草木，故教化淳鸟兽昆虫，历离日月星辰，极畋土石金玉，劳心力耳目，节用水火材物。生而民得其利百年，死而民畏其神百年，亡而民用其教百年，故曰三百年。⑥

由上面这些文献记载可以看出，先秦时期关于黄帝的记载中，以黄帝

---

① 左丘明撰，徐元诰集解，王树民、沈长云点校：《国语集解·晋语四》，北京：中华书局，2002年，第334~337页。

② 郭庆藩撰，王孝鱼点校：《新编诸子集成·庄子集释》卷四下《在宥》，北京：中华书局，1961年，第373页。

③ 郭庆藩撰，王孝鱼点校：《新编诸子集成·庄子集释》卷五下《天运》，北京：中华书局，1961年，第501~510页。

④ 黎翔凤撰，梁运华整理：《新编诸子集成·管子校注》卷二十三《地数》，北京：中华书局，2004年，第1354~1355页。

⑤ 吕不韦编，许维遹集释，梁运华整理：《新编诸子集成·吕氏春秋集释》卷第十二《季冬纪》，北京：中华书局，2009年，第273~274页。

⑥ 王聘珍撰，王文锦点校：《大戴礼记解诂》，北京：中华书局，1983年，第117~119页。

的德行和征战为主。[①]

出土的先秦文献中亦有关于黄帝的记载，上博简《武王践阼》曰：〔武〕☐王睧问于师尚父曰："不晳（智→知）黄帝、耑（颛）瑄（顼）、尧（尧）、叁（舜）之逅（道）才（在）虐（乎）？音（意→抑）敳（岂）ꔗ（丧）不可旻（得）而訨（睹）虐（乎）？"[②] 这与《大戴礼记·武王践阼》相合。[③]

汉初的著作中更有不少关于黄帝的故事，如贾谊《新书·修政语》曰：

> 故黄帝职道义，经天地，纪人伦，序万物，以信与仁为天下先。然后济东海，入江内取绿图，西济积石，涉流沙，登于昆仑。于是还居中国，以平天下。天下太平，唯躬道而已。[④]

另《新书·益壤》也说："故皇帝者，炎帝之兄也。炎帝无道，黄帝伐之涿鹿之野，血流漂杵，诛炎帝而兼其地，天下乃治。"[⑤] 陆贾《新语·道基》："天下人民，野居穴处，未有室屋，则与禽兽同域。于是黄帝乃伐木构材，筑作宫室，上栋下宇，以避风雨。"[⑥]《韩诗外传》："黄帝即位，施惠承天，一道修德，惟仁是行，宇内和平，未见凤凰，惟思其象……于是黄帝乃服黄衣，带黄绅，戴黄冕，致斋于中宫。"[⑦] 对黄帝的崇拜在汉初

---

① 刘彦青：《重组的艺术与重构的记忆：〈五帝本纪〉黄帝战争文本蠡测》，《陕西师范大学学报（哲学社会科学版）》，2021 年第 1 期。

② 俞绍宏：《上海博物馆藏楚简校注》，北京：中国社会科学出版社，2016 年，第 552 页。

③ 王聘珍撰，王文锦点校：《大戴礼记解诂》，北京：中华书局，1983 年，第 103 页。

④ 贾谊撰，阎振益、钟夏校注：《新编诸子集成·新书校注》卷第九《修政语》，北京：中华书局，2000 年，第 359 页。

⑤ 贾谊撰，阎振益、钟夏校注：《新编诸子集成·新书校注》卷第一《益壤》，北京：中华书局，2000 年，第 57 页。

⑥ 陆贾撰，王利器整理：《新编诸子集成·新语校注》，北京：中华书局，2012 年，第 11 页。

⑦ 韩婴撰，许维遹校释：《韩诗外传集释》，北京：中华书局，1980 年，第 277~279 页。

已经非常盛行，汉高祖刘邦在起兵时，就曾“祠黄帝，祭蚩尤于沛庭”①。

以上这些大多是关于黄帝的功绩和德行方面的记载。古籍中另有一些黄帝故事带有浓厚的神话色彩。比如《山海经·大荒东经》：“东海之渚中有神，人面鸟身，珥两黄蛇，践两黄蛇，名曰禺虢。黄帝生禺虢。”②《山海经·大荒西经》：“西北海之外……有北狄之国。黄帝之孙曰始均，始均生北狄。”③《山海经·大荒北经》：“蚩尤作兵伐黄帝，黄帝乃令应龙攻之冀州之野。”④《山海经·大荒北经》：“黄帝生苗龙，苗龙生融吾，融吾生弄明，弄明生白犬。白犬有牝牡，是为犬戎。”⑤《山海经·海内经》：“黄帝妻雷祖，生昌意。昌意降处若水，生韩流。韩流擢首、谨耳、人面、豕喙、麟身、渠股、豚止。”⑥

又《韩非子·十过》中说：

> 师旷曰：“不可。昔者黄帝合鬼神于西泰山之上，驾象车而六蛟龙，毕方并辖，蚩尤居前，风伯进扫，雨师洒道，虎狼在前，鬼神在后，腾蛇伏地，凤皇覆上，大合鬼神，作为清角。”⑦

这些关于黄帝的事迹则明显有着神话色彩。

《汉书·艺文志》中收录了许多题名带有“黄帝”的文献，例如《黄帝四经》4篇、《黄帝铭》6篇、《黄帝君臣》10篇、《杂黄帝》58篇、《黄帝泰素》20篇、《黄帝说》40篇、《黄帝》16篇、《黄帝杂子气》33

---

① 司马迁：《史记》卷八《高祖本纪》，北京：中华书局，1959年，第350页。

② 郝懿行撰，栾保群点校：《山海经笺疏》，北京：中华书局，2019年，第331页。

③ 郝懿行撰，栾保群点校：《山海经笺疏》，北京：中华书局，2019年，第349～350页。

④ 郝懿行撰，栾保群点校：《山海经笺疏》，北京：中华书局，2019年，第371页。

⑤ 郝懿行撰，栾保群点校：《山海经笺疏》，北京：中华书局，2019年，第373页。

⑥ 郝懿行撰，栾保群点校：《山海经笺疏》，北京：中华书局，2019年，第378～379页。

⑦ 王先慎撰，钟哲点校：《新编诸子集成·韩非子集解》卷三《十过》，北京：中华书局，1998年，第65页。

篇、《黄帝五家历》33卷、《黄帝阴阳》25卷、《黄帝诸子论阴阳》25卷、《黄帝长柳占梦》11卷、《黄帝内经》18卷等，这些著述大多收录于道家、阴阳家、天文家、历谱家、五行家、杂占家、医经家、房中家、神仙家等各家之下。[①] 据统计，《艺文志》中以“黄帝”名、“黄帝臣”名、“黄帝相”名、“黄帝之史”名为书名或作者的典籍，共有31家，589篇（卷），涉及诸子略、兵书略、数术略、方技略。[②]

如上所述，在这些记载中，很大一部分是记录黄帝的功绩与德行，还有一部分充满神话色彩，也有黄帝创立制度和物质文化的记载，但在《史记》之前，并没见黄帝制历的说法。

司马迁在《史记》中保留了两个黄帝的形象，一个是文献记载中的黄帝，一个是神话传说中的黄帝；一个来源于文献，一个来自方士的塑造。一个记录在《五帝本纪》中，一个记录在《封禅书》里。两个黄帝的形象差距如此之大，以至于自古便有学者认为司马迁是有意为之，称之为“谏书”。明末清初的李邺嗣即说：

> 太史公作《史记》，虽传述古今，而尝自以其意见于叙次中，至为帝王诸本纪，质叙而已，唯诸篇似无所致意，可无深考。余独三复之，谓史公称《尚书》载尧以来，而今自黄帝始，盖《黄帝本纪》实太史公之谏书也，当与《封禅书》并读，即可见矣。[③]

这种看法后来为清末学者薛士学所阐发，他赞同李邺嗣将“黄帝纪”视为谏书：

---

① 班固著，颜师古注：《汉书》卷三十《艺文志》各处，北京：中华书局，1962年，第1701~1784页。参见刘彦青：《重组的艺术与重构的记忆：〈五帝本纪〉黄帝战争文本蠡测》，《陕西师范大学学报（哲学社会科学版）》，2021年第1期。

② 田旭东：《从〈汉志〉著录及出土文献看战国秦汉间的黄帝之学》，载《西部考古》第3辑，西安：三秦出版社，2008年，第174~175页。

③ 李邺嗣著，张道勤校点：《杲堂诗文集·杲堂文钞》卷四《五帝本纪论》，杭州：浙江古籍出版社，2013年，第486页。

> 《史记》不载三皇之事，岂其才学有所不能哉？盖子长之慨然怀古，而首称黄帝，正为汉武辨其怪诞荒唐之无足信也，如此则方士神仙之言绌矣……故方士托言黄帝，以为是天子而圣人者也，以圣人天子而终之铸鼎，以作神仙，此真汉武之所甘心矣。史迁盖曰，以臣所闻，古黄帝何尝若此，而朝廷方惑于其说，又不能执书策所当考信者而力争之，则《史记》之首称黄帝，故阙三皇也。鄞人李邺嗣以为太史公之谏书，得其指矣。则夫孝武晚年之悔，所云天下岂有神仙者，安知不从读史中来，而子长忠爱之思，有以讽之乎？①

因而应该将《五帝本纪》与《封禅书》并读。②

逯耀东认为，因为李少君把方士之术和黄帝扯到一起，黄帝遂进入神仙系统，得宝鼎以后，黄帝又和封禅结合，公孙卿则编造出黄帝乘龙的神话。战国兴起的黄帝传说，由于邹衍将其纳入历史系统而成为人世真实的黄帝，又进一步成为华夏共祖。这个民族共祖到汉武帝时却腾升成为神仙的黄帝。司马迁把包括黄帝在内的神仙材料，借方士之口保存在《封禅书》中，用提炼出的可信材料塑造另一个历史的黄帝。因而，“司马迁的《史记》中有两个黄帝：一个在《封禅书》，另一个在《五帝本纪》。前者是神仙的黄帝，后者是历史的黄帝”③。

司马迁在《史记》中对两个黄帝形象进行了弥缝。而黄帝制历的说法正来自方士之口。方士们把黄帝和历法联系在一起，这是在当时的社会大背景下提出的，因为改正朔历法是汉武帝时的一件非常重要的事。

秦代之前流行有多种历法，《汉书·律历志》中记录有所谓的古六历，即《黄帝》《颛顼》《夏》《殷》《周》及《鲁》历，齐召南认为，这些

---

① 蒋士学：《蛟川先正文存》卷一四《书小司马补三皇纪后》，转引自张大可、丁德科主编：《史记论著集成》第六卷《史记集评》，北京：商务印书馆，2015 年，第 272~273 页。

② 刘彦青：《重组的艺术与重构的记忆：〈五帝本纪〉黄帝战争文本蠡测》，《陕西师范大学学报（哲学社会科学版）》，2021 年第 1 期。

③ 逯耀东：《抑郁与超越：司马迁与汉武帝时代》导言，北京：生活·读书·新知三联书店，2008 年，第 12~13 页。

“皆为后人依托为之”[①]。据《汉书·律历志》，秦朝统一以后，行用的是《颛顼历》。汉朝建立后，庶事草创，沿袭了秦的正朔，亦沿用《颛顼历》，因为该历在六历中“最为微近”。该历行用既久，到汉初时已很不准确，与天象严重不符，以至于“正朔服色，未睹其真，而朔晦月见，弦望满亏”[②]。

汉文帝时，先是鲁人公孙臣上书，说：“汉得土德，宜更元，改正朔，易服色。当有瑞，瑞黄龙见”[③]。这种意见为同样明习律令的丞相张苍所阻挠。而后新垣平以望气见文帝，亦颇言正历服色事，后来新垣平事发伏诛，这件事情才被搁置下来了。到汉武帝元封七年（前104），大中大夫公孙卿、壶遂、太史令司马迁等建议改正朔历法。在改正朔历法的进程中，前有公孙臣、新垣平，后有公孙卿，可见汉朝改历从开始就是在方士们的积极呼吁下推动的。

武帝元封七年，大中大夫公孙卿、壶遂、太史令司马迁等言：“历纪坏废，宜改正朔。”御史大夫兒宽等也说：“帝王必改正朔，易服色，所以明受命于天也。创业变改，制不相复。”[④] 因而汉武帝下诏选治历邓平及长乐司马可、酒泉侯宜君、侍郎尊及与民间治历者，凡二十余人，方士唐都、巴郡落下闳与焉。所作用人数之多，亦可见此事重大。所谓“历者天地之大纪，上帝所为”[⑤]。

上面已经论及，元鼎四年，公孙卿说此年六月得宝鼎于后土祠旁，

---

① 《汉书补注》引齐召南曰：案皆后人依托为之。《艺文志》有《黄帝五家历》三十三卷，《颛顼历》二十一卷，又《夏殷周［鲁］历十四卷》。至《鲁历》，则杜预释例去“今世所谓《鲁历》，不与《春秋》相符，殆好事者为之，非真也”。班固撰，颜师古注，王先谦补注：《汉书补注》，北京：商务印书馆，1959 年，第 1176 页。

② 班固著，颜师古注：《汉书》卷二十一上《律历志上》，北京：中华书局，1962 年，第 974 页。

③ 司马迁：《史记》卷二十六《历书》，北京：中华书局，1959 年，第 1260 页。

④ 班固著，颜师古注：《汉书》卷二十一上《律历志上》，北京：中华书局，1962 年，第 974~975 页。

⑤ 班固著，颜师古注：《汉书》卷二十一上《律历志上》，北京：中华书局，1962 年，第 978 页。

“其冬辛巳朔旦冬至，与黄帝时等”①。公孙卿本人也是这次改历活动的倡导者和参与者，也许正是因为他精通历法，公孙卿才比栾大等人更为汉武帝所信任。

黄帝创制历法之说，本来出自方士之口，司马迁把这种说法写入《史记》中，《史记·五帝本纪》说黄帝时“置左右大监，监于万国。万国和，而鬼神山川封禅与为多焉。获宝鼎，迎日推策。举风后、力牧、常先、大鸿以治民”②。对此，梁玉绳说：“上言黄帝习用干戈，以师为卫，乃战国时谈兵者所附会，而史公书之。此言封禅山川，获宝鼎神策，乃秦、汉方士语，具载《封禅书》中，盖以嗤其妄，而纪独信之，岂得谓‘择言尤雅者著于篇’乎？”③ 正如顾颉刚所说：“公孙卿的胡言竟成了真古史了！即此可见谬说拨除之难。”④

而后这种说法又经司马迁之口传播开来，《史记·历书》曰：

> 太史公曰：神农以前尚矣。盖黄帝考定星历，建立五行，起消息，正闰余，于是有天地神祇物类之官，是谓五官。各司其序，不相乱也。民是以能有信，神是以能有明德。民神异业，敬而不渎，故神降之嘉生，民以物享，灾祸不生，所求不匮。

此处司马贞《索隐》按：“《系本》及《律历志》黄帝使羲和占日，常仪占月，臾区占星气，伶伦造律吕，大桡作甲子，隶首作算数，容成综此六术而著《调历》也。”⑤ 司马贞所引与《晋书·律历志》基本相同，他说的《律历志》应该就是《晋书·律历志》。关于《世本》，刘恕《通

① 司马迁：《史记》卷二十八《封禅书》，北京：中华书局，1959年，第1393页。

② 司马迁：《史记》卷一《五帝本纪》，北京：中华书局，1959年，第6页。

③ 赵光勇、吕新峰编：《史记研究集成·十二本纪·五帝本纪》，西安：西北大学出版社，2019年，第54页。

④ 顾颉刚：《顾颉刚全集·顾颉刚读书笔记》卷三《旅杭杂记（二）》“汉武有一事，黄帝即多一事”条，北京：中华书局，2010年，第622页。

⑤ 司马迁：《史记》卷二十六《历书》，北京：中华书局，1959年，第1256页。

鉴外纪》认为："世本经秦历汉，儒者改易。"① 王应麟《汉志考》引颜之推云："《世本》，左邱明所书，而有燕王喜汉高祖，非本文也。"② 司马贞说《世本》中也有上述内容，我们知道，司马迁在撰写《史记》时曾参考《世本》，但这段话不仅不为司马迁《历书》所引，也不为《汉书》《后汉书》所引，亦不见于他处，而且《历书》所说远不如司马贞所引整齐丰富，这应该经过后世的改易，不是司马迁所能见的《世本》原文。

又《史记·历书》接着引用汉武帝改历诏书曰：

因诏御史曰："乃者，有司言星度之未定也，广延宣问，以理星度，未能詹也。盖闻昔者黄帝合而不死，名察度验，定清浊，起五部，建气物分数。然盖尚矣。"

对"盖闻昔者黄帝合而不死，名察度验，定清浊，起五部，建气物分数"，应劭曰："言黄帝造历得仙，名节会，察寒暑，致启闭分至，定清浊，起五部。五部，金、木、水、火、土也。建气物分数，皆叙历之意也。"孟康曰："合，作也。黄帝作历，历终复始无穷已，故曰不死。清浊，律声之清浊也。五部，五行也。天有四时，分为五行也。气，二十四气；物，万物也。分，历数之分也。"③ 各注家则明确此为黄帝制历的意思。然而在诏书中，虽然承认黄帝有创造历法的功劳，但仍然说"然盖尚矣"，则意为黄帝制历的事情时代久远，详细不得而知。

《汉书·律历志》所载汉武帝诏书与《史记·历书》内容大致相同而简略，而在其正文中，仍然根据《虞书·尧典》中的说法，把历法的历史向上追溯到颛顼，仍说"历数之起上矣"。《律历志》中说：

---

① 转引自宋衷注，秦嘉谟等辑：《世本八种》，北京：中华书局，2008 年，第 6 页。

② 转引自宋衷注，秦嘉谟等辑：《世本八种》，北京：中华书局，2008 年，第 40 页。

③ 司马迁：《史记》卷二十六《历书》，北京：中华书局，1959 年，第 1260～1261 页。

> 历数之起上矣。传述颛顼命南正重司天，火正黎司地，其后三苗乱德，二官咸废，而闰余乖次，孟陬殄灭，摄提失方。尧复育重、黎之后，使纂其业，故《书》曰："乃命羲、和，钦若昊天，历象日月星辰，敬授民时。""岁三百有六旬有六日，以闰月定四时成岁，允厘百官，众功皆美。"①

《后汉书·律历志》中没有明说历法为黄帝所造，但所涉及的人物按各注的说法与黄帝有关。

> 古之人论数也，曰"物生而后有象，象而后有滋，滋而后有数"。然则天地初形，人物既著，则算数之事生矣。记称大桡作甲子，隶首作数。二者既立，以比日表，以管万事。

刘昭注：《吕氏春秋》曰："黄帝师大桡。"《博物记》曰："容成氏造历，黄帝臣也。"《月令章句》："大桡探五行之情，占斗纲所建，于是始作甲乙以名日，谓之干，作子丑以名（日）〔月〕，谓之枝，枝干相配，以成六旬。"又引《博物记》曰："隶首，黄帝之臣。"② 到《宋书·律历志》中，黄帝始造历已成定论："黄帝使大挠造六甲，容成制历象，羲和占日，常仪占月。"③ 这在《晋书·律历志》中更整齐，又加上了炎帝：

> 逮乎炎帝，分八节以始农功，轩辕纪三纲而阐书契，乃使羲和占日，常仪占月，臾区占星气，伶伦造律吕，大挠造甲子，隶首作算数。容成综斯六术，考定气象，建五行，察发敛，起消息，正闰

---

① 班固著，颜师古注：《汉书》卷二十一上《律历志上》，北京：中华书局，1962年，第973页。

② 范晔撰，李贤等注：《后汉书》志第一《律历上》，北京：中华书局，1965年，第2999页。

③ 沈约：《宋书》卷十二《律历志》，北京：中华书局，1974年，第227页。

> 余，述而著焉，谓之《调历》。[1]

在《隋书·律历志》中造历仍始于炎、黄，但已经成为一个渐进的过程：

> 洎乎炎帝分八节，轩辕建五部，少昊以凤鸟司历，颛顼以南正司天，陶唐则分命和、仲，夏后乃备陈《鸿范》，汤、武革命，咸率旧章。然文质既殊，正朔斯革，故天子置日官，诸侯有日御，以和万国，以协三辰。[2]

就这样，因为武帝痴迷于封禅求仙，方士谋求进身之阶，纷纷造作故事。与武帝的封禅求仙活动相结合，具备历法知识的方士公孙卿为了使自己的理论更具说服力，编造出黄帝制历的传说，在司马迁撰写《史记》时，有所采纳，从而进入正史系统，逐渐成为定论。

汉武帝封禅与黄帝故事的演变体现了汉王朝的文化整合，在这个过程中同时吸收了儒家传统文献与方士所造作的故事。秦皇汉武的巡狩与封禅，其本身就是整合天下风俗的过程，同时也体现了匡饬风俗的成果。从这两方面可以看出随着帝国的统一和强盛对文化和风俗不断进行整合的过程。

---

① 房玄龄等：《晋书》卷十七《律历志》，北京：中华书局，1974年，第497页。

② 魏徵等：《隋书》卷十七《律历志》，北京：中华书局，1973年，第415页。

第十一章

开疆拓土：北边长城的外御内防与文化交融

《后汉书》载："天设山河，秦筑长城，汉起塞垣，所以别内外，异殊俗也。"[①] 就是说，秦汉长城的修筑，其首要的目的在于"别内外，异殊俗"。所谓的内外、殊俗，主要分指中原农耕民族与北方游牧民族以及其各自不同的文化习俗。即长城以南往往为农耕文化区，统属于中央王朝治域之下；长城以北多为游牧文化区，游离于皇权之外。如此，长城不仅具有重要的地理分界线的标识作用，其在一定程度上更是成为北方的边界即划分中央皇权治域范围的存在。

从秦汉国家的四边界域看，它既是依据自然生态与不同民族的生业环境所构成的，也是秦汉大一统国家内外冲突、矛盾与协调、共生的产物。从政治哲学来说，国家不仅是阶级统治的工具，也是社会整合与稳定的工具。在早期生产力发展水平低下的中国大地上，外在的自然灾害、族群间的战争，与社会内部阶级分层所导致的阶级冲突相结合，形成了早期中国产生、演进的内外动因。阶级冲突与斗争是国

---

① 范晔撰，李贤等注：《后汉书》卷九十《乌桓鲜卑列传》，北京：中华书局，1965年，第2992页。

家形成和发展的内因；外在的自然生态、族群与社会环境的压力则是其形成和发展的外因。秦汉大一统帝国的建立，同样经历了这种国家内外的矛盾冲突与协作、共生。从秦汉大一统国家的发展看，内部阶级的冲突导致国家演进的质的变化；外部生态、人口、种族压力使秦汉国家十分注重周边的界域以及由此形成的民族、文化的交融。故秦汉国家除了注重国家政治中心建构，对于政治地缘与民族族缘意义上的四边界域的经营也十分注意。特别是作为一个政治国家，不论从社会的稳定，民族的和睦相处，还是从统治者对编户齐民的赋税、力役的需求，秦汉国家都十分注重对华夏（汉）民族的安全性、防卫性义务。故自秦汉以来，北防、南征就成为历代统治者最重要的政治、军事要务。不论是秦修筑长城，还是汉武帝时大规模出击匈奴，都是这种国家、民族意识的表现。

由于汉代大一统既包括了政治一统、思想一统，也蕴含着民族一统的意义，因此汉朝对位居中华四方的少数民族及其文化既采取了保障国家安全的防御态势，又有着怀柔、交融的“招远徕近”的互惠、和谐的一面。在这个问题上，最典型的莫过于秦汉国家对北方长城的修缮、构筑。秦汉王朝选择在北方农耕生产区域与游牧生产区域的过渡地带修缮抑或修筑起长城，其首要目的在于用之防御北方游牧民族的侵扰。“长城是针对相对固定的作战对象，按照统一的战略，以人工筑城方式加强与改造既定战场，而形成的一种绵亘万里，点阵结合，纵深梯次的巨型坚固设防体系。”[1] 就是说，在冷兵器时代，长城成为中原农耕民族据以阻滞北方游牧民族南下掠夺与侵扰的重要屏障。

观之秦汉尤其是西汉对于长城的修缮与修筑，虽然其主观目的在于阻断悬隔北方游牧民族、游牧文化与中原农耕民族、农耕文明之间的联系，

① 侯仁之：《在长城国际学术研讨会上的总结发言》，中国长城学会编：《长城国际学术研讨会论文集》，长春：吉林人民出版社，1995 年，第 334 页。

但是由于两种文化之间内在所具有的强烈的互补性①，长城通常又是修筑在农耕区与游牧区之间联结的过渡地带，这就在客观上使长城地带在相互冲突、相互碰撞的同时，亦相互影响、相互交融、相互吸收，成为南北不同民族文化交汇融合的“历史舞台”。就是说，长城的修建虽然旨在防御北方游牧民族的南下侵扰，阻挡北方游牧民族进入中原，但是其同时也作为一道文化的分水岭存在着，在悬隔南北文化的同时，也推动着南北文化的融合。对此，罗哲文先生言：“长城，这一 2000 多年一直起着安定、和平、保障作用的防御工程，除了发挥其主要的防御功能之外，还起着南北文化交叉、对话与交流的纽带的作用。文化是社会政治、经济和其他各种现象的反映，但它同时又反过来促进政治、经济的发展。通过文化的对话与交流，可以促进经济的繁荣与政治和解，长城这一南北文化交叉、对话与交流的历史事实充分证明了这一点。”②

要之，西汉长城的修建，虽然其初衷是服务于政治军事之所需，是“军事”上防卫北方少数民族侵犯、劫掠的军事功能的设施，但究其作用，尤其是在其随后的演变过程中，其功能是“民族”的和“文化”的③，即长城在客观上发挥了融通游牧文化与农耕文化的效用，推动、促进了民族融合。“长城南北的民族关系，表面上是农耕民族和游牧民族的‘夷夏殊俗’关系，而实际上，北方民族正是经由这里实现向心汇聚型的‘趋同发展’。因为每一次北方民族越过长城进入中原，其结果都是中华文化更高层次的交融和汇聚。”④ 历史发展已经证明，不同的南北民族文化，正是在

① 牧区向农区提供的畜产品，特别是耕牛、战马等，可以提高农业劳动生产率，增强中央王朝的军事实力，加快各个地区的联系与往来速度；游牧民族对中原农耕民族的经济依赖更为强烈。因此，互相联系、互通有无是游牧民族与农耕民族的共同愿望。参见王绍东、杜婷：《论战国秦汉时期长城的多重功能》，《内蒙古社会科学（汉文版）》，2015 年第 2 期。

② 罗哲文：《长城史话》，北京：北京出版社，2021 年，第 202~203 页。

③ 王敏娜：《弘扬长城文化远比解析其军事功能重要》，《辽宁日报》，2016 年 12 月 15 日。

④ 王敏娜：《弘扬长城文化远比解析其军事功能重要》，《辽宁日报》，2016 年 12 月 15 日。

长城地带的“文化舞台”中，交汇融合，最终汇聚成兼容并蓄的中华民族文化。

第一节　西汉长城的修建

我国长城的修建从战国起历经多个朝代，以连绵的墙体为主体，蜿蜒于中国的西北、北、东北部地区。以汉长城为例，目前调查发现，汉长城是集合了墙体、烽燧、城障、堑壕、山险、河险、天田、虎落（栅栏）、水门等多项建筑为一体的防御体系。而且汉长城的设置不断完善，形成了环环相扣的防御系统，以墙体为主体设施，在其内外进行增强防御，基本上由外向内依次：天田→堑壕→虎落→墙体→关城→烽燧→坞→障，重重警戒、设防，相互配合，共同作用。

一、汉长城修建的原因

因为秦朝称这一防御工事为长城，汉代为避秦之讳，不称长城，而称塞、塞垣，如《史记·匈奴列传》载“复缮故秦时蒙恬所为塞”[①]，《史记·朝鲜列传》载“汉兴，为其远难守，复修辽东故塞，至浿水为界，属燕”[②]，《后汉书·鲜卑列传》载“秦筑长城，汉起塞垣”[③]。今日所说汉长城指汉代使用的长城，包括西汉长城和东汉长城。目前所说汉长城，主要集中在西汉长城，特别是汉武帝时期大规模修建的长城。[④]

长城修建的原因可以追溯到西周时期。西周始，周天子施行分封制，授民、授疆土。诸侯王所受“封地”不但得到天子的承认，还受到天子保护。“西周时期，帝王把土地或爵位赐给臣子就叫做封，而诸侯或大夫所

---

① 司马迁：《史记》卷一百十《匈奴列传》，北京：中华书局，1959年，第2906页。

② 司马迁：《史记》卷一百一十五《朝鲜列传》，北京：中华书局，1959年，第2985页。

③ 范晔撰，李贤等注：《后汉书》卷九十《乌桓鲜卑列传》，北京：中华书局，1965年，第2992页。

④ 参考黄永美、徐卫民：《汉长城研究综述》，《中国史研究动态》，2012年第5期。

分得的土地就称为封地、封邑。受封诸侯一般都有命书。‘封’不仅是名号上的颁定，同时也是土地的划拨，命书写明所受封地的封疆四至，诸侯国还要在封疆之界修建标志，即以当时通行的设置沟、树等方式，构筑自己所受领土的合法界限。”[①] 然至春秋战国，礼崩乐坏，周天子“天子”地位动摇，周天子分封的诸侯国也失去了原有“封土建国”的意义，“封”也失去法定效力。正如学者所言，“《孟子·尽心下》的一段话：‘诸侯之宝三：土地、人民、政事。’如果说，在‘礼乐征伐自天子出’的西周，诸侯尚未充分掌控此‘三宝’，那么，春秋战国的诸侯确实拥有由‘土地、人民、政事’组成的完整主权……如果说，西周封建形成的诸侯国是半独立的（周天子对各诸侯国有一定的掌握权），那么，春秋在兼并战争中形成的诸侯国则是独立的，并自行向下分封”[②]。所以这一时期各诸侯不再是受天子保护的、平等的臣子，而成为争夺领土的敌人。各诸侯国相互兼并，并先后在经济、政治和军事上改革以增强实力，因为此时经济、军事实力是硬道理，而且实力也是不断变化的，为了更好地自我保护，虽然都是强国，仍需加强防御。

同时，在中原战乱之际，周边民族也快速发展，不断侵扰其周边诸侯国，诸侯国为了减少游牧民族的侵扰也需要加强防御。“从战国时期开始，我国中原汉族与边境各族的矛盾主要表现在与东北及北方胡人的关系上，尤其与匈奴族的关系较为紧张。”[③] 以匈奴为代表的游牧民族，经常突袭中原边境，掠夺财物与人口，而且这种掠夺是一种间断性的。[④]《汉书·晁错传》载：“胡人食肉饮酪，衣皮毛，非有城郭田宅之归居，如飞鸟走兽于广野，美草甘水则止，草尽水竭则移。以是观之，往来转徙，时至时去，此胡人之生业。”[⑤] 相

---

① 张玉坤、李哲、李严：《“封”——中国长城起源另说》，《天津大学学报（社会科学版）》，2009 年第 4 期。

② 冯天瑜：《“封建”考论》，武汉：武汉大学出版社，2007 年，第 21~36 页。

③ 罗庆康：《战国及秦汉长城修建原因浅析》，《内蒙古社会科学（文史哲版）》，1988 年第 6 期。

④ 黄永美、徐卫民：《中国长城起源探析》，《江西社会科学》，2013 年第 2 期。

⑤ 班固著，颜师古注：《汉书》卷四十九《爰盎晁错传》，北京：中华书局，1962 年，第 2285 页。

对于往来转徙的游牧民族，农业生产则需要有安定生产地，才能有时间播种、施肥和锄耕，尚需时日才能收获。以移动来侵袭稳定，游牧民族显然占有天然优势。“对于这些飘忽无定的游骑，如果派许多大部队追击，他就远走；当大兵退后，他又依然返回骚扰。”[①] 历史上，农耕民族虽有一时的成功，但归根到底，以农耕为主题的中央政权，在抵挡勇猛的游牧民族的威胁方面不占优势。而且“茫茫荒原无所依托，少发则兵力不足，难有所获，多发则补给困难，不能毕其功于一役”[②]。

于是长城防御设施应运而生，春秋战国时期各诸侯国为防侵犯而纷纷修筑长城。据统计，战国时期诸侯国修筑的长城达 15 条之多。[③] 其中楚、齐、魏、中山等国修筑长城主要是诸侯国间互防的结果。因为“修筑长城据险省戍，则可收到以常备防突袭、以步兵御骑兵、先处战地以逸待劳的功效。故而长城之兴是中原政权的统治者权衡利弊、掂量了战争效费比之后的明智选择”[④]。这也是“自战国以后，长城为什么一直继续修建了1000 多年？这主要是由于我国中原以农业生产为主的地区需要防止北方游牧民族统治者的入侵。……如果没有城墙他们就可任意出入”[⑤]。

秦汉长城的修筑亦是如此。秦末战乱之际，匈奴趁势发展起来，“尽服从北夷，而南与中国为敌国”[⑥]，史载“冒顿得自强，控弦之士三十余万”[⑦]。而此时西汉王朝经过秦末战争刚建立起来，经济匮乏。面对匈奴挑衅，汉高祖刘邦亲自带兵迎战，却被围七天七夜，“冒顿纵精兵四十万骑围高帝于白登”[⑧]。白登之围解困后，汉匈关系并没有缓解，冒顿单于常常

---

① 罗哲文：《长城史话》，北京：北京出版社，2021 年，第 79 页。

② 孔令铜：《关于中国长城的战略思考》，《军事历史》，1997 年第 3 期。

③ 其中“秦有 5，赵有 3，魏有 2，燕有 2，齐 1，楚 1，中山 1，共 15 条”。参见彭曦：《十年来考察与研究长城的主要发现与思考》，中国长城学会编：《长城国际学术研讨会论文集》，长春：吉林人民出版社，1995 年，第 279 页。

④ 孔令铜：《关于中国长城的战略思考》，《军事历史》，1997 年第 3 期。

⑤ 罗哲文：《长城史话》，北京：北京出版社，2021 年，第 78~79 页。

⑥ 司马迁：《史记》卷一百十《匈奴列传》，北京：中华书局，1959 年，第 2890 页。

⑦ 司马迁：《史记》卷一百十《匈奴列传》，北京：中华书局，1959 年，第 2890 页。

⑧ 司马迁：《史记》卷一百十《匈奴列传》，北京：中华书局，1959 年，第 2894 页。

侵扰西汉边郡，于是“高帝乃使刘敬奉宗室女公主为单于阏氏，岁奉匈奴絮缯酒米食物各有数，约为昆弟以和亲，冒顿乃少止”[①]。在汉武帝马邑伏击主动出击匈奴之前，汉朝与匈奴关系一直处于“和亲—战争”交融进行中，冲突不断。为明确这一时期汉朝与匈奴冲突情况，进行详细统计如下[②]：

第一，高祖至高后时期

和亲政策实施后，在汉高祖统治时期，对匈奴侵扰，史书用“冒顿乃少止”概言，亦说明匈奴仍有进犯，但具体扰边次数没有记载，史书仅有“燕王卢绾反，率其党数千人降匈奴，往来苦上谷以东”[③]的记载，降匈奴的燕王曾有进犯，但时间和次数未详。故除此外，从和亲到汉高祖十二年去世的六年中，没有出现其他匈奴进犯的情况。

《史记》中无汉惠帝、高后统治时期匈奴侵扰的记载。《汉书·高后纪》载“(六年六月）匈奴寇狄道，攻阿阳。行五分钱。七年冬十二月，匈奴寇狄道，略二千余人”，其中“狄道”注释有师古曰：“狄道属陇西。阿阳，天水之县也。”[④]《汉纪·高后纪》载高后六年（前182）“六月，匈奴寇狄道，攻（河）〔阿〕阳……七年冬十二月，匈奴寇狄道”[⑤]。汉惠帝于七年（前188）八月去世，高后于七年（前181）中去世，故在汉惠帝和高后统治的十四年中，匈奴的侵扰有两次。

第二，汉文帝时期

《史记·孝文本纪》载汉文帝三年“五月，匈奴入北地，居河南为寇”，“十四年冬，匈奴谋入边为寇”，“后二年，上曰：‘朕既不明，不能远德……间者累年，匈奴并暴边境，多杀吏民’”，“后六年冬，匈奴三万

---

① 司马迁：《史记》卷一百十《匈奴列传》，北京：中华书局，1959年，第2895页。

② 参考黄永美：《西汉长城若干问题研究》，西北大学博士学位论文，2013年。

③ 司马迁：《史记》卷一百十《匈奴列传》，北京：中华书局，1959年，第2895页。

④ 班固著，颜师古注：《汉书》卷三《高后纪》，北京：中华书局，1962年，第99页。

⑤ 荀悦著，张烈点校：《汉纪》卷第六《高后纪》，北京：中华书局，2002年，第83页。

人入上郡，三万人入云中”。[①]

《史记·匈奴列传》也载：“汉孝文皇帝十四年，匈奴单于十四万骑入朝那、萧关，杀北地都尉印，虏人民畜产甚多，遂至彭阳。使奇兵入烧回中宫，候骑至雍甘泉……匈奴日已骄，岁入边，杀略人民畜产甚多，云中、辽东最甚，至代郡万余人”，文帝“后四岁，老上稽粥单于死，子军臣立为单于……军臣单于立四岁，匈奴复绝和亲，大入上郡、云中各三万骑，所杀略甚众而去。”[②]

《史记·孝文本纪》载后元六年（前158）匈奴侵扰。《汉书·五行志》载：“（孝文）后六年春……是岁二月……后匈奴大入上郡、云中，烽火通长安。”[③]《汉书·天文志》载：“（孝文后元）六年十一月，匈奴入上郡、云中。”[④] 而《史记·匈奴列传》载汉文帝后元四年（前160）军臣立为单于，立四岁而又侵扰，应是在汉文帝后元七年（前157）。《汉书·匈奴传》却载“军臣单于立岁余，匈奴复绝和亲”[⑤]，“岁余”估计是汉文帝后元五年（前159）。综上，以上六年、七年、岁余，只是略有差，应属一次。

《史记·匈奴列传》所载汉文帝十四年后的“岁入边”，是否从十四年到后元七年每年均有侵扰，尚需推敲。若每年均有侵扰，则不必再单独记载“军臣单于立四岁”的侵扰。《史记·封禅书》也不会再强调“明年”即汉文帝十六年（前164）“匈奴数入边，兴兵守御”[⑥]，文帝十七年

---

① 司马迁：《史记》卷十《孝文本纪》，北京：中华书局，1959年，第425、428、431页。

② 司马迁：《史记》卷一百十《匈奴列传》，北京：中华书局，1959年，第2901、2904页。

③ 班固著，颜师古注：《汉书》卷二十七中之上《五行志中之上》，北京：中华书局，1962年，第1392页。

④ 班固著，颜师古注：《汉书》卷二十六《天文志》，北京：中华书局，1962年，第1303页。

⑤ 班固著，颜师古注：《汉书》卷九十四上《匈奴传上》，北京：中华书局，1962年，第3764页。

⑥ 司马迁：《史记》卷二十八《封禅书》，北京：中华书局，1959年，第1384页。

即后元元年（前163）“匈奴数入边”[①]，“文帝后三年秋……匈奴愈骄，侵犯北边，杀略多至万余人”[②]，故并非年年入边，“岁入边”只指“十六年”“后元年”“后三年”“后六年”四次。

除了上述，《汉书·文帝纪》载：“（十二年夏六月）匈奴寇狄道。”[③]因汉文帝十七年更始为元年，后七年六月去世，故汉文帝统治的23年中，匈奴侵扰“三年五月”一次、“十一年夏六月”一次、“十四年冬”一次、“岁入边”的四次，共七次，尤其集中在“十四年”后。

第三，汉景帝时期

《史记·匈奴列传》载：“终孝景时，时小入盗边，无大寇。”[④]《汉书·匈奴传》载：“终景帝世，时时小入盗边，无大寇。”[⑤]又《汉书·李广传》载汉景帝时期，李广“为上谷太守，数与匈奴战”[⑥]，说明有匈奴侵扰，但未记录次数，只记载“数”战。因文献有一、二和三、五数量记载，鲜有“四”[⑦]的记载，又因“数”大于一、二，故可能为“四”。

《史记·孝景本纪》载汉景帝元年（前156）五月“匈奴入代，与约和亲”，“中二年二月，匈奴入燕”，“（中元六年）八月，匈奴入上郡”，“（后元二年）三月，匈奴入雁门”。[⑧]又《汉书·景帝纪》载“（中元）二年春二月……匈奴入燕”“（中元六年）六月，匈奴入雁门，至武泉，

---

① 班固著，颜师古注：《汉书》卷二十五上《郊祀志上》，北京：中华书局，1962年，第1215页。

② 班固著，颜师古注：《汉书》卷二十七上《五行志上》，北京：中华书局，1962年，第1346页。

③ 班固著，颜师古注：《汉书》卷四《文帝纪》，北京：中华书局，1962年，第123页。

④ 司马迁：《史记》卷一百十《匈奴列传》，北京：中华书局，1959年，第2904页。

⑤ 班固著，颜师古注：《汉书》卷九十四上《匈奴传上》，北京：中华书局，1962年，第3765页。

⑥ 班固著，颜师古注：《汉书》卷五十四《李广苏建传》，北京：中华书局，1962年，第2439页。

⑦ 黄永美、徐卫民：《西汉长安人口地理探析——以元始二年长安人口为例》，《西北大学学报（自然科学版）》，2012年第3期。

⑧ 司马迁：《史记》卷十一《孝景本纪》，北京：中华书局，1959年，第439、444、446、448页。

入上郡”“(后元三年) 春，匈奴入雁门”。[①]《汉书·五行志》载“(中元六年) 六月，匈奴入上郡取苑马”[②]。

“中六年八月” 与 “中六年六月” 略有时间差，可能是 “中六年六月” 至武泉，而 “八月” 至上郡，故将其记作一次。汉景帝时的 “数” 战，记作四次。汉景帝在位时间前七年、中六年、后三年十月去世，约十六年。

第四，汉武帝马邑伏击前

《汉书·武帝纪》载汉武帝 “元光元年冬十一月……卫尉李广为骁骑将军屯云中，中尉程不识为车骑将军屯雁门，六月罢”[③]，未明示有匈奴进犯，但《汉书·江都易王刘非传》载汉武帝 “元光中，匈奴大入汉边”[④]。故元光中算一次匈奴侵扰。然《史记·匈奴列传》《汉书·匈奴传》载汉武帝即位 “匈奴自单于以下皆亲汉，往来长城下”，后元光二年马邑伏击失败后，才有 “匈奴绝和亲，攻当路塞，往往入盗于边，不可胜数”。[⑤] 故元光元年的 “大入汉边” 规模应该不会太大，否则《史记·匈奴列传》《汉书·匈奴传》不会不载。

综上，汉初匈奴侵扰情况大致如下：高祖和亲后不详；汉惠帝、高后统治的十四年中二次，平均七年一次；汉文帝统治的二十三年中七次，平均三年一次；汉景帝统治的十六年中四次，平均四年一次，尤以汉文帝时匈奴侵扰日期和人数记载最为详细。

由此可见汉初匈奴处于强盛时期，相对而言西汉王朝则处于弱势，因

---

① 班固著，颜师古注：《汉书》卷五《景帝纪》，北京：中华书局，1962 年，第 145、150、151 页。

② 班固著，颜师古注：《汉书》卷二十七中之下《五行志中之下》，北京：中华书局，1962 年，第 1424 页。

③ 班固著，颜师古注：《汉书》卷六《武帝纪》，北京：中华书局，1962 年，第 160 页。

④ 班固著，颜师古注：《汉书》卷五十三《景十三王传》，北京：中华书局，1962 年，第 2414 页。

⑤ 司马迁：《史记》卷一百十《匈奴列传》，北京：中华书局，1959 年，第 2904、2905 页；班固著，颜师古注：《汉书》卷九十四上《匈奴传上》，北京：中华书局，1962 年，第 3765 页。

为汉初百废待兴，没有足够的实力修筑新的防御工事。且刚建立起来的西汉王朝统治集团多平民出身，没有应对匈奴侵扰的足够经验，只能借鉴历史，选择长城阻隔强悍的匈奴。[①]“白登之围”的威胁、匈奴侵扰的事实迫使汉初刘邦集团不得不沿用长城防御工事。

汉长城的修建除了匈奴侵扰的外因，还与西汉王朝内因有关系。[②] 西汉王朝因为军事、经济的限制，没有实力来完全消除匈奴侵扰的威胁，因此不得不使用长城进行防御。而且西汉统治者在“大一统”“内外有别”等传统思想影响下，对匈奴这一“扰乱者”的认知是：若无法彻底消灭或兼并匈奴，则扰乱者就仍然存在。但实际上“蛮”“夷”“戎”“狄”很早已经被看作“天下”不可分割的一部分，虽是这个体系中地位最低的，但这种看法与其说是民族歧视，不如说是一种内外之分，且“蛮”“夷”“戎”“狄”也可以随着阶级地位的改变和对文化的接受而变成华夏。[③] 周人之后，“‘王天下’一直是中国政治发展中一股强大的动力”[④]。天下到底有多大，秦始皇统一的六国疆域？恐怕不仅仅是这些，秦始皇在石刻上刻下“人迹所至，无不臣者”，可以说秦始皇也没有统治真正的“天下”，这可能就是理想与现实的矛盾。[⑤] 而且每一个帝王都有天下梦，甚至不仅仅是帝王，儒生也这么认为，如汉初贾谊向文帝上“建三表，设五饵”的建议。而“建三表，设五饵”的前提就是承认匈奴也是“天下”的一部分，而且坚持文化的感化，即广施仁德教化与匈奴单于争夺民心、民众。[⑥]到汉武帝时，淮南王建元六年上书谏言“自三代之盛，胡越不与受正朔，

① 黄永美：《试论西汉长城修筑的内因》，《秦汉研究》第十辑，西安：陕西人民出版社，2016 年。

② 黄永美：《试论西汉长城修筑的内因》，《秦汉研究》第十辑，西安：陕西人民出版社，2016 年。

③ 参考王柯：《中国，从“天下”到民族国家》（增订版），台北：政大出版社，2017 年，第 20、24、25 页。

④ 邢义田：《天下一家——传统中国天下观的形成》，收入氏著：《秦汉史论稿》，台北：东大图书公司，1987 年，第 30 页。

⑤ 参考邢义田：《天下一家——传统中国天下观的形成》，收入氏著：《秦汉史论稿》，台北：东大图书公司，1987 年，第 29~32 页。

⑥ 参考徐莹：《贾谊夷夏观探析》，《史林》，2018 年第 3 期。

非强弗能服，威弗能制也，以为不居之地，不牧之民，不足以烦中国也。故古者封内甸服，封外侯服，侯卫宾服，蛮夷要服，戎狄荒服，远近势异也”①，也说明胡越与我们不同，而战国、秦朝、汉初的历史经验教训，表明单纯靠文化感召使其归服是不奏效的。

“天下一家”的梦想又激励着历代帝王。所以与其说帝王影响着社会风气，不如说社会风气也影响着帝王思想。雄心大志的汉武帝向往“德润四海，泽臻草木……德泽洋溢，施乎方外”②，也欲“闵众庶陷害，欲刷耻改行，复奉正〔义〕，厥路亡由”③，欲一统天下，接受四面八方的臣服，因此对匈奴的出击除了军事需要，还有着政治观念、文化因素的影响。“武帝以雄主，承汉七十年之厚积，其拓边以耀威德之心，盖自初即位已有之。故建元元年制诏贤良，已有何修何饬而德泽洋溢，施乎方外，延及群生之问。建元三年，闽越举兵围东瓯，东瓯告急于汉，时武帝年未二十，以问太尉田蚡，蚡以为越人相攻击，乃其常事。又数反复，不足烦中国往救，自秦时弃不属。而严助诘之，曰：‘特患力不能救，德不能复。诚能，何故弃之。且秦举咸阳而弃，何但越也。今小国以穷困来告急，天子不振，又何以子万国。’上曰：‘太尉不足与计。’是为武帝初事开边之第一声。元光元年，策诏贤良，又曰：‘德及鸟兽，教通四海。海外肃慎北发渠搜，氐羌来服。何施而臻此。’盖武帝之侈心，欲广徕四夷，以昭太平之盛业者，自即位以来，固已甚著，初未一日忘乎怀也。”④ 从元朔六年（前123）“今中国一统而北边未安，朕甚悼之”⑤ 的诏书内容，也可见武帝对“中国一统”的迫切心情，一统的目标在《泰山刻石文》“四海之

① 班固著，颜师古注：《汉书》卷六十四上《严朱吾丘主父徐严终王贾传上》，北京：中华书局，1962年，第2777页。

② 班固著，颜师古注：《汉书》卷五十六《董仲舒传》，北京：中华书局，1962年，第2497页。

③ 班固著，颜师古注：《汉书》卷六《武帝纪》，北京：中华书局，1962年，第165页。

④ 钱穆：《秦汉史》，北京：生活·读书·新知三联书店，2004年，第141页。

⑤ 班固著，颜师古注：《汉书》卷六《武帝纪》，北京：中华书局，1962年，第173页。

内，莫不为郡县；四夷八蛮，咸来贡职。与天无极，人民蕃息，天禄永得”中也有所表现，并将进献大宛马作为“四夷”臣服的一种标志，从其创作的《西极天马之歌》“天马来兮从西极，经万里兮归有德。承灵威兮降外国，涉流沙兮四夷服”便可看出。[①] 汉武帝的思想推动当时的社会风气朝向，“司马相如为文宣使指，谓：‘世必有非常之人，然后有非常之事。有非常之事，然后有非常之功……’其言云云，最足代表武帝一朝开边之理论……当时内廷词臣见解率如此，亦惟此最足以深中武帝之所好。而外朝经生，重以诗书古代为之润色，遂成一朝政治理论之中心”[②]。

于是汉武帝打破汉初只守不攻的历史，主动出击匈奴，并在取得胜利后遣使郭吉出使匈奴，希望匈奴“南面而臣于汉”[③]，然未实现，匈奴只求和亲。后又遣使杨信，希望匈奴“以单于太子为质于汉”[④]，也未实现。故汉武帝时期汉朝虽在汉匈战争中取得胜利，“拓地万里，威震八荒”[⑤]，然并未实现匈奴称臣纳贡的政治目标，反而消耗过大，没有足够的经济军事实力来继续对匈奴穷追猛打。因为“事实上汉代天下秩序的维持，文德仅为文饰，武力才是关键。随着汉代与四邻力量均衡关系的变化，四邻的邦国可以为汉之‘客臣’‘外臣’或仅为‘臣妾’。如汉威有所不及，其‘不臣’，汉亦无可奈何”[⑥]。且这种消耗给后人也留下了心理负担，如汉宣帝甘露元年（前53），匈奴内乱后远不如以前，呼韩邪称臣请求得到汉的帮助，汉仍有“汉虽强，犹不能兼并匈奴”的顾虑。即使南匈奴臣服，这种纳贡体系也不是完全牢固的。同时南匈奴还受北匈奴及其他少数民族势力的影响。

---

① 参考崔明德：《两汉民族关系思想史》，北京：人民出版社，2007年，第30、31页。

② 钱穆：《秦汉史》，北京：生活·读书·新知三联书店，2000年，第141~142页。

③ 司马迁：《史记》卷一百十《匈奴列传》，北京：中华书局，1959年，第2912页。

④ 司马迁：《史记》卷一百十《匈奴列传》，北京：中华书局，1959年，第2913页。

⑤ 范晔撰，李贤等注：《后汉书》卷八十上《文苑列传上》，北京：中华书局，1965年，第2600页。

⑥ 邢义田：《天下一家——传统中国天下观的形成》，收入氏著：《秦汉史论稿》，台北：东大图书公司，1987年，第36页。

匈奴侵扰的威胁依然存在，且依靠单一的战争或和亲都无法消除这种威胁，故防御是非常有必要的。在汉武帝之后的汉朝统治者这种心理表现更为明显，如汉宣帝时，呼韩邪前来朝拜，萧望之认为“单于非正朔所加，故称敌国，宜待以不臣之礼，位在诸侯王上。外夷稽首称藩，中国让而不臣，此则羁縻之谊，谦亨之福也”[①]，表示对匈奴臣服不寄希望，不将匈奴作为臣服者而作为敌国看待。甚至到汉元帝时，匈奴威胁甚小，且呼韩邪单于已臣服多年，此时呼韩邪单于上书愿保塞上谷以西至敦煌，请罢边备塞吏卒。汉郎中侯应以为不可，因为“周秦以来，匈奴暴桀，寇侵边境，汉兴，尤被其害……北边塞至辽东，外有阴山，东西千余里，草木茂盛，多禽兽……至孝武世，出师征伐，斥夺此地，攘之于幕北。建塞徼，起亭隧，筑外城，设屯戍，以守之，然后边境得用少安……匈奴失阴山之后，过之未尝不哭也。如罢备塞戍卒，示夷狄之大利，不可一也……夫夷狄之情，困则卑顺，强则骄逆，天性然也。前以罢外城，省亭隧，今裁足以候望通烽火而已。古者安不忘危，不可复罢，二也。中国有礼义之教，刑罚之诛，愚民犹尚犯禁，又况单于，能必其众不犯约哉！三也”[②]。可见汉武帝修筑防御工事后，边境只是稍安，但匈奴威胁依然在。汉朝统治者内心防范意识依然存在，故仍时时防范，长城防御从未松懈，如汉宣帝设置西域都护府，治乌垒城（今在新疆巴州轮台县），将长城烽燧建筑向西延伸至库车西北，居延汉简 146. 12 简也有记录“甘露元年”[③]、174. 34 简也有“五凤四年八月尽五年四月吏［伤］兵名及兵伤伤别簿”[④] 等内容，可见这一时期长城仍承担着防御的功能。还有居延汉简记录汉元帝时期长城防御工作，如 145. 19 简“甲渠候官建昭四年六月部候长伐钱□”、

① 班固著，颜师古注：《汉书》卷七十八《萧望之传》，北京：中华书局，1962 年，第 3282 页。

② 班固著，颜师古注：《汉书》卷九十四下《匈奴传下》，北京：中华书局，1962 年，第 3803~3804 页。

③ “中研院”历史语言研究所简牍整理小组编：《居延汉简》（贰），台北：“中研院”历史语言研究所，2015 年，第 112 页。

④ “中研院”历史语言研究所简牍整理小组编：《居延汉简》（贰），台北：“中研院”历史语言研究所，2015 年，第 183 页。

145.34 简“建昭五年三月临木隧邮书课”、145.30+145.37 简有“建昭元年十月旦日迹”和“建昭二年秋射发矢十二中”、190.1A 简有“竟宁元年二月庚子朔壬寅居延令宣□”等内容。[①] 汉成帝时期，居延汉简 146.69 简有“建始四年七月乙亥掾［吉］”[②]、214.132 简有“元延三年六月乙酉朔壬子□□”[③] 等内容。然而这时期长城修筑也只是“足以候望通烽火而已”，多是出于汉人“安不忘危”的心理防御需要。

二、汉长城的修建

西汉初年，特别是“白登之围”后，西汉王朝统治者多沿用秦朝长城进行防御，对长城防御体系多是修缮使用，较少新建防御设施，如高祖二年（前 205）“置陇西、北地、上郡、渭南、河上、中地郡；关外置河南郡……缮治河上塞”[④]，武帝元光五年“发卒万人治雁门阻险”[⑤]，武帝元朔二年“复缮故秦时蒙恬所为塞，因河为固”[⑥]。汉武帝统治时期，主动出击匈奴，取得军事胜利后，才大规模修建长城。汉武帝之后的西汉王朝与西域关系缓和，西汉王朝统治者也仍使用长城进行防御，但不再大规模修建长城，多修缮已有的长城设施。东汉时期统治者多是对西汉长城防御系统修缮使用，也修建一些烽燧，并未进行大规模的修建。所以目前所说汉长城，主要是西汉王朝修筑的长城。

西汉长城的修建主要是在与匈奴的战争胜利后，汉武帝在河西地区修筑的防御工事。《后汉书·西羌传》载：“武帝征伐四夷，开地广境，北却

---

① “中研院”历史语言研究所简牍整理小组编：《居延汉简》（贰），台北：“中研院”历史语言研究所，2015 年，第 110、111、221 页。

② “中研院”历史语言研究所简牍整理小组编：《居延汉简》（贰），台北：“中研院”历史语言研究所，2015 年，第 115 页。

③ “中研院”历史语言研究所简牍整理小组编：《居延汉简》（叁），台北：“中研院”历史语言研究所，2016 年，第 24 页。

④ 司马迁：《史记》卷八《高祖本纪》，北京：中华书局，1959 年，第 369 页。

⑤ 班固著，颜师古注：《汉书》卷六《武帝纪》，北京：中华书局，1962 年，第 164 页。

⑥ 司马迁：《史记》卷一百十《匈奴列传》，北京：中华书局，1959 年，第 2906 页。

匈奴，西逐诸羌，乃度河、湟，筑令居塞；初开河西，列置四郡，通道玉门，隔绝羌胡，使南北不得交关。于是障塞亭燧出长城外数千里……始置护羌校尉，持节统领焉。羌乃去湟中，依西海、盐池左右。汉遂因山为塞，河西地空，稍徙人以实之。"[①] 目前对汉河西长城的修筑过程有四段论和五段论之分[②]，但二者只是描述的范围不同而已，修建事实是一致的。又因为史载中有大量置郡、置田的记录，然而只设郡县而无防或置田而无保护是不可能的，故笔者同意白音查干先生观点即在设郡的同时建有防御措施。[③] 元鼎六年[④]初置张掖、酒泉，开始修筑东起令居、西至酒泉的防御工程。到元封元年至元封三年"酒泉列亭障至玉门"[⑤]。元封四年（前107）、五年置敦煌郡，开始开辟令居以西至盐泽地区，筑酒泉塞。[⑥] 太初三年（前102）"自贰师将军伐大宛之后……自敦煌西至盐泽，往往起亭"[⑦]，即修建了东起敦煌、西至盐泽（今罗布泊）的长城。太初三年在酒泉、张掖北的居延泽、休屠泽筑塞设防。天汉初筑敦煌以西之烽燧线。[⑧] 昭帝元凤六年（前75），"募郡国徒筑辽东玄菟城"[⑨]，约是今东北地区南

① 范晔撰，李贤等注：《后汉书》卷八十七《西羌传》，北京：中华书局，1965年，第2876~2877页。

② 黄永美、徐卫民：《汉长城研究综述》，《中国史研究动态》，2012年第5期。

③ 白音查干：《长城与汉匈关系》，《内蒙古师大学报（哲学社会科学版）》，1998年第6期。

④ 河西四郡的修建时间参考陈梦家：《河西四郡的设置年代》，见陈梦家：《汉简缀述》，北京：中华书局，1980年，第179~190页；张荣芳、王川：《西汉长城的修缮及其意义》，中国长城学会编：《长城国际学术研讨会论文集》，长春：吉林人民出版社，1995年，第105~108页；王昱、崔永红：《令居塞建立时间考辨》，《青海社会科学》，1987年第4期。

⑤ 班固著，颜师古注：《汉书》卷六十一《张骞李广利传》，北京：中华书局，1962年，第2695页。

⑥ 吴礽骧：《河西的汉代长城》，《文博》，1991年第1期；甘肃省文物考古研究所、吴礽骧：《河西汉塞调查与研究》，北京：文物出版社，2005年，第17页。

⑦ 班固著，颜师古注：《汉书》卷九十六上《西域传上》，北京：中华书局，1962年，第3873页。

⑧ 吴礽骧：《河西的汉代长城》，《文博》，1991年第1期；甘肃省文物考古研究所、吴礽骧：《河西汉塞调查与研究》，北京：文物出版社，2005年，第17页。

⑨ 班固著，颜师古注：《汉书》卷七《昭帝纪》，北京：中华书局，1962年，第232页。

部及朝鲜北部清水江（汉时称为浿水）出海处的番汗（今在朝鲜平安北道博山郡）附近。[①] 宣帝神爵三年（前59），置西域都护护北道，徙屯田，田于北胥鞬（今新疆鄯善县一带）[②]，治乌垒城，距离阳关二千七百三十八里，与渠犁（今在新疆库尔勒）田官相近，楼兰（今在新疆若羌县）至渠犁的一系列烽燧亭障组成的长城建成。[③]

三、汉长城防御体系

汉长城在汉初修缮的基础上，汉武帝统治时期大规模修建，且此后不断地完善和维护，所以汉长城是在继承前代长城基础上完善和发展的，如汉代沿用的战国赵长城，在北魏时继续沿用。[④] 又如在河西长城永昌县的河西堡东南、头墩西北5.5公里的明代边墙线上，发现一座烽燧遗址，根据遗址的结构、形制，及残留的大量遗迹等判断，“此墩台应始建于汉代，历经五凉、唐代，至明、清仍在使用”[⑤]。从目前研究的情况可知汉长城防御体系是以墙体为主体，以烽燧、障城、堑壕、山险、河险、天田、虎落（栅栏）、水门等为辅助设施的防御体系，是多项防御工事紧密结合的体系。

其中汉长城墙体的规格并未统一，如郎中侯应总结“起塞以来百有余年，非皆以土垣也，或因山岩石，木柴僵落，溪谷水门，稍稍平之，卒徒

① 张荣芳、王川：《西汉长城的修缮及其意义》，中国长城学会编：《长城国际学术研讨会论文集》，长春：吉林人民出版社，1995年，第108页。

② 班固著，颜师古注：《汉书》卷九十六上《西域传上》，北京：中华书局，1962年，第3874页。

③ 除了《史记》《汉书》文献资料，还参考白音查干：《长城与汉匈关系》，《内蒙古师大学报（哲学社会科学版）》，1998年第6期；吴礽骧：《河西的汉代长城》，《文博》，1991年第1期；甘肃省文物考古研究所、吴礽骧：《河西汉塞调查与研究》，北京：文物出版社，2005年，第17页。

④ 参考邓宏伟、张海斌：《包头境内的战国秦汉长城与古城》，《内蒙古文物考古》，2000年第1期；景爱：《长城》，北京：学苑出版社，2008年，第204页。

⑤ 甘肃省文物考古研究所、吴礽骧：《河西汉塞调查与研究》，北京：文物出版社，2005年，第33页。

筑治”[①]，即墙体除了以夯土为墙，还采用其他方式如石块垒砌的墙体、石块与夯土二者兼有即内夯土外包石头式的夹心墙体，还有编草、黄土、砂砾层叠夯筑而成的各种夹心墙体。总而言之，就地取材、因地制宜利用材料和自然优势构筑长城墙体，既节省了修筑原材料的运输费用，又提高了修筑效率。夯筑所用土质有红胶土、白泥土、黑泥土、黄砂土、黄砂石土等几种，有的纯土夯筑，有的掺有砂砾，以就近取材为主，对土质的选择也并不一致。汉长城墙体或沿河岸延伸，或位于山脊，或位于山腰，或依于山根，或在沙漠之中，并没有统一定制。

而且在墙体附近都会发现瓦片，如河北丰宁境内的老虎沟汉长城及附近烽燧采集到绳纹、弦纹灰陶碎片。[②] 因明长城墙体上发现“在女墙之旁设排水沟，然后通过排水孔将水排出墙外”[③]，又在墙体周围发现大量瓦当，推测可能在汉长城墙体两侧使用瓦当排水，或其上建有使用瓦当的建筑。因烽燧守望士卒除了站在烽燧台上瞭望观察，还要每天巡视墙体外天田的情况，还要沿着长城墙体巡逻。按照墙体现在残留的高度看，在墙体内巡逻观察角度似乎不够，很有可能是在墙体上巡逻，为了巡逻或执行任务的戍卒安全，“在长城墙体的顶部，内外两侧都筑有矮墙，用以保护在城墙上执行军事任务的士兵，防止他们不慎跌下墙来……女墙上方的缺口，系用于观察敌情而设……还留有比较大的孔洞，便于射击敌人和施放滚木礌石”[④]。这种矮墙在明长城墙体上保存较好，因汉长城坍塌严重，墙体顶部详情已不可知。此外，还有为方便登攀长城而修筑的梯道，“一般设置在高山的长城处。如高阙塞北的小黄山长城，从山下至山顶在长城内侧修了宽 3.6 米的台级，是为登攀长城而用的”[⑤]。

汉长城中的烽燧又称亭燧、烽台、烽火台，其分布情况大致可分为

---

① 班固著，颜师古注：《汉书》卷九十四下《匈奴传下》，北京：中华书局，1962 年，第 3804 页。

② 张汉英：《河北丰宁境内的古长城和金代界壕》，《文物春秋》，1993 年第 1 期。

③ 景爱：《长城》，北京：学苑出版社，2008 年，第 65 页。

④ 景爱：《长城》，北京：学苑出版社，2008 年，第 58~60 页。

⑤ 罗庆康：《简析阴山长城筑造的特点》，《益阳师专学报》，1989 年第 1 期。

两种：一是分布在长城墙体内侧附近，依靠墙体的保护观察瞭望、传递消息；二是完全没有长城墙体，只有烽燧，即每隔一定距离修筑烽燧连成烽燧线来观察、瞭望，传递消息。烽燧分布范围非常广泛，除了西汉长城河西段西部均为无墙体的烽燧线，其他省内汉长城墙体附近也建有烽燧，没有墙体的山险地段也筑有烽燧线。关于烽燧的分布位置，靠近墙体的烽燧距长城墙体近的有 30~150 米，远的有 1 公里左右；没有墙体只有列燧的烽燧，或沿山而筑，或位于山巅之上，或在河两岸的矮山岗上，因地理情况而定，总之以所处位置便于瞭望为准。烽燧设置主要是方便戍卒瞭望观察，目前研究发现西汉烽燧一般由墩台望楼、套间小屋、厕所畜圈等组成，多方形，底边长 5~8 米，高数米，收分明显，平顶，上建有小屋即望楼，望楼周围筑女墙，高 1.5 米左右，厚约 80 厘米，女墙顶无雉堞或望孔等设施，借助墩台侧面砌筑阶梯上下墩台，或凭借软梯、脚窝。① 望楼内一般还有放置烽燧传递信号的设备，甲渠塞第四燧遗址“西南角有一灶膛，上方发现烟囱，可能是发布信号升‘烟’的装置”②。

从调查情况看，烽燧一般建在高处，站在烽燧上保证其前和其后烽燧在戍卒视野范围内，若有弯路或河流拐角出现的地方，烽燧设置则必须保证弯路和拐角在烽燧戍卒可视范围内。如调查承德汉烽燧发现：“其一，较少建于高山巅峰，多建于临近河流的黄土丘陵上，沿河流走向设置；其二，河流交汇处的三角地带分布密集；其三，重要交通路口、关口，往往设置两个并立的烽燧，一般相距 30~50 米；其四，烽燧之间多有古代道路遗迹。”③ 烽燧不一定都在高山巅峰上，只要高度足够观察来敌情况即可，而且要照顾到戍卒的日常生活，即要有足够的水源补给或提供便利

---

① 参考陈菁：《两汉时期河西地区烽燧亭障规划营建刍议》，《甘肃社会科学》，2006 年第 2 期。

② 甘肃居延考古队：《居延汉代遗址的发掘和新出土的简册文物》，甘肃文物工作队、甘肃省博物馆编：《汉简研究文集》，兰州：甘肃人民出版社，1984 年，第 476~498 页。

③ 田淑华、赵晓光、王月华：《承德地区汉代长城与烽燧调查》，《文物春秋》，2006 年第 3 期。

取水才行。而沿河流走向设置烽燧，既解决了水源问题，同时又便于侦察河流情况，防止敌人沿河而下发起攻击。汉长城烽燧之间的距离通常在 0.5~2 公里之间，要保证相邻烽燧上的戍卒能够观察到烟火蓬表等传递消息的工具，距离不能太远，否则不利于观察；然五里一小墩、十里一大墩的间距也是存在的，有可能与这些烽燧所选位置地形比较开阔，或者在高山之巅有关，否则平视五里确实也不易。①

汉长城中的坞，“汉代烽燧之外，咸有围墙，即所谓坞者”②，即在墩台旁或附近设置的围墙。最近的是烽燧墩台侧面与坞墙相接，如敦煌马圈湾汉代烽燧东侧就紧连着坞，“坞墙与烽燧的东壁和南壁相连。坞墙夯筑，北墙长 6.02 米，东墙长 11.10 米，南墙长 8.70 米，残高 0.84 米。坞门西开，宽 0.76 米，有双重门。坞内建筑，有过道和套房三间……坞南墙外东侧为厕所……有晚期以苇篱墙围成的牲畜圈”③。坞即小障也，在障或燧的附近通常有坞的存在。一般都呈方形，四周环以较厚的墙垣，仅设一坞门出入，双重结构。坞内有数量不等的房屋，可供吏卒居住。还装有各种防御设施，如转射、射墩、深目、望火头、尖木桩、非常屋、回门等。西汉修筑的坞大多为平房，面积不大，坞墙高度为 3 米左右。④ 一般坞内要有数间套房，房间内或置土炕，或置灶台，为戍卒生活起居之用，或放置杂务；同时坞墙外建厕所、牲畜圈、垃圾厂等。坞内戍卒比烽燧戍卒多，又距离烽燧最近，能更好地保证附近烽燧的安全，在烽燧被袭击时可以及时援助。根据汉简记录，坞有时还作为信号传递的场所，如居延汉简 28.1 简“阳朔三年十二月壬辰朔癸巳第十七候长庆敢言之官移府举书曰十一月

---

① 参考黄永美：《西汉长城若干问题研究》，西北大学博士学位论文，2013 年。

② 劳榦：《居延汉简·居延汉简考证》，台北：“中研院”历史语言研究所，1997 年，第 42 页。

③ 敦煌马圈湾坞的情况参考甘肃省博物馆、敦煌县文化馆：《敦煌马圈湾汉代烽燧遗址发掘简报》，甘肃文物工作队、甘肃省博物馆编：《汉简研究文集》，兰州：甘肃人民出版社，1984 年，第 501~504 页。

④ 参考黄今言：《汉代西北边塞的“坞”》，《江西师范大学学报（哲学社会科学版）》，2012 年第 2 期；初师宾：《汉边塞守御器备考略》，甘肃文物工作队、甘肃省博物馆编：《汉简研究文集》，兰州：甘肃人民出版社，1984 年，第 142~222 页。

丙寅渠鉼庭隧以日出举坞上一表一通下餔五分通府=去鉼庭隧百五十二里二［百］"[①]，"出坞上苣火一通（39.20）"[②]。

汉长城中的"障""城障""障城"指的是同一种防御设施。《汉书·李陵传》中颜师古注："障者，塞上险要之处，往往修筑，别置候望之人，所以自鄣蔽而伺敌也。"[③]《史记·匈奴列传》注释中引顾胤云："障，山中小城。"[④] 因此，障又可以释为"小城""城"，文献中常常"城障"连用。又因为《汉书·武帝纪》中有师古注："汉制，每塞要处别筑为城，置人镇守，谓之候城，此即障也。"[⑤] 候望的长官"候"负责管理百里长一段边塞，一般驻守在障中，故障又称候城。[⑥] 城、障、坞之所以使用不同的称谓，是因其有不同之处，如陈梦家谓：城者，长方形围墙，版筑，面积皆在130×130米以上；障者，指100×100米以内的正方形围墙；坞，小障也，凡包围于亭障的方形或长方形墙垣，统名为坞。[⑦] 可见城、障、坞的名称受规模大小的影响，因障、坞所处地理环境乃险要之地，不比内地地势开阔，故规模受限。

障一般是部都尉或候的治所。[⑧] 都尉大多居住在城内，障、障城居住的多是候。显然城、障、坞居住者身份有别，具体规模大小又受身份的尊卑影响，坞一般居住的是戍卒，故规模最小，城规模最大，障次之。但目前调查显示也有坞的规模大于障的，如居延塞甲渠候官衙称作甲渠候官，"长官所居的障城，只有23.3×23.3米，而其南部与之相连的坞，为47.5×

---

① "中研院"历史语言研究所简牍整理小组编：《居延汉简》（壹），台北："中研院"历史语言研究所，2014年，第87页。

② 谢桂华、李均明、朱国炤：《居延汉简释文合校》，北京：文物出版社，1987年，第67页。

③ 班固著，颜师古注：《汉书》卷五十四《李广苏建传》，北京：中华书局，1962年，第2452页。

④ 司马迁：《史记》卷一百十《匈奴列传》，北京：中华书局，1959年，第2916页。

⑤ 班固著，颜师古注：《汉书》卷六《武帝本纪》，北京：中华书局，1962年，第202页。

⑥ 许树安：《从历史文献看汉代的烽燧制度和候望系统》，《文献》，1982年第2期。

⑦ 陈梦家：《汉简缀述》，北京：中华书局，1980年，第5~6页。

⑧ 参考吴礽骧：《河西的汉代长城》，《文博》，1991年第1期。

47.5米……障墙厚4~4.5米，残高4.6米，原高应在5米以上；坞墙厚1.8~2米，残高0.9米”[①]。但如果仍要显示出障、坞在等级上的差别，除了规模，还可以在其他方面来显示。如上述甲渠候官的坞规模比障大一些，但“坞墙低小，这与都尉居住的城、塞候居住的障，有明显的区别”[②]。

障城首先也是城，筑有城墙式的墙体、城门、内置居住使用的房屋等，还设有登城的登城道，同时出于防御需要障城四角还建有类似马面的建筑，个别的障城还修建瓮城、城壕、敌楼和紧连的坞。[③] 障城城门一般是一个，且不正对障内开设，而是要曲折迂回进去，避免敌人攻进障城时直接进入障内，曲折的设计可以给障内戍卒留有作战或撤退的余地。设有瓮城的障城则又多了一层保护，留给戍卒缓冲时间就更多。障城均位于地势险要之处，处于易守难攻之地，或视野开阔的高地，或大山之下或山腰或山顶，或河流交汇之处，或沟谷平原地带，或地理位置重要的交通要道。因候管辖的范围一般约为百里，故障城通常是百里间隔。然而在塞上险要之处建筑城障又是防御需要，因此百里并非定制，还要依地形而定。

在长城防御系统中关、关城扮演着重要角色。长城的修建本意是防御侵扰，但不是隔绝与长城内外的联系，这就需要留有通道。故为了不影响长城发挥作用，便在长城墙体豁口处留有可以关闭的城门，而且出于安全需要，又不只留有城门，还修筑一座具有各种军防设施的“城堡”，这种城堡被称作关或关城。[④] 关、关城有关门，关门之上建楼，称为斗楼，或关楼。[⑤]

以肩水金关为例，“(关城) 主体建筑关门，是两座对峙如阙的长方形夯土楼橹，各方6.5×5米，残壁最高处1.12、最厚处1.2米，收分很不明显，基部砌一层大土坯（49×24×14厘米）。楼橹中间的门道宽5米。……

---

① 景爱：《长城》，北京：学苑出版社，2008年，第85~86页。

② 景爱：《长城》，北京：学苑出版社，2008年，第86页。

③ 参考黄永美：《西汉长城若干问题研究》，西北大学博士学位论文，2013年。

④ 参考景爱：《长城》，北京：学苑出版社，2008年，第44页。

⑤ 彭年：《汉代的关、关市和关禁制度》，《四川师范大学学报（社会科学版）》，1987年第4期。

门道两侧壁脚，各残存四根半嵌在墙内的方、圆形排叉柱，下垫石块，最粗的方柱每边 21 厘米，据以上迹象，可推知立柱顶部即门道上面，曾有过桥或门楼等建筑。……楼橹外两侧向北筑的关墙都是土坯的……关门内外和阙柱外侧，也发现与破城子相似的虎落尖桩……排列呈正方形，有的桩埋在方形坑中；有的在下部刻一缺槽，再横贯一根短木。关于塞墙……发现戈壁层上的墙基宽 2.8 米，高出两侧地面 15~20 厘米。墙体残高 1.3、厚 1.6~1.8 米，结构较松软，其中的草末、砂砾略成水平状”[①]。关城并不是孤立存在的，关门内西南侧建有坞，坞西南角建有烽台和方堡，方堡内有住室、灶屋、仓库、院落。可见，关城如果发现有敌情或其他情况，可及时利用烽燧传递消息；障或坞内提供房屋若干以供居住、贮藏粮草、存放器物等，提供足够的关城戍卒所需生活物资和兵力保障，在有敌情时能及时支援。

此外，在关门和坞四周建有虎落尖桩，“汉之虎落，实即先秦之柴薄、藩篱。所谓虎落、强落，乃言其坚固有力，可阻拦临近攻城，是城防外围一道简易工事障碍物，后世发展为‘羊马墙’……虎落实例，即金关遗址坞堠西北、北侧的柳枝编篱笆墙，先于地面挖出窄沟槽，内植两排较粗的柳棒，再用细柳枝横向加以编篡。遗存现露出地面 10 厘米不等，外表原可能涂泥，以防火焚”[②]。尖桩实例在金关、甲渠候官及第四燧基脚周围有发现，“多为四行，行、株距离均为 60~70 厘米，呈三角或方形布局。每株上端多砍削成三棱锐尖，垂直埋筑地下，在建筑物周围形成一道宽三米的‘保护带’，可防止近攻，扎伤人马，阻挠对工事的破坏”[③]。虎落也有用于埋伏的，如 1974 年发掘甲渠候官遗址时“在坞四周三米以内地面，发现埋没四排尖木桩。其完整者高 33 厘米，间距约

---

① 甘肃居延考古队：《居延汉代遗址的发掘和新出土的简册文物》，甘肃文物工作队、甘肃省博物馆编：《汉简研究文集》，兰州：甘肃人民出版社，1984 年，第 484~485 页。

② 初师宾：《汉边塞守御器备考略》，甘肃文物工作队、甘肃省博物馆编：《汉简研究文集》，兰州：甘肃人民出版社，1984 年，第 198 页。

③ 初师宾：《汉边塞守御器备考略》，甘肃文物工作队、甘肃省博物馆编：《汉简研究文集》，兰州：甘肃人民出版社，1984 年，第 198 页。

70 厘米，作三角形的行列，这就是所说的强落。强落之上埋以沙土，然后画作符号，即所谓天田”①。上述虎落埋伏之物并未高出地面，而且上面还设有天田掩盖，可见虎落也并非只有一种形式。

汉长城中的堑壕或称壕堑，就是在地上挖掘深沟，以宽阔的壕沟来阻挡敌人前进，与壕沟相似。壕堑便是壕沟的再发展，挖掘壕堑时取出的土，堆在壕的两侧，形成低矮的土垄，这种土垄可以使壕堑变深，著名的考古学家李文信称之为壕壁。② 堑壕（壕堑）除了作为长城墙体和障、城的配套防御设施，也有作为主要防御设施的，“主要分布在干旱的沙漠草原地区，这是有原因的。由于地质构造原因，这一地区多沙少土（只有个别地方例外），多沙的土质比较松散，缺乏粘性（团聚力），难以夯打成型……因地制宜，只能挖掘壕堑为防”③。从甘肃永登到酒泉的令居塞，永登县、天祝县、山丹县、临泽县、高台县、酒泉境内的汉塞以堑壕为主，永昌县境内东段遗迹消失，不甚明了，推测仍为堑壕，但已在明代夯筑边墙时被改造了，武威市境内从其东段和西段的结构推测，当为堑壕。堑壕分布范围广泛，河谷阶地、地势平缓地区甚至平地、山麓、山腰、山前冲积扇等多种地段均可挖掘。且不同地段堑壕还略有不同，如山腰延伸的堑壕采用上坡掘壕、下坡堆垄的形式，因为若两侧堆垄，上坡垄土易坍塌填入壕内，从而影响堑壕深度。

汉长城中还设置天田。天田是把长城墙体和关口外侧地面上的杂草、树丛铲去，把地表整平，然后直接锄治或在地面上铺设呈带状的细沙或细土而成。目的是留存过往天田者尤其是外来入侵者的足迹，以便侦察，从而判断敌情并及时采取御敌措施。④ 汉简中也多见“天田”记载，如居延

---

① 傅振伦：《东汉建武塞上烽火品约考释》，《考古与文物》，1980 年第 2 期。

② 景爱：《长城》，北京：学苑出版社，2008 年，第 23 页。

③ 景爱：《长城》，北京：学苑出版社，2008 年，第 24 页。

④ 参考侯丕勋：《“天田”义源及具体制度——简牍研究的一点初步想法》，《西北师大学报（社会科学版）》，1996 年第 1 期；刘光华：《西汉西北边塞》，《西北民族大学学报（哲学社会科学版）》，2005 年第 1 期；汪桂海：《简牍所见汉代边塞徼巡制度》，《中国边疆史地研究》，2006 年第 3 期。

汉简214.67简“□望明画天田□”[①]、54.14简“丁卯日迹［尽］□毋越塞出入迹”[②]。

巡察天田也是戍卒每日必须做的工作，而且要求将巡察天田的情况做出日迹簿向上呈报。巡察天田后无论是记录、传递消息还是追赶亡人，其后均要对天田进行画治，即用木杖等工具消除人马足迹，恢复平沙样子，便于明日再来巡察，或发现杂草生长，也应及时除掉。画治天田，一般烽燧戍卒巡察后便可自己解决，但如果有军事冲突或人马过多破坏严重时，一个戍卒不能在规定时间内解决画治，就需要安排更多的人来完成这项工作。汉简中就有多人共同参与画治的记录，如“若干人画天田，率人画若干里，若干步”（流沙坠简八）、“六人画沙中天田六百里，率人画三百步”（流沙坠简九）。[③] 天田以平整地面覆盖沙土或细土为主，然在山麓、山腰、河谷地带的长城墙体或关口外不易设置天田，天田并不是与长城墙体或关口完全配套的设施，只选择在易有敌情的长城墙体或关口处设置，一般呈长条形。[④]

总之，汉长城不断完善，形成了环环相扣的防御系统，以墙体为主体设施，在其内外增强防御。汉长城整套系统基本上是由外向内依次为天田→堑壕→虎落→墙体→关城→烽燧→坞→障，重重警戒、设防，相互配合，共同作用。

第二节　外御内防：西汉长城的功能

基于防御观念和无法完全摆脱匈奴等部落侵扰的现实，汉朝廷依靠长

① “中研院”历史语言研究所简牍整理小组编：《居延汉简》（叁），台北：“中研院”历史语言研究所，2016年，第19页。

② “中研院”历史语言研究所简牍整理小组编：《居延汉简》（壹），台北：“中研院”历史语言研究所，2014年，第173页。

③ 陈直：《居延汉简研究》，天津：天津古籍出版社，1986年，第53页。

④ 参考侯丕勋：《“天田”义源及具体制度——简牍研究的一点初步想法》，《西北师大学报（社会科学版）》，1996年第1期。

城防御，而且逐渐扩大长城规模，形成以墙体为主体，以天田、堑壕、虎落、关城、水门、烽燧、坞、障城、山险、水险等为辅助的长城防御体系，并且以墙体为坐标，由外到内是天田—堑壕—虎落—墙体—关城—烽燧—坞—障城等重重警戒设防的防御关系链，在防御关系链中各防御设施相互依托、相互作用，防御匈奴等部落不定时的侵扰。不过，坚固高耸的长城墙体不只是阻挡了长城外人员的非法进入，还限制了长城内人员的任意外出。

一、汉长城的外防功能

汉长城以墙体为主，位置无论是山腰、山顶、河岸还是平原，均以对外防御即外防为主。建在山顶或山麓的则是在最高处阻止敌人通过。除了在山顶或山腰修筑长城墙体，在既有河流又有山川之地，为保护河流也会修筑墙体，即将河流规划在长城内侧，在河流北岸或西岸建筑防御工事，还利用墙体高度和坚固度进行防御。墙体高度，现保存较好的夯土墙顶宽最宽 3 米、最高 4 米；石砌墙顶宽 2.5~3 米、高 5~6 米。由此可见当时墙体高度至少在 6 米以上，而顶宽至少 3 米以上。① 如此高度、宽度对于马匹来说是不易跨越的。

有的地段也直接利用天然屏障水险、山险甚至沙漠来代替长城墙体进行防御，如张掖以北的龙首山主峰——东大山，山上无汉代堑壕，仅利用此山峰来防御；还有敦煌以北之哈拉湖等沼泽地带，塞墙止于泽边；还有金关遗址以北至内蒙古额济纳旗布肯托尼段，以巴丹吉林沙漠为屏障，仅筑烽燧线为塞防。② 也有的是对天然屏障稍加修整再使用，如一般在两个山头之间的坳口处垒石以连接两个山头。③

总之，汉长城防御关系链中有警戒系统如天田、烽燧进行日夜戒备，一有敌情便可及时上报或组织抵御，这样在时机上就占据了优势。堑壕

---

① 参考黄永美：《西汉长城若干问题研究》，西北大学博士学位论文，2013 年。
② 参考吴礽骧：《河西的汉代长城》，《文博》，1991 年第 1 期。
③ 参考罗庆康：《简析阴山长城筑造的特点》，《益阳师专学报》，1989 年第 1 期。

则是在坚固的墙体外又设置了一道不可能轻易逾越的宽沟，形成敌人袭击时第一道防线。虎落的尖桩或陷阱设置则可以有效阻止敌人靠近墙体，是第二道防线。而每道障碍都为墙体内侧烽燧报警传信、上级派员增援争取了时间。在敌人靠近主体防线墙体或交通要道关、关城时已受到两次打击，士气和实力都有所减弱，而坚固的墙体和防御设施齐全的关城是第三道防线。同时墙体内侧烽燧戍卒也可以进入到墙体障碍区作战，又能参与保护烽燧的战争，其旁又多有坞，组成第四道防线。距离烽燧较近的障城和坞，比烽燧规模大，戍卒和武器弹药也多，组成第五道防线。这五道防线以第三道为主，当敌人迫近第一道或第二道防线时，戍卒均在墙体掩护下作战，或在关城上进行作战，不出关，也不越过墙体与来袭的敌人在第一道第二道防线地区作战。如果敌人攻过关城或墙体，则可以在第四和第五道防线区依次进行作战。因为烽燧上配备有作战器械，其邻旁的坞内也有戍卒和器械，不能直接丢弃第四道防线而退缩。

汉长城外防功能的实现，除了利用汉长城坚固的建筑本身，还依赖于长城防御戍卒。因此，这一时期影响长城防御效果的因素有两个：一是长城防御体系本身设置是否完备，二是戍边的士卒是否积极利用长城防御体系，使之发挥效果，而且戍卒是长城能否发挥功能的关键。从现今的调查情况看，在边防地区无论是高山大川，还是沙漠沼泽，汉政府均设置有相应的长城防御工事。为保证长城功能有效地发挥，汉政府制定了规范的守御制度，并对戍边士卒进行严格管理。首先是官员设置，以西汉时期为例，在郡太守下设了四个层次的管理机构对边塞进行管理，分别是都尉府、候官、部、烽燧。上述四个机构除了最高长官，还有配套的下属，如都尉丞、千人、司马、候丞等人员，既有各自的横向机构，又有纵向的层层管理。① 其次是加强每一个边塞戍卒的管理。第一，加强户籍管理。汉

①　四个机构官员设置情况参考：陈梦家：《汉简所见居延边塞与防御组织》，参见陈梦家：《汉简缀述》，北京：中华书局，1980 年，第 37～70 页；陈梦家：《汉简所见居延边塞与防御组织》，《考古学报》，1964 年第 1 期；许树安：《从历史文献看汉代的烽燧制度和候望系统》，《文献》，1982 年第 2 期；马曼丽：《从汉简看汉代西北边塞守御制度》，《中国边疆史地研究》，1992 年第 1 期。

简中有大量关于戍卒的名籍记录，如居延汉简有“万岁部建平五年五月吏卒粟名籍”“元康元年九月吏卒名籍”“甲渠候官建始二年正月鄣卒名籍”。[①] 而且各烽燧每月都要编制戍卒名籍向上级呈报，以便及时了解戍卒的增、减、亡等情况。第二，加强日常管理。边塞各隧每月上报一次戍卒日迹簿，要求标明隧名、该月承担任务的戍卒姓名、承担任务的详细时间等，对未承担本隧该月任务的戍卒姓名及其从事的具体工作予以说明，呈报给上级，上级同样制作戍吏日迹簿向更高一级呈报。这样便于政府掌握戍卒情况，及时发现戍卒动向。第三，加强奖惩力度。政府将日迹簿与吏卒的功劳相连，以此作为惩罚或奖励的依据。奖励和惩罚分明也督促戍卒尽职尽责工作。

汉政府以系统防御体系建筑本身为前提，以强有效的管理保证吏卒恪尽职守，积极利用长城御敌。以西汉王朝为例，昭宣时期长城外防功能尤为明显。因为昭宣二帝有感于汉武帝南征北战致使国库亏空，致力于完善边塞守御制度，这对抵御匈奴式的侵犯颇为有效。[②] 文献记载汉昭帝时期，“汉边郡烽火候望精明，匈奴为边寇者少利，希复犯塞”[③]，正是因为防范功能有效，在呼韩邪单于上书元帝请求汉罢边塞吏卒时，元帝才会有所犹豫而令有司议，而且此次议论也可见长城外防效果明显，因为郎中侯应有言“至孝武世，出师征伐，斥夺此地，攘之于幕北。建塞徼，起亭隧，筑外城，设屯戍，以守之，然后边境得用少安……十年之外，百岁之内，卒有它变，障塞破坏，亭隧灭绝，当更发屯缮治，累世之功不可卒复”[④]。汉简中亦有所反映，烽燧戍卒日迹簿中多见“毋人马兰越塞天田出入迹”记

① 参考王威海：《中国户籍制度——历史与政治的分析》，上海：上海文化出版社，2006 年，第 58~59 页；张荣强：《汉唐籍帐制度研究》，北京：商务印书馆，2010 年，第 91~100 页。

② 参考马曼丽：《从汉简看汉代西北边塞守御制度》，《中国边疆史地研究》，1992 年第 1 期。

③ 班固著，颜师古注：《汉书》卷九十四上《匈奴传上》，北京：中华书局，1962 年，第 3784 页。

④ 班固著，颜师古注：《汉书》卷九十四下《匈奴传下》，北京：中华书局，1962 年，第 3803~3804 页。

录。还有“卒郭铃乙酉迹尽甲午积十日　卒董圣乙未迹尽甲辰积十日　卒郭赐之乙巳迹尽癸未积九日　凡迹廿九日毋人马兰越塞天田出入迹（18：8）”“☑候长充　六月甲子尽癸巳积卅日日迹从第四隧南界北尽第九隧北界毋越塞兰出入天田迹（6·7）”“吞远候史李赦之　三月辛亥迹尽丁丑积廿七日从万年隧北界南尽次吞隧南界毋人马兰越塞天田出入迹　三月戊寅送府君至卅井县索关因送御史李卿居　延尽庚辰积三日不迹（206·2）”等记载。[1]

但匈奴侵扰只是减少，并非断绝，如《汉书·匈奴传》载：“乌桓与匈奴无状黠民共为寇入塞，譬如中国有盗贼耳！”[2] 又如汉简中载有备战情况，“●范君上月廿一日过当曲言窦昭公到高平还道不通●天子将兵在天水闻羌胡欲击河以西　今张掖发兵屯诸山谷麦熟石千二百帛万二千牛有贾马如故七月中恐急匆匆吏民未安（E. P. F22：325A）”[3]。还有检查天田的戍卒被掳情况，如“收降候长赏候史充国　四月乙巳日迹积一日毋越塞兰渡天田出入迹　乃丙午日出一干时虏可廿余骑萃出块沙中略得迹卒赵盖众　丁未日迹尽甲戌积廿八日毋越塞兰渡天田出入迹（E. P. T58：17）”[4]。还有“●匈奴人即持兵刃攻亭吏拔剑助卒闭户重关下戊（2000ES9SF3：3）”“建武四年九月戊子从史闳敢言之行道以月十日到橐他候官遇橐他守尉冯承言今月二日胡虏入酒泉□□☑（2000ES9SF3：4A）”“入肩水塞略得焦凤牛十余头羌女子一人将西渡河虏四骑止都仓西放马六十余骑止金关西月九日=蚤食时……☑（2000ES9SF3：4B）”“恐为胡虏所围守闳即夜与居延以合从王常俱还到广地胡池亭止虏从靡随河水草北行虏□……☑（2000ES9SF3：4D）”“163.4·匈奴人入塞候尉吏以檄言匈奴人入犯人数都

① 谢桂华、李均明、朱国炤：《居延汉简释文合校》，北京：文物出版社，1987年，第28、9、319页。

② 班固著，颜师古注：《汉书》卷九十四下《匈奴传下》，北京：中华书局，1962年，第3827页。

③ 甘肃省文物考古研究所、甘肃省博物馆、文化部古文献研究室、中国社会科学院历史研究所：《居延新简：甲渠候官与第四燧》，北京：文物出版社，1990年，第498页。

④ 甘肃省文物考古研究所、甘肃省博物馆、文化部古文献研究室、中国社会科学院历史研究所：《居延新简：甲渠候官与第四燧》，北京：文物出版社，1990年，第350页。

尉”等记录了匈奴等部族的侵扰掠夺情况。[①] 类似这种匈奴人犯边、兵刃相见、“略得吏士”、“燔烧亭燧”、“毁坏障坞”等情况，不胜枚举。[②] 还有虽未行动，但动机明显的情况，如汉简有“未央候史包燧长畸等疑虏有大众欲并入为寇”故禀报上级等内容，于是因为匈奴有攻击的预兆，居延都尉府便下令戒严，并下令将此令由广田燧传到各燧。[③]

二、汉长城的内防功能

汉长城防御工事本身不但有效地阻挡了长城外的侵扰，也遏制了长城内人员的任意外出。据文献记载，汉朝政府对亡人问题十分重视，故有意地利用长城限制亡人。所谓亡人，“是当时对内地逃往匈奴居地的民人的通行称谓。居延汉简中的相关资料，告诉我们‘亡人越塞’现象曾经相当普遍。于是汉文帝致匈奴单于外交文书中肯定对方‘亡人不足以益众广地’的认识”[④]。因为当时确实存在大量亡人，而且有不断增加的诱因。又“始皇帝在黄河流域修筑了四十四座县城，并且设置了屯田兵。当然，这里也包含着防止游牧狩猎民族入掠的用意，但与其这样说还不如认为这样做乃是为了防止中原北方农民的向北逃亡”[⑤]。所以当时汉长城不仅具有外防功能，同时兼具内防功能。

以西汉政府为例，当时面对亡出规模的加剧，特别是边人的亡出，政府一方面做出让步，对亡人释放，如孝文帝遣使遗匈奴书：“今闻渫恶民贪降其趋，背义绝约，忘万民之命，离两主之欢，然其事已在前

---

① 额济纳汉简研读班：《额济纳汉简释文校正》，孙家洲主编：《额济纳汉简释文校本》，北京：文物出版社，2007 年，第 77、78 页；“中研院”历史语言研究所简牍整理小组编：《居延汉简》（贰），台北：“中研院”历史语言研究所，2015 年，第 159 页。

② 侯宗辉：《汉简所见河西边郡“盗贼”考论》，《敦煌研究》，2012 年第 4 期。

③ 参考大庭脩著，徐世虹译：《汉简研究》，桂林：广西师范大学出版社，2001 年，第 201～202 页。

④ 王子今：《汉简河西社会史料研究》，北京：商务印书馆，2017 年，第 10 页。

⑤ 泽田勳著，王庆宪、丛晓明译：《匈奴——古代游牧国家的兴亡》，呼和浩特：内蒙古人民出版社，2010 年，第 22 页。

矣……朕释逃虏民，单于毋言章尼等。”[①] 又与匈奴约定限制亡人，如汉诏书：“匈奴大单于遗朕书，和亲已定，亡人不足以益众广地，匈奴无入塞，汉无出塞，犯今约者杀之，可以久亲，后无咎，俱便。朕已许。其布告天下，使明知之。”[②] 另一方面加大控制亡出力度，“中国边疆政治的主要目标，就是使草原边疆的人们在不能完全符合汉族规范时，至少应该不出中国规范的范围”[③]，“长城可以说是国家要稳定边疆的一种努力，用以限制汉族的活动范围，并隔绝草原民族”[④]，故将长城视为内防工具，赋予它内防功能，长城也便有了防止亡人越境的作用。[⑤] 具体落实这一功能的是守御长城的戍卒。故首先对戍卒进行严格管理，加强名籍和日迹簿的管理，如居延汉简 278. 6A 简载“［吏卒谨迹候］望禁止往来行”[⑥]，加强执行内防功能的戍卒的管理，防止北亡。居延汉简 183. 7 简有“戍卒三人以候望为职戍卒济阴郡定陶羊于里魏贤已卯夜直候谁夜半时纪不谁德使戍卒除”[⑦] 记录，可见当时对不称职的戍卒采取除去的处理方式，保证长城内防功能能够有效实施。

在严格管理戍卒基础上，西汉政府还严格要求边塞吏卒。第一，要求吏卒尽职尽责，执行《津关令》，严把关塞。秦汉实行符传制度，出入关塞均有文书，而且文书上有出入者的详细情况，如“一般书写持有者的籍

---

① 班固著，颜师古注：《汉书》卷九十四上《匈奴传上》，北京：中华书局，1962年，第 3762~3763 页。

② 班固著，颜师古注：《汉书》卷九十四上《匈奴传上》，北京：中华书局，1962年，第 3764 页。

③ 拉铁摩尔著，唐晓峰译：《中国的亚洲内陆边疆》，南京：江苏人民出版社，2005年，第 309 页。

④ 拉铁摩尔著，唐晓峰译：《中国的亚洲内陆边疆》，南京：江苏人民出版社，2005年，第 303 页。

⑤ 汉长城主要意义在于防御侵略，也有防止亡人越境的作用。参见王子今：《汉代北边“亡人”：民族立场与文化表现》，《南都学坛（人文社会科学学报）》，2008 年第 2 期。

⑥ “中研院”历史语言研究所简牍整理小组编：《居延汉简》（叁），台北：“中研院”历史语言研究所，2016 年，第 202 页。

⑦ “中研院”历史语言研究所简牍整理小组编：《居延汉简》（贰），台北：“中研院”历史语言研究所，2015 年，第 208 页。

贯、姓名、年龄及所要到达目的地等基本情况”[①]。严格审查通关文书，检查出入者与文书表述是否一致，以辨别真伪，“请诸詐（诈）袭人符传出入塞之津关，未出入而得，皆赎城旦舂；将吏智（知）其请（情），与同罪”[②]，从而避免有人从关塞直接逃亡。同时防止作奸犯科之人逃亡，也防止有人带违禁品出关。在严格把关的基础上，还需要将过往人员登记上报，《津关令》也有要求“将吏为吏卒出入者名籍，伍人阅具，上籍副县廷。事已，得道出入所。出入盈五日不反（返），伍人弗言将吏，将吏弗劾，皆以越塞令论之”[③]。戍卒“对经过的人口都有详细的登记，汇集成册后，逐级向上汇报”[④]。如居延汉简 11.8 简载“［与］金关为出入六寸符从事”[⑤]、218.5 简载“牛车如牒实出入敢言”[⑥]、274.10 简载“［闰月甲辰］居延与金关为出入六寸券齿百从第一至千左居官右移金关符合以从事”[⑦]、274.11A 简载“□年闰月甲辰居延与金关为出入六寸符券齿百从第一至左居官右移金关符合以从事”[⑧]。“严格的关卡被设置在通向中国的边境线上，过境的人员会被要求出示他们的通关文牒。检查官在确认每一个过境人员的身份不在通缉名单上，也没有携带违禁品之后，会把过境人员的名字记入过境名册，然后才会准许通关。名册记录的内容包括行程的日

---

① 侯宗辉：《汉简所见西北边塞的流动人口及社会管理》，《中国边疆史地研究》，2011 年第 1 期。

② 张家山二四七号汉墓竹简整理小组：《张家山汉墓竹简［二四七号墓］》（释文修订本），北京：文物出版社，2006 年，第 84 页。

③ 张家山二四七号汉墓竹简整理小组：《张家山汉墓竹简［二四七号墓］》（释文修订本），北京：文物出版社，2006 年，第 84 页。

④ 侯宗辉：《汉简所见西北边塞的流动人口及社会管理》，《中国边疆史地研究》，2011 年第 1 期。

⑤ “中研院”历史语言研究所简牍整理小组编：《居延汉简》（壹），台北：“中研院”历史语言研究所，2014 年，第 40 页。

⑥ “中研院”历史语言研究所简牍整理小组编：《居延汉简》（叁），台北：“中研院”历史语言研究所，2016 年，第 32 页。

⑦ “中研院”历史语言研究所简牍整理小组编：《居延汉简》（叁），台北：“中研院”历史语言研究所，2016 年，第 190 页。

⑧ “中研院”历史语言研究所简牍整理小组编：《居延汉简》（叁），台北：“中研院”历史语言研究所，2016 年，第 190 页。

期和时间，以及对他使用交通工具的简短描述。”①

在汉朝与匈奴关系紧张时，则直接关闭关门，如居延汉简 278.7B 简有“广田以次传行至望远止☐写移疑虏有大众不去欲并入为寇檄到循行部界中严教吏卒惊蓬火明天田谨迹候=望禁止往来行者定蓬火辈送便兵战斗具毋为虏所萃椠已先闻知失亡重事毋忽如律令/十二月壬申殄北［守］”② 的记载，278.7C 简也有“候长纟☐未央候史包隧长畸等疑虏有大众欲并入为寇檄到纟☐等各循行部界中严教吏卒定蓬火辈送便兵战斗具毋为虏所萃椠已先闻知失亡重事毋忽如律令☐”③ 等内容。无符而让其出入是犯法的，如《汉书·汲黯传》有载“无符传出入为阑”④。《二年律令·盗律》载“使者所以出，必有符致，毋符致，吏智（知）而出之，亦与盗同法”⑤。

第二，要求边塞吏卒学习法律。从居延汉简中看，屯戍吏卒的政策性学习，分三种情况：一是学习当朝现行的天子诏令、政策法令；二是学习建汉以来的各项法令文书；三是学习地方政府、各级屯戍官署的政策法令。⑥ 这便于吏卒有法可依地执行任务。特别是《亡律》、《捕律》、“舍匿法”的学习，《捕律》：“亡入匈奴外蛮夷、守弃亭障烽燧者，不坚守降之，及从塞缴外来降而贼杀之，皆要斩，妻子耐为司寇，作如。”⑦《二年律令·亡律》载“匿罪人，死罪，黥为城旦舂，它各与同罪。其所匿未去而告之，除。诸舍匿罪人，罪人自出，若先自告，罪减，亦减舍匿

① 鲁惟一著，刘洁、余霄译：《汉帝国的日常生活：公元前 202 年至公元 220 年》，南京：江苏人民出版社，2018 年，第 52 页。

② “中研院”历史语言研究所简牍整理小组编：《居延汉简》（叁），台北：“中研院”历史语言研究所，2016 年，第 203 页。

③ “中研院”历史语言研究所简牍整理小组编：《居延汉简》（叁），台北：“中研院”历史语言研究所，2016 年，第 204 页。

④ 班固著，颜师古注：《汉书》卷五十《张冯汲郑传》，北京：中华书局，1962 年，第 2321 页。

⑤ 张家山二四七号汉墓竹简整理小组：《张家山汉墓竹简［二四七号墓］》（释文修订本），北京：文物出版社，2006 年，第 19 页。

⑥ 李振宏：《居延汉简与汉代社会》，北京：中华书局，2003 年，第 112~117 页。

⑦ 汪桂海：《简牍所见汉代边塞徼巡制度》，《中国边疆史地研究》，2006 年第 3 期。

者罪"[①]。这也是给戍边吏卒，特别是那些有思亡之心者或有所藏匿者一次法律震慑。

在学习法律法规后，边塞吏卒对内地发往边关的通缉文书，也能认真对待、依法实施，大力搜索所管辖地段，确定没有逃亡者藏匿在边地。通缉罪犯的文书一般提供了犯罪人员的基本特征，便利了对逃亡者的搜查。且每次认真搜查，也是对边郡吏民的一次检查和警告。居延汉简记录有"□来循驰亡人所依倚匿处必得=诣如书毋有令吏民相牵证任致书以书言谨杂与候史廉骍北亭长欧等八人戍卒孟阳等十八人处索新□□□亡人所依处投书相牵（二五五·二七）"[②]，居延汉简最新整理的255.27简为"□案捕疑亡人所依倚匿处必得=诣如书毋有令吏民相牵证任爰书以书言谨杂与候史廉骍北亭长欧等八人戍卒孟阳等十人［廋］索［部界中疑］亡人所［依］匿处爰书相牵"[③]"还界中书到遣都吏与县令以下逐捕搜索部界中听亡人所隐匿处以必得为最诏所名捕还事=当奏闻毋留如诏书律令（一七九·九）"[④]"对于'越塞'的'亡人'予以'逐捕搜索'，曾经是汉代长城体系戍守部队的防务内容之一"[⑤]。

第三，要求"一线"的值勤戍卒要注意候望，严格巡视天田，将有无足迹内容记入日迹簿中，如汉简载"亡人迹入止塞长北部候长侯（一〇四·四三）"[⑥]。若发现有境内人员越过边塞外逃，要立刻上报，收到报告的上级，应迅速调集所辖范围内的机动戍卒，尽可能地沿足迹将其追回。《二

① 张家山二四七号汉墓竹简整理小组：《张家山汉墓竹简［二四七号墓］》（释文修订本），北京：文物出版社，2006年，第31页。

② 劳榦：《居延汉简·考释之部》，台北："中研院"历史语言研究所，1997年，第39页。

③ "中研院"历史语言研究所简牍整理小组编：《居延汉简》（叁），台北："中研院"历史语言研究所，2016年，第128页。

④ 劳榦：《居延汉简·考释之部》，台北："中研院"历史语言研究所，1997年，第35页。

⑤ 王子今：《汉代北边"亡人"：民族立场与文化表现》，《南都学坛（人文社会科学学报）》，2008年第2期。

⑥ 劳榦：《居延汉简·考释之部》，台北："中研院"历史语言研究所，1997年，第113页。

年律令·津关律》规定："□、相国、御史请缘关塞县道群盗、盗贼及亡人越关、垣离（篱）、格堑、封刊，出入塞界，吏卒追逐者得随出入服迹穷追捕。"[①] 居延汉简 123.60 简有"［从］迹入塞及出塞各种迹穷追以檄"[②]，193.10 简也有"迹穷追良捕□"[③] 的记录。如无果，仍应将此事向上级汇报，汇报方式可采取文书，也可利用烽燧传递，如居延汉简"出亡人赤表函一北，☐……☐，昏时四分时乘胡队长□付乘山队长普函行三时中程（五〇二·三）"[④]，记录了通过烽燧传递上报亡人消息的事情。

西汉政府虽也要求严格长城防御吏卒，吏卒也积极贯彻，但长城并未完全阻止亡人。从汉朝与匈奴关系缓和时，双方有约不受降者便可看出，如宣帝、元帝时约定"自长城以南天子有之，长城以北单于有之。有犯塞，辄以状闻；有降者，不得受"[⑤]。专门在双方文书往来中约定，说明宣帝、元帝时还是有较多的投降者。到王莽时，约定改为"中国人亡入匈奴者，乌孙亡降匈奴者，西域诸国佩中国印绶降匈奴者，乌桓降匈奴者，皆不得受"[⑥]，说明此时亡人仍然存在。

第三节　西汉长城对长城南北两侧的影响

汉长城功能的发挥，减少了长城两侧政权之间的战争，促使长城外政局发生新变化。而稳定的局势是经济发展的前提，所以长城地带得以开发

---

① 张家山二四七号汉墓竹简整理小组：《张家山汉墓竹简［二四七号墓］（释文修订本）》，北京：文物出版社，2006 年，第 84 页。

② "中研院"历史语言研究所简牍整理小组编：《居延汉简》（贰），台北："中研院"历史语言研究所，2015 年，第 52 页。

③ "中研院"历史语言研究所简牍整理小组编：《居延汉简》（贰），台北："中研院"历史语言研究所，2015 年，第 228 页。

④ 劳榦：《居延汉简·考释之部》，台北："中研院"历史语言研究所，1997 年，第 35 页。

⑤ 班固著，颜师古注：《汉书》卷九十四下《匈奴传下》，北京：中华书局，1962 年，第 3818 页。

⑥ 班固著，颜师古注：《汉书》卷九十四下《匈奴传下》，北京：中华书局，1962 年，第 3819 页。

并向外延伸，以西汉长城为例，促进了西汉和西域地区的经济发展。同时各民族的交流方式、内容和规模增加，出现杂居、通婚现象，双方的认同度提高，趋于融合。在长城保护下丝绸之路畅通，中西方贸易、文化交流得以开展。

一、汉长城的修建减少了长城地带的战争

汉政府以长城进行防御，而且逐渐扩大长城规模，形成以墙体为主体，以天田、堑壕、虎落、关城、水门、烽燧、坞、障城、山险、水险等为辅助的长城防御体系，重重警戒，相互依托，相互作用。在汉朝的严格要求下，长城防御吏卒积极防御，汉长城内防功能和外防功能有效发挥作用，影响最为明显的便是战争减少。

西汉初年，匈奴不断南侵，对西汉王朝造成了很大威胁，还曾以河西为根据地入寇陇西，威胁西汉王朝关陇地区，使西汉王朝处于十分不利的境地。所以汉武帝出击匈奴时，首先夺得河套地区，解除了匈奴对长安的威胁。汉武帝时期对匈奴战争后，西汉政府将长城修筑范围延伸至河西地区，使匈奴快速突击、速战而去、频繁骚扰的战术受到限制，如神爵二年（前60），匈奴“单于将十万余骑旁塞猎，欲入边寇”，也因“赵充国将兵四万余骑屯缘边九郡备虏”，不敢入，罢兵。[①] 这再次证明了西汉长城有效地阻止了匈奴侵扰。汉昭帝、汉宣帝时期虽有载匈奴数侵，但未载杀掠详细数字，不比汉初动辄杀掠数千，可见侵扰规模、危害极小或者匈奴并无所得。[②] 所以史载“边郡烽火候望精明，匈奴为边寇者少利，希复犯塞……匈奴希寇盗，北边幸无事”[③]，《汉书·匈奴传》亦载“北边自宣帝以来，数世不见烟火之警，人民炽盛，牛马布

---

① 班固著，颜师古注：《汉书》卷九十四上《匈奴传上》，北京：中华书局，1962年，第3788~3789页。

② 参考黄永美：《西汉长城若干问题研究》，西北大学博士学位论文，2013年。

③ 班固著，颜师古注：《汉书》卷九十四上《匈奴传上》，北京：中华书局，1962年，第3784页。

野”[①]。与文帝时期贾谊所言“今西边北边之郡，虽有长爵不轻得复，五尺以上不轻得息，斥候望烽燧不得卧，将吏被介胄而睡”[②] 形成鲜明对比。所以西汉长城的完善，首先改变了汉初被侵扰的局面，解除了匈奴对长安的威胁。

东汉时虽未大规模修建长城，但仍修建烽燧以加强防御，如《后汉书·南匈奴列传》载：“初，使命常通，而匈奴数与卢芳共侵北边……十三年，遂寇河东，州郡不能禁……匈奴左部遂复转居塞内。朝廷患之，增缘边兵郡数千人，大筑亭候，修烽火。”[③]《后汉书·杜茂列传》载建武十二年（36）“遣谒者段忠将众郡弛刑配茂，镇守北边，因发边卒筑亭候，修烽火，又发委输金帛缯絮供给军士，并赐边民，冠盖相望。茂亦建屯田，驴车转运”[④]。《后汉书·王霸列传》载建武十三年（37）“是时，卢芳与匈奴、乌桓连兵，寇盗尤数，缘边愁苦。诏霸将弛刑徒六千余人，与杜茂治飞狐道，堆石布土，筑起亭障，自代至平城三百余里”[⑤]。《后汉书·马成列传》载建武十四年（38）“屯常山、中山以备北边，并领建义大将军朱佑营。又代骠骑大将军杜茂缮治障塞，自西河至渭桥，河上至安邑，太原至井陉，中山至鄗，皆筑保壁，起烽燧，十里一候。在事五六年，帝以成勤劳，征还京师。边人多上书求请者，复遣成还屯。及南单于保塞，北方无事，拜为中山太守，上将军印绶，领屯兵如故”[⑥]。东汉时期边郡官吏也利用长城防御解决了边境的侵扰，如《后汉

---

① 班固著，颜师古注：《汉书》卷九十四下《匈奴传下》，北京：中华书局，1962年，第3826页。

② 班固著，颜师古注：《汉书》卷四十八《贾谊传》，北京：中华书局，1962年，第2240页。

③ 范晔撰，李贤等注：《后汉书》卷八十九《南匈奴列传》，北京：中华书局，1965年，第2940页。

④ 范晔撰，李贤等注：《后汉书》卷二十二《朱景王杜马刘傅坚马列传》，北京：中华书局，1965年，第777页。

⑤ 范晔撰，李贤等注：《后汉书》卷二十《铫期王霸祭遵列传》，北京：中华书局，1965年，第737页。

⑥ 范晔撰，李贤等注：《后汉书》卷二十二《朱景王杜马刘傅坚马列传》，北京：中华书局，1965年，第779页。

书·崔寔列传》载崔寔“出为五原太守……寔整厉士马，严烽候，虏不敢犯，常为边最”[①]。

二、汉长城的修建稳定了长城两侧政局

在汉长城的影响下，长城两侧战争减少，维护了边境安全，为汉政府边郡屯田工作的开展提供了保障。同时这也为西汉政府控制和安排长城内的百姓生活提供了方便，西汉政府积极发挥长城内防功能，控制人口逃亡，所以“长城对西汉王朝而言，具有维护其封建专制统治的作用”[②]。总之，汉武帝时期大规模修筑长城后，匈奴侵扰次数明显减少，西汉政府也很少发动出击匈奴的战争，长城两侧出现缓和状态。《汉书·匈奴传》载“北边自宣帝以来，数世不见烟火之警，人民炽盛，牛马布野”[③]。

在长城防御机制不断完善下，汉朝与匈奴关系也发生了重大变化，特别是在呼韩邪单陷于困境时，“左伊秩訾王为呼韩邪计，劝令称臣入朝事汉，从汉求助……曰：‘不然。强弱有时，今汉方盛，乌孙城郭诸国皆为臣妾。自且鞮侯单于以来，匈奴日削，不能取复，虽屈强于此，未尝一日安也。今事汉则安存，不事则危亡，计何以过此’”[④]，于是呼韩邪单于从其计，向西汉政府称臣，依附于西汉，从而取得西汉资助，“元帝初即位，呼韩邪单于复上书，言民众困乏。汉诏云中、五原郡转谷二万斛以给焉”[⑤]。于是“呼韩邪竟北归庭，人众稍稍归之，国中遂定”[⑥]，呼韩邪单

---

① 范晔撰，李贤等注：《后汉书》卷五十二《崔骃列传》，北京：中华书局，1965年，第1730页。

② 白音查干：《长城与汉匈关系》，《内蒙古师大学报（哲学社会科学版）》，1998年6期。

③ 班固著，颜师古注：《汉书》卷九十四下《匈奴传下》，北京：中华书局，1962年，第3826页。

④ 班固著，颜师古注：《汉书》卷九十四下《匈奴传下》，北京：中华书局，1962年，第3797页。

⑤ 班固著，颜师古注：《汉书》卷九十四下《匈奴传下》，北京：中华书局，1962年，第3800页。

⑥ 班固著，颜师古注：《汉书》卷九十四下《匈奴传下》，北京：中华书局，1962年，第3801页。

于逐步稳固政权，还迎娶王昭君，加强了与西汉王朝的联系。呼韩邪单于依附于汉，改变了汉初的和亲关系以及汉武帝时期两者的战争对立状态，汉朝与匈奴关系缓和。这也改变了匈奴对西汉朝贡体系的看法，“朝贡体系的要求是相当仪式化的。由于呼韩邪是一位单于，因此他就被以特礼相待，位列所有汉朝贵族之上，并赠予礼物，但汉朝并无意吞并其部众。在得知这一消息之后，郅支改变了政策，也派一名人质到汉廷争夺朝贡收益。匈奴意识到，汉人主要关心的是象征性的归附，只要匈奴能够归附，汉廷就算为之破费也在所不惜。此后，朝贡体系同‘归附’‘敬颂’与‘纳贡’之类的词语联在一起。一旦这些特征了然于世之后，草原上的部落就再也不会强烈反对了。与之相反，他们将朝贡体系视作先前那样用来对中原施加影响的一种新体系”①。

在长城两侧政局趋于稳定之时，西汉王朝加强了与西域的联系，而且西汉王朝在西域的影响力也在不断加强，“自武帝初通西域，置校尉，屯田渠犁”②；“至宣帝时，遣卫司马使护鄯善以西数国……乃因使吉并护北道，故号曰都护。都护之起，自吉置矣。僮仆都尉由此罢，匈奴益弱，不得近西域……自宣、元后，单于称藩臣，西域服从，其土地山川王侯户数道里远近翔实矣”③。

三、汉长城的修建促进了长城两侧经济发展

汉长城修筑完善后，长城两侧关系缓和，西汉政府也有机会着手充实和发展长城地带。关于长城地带，夏明亮和童雪莲两位学者已从学术史角度考察“长城地带”概念的形成过程，指出苏秉琦先生最早提出这一概念，将其作为考古学区系类型中北方地区的核心，并对长

① 巴菲尔德著，刘东总主编，袁剑译：《危险的边疆：游牧帝国与中国》，南京：江苏人民出版社，2023年，第84页。

② 班固著，颜师古注：《汉书》卷九十六下《西域传下》，北京：中华书局，1962年，第3912页。

③ 班固著，颜师古注：《汉书》卷九十六上《西域传上》，北京：中华书局，1962年，第3873~3874页。

城地带做了一个比较明确完整的区域划分，即这一地区从东向西主要包括以昭盟为中心的地区、河套地区和以陇东为中心的甘青宁地区三个部分。[①] 20 世纪 90 年代初，李凤山先生又从民族角度提出了“长城带”概念，并指出“作为长城民族融合的纽带，应是以这条长城为中，南北各数百公里乃至上千公里，东西数千公里的广阔地带。它的地域范围大致包括今天国界线以内的辽宁、内蒙古、宁夏、甘肃、陕西、山西、河南、河北、北京、天津、山东以及吉林、青海、新疆的相当一部分地区。另外，居住在今天国界线以外的某些民族的先民，也参与了特定时期的长城带的民族融合”[②]，而且“长城民族融合纽带的民族融合从新石器时代就存在”[③]。由此可见苏秉琦先生、李凤山先生提出的长城地带，指在长城修筑之前、长城所在地理范畴内的农牧交错带，此概念是将长城作为地理坐标意义而言的。

本书所说长城地带则是将长城作为历史存在而言，重在考察长城作用，即长城修筑后形成的长城两侧宜耕宜农地区，亦如张子宇所言“中国北方长城地带，在本文中的区域范围是以明长城本体为主线，包括沿线的山险、河湖、烽燧、壕堑、驿传、堡寨等自然及人工附属设施在内的军事防御体系所在地段，亦包括周边的军屯、商屯和交通干线用地等一切服务于长城军事防御功能的相关地区，并且结合历史及当今自然人文在长城地带的交错分布特征相应地进行扩展，而扩展的根本依据就是‘农牧交错带’的概念——即在长城本体周边，凡是历史上中原农耕民族与北方草原游牧民族进行战争或经济文化交流的所经地带，便应纳入长城地带的范畴”[④]。本书所言长城地带既包含长城内西汉政府控制下的边郡、属国，也

---

① 夏明亮、童雪莲：《“长城地带”考古学术语属性探讨》，《东北史地》，2012 年第 5 期；苏秉琦、殷玮璋：《关于考古学文化的区系类型问题》，《文物》，1981 年第 5 期。

② 李凤山：《长城——中国民族融合的历史纽带》，政协秦皇岛市委员会、《长城学刊》编辑部：《山海关首届中国长城学术研讨会论文集》，北京：中国标准出版社，1992 年。

③ 李凤山：《长城带民族融合史略》，《中央民族学院学报》，1993 年第 1 期。

④ 张子宇：《历史地理学意义上的长城地带划分》，《西安石油大学学报（社会科学版）》，2013 年第 2 期。

包括长城外西汉政府控制下的屯田区，还包括匈奴、羌等部族控制下的宜耕宜农地区。[①]

与匈奴战争胜利后，汉政府开始在长城两侧屯田。“屯田内有亡费之利，外有守御之备”[②]，长城防御系统与屯田相辅相成。长城的有效防御，离不开屯田生产的支持，《史记·匈奴列传》载：“汉使光禄徐自为出五原塞数百里，远者千余里，筑城障列亭至庐朐，而使游击将军韩说、长平侯卫伉屯其旁。”[③] 屯田的顺利开展，又依赖长城的有效防御，二者相辅相成，在建议轮台屯田时桑弘羊也明确指出“臣愚以为可遣屯田卒诣故轮台以东，置校尉三人分护……张掖、酒泉遣骑假司马为斥候，属校尉，事有便宜，因骑置以闻。田一岁，有积谷，募民壮健有累重敢徙者诣田所，就畜积为本业，益垦溉田，稍筑列亭，连城而西，以威西国……严敕太守都尉明烽火，选士马，谨斥候，蓄茭草”[④]，肯定了屯田与长城烽燧建设的依存关系。在长城调查中也发现长城与屯田相互依存，如“从酒泉郡金塔县至敦煌这段长城（包括金塔以东至居延段），与令居至金塔县的长城，构成一个‘T’字形的掎角之势，有效地保护了疏勒河和弱水流域的农垦区及中原连接西域的河西通道”[⑤]。“就屯垦与戍边的辩证关系而言，屯垦与戍边互为目的，都以对方的存在发展为自己存在发展的条件。屯垦着眼于经济发展，为了戍边，为戍边提供必需的物质基础；而戍边着眼于政治统治，必须屯垦，是保证屯垦存在发展的前提。”[⑥]

屯田除了在边郡进行，在长城外，西汉政府在西域也屯田，而且是先

---

① 黄永美：《西汉西北地区长城地带探究——以西汉政府控制区为例》，《重庆师范大学学报（社会科学版）》，2020年第3期。

② 班固著，颜师古注：《汉书》卷六十九《赵充国辛庆忌传》，北京：中华书局，1962年，第2989页。

③ 司马迁：《史记》卷一百十《匈奴列传》，北京：中华书局，1959年，第2916页。

④ 班固著，颜师古注：《汉书》卷九十六下《西域传下》，北京：中华书局，1962年，第3912页。

⑤ 薛长年：《西塞雄风：陇右长城文化》，兰州：甘肃教育出版社，1999年，第28页。

⑥ 张运德：《两汉时期西域屯垦的基本特征》，《西域研究》，2007年第3期。

置校尉、再建城防御、紧跟着进行屯田保障的发展模式，如“渠犁，城都尉一人，户百三十，口千四百八十，胜兵百五十人。东北与尉犁、东南与且末、南与精绝接。西有河，至龟兹五百八十里。自武帝初通西域，置校尉，屯田渠犁”[①]。长城地带屯田事业的发展又为长城地带的发展提供了坚实基础。

同时伴随着长城戍卒的充实和西汉“徙民实边”政策的实施，长城地带得以丰富起来。早在汉文帝时期，晁错曾谏言徙民实边，“使远方无屯戍之事，塞下之民父子相保，亡系虏之患，利施后世”[②]，文献记载“上从其言，募民徙塞下”[③]，说明已有徙民实边的事实。汉武帝时期的徙民实边更具规模，如《史记·平准书》明确汉武帝时期有两次徙民实边，一是“山东被水菑，民多饥乏……乃徙贫民于关以西，及充朔方以南新秦中，七十余万口，衣食皆仰给县官。数岁，假予产业，使者分部护之，冠盖相望。其费以亿计，不可胜数”[④]；二是“初置张掖、酒泉郡，而上郡、朔方、西河、河西开田官，斥塞卒六十万人戍田之。中国缮道馈粮，远者三千，近者千余里，皆仰给大农”[⑤]。已有学者统计武帝时期先后向西北徙民总数达160多万。[⑥]

此后仍有徙民实边情况，《汉书·西域传》载宣帝神爵三年“乃因使吉并护北道，故号曰都护……匈奴益弱，不得近西域。于是徙屯田，田于北胥鞬，披莎车之地，屯田校尉始属都护”[⑦]。连云港尹湾汉墓出土简牍

---

① 班固著，颜师古注：《汉书》卷九十六下《西域传下》，北京：中华书局，1962年，第3911~3912页。

② 班固著，颜师古注：《汉书》卷四十九《爰盎晁错传》，北京：中华书局，1962年，第2286页。

③ 班固著，颜师古注：《汉书》卷四十九《爰盎晁错传》，北京：中华书局，1962年，第2287页。

④ 司马迁：《史记》卷三十《平准书》，北京：中华书局，1959年，第1425页。

⑤ 司马迁：《史记》卷三十《平准书》，北京：中华书局，1959年，第1439页。

⑥ 参考沈飞德：《西汉徙民实边与唐初羁縻政策辨析》，《历史教学问题》，1990年第5期。

⑦ 班固著，颜师古注：《汉书》卷九十六上《西域传上》，北京：中华书局，1962年，第3874页。

《东海郡吏员考绩簿》中有“平曲丞胡毋［钦］七月七日送徒民敦煌”的记录。[①] 经学者研究“徒”应为“徙”，因其后接“民”字，在汉代文献中“徙民”是习惯用法，且敦煌又是西汉徙民之所，又《考绩簿》成于汉成帝永始四年（前13），由此可见成帝时也曾徙民敦煌。[②] 而且居延汉简中有大量田卒记录，如11.2简“田卒淮阳新平盛昌里上造柳道年廿三”、11.18简“田卒大河郡东平陆北利里公士张福年”、19.40简“田卒淮阳郡长平业阳里公士兒尊年廿七”、19.41简“田卒淮阳郡长平南固里相□□十二月己巳出”、37.38简“东郡田卒清零星里大夫聂德年廿四长七尺二寸黑色”等。[③]

汉政府除了直接徙民实边，还允许长城防御戍卒的家属常居边郡，如《汉书·西域传》记载“良等随入，遂杀校尉刀护及子男四人、诸昆弟子男，独遗妇女小儿”[④]，可见戊己校尉带领家族前往长城边郡。居延汉简229.39简载“家属三月食”[⑤]、231.25简载“制虏隧卒张放　妻大女自予年廿三用谷二石一斗六升大　子未使男野年二用谷一石六斗六升大”[⑥]。还有罪犯徙边的事实，如《汉书·武帝纪》载元狩五年（前118）“徙天下奸猾吏民于边”[⑦]，《汉书》载武帝时期戾太子发兵事败，“其随太子发兵，以反法族。吏士劫略者，皆徙敦煌郡”[⑧]。《汉书》有载宣帝时期，丞相杨

① 滕昭宗：《尹湾汉墓简牍释文选》，《文物》，1996年第8期。

② 参考刘磐修：《汉代河西地区的开发》，《历史教学》，2002年第11期。

③ “中研院”历史语言研究所简牍整理小组编：《居延汉简》（壹），台北：“中研院”历史语言研究所，2014年，第39、40、67、121页。

④ 班固著，颜师古注：《汉书》卷九十六下《西域传下》，北京：中华书局，1962年，第3926页。

⑤ “中研院”历史语言研究所简牍整理小组编：《居延汉简》（叁），台北：“中研院”历史语言研究所，2016年，第63页。

⑥ “中研院”历史语言研究所简牍整理小组编：《居延汉简》（叁），台北：“中研院”历史语言研究所，2016年，第68页。

⑦ 班固著，颜师古注：《汉书》卷六《武帝纪》，北京：中华书局，1962年，第179页。

⑧ 班固著，颜师古注：《汉书》卷六十六《公孙刘田王杨蔡陈郑传》，北京：中华书局，1962年，第2882页。

敞之子杨恽犯罪，“廷尉当恽大逆无道，要斩。妻子徙酒泉郡”[①]。成帝时期，“商素憎陈汤，白其罪过，下有司案验，遂免汤，徙敦煌”[②]。哀帝时期，“贺良等皆伏诛。寻及解光减死一等，徙敦煌郡”[③]。

长城地带得以充实才能更好地发展，首先参与屯田的百姓、田卒、戍卒等人多来自内地，有着丰富的耕作经验和农业生产技术，所以“习俗颇殊，地广民稀，水草宜畜牧，〔故〕凉州之畜为天下饶。保边塞，二千石治之，咸以兵马为务；酒礼之会，上下通焉，吏民相亲。是以其俗风雨时节，谷籴常贱，少盗贼，有和气之应，贤于内郡。此政宽厚，吏不苛刻之所致也”[④]。迁徙边郡者举家甚至举族迁徙而来，所以迁徙者自身携带农业生产工具也是极有可能的。为鼓励生产，汉政府允许迁徙者借贷置办产业，“徙贫民于关以西，及充朔方以南新秦中，七十余万口，衣食皆仰给于县官。数岁，贷与产业”[⑤]，这有助于解决迁徙者无钱置办所需生产工具的困境。迁徙者为边郡农业发展带来了劳动力、生产工具和技术，促进了长城地带的开发。《后汉书·西羌传》也载永建四年（129）“尚书仆射虞诩上疏曰：‘……禹贡雍州之域，厥田惟上。且沃野千里，谷稼殷积，又有龟兹盐池以为民利。水草丰美，土宜产牧，牛马衔尾，群羊塞道。北阻山河，乘厄据险。因渠以溉，水舂河漕。用功省少，而军粮饶足……’书奏，帝乃复三郡……既而激河浚渠为屯田，省内郡费岁一亿计。遂令安定、北地、上郡及陇西、金城常储谷粟，令周数年”[⑥]。今天在轮台、沙

---

① 班固著，颜师古注：《汉书》卷六十六《公孙刘田王杨蔡陈郑传》，北京：中华书局，1962年，第2898页。

② 班固著，颜师古注：《汉书》卷八十四《翟方进传》，北京：中华书局，1962年，第3418页。

③ 班固著，颜师古注：《汉书》卷七十五《眭两夏侯京翼李传》，北京：中华书局，1962年，第3193~3194页。

④ 班固著，颜师古注：《汉书》卷二十八下《地理志下》，北京：中华书局，1962年，第1645页。

⑤ 班固著，颜师古注：《汉书》卷二十四下《食货志下》，北京：中华书局，1962年，第1162页。

⑥ 范晔撰，李贤等注：《后汉书》卷八十七《西羌传》，北京：中华书局，1965年，第2893页。

雅、若羌等县境和罗布淖尔北岸发现西汉屯田的一些遗址和汉代灌溉系统。[①] 居延汉简中有籴粟记载，而且不只是在汉代居延（今内蒙古额济纳族和甘肃酒泉金塔县境内），在敦煌也有此类记录，说明边塞防御系统从当地农民手中购粮的做法在西北边塞广泛存在，且不限定于某一地区；这也说明当地农民粮食生产富足，不仅可以自用，还可有剩余出卖。[②]

其次，政府开发新的生产技术，曾将其推广至长城地带。如汉武帝时赵过改进犁耕技术，西汉政府将这一技术推广到河西地区，“教边郡及居延城。是后边城、河东、弘农、三辅、太常民皆便代田，用力少而得谷多”[③]。通过甘肃武威磨咀子 48 号汉墓出土的西汉木牛犁模型以及陕西绥德王得元墓汉画像石牛耕图、陕西米脂汉画像石牛耕图、内蒙古和林格尔汉墓壁画农耕图等文物资料[④]，也可以知晓汉代长城地带农业技术的发展情况。“二牛抬杠”的耕作方法在西汉晚期开始为中原地区所采用，“由和林格尔以及内蒙古其它地方的东汉墓壁画可以知道，到了东汉晚期，这种较为先进的耕作方法已经相当普遍地推广到了长城以北辽阔的蒙古草原地带。壁画的作者，还在耕过的垧土上，画了几条平行线，表示翻起的碎土成行，谷物的种植有垄有沟。这是采用了赵过的代田法”[⑤]。除了迁徙者无意地传播农耕技术，还有政府有意地推广。

第三，除了农耕技术，水利灌溉技术、园圃技艺、冶铁等各种手工业技术也被带到长城地带，如《史记·匈奴列传》载水利灌溉内容，“匈奴

---

① 参考孟池：《从新疆历史文物看汉代在西域的政治措施和经济建设》，《文物》，1975 年第 7 期。

② 参考于振波：《简牍与秦汉社会》，长沙：湖南大学出版社，2012 年，第 65 页。

③ 班固著，颜师古注：《汉书》卷二十四上《食货志上》，北京：中华书局，1962 年，第 1139 页。

④ 甘肃省博物馆：《武威磨咀子三座汉墓发掘简报》，《文物》，1979 年第 12 期；陕西省博物馆、陕西省文物管理委员会合编：《陕北东汉画象石刻选集》，北京：文物出版社，1959 年，第 8 页；陕西省博物馆、陕西省文物管理委员会合编：《米脂东汉画象石墓发掘简报》，《文物》，1972 年第 3 期；内蒙古自治区博物馆文物工作队编：《和林格尔汉墓壁画》，北京：文物出版社，2007 年，第 81 页。

⑤ 内蒙古自治区博物馆文物工作队编：《和林格尔汉墓壁画》，北京：文物出版社，2007 年，第 20 页。

远遁，而幕南无王庭。汉度河自朔方以西至令居，往往通渠置田”①。居延汉简 140. 15 简载“治渠卒河东皮氏毋忧里公乘杜建年廿五”②，498. 10 简载“五渠佐政十人　□□［一人］　［率］什一人”③。今人研究表明“在若羌县米兰发现过一个汉代灌溉系统，沿着古代米兰河道，修建了总闸、分水闸、干渠和支渠，有的支渠长达二公里”④。《汉书·李广利传》在大宛先是城内无井，后“宛城中新得汉人知穿井”⑤。《三国志·魏书·乌丸传》注释引《魏书》有乌桓东胡“能作白酒，而不知作曲蘖”⑥。画像石中“中室南耳室西壁厨炊图中画了酿造活动……表示正在酿酒或制醋。……当时，中原的酿造技术已经传到了这里”⑦。纺织技术的传播，《后汉书·崔寔列传》言崔寔“出为五原太守。五原土宜麻枲，而俗不知织绩……寔至官，斥卖储峙，为作纺绩、织纴、练缊之具以教之，民得以免寒苦”⑧。“墓葬本身就是建筑艺术的杰作，掌握了比较先进的砌砖技术，平面布局均衡对称而有变化，砖室墓上画出一些梁柱斗拱，使满壁彩绘与墓室建筑融为一体。总之，在建筑技术和建筑艺术两个方面，证明都已达到中原地区同样的水平。”⑨

---

① 司马迁：《史记》卷一百十《匈奴列传》，北京：中华书局，1959 年，第 2911 页。

② “中研院”历史语言研究所简牍整理小组编：《居延汉简》（贰），台北：“中研院”历史语言研究所，2015 年，第 97 页。

③ “中研院”历史语言研究所简牍整理小组编：《居延汉简》（肆），台北：“中研院”历史语言研究所，2017 年，第 137 页。

④ 孟池：《从新疆历史文物看汉代在西域的政治措施和经济建设》，《文物》，1975 年第 7 期。

⑤ 班固著，颜师古注：《汉书》卷六十一《张骞李广利传》，北京：中华书局，1962 年，第 2701 页。

⑥ 陈寿撰，裴松之注，陈乃乾校点：《三国志》卷三十《魏书·乌丸鲜卑东夷传》，北京：中华书局，1982 年，第 832 页。

⑦ 内蒙古自治区博物馆文物工作队编：《和林格尔汉墓壁画》，北京：文物出版社，2007 年，第 20 页。

⑧ 范晔撰，李贤等注：《后汉书》卷五十二《崔骃列传》，北京：中华书局，1965 年，第 1730 页。

⑨ 内蒙古自治区博物馆文物工作队编：《和林格尔汉墓壁画》，北京：文物出版社，2007 年，第 28 页。

在政府修筑防御工事的同时，西北地区的道路建设情况也得到改善。“在构筑长城边防工事的同时，秦汉政府相当重视西北新经济区的建设。西北长城道路成为西北新经济区的主要动脉。……从西北长城防区汉墓出土车辆模型及汉墓壁画中关于运输活动的画面可以知道，当地经济的繁荣是以交通的发展为条件的，而这一地区经济的发展又进一步促进了交通的发展”①。

在农业发展的带动下，长城地带工商经济也开始发展。西汉开发长城边区以有组织地开发农业为根本，河套地区主要采用筑城屯垦的民屯方式，河西地区的主要方式则是戍军的军屯，也有循序渐进式的移民屯垦。农业经济的开发带动和促进了这一地区工商经济的发展。② 如今在悬泉置遗址发现的大量漆纱，说明汉代已有髹漆技术。③ 在陕北发现的东汉时期汉墓亦能说明当时长城地带手工业的发展情况，“在东汉盛行以用画象石装饰墓室的风尚，便也普遍地在上郡地区流行起来”④。一方面由于边地的安定环境，另一方面则是边境经济发展的结果，“在比较安定的环境下，这里的农、牧业得到了发展，出现了大地主和大牧主……又因地通边境，与南匈奴进行贸易，一些由手工业和商业起家的工商业者，他们有的富甲一方。另外还有一些终身驻守于此的文武官员和移民实边中的富户。这些人都有条件营造奢侈的墓室，加之上郡一带所产砂石，易于采运和雕刻，这样，在东汉盛行以用画象石装饰墓室的风尚，便也普遍地在上郡地区流行起来”⑤。而要铸造画像石墓室，必须先有其技术，所以这些墓室的发现也说明，边郡已掌握东汉时期的墓室铸造工艺。

---

① 王子今：《汉简河西社会史料研究》，北京：商务印书馆，2017 年，第 16~17 页。

② 张南：《论西汉长城边区的经济开发》，《内蒙古社会科学（文史哲版）》，1989 年第 3 期。

③ 参考周旸：《漆纱》，赵丰主编：《丝路之绸：起源、传播与交流》，杭州：浙江大学出版社，2015 年，第 80 页。

④ 陕西省博物馆、陕西省文物管理委员会合编：《陕北东汉画象石刻选集》，北京：文物出版社，1959 年，第 7 页。

⑤ 陕西省博物馆、陕西省文物管理委员会合编：《陕北东汉画象石刻选集》，北京：文物出版社，1959 年，第 7 页。

长城地带的发展促进了整个汉王朝经济的发展，西汉时期表现尤为明显，史载“元封四年，关东流民二百万口，无名数者四十万，公卿议欲请徙流民于边以适之”①，“至昭帝时，流民稍还”②，所以徙民长城地带首先缓解了西汉王朝大量流民无所安抚的压力，有利于内地的安定和发展。其次屯田生产获得的粮草可就地筹集军粮，减轻了政府从内地长途运输粮食的消耗，缓解了西汉政府的财政压力。居延汉简中有籴粟记载，且不只是在汉代居延，在敦煌也有此类记录，说明边塞防御系统从当地农民手中购粮的做法在西北边塞广泛存在，且不限定于某一地区。③ 这也说明长城地带经济得到了发展、农民日益富足。这些都保障了长城防御戍卒的粮食来源，为长城防御提供了物质保障，增强了长城防御力度。晁错徙民实边的设想本就为解决戍边士卒生活等各方面的问题，所以长城地带乃至边郡的安居乐业更有利于长城戍卒的充实。

长城地带的发展也影响到西域。除了边郡屯田，在天山南麓的交通要道、绿洲之上的西域地区也在组织屯田，如汉武帝初通西域时，便“屯田渠犁”④。米兰（今新疆若羌县境内）遗迹至今还存有比较完整的汉代水利灌溉系统。⑤ “两汉时期，西域的农牧业生产均曾取得较大发展，成为西域经济发展的第一个高峰时期。绿洲诸国的人口优势决定了区域农业发展的优势地位，也形成了以农为主、以牧为辅、农牧兼营的区域经济总体特色。”⑥ 除了农业发展，西域“其地皆无丝漆，不知铸钱器。及汉使亡卒降，教铸作他兵器。得汉黄白金，辄以为器，不用为币”⑦。又《汉书·

① 班固著，颜师古注：《汉书》卷四十六《万石卫直周张传》，北京：中华书局，1962年，第2197页。

② 班固著，颜师古注：《汉书》卷二十四上《食货志上》，北京：中华书局，1962年，第1141页。

③ 参考于振波：《简牍与秦汉社会》，长沙：湖南大学出版社，2012年，第65页。

④ 班固著，颜师古注：《汉书》卷九十六下《西域传下》，北京：中华书局，1962年，第3912页。

⑤ 参考张运德：《两汉时期西域屯垦的基本特征》，《西域研究》，2007年第3期。

⑥ 陈跃：《魏晋南北朝西域农业的新发展》，《中国经济史研究》，2012年第3期。

⑦ 司马迁：《史记》卷一百二十三《大宛列传》，北京：中华书局，1959年，第3174页。

陈汤传》中陈汤曾言："夫胡兵五而当汉兵一，何者？兵刃朴钝，弓弩不利。今闻颇得汉巧，然犹三而当一。"[①] "颇得汉巧" 正说明汉人的冶铁技术对西域地区的影响，而且在新疆发现了汉代很多矿冶遗址如库车县阿艾山遗址、民丰县尼雅遗址等。[②] 还有考古发现汉代西域的冶铁中心大部分分布于屯区及其附近。[③] 长城地带的发展也是汉王朝农耕文化的展示，而西域"大率土著，有城郭田畜"[④]，所以"自建武以来，西域思汉威德，咸乐内属。唯其小邑鄯善、车师，界迫匈奴，尚为所拘。而其大国莎车、于阗之属，数遣使置质于汉，愿请属都护"[⑤]；"自宣、元后，单于称藩臣，西域服从"[⑥]。西域屯田者有的还参与西域一些小邦的政治经济建设，提供了各种技术或有效指导这些国家的经济生产，如鄯善，"王自请天子曰：'身在汉久，今归，单弱，而前王有子在，恐为所杀。国中有伊循城，其地肥美，愿汉遣〔一〕将屯田积谷，令臣得依其威重。'于是汉遣司马一人、吏士四十人，田伊循以填抚之。其后更置都尉"[⑦]。

在完善的西汉长城防御体系保障下，新的发展地带即长城地带形成了。长城地带的发展又支持着西汉社会整体的发展，也带动了西域地区的发展。

---

① 班固著，颜师古注：《汉书》卷七十《傅常郑甘陈段传》，北京：中华书局，1962年，第3023页。

② 孟池：《从新疆历史文物看汉代在西域的政治措施和经济建设》，《文物》，1975年第7期。

③ 参考朱宏斌：《两汉西域屯田及其在中西农业科技文化交流中的作用》，《中国农史》，2003年第2期。

④ 班固著，颜师古注：《汉书》卷九十六上《西域传上》，北京：中华书局，1962年，第3872页。

⑤ 班固著，颜师古注：《汉书》卷九十六下《西域传下》，北京：中华书局，1962年，第3930页。

⑥ 班固著，颜师古注：《汉书》卷九十六上《西域传上》，北京：中华书局，1962年，第3874页。

⑦ 班固著，颜师古注：《汉书》卷九十六上《西域传上》，北京：中华书局，1962年，第3878页。

第四节　西汉长城作用下的农耕民族与游牧民族的融合

在汉长城防御系统不断完善的背景下，西汉王朝被侵扰的情况减少。客观上说，侵扰或战争也是一种交流方式，以匈奴为代表的游牧部落“宽则随畜，因射猎禽兽为生业，急则人习战攻以侵伐”[①]，所以当游牧部落处在“急”的困境中时[②]，就可能选择侵扰汉王朝边境，掠夺财富和人口，这无疑是匈奴获得汉文化成果的绝佳机会。同时，“战争还要求建立联盟，拉拢各方对付共同的敌人。张骞出使西域这个中外文化交流史上划时代意义的重大事件，跟汉朝对匈奴的战争有关……汉朝与西域的交通和交往得以展开，战争手段是重要因素。张骞出使西域之后，卫青、霍去病等率军进击匈奴获胜和李广利远征大宛对于中西交通的开展都具有重要意义”[③]。战争时交战双方要“知己知彼”，方能“百战不殆”，不仅要了解对方的作战方式、使用的武器，还要了解对方的民族风俗和禁忌，所以“战争会造成交战国之间的交往、贸易的暂时中断，但也从某种意义上加强了双方的联系，还造成一种特殊的文化交流的机会。战争双方都有必要研究和关注对方的状况，‘知己知彼，百战不殆’。这种研究和关注必然造成对对方的了解、学习和借鉴”[④]。而且在交战的时候，也是展示双方文化的最佳时刻，通过彼此的较量，发现对方的作战方式、作战技术、作战武器，这些无不透露着彼此的军事技术。在“战争”交流中，有展示、有借鉴，也有农耕民族与游牧民族的融合。大规模的民族融合则是发生在长城两侧政权稳定后，长城两侧的关系在长城的保障下逐渐缓和，特别是在长城地带发展的影响下，长城两侧的交流增多，交流形式多样化，民族融合的机会

---

① 司马迁：《史记》卷一百十《匈奴列传》，北京：中华书局，1959 年，第 2879 页。

② 参考黄永美：《西汉长城若干问题研究》，西北大学博士学位论文，2013 年。

③ 石云涛：《汉代丝绸之路的开拓与中外交流途径》，《人文丛刊》第九辑，北京：学苑出版社，2015 年，第 297 页。

④ 石云涛：《汉代丝绸之路的开拓与中外交流途径》，《人文丛刊》第九辑，北京：学苑出版社，2015 年，第 297 页。

增多。

一、长城地带的影响

在西汉政府的政策扶植下，长城地带农业畜牧业得以发展。长城地带的发展首先为长城地带的百姓提供了富足的粮食，同时促进了该地区工商业的发展，带动了西汉边郡乃至整个西汉王朝的经济发展。富足的经济基础为百姓安居乐业提供了可能，为西北地区政局的稳定提供了基石，为边疆防御提供了保障，也为长城两侧的交流提供了机会。

首先，西汉西北地区长城地带的发展推动了整个西北地区的发展。史载当时屯田的规模，“汉度河自朔方以西至令居，往往通渠置田，官吏卒五六万人，稍蚕食，地接匈奴以北”[①]。居延汉简中有籴粟记载，不只是在汉代居延，在敦煌也有此类记录，说明边塞防御系统从当地农民手中购粮的做法在西北边塞一定程度上存在，且不限定于某一地区。这也说明当地农民粮食富足，不仅可以自用，还有剩余出卖。农业产量的增加为工商业的发展提供了基础。百姓生活富足，政局才能稳定，居延汉简 212.7B 简有“官民颇知律令文”[②] 的内容，所以“保边塞，二千石治之，咸以为兵马为务；酒礼之会，上下通焉，吏民相亲。是以其俗风雨时节，谷籴常贱，少盗贼，有和气之应，贤于内郡”[③]。

其次，长城地带的发展增强了汉王朝的经济实力，提高了汉王朝的政治威望，加强了汉王朝的军事防御。如西汉政府徙民实边缓解了西汉王朝内部的流民问题，对整个西汉王朝而言，长城地带的发展，不但保护开发利用了新获得的疆域，还缓解了内部的压力。另外，《史记·大宛列传》载汉武帝出击匈奴时曾调用“牛十万，马三万余匹，驴骡橐它

---

① 司马迁：《史记》卷一百十《匈奴列传》，北京：中华书局，1959 年，第 2911 页。

② “中研院”历史语言研究所简牍整理小组编：《居延汉简》（叁），台北：“中研院”历史语言研究所，2016 年，第 1 页。

③ 班固著，颜师古注：《汉书》卷二十八下《地理志下》，北京：中华书局，1962 年，第 1645 页。

以万数”[①]。汉简中也有“橐佗持食救吏士命以一郡力足以澹养数十人(一二四)”[②] 的记载，可见战争时期运输粮食从内地到战场消耗之大。长城完善后，虽然战事缓和，但若仍从内地运输粮食来补给长城戍卒，则路途相同，消耗同样很大。又据汉简所记，一个戍卒一年的口粮为 21 石，若从内地运输，需一人、一车、一牛。[③] 所以长城地带的粮食富足，减少了政府从内地长途运输的消耗，意义重大，才会在汉简中记录籴粟内容。因此，从另一个角度来看，长城地带的发展无疑促进了西汉王朝整体经济的发展。

长城地带的钱粮不仅自给自足，甚至还可以调拨以救内地之灾。居延汉简有“守大司农光禄大夫臣调，昧死言武□以东至河西十一郡十一农都尉官调物钱谷漕转籴为民困乏启调有余给”的内容，简中的大司农名调，缺字疑为“武威”的“威”字，上书皇帝请求调河西的谷物钱粮救济内地困乏饥馑的农民。可见，居延屯田对当时的国家财政有帮助。[④]

因长城地带与西域的地缘之利，所以长城地带的发展对西域而言，不仅仅有“农耕社会的样板”之效果，也影响了西域的经济发展，这无形中提升了西汉王朝在西域的影响和威望。[⑤] 如《梁书·康绚列传》载康绚“其先出自康居。初，汉置都护，尽臣西域，康居亦遣侍子待诏于河西，因留为黔首，其后即以康为姓”[⑥]，这说明当时西域各国侍子要在河西待诏，经允许方可以进入都城，而且这些被派遣的侍子是分批进入京城的，还有使臣、商旅，恐怕也有这样的情况。“当时从西域各国来的使臣、商旅，不能

---

① 司马迁：《史记》卷一百二十三《大宛列传》，北京：中华书局，1959 年，第 3176 页。

② 甘肃省文物考古研究所编：《敦煌汉简》（下），北京：中华书局，1991 年，第 225 页。

③ 赵俪生主编：《古代西北屯田开发史》，兰州：甘肃文化出版社，1997 年，第 72 页。

④ 江海云：《汉简中所见的河西开发及启示》，《敦煌学辑刊》，2007 年第 4 期。

⑤ 黄永美：《西汉长城的修建对长城内外的影响探究》，《河北地质大学学报》，2019 年第 3 期。

⑥ 姚思廉：《梁书》卷十八《康绚列传》，北京：中华书局，1973 年，第 290 页。

直至京城，需要在河西待诏，等汉朝诏令下达后，一批一批放行，则河西经常住有一批西域人留居……允许进京有人数限制，不少随行人员只能停留在河西，其中无力返回或其他原因不能返回本国的，人数也不会太少。这些人住在河西，有的参与汉朝军政，有的自谋生计，因他们兼通语言，就成了汉朝政府与西域各国进行联系的纽带和中原与西域经济文化交流的中介。”[①]又如“汉代敦煌地区作为汉边疆重镇与东西交通枢纽，来自西域与中原各族人民纷纷聚集这一地区，其中有归义之民族于郡县官府任职或劳作者、自西域途经敦煌入中原朝觐的使臣、胡客及商贾，等等”[②]。面对来往的西域侍子、使者、商人，河西地区、长城地带不仅是西汉王朝边境前沿，更是展示大汉实力的“样板”。长城地带的稳定和发展也是西汉王朝在西域影响力度的“反应器”，是显示西汉王朝国威和防御力度的重要阵地。

最后，长城地带的发展加强了西汉王朝同西域的贸易交流。西域本已有农业发展，史载西域“大率土著，有城郭田畜”[③]，其中且末“以往皆种五谷”[④]；难兜国“种五谷、蒲陶诸果”[⑤]；罽宾国“种五谷、蒲陶诸果，粪治园田。地下湿，生稻，冬食生菜”[⑥]；乌弋山离国“地暑热莽平，其草木、畜产、五谷、果菜、食饮、宫室、市列、钱货、兵器、金珠之属皆与罽宾同”[⑦]。有的农业种植面积还挺大，如渠犁，“故轮台（以）东捷枝、

---

① 王宗维：《汉代河西与西域之间的相互关系》，《新疆社会科学》，1985年第3期。

② 杨富学、刘源：《出土简牍所见汉代敦煌民族及其活动》，《敦煌研究》，2019年第3期。

③ 班固著，颜师古注：《汉书》卷九十六上《西域传上》，北京：中华书局，1962年，第3872页。

④ 班固著，颜师古注：《汉书》卷九十六上《西域传上》，北京：中华书局，1962年，第3879页。

⑤ 班固著，颜师古注：《汉书》卷九十六上《西域传上》，北京：中华书局，1962年，第3884页。

⑥ 班固著，颜师古注：《汉书》卷九十六上《西域传上》，北京：中华书局，1962年，第3885页。

⑦ 班固著，颜师古注：《汉书》卷九十六上《西域传上》，北京：中华书局，1962年，第3889页。

渠犁皆故国，地广，饶水草，有溉田五千顷以上"[①]。在长城地带农业发展的"样板效果"下，汉代的农耕技术势必潜移默化地对其产生影响。此外，西域中处于要道之地的小邦商业已经较为发达，商品丰富，长城地带的发展便为西汉边郡与西域的贸易交换提供了货源，为贸易顺利进行提供了安全的市场和畅通的道路。

总之，在长城地带的稳定发展影响下，长城内的西汉王朝和长城外的各部落通过互派使节、派遣侍子、联姻、丝绸之路贸易、混居等方式加强了联系，交流的内容也逐渐增多，贸易规模有所扩大，长城两侧的文化也随着交流方式的增多而得以融合。尤其咽喉地带，汉政府大力扶持，如河西地带，"河西不仅在对匈奴的斗争中举足轻重，又是丝绸之路上的咽喉要道、经营西域的前进基地，故两汉中央都格外重视对河西的经营，制定适合河西情况的开发政策，并全部由政府主持实施"[②]。

二、在长城地带带动下的民族融合

以长城地带为基础和平台，民族间的融合向长城两侧潜移默化地延伸，逐渐带动各民族间的交流、贸易，促使两者相互吸引，其中通婚增多便是融合的典型反映。文献资料中记载的通婚事例尤以政权上层人士居多，如西汉时期的汉与乌孙通婚、乌孙与匈奴之间也有通婚，细君公主被"乌孙昆莫以为右夫人。匈奴亦遣女妻昆莫，昆莫以为左夫人"[③]。

首先农耕部族与游牧部族间的通婚，为民族融合奠定了基础。其实早在汉初汉朝与匈奴和亲之时，游牧部族对汉文化已经开始接纳，如汉文帝遣宗室女嫁给匈奴单于，中行说同行，"既至，因降单于，单于甚亲幸之"[④]，他

---

① 班固著，颜师古注：《汉书》卷九十六下《西域传下》，北京：中华书局，1962年，第3912页。

② 刘磐修：《汉代河西地区的开发》，《历史教学》，2002年第11期。

③ 班固著，颜师古注：《汉书》卷九十六下《西域传下》，北京：中华书局，1962年，第3903页。

④ 司马迁：《史记》卷一百十《匈奴列传》，北京：中华书局，1959年，第2898页。

指出匈奴“所以强者，以衣食异，无仰于汉也”[①]，告诫单于不要贪恋汉朝送去的衣食，当然包括美人。他还教单于左右用疏计法统计人口和牲畜。显然，此时的匈奴已经开始接纳汉文化并喜欢汉人衣服、器物、美人，使用汉人文书方式和疏计法，这便为民族融合奠定了基础。在汉长城完善后，长城两侧通婚增多，如西汉时期与乌孙联姻、西汉王朝与南匈奴联姻，嫁到乌孙的解忧公主的女儿与龟兹联姻，还有史载，“初，楚主侍者冯嫽能史书，习事，尝持汉节为公主使，行赏赐于城郭诸国，敬信之，号曰冯夫人。为乌孙右大将妻”[②]。冯夫人只是个例，想必更多的侍从也已与当地人结婚。“降至本始年间，汉文化早已渗入西域、特别是葱岭以东各国。乌孙与汉联姻，吸收汉文化自然便捷，龟兹既是乌孙紧邻，又是西汉与乌孙交往必由之途，深受影响亦不待言。绛宾‘遣人至乌孙求公主女’‘爱其夫人’便有向往汉文化的因素在内，而‘乐汉衣服制度’亦非始自元康元年之朝贺。”[③]

除了官方和亲、上层之间通婚增多，由于汉长城缓解了长城两侧冲突的状态，形成了一个宜农宜牧的长城地带，一方面汉政府从内地向长城地带大量迁徙汉人，另一方面将内服的游牧部族在此设置属国，如西汉时期，“乃分徙降者边五郡故塞外，而皆在河南，因其故俗，为属国”[④]。《汉书·霍去病传》也载：“乃分处降者于边五郡故塞外，而皆在河南，因其故俗为属国。”[⑤]《汉书·武帝纪》载元狩二年“将军去病、公孙敖出北地二千余里，过居延”，颜师古注：“居延，匈奴中地名也，韦昭以为张掖

---

① 司马迁：《史记》卷一百十《匈奴列传》，北京：中华书局，1959年，第2899页。

② 班固著，颜师古注：《汉书》卷九十六下《西域传下》，北京：中华书局，1962年，第3907页。

③ 余太山：《两汉魏晋南北朝正史西域传要注》，北京：中华书局，2005年，第190页。

④ 司马迁：《史记》卷一百一十一《卫将军骠骑列传》，北京：中华书局，1959年，第2934页。

⑤ 班固著，颜师古注：《汉书》卷五十五《卫青霍去病传》，北京：中华书局，1962年，第2483页。

县，失之。张掖所置居延县者，以安处所获居延人而置此县。”[①]《后汉书·西羌传》中载班彪言“今凉州部皆有降羌，羌胡被发左衽，而与汉人杂处，习俗既异，言语不通”[②]。又有载：“湟中月氏胡，其先大月氏之别也，旧在张掖、酒泉地。月氏王为匈奴冒顿所杀，余种分散，西逾葱领。其羸弱者南入山阻，依诸羌居止，遂与共婚姻。及骠骑将军霍去病破匈奴，取西河地，开湟中，于是月氏来降，与汉人错居。”[③] 罗布泊出土的一件牛群走失的佉卢文书、尼雅遗址出土的一件买卖土地的佉卢文书都说明罗布泊遗址和尼雅遗址发现了内地与当地人交错杂居的情况。[④] 可见设置属国的部族与汉人混居，则不可避免会有接触、有交流，这便为民族间的交流提供了便利。因而无论是属国还是杂处的部族，他们与汉人的接触和交流，相比较之前，因地缘关系，“长城内外，各民族错居杂处”[⑤]，混居就不可避免地存在。各民族间相互交流甚至通婚，而交流和通婚又加速了民族融合的进程。

其次，在长城两侧政局稳定后，西域臣服的小邦纷纷向西汉长安遣送侍子，这些侍子归国后，也会带回各种形式的汉文化，亦为民族间的融合增添力量。坎库尔墓葬被推定为东汉时期北匈奴的墓葬，其墓葬装饰豪华，亦可见当时的北匈奴受到汉文化和中亚土著文化的影响，逐渐失去了固有文化和血统的纯粹性。[⑥] 如鄯善王曾在汉王朝做侍子，后来“王自请天子曰：‘身在汉久，今归，单弱，而前王有子在，恐为所杀。国中有伊循城，其地肥美，愿汉遣〔一〕将屯田积谷，令臣得依其威重。’于

① 班固著，颜师古注：《汉书》卷六《武帝纪》，北京：中华书局，1962 年，第 176 页。

② 范晔撰，李贤等注：《后汉书》卷八十七《西羌传》，北京：中华书局，1965 年，第 2878 页。

③ 范晔撰，李贤等注：《后汉书》卷八十七《西羌传》，北京：中华书局，1965 年，第 2899 页。

④ 参考汪宁生：《汉晋西域与祖国文明》，《考古学报》，1977 年第 1 期。

⑤ 盖山林、陆思贤：《内蒙古境内战国秦汉长城遗迹》，中国考古学会编：《中国考古学会第一次年会论文集》，北京：文物出版社，1980 年，第 224 页。

⑥ 泽田勳著，王庆宪、丛晓明译：《匈奴——古代游牧国家的兴亡》，呼和浩特：内蒙古人民出版社，2010 年，第 189 页。

是汉遣司马一人、吏士四十人，田伊循以填抚之。其后更置都尉”①。

长城两侧的部族都逐渐受鄯善王的影响，或通过联姻，或通过送侍子入长安等方式了解学习汉文化。各部族在与汉民族混居、邻居、通婚等多种形式的交流中，生活方式也逐渐汉化，如考古发现匈奴也发展农业，种植小米，匈奴人穿丝绸、用筷子吃大米、住半泥土棚屋、仿制中国马车等衣食住行方面的一些变化。又如乌桓、羌族，“在两汉的四百多年间，北匈奴西遁，南匈奴降汉，乌桓和鲜卑不断向中原迁徙，上谷、渔阳诸郡早已是汉人和匈奴、乌桓、鲜卑等族错居杂处的地区。这些少数部族，特别是乌桓，不久就和汉族融合成一体了”②；“羌族与氐族相同，到了汉代中叶已逐渐汉化，尤其是一些东迁的部落，生活方式则已与汉人相差不多了”③。也有少数民族之间的交流、影响、融合，如混居在一起的羌族和氐族，“氐族与羌族最初是两个不同的民族：不仅地望不同（氐东羌西），语言不相同，生活方式不同（氐族畜牧，羌族农耕），风俗习惯不相同（氐人编发，羌人披发），经过汉代的迁徙之后，两族交错居住，并都逐步汉化，婚俗与衣着也彼此影响，但彼此部落并不相同”④。

“自秦汉起，匈奴、东胡、氐、羌、乌桓、鲜卑等各民族不断来到长城内外，同这里的汉族交侵错居，相互交往”⑤。各部族间的经济、文化、社会生活、语言、服饰等的相互影响，并不会因为长城的修建而停滞。相反，长城的修建，为各部族间的交流提供了安定的环境，提供了政治保障。长城的修建，“既遏制不了南北各族人民之间的接触往来和经济

---

① 班固著，颜师古注：《汉书》卷九十六上《西域传上》，北京：中华书局，1962年，第3878页。

② 内蒙古自治区博物馆文物工作队编：《和林格尔汉墓壁画》，北京：文物出版社，2007年，第18页。

③ 耿振华：《中国西北边疆民族史——以部落政权发展模式与民族文化保存为中心》，台北：启英文化事业有限公司，1995年，第157页。

④ 耿振华：《中国西北边疆民族史——以部落政权发展模式与民族文化保存为中心》台北：启英文化事业有限公司，1995年，第157页。

⑤ 黄雪寅：《内蒙古草原民族与北方长城地带各民族的关系》，《内蒙古文物考古》，1998年第2期。

文化交流，也隔断不了北方民族的南下和中原内地人的北上，更挡不住南北各族人民之间的相互吸收、彼此融合。这是历史的潮流和发展趋势”①。

第三，特殊人群——亡人的影响。亡人“作为流动人口，具有背离编户齐民社会结构定式的身份”②，除了侯应归纳的主要三种外（即“往者从军多没不还者，子孙贫困，一旦亡出，从其亲戚，六也。又边人奴婢愁苦，欲亡者多，曰‘闻匈奴中乐，无奈候望急何！’然时有亡出塞者，七也。盗贼桀黠，群辈犯法，如其窘急，亡走北出，则不可制，八也”③），还有“败降”者、“诱降”者等特殊亡人。④ 而且整个汉王朝统治期间，亡人现象始终不断。这些亡人中如“卫律为单于谋‘穿井筑城，治楼以藏谷，与秦人守之。汉兵至，无奈我何。’即穿井数百，伐材数千”⑤，这说明匈奴已经掌握穿井、筑城技术。“‘亡人’，是当时对内地逃往匈奴居地的民人的通行称谓。居延汉简中的相关资料，告诉我们‘亡人越塞’现象曾经相当普遍。于是汉文帝致匈奴单于外交文书中肯定对方‘亡人不足以益众广地’的认识。汉的‘亡人’曾经在民族文化交流中发挥过明显的作用。……同样，汉帝国也往往‘得匈奴降者’。可以作为与汉‘亡人’反方向人口流动的历史例证的，还有‘胡巫’‘胡贾’‘胡骑’在中原的活跃表现，‘胡奴’也服务于内地社会经济。而较大规模的游牧族内迁史事，是匈奴的内附。”⑥ 这些特殊人群离开原来生活的区域流动到另一个区域，便成为原来生活区域文化的传播者，为不同区域文化交流、民族融合提供

---

① 舒顺林：《论东汉时期长城内外各族的经济文化交流》，《内蒙古师大学报（哲学社会科学版）》，1989 年第 2 期。

② 王子今：《汉代北边“亡人”：民族立场与文化表现》，《南都学坛（人文社会科学学报）》，2008 年第 2 期。

③ 班固著，颜师古注：《汉书》卷九十四下《匈奴传下》，北京：中华书局，1962 年，第 3804 页。

④ 黄永美、徐卫民：《西汉西北地区长城内防功能初探》，《社会科学战线》，2012 年第 10 期。

⑤ 班固著，颜师古注：《汉书》卷九十四上《匈奴传上》，北京：中华书局，1962 年，第 3782 页。

⑥ 王子今：《汉简河西社会史料研究》，北京：商务印书馆，2017 年，第 10 页。

了基础，也成为民族间融合的桥梁。这些特殊人群到达新的生活区域后，通过联姻、参与政治、参与社会生产等，融入新的区域，推动了民族融合的进程。

第四，贸易和参与贸易的使者、商人都为民族融合增添了“力量”。在张骞出使西域前，中西方贸易就已经存在，只是张骞出使西域后，中西方贸易增强。从西汉时期起，贸易规模就随着长城两侧关系缓和不断扩展，西汉武帝出击匈奴时，从击胡市开始，史载“自马邑军后五年之秋，汉使四将军各万骑击胡关市下”[①]，也足以说明当时从事贸易的人数之多、规模之大。而且匈奴、西域“尚乐关市，嗜汉财物”[②]，要求“今欲与汉闿大关”[③]。《后汉书·南匈奴列传》有载北匈奴渴望与汉王朝进行贸易，汉政府同意合市后，匈奴则带万头牛羊进行贸易，足见贸易规模之大。“元和元年，武威太守孟云上言北单于复愿与吏人合市，诏书听云遣驿使迎呼慰纳之。北单于乃遣大且渠伊莫訾王等，驱牛马万余头来与汉贾客交易。”[④]

除了关市贸易，还有民间贸易、走私、军市等。如居延汉简中有贾人、贾车内容，“说明专营贸易的商人在河西边地的活动”[⑤]，同时“市庸平贾的形成，可以说明当地民间贸易活动的活跃，已经使得经济生活相对成熟，以致自然规范了大略的定轨”[⑥]。又有《史记·汲郑列传》载汉武帝时期出击匈奴战争期间，匈奴浑邪王率众来降，等浑邪王至长安后，贾人与市者，坐当死者五百余人。关于死因，汲黯的谏言有提到，“愚民安

---

① 司马迁：《史记》卷一百十《匈奴列传》，北京：中华书局，1959年，第2906页。

② 司马迁：《史记》卷一百十《匈奴列传》，北京：中华书局，1959年，第2905页。

③ 班固著，颜师古注：《汉书》卷九十四上《匈奴传上》，北京：中华书局，1962年，第3780页。

④ 范晔撰，李贤等注：《后汉书》卷八十九《南匈奴列传》，北京：中华书局，1965年，第2950页。

⑤ 王子今：《秦汉边疆与民族问题》，北京：中国人民大学出版社，2011年，第28页。

⑥ 王子今：《秦汉边疆与民族问题》，北京：中国人民大学出版社，2011年，第31页。

知市买长安中物而文吏绳以为阑出财物于边关乎？陛下纵不能得匈奴之资以谢天下，又以微文杀无知者五百余人”[①]。还有《史记·张释之冯唐列传》有载，“李牧为赵将居边，军市之租皆自用飨士，赏赐决于外，不从中扰也……今臣窃闻魏尚为云中守，其军市租尽以飨士卒，〔出〕私养钱，五日一椎牛，飨宾客军吏舍人，是以匈奴远避，不近云中之塞”[②]。居延汉简 243.34 简有“私市居延愿以令取致谨”[③] 记录，此简在军事防御之地居延烽燧发现，应该与军市有关。

以上种种形式的贸易，都使游牧部族与农耕部族之间的物质、文化得以交流，长城外的匈奴、西域各部向汉人学习，同样汉王朝的百姓也向游牧部落学习畜牧技术，“屯牧也是屯田的重要内容之一，因此蓄养西方各种奇畜，学习相关技术，也成为屯卒们的生产活动的重要内容”[④]。《史记·大宛列传》载“汉发使十余辈至宛西诸外国，求奇物”[⑤]，这些奇物中也有西域物种，“宛王蝉封与汉约，岁献天马二匹。汉使采蒲陶、目宿种归”[⑥]。汉人有在西域屯田者，“参与屯垦者中的许多人回到中原以后，也会在生产生活中自觉不自觉地扮演西方技术文化传播者的角色，这也是西域屯田汲取传播西方科技文化的一条重要途径”[⑦]。《后汉书》有载“灵帝好胡服、胡帐、胡床、胡坐、胡饭、胡空侯、胡笛、胡舞，京都贵戚皆

---

① 司马迁：《史记》卷一百二十《汲郑列传》，北京：中华书局，1959 年，第 3109 页。

② 司马迁：《史记》卷一百二《张释之冯唐列传》，北京：中华书局，1959 年，第 2758 页。

③ “中研院”历史语言研究所简牍整理小组编：《居延汉简》（叁），台北：“中研院”历史语言研究所，2016 年，第 107 页。

④ 朱宏斌：《两汉西域屯田及其在中西农业科技文化交流中的作用》，《中国农史》，2003 年第 2 期。

⑤ 司马迁：《史记》卷一百二十三《大宛列传》，北京：中华书局，1959 年，第 3179 页。

⑥ 班固著，颜师古注：《汉书》卷九十六上《西域传上》，北京：中华书局，1962 年，第 3895 页。

⑦ 朱宏斌：《两汉西域屯田及其在中西农业科技文化交流中的作用》，《中国农史》，2003 年第 2 期。

竞为之”[1]。灵帝这种爱好，并非西域人影响一日之成效，早在西汉时西域商人就有同往长安者。这些贸易丰富了各族的社会生活，促进了经济发展，又都为民族交流和民族融合提供了条件。

无论是官方贸易还是私人贸易，交易双方都有充足的时间相互了解、深入交流，所以参与贸易的使者、商人便充当了民族交流和民族融合的桥梁。

① 范晔撰，李贤等注：《后汉书》志第十三《五行一》，北京：中华书局，1965 年，第 3272 页。

主要参考文献

（依照姓的首字母排序，同字母则依出版或发表时间为序）

一、历史和考古文献

班固撰，颜师古注，王先谦补注：《汉书补注》，北京：商务印书馆，1959年。

班固著，颜师古注：《汉书》，北京：中华书局，1962年。

班固撰集，陈立疏证，吴则虞点校：《新编诸子集成·白虎通疏证》，北京：中华书局，1994年。

蔡邕：《独断》，北京：中华书局，1985年。

陈沆：《诗比兴笺》，上海：上海古籍出版社，1981年。

陈寿撰，裴松之注，陈乃乾校点：《三国志》，北京：中华书局，1982年。

程树德撰，程俊英、蒋见元点校：《新编诸子集成·论语集释》，北京：中华书局，1990年。

杜佑著，王文锦等点校：《通典》，北京：中华书局，1988年。

董仲舒著，苏舆撰，钟哲点校：《新编诸子集成·春秋繁露义证》，北京：中华书局，1992年。

范晔撰，李贤等注：《后汉书》，北京：中华书局，1965年。

房玄龄等:《晋书》，北京：中华书局，1974 年。

封演撰，赵贞信校注:《封氏闻见记校注》，北京：中华书局，2005 年。

方勇译注:《孟子》，北京：中华书局，2018 年。

顾炎武撰，黄汝成集释，栾保群校点:《日知录集释》，北京：中华书局，2020 年。

郭璞注，周远富、愚若点校:《尔雅》，北京：中华书局，2020 年。

桓宽撰集，王利器校注:《新编诸子集成·盐铁论校注》，北京：中华书局，1992 年。

黄怀信等撰，李学勤审定:《逸周书汇校集注》，上海：上海古籍出版社，1995 年。

何清谷:《三辅黄图校释》，北京：中华书局，2005 年。

贾谊撰，阎振益、钟夏校注:《新编诸子集成·新书校注》，北京：中华书局，2000 年。

刘昫等撰:《旧唐书》，北京：中华书局，1975 年。

黎靖德编，王星贤点校:《朱子语类》，北京：中华书局，1986 年。

刘向:《新序　说苑》，上海：上海古籍出版社，1990 年。

连云港市博物馆等:《尹湾汉墓简牍》，北京：中华书局，1997 年。

刘安编，何宁整理:《新编诸子集成·淮南子集释》，北京：中华书局，1998 年。

李学勤主编:《十三经注疏》，北京：北京大学出版社，1999 年。

刘庆柱辑注:《关中记辑注》，西安：三秦出版社，2006 年。

郦道元著，陈桥驿校证:《水经注校证》，北京：中华书局，2007 年。

李昉等:《太平御览》，上海：上海古籍出版社，2008 年。

刘熙撰，毕沅疏证，王先谦补，祝敏彻、孙玉文点校:《释名疏证补》，北京：中华书局，2008 年。

刘熙载撰，袁津琥校注:《艺概注稿》，北京：中华书局，2009 年。

吕不韦编，许维遹集释，梁运华整理:《新编诸子集成·吕氏春秋集释》，北京：中华书局，2009 年。

陆贾撰，王利器整理：《新编诸子集成·新语校注》，北京：中华书局，2012年。

老子著，张景、张松辉译注：《道德经》，北京：中华书局，2021年。

马端临：《文献通考》，北京：中华书局，2011年。

皮锡瑞撰，吴仰湘编：《尚书大传疏证》，北京：中华书局，2015年。

皮锡瑞撰，吴仰湘点校：《孝经郑注疏》，北京：中华书局，2016年。

司马光编著，胡三省音注：《资治通鉴》，北京：中华书局，1956年。

司马迁：《史记》，北京：中华书局，1959年。

孙星衍等辑，周天游校释：《汉官六种》，北京：中华书局，1990年。

睡虎地秦墓竹简整理小组：《睡虎地秦墓竹简》，北京：文物出版社，1990年。

脱脱等：《宋史》，北京：中华书局，1985年。

唐晏著，吴东民点校：《两汉三国学案》，北京：中华书局，1986年。

魏徵等：《隋书》，北京：中华书局，1973年。

王夫之撰，舒士彦点校：《读通鉴论》，北京：中华书局，1975年。

王符撰，汪继培笺，彭铎校正：《新编诸子集成·潜夫论笺校正》，北京：中华书局，1985年。

王先谦撰，沈啸寰、王星贤点校：《新编诸子集成·荀子集解》，北京：中华书局，1988年。

王充撰，黄晖校释：《新编诸子集成·论衡校释》，北京：中华书局，1990年。

王先慎撰，钟哲点校：《新编诸子集成·韩非子集解》，北京：中华书局，1998年。

王钦若编纂，周勋初等校订：《册府元龟》，南京：凤凰出版社，2006年。

吴毓江撰，孙启治点校：《新编诸子集成·墨子校注》，北京：中华书局，2006年。

徐天麟：《东汉会要》，北京：中华书局，1955年。

萧统编，李善注：《文选》，北京：中华书局，1977年。

许慎撰，段玉裁注：《说文解字注》，上海：上海古籍出版社，1981年。

荀悦著，张烈点校：《汉纪》，北京：中华书局，2002年。

徐坚：《初学记》，北京：中华书局，2004年。

应劭撰，王利器校注：《新编诸子集成·风俗通义校注》，北京：中华书局，1981年。

扬雄撰，汪荣宝注疏，陈仲夫点校：《新编诸子集成·法言义疏》，北京：中华书局，1987年。

虞世南：《北堂书钞》，天津：天津古籍出版社，1988年。

左丘明撰，徐元诰集解，王树民、沈长云点校：《国语集解》，北京：中华书局，2002年。

中国社会科学院考古研究所编：《居延汉简（甲乙编）》，北京：中华书局，1980年。

朱谦之：《新编诸子集成·老子校释》，北京：中华书局，1984年。

章如愚：《山堂考索》，北京：中华书局，1992年。

张家山汉墓竹简整理小组：《张家山汉墓竹简（二四七号墓）》，北京：文物出版社，2001年。

赵岐等撰，张澍辑，陈晓捷注：《三辅旧事》，西安：三秦出版社，2006年。

钟文烝撰，骈宇骞、郝淑慧点校：《春秋穀梁经传补注》，北京：中华书局，2009年。

赵逵夫主编：《历代赋评注》，成都：巴蜀书社，2010年。

朱熹集注，郭万金编校：《论语集注》，北京：商务印书馆，2015年。

二、研究论著

安作璋、熊铁基：《秦汉官制史稿》，济南：齐鲁书社，1984年。

卜宪群：《秦汉官僚制度》，北京：社会科学文献出版社，2002年。

崔瑞德、鲁惟一编，杨品泉等译：《剑桥中国秦汉史》，北京：中国社会科学出版社，1992年。

陈高华、徐吉军主编，彭卫、杨振红著：《中国风俗通史（秦汉卷）》，上海：上海文艺出版社，2002 年。

陈鼓应：《黄帝四经今注今译——马王堆汉墓出土帛书》，北京：商务印书馆，2007 年。

陈苏镇：《〈春秋〉与“汉道”：两汉政治与政治文化研究》，北京：中华书局，2011 年。

杜正胜：《周代城邦》，台北：联经出版事业有限公司，1979 年。

杜正胜：《编户齐民：传统政治社会结构之形成》，台北：联经出版事业有限公司，1988 年。

段清波：《秦始皇帝陵园考古研究》，北京：北京大学出版社，2011 年。

费振刚、胡双宝、宗明华辑校：《全汉赋》，北京：北京大学出版社，1993 年。

高敏：《秦汉史论集》，郑州：中州书画社，1982 年。

龚克昌：《汉赋研究》，济南：山东文艺出版社，1990 年。

甘肃省文物考古研究所、吴礽骧：《河西汉塞调查与研究》，北京：文物出版社，2005 年。

管东贵：《从宗法封建制到皇帝郡县制的演变——以血缘解纽为脉络》，北京：中华书局，2010 年。

黄留珠：《秦汉仕进制度》，西安：西北大学出版社，1985 年。

贺业矩：《中国古代城市规划史》，北京：中国建筑工业出版社，1996 年。

黄留珠、周天游：《陕西通史》（秦汉卷），西安：陕西师范大学出版社，1997 年。

韩国河：《秦汉魏晋丧葬制度研究》，西安：陕西人民出版社，1999 年。

河南省商丘市文物管理委员会、河南省文物考古研究所、河南省永城市文物管理委员会、阎根齐主编：《芒砀山西汉梁王墓地》，北京：文物出版社，2001 年。

何平立：《巡狩与封禅：封建政治的文化轨迹》，济南：齐鲁书社，

2002 年。

黄留珠：《秦汉历史文化论稿》，西安：三秦出版社，2002 年。

黄建军：《中国古都选址与规划布局的本土思想研究》，厦门：厦门大学出版社，2005 年。

金春峰：《汉代思想史》，北京：中国社会科学出版社，1987 年。

姜波：《汉唐都城礼制建筑研究》，北京：文物出版社，2003 年。

孔庆明：《秦汉法律史》，西安：陕西人民出版社，1992 年。

劳榦：《劳榦学术论文集甲编》，台北：艺文印书馆，1976 年。

吕思勉：《秦汉史》，上海：上海古籍出版社，1983 年。

林剑鸣等：《秦汉社会文明》，西安：西北大学出版社，1985 年。

刘庆柱、李毓芳：《西汉十一陵》，西安：陕西人民出版社，1987 年。

李禹阶、秦学颀：《外戚与皇权》，重庆：西南师范大学出版社，1993 年。

李开元：《汉帝国的建立与刘邦集团——军功受益阶层研究》，北京：生活·读书·新知三联书店，2000 年。

刘庆柱：《古代都城与帝陵考古学研究》，北京：科学出版社，2000 年。

黎东方著，陈文豪整理，王子今补编：《细说秦汉》，上海：上海人民出版社，2002 年。

李玉福：《秦汉制度史论》，济南：山东大学出版社，2002 年。

刘厚琴：《儒学与汉代社会》，济南：齐鲁书社，2002 年。

李志慧：《汉赋与长安》，西安：西安出版社，2003 年。

李振宏：《居延汉简与汉代社会》，北京：中华书局，2003 年。

刘庆柱、李毓芳：《汉长安城》，北京：文物出版社，2003 年。

廖伯源：《秦汉史论丛》，台北：五南图书出版股份有限公司，2003 年。

刘瑞、刘涛：《西汉诸侯王陵墓制度研究》，北京：中国社会科学出版社，2010 年。

刘庆柱、白云翔主编，中国社会科学院考古研究所编著：《中国考古学·秦汉卷》，北京：中国社会科学出版社，2010 年。

刘尊志：《汉代诸侯王墓研究》，北京：社会科学文献出版社，2012 年。

李禹阶主编：《秦汉社会控制思想史》，北京：中国社会科学出版社，2017 年。

李禹阶、秦学颀：《中国古代外戚政治》，北京：商务印书馆，2017 年。

马非百注释：《盐铁论简注》，北京：中华书局，1984 年。

彭卫：《汉代社会风尚研究》，西安：三秦出版社，1998 年。

钱剑夫：《秦汉赋役制度考略》，武汉：湖北人民出版社，1984 年。

钱穆：《秦汉史》，北京：生活·读书·新知三联书店，2004 年。

邱永明：《中国古代监察制度史》，上海：上海人民出版社，2006 年。

钱大昕著，陈文和主编：《三史拾遗》，南京：凤凰出版社，2016 年。

孙曜：《春秋时代之世族》，上海：中华书局，1936 年。

孙家洲：《西汉朝廷“大洗牌”——汉文帝入继大统前后的政治博弈》，北京：中国人民大学出版社，2020 年。

山东省博物馆、山东省文物考古研究所：《邹县野店》，北京：文物出版社，1985 年。

史念海：《中国古都和文化》，北京：中华书局，1998 年。

史念海：《史念海全集》，北京：人民出版社，2013 年。

沈刚：《秦简所见地方行政制度研究》，北京：中国社会科学出版社，2021 年。

田昌五、安作璋：《秦汉史》，北京：人民出版社，2008 年。

王国维：《观堂集林》，北京：中华书局，1959 年。

王仲殊：《汉代考古学概说》，北京：中华书局，1984 年。

王铁：《汉代学术史》，上海：华东师范大学出版社，1995 年。

王子今：《秦汉区域文化研究》，成都：四川人民出版社，1998 年。

王子今：《汉武英雄时代》，北京：中华书局，2005 年。

王子今：《秦汉社会史论考》，北京：商务印书馆，2006 年。

王子今：《秦汉边疆与民族问题》，北京：中国人民大学出版社，2011

年。

王爱和著，金蕾、徐峰译，徐峰校：《中国古代宇宙观与政治文化》，上海：上海古籍出版社，2011 年。

王子今：《秦汉交通史稿》，北京：社会科学文献出版社，2020 年。

信立祥：《汉代画像石综合研究》，北京：文物出版社，2000 年。

熊铁基：《秦汉新道家》，上海：上海人民出版社，2001 年。

徐复观：《两汉思想史》，上海：华东师范大学出版社，2001 年。

西嶋定生著，武尚清译：《中国古代帝国的形成与结构——二十等爵制研究》，北京：中华书局，2004 年。

徐卫民：《秦汉历史地理研究》，西安：三秦出版社，2005 年。

徐卫民：《秦汉历史文化研究》，北京：中国社会科学出版社，2010 年。

咸阳市文物考古研究所：《西汉帝陵钻探调查报告》，北京：文物出版社，2010 年。

徐卫民：《秦汉都城研究》，西安：三秦出版社，2012 年。

夏曾佑：《古代史》，北京：应急管理出版社，2023 年。

严耕望：《秦汉地方行政制度》，台北："中研院"历史语言研究所，1974 年。

俞伟超：《先秦两汉考古学论集》，北京：文物出版社，1985 年。

杨宽：《中国古代都城制度史研究》，上海：上海古籍出版社，1993 年。

杨树达：《汉代婚丧礼俗考》，上海：上海古籍出版社，2000 年。

于迎春：《秦汉士史》，北京：北京大学出版社，2000 年。

杨生民：《汉武帝传》，北京：人民出版社，2001 年。

阎步克：《品位与职位：秦汉魏晋南北朝官阶制度研究》，北京：中华书局，2002 年。

杨树增：《汉代文化特色及形成》，北京：人民出版社，2008 年。

阎步克：《从爵本位到官本位——秦汉官僚品位结构研究》，北京：生活·读书·新知三联书店，2009 年。

杨振红：《出土简牍与秦汉社会》，桂林：广西师范大学出版社，2009年。

杨振红：《出土简牍与秦汉社会》（续编），桂林：广西师范大学出版社，2015年。

阎步克：《士大夫政治演生史稿》，北京：北京大学出版社，2015年。

中国社会科学院考古研究所、河北省文物管理处：《满城汉墓发掘报告》，北京：文物出版社，1980年。

张晋藩、王超：《中国政治制度史》，北京：中国政法大学出版社，1987年。

祝瑞开：《两汉思想史》，上海：上海古籍出版社，1989年。

中国社会科学院考古研究所编著：《汉杜陵陵园遗址》，北京：科学出版社，1993年。

中国社会科学院考古研究所编著：《汉长安城未央宫》，北京：中国大百科全书出版社，1996年。

周长山：《汉代城市研究》，北京：人民出版社，2001年。

赵秀玲：《中国乡里制度》，北京：社会科学文献出版社，2002年。

中国社会科学院考古研究所编著：《西汉礼制建筑遗址》，北京：文物出版社，2003年。

朱士光、吴宏岐主编：《古都西安·西安的历史变迁与发展》，西安：西安出版社，2003年。

中国社会科学院考古研究所编著：《汉长安城武库》，北京：文物出版社，2005年。

张继海：《汉代城市社会》，北京：社会科学文献出版社，2006年。

中国社会科学院考古研究所编：《汉长安城桂宫遗址》，北京：文物出版社，2006年。

中国社会科学院考古研究所汉长安城工作队、西安市汉长安城遗址保管所编：《汉长安城遗址研究》，北京：科学出版社，2006年。

张俊民：《悬泉汉简：社会与制度》，兰州：甘肃文化出版社，2021年。

三、学术论文

白音查干：《长城与汉匈关系》，《内蒙古师大学报（哲学社会科学版）》，1998 年第 6 期。

卜宪群：《秦汉三公制度渊源论》，《安徽史学》，1994 年第 4 期。

卜宪群：《秦制、楚制与汉制》，《中国史研究》，1995 年第 1 期。

卜宪群：《秦汉九卿源流及其性质问题》，《南都学坛》，2002 年第 6 期。

卜宪群：《秦汉乡里社会演变与国家治理的历史考察》，《中国社会科学》，2022 年第 3 期。

曹龙：《西汉帝陵陪葬制度初探》，《考古与文物》，2012 年第 5 期。

崔大庸、高继习：《章丘洛庄汉墓发掘成果及学术价值》，《山东大学学报（哲学社会科学版）》，2004 年第 1 期。

陈其泰：《〈春秋〉与西汉社会生活》，《北京师范大学学报》，1992 年第 2 期。

东北博物馆：《辽阳三道壕西汉村落遗址》，《考古学报》，1957 年第 1 期。

戴春阳：《礼县大堡子山秦公墓地及有关问题》，《文物》，2000 年第 5 期。

段清波、张颖岚：《秦始皇帝陵的外藏系统》，《考古》，2003 年第 11 期。

段清波：《外藏系统的兴衰与中央集权政体的确立》，《文物》，2016 年第 8 期。

段清波、朱晨露：《古代陵墓墓道研究——中国古代陵墓制度研究之四》，《考古与文物》，2019 年第 5 期。

邓国军：《空间方位观念与商周王朝秩序》，《中山大学学报（社会科学版）》，2020 年第 3 期。

甘肃省博物馆：《甘肃武威磨咀子汉墓发掘》，《考古》，1960 年第 9 期。

郭璐：《秦咸阳象天设都空间模式初探》，《古代文明》，2016 年第 2 期。

黄展岳:《汉代诸侯王墓论述》,《考古学报》,1998 年第 1 期。

河南省文物考古研究所、内黄县文物保护管理所:《河南内黄县三杨庄汉代庭院遗址》,《考古》,2004 年第 7 期。

韩国河:《东汉帝陵有关问题的探讨》,《考古与文物》,2007 年第 5 期。

黄永美、徐卫民:《西汉西北地区长城内防功能初探》,《社会科学战线》,2012 年第 10 期。

黄永美:《西汉西北地区长城地带探究——以西汉政府控制区为例》,《重庆师范大学学报》,2020 年第 3 期。

黄永美:《汉代军事防御中的加密思想和行为初探——以烽燧信息传递为中心》,《中国边疆史地研究》,2021 年第 4 期。

焦南峰:《汉阳陵从葬坑初探》,《文物》,2006 年第 7 期。

焦南峰:《试论西汉帝陵的建设理念》,《考古》,2007 年第 11 期。

焦南峰:《秦、西汉帝王陵封土研究的新认识》,《文物》,2012 年第 12 期。

焦南峰:《“同制京师”——大云山西汉王陵形制初识》,《东南文化》,2013 年第 1 期。

焦南峰:《西汉帝陵“夫人”葬制初探》,《考古》,2014 年第 1 期。

焦南峰:《汉成帝延陵名位补证》,《考古与文物》,2019 年第 4 期。

金方廷:《从“错法俗成”到“匡饬异俗”:中国早期的法与民俗》,《民俗研究》,2021 年第 4 期。

李遇春:《汉长安城考古综述》,《考古与文物》,1981 年第 1 期。

刘庆柱、李毓芳:《关于西汉帝陵形制诸问题探讨》,《考古与文物》,1985 年第 5 期。

刘庆柱:《汉长安城布局结构辨析——与杨宽先生商榷》,《考古》,1987 年第 10 期。

刘庆柱:《再论汉长安城布局结构及其相关问题——答杨宽先生》,《考古》,1992 年第 10 期。

连云港市博物馆:《尹湾汉墓简牍释文选》,《文物》,1996 年第 8 期。

连云港市博物馆、东海县博物馆、中国社会科学院简帛研究中心、中国文物研究所:《尹湾汉墓简牍初探》,《文物》,1996 年第 10 期。

刘庆柱:《汉长安城的考古发现及相关问题研究——纪念汉长安城考古工作四十年》,《考古》,1996 年第 10 期。

李如森:《汉代“外藏椁”的起源与演变》,《考古》,1997 年第 12 期。

刘振东:《中国古代陵墓中的外藏椁——汉代王、侯墓制研究之二》,《考古与文物》,1999 年第 4 期。

刘庆柱:《中国古代都城考古学研究的几个问题》,《考古》,2000 年第 7 期。

刘振东、谭青枝:《关于河南永城保安山二号墓墓主问题》,《考古与文物》,2001 年第 4 期。

李禹阶:《陆贾“新无为”论探析——论汉初新儒家的援道入儒思想》,《中华文化论坛》,2003 年第 1 期。

李禹阶:《论陆贾的“礼”“法”思想》,《重庆师范学院学报(哲学社会科学版)》,2003 年第 3 期。

李禹阶、沈双一:《汉代新儒学“天人感应论”开山祖——陆贾》,《河南大学学报(社会科学版)》,2003 年第 6 期。

刘卫鹏、岳起:《咸阳塬上“秦陵”的发现和确认》,《文物》,2008 年第 4 期。

刘卫鹏、岳起:《陕西咸阳市西汉成帝延陵调查记》,《华夏考古》,2009 年第 1 期。

李禹阶:《论中国外戚政治的起源及形成的历史条件》,《四川大学学报》,2010 年第 3 期。

李禹阶:《华夏民族与国家认同意识的演变》,《历史研究》,2011 年第 3 期。

梁云、田亚岐:《试论雍城秦公陵园的墓主及葬制》,《考古与文物》,2015 年第 4 期。

刘跃进:《〈过秦论〉三题》,《中山大学学报(社会科学版)》,2016

年第 2 期。

吕健：《从出土封泥谈巨野红土山汉墓的墓主问题》，《考古》，2016 年第 9 期。

刘照建：《西汉楚元王刘交略论》，《江苏师范大学学报（哲学社会科学版）》，2019 年第 3 期。

鲁西奇：《“下县的皇权”：中国古代乡里制度及其实质》，《北京大学学报（哲学社会科学版）》，2019 年第 4 期。

李禹阶：《“汉制”新探——论西汉前期的“汉承秦制”与“汉家法周”》，《华南师范大学学报（社会科学版）》，2020 年第 2 期。

马正林：《论西安城址选择的地理基础》，《陕西师大学报》，1990 年第 1 期。

马新、齐涛：《汉唐村落形态略论》，《中国史研究》，2006 年第 2 期。

马永嬴：《汉文帝霸陵选址研究》，《考古与文物》，2021 年第 1 期。

马永嬴：《汉文帝霸陵对西汉帝陵规制的影响》，《文博》，2022 年第 3 期。

马永嬴：《汉文帝霸陵位置考》，《考古与文物》，2022 年第 3 期。

南京博物院、盱眙县文广新局：《江苏盱眙大云山江都王陵二号墓发掘简报》，《文物》，2013 年第 1 期。

南京博物院、盱眙县文广新局：《江苏盱眙县大云山西汉江都王陵一号墓》，《考古》，2013 年第 10 期。

彭卫、杨振红：《转型与契合——解读秦汉风俗》，《史学理论研究》，2001 年第 3 期。

庞骏：《魏晋南北朝皇帝元服礼简论》，《阅江学刊》，2012 年第 1 期。

盘霄远：《山东定陶灵圣湖汉墓墓主身份研究》，《赤峰学院学报（汉文哲学社会科学版）》，2014 年第 2 期。

裘锡圭：《湖北江陵凤凰山十号汉墓出土简牍考释》，《文物》，1974 年第 7 期。

秦学颀：《汉初政治格局与诸吕之乱》，《重庆师院学报（哲学社会科学版）》，1992 年第 4 期。

宋少华：《略谈长沙象鼻嘴一号汉墓陡壁山曹墓的年代》，《考古》，1985 年第 11 期。

孙家洲：《三次刺杀行为对秦始皇地域政策的影响》，《河北学刊》，2013 年第 4 期。

孙家洲：《西汉前期三大政治集团的“平衡”及其破局》，《理论学刊》，2019 年第 6 期。

孙家洲：《汉人“土崩瓦解”论秦亡的内涵解析》，《贵州社会科学》，2021 年第 2 期。

孙正军：《汉代九卿制度的形成》，《历史研究》，2019 年第 5 期。

山东省菏泽地区汉墓发掘小组：《巨野红土山西汉墓》，《考古学报》，1983 年第 4 期。

山东省淄博市博物馆：《西汉齐王墓随葬器物坑》，《考古学报》，1985 年第 2 期。

陕西省考古研究所、临潼县文管会：《秦东陵第一号陵园勘查记》，《考古与文物》，1987 年第 4 期。

狮子山楚王陵考古发掘队：《徐州狮子山西汉楚王陵发掘简报》，《文物》，1998 年第 8 期。

陕西省考古研究院：《汉武帝茂陵考古调查、勘探简报》，《考古与文物》，2011 年第 2 期。

陕西省考古研究院、西安市文物保护考古研究院：《汉文帝霸陵考古调查勘探简报》，《考古与文物》，2022 年第 3 期。

唐兰：《〈黄帝四经〉初探》，《文物》，1974 年第 10 期。

唐兰：《马王堆出土〈老子〉乙本卷前古佚书的研究——兼论其与汉初儒法斗争的关系》，《考古学报》，1975 年第 1 期。

谭其骧：《中国文化的时代差异和地区差异》，《复旦学报（社会科学版）》，1986 年第 2 期。

唐赞功：《吴楚七国之乱与西汉诸侯王国》，《北京师范大学学报》，1989 年第 1 期。

田余庆：《说张楚——关于“亡秦必楚”问题的探讨》，《历史研究》，

1989 年第 2 期。

太田有子著，杨凌译：《中国古代的夫妻合葬墓》，《华夏考古》，1989 年第 4 期。

田旭东：《西汉时期的大司马与外戚专权——读〈汉书〉札记》，《西北大学学报（哲学社会科学版）》，2001 年第 1 期。

汤其领：《西汉三公制探论》，《徐州师范大学学报》，2005 年第 6 期。

王仲殊：《汉长安城考古工作的初步收获》，《考古通讯》，1957 年第 5 期。

韦庆远：《有关中国封建社会政治制度史的几个问题》，《中国人民大学学报》，1987 年第 5 期。

武伯纶：《五陵人物志》，《文博》，1991 年第 5 期。

万建中：《秦汉风俗文化的演变趋势》，《南昌大学学报》，1999 年第 2 期。

王子今：《秦汉区域地理学的“大关中”概念》，《人文杂志》，2003 年第 1 期。

王守功、崔大庸：《山东发现大型兵马俑坑》，《走向世界》，2003 年第 1 期。

魏春元：《大堡子山秦公陵园墓主研究综述》，《天水师范学院学报》，2008 年第 3 期。

王子今：《交通史视角的秦汉长城考察》，《石家庄学院学报》，2013 年第 2 期。

王彦辉：《出土秦汉户籍简的类别及登记内容的演变》，《史学集刊》，2013 年第 3 期。

王彦辉：《秦汉时期的乡里控制与邑、聚变迁》，《史学月刊》，2013 年第 3 期。

王子今：《汉代“祠堂”的宗法权威与文化位势》，《中国人民大学学报》，2020 年第 5 期。

王子今：《秦汉边政的方位形势：“北边”“南边”“西边”“西北边”》，《中央民族大学学报（哲学社会科学版）》，2021 年第 3 期。

徐州博物馆：《徐州狮子山兵马俑坑第一次发掘简报》，《文物》，1986年第12期。

谢桂华：《尹湾汉墓简牍和西汉地方行政制度》，《文物》，1997年第1期。

杨宽：《西汉长安布局结构的再探讨》，《考古》，1989年第4期。

于朝波：《汉代官吏的考课时间与方式》，《北京大学学报（哲学社会科学版）》，1994年第5期。

杨振红：《秦汉官僚体系中的公卿大夫士爵位系统及其意义——中国古代官僚政治社会构造研究之一》，《文史哲》，2008年第5期。

杨振红：《从出土秦汉律看中国古代的“礼”、“法”观念及其法律体现——中国古代法律之儒家化说商兑》，《中国史研究》，2010年第4期。

杨小召：《西周金文的册命与祖先观念》，《殷都学刊》，2011年第4期。

喻曦、李令福：《西汉长陵邑的设置及其影响》，《陕西师范大学学报（哲学社会科学版）》，2012年第2期。

杨振红：《从秦“邦”、“内史”的演变看战国秦汉时期郡县制的发展》，《中国史研究》，2013年第4期。

杨振红：《“县官”之由来与战国秦汉时期的“天下”观》，《中国史研究》，2019年第1期。

杨振红：《从新出简牍看二十等爵制的起源、分层发展及其原理——中国古代官僚政治社会构造研究之三》，《史学月刊》，2021年第1期。

臧知非：《“王杖诏书”与汉代养老制度》，《史林》，2002年第2期。

周振鹤：《从“九州异俗”到“六合同风”——两汉风俗区划的变迁》，《中国文化研究》，1997年第4期。

朱士光：《西汉关中地区生态环境特征与都城长安相互影响之关系》，《陕西师范大学学报（哲学社会科学版）》，2000年第3期。

周学鹰：《“因山为陵”葬制探源》，《中原文物》，2005年第1期。

种建荣、张天宇、雷兴山：《晚商与西周时期墓道形制初识》，《江汉考古》，2018年第1期。